ŒUVRES

DE GOETHE

VII

PARIS. — IMPRIMERIE DE CH. LAHURE ET Cie
Rues de Fleurus, 9, et de l'Ouest, 21

LES

ANNÉES DE VOYAGE

DE WILHELM MEISTER

— ENTRETIENS D'ÉMIGRÉS ALLEMANDS — LES BONNES FEMMES —
NOUVELLE

PAR GOETHE

TRADUCTION NOUVELLE

PAR JACQUES PORCHAT

PARIS
LIBRAIRIE DE L. HACHETTE ET Cⁱᵉ
RUE PIERRE-SARRAZIN, N° 14

1860

LES
ANNÉES DE VOYAGE
DE WILHELM MEISTER

LIVRE PREMIER.

CHAPITRE I.

La fuite en Égypte.

Wilhelm était assis à l'ombre d'un vaste rocher, dans un lieu imposant et sévère, où la route escarpée de la montagne tournait brusquement autour d'une saillie, pour descendre dans les profondeurs ; le soleil était encore élevé, et il éclairait, sous les pieds du voyageur, les sommets des pins au fond des précipices ; Wilhelm écrivait quelques notes dans ses tablettes : à ce moment, Félix, qui avait grimpé aux environs, vint à lui, une pierre à la main.

« Comment nomme-t-on cette pierre? dit l'enfant.

— Je ne sais pas, répondit le père.

— Serait-ce de l'or, ce qui brille là-dessus ?

— Non pas, et je me rappelle que les gens nomment cela *or de chat*.

— *Or de chat*, dit Félix en souriant, et pourquoi?

— Probablement parce qu'il est faux, et que l'on attribue aux chats la fausseté.

— Je m'en souviendrai, » dit l'enfant.

Il mit la pierre dans une sacoche de cuir, puis il produisit aussitôt un autre objet, et dit à son père :

« Qu'est cela?

— Un fruit, et, si l'on en juge par les écailles, c'est une sorte de pomme de pin.

— Il n'en a pas l'air : il est rond !

— Nous consulterons le garde forestier. Ces gens-là connnaissent toutes les plantes et les fruits de la forêt : ils savent semer, planter et soigner les arbres, et puis ils les laissent croître et grandir comme ils peuvent.

— Les gardes forestiers savent tout. Hier notre guide m'a montré qu'un cerf avait traversé la route : il m'a rappelé en arrière, et m'a fait remarquer ce qu'il appelle la *voie*; j'avais passé par-dessus sans y prendre garde, mais j'ai vu distinctement l'empreinte des pieds. Ce devait être un grand cerf !

— J'ai entendu comme tu questionnais le guide.

— Il sait beaucoup de choses, et pourtant il n'est pas garde forestier. Mais moi, je veux l'être. C'est si beau de passer tout le jour dans les bois, et d'entendre chanter les oiseaux, de savoir leurs noms, les endroits où ils font leurs nids, comment on déniche les œufs ou les petits, comment on les nourrit, et quand on prend les pères et mères. Oh! que cela est amusant! »

Nos voyageurs en étaient là, quand un objet remarquable s'offrit à leur vue. Deux jeunes garçons, beaux comme le jour, descendaient la route escarpée; vêtus de jaquettes bariolées, qui avaient plutôt l'air de tuniques retroussées, ils descendaient, en sautant l'un après l'autre, et Wilhelm put les observer de près, comme ils s'arrêtaient, saisis de surprise à sa vue. A l'aspect de l'aîné, le regard se portait d'abord sur sa belle chevelure blonde; puis il était captivé par ses yeux d'un bleu céleste, et se plaisait enfin à contempler sa taille élégante. L'autre avait plutôt l'air d'un ami que d'un frère : des cheveux bruns et lisses flottaient sur ses épaules, et leur éclat semblait se refléter dans ses beaux yeux.

Wilhelm n'eut pas le loisir de considérer attentivement ces deux remarquables figures, objet tout à fait inattendu dans ce lieu sauvage, parce qu'il entendit, derrière la saillie du rocher, une voix d'homme, qui venait d'en haut et criait d'un ton grave, mais affectueux :

« Pourquoi vous arrêter? Ne nous fermez pas le passage. »

Wilhelm leva les yeux de ce côté, et, si les enfants avaient excité son étonnement, le tableau qui s'offrit alors à sa vue combla sa surprise. Un jeune homme, robuste et vigoureux, de moyenne taille, lestement vêtu, au teint brun, aux cheveux noirs, descendait le sentier du rocher, d'un pas ferme et prudent, menant par la bride un âne, qui montra d'abord sa tête vigoureuse et bien brossée, et laissa voir ensuite le beau fardeau qu'il portait. Une jeune femme, d'une figure aimable et douce, était assise sur une grande selle, bien rembourrée; sous le manteau bleu qui l'enveloppait, elle abritait un nourrisson, qu'elle pressait contre son sein, et qu'elle contemplait avec une inexprimable tendresse. Il en fut du conducteur comme des enfants : il eut un moment de surprise, à la vue de Wilhelm; l'animal ralentit sa marche; mais la pente était trop rapide, les passants ne purent s'arrêter, et Wilhelm, encore saisi de surprise, les vit disparaître derrière la saillie du rocher.

Cette étrange apparition devait naturellement le tirer de sa rêverie. Il se leva avec curiosité, et, de sa place, il regarda, du côté d'en bas, s'il ne verrait point ces personnes reparaître. Il était sur le point de descendre et de saluer ces singuliers voyageurs, quand Félix monta et lui dit :

« Père, ne puis-je accompagner ces enfants chez eux? Ils veulent m'emmener. Il te faut venir aussi : le monsieur me l'a dit. Viens, ils nous attendent là-bas.

— Je vais leur parler, » répondit Wilhelm.

Il les trouva à une place où le sentier était moins rapide, et ses yeux purent se repaître de ces merveilleuses figures, qui avaient si fort captivé son attention. Ce fut alors seulement qu'il put remarquer divers détails. Le jeune homme avait, sur ses robustes épaules, une hache et une longue équerre de fer flexible. Les enfants portaient de grands paquets de roseaux, qui avaient l'apparence de palmes, et si, de ce côté, ils ressemblaient aux anges, de l'autre, chargés, comme ils l'étaient aussi, de petits paniers pleins de provisions, ils ressemblaient aux messagers qui passent et repassent journellement la montagne. En observant la mère de plus près, Wilhelm vit qu'elle portait, sous le manteau bleu, une robe d'un rose délicat, en sorte que notre ami trouvait là réellement devant ses yeux la fuite en Égypte, qu'il avait vue tant de fois en tableau.

On se salua de part et d'autre, et, tandis que Wilhelm restait muet de surprise et d'attention, le jeune homme lui dit :

« Nos enfants ont déjà fait amitié dans ce moment : voulez-vous nous suivre, afin de voir si les parents pourront aussi s'arranger ensemble ? »

Wilhelm se recueillit un instant et répondit :

« La vue de votre petite famille en voyage éveille la confiance et l'intérêt, et, aussi, pour l'avouer sans détour, la curiosité, avec un vif désir de vous mieux connaître. Car, au premier moment, on pourrait se demander si vous êtes réellement des voyageurs, et non des esprits, qui se font un plaisir d'animer par d'agréables apparitions ces montagnes inhospitalières.

— Eh bien ! suivez-nous dans notre demeure, dit le père.

— Venez ! s'écrièrent les enfants, qui entraînaient déjà Félix avec eux.

— Venez ! » dit la jeune femme, en détournant du nourrisson sur l'étranger son aimable et gracieux visage.

Sans hésiter, Wilhelm répondit :

« Je suis fâché de ne pouvoir vous suivre à l'instant. Il faut que je passe au moins encore cette nuit là-haut, à l'auberge de la frontière. Mes effets et mes papiers y sont encore en désordre. Mais, pour vous montrer mon désir et ma volonté de répondre à votre amicale invitation, je vous donne en gage mon Félix. Demain je serai chez vous. Demeurez-vous loin d'ici ?

— Nous serons arrivés au logis avant le coucher du soleil, répondit le charpentier, et, de votre auberge, vous n'avez qu'une lieue et demie. Votre enfant est de notre famille pour cette nuit : nous vous attendons demain. »

L'homme et la monture se mirent en marche. Wilhelm voyait avec satisfaction Félix en si bonne compagnie ; il pouvait le comparer avec les aimables petits anges, sur lesquels il se détachait vivement. Il n'était pas grand pour son âge, mais vigoureux, la poitrine large et les épaules fortes ; il y avait dans son caractère un mélange particulier de soumission et de commandement. Il s'était déjà saisi d'un panier et d'une palme, avec lesquels il semblait exprimer l'un et l'autre. Les voyageurs allaient de nouveau disparaître, en tournant un rocher, quand Wilhelm, se ravisant, leur cria :

« Mais comment vous retrouverai-je?

— Demandez après Saint-Joseph! » répondit une voix de la profondeur.

Et toute la vision disparut dans l'ombre, derrière les roches bleuâtres. Un chant pieux, à plusieurs voix, retentit dans le lointain, en s'affaiblissant par degrés, et Wilhelm crut distinguer la voix de son fils.

Il regagna les hauteurs, ce qui retarda pour lui le coucher du soleil. L'astre, qu'il avait plus d'une fois perdu de vue, l'éclaira de nouveau, quand il se fut élevé davantage, et il était jour encore lorsqu'il arriva à son auberge. Il jouit encore une fois de cette grande vue de montagnes, puis il se retira dans sa chambre, où il prit la plume aussitôt, et passa une partie de la nuit à écrire.

Lettre de Wilhelm à Nathalie.

« Je suis enfin arrivé au sommet de ces montagnes, qui mettront entre nous une barrière plus puissante que toute l'étendue de pays qui nous sépare. A mon sentiment, on est encore près de ses amis, tant que les fleuves coulent vers eux des lieux où l'on se trouve. Aujourd'hui je puis encore me figurer que le rameau jeté de ma main dans le ruisseau de la montagne pourrait flotter jusqu'à toi, pourrait passer, dans peu de jours, devant ton jardin : les rêves de l'esprit, les impressions du cœur, suivent aussi plus aisément la même pente. Mais, de l'autre côté, je le crains, une barrière s'élève devant l'imagination et le sentiment. Toutefois ce n'est peut-être qu'une inquiétude prématurée : car il en sera, je le crois, de l'autre côté comme ici. Qui pourrait me séparer de toi, de toi, à qui j'appartiens pour l'éternité, quand même une bizarre destinée nous sépare, et me ferme soudain le ciel, dont j'étais si proche? J'ai eu le temps de m'affermir, mais aucun temps n'aurait suffi pour me rendre la fermeté, si ta voix, si tes lèvres ne me l'avaient inspirée en ce moment solennel. Comment aurais-je pu m'arracher d'auprès de toi, si nous n'avions formé le lien qui doit nous unir pour le temps et pour l'éternité? Mais, sur tout cela, je dois me taire. Je me soumets à ce que ta tendresse ordonne : que, sur le sommet de ces montagnes, j'aie prononcé entre nous pour la dernière fois le mot de séparation. Ma vie doit être un pèlerinage. J'ai à remplir les rigoureux devoirs du pèlerin, à subir des épreuves extraordinaires. Je souris quelquefois, quand je passe en revue les conditions que notre association, que ma propre volonté, m'a imposées. J'observe les unes, je m'écarte des autres : mais, même dans ces écarts, les feuilles où se trouve le témoignage de ma dernière confession, de ma dernière absolution, me tiennent lieu de conscience, et je rentre dans la voie. Je m'observe, et mes fautes ne se précipitent plus les unes sur les autres comme les eaux de la montagne.

« Je t'avouerai toutefois que j'admire souvent ces instituteurs et ces guides du genre humain, qui n'imposent à leurs élèves que des devoirs extérieurs et mécaniques. Ils rendent leur tâche et la nôtre légère, car cette partie de mes obligations, qui me paraissait d'abord la plus pénible, la plus bizarre, est celle que j'observe avec le plus de facilité et de plaisir.

« Je ne dois pas rester plus de trois jours sous le même toit; je ne dois quitter aucun gîte sans m'en éloigner au moins d'une lieue. Ces ordres sont assurément propres à faire de ma vie un pèlerinage, à empêcher que j'aie la moindre tentation de me fixer quelque part. Jusqu'à présent, je me suis soumis exactement à cette condition; je n'ai pas profité même une fois de la permission qui m'était donnée. Voici la première halte que je fais, la première fois que je passe trois nuits dans le même lit. D'ici je t'envoie ce que j'ai appris, observé, recueilli jusqu'à ce jour, et, demain matin, je descendrai de l'autre côté; je visiterai d'abord une merveilleuse famille, une sainte famille, pourrais-je dire, sur laquelle tu trouveras de nouveaux détails dans mon journal. Adieu. Quand tu auras achevé de lire cette lettre, reste persuadée qu'elle n'avait qu'une chose à dire, qu'elle ne voudrait dire et répéter qu'une seule chose, mais qu'elle ne veut pas la dire, qu'elle ne veut pas la répéter, avant que j'aie le bonheur de me retrouver à tes pieds, et, en pressant tes mains sur mes lèvres, de pleurer sur toutes les privations qu'on m'impose. »

Le lendemain matin.

« J'ai plié bagage. Le guide attache le portemanteau sur ses crochets. Le soleil n'est pas encore levé ; les brouillards montent de toutes les profondeurs, mais là-haut le ciel est pur. Nous descendons dans les sombres vallées, qui bientôt s'éclaireront aussi sur nos têtes. Laisse-moi t'adresser mon dernier soupir! Laisse mon dernier regard vers toi se remplir encore de larmes involontaires ! Je suis décidé et résolu. Tu n'entendras de moi aucune plainte; tu n'entendras que le récit des aventures du voyageur. Et cependant, au moment où je veux achever, les pensées, les désirs, les espérances et les projets se croisent dans ma tête. Heureusement on m'entraîne : le guide m'appelle, et déjà l'aubergiste remet en ordre la chambre en ma présence, comme si j'étais parti, de même que des héritiers durs et inconsidérés ne cachent pas au mourant leurs préparatifs pour se mettre en possession. »

CHAPITRE II.

Le nouveau saint Joseph.

Déjà le voyageur, marchant sur les pas de son guide, avait laissé derrière lui et sur sa tête les rochers escarpés; déjà ils parcouraient un pays plus doux, région moyenne de la montagne, et, traversant d'une course rapide des forêts bien aménagées, de gracieuses prairies, ils se trouvèrent enfin sur une pente, d'où la vue plongeait dans un vallon soigneusement cultivé, que des collines enfermaient de toutes parts. Un grand monastère, dont une moitié était en ruine et l'autre bien conservée, attira sur-le-champ l'attention du voyageur.

« Voilà Saint-Joseph, dit le guide. Quelle perte déplorable que celle de sa belle église! Voyez comme, à travers les buissons et les arbres, les colonnes et les piliers paraissent encore bien conservés, quoique l'église soit en ruine depuis bien des siècles.

— En revanche, dit Wilhelm, les bâtiments du cloître sont bien conservés.

— Oui, il est habité par un économe, qui est chargé de l'administration, et perçoit les dîmes et les redevances, que l'on vient payer de loin à la ronde. »

En parlant ainsi, ils étaient entrés, par le grand portail, dans la vaste cour, qui, entourée de bâtiments d'un style sévère, et bien entretenus, s'annonçait comme la retraite d'une paisible communauté. Wilhelm vit, du premier coup d'œil, son Félix, avec les anges de la veille, occupé d'un panier de cerises qu'une femme robuste avait placé devant elle. Ils étaient en train d'en acheter; mais c'était proprement Félix qui faisait le marché, parce qu'il avait toujours quelque argent sur lui. Aussitôt il en fit les honneurs à ses camarades. Ce rafraîchissement fut agréable même à son père, au milieu de ces forêts moussues et stériles, où les fruits colorés et brillants paraissent doublement beaux. La marchande, pour faire accepter son prix, qui avait paru un peu trop élevé aux acheteurs, fit observer qu'elle apportait ces cerises d'un grand jardin situé beaucoup plus bas. Les enfants dirent à Wilhelm que leur père reviendrait bientôt. Il pouvait entrer dans la salle, en attendant, et s'y reposer.

Mais quelle ne fut pas la surprise de Wilhelm, quand les enfants l'introduisirent dans le lieu qu'ils appelaient une salle! En franchissant une porte, qui donnait immédiatement sur la cour, notre voyageur se trouva dans une chapelle très-propre et bien conservée, mais, comme il s'en aperçut, appropriée au service ordinaire de la vie domestique. D'un côté étaient une table, un fauteuil, des chaises, des bancs, de l'autre, un buffet bien sculpté, garni de diverses poteries; de cruches et de verres. Il ne manquait pas de bahuts et de coffres; et, si bien que tout fût rangé, cela présentait néanmoins le coup d'œil attrayant d'un simple ménage. La lumière tombait de hautes fenêtres latérales : mais, ce qui attirait le plus l'attention de l'étranger, étaient des peintures murales, au-dessous des fenêtres, à une assez grande hauteur, et décorant, comme des tapis, les trois côtés de la chapelle, jusqu'à une boiserie, qui couvrait le reste de la muraille. Les tableaux représentaient l'histoire de saint Joseph. Ici on le voyait travaillant de son métier de charpentier; là il rencontrait Marie, et un lis sortait de terre entre eux, tandis que des anges, qui les observaient, planaient alentour. Ailleurs c'est la cérémonie du mariage, puis la salutation de l'ange; plus loin, Joseph, mécontent, est assis au milieu de ses travaux commencés; il laisse reposer la hache et pense à répudier sa femme : alors l'ange lui apparaît en songe, et il change de sentiment; il contemple avec dévotion l'enfant nouveau-né dans l'étable de Bethléem, et il l'adore. Vient ensuite un tableau d'une merveilleuse beauté : on voit différentes pièces de bois travaillé; on se prépare à les assembler, et, par hasard, deux d'entre elles se sont disposées en croix. L'enfant s'est endormi dessus; la mère est assise près de lui, et le contemple avec tendresse; Joseph suspend son travail, pour ne pas troubler son sommeil. A ce tableau succédait la fuite en Égypte : elle fit sourire le voyageur, qui trouvait sur la muraille la répétition du tableau vivant qu'il avait rencontré la veille.

Il ne fut pas laissé longtemps à sa contemplation : l'hôte survint, et Wilhelm reconnut aussitôt le guide de la sainte caravane. Ils se saluèrent cordialement, après quoi, ils entrèrent en propos sur des sujets divers; mais l'attention du voyageur était toujours fixée sur les tableaux. L'hôte remarqua l'intérêt qu'il y prenait, et lui dit en souriant :

« Sans doute vous admirez l'accord de cette demeure avec ses habitants, qui vous sont connus depuis hier. Mais cet accord est peut-être plus singulier encore qu'on ne devrait le supposer : c'est proprement l'édifice qui a fait les habitants. Car, si la chose inanimée est vivante, elle peut aussi produire la vie.

— Oh! oui, repartit Wilhelm, je serais bien étonné, si l'esprit qui, dans les siècles passés, exerça dans ces montagnes désertes une action si puissante, et s'appropria un si vaste ensemble de bâtiments, de terres et de priviléges, et, en échange, répandit dans le pays une culture variée, n'avait pas aussi exercé, du milieu de ces ruines, sa force de vie sur un être vivant. Mais ne nous arrêtons pas à ces réflexions générales : racontez-moi votre histoire, afin que j'apprenne comment il est possible que, sans frivole badinage, et sans orgueilleuse prétention, le passé se reproduise en vous, et que ce qui n'est plus puisse renaître. »

Au moment où Wilhelm attendait de la bouche de son hôte une réponse propre à l'instruire, une douce voix cria dans la cour : « Joseph ! » L'hôte prêta l'oreille, et s'avança vers la porte.

« Ainsi donc il s'appelle aussi Joseph ! se dit Wilhelm : c'est assez singulier, et moins singulier pourtant que de le voir, dans sa vie, figurer son patron. »

Wilhelm regarda vers la porte, et vit la madone de la veille en conversation avec l'homme. Ils se séparèrent enfin : la femme se dirigeait vers le bâtiment en face.

« Marie ! lui cria Joseph, encore un mot !

— Elle s'appelle aussi Marie ! Il s'en faut peu que je ne croie reculer de dix-huit siècles. »

Wilhelm songeait au vallon sévère, isolé, dans lequel il se trouvait; il songeait aux ruines et au silence, et le sentiment de l'antiquité s'emparait de lui étrangement; il était temps que l'hôte et les enfants rentrassent. Ceux-ci proposèrent à Wilhelm une promenade, tandis que leur père avait à s'occuper de quelques travaux. Ils traversèrent les ruines de l'église aux nombreuses colonnes; les hauts pignons et les murs semblaient se consolider, à braver les vents et les orages; des arbres de forte taille s'étaient, depuis de longues années, enracinés sur les larges murailles, et, avec les herbes, les fleurs et la mousse, formaient dans l'air des jardins hardiment suspendus. D'agréables sentiers dans les prairies menaient au bord d'un ruisseau rapide : le voyageur put contempler, d'une petite éminence, le monastère et son emplacement, avec d'autant plus d'intérêt, que ses habitants lui paraissaient toujours plus remarquables, et, par leur harmonie avec les objets qui les entouraient, avaient éveillé sa curiosité au plus haut point.

On revint, et l'on trouva la table mise dans la salle pieuse. Au bout se voyait un fauteuil, où la mère prit place; auprès d'elle se trouvait une haute corbeille, où reposait le petit enfant; le père s'assit à sa gauche, Wilhelm à sa droite. Les trois enfants occupèrent le bas de la table. Une vieille domestique servit un repas bien apprêté. La vaisselle et les vases à boire avaient aussi un cachet d'antiquité. Les enfants fournirent matière à la conversation, tandis que Wilhelm ne pouvait assez observer la figure et la contenance de sa sainte hôtesse.

Au sortir de table, la famille se dispersa : l'hôte conduisit Wilhelm à l'ombre, parmi les ruines, dans une place élevée, d'où l'on avait devant soi toute la perspective de l'agréable vallée, et d'où l'on voyait fuir, les unes derrière les autres, les collines inférieures, avec leurs pentes fertiles et leurs sommets boisés.

« Il est juste, dit l'hôte, que je satisfasse votre curiosité, d'autant plus que je devine en vous un homme en état de prendre au sérieux même l'extraordinaire, s'il repose sur un sérieux fondement. Ce monastère, dont vous voyez encore les restes, était consacré à la sainte Famille, et renommé jadis comme lieu de pèlerinage, à cause de plusieurs miracles. L'église était sous l'invocation de la Mère et du Fils; elle est détruite depuis plusieurs siècles : la chapelle, consacrée à saint Joseph, s'est conservée, ainsi que les bâtiments destinés à l'habitation. Les revenus sont perçus depuis fort longtemps par un prince séculier, qui loge ici son économe, et cet homme c'est moi, qui ai succédé, dans cette charge, à mon père, comme il avait succédé au sien.

« Saint Joseph, bien que tout service religieux ait cessé depuis longtemps dans ce monastère, s'est montré si bienfaisant envers notre famille, qu'on ne peut être surpris, si nous lui sommes particulièrement dévoués. De là vient qu'on m'a baptisé de son nom, ce qui a déterminé, en quelque sorte, ma carrière. Je grandissais, et, si j'accompagnais mon père quand il percevait les revenus, je m'associais aussi volontiers, et plus encore, à ma mère, qui aimait à faire des aumônes, selon ses facultés, et qui était connue et chérie, dans toutes nos montagnes, pour sa bonté et ses bienfaits. Elle m'envoyait, tantôt ici, tantôt là, porter quelques secours, rendre quelques services ou prendre quelques soins, et je me formai facilement à ce pieux office.

« En général, la vie dans la montagne a quelque chose de plus humain que dans la plaine. Les habitants, séparés par les lieux, se touchent de plus près par le cœur; les besoins sont peu nombreux, mais plus pressants. L'homme se repose plus sur lui-même; il faut qu'il apprenne à se confier en ses mains et ses pieds; ouvrier, guide, colporteur, il est tout à la fois : d'ailleurs chacun est plus lié avec son voisin, le rencontre plus souvent, et passe avec lui sa vie dans le même travail.

« Comme j'étais tout jeune encore, et que mes épaules ne pouvaient porter de lourds fardeaux, j'imaginai de mettre des paniers sur le dos d'un petit âne, et de le pousser devant moi, pour monter ou descendre les roides sentiers. Dans la montagne, l'âne n'est pas un animal aussi dédaigné que dans la plaine, où le valet qui laboure avec des chevaux se croit bien au-dessus de celui qui sillonne le champ avec des bœufs. Et je marchais derrière mon âne avec d'autant moins de scrupule, que j'avais observé de bonne heure dans la chapelle, que cet animal avait eu l'honneur de porter Dieu et sa mère. Cependant cette chapelle n'était pas alors dans l'état où elle se trouve aujourd'hui : on en faisait une remise et presque une écurie ; bois à brûler, perches, meubles, échelles et tonneaux, et cent autres objets, s'y trouvaient entassés pêle-mêle. Heureusement, les peintures étaient haut placées, et le lambris résista quelque peu. Mais, dès mon enfance, je me plaisais singulièrement à grimper çà et là sur le bois entassé, pour contempler les tableaux, que personne ne savait bien m'expliquer. Je sus pourtant que le saint dont ces images retraçaient la vie était mon parrain, et je le pris en amitié, comme s'il eût été mon oncle. Je grandis, et comme, suivant une clause particulière, celui qui voulait prétendre à l'emploi lucratif d'économe devait exercer un métier, il me fallut en apprendre un, selon le vœu de mes parents, qui désiraient que je pusse hériter un jour de ce bon emploi; et, ce métier, je dus le choisir tel qu'il pût me rendre utile dans l'économat.

« Mon père était tonnelier, et faisait lui-même tous les ouvrages qui appartiennent à cet état, ce qui fut d'un grand avantage pour lui et pour les autres. Mais je ne pus me résoudre à prendre la même profession. Je me sentais attiré irrésistiblement vers l'état de charpentier, dont j'avais vu, dès mon enfance, les outils représentés, si exactement et avec tant de détails, à côté de mon patron. Je déclarai mon désir : on n'y fit point d'opposition, d'autant que nos divers bâtiments nous avaient rendu souvent cette industrie nécessaire ; d'ailleurs, avec un certain goût et une certaine adresse pour les travaux plus délicats, la menuiserie et même la sculpture sur bois y touchent de bien près, surtout dans les pays de forêts. Et ce qui me soutenait encore dans mes vues ambitieuses, était un tableau, qui, par malheur, est aujourd'hui tout effacé. Aussitôt que vous en saurez le sujet, vous pourrez le démêler encore, quand je vous le ferai voir. Saint Joseph a reçu l'ordre important de fabriquer un trône pour le roi Hérode. Le siége auguste doit s'élever entre deux colonnes indiquées. Joseph prend soigneusement la mesure de la largeur et de la hauteur, et fabrique un trône admirable. Mais quelle surprise est la sienne ! quel embarras, lorsque, le siége de parade étant apporté, il se trouve trop haut et trop étroit ! On sait qu'avec le roi Hérode, il ne s'agissait pas de plaisanter. Le pieux charpentier est dans la plus grande perplexité. L'enfant Jésus, accoutumé à le suivre partout, à se faire un modeste amusement de porter ses outils, voit son angoisse et vient d'abord à son aide. Il dit à son père nourricier de prendre le trône d'un côté ; lui-même, il le prend de l'autre, et tous deux de tirer. Le trône s'élargit sans peine et sans efforts, comme s'il était de cuir ; il perd en hauteur à proportion, et remplit parfaitement la place, à la grande joie du charpentier et à l'entière satisfaction du roi.

« Ce trône se voyait encore très-bien dans mon enfance, et vous pourrez observer, à ce qui reste d'un côté, qu'on n'avait pas épargné les ciselures, chose assurément plus facile au peintre qu'au charpentier, si on l'avait exigé de lui.

« Mais cela ne m'arrêta point, et me fit voir, au contraire, sous un jour si honorable le métier dont j'avais fait choix, que je ne pouvais attendre le moment d'entrer en apprentissage, ce qui était d'autant plus facile, qu'il y avait dans le voisinage un maître qui travaillait pour toute la contrée, et qui pouvait occuper plusieurs ouvriers et apprentis. Je demeurai donc près de mes parents, et continuai, en quelque façon, ma première vie, employant mes heures de récréation et mes jours de fête aux commissions charitables que ma mère continuait de me donner. »

La Visitation.

« Ainsi se passèrent quelques années, poursuivit Joseph. Je compris bientôt les avantages de mon métier, et mon corps, exercé par le travail, était en état d'entreprendre tout ce que la profession demandait. Je ne cessai pas cependant de remplir mon premier office envers ma bonne mère, ou plutôt envers les malades et les pauvres. Je parcourais les montagnes avec mon âne; je distribuais ponctuellement sa charge, et j'achetais, en retour, chez les marchands et les trafiquants, ce qui nous manquait ici. Mon maître était content de moi, mes parents aussi. J'avais déjà le plaisir de voir, dans mes excursions, bien des maisons que j'avais aidé à construire, que j'avais décorées; car ces dernières ciselures des poutres, ces sculptures de certaines formes simples, ces empreintes de figures d'ornement, cette enluminure de quelques enfoncements, qui donnent à une maison de bois un si riant aspect, tous ces ouvrages de goût, m'étaient particulièrement confiés, parce que je m'en tirais mieux que les autres, ayant toujours dans l'esprit le trône d'Hérode et ses sculptures.

« Parmi les personnes pauvres dont ma mère prenait un soin particulier, se trouvaient surtout les jeunes femmes enceintes, comme je pus le remarquer peu à peu, quoique les messages fussent, dans ces cas-là, traités avec mystère à mon égard. Je n'avais jamais alors de commission directe; tout se faisait par l'entremise d'une bonne femme, qui demeurait non loin de chez nous, du côté de la vallée, et s'appelait Mme Élisabeth. Ma mère, ayant elle-même des connaissances dans l'art qui sauve tant de vies dès leur entrée dans le monde, était incessamment d'intelligence avec Mme Élisabeth, et j'entendais dire de tous côtés que maints robustes habitants de nos montagnes devaient la vie à ces deux femmes. Le mystère avec lequel Élisabeth me recevait toujours, ses laconiques réponses à mes questions énigmatiques, que je ne comprenais pas moi-même, m'inspiraient pour elle un singulier respect, et sa maison, qui était d'une extrême propreté, me semblait comme un petit sanctuaire.

« Cependant mes connaissances et mon activité comme charpentier me donnèrent une certaine influence dans ma famille. De même que mon père, en qualité de tonnelier, avait eu soin de la cave, je m'occupais des toitures, et je réparai maintes parties dégradées des vieux bâtiments. Je sus remettre en état de servir quelques granges et remises ruinées. Ces travaux à peine achevés, je commençai à déblayer et à nettoyer ma chère chapelle. En peu de jours, elle fut à peu près dans l'ordre où vous la voyez aujourd'hui. Je m'appliquai à réparer ou à remplacer, dans le même style, les parties du lambris endommagées ou détruites. Peut-être aussi prendriez-vous pour un travail antique les deux battants de la porte d'entrée : cependant ils sont mon ouvrage. Pendant plusieurs années, j'ai consacré mes heures de loisir à les ciseler, après les avoir construits et assemblés en forts madriers de chêne. Les peintures qui n'avaient été jusqu'alors ni endommagées ni effacées sont encore intactes, et j'aidai le vitrier du pays dans la construction d'un nouveau bâtiment, sous condition qu'il réparerait nos vitres peintes.

« Si ces tableaux et mes réflexions sur la vie des saints avaient occupé mon imagination, toutes ces impressions devinrent plus vives chez moi, quand je pus, de nouveau, considérer cette salle comme un sanctuaire, y passer des heures, surtout en été, et méditer à loisir sur ce que je voyais ou imaginais. Un penchant irrésistible m'appelait à suivre les traces de saint Joseph, et, comme des événements pareils ne se reproduisent pas facilement, je voulais du moins commencer à lui ressembler dans les petites choses, ainsi que j'avais déjà fait depuis longtemps, en me servant de la bête de somme. Le petit âne que j'avais eu jusqu'alors ne pouvait plus me suffire : je m'en procurai un beaucoup plus grand et plus beau, avec un bât bien fabriqué, également commode pour monter la bête et la charger. Je me fournis aussi de deux paniers neufs; un filet de cordons bigarrés, avec des houppes et des glands entremêlés de petits morceaux de cuivre sonore, orna l'encolure du coursier aux longues oreilles, qui pouvait désormais se montrer à côté de son modèle peint sur la muraille. Nul ne songeait à se moquer de moi, quand je parcourais la contrée dans cet attirail, car on passe volontiers à la bienfaisance des dehors singuliers.

« La guerre, ou plutôt les suites qu'elle entraîne, s'étaient approchées de nos montagnes; plusieurs fois des bandes redoutables de vagabonds s'étaient rassemblées, et, s'étaient livrées, en divers lieux, à des violences, à des désordres. La bonne organisation de notre milice, des patrouilles et un peu de vigilance, réprimèrent bientôt le mal, mais on retomba trop vite dans la nonchalance, et, avant qu'on fût sur ses gardes, il se commit de nouveaux attentats.

« Notre contrée avait longtemps joui de la tranquillité, et je suivais paisiblement, avec mon âne, les sentiers accoutumés, lorsqu'un jour, traversant une clairière fraîchement ensemencée, je trouvai une femme assise, ou plutôt couchée, au bord du fossé qui longeait la haie : elle semblait endormie ou tombée en faiblesse. J'allai à son secours, et, lorsqu'elle ouvrit ses beaux yeux, et qu'elle se fut assise, elle s'écria :

« Où est-il? L'avez-vous vu?

« — Qui?

« — Mon mari. »

« Chez une personne si jeune, cette réponse me surprit, mais je redoublai de zèle pour la secourir et l'assurer de ma pitié. J'appris que les deux voyageurs, voulant éviter la route raboteuse, s'étaient éloignés de leur voiture pour suivre un sentier de traverse. Non loin de là, ils avaient été assaillis par des gens armés; le mari s'était écarté en combattant; elle n'avait pu le suivre loin, étant tombée à cette place, sans savoir le temps qu'elle y avait passé. Elle me pria instamment de la quitter et de courir à la recherche de son mari. Alors elle se leva, et je vis devant mes yeux la plus belle et la plus aimable personne; mais je pus remarquer aisément qu'elle était dans un état qui exigerait bientôt les secours de ma mère et de Mme Élisabeth. Nous contestâmes un moment, car je désirais, avant tout, la mettre en sûreté; elle voulait savoir d'abord ce qu'était devenu son mari; elle ne voulait pas s'éloigner de sa trace, et toutes mes représentations auraient peut-être échoué, si un détachement de notre milice, que le bruit de nouveaux attentats avait mis en mouvement, ne se fût avancé à travers le bois. J'informai ces gens de ce qui s'était passé; nous prîmes ensemble les arrangements nécessaires; nous convînmes d'un rendez-vous : c'était tout ce qu'on pouvait faire pour cette fois. Je cachai bien vite mes paniers dans une grotte voisine, qui m'avait déjà souvent servi d'entrepôt; j'arrangeai mon bât en siége commode, et je portai, non sans éprouver une singulière sensation, le charmant fardeau sur mon docile coursier, qui sut aussitôt trouver de lui-même les sentiers accoutumés, ce qui me permit de marcher à côté de la jeune femme.

« Vous comprenez, sans que j'aie besoin de m'expliquer longuement, quels étranges sentiments agitaient mon cœur. Ce que j'avais cherché si longtemps, je l'avais réellement trouvé. Je croyais rêver, et, d'autres fois, me réveiller d'un songe. Cette figure céleste, que je voyais, pour ainsi dire, flotter dans l'air et se balancer le long des arbres verts, m'apparaissait comme une vision, que produisaient dans mon esprit les tableaux de la chapelle; bientôt ces tableaux mêmes me semblaient n'avoir été que des songes, dont je voyais, à cette heure, l'admirable accomplissement. Je lui adressai diverses questions : elle me répondit avec douceur et complaisance, comme il sied à une personne affligée, qui sait se posséder. Quand nous arrivions sur une hauteur découverte, elle me priait souvent de nous arrêter, d'observer, d'écouter; elle me priait avec tant de grâce; sous ses longs cils noirs, son regard exprimait un si profond désir, que je ne pouvais balancer à faire tout ce qui était possible, jusqu'à grimper au sommet d'un grand pin isolé et sans branches. Jamais je ne m'étais livré plus volontiers à cet exercice de ma profession; jamais, dans les fêtes et les foires, je n'avais rapporté avec plus de plaisir, de ces mâts de cocagne, rubans ou mouchoirs de soie. Cette fois, hélas! je revins sans aucun trophée; même là-haut, je ne vis et n'entendis rien. Enfin elle me cria de redescendre; elle me fit, très-vivement, un geste de la main, et, comme enfin, me laissant couler à terre, je lâchai prise, en sautant d'une assez grande hauteur, elle poussa un cri, et l'expression d'une douce bienveillance se répandit sur son visage, quand elle me vit sain et sauf devant elle.

« Vous dirai-je toutes les attentions par lesquelles je cherchais à lui être agréable, à la distraire en chemin? Et comment le pourrais-je? Le propre des véritables attentions est de faire, dans le moment, tout de rien. Dans ma pensée, les fleurs que je cueillais pour elle, les objets lointains que je lui montrais, les montagnes, les bois, que je lui nommais, étaient autant de précieux trésors dont je voulais la mettre en possession, pour me trouver en rapport avec elle, comme on cherche à le faire par les cadeaux.

Déjà elle m'avait enchaîné pour la vie, lorsque nous arrivâmes devant la porte de Mme Élisabeth, et que je me vis au moment d'une séparation douloureuse. Mes regards se promenèrent encore une fois sur cette beauté, et, quand ils furent descendus à ses pieds, je me baissai, comme si j'avais eu quelque chose à réparer à la sangle de mon âne, et je baisai le plus joli soulier que j'eusse vu de ma vie, mais sans qu'elle s'en aperçût. Je l'aidai à descendre, je montai l'escalier en courant, et je criai à travers la porte :

« Madame Élisabeth, voici une visite. »

« La bonne femme sortit, et je regardai, par-dessus ses épaules, du côté de la rue : je vis la belle inconnue monter les degrés avec une tristesse touchante, une dignité secrète dans sa douleur; puis elle embrassa ma respectable amie, et se laissa conduire par elle dans la meilleure chambre. Elles s'enfermèrent, et je me trouvai, près de mon âne, devant la porte, pareil à un homme qui a déchargé de précieuses marchandises, et redevient un pauvre voiturier comme auparavant.

Le Lis.

Je balançais encore à m'éloigner, car j'étais indécis sur ce que je devais faire, quand Mme Élisabeth reparut sur le seuil de la porte, et me pria de faire venir ma mère, puis de courir le pays, et de rapporter des nouvelles du mari s'il était possible.

« Marie vous en fait prier instamment, ajouta-t-elle.

« — Puis-je lui parler encore une fois? demandai-je.

« — Impossible, » répondit Mme Élisabeth, et nous nous séparâmes.

« Je fus bientôt chez nous. Ma mère fut prête, le soir même, à descendre, pour venir au secours de la jeune étrangère. Je descendis dans la plaine, espérant trouver chez le bailli les nouvelles les plus sûres. Mais, lui-même, il ne savait rien encore, et, comme il me connaissait, il m'invita à passer la nuit dans sa maison. Cette nuit fut pour moi d'une longueur infinie; j'avais toujours devant les yeux la belle étrangère, comme elle se balançait sur la monture, et abaissait vers moi de doux et tristes regards. A chaque instant, j'espérais recevoir des nouvelles. Je souhaitais sincèrement que ce bon mari fût vivant, et pourtant je me la figurais volontiers comme veuve. Les troupes chargées de courir le pays revinrent peu à peu, et, après divers bruits contradictoires, il fut enfin constaté que la voiture était sauvée, mais que l'infortuné mari était mort de ses blessures dans le village voisin. J'appris aussi que, selon notre convention, quelques hommes étaient allés annoncer la triste nouvelle à Mme Élisabeth. Je n'avais donc plus rien à lui mander, rien à faire chez elle, et pourtant une extrême impatience, un invincible désir, me ramena par monts et vaux devant sa porte. Il faisait nuit, la maison était fermée; je vis de la lumière dans les chambres; je vis des ombres se mouvoir derrière les rideaux, et je restai de la sorte assis sur un banc, toujours sur le point de frapper à la porte, et toujours arrêté par diverses réflexions.

« Mais pourquoi vous raconté-je avec détail ce qui n'a proprement aucun intérêt? Bref, le lendemain même, on ne me reçut pas dans la maison. On savait la triste nouvelle; on n'avait plus besoin de moi : on m'envoya chez mon père, à mon travail; on ne répondait pas à mes questions : on voulait se débarrasser de moi.

« C'est ainsi que je fus traité pendant huit jours : enfin Mme Élisabeth m'appela.

« Entrez doucement, mon ami, me dit-elle, mais approchez
« sans crainte. »

« Elle me conduisit dans une jolie chambre, où je vis, dans le coin, derrière les rideaux entr'ouverts, ma belle, assise sur son lit. Élisabeth s'avança, comme pour m'annoncer; elle enleva du lit quelque chose qu'elle me présenta : c'était un bel enfant, dans des langes d'une éclatante blancheur. Élisabeth le tenait entre la mère et moi, et, à l'instant, me vint à la pensée le lis qui, dans le tableau, sort de terre entre Marie et Joseph, comme signe d'une pure alliance. Dès ce moment, mon cœur fut entièrement soulagé; j'étais assuré de mon bien, de mon bonheur. Je pus m'approcher d'elle en liberté, lui parler, soutenir son regard céleste, prendre l'enfant dans mes bras, et imprimer sur son front un tendre baiser.

« Que je vous remercie de votre affection pour cet orphelin ! » me dit la mère.

« Je m'écriai, avec une vivacité inconsidérée :

« Il n'est plus orphelin, si vous le voulez ! »

« Élisabeth; plus sage que moi, ôta l'enfant de mes bras et trouva un prétexte pour m'éloigner.

« Le souvenir de ce temps m'est toujours un doux entretien, quand je suis obligé de parcourir nos montagnes et nos vallées. Je n'ai pas oublié la plus petite circonstance, mais je dois vous épargner ces détails. Bientôt Marie se rétablit : je pus la voir plus souvent; mes rapports avec elle étaient une suite de services et d'attentions. Maîtresse absolue de choisir le lieu de sa résidence, elle demeura d'abord chez Mme Élisabeth, puis elle vint nous voir, afin de remercier et ma mère et moi des nombreux services que notre amitié lui avait rendus. Elle se plaisait chez nous, et j'aimais à croire que c'était en partie à cause de moi. Cependant ce que j'aurais dit si volontiers, et que je n'osais dire, fut mis sur le tapis d'une manière agréable et nouvelle, quand je la conduisis dans la chapelle, que j'avais dès lors transformée en une salle habitable. Je lui montrai et lui expliquai les tableaux l'un après l'autre, et je développais en même temps les devoirs d'un père adoptif, d'une manière si vive et si franche, que les larmes lui en vinrent aux yeux, et que je ne pus achever mon explication des tableaux. Je crus être assuré de son affection, sans être assez vain pour prétendre effacer sitôt le souvenir de son mari. La loi impose aux veuves une année de deuil, et certes cet intervalle, qui renferme en soi le changement de toutes les choses terrestres, est nécessaire à un cœur aimant, pour adoucir les douloureuses impressions d'une grande perte. On voit les fleurs se flétrir et les feuilles tomber, mais on voit aussi les fruits mûrir et de nouveaux boutons germer. La vie appartient aux vivants, et ceux qui vivent doivent être préparés au changement.

« Je parlai à ma mère de la chose qui me tenait si vivement au cœur. Là-dessus elle m'apprit combien Marie avait été affligée de la mort de son mari; comme elle n'avait été soutenue que par la pensée qu'elle devait vivre pour son enfant. Mon amour ne leur était pas resté inconnu, et déjà Marie s'était accoutumée à l'idée de vivre avec nous. Elle séjourna encore un peu dans le voisinage, puis elle s'établit chez nous, et nous vécûmes quelque temps encore comme les plus pieux et les plus heureux fiancés. Enfin nous fûmes unis. Le même sentiment qui nous avait rapprochés subsista toujours. Les devoirs et les plaisirs de la paternité adoptive se réunirent à ceux de la paternité naturelle; notre petite famille, en s'augmentant, dépassa, il est vrai, son modèle, pour le nombre des personnes; mais nous en avons observé et pratiqué religieusement les vertus, en ce qui touche la fidélité et la pureté des sentiments. Et, par une agréable habitude, nous conservons même la ressemblance extérieure, à laquelle nous sommes arrivés par hasard, et qui s'allie si bien à nos sentiments : aussi, quoique nous soyons tous bons marcheurs et robustes porteurs, l'âne reste toujours notre fidèle compagnon, afin de porter quelque fardeau, quand une affaire ou une visite nous appelle dans ces vallées et ces montagnes. Toute la contrée nous connaît, comme vous nous avez vus hier, et nous sommes fiers que notre conduite soit de nature à ne pas faire honte aux saintes personnes que nous avons prises pour modèles. »

CHAPITRE III.

Wilhelm à Nathalie.

« Je viens de terminer une agréable histoire, demi-merveilleuse, que j'ai écrite pour toi, après l'avoir recueillie de la bouche d'un brave homme. Si je n'ai pas reproduit toujours ses propres termes, si j'ai exprimé çà et là mes sentiments, à l'occasion des siens, c'était fort naturel, car je me sentais avec lui un lien de parenté. Ce respect pour sa femme ne ressemble-t-il pas à celui que j'éprouve pour toi? Et la rencontre même de ces deux amants n'a-t-elle pas quelque chose de semblable à la nôtre? S'il est assez heureux pour cheminer à côté de la monture qui porte le double fardeau dont ses yeux sont charmés; si, le soir, il peut rentrer avec toute sa famille dans le vieux monastère; si rien ne saurait le séparer de sa bien-aimée et de ses enfants : c'est ce que j'ose bien lui envier secrètement; mais je n'ose pas même me plaindre de mon sort, parce que je t'ai promis de souffrir et de me taire, comme tu l'as toi-même entrepris.

« Je dois passer sous silence maints détails charmants de la vie de cette heureuse et sainte famille : en effet, comment tout écrire? J'ai passé deux jours agréables, mais le troisième m'avertit qu'il est temps de poursuivre mon chemin.

« Aujourd'hui nous avons eu, Félix et moi, un petit démêlé. Il voulait, peu s'en faut, me forcer de violer une de mes bonnes résolutions, que je t'ai promis d'observer. Est-ce ma faute, est-ce un malheur ou une fatalité? mais, avant que j'y prenne garde, ma société s'augmente; je m'impose une charge nouvelle, qu'il me faut ensuite porter et trainer après moi. Je ne veux pas d'un tiers, pour compagnon assidu de mon pèlerinage; nous sommes deux, nous resterons deux; et cependant un nouveau lien, un lien désagréable, semblait vouloir se former.

« Aux enfants de la maison, avec lesquels Félix jouait ces derniers jours, était venu se joindre un pauvre petit garçon, fort éveillé, qui se prêtait à tout ce qu'on voulait de lui, selon que le jeu le demandait, et qui fut très-vite dans les bonnes grâces de Félix. Déjà j'observais, à diverses paroles, que l'enfant songeait à en faire un camarade pour la suite du voyage. Ce petit garçon est connu dans la contrée; on le souffre partout, à cause de sa gaieté, qui lui vaut maintes aumônes; mais il ne me plaisait point, et j'ai prié Joseph de l'éloigner. Félix en a témoigné son chagrin, et il en est résulté une petite scène.

« A cette occasion, j'ai fait une découverte fort agréable. Dans un coin de la chapelle ou de la salle, était un coffre plein de pierres, et Félix, qui, depuis notre passage à travers les montagnes, a pris un goût passionné pour les minéraux, les visitait et les fouillait avec ardeur : il s'en trouvait de fort belles et d'un aspect remarquable. Notre hôte nous dit que l'enfant pouvait choisir celles qu'il voudrait. Ces pierres étaient le reste d'une grande collection qu'un ami avait expédiée d'ici récemment. Joseph l'appela Montan, et tu peux juger que je fus heureux d'entendre ce nom, sous lequel voyage un de nos meilleurs amis, à qui nous sommes si redevables. Le moment et les circonstances, dont je me suis enquis, me permettent d'espérer que je le rencontrerai bientôt dans mon pèlerinage. »

La nouvelle que Montan se trouvait dans le voisinage avait rendu Wilhelm pensif et rêveur. Il se dit qu'il ne devait pas attendre purement du hasard l'avantage de revoir un si digne ami, et il demanda à son hôte si l'on ne savait pas de quel côté ce voyageur avait dirigé ses pas. Personne ne put lui donner des renseignements précis, et déjà Wilhelm était résolu à poursuivre son voyage d'après le premier plan, quand Félix s'écria :

« Si mon père était moins obstiné, nous trouverions Montan.

— Par quel moyen ?

— Le petit Fitz disait hier qu'il saurait bien découvrir le monsieur qui avait de si belles pierres et qui s'y connaissait. »

Après quelques explications, Wilhelm résolut enfin d'en faire la tentative, mais de surveiller de près le petit garçon, dont il se défiait. Fitz fut bientôt trouvé, et, quand il sut de quoi il s'agissait, il se munit d'un maillet, d'un fer pointu, d'un bon marteau et d'un petit sac, et, avec son équipage de mineur, il se mit gaiement en marche.

On fit un nouveau détour, et l'on gravit la montagne. Les enfants couraient ensemble de rochers en rochers, par-dessus les souches et les pierres, à travers les sources et les ruisseaux; et, sans suivre aucun sentier, Fitz grimpait lestement, regardait à droite et à gauche. Comme Wilhelm, et surtout le guide, chargé des effets, ne pouvaient le suivre, les enfants allaient et venaient souvent sur leurs pas, et chantaient et sifflaient. La forme de quelques arbres nouveaux attira l'attention de Félix, qui apprit à connaître le mélèze, l'arobe, et fut captivé par les admirables gentianes, en sorte que cette course pénible ne laissait pas d'offrir de place en place quelque amusement.

Tout à coup le petit Fitz s'arrêta et prêta l'oreille. Il fit signe aux autres d'avancer.

« Entendez-vous frapper? leur dit-il. C'est le bruit d'un marteau contre le rocher.

— Nous l'entendons.

— C'est Montan, ajouta-t-il, ou quelqu'un qui pourra nous donner de ses nouvelles. »

En allant au bruit, qui se répétait par intervalles, ils arrivèrent à une clairière, et virent une haute roche, nue, escarpée, qui dominait tout, laissant même à ses pieds les hautes forêts. Ils aperçurent une personne sur le sommet, mais elle était trop éloignée pour qu'on pût la reconnaître. Aussitôt les enfants se mirent à gravir les sentiers escarpés. Wilhelm les suivait avec quelque peine et même avec danger, car celui qui gravit le premier un rocher, court moins de risque, parce qu'il prend ses avantages : ceux qui le suivent ne voient que le point où il est parvenu et non les moyens dont il s'est servi. Les enfants atteignirent bientôt le sommet, et Wilhelm entendit un grand cri de joie.

« C'est Jarno, » cria Félix à son père; et Jarno s'approcha aussitôt d'un escarpement, tendit la main à son ami et le tira jusqu'à lui. Ils s'embrassèrent avec joie dans cette atmosphère libre et pure.

Mais, à peine sortaient-ils des bras l'un de l'autre, que Wilhelm fut pris d'un vertige, moins pour lui-même que parce qu'il voyait les enfants suspendus au-dessus de l'abîme. Jarno le remarqua et fit asseoir tout le monde.

« Rien de plus naturel, dit-il, que d'être pris de vertige en présence d'une vue imposante, qui s'offre à nous d'une manière soudaine, pour nous faire sentir à la fois notre petitesse et notre grandeur; et pourtant il n'est guère de véritables jouissances qu'au point où commence le vertige.

— Sont-ce là-bas les grandes montagnes que nous avons franchies? dit Félix. Comme elles semblent petites! »

Et, détachant un petit caillou du rocher, il s'écria :

« Encore de *l'or du chat!* On en trouve donc partout !

— Il est très-répandu, dit Jarno, et, puisque ces choses t'intéressent, observe que tu es maintenant sur la plus haute montagne et sur la plus ancienne pierre du monde.

— Le monde n'a-t-il pas été fait d'un seul coup ?

— Ce n'est guère probable. Tout bon ouvrage exige du temps.

— Il y a donc là-bas d'autres pierres, et là-bas d'autres encore, et d'autres toujours! »

En parlant ainsi, Félix montrait les montagnes les plus proches, puis les plus éloignées, et la plaine enfin.

La journée était fort belle, et Jarno fit observer en détail à son ami cette vue magnifique. Il y avait encore çà et là plusieurs sommets pareils à celui sur lequel ils se trouvaient. Une montagne de moyenne grandeur semblait s'élever avec effort, mais elle était loin d'atteindre la même hauteur; au delà, le pays s'aplanissait toujours davantage : quelques roches aux formes bizarres s'élevaient encore de loin en loin. Enfin on apercevait aussi dans l'éloignement les lacs, les fleuves ; puis une fertile contrée semblait s'étendre comme une mer. Si le regard se reportait sur les objets voisins, il plongeait au fond d'abîmes effroyables, coupés de bruyantes cascades et enchaînés entre eux comme un labyrinthe.

Félix ne se lassait pas de faire des questions, et Jarno était assez complaisant pour n'en laisser aucune sans réponse ; mais Wilhelm crut reconnaître que l'instituteur n'était pas absolument véridique et sincère. Tandis que les enfants grimpaient en avant, avec impatience, Wilhelm dit à son ami :

« Tu n'as pas parlé de cette chose à l'enfant comme tu t'en parles à toi-même.

— C'est trop exiger, répondit Jarno. On ne se dit pas toujours à soi-même ce qu'on pense, et c'est un devoir de ne dire aux autres que ce qu'ils peuvent recevoir. L'homme ne comprend point ce qui n'est pas à sa mesure. Ce qu'on peut faire de mieux est de fixer les enfants au présent, de leur fournir un nom, une désignation : ils demanderont assez tôt les causes.

— On ne peut leur en faire un reproche, dit Wilhelm : la variété des objets confond l'esprit, et, au lieu de les débrouiller, il est plus commode de demander d'abord : « D'où vient cela ? « où cela va-t-il ? »

— Et cependant, reprit Jarno, comme les enfants ne voient que la surface des choses, on ne peut leur parler que superficiellement du développement et de la fin des êtres.

— La plupart des hommes, répondit Wilhelm, en restent là toute leur vie, et n'arrivent pas à cette phase sublime, où ce qui est saisissable nous paraît sot et vulgaire.

— On peut la nommer sublime, cette phase qui tient le milieu entre l'apothéose et le désespoir.

— Revenons à l'enfant qui est aujourd'hui mon premier intérêt. Depuis que nous sommes en voyage, il a pris le goût des minéraux. Ne pourrais-tu m'en apprendre assez pour le satisfaire au moins quelque temps ?

— Impossible, dit Jarno : dans chaque nouvel ordre de choses, il faut commencer par redevenir enfant, se passionner pour l'objet, et prendre d'abord plaisir à l'écorce, en attendant de parvenir jusqu'au fruit.

— Daigne au moins me dire comment tu es parvenu à ces hautes connaissances, car il n'y a pas si longtemps que nous sommes séparés.

— Mon ami, on nous a imposé une résignation, sinon éternelle, du moins de longue durée : dans de pareilles circonstances, la première pensée d'un homme courageux est de commencer une vie nouvelle. De nouveaux objets ne lui suffisent pas ; ils ne servent qu'à le distraire : il lui faut une sphère nouvelle, et il se place d'abord au milieu.

— Mais pourquoi ce goût bizarre, cette inclination, la plus solitaire du monde?

— Précisément parce qu'elle est solitaire. Je voulais fuir les hommes. On ne peut rien faire pour eux, et ils nous empêchent de rien faire pour nous. Sont-ils heureux, il faut les abandonner à leurs égarements ; sont-ils malheureux, ils veulent qu'on les sauve, sans toucher à ces folies, et nul ne demande jamais si vous êtes heureux ou malheureux.

— Ils ne sont pas si fort à plaindre, dit Wilhelm en souriant.

— Je ne veux pas te désenchanter : va ton chemin, nouveau Diogène! Ne laisse pas ta lampe s'éteindre en plein jour! Là-bas un nouveau monde s'ouvre devant toi; mais je veux gager que les choses y vont comme dans l'ancien, qui est derrière nous. Si tu ne peux servir leurs plaisirs et payer leurs dettes, tu n'es bon à rien chez les hommes.

— Ils me semblent cependant plus récréatifs que tes inertes rochers.

— Point du tout, car du moins mes rochers sont incompréhensibles.

— Tu cherches un faux-fuyant : il n'est pas dans ton caractère de t'occuper de choses qu'on ne peut espérer de comprendre. Sois sincère, et dis-moi ce que tu as trouvé dans cette dure et froide fantaisie.

— Cela est difficile à dire de toute fantaisie, surtout de celle-ci. »

Jarno se recueillit un moment et il ajouta :

« Les lettres peuvent être une belle chose : cependant elles ne sauraient suffire pour exprimer les sons; les sons, nous ne pouvons nous en passer, et pourtant il s'en faut bien qu'ils arrivent à faire entendre le véritable sens : nous finissons par nous attacher aux sons et aux lettres, et nous ne nous en trouvons pas mieux que si nous n'avions ni les uns ni les autres : ce que nous communiquons, ce qui nous est communiqué, se réduit toujours à ce qu'il y a de plus vulgaire, à ce qui ne vaut pas la peine d'être dit.

— Tu veux éluder la question, mon ami : quel rapport cela a-t-il avec ces pierres et ces rochers?

— Mais, si je traitais ces fentes et ces crevasses comme des lettres, si je cherchais à les déchiffrer, si j'en formais des mots, et si j'apprenais à les lire couramment, pourrais-tu me blâmer?

— Non, mais il me semble que c'est là un bien vaste alphabet.

— Moins vaste que tu ne penses : seulement il faut apprendre à le connaître comme un autre. La nature n'a qu'une seule écriture, et je n'ai pas besoin de me traîner sur tant de griffonnages. Ici je n'ai pas à craindre, comme il arrive souvent, quand je me suis occupé longtemps avec amour de quelque parchemin, qu'un subtil critique vienne m'assurer que tout cela est apocryphe.

— Et pourtant, reprit Wilhelm en souriant, on ne manquera pas non plus ici de critiquer tes leçons.

— C'est précisément pourquoi je n'en parle à personne, et ne veux pas non plus poursuivre avec toi, que j'aime, cet échange trompeur, ce méchant tissu de vaines paroles. »

CHAPITRE IV.

Les deux amis étaient descendus, non sans peine et sans fatigue, pour atteindre les enfants, qui s'étaient assis à l'ombre. Les pierres que Montan et Félix avaient recueillies furent étalées, avec plus d'empressement peut-être que les provisions de bouche. Félix eut beaucoup de questions à faire, Montan beaucoup de choses à nommer. L'enfant était heureux de voir que son ami savait tous les noms, et il les logeait aussitôt dans sa mémoire. Enfin il produisit encore un fragment, en disant :

« Comment s'appelle celui-ci? »

Montan le considéra avec surprise et dit :

« D'où vous vient cela ? »

Fitz répondit vivement :

« Je l'ai trouvé : il est de ce pays.

— Il n'est pas des environs, » reprit Montan.

Félix était charmé de voir l'homme supérieur un peu embarrassé.

« Je te donne un ducat, dit Montan, si tu me conduis à l'endroit où tu as trouvé cette pierre.

— Il est facile à gagner, mais pas sur l'heure, repartit l'enfant.

— Désigne-moi donc le lieu exactement, afin que je puisse le trouver sans faute. Mais c'est impossible, car c'est une *pierre de la croix*, qui vient de Saint-Jacques de Compostelle, et qu'un étranger a perdue, si même tu ne l'as pas dérobée, séduit par sa merveilleuse apparence.

— Donnez, dit Fitz, donnez votre ducat en garde à votre compagnon de voyage, et je vous dirai sincèrement où j'ai trouvé cette pierre. Dans l'église écroulée de Saint-Joseph se trouve un autel, également écroulé. Sous les pierres de dessus, brisées en morceaux, j'ai découvert un lit de celles-ci, qui servaient de fondement aux autres, et j'en ai détaché autant que j'ai pu. Si l'on renversait les pierres supérieures, on en trouverait certainement davantage.

— Prends ta pièce d'or, répliqua Montan, tu la mérites pour cette découverte : elle est assez jolie. L'homme se plaît avec raison à voir la nature inanimée produire une image des choses qu'il aime et qu'il honore ; elle nous apparaît alors comme une sibylle, qui dépose d'avance un témoignage de ce qui est résolu de toute éternité et ne doit s'accomplir que dans le temps. Les prêtres avaient fondé leur autel sur cette pierre, comme sur une base merveilleuse et sainte. »

Wilhelm, qui avait prêté l'oreille quelque temps, et qui avait remarqué que mainte dénomination et mainte description revenaient souvent, exprima de nouveau le vœu que Montan lui en apprît assez pour donner les premières notions à son fils.

« Abandonne cette idée, lui dit Montan. Il n'est rien de pire qu'un instituteur qui n'en sait pas plus que les élèves n'en devront savoir. Qui veut instruire les autres, peut bien cacher souvent la meilleure part de sa science, mais il ne doit pas savoir à demi.

— Où trouver ces maîtres parfaits?

— Tu les trouveras fort aisément.

— Où donc? reprit Wilhelm, avec quelque défiance.

— Aux lieux où la chose que tu veux apprendre se trouve dans son domaine. Pour recevoir le meilleur enseignement, il faut être environné de la science. N'est-ce pas dans le pays où l'on parle une langue que tu l'apprends le mieux? dans sa patrie, en un mot, où cette langue, et cette langue seule, frappe ton oreille?

— C'est donc au milieu des montagnes que tu es parvenu à la connaissance des montagnes?

— Assurément.

— Sans communiquer avec les hommes?

— Du moins pas avec d'autres que ceux qui sont en rapport avec les montagnes. Là où les pygmées, attirés par des veines de métal, percent les rochers, s'ouvrent un passage dans les entrailles de la terre, et cherchent, par tous les moyens, à résoudre les problèmes les plus difficiles, là est le lieu où le penseur, épris de la science, doit fixer son séjour. Il voit agir, travailler; il patiente; les succès et les échecs l'intéressent. L'utile n'est qu'une partie de ce qui importe : qui veut posséder un objet tout entier, le dominer, doit l'étudier pour lui-même. Mais, tandis que je te parle du suprême et dernier degré de la science, où l'on ne s'élève que fort tard par de nombreuses et riches observations, je vois devant nous les enfants, chez qui cela sonne tout autrement. L'enfant voudrait se mettre à tout faire, parce que tout paraît facile, quand l'exécution est parfaite. « Tout « commencement est difficile! » Cela est vrai dans un certain sens, mais on peut dire plus généralement : « Tout commence- « ment est facile, et les derniers degrés sont plus difficilement « et plus rarement franchis. »

Wilhelm, qui avait rêvé quelques moments, dit à Montan :

« Serais-tu vraiment arrivé à la conviction que l'ensemble de nos forces actives doit être décomposé dans l'enseignement comme dans la pratique?

— Je ne crois pas qu'on puisse mieux faire ni même faire autrement. Ce que l'homme veut communiquer doit se détacher de lui comme un second *moi;* et comment la chose serait-elle possible, si le premier n'en était pas absolument pénétré ?

— On a cependant regardé comme avantageuse et nécessaire une instruction variée.

— Elle peut l'être aussi en son temps. La variété des connaissances ne fait proprement que préparer l'élément dans lequel peut agir l'homme spécial, auquel est donné, par cela même, assez d'espace. D'ailleurs notre époque est celle des spécialités. Heureux l'homme qui sait le reconnaître, et qui agit dans ce sens pour lui et pour les autres ! Il est certaines choses dans lesquelles cela se comprend parfaitement et du premier coup d'œil. Deviens par l'exercice un excellent violoniste, et tu peux être assuré que le maître de chapelle te fera avec empressement ta place dans l'orchestre. Rends-toi propre à une fonction, et attends la place que la société bienveillante t'accordera dans la vie commune. Restons-en là; que celui qui ne veut pas nous croire suive son chemin : cela réussit quelquefois. Pour moi, je soutiens qu'il est toujours nécessaire de commencer par le premier échelon. Se borner à un métier est le plus sage. Pour les pauvres têtes, ce sera toujours un métier; pour les bonnes, un art, et la plus excellente, en faisant une seule chose, fera tout, ou, pour m'exprimer d'une façon moins paradoxale, dans la chose unique qu'elle sait bien faire elle voit l'emblème de tout ce qui se fait bien. »

Cet entretien, dont nous ne rapportons que la substance, se prolongea jusqu'au coucher du soleil, qui fut magnifique, mais ne laissa pas de rappeler aux voyageurs qu'ils avaient à se pourvoir d'un gîte pour la nuit. Fitz leur dit :

« Je ne saurais vous conduire sous un toit; mais, si vous consentez à passer la nuit assis ou couchés chaudement auprès d'un bon vieux charbonnier, vous serez les bienvenus. »

Ils suivirent l'enfant, par des sentiers pittoresques, au lieu paisible, où chacun se sentit bientôt comme chez lui.

Au milieu d'une forêt de médiocre étendue, fumait la pile à charbon, bien voûtée, et répandant une chaleur bienfaisante; à côté, était la hutte en branches de sapin, avec un petit feu clair tout auprès. On prit place, on s'établit. Les enfants entourèrent tout de suite la charbonnière, qui, avec un empressement hospitalier, prépara des tranches de pain, qu'elle chauffait, pour les frotter et les baigner de beurre : friand régal pour ses hôtes affamés.

Ensuite les enfants jouèrent à cache-cache derrière les troncs de pins à peine éclairés, hurlant comme des loups, aboyant comme des chiens, au point d'effrayer même des hommes courageux : cependant nos amis conversaient doucement sur leur situation. Mais un des singuliers devoirs des Renonçants, s'ils venaient à se rencontrer, était de ne parler ni du passé ni de l'avenir : le présent devait seul les occuper.

Jarno, qui avait la tête remplie des entreprises de mines et des connaissances et des aptitudes nécessaires à ces travaux, exposait avec chaleur à Wilhelm, de la manière la plus précise et la plus complète, tout ce qu'il se promettait, dans les deux mondes, de ces vues scientifiques et de cette habileté ; mais son ami, qui n'avait jamais cherché que dans le cœur humain le véritable trésor, pouvait à peine s'en faire une idée, et finit par répliquer en souriant :

« Te voilà en contradiction avec toi-même, car tu as attendu l'âge mûr pour commencer à t'occuper de choses auxquelles il faudrait être initié dès sa jeunesse.

— Détrompe-toi ; c'est précisément parce que je fus élevé, dès mon enfance, chez un bon oncle, employé supérieur des mines ; parce que j'ai grandi avec les enfants qui travaillaient au bocard, et fait voguer avec eux, sur le canal de la mine, de petits bateaux d'écorce, que je suis revenu à ces choses, au milieu desquelles je me retrouve désormais heureux et content. Il est difficile que cette fumée de charbon te plaise comme à moi, qui suis accoutumé, dès mon enfance, à la respirer comme une vapeur d'encens. J'ai fait beaucoup d'expériences dans la vie, et j'ai trouvé toujours la même chose ; l'homme ne goûte de satisfaction que dans l'habitude. La privation des choses, même désagréables, auxquelles nous étions accoutumés, nous est pénible. Je souffris longtemps d'une blessure qui ne pouvait guérir, et, lorsqu'enfin je fus rétabli, je me trouvai fort chagrin, quand le chirurgien cessa de venir me panser et déjeuner avec moi.

— Cependant, reprit Wilhelm, j'aimerais mieux mettre mon fils en état de jeter sur le monde un regard plus indépendant, que de lui donner une industrie bornée. Que l'on circonscrive la pensée de l'homme autant qu'on voudra, il finit par observer son époque, et comment pourra-t-il la comprendre, s'il ne sait pas, dans une certaine mesure, ce qui s'est fait auparavant? Et pourrait-il entrer sans étonnement dans une boutique d'épicier, s'il n'avait aucune idée des pays d'où ces raretés indispensables sont arrivées jusqu'à lui?

— Pourquoi tant de façons? répliqua Jarno. Qu'il lise les gazettes comme tous les bourgeois, et prenne son café comme toutes les vieilles femmes! Mais, si tu ne veux pas renoncer à ton idée, et si tu veux absolument d'une éducation complète, je ne comprends pas que tu puisses être si aveugle, que tu puisses chercher encore, et ne pas voir que tu te trouves tout près d'une excellente maison d'éducation.

— Tout près? dit Wilhelm en secouant la tête.

— Sans doute! Que vois-tu là?

— Où donc?

— Justement devant ton nez. »

Jarno allongea l'index, désigna l'objet, et s'écria avec impatience :

« Que vois-tu là?

— Eh quoi! une pile à charbon : mais qu'importe?

— Bon! enfin! une pile à charbon! Comment s'y prend-on pour la construire?

— On empile les bûches serrées les unes contre les autres.

— Et quand la chose est faite?

— A ce qu'il me semble, tu veux me faire l'honneur de m'amener, par la méthode socratique, à reconnaître, à confesser, que je suis absurde et stupide au suprême degré.

— Nullement, mon ami; continue à me répondre point par point. Que fait-on quand le tas de bois est disposé régulièrement en masse serrée, mais avec des passages pour l'air?

— Eh bien, on y met le feu.

— Et quand le feu est bien allumé, quand la flamme sort par

chaque ouverture, comment est-ce qu'on procède? Laisse-t-on continuer l'embrasement?

— Point du tout. On prend bien vite des mottes de gazon, de la terre, du poussier, et tout ce qu'on a sous la main, afin de fermer le passage à la flamme.

— Pour l'éteindre?

— Non pas; pour l'amortir.

— On lui laisse donc autant d'air qu'il est nécessaire pour que le feu pénètre partout, que la masse s'embrase; puis on bouche toutes les ouvertures; on empêche toute éruption, afin que tout s'éteigne, se carbonise, se refroidisse peu à peu; enfin on démolit le four; on livre le charbon comme marchandise au forgeron et au serrurier, au boulanger et au cuisinier, et, lorsqu'il a rendu assez de services à la chrétienté, il est employé comme cendre par les blanchisseuses et les savonniers.

— Eh bien, dit Wilhelm en riant, pour suivre cette parabole, comment te considères-tu toi-même?

— C'est facile à dire : je me regarde comme un vieux panier d'excellent charbon de hêtre, mais je me permets cette particularité, de ne brûler que pour moi-même : c'est pourquoi les gens me trouvent fort bizarre.

— Et moi, reprit Wilhelm, que suis-je à ton avis?

— Pour le moment, tu me sembles un bâton de voyageur, qui a la singulière propriété de verdir à toute place où on le pose, mais de ne pousser de racines nulle part. Achève toi-même la comparaison, et sache comprendre d'où vient que jamais forestier, jardinier, charbonnier, menuisier, ni ouvrier quelconque, ne peuvent rien faire de toi. »

Comme ils discouraient ainsi, Wilhelm tira de sa poche, je ne sais pour quel usage, quelque chose qui ressemblait un peu à un portefeuille, un peu à une trousse, et que Montan salua comme une vieille connaissance. Notre ami convint qu'il portait cela sur lui comme une espèce de fétiche, dans la croyance superstitieuse que son sort dépendait, en quelque manière, de la possession de cet objet.

Quel était cet objet, c'est une confidence que nous ne pouvons encore faire à nos lecteurs : mais nous devons dire qu'il donna naissance à un entretien dont le résultat fut, en dernière analyse, que Wilhelm confessa le vif désir qu'il avait depuis longtemps de se vouer à une profession particulière, à un art.véritablement utile, à supposer que Montan voulût s'employer auprès des associés, pour faire cesser bientôt la plus fatigante de toutes les conditions de la vie, savoir, de ne pas résider plus de trois jours en un même lieu; en sorte qu'il lui fût permis, pour atteindre son but ici ou là, de séjourner dans le lieu qu'il lui plairait. Montan promit d'intervenir, après que Wilhelm eut fait le veu solennel de suivre sans relâche le projet dont il lui faisait confidence, et de persister constamment dans la résolution qu'il aurait prise.

Tout en poursuivant ce grave entretien, et en soutenant la discussion sans se lasser, ils avaient quitté leur station nocturne, où une société étrange et suspecte s'était peu à peu rassemblée, et, au point du jour, ils étaient arrivés dans une clairière, où ils rencontrèrent quelques pièces de gibier, spectacle fort agréable, surtout pour le joyeux Félix. Il fallut songer à se séparer; car, à cette place, les sentiers prenaient des directions différentes. Les voyageurs consultèrent Fitz à ce sujet ; mais il paraissait distrait, et, contre son habitude, ses réponses étaient embarrassées.

« Tu es un vaurien, lui dit Jarno; tu connais tous les hommes qui nous entouraient cette nuit. C'étaient des bûcherons et des mineurs, à la bonne heure; mais, les derniers qui sont venus, je les tiens pour des contrebandiers, pour des braconniers; et ce grand, qui est arrivé après tous les autres, qui ne cessait de tracer des caractères dans le sable, et que les autres traitaient avec quelque respect, était assurément un chercheur de trésors, que tu sers en cachette.

— Ce sont tous de bonnes gens, répondit le petit garçon ; ils ont de la peine à gagner leur pain, et, s'ils font quelquefois ce que les autres défendent, ce sont de pauvres diables, qui peuvent bien se permettre quelque chose pour vivre. »

A vrai dire, le petit fripon, voyant que les amis se disposaient à se séparer, était devenu rêveur; il faisait à part soi ses réflexions : car il hésitait à savoir lequel des deux il suivrait. Il calculait son avantage : le père et le fils n'étaient point chiches de leur argent, mais Jarno ne l'était point du tout de son or : il crut mieux faire de ne pas se séparer de lui. Il saisit donc l'occasion qui se présenta, quand Jarno lui dit, au moment de partir :

« Maintenant, quand j'irai à Saint-Joseph, je verrai si tu es un honnête garçon : je chercherai l'autel brisé et les pierres de la croix.

— Vous ne trouverez rien, dit Fitz, et je n'en serai pas moins honnête : la pierre vient de là, mais j'ai enlevé tous les morceaux, et je les garde dans ces montagnes. C'est une pierre de prix, sans laquelle on ne peut découvrir aucun trésor : on me paye fort cher un petit morceau. Vous aviez raison : c'est ainsi que j'ai fait connaissance avec l'homme maigre. »

Cet aveu amena de nouveaux arrangements : Fitz promit à Jarno, pour un second ducat, de lui trouver, assez près de là, un beau morceau de ce rare minéral. Ensuite il détourna Wilhelm de visiter le Château des géants ; mais, comme Félix insistait pour le voir, Fitz recommanda au guide de pas laisser les voyageurs y pénétrer trop avant, car personne ne pouvait jamais sortir de ces grottes et de ces crevasses. On se sépara, et Fitz promit de se trouver de bonne heure sous les portiques du Château des géants.

Le guide marchait en avant; le père et le fils le suivaient : mais, aussitôt que le guide eut fait quelques pas sur la pente de la montagne, Félix fit observer qu'on ne suivait pas la route que Fitz avait indiquée. Le guide répondit :

« Je sais mieux le chemin que lui. Une tempête a renversé dernièrement une étendue de forêt non loin d'ici : les arbres, abattus et croisés les uns par-dessus les autres, obstruent ce chemin. Suivez-moi : je vous mènerai au but sans accident. »

Félix abrégea pour lui cet ennuyeux sentier, en marchant et bondissant de rochers en rochers. Il se félicitait de la science qu'il avait acquise, disant qu'il sauterait maintenant du granit sur le granit. Il montait de la sorte et enfin il s'arrêta sur de noires colonnes renversées pêle-mêle; tout à coup il vit le Château des géants devant ses yeux. Des colonnades s'élevaient sur une cime isolée; des rangées de colonnes formaient des portes, des galeries, à la suite les unes des autres. Le guide avertit sérieusement Félix de ne pas s'égarer dans l'intérieur, et, remarquant dans une place abritée, d'où la vue s'étendait au loin, des cendres laissées par ses devanciers, il alluma un feu petillant. Comme il préparait, selon son habitude, un repas frugal, tandis que Wilhelm lui demandait quelques détails sur la contrée qui s'étendait sans bornes devant ses yeux, et qu'il se proposait de parcourir, Félix avait disparu : il s'était apparemment perdu dans les cavernes. Les cris, les coups de sifflet, restèrent sans réponse, et l'enfant ne reparaissait pas.

Wilhelm préparé, en vrai pèlerin, à tous les accidents, tira de sa gibecière un peloton de ficelle, l'attacha soigneusement, et s'abandonna au fil protecteur, avec lequel il avait eu l'intention de conduire son fils dans l'intérieur. Il avançait de la sorte et donnait par intervalles un coup de sifflet. Ce fut longtemps en vain. Enfin un sifflement aigu retentit de la profondeur, et bientôt Félix parut à l'entrée d'une caverne de la roche noire, et, levant les yeux vers son père :

« Es-tu seul? dit-il, d'une voix étouffée et mystérieuse.

— Tout seul.

— Passe-moi un morceau de bois pointu; passe-moi un bâton, » dit l'enfant.

Quand ces objets furent dans ses mains, il disparut, après avoir crié d'une voix inquiète :

« Ne laisse entrer personne dans la grotte! »

Quelques moments après, il reparut, et demanda un morceau de bois plus fort et plus long. Le père attendait avec anxiété le mot de cette énigme. Enfin l'audacieux Félix sortit lestement de la caverne, portant une cassette, qui n'était pas plus grande qu'un volume in-octavo. Elle était vieille et magnifique, et semblait être d'or émaillé.

« Prends-moi cela, mon père, et ne le laisse voir à personne! »

Aussitôt il lui raconta vivement comme il s'était glissé, avec un secret pressentiment, dans cette caverne, sous laquelle s'étendait un espace où pénétrait une faible lumière. Il s'y trouvait, dit-il, un grand coffre de fer, qui n'était pas fermé à clef, mais dont il n'avait pu qu'entr'ouvrir un peu le couvercle, trop pesant pour qu'il le soulevât. C'était pour en venir à bout qu'il avait demandé les bâtons, soit pour servir de coins, soit pour soutenir le couvercle. Enfin il avait trouvé le coffre vide, mais il avait découvert dans un coin la précieuse cassette.

Ils se promirent l'un à l'autre sur cette trouvaille un profond secret. Midi était passé; ils avaient pris quelque nourriture; Fitz n'était pas encore arrivé, comme il l'avait promis : mais Félix, vivement inquiet, désirait s'éloigner du lieu où son trésor semblait exposé aux réclamations de la terre ou des puissances souterraines. Les colonnes lui semblaient plus noires, les cavernes plus profondes. Il portait le poids d'un secret, d'une acquisition légitime ou illégitime, assurée ou précaire. L'impatience le pressait de quitter ce lieu; il croyait se délivrer de souci en changeant de place.

Ils s'acheminèrent vers les vastes domaines du grand propriétaire dont la richesse et les bizarreries leur étaient connues par de nombreux récits. Félix ne gambadait plus comme le matin, et ils suivirent tous trois leur chemin tranquillement pendant quelques heures. Par moments, Félix demandait à voir la cassette : le père, indiquant du geste le guide, engageait son fils à se calmer. Tantôt l'enfant était plein d'impatience de voir Fitz arriver; tantôt il redoutait la présence du petit drôle. Quelquefois il sifflait, pour donner un signal, puis il se repentait aussitôt de l'avoir donné; et ses hésitations durèrent jusqu'au moment où le petit camarade fit entendre de loin son sifflet. Il s'excusa de n'être pas venu au Château des géants. Jarno l'avait retenu; les arbres renversés lui avaient fait obstacle. Ensuite il s'informa en détail de ce qui leur était arrivé parmi les colonnes et les galeries, et s'ils étaient allés bien avant. Félix lui fit contes sur contes, avec une pétulance mêlée d'embarras; il regardait son père en souriant, le tirait à la dérobée par le bord de son habit, et faisait tout ce qu'il fallait pour laisser voir qu'il avait un trésor secret et qu'il dissimulait.

Ils étaient arrivés à un grand chemin, qui devait les conduire commodément chez ce riche propriétaire; mais Fitz assura qu'il connaissait un chemin meilleur et plus court, où le guide refusa de les accompagner, continuant d'avancer par la route large et droite où il était entré. Les deux voyageurs se fièrent au petit mauvais sujet, et imaginèrent avoir bien fait, car ils descendirent la montagne par un sentier rapide, à travers une forêt de hauts mélèzes aux tiges élancées, laquelle, s'éclaircissant toujours davantage, leur permit de voir le plus beau domaine qu'on puisse imaginer, éclairé par le plus brillant soleil.

Un grand jardin, qui paraissait uniquement consacré aux cultures utiles, se développait devant leurs yeux, bien qu'il fût planté richement d'arbres fruitiers, parce qu'il couvrait régulièrement, en différentes divisions, un terrain incliné dans toute son étendue, mais auquel des ondulations diverses donnaient une agréable variété. Il s'y trouvait plusieurs habitations éparses, en sorte que cet espace semblait appartenir à divers maîtres, et pourtant Fitz assura qu'un seul homme en avait la propriété et la jouissance. Au-delà du jardin, s'étendaient, à perte de vue, des campagnes richement plantées et cultivées : on pouvait distinguer nettement les rivières et les lacs.

Ils s'étaient approchés toujours davantage, en descendant la montagne, et ils croyaient se trouver d'abord dans le jardin, quand Wilhelm fit un mouvement de surprise, et Fitz ne put dissimuler sa maligne joie : une fosse escarpée s'ouvrait devant eux, au pied de la montagne, et laissait voir vis-à-vis une grande muraille, jusqu'alors cachée, assez haute par dehors, quoique, à l'intérieur, la terre s'élevât jusqu'au faîte. Un fossé profond les séparait donc du jardin qu'ils voyaient devant eux.

« Nous avons encore un assez grand détour à faire, dit Fitz, si nous voulons gagner l'avenue; mais je sais de ce côté, une entrée, dont nous sommes beaucoup plus près. C'est ici que s'ouvrent les souterrains par lesquels, lorsqu'il survient des averses, l'eau de pluie est amenée dans le jardin : ils sont assez hauts et assez larges pour qu'on y puisse passer commodément. »

Quand Félix entendit parler de souterrains, il ne put résister à l'envie de passer par cette entrée. Wilhelm suivit les enfants, et ils descendirent ensemble les hauts degrés, entièrement secs, de ces conduits voûtés. Ils se trouvaient tantôt dans la lumière, tantôt dans l'obscurité, selon que le jour pénétrait par des ouvertures latérales ou qu'il était arrêté par des murs et des piliers. Ils parvinrent enfin à une place assez unie, et ils avançaient lentement, quand tout à coup une détonation se fit entendre tout près; en même temps, deux grilles de fer, qu'ils n'avaient pas vues, se fermèrent et leur interceptèrent le passage des deux côtés. Ils n'étaient pas pris tous trois, mais seulement Wilhelm et Félix : car, au moment où le coup était parti, Fitz avait reculé d'un bond, et la grille, en se fermant, n'avait pris que sa large manche; mais lui, ôtant vite sa jaquette, il s'était enfui sans tarder un moment.

Les deux prisonniers étaient à peine remis de leur surprise, qu'ils entendirent des voix d'hommes qui semblaient s'approcher lentement. Bientôt après, des gens armés, portant des flambeaux, s'avancèrent vers les grilles, curieux de savoir quelle capture ils avaient faite. Ils demandèrent en même temps si l'on se rendait de bonne grâce.

« Il ne peut être question de nous rendre, répliqua Wilhelm, nous sommes en votre pouvoir. Nous avons plutôt sujet de vous demander si votre intention est de nous épargner. Je vous livre la seule arme que nous possédions. »

En disant ces mots, il tendit son couteau de chasse à travers la grille. Elle s'ouvrit aussitôt, et les voyageurs furent doucement conduits plus avant. Lorsqu'on leur eut fait monter un escalier tournant, ils se trouvèrent dans un lieu fort étrange. C'était une chambre spacieuse et propre, éclairée par de petites fenêtres percées sous la corniche, et qui, malgré des barreaux épais, répandaient assez de lumière. On l'avait meublée de sièges, de lits, de tout ce qu'on pourrait demander dans une auberge ordinaire, et, celui qu'on y enfermait paraissait ne manquer d'autre chose que de la liberté.

Dès son entrée dans la chambre, Wilhelm s'était assis et réfléchissait à leur position; mais Félix, lorsqu'il fut revenu de sa surprise, entra dans une incroyable fureur. Ces droites murailles, ces hautes fenêtres, ces portes solides, cet isolement, cette reclusion, étaient pour lui une chose toute nouvelle. Il regardait autour de lui, il courait de côté et d'autre, trépignait, pleurait, secouait les verrous, frappait du poing contre les portes; il les aurait même heurtées de la tête, si Wilhelm ne l'avait saisi et retenu de force.

« Souffre tout cela tranquillement, mon fils, lui dit-il, car l'impatience et la violence ne nous tireront pas de cette position. Ce mystère s'éclaircira, mais, ou je me trompe fort, ou nous ne sommes pas tombés dans de mauvaises mains. Lis ces inscriptions :

Liberté et réparation pour l'innocent ; pitié pour l'homme séduit ; justice sévère pour le coupable.

« Tout cela nous montre que ces dispositions sont l'œuvre de la nécessité et non de la cruauté. L'homme n'a que trop de raisons pour se garantir de l'homme. Les malveillants sont nombreux ; les malfaiteurs ne sont pas rares, et, pour vivre tranquillement, il ne suffit pas toujours de bien faire. »

Félix avait repris du sang-froid, mais il se jeta sur un lit, sans faire d'autre démonstration et sans répondre. Le père poursuivit en ces termes :

« N'oublie jamais cette expérience que tu fais, si jeune et si innocemment, et qu'elle te soit un vif témoignage de la haute civilisation du siècle où tu as vu le jour. Quel chemin l'humanité n'a-t-elle pas dû faire, avant d'arriver à être clémente envers les coupables, modérée envers les criminels, humaine envers les inhumains ! Assurément c'étaient des hommes d'une nature divine, ceux qui donnèrent les premiers ces leçons, qui consacrèrent leur vie à en rendre la pratique possible et à l'accélérer. Les hommes sont rarement capables du beau ; ils le sont plus souvent du bon, et quelle vénération ne devons-nous pas à ceux qui cherchent à l'avancer par de grands sacrifices ? »

Ces sages et consolantes paroles, qui exprimaient parfaitement l'intention des geôliers, Félix ne les avait pas entendues : il était plongé dans un profond sommeil, plus frais et plus beau que jamais ; car une passion, telle qu'il n'en avait guère éprouvé, avait manifesté sur ses joues pleines tous les mouvements de son âme. Son père l'observait avec complaisance, quand il vit paraître un jeune homme de belle taille, qui, après avoir considéré un moment l'étranger d'un air affectueux, lui demanda quelles circonstances l'avaient amené par cette route extraordinaire et dans ce piége. Wilhelm lui raconta son aventure tout uniment, lui présenta quelques papiers de nature à le faire connaître, et s'appuya du guide, qui devait arriver bientôt par la route ordinaire.

Toute l'affaire étant éclaircie, l'officier invita son hôte à le suivre. On ne put éveiller Félix, et les serviteurs l'emportèrent sur un bon matelas, comme on porta jadis Ulysse endormi.

Wilhelm suivit l'officier dans un beau pavillon de jardin, où lui fut servie une collation, tandis que le jeune homme allait faire son rapport au maître. Quand Félix, en s'éveillant, vit une petite table servie, des fruits, du vin, des biscuits, et en même temps la porte gaiement ouverte, il fut merveilleusement surpris. Il s'élance dehors, il revient, il croit avoir fait un rêve; avec une si bonne chère et un si agréable spectacle autour de lui, il eut bientôt oublié sa frayeur passée et toutes ses angoisses, comme on oublie un songe pénible, à la clarté du matin.

Le guide était arrivé; l'officier revint avec lui et avec un vieux bonhomme, encore plus avenant. Alors le mystère s'expliqua de la manière suivante. Le maître du domaine, homme d'une haute bienfaisance, car il animait tout le monde autour de lui à travailler et à produire, avait, depuis plusieurs années, cédé gratuitement aux cultivateurs soigneux et laborieux les jeunes plantes de ses immenses pépinières; aux cultivateurs négligents, il les vendait pour un certain prix, et aussi pour un prix modéré à ceux qui voulaient en faire commerce. Mais ces deux dernières catégories de personnes demandaient aussi gratis ce que les bons ouvriers obtenaient gratis, et, comme on ne voulait pas leur céder, ils cherchaient à dérober les plantes. Ils y avaient réussi de plusieurs manières. Le propriétaire en était d'autant plus indigné, que les pépinières étaient non-seulement pillées, mais dévastées. On s'aperçut que les voleurs s'introduisaient par les aqueducs, et l'on établit ces grilles, avec une arme à feu, qui partait d'elle-même, mais seulement pour servir de signal. Le petit garçon s'était montré dans le jardin sous divers prétextes, et c'était une chose toute naturelle que, par audace et par malice, il voulût faire suivre aux étrangers un chemin qu'il avait découvert auparavant dans un autre but. On aurait voulu s'assurer de sa personne : du moins sa jaquette fut gardée parmi d'autres pièces de conviction.

CHAPITRE V.

En se rendant au château, notre ami fut surpris de ne rien trouver qui ressemblât à un jardin dans l'ancien goût, non plus qu'à un parc moderne; des arbres fruitiers, plantés en ligne droite, des champs de légumes, de grands espaces couverts de plantes médicinales, et tout ce qu'on pouvait regarder comme utile, s'offrait à lui, d'un coup d'œil, dans une plaine doucement inclinée. Une place, ombragée de hauts tilleuls, s'étendait, comme l'imposant péristyle du remarquable édifice; une longue allée, attenante, d'arbres de même taille et de même âge, offrait, pour toutes les heures du jour, un passage et une promenade. Wilhelm entra dans le château, et trouva les murs du vestibule décorés d'une façon toute particulière : de grandes peintures géographiques des quatre parties du monde frappèrent ses yeux; les murs du large escalier offraient également des esquisses de différents royaumes. Introduit dans le grand salon, il se trouva environné de vues des villes les plus remarquables, bordées en haut et en bas par des peintures représentant les pays où elles sont situées, le tout disposé avec tant d'art, que les détails frappaient aisément les yeux, et que l'ensemble offrait néanmoins un remarquable enchaînement.

Le maître de la maison, petit vieillard plein de vivacité, souhaita la bienvenue à son hôte, et, sans autre préambule, lui demanda, en indiquant les peintures des murailles, si par hasard quelqu'une de ces villes lui était connue, et s'il y avait fait quelque séjour. Wilhelm put lui parler avec détail de plusieurs, et prouver que non-seulement il avait vu bon nombre de villes, mais qu'il avait su en observer l'état et les particularités.

Le maître, ayant sonné, donna l'ordre qu'on préparât un appartement pour les deux étrangers et qu'on les fît souper.

Ils rencontrèrent, dans une grande salle du rez-de-chaussée, deux dames, dont l'une dit à Wilhelm, de l'air le plus gracieux :

« Vous trouverez ici peu de monde, mais de bonnes gens. Nous sommes les deux nièces ; ma sœur est l'aînée : elle se nomme Juliette ; je m'appelle Hersilie ; les deux maîtres sont le père et le fils ; ces messieurs, que vous connaissez, sont les officiers et les amis de la maison, dont ils possèdent et méritent toute la confiance. Asseyons-nous. »

Les dames firent asseoir Wilhelm entre elles ; les officiers prirent place aux deux bouts, et Félix de l'autre côté, où il s'établit aussitôt vis-à-vis d'Hersilie, qu'il ne quittait pas des yeux.

La conversation s'était d'abord engagée sur des matières générales ; Hersilie saisit l'occasion de dire :

« Afin que notre hôte ait plus vite fait connaissance avec nous, et puisse entrer dans notre conversation, je dois l'informer que nous lisons beaucoup, et que, par hasard, par goût, peut-être aussi par esprit de contradiction, chacun de nous s'est attaché à une littérature différente. Notre oncle est pour l'italienne ; cette dame-ci n'est point fâchée qu'on la prenne pour une Anglaise accomplie, et moi, je tiens pour les Français, tant qu'ils restent agréables et gais. Le papa bailli fait ses délices des antiquités germaniques, et, comme de juste, le fils doit vouer ses affections à l'Allemagne moderne. C'est là-dessus que vous nous jugerez, que vous prendrez part à nos débats, pour nous approuver ou nous combattre : de toute façon, vous serez le bienvenu. »

Et, en effet, l'entretien devint très-animé. Cependant la direction des regards étincelants du beau Félix n'avait pas échappé à Hersilie ; elle se sentait surprise et flattée, et lui envoyait les meilleurs morceaux, qu'il recevait avec joie et reconnaissance. Mais, au dessert, comme il regardait de son côté, pardessus une assiette de pommes admirables, elle crut remarquer en elles autant de rivales ; et vite elle en prit une, et l'offrit, à travers la table, à l'amoureux en herbe. Félix s'en saisit avidement, et se mit à la peler aussitôt ; mais, comme il ne cessait de contempler sa belle voisine, il se fit au pouce une coupure profonde. Le sang coula vivement : Hersilie courut à lui, s'empressa de lui donner les soins nécessaires, et, quand elle eut arrêté le sang, elle ferma la blessure avec du papier anglais.

Cependant Félix la pressait dans ses bras et ne voulait pas se séparer d'elle. La confusion devint générale ; on se leva de table, et l'on se disposait à se séparer.

« Vous aimez sans doute à faire quelque lecture avant de vous coucher, dit Hersilie à Wilhelm. Je vous enverrai un cahier de ma main, une traduction du français, et vous me direz si vous avez rencontré beaucoup de choses plus jolies. L'héroïne est une jeune folle. Ce n'est pas, j'en conviens, une grande recommandation ; mais, si je devais jamais devenir folle, comme l'envie m'en prend quelquefois, je voudrais que ce fût comme cela.

La folle voyageuse.

M. de Revanne est un riche particulier, qui possède les plus belles terres de sa province. Il habite, avec son fils et sa sœur, un château qui serait digne d'un prince ; en effet, son parc, ses eaux, ses fermes, ses manufactures, son train de maison, faisant vivre la moitié des habitants, à six lieues à la ronde, M. de Revanne est, par la considération dont il jouit, par le bien qu'il fait, véritablement un prince.

Il y a quelques années que, se promenant, le long des murs de son parc, sur la grand'route, il lui plut de se reposer dans un bosquet, où le voyageur s'arrête volontiers. De grands arbres s'élèvent au-dessus d'arbrisseaux jeunes et touffus ; on est à l'abri du vent et du soleil ; une source, gracieusement encadrée, répand ses eaux sur les racines, les pierres et le gazon. Le promeneur portait, selon sa coutume, un livre et un fusil. Il essaya de lire, mais le chant des oiseaux, quelquefois les pas des voyageurs, lui causaient de fréquentes et agréables distractions.

Une belle matinée suivait son cours, lorsqu'il vit approcher une femme jeune et charmante, qui s'écarta de la grand'route, pour chercher du repos et du rafraîchissement sous l'ombrage où il se trouvait. Il fut tellement surpris à sa vue, que le livre lui tomba des mains. La voyageuse, avec les plus beaux yeux du monde, et une figure agréablement animée par la marche, avait une tournure, un maintien, un air si distingué, que M. de

Revanne se leva de sa place, sans y songer, et regarda du côté de la route, croyant voir arriver les gens de cette dame, qu'il supposait restés en arrière. Puis l'inconnue attira de nouveau son attention en le saluant avec noblesse, et il lui rendit respectueusement son salut. Sans dire un mot, la belle voyageuse s'assit au bord de la source, en poussant un soupir.

« Effet bizarre de la sympathie ! s'écria M. de Revanne, lorsqu'il me raconta cette histoire : je répondis du cœur à ce soupir. Je restais immobile, sans savoir ce que je devais dire ou faire : je ne pouvais assez contempler ces perfections. Couchée comme elle l'était sur le gazon, appuyée sur le coude, elle me parut la plus belle figure de femme qu'on pût imaginer. Ses souliers attirèrent mon attention : tout couverts de poussière, ils annonçaient qu'elle avait fait une longue course à pied ; et cependant ses bas de soie étaient si brillants, qu'ils semblaient sortir du lissoir ; sa robe, relevée avec soin, n'était point froissée ; ses cheveux semblaient avoir été frisés tout à l'heure ; de fin linge, de fines dentelles ; elle était parée comme pour le bal ; rien chez elle n'annonçait une vagabonde, et pourtant elle n'était pas autre chose, mais une vagabonde digne de pitié, digne de respect.

« Enfin quelques regards, qu'elle jeta sur moi, m'encouragèrent à lui demander si elle voyageait seule.

« Oui, monsieur, dit-elle, je suis seule au monde.

« — Eh quoi, madame, vous seriez sans parents, sans connaissances ?

« — Ce n'est pas précisément ce que je voulais dire, mon-
« sieur. J'ai assez de parents et de connaissances, mais je n'ai
« point d'amis.

« — Il est impossible que ce soit votre faute : vous avez une
« figure, et sans doute aussi un cœur, auxquels on peut beau-
« coup pardonner. »

« Elle sentit l'espèce de reproche que mon compliment dissimulait, et je conçus une idée favorable de son éducation. Elle fixa sur moi ses yeux célestes, limpides, brillant du plus parfait azur ; puis elle me dit avec noblesse qu'elle ne pouvait trouver mauvais qu'un homme d'honneur, tel que je semblais être, conçût quelques soupçons contre une jeune fille qu'il trouvait seule sur le grand chemin ; déjà plus d'une fois elle avait éprouvé ce désagrément ; mais, quoiqu'elle fût étrangère, quoique personne n'eût le droit de l'interroger, elle me priait de croire que le but de son voyage pouvait s'accorder avec la plus scrupuleuse bienséance. Des raisons dont elle ne devait compte à personne l'obligeaient à promener sa douleur de lieux en lieux. Elle avait reconnu que les dangers qu'on redoute pour son sexe étaient purement imaginaires, et que, même au milieu d'une troupe de brigands, l'honneur d'une femme ne court de péril que par la faiblesse de son cœur et de ses principes. Au reste elle ne voyageait qu'à des heures et par des chemins où elle se croyait en sûreté ; elle ne parlait pas avec le premier venu, et s'arrêtait quelquefois en des lieux convenables, où elle pouvait subvenir à son entretien par des services du genre de ceux auxquels on l'avait formée. A ces mots, sa voix tomba, ses yeux se baissèrent et je vis quelques larmes couler sur ses joues.

« Je ne doutais nullement, lui répondis-je, que sa naissance ne fût honnête et sa conduite digne de respect. Je la plaignais seulement d'être obligée de servir, elle qui paraissait si digne de trouver des serviteurs ; quelque vive que fût ma curiosité, je ne la presserais pas davantage ; je désirais plutôt, en faisant plus ample connaissance avec elle, me convaincre qu'elle était partout aussi attentive à sa réputation qu'à sa vertu.

« Ces mots parurent la blesser de nouveau, car elle répondit qu'elle cachait justement son nom et sa patrie par égard pour la renommée, qui toutefois, le plus souvent, se composait moins de réalités que de conjectures. Quand elle demandait de l'emploi, elle produisait des témoignages des dernières maisons où elle avait servi, et ne cachait point qu'elle ne voulait pas être interrogée sur sa patrie et sa famille. Là-dessus on pouvait se décider et s'en remettre au ciel et à sa parole, sur l'innocence de toute sa vie et son honnêteté. »

Ces discours ne faisaient soupçonner chez la belle aventurière aucun égarement d'esprit. M. de Revanne, qui ne pouvait bien comprendre cette résolution de courir le monde, en vint à soupçonner qu'on avait peut-être voulu la marier contre son inclination. En conséquence il se demanda si sa conduite n'était point l'effet d'un désespoir d'amour, et, chose assez bizarre, quoique fort ordinaire, en la supposant éprise d'un autre, il devint lui-même amoureux d'elle, et craignit qu'elle ne voulût poursuivre sa route. Il ne pouvait quitter des yeux ce beau visage, embelli par les doux reflets de la verdure. Si jamais il exista des nymphes, jamais il ne s'en vit de plus belle couchée sur le gazon ; et ce qu'il y avait de romanesque dans cette rencontre répandait sur l'aventure un charme auquel M. de Revanne ne put résister.

Sans considérer la chose de plus près, il prie la belle inconnue de le suivre dans son château. Elle ne fait aucune difficulté; elle l'accompagne, et se présente comme une personne accoutumée au grand monde. On sert des rafraîchissements : elle accepte, sans vaine cérémonie, avec une gracieuse civilité. En attendant le dîner, on lui fait voir le château : elle ne remarque rien que ce qui mérite l'attention, dans les meubles, les tableaux, l'heureuse distribution des appartements ; elle trouve une bibliothèque : elle connaît les bons livres, et en parle avec goût et modestie. Nul babil, nul embarras. A table, sa contenance est aussi noble que naturelle, et sa conversation, du ton le plus aimable. Jusque-là tout est raisonnable dans ses discours, et son caractère ne paraît pas moins charmant que sa personne.

Après dîner, un badinage la rendit plus agréable encore. S'adressant, avec un sourire, à Mlle de Revanne, elle lui dit qu'elle avait coutume de payer son écot par quelque travail, et de demander, chaque fois qu'elle manquait d'argent, des aiguilles à ses hôtesses.

« Permettez-moi, ajouta-t-elle, de laisser une fleur sur votre métier à broder, afin qu'à l'avenir, sa vue vous rappelle la pauvre inconnue. »

Mlle de Revanne témoigna son regret de n'avoir aucun ouvrage commencé, et d'être ainsi privée du plaisir d'admirer son habileté. Aussitôt la voyageuse se tourna vers le clavecin.

« Je payerai donc ma dette en monnaie aérienne, dit-elle, comme ce fut autrefois l'usage des ménestrels ambulants. »

Elle essaya l'instrument par quelques préludes, qui annonçaient une main très-exercée. On ne douta plus qu'elle ne fût une personne de condition, qui possédait tous les talents agréables. Son jeu fut d'abord vif et brillant; elle passa ensuite à des modulations sérieuses, des modulations d'une profonde tristesse que l'on retrouva dans ses yeux : ils se mouillèrent de larmes; ses traits s'altérèrent, sa main s'arrêta : mais tout à coup elle surprit toute la compagnie, en se mettant à chanter gaiement et risiblement, avec la plus belle voix du monde, une chanson folâtre. Comme on eut lieu de croire dans la suite que cette romance burlesque la touchait de près, on nous pardonnera de la rapporter ici.

« D'où viens-tu si vite en long manteau, quand le ciel blanchit à peine à l'orient? Notre ami a-t-il fait par ce vent glacial un pieux pèlerinage? Qui donc lui a pris son chapeau? Est-ce volontairement qu'il marche nu-pieds? Comment est-il venu dans la forêt, sur les monts neigeux et sauvages?

« Il vient fort singulièrement d'une chaude retraite, où il se promettait de plus doux plaisirs. S'il n'avait pas son manteau, que sa honte serait affreuse! Ainsi la friponne l'a trompé et l'a débarrassé de ses habits! Le pauvre ami s'en est allé, peu s'en faut, comme Adam, nu et dépouillé.

« Mais aussi pourquoi courir après cette pomme dangereuse, qui était, je l'avoue, aussi belle dans l'enclos du moulin qu'autrefois dans le paradis? Il ne sera guère tenté de recommencer le même jeu. Il s'est esquivé bien vite de la maison, et, une fois en plein air, il éclate en plaintes amères.

« Je ne lisais pas dans ses regards de flamme un mot de tra-
« hison; elle semblait ravie ainsi que moi, et elle méditait
« une action si noire! Pouvais-je supposer dans ses bras que la
« perfidie faisait battre son cœur? Elle enchaînait l'amour vo-
« lage, et il nous était assez favorable.

« Prendre plaisir à mes transports, à cette nuit qui ne voulait
» pas finir, et n'appeler sa mère qu'à l'approche du matin!...
« Alors une douzaine de parents entrent avec fracas : un vrai
« torrent! Les frères arrivent, les tantes lorgnent par derrière,
« un cousin paraît, puis un oncle.

« Ce fut un vacarme, une rage! On aurait dit autant de bêtes
« féroces. Avec des cris épouvantables, ils me redemandaient
« fleur et couronne. Pourquoi donc assaillir, comme des extra-

« vagants, un innocent jeune homme? Pour attraper de pareils
« trésors, il faut être bien plus alerte.

« L'amour, à son jeu charmant, sait toujours prendre l'a-
« vance : certes, il ne laisse pas les fleurs attendre seize ans
« au moulin. Ils volèrent donc mes habits, et voulaient aussi le
« manteau. Mais comment tant de canaille maudite s'est-elle
« fourrée dans l'étroite maison ?

« Moi, je me lève en sursaut, je tempête et je jure, résolu à
« me faire passage. Je regarde encore une fois la perfide : hé-
« las! elle était toujours belle! Ils reculent tous devant ma
« fureur; bien des menaces s'exhalent encore; mais, en pous-
« sant une voix de tonnerre, je m'élance enfin hors de cette
« caverne.

« Jeunes beautés du village, il faut vous fuir comme les
« beautés de la ville! Laissez donc aux nobles dames le plaisir
« de dépouiller leurs serviteurs! Et, si vous êtes aussi des ru-
« sées, si vous ne connaissez aucun tendre lien, soit : changez
« d'amoureux, mais ne les trahissez pas. »

« Ainsi chante le malheureux, dans la saison d'hiver, où ne
verdit pas un pauvre brin d'herbe. Je ris de sa profonde blessure, car elle est bien méritée. Tel soit le sort de tout volage
qui, le jour, abuse effrontément sa noble amie, et, la nuit, se
glisse, à grand risque, dans le moulin trompeur de l'amour! »

Que l'étrangère pût oublier à ce point les convenances, cela
donnait à réfléchir, et cette saillie pouvait passer pour l'indice
d'une tête inégale. « Mais, me disait M. de Revanne, nous ou-
bliâmes nous-mêmes, je ne sais comment, toutes les réflexions
que nous aurions pu faire.

« La grâce inexprimable avec laquelle elle rendit cette facétie
nous avait apparemment séduits ; son jeu était folâtre, mais
plein d'intelligence; ses doigts lui obéissaient parfaitement, et
sa voix était vraiment enchanteresse. Lorsqu'elle eut fini, elle
parut aussi posée qu'auparavant, et nous crûmes qu'elle avait
voulu simplement égayer le moment de la digestion.

« Bientôt après, elle nous demanda la permission de se remettre en chemin; mais, sur un signe que je fis, ma sœur lui dit
que, si elle n'avait pas sujet de hâter son voyage, et si notre hospitalité ne lui déplaisait pas, ce serait pour nous une fête de la

posséder quelques jours. Quand je vis qu'elle consentait à demeurer, je songeai à lui offrir quelque occupation ; mais, ce premier jour et le suivant, nous ne fîmes que la promener. Elle ne se démentit pas un moment : c'était la raison ornée de toutes les grâces; son esprit était juste et fin ; sa mémoire était si bien meublée, et son âme si belle, qu'elle excitait fort souvent notre admiration et nous captivait entièrement. D'ailleurs elle savait tout ce que prescrivent les convenances, et les observait si parfaitement avec chacun de nous, non moins qu'avec les amis qui nous visitaient, que nous ne savions plus comment concilier ses singularités avec une pareille éducation.

« Je n'osais véritablement plus lui proposer du service dans ma maison ; ma sœur, à qui elle plaisait fort, croyait aussi devoir ménager la délicatesse de l'inconnue. Elles dirigeaient le ménage ensemble; cette aimable enfant descendait souvent jusqu'aux travaux manuels, et savait, aussitôt après, se mettre à ce qui exigeait des dispositions et des combinaisons supérieures.

« En peu de temps elle établit dans le château un ordre dont nous n'avions pas eu l'idée jusqu'alors. Elle était habile ménagère. Comme elle s'était d'abord mêlée à notre société et assise à notre table, elle ne s'en retira point par fausse modestie, et continua sans scrupule à manger avec nous ; mais elle ne touchait pas une carte, elle ne se mettait pas au clavecin, avant d'avoir achevé tout son travail.

« Je dois avouer que le sort de cette jeune personne commençait à me toucher profondément. Je plaignais les parents qui probablement sentaient avec douleur l'absence d'une telle fille ; je gémissais que de si douces vertus, de si nombreuses qualités fussent perdues. Elle était chez nous depuis plusieurs mois, et j'espérais que la confiance que nous cherchâmes à lui inspirer ferait échapper enfin son secret de ses lèvres. Si c'était le malheur, nous pouvions la secourir; si c'était une faute, nous pouvions espérer que notre entremise, notre témoignage, lui obtiendraient le pardon d'une erreur passagère ; mais toutes nos assurances d'amitié, nos prières même, furent inutiles. Remarquait-elle notre désir d'obtenir d'elle une explication, elle se retranchait derrière des maximes générales, pour se justifier sans nous instruire. Si, par exemple, nous parlions de son mal-

heur : « Le malheur, disait-elle, frappe les bons et les méchants ;
« c'est un médicament énergique, qui agit sur les humeurs saines
« en même temps que sur les mauvaises. » Si nous essayions de
découvrir la cause de sa fuite de la maison paternelle : « Le che-
« vreuil, disait-elle en souriant, n'est pas coupable de fuir. » Lui
demandions-nous si elle avait souffert des persécutions : « C'est,
« disait-elle, la destinée de maintes jeunes filles de bonne nais-
« sance, de subir et de supporter des persécutions. Celui qui
« pleure pour une offense en essuiera plusieurs. » Mais comment
avait-elle pu prendre la résolution d'exposer sa vie à la brutalité
de la multitude, ou du moins d'être quelquefois redevable à sa
compassion ? A cette question, elle souriait encore et disait : « Le
« pauvre que le riche reçoit à sa table ne manque pas d'esprit. »
Un jour que la conversation tournait au badinage, nous lui par-
lâmes d'amoureux, et nous lui demandâmes si elle ne connaissait pas le héros transi de sa romance. Je me souviens fort bien
que ce mot parut lui percer le cœur : elle me jeta un regard si
sérieux et si sévère, qu'il me fut impossible de le soutenir ; et
depuis, aussi souvent que l'on parla d'amour, on put s'attendre
à voir troublée la grâce de son maintien et la vivacité de son
esprit : à l'instant même, elle se plongeait dans une méditation
que nous prenions pour de la rêverie, et qui n'était au fond que
de la douleur. Cependant elle se montrait, en général, sereine,
mais sans grande vivacité; noble, sans prétention ; droite, mais
non communicative ; réservée, sans timidité ; plutôt patiente que
douce, plutôt reconnaissante que sensible aux caresses et aux
prévenances ; c'était assurément une personne formée pour conduire une grande maison, et cependant elle ne semblait pas
avoir plus de vingt ans.

« C'est ainsi que cette jeune étrangère inexplicable, qui m'a-
vait captivé tout à fait, se montra, pendant deux années qu'il
lui plut de séjourner chez nous, pour finir par un trait de folie
beaucoup plus bizarre que ses qualités n'étaient brillantes et
respectables. Mon fils, qui est jeune, pourra s'en consoler; mais
moi, je crains d'être assez faible pour la regretter toujours.

« Je vais donc raconter la folie d'une femme sensée, pour
montrer que la folie n'est souvent que la raison sous une autre
forme. On trouvera sans doute un bizarre contraste entre le

noble caractère de la voyageuse et la ruse comique dont elle se servit : mais on connaît déjà deux de ses inégalités, je veux dire ses voyages mêmes et sa chanson. »

Il est évident que M. de Revanne était amoureux de l'inconnue. Or il ne pouvait pas assurément compter sur l'impression que ferait son visage demi-séculaire, bien que sa vigueur et sa bonne mine lui donnassent l'air d'un homme de trente ans. Peut-être espérait-il de plaire par sa belle et pure santé, par la bonté, la sérénité, la douceur, la générosité de son caractère, peut-être aussi par sa fortune, quoiqu'il eût assez de délicatesse pour sentir qu'on n'achète pas ce qui est sans prix.

Mais, d'un autre côté, le fils, aimable, tendre, passionné, ne se tint pas mieux sur ses gardes que son père, et se jeta résolûment dans cette aventure. D'abord il tâcha de gagner doucement l'inconnue, que les éloges et l'amitié de son père et de sa tante lui avaient fait dignement apprécier. Il s'efforça sincèrement de plaire à une femme aimable, qu'il jugeait, dans son amour, très-supérieure à sa condition présente. La sévérité de la jeune fille l'enflamma plus encore que son mérite et sa beauté ; il osa parler, entreprendre, promettre.

Sans le vouloir, le père donna toujours à sa recherche des allures paternelles. Il se connaissait, et, lorsqu'il eut découvert son rival, il n'espéra point de l'emporter sur lui, à moins de recourir à des moyens indignes d'un homme d'honneur. Il continuait néanmoins ses poursuites, et pourtant il n'ignorait pas que la bonté, la richesse même, sont des attraits auxquels une femme ne s'abandonne qu'avec précaution, mais qui demeurent sans effet, aussitôt que l'amour se montre avec les charmes de la jeunesse. M. de Revanne fit d'autres fautes encore, qu'il regretta plus tard. En témoignant une amitié respectueuse, il parla d'une liaison durable, secrète, légitime ; il se plaignit aussi quelquefois, et prononça le mot d'ingratitude. Certes il ne connaissait pas celle qu'il aimait, lorsqu'il lui dit un jour que beaucoup de bienfaiteurs recueillaient le mal pour le bien. L'inconnue lui répondit avec franchise que beaucoup de bienfaiteurs achèteraient volontiers tous les droits de leurs protégés pour une soupe aux lentilles.

La belle étrangère, embarrassée de cette double recherche,

conduite par des motifs inconnus, semble n'avoir eu d'autre objet que de s'épargner à elle et aux autres de sottes affaires, en prenant, dans cette situation difficile, un étrange expédient. Le fils la pressait, avec l'audace de son âge, et menaçait, selon l'usage, d'immoler sa vie pour l'inexorable. Le père, un peu moins fou, était néanmoins tout aussi pressant : tous deux étaient sincères. Cette aimable personne aurait pu aisément s'assurer une position méritée; car MM. de Revanne déclarent l'un et l'autre qu'ils avaient l'intention de l'épouser.

Mais l'exemple de cette jeune fille peut apprendre aux femmes qu'une personne loyale, eût-elle même l'esprit troublé par la vanité ou par une véritable folie, n'entretient pas les blessures du cœur qu'elle ne veut pas guérir. La voyageuse se sentait réduite à une extrémité où il ne lui serait pas facile de se défendre longtemps ; elle était sous la dépendance de deux amants, qui pouvaient excuser chaque importunité par la pureté de leurs vues, car leur pensée était de justifier leur témérité par une solennelle union. Telle était sa position, et c'est ainsi qu'elle la comprenait.

Elle aurait pu se retrancher derrière Mlle de Revanne : elle y renonça, et ce fut sans doute par ménagement, par égard pour ses bienfaiteurs. Elle ne se déconcerte point; elle imagine un moyen de les maintenir l'un et l'autre dans la vertu, en les faisant douter de la sienne. Elle est folle par fidélité, par une fidélité que sans doute son amant ne mérite pas, s'il ne sent pas tous les sacrifices qu'elle lui fait, dussent-ils même lui rester inconnus.

Un jour que M. de Revanne répondait un peu trop vivement à l'amitié, à la reconnaissance qu'elle lui témoignait, elle prit tout à coup des manières naïves qui l'étonnèrent.

« Monsieur, votre bonté m'afflige; souffrez que je vous en dise la raison avec franchise. Je le sens bien, c'est à vous seul que je dois toute ma reconnaissance, mais, à vous dire la vérité....

— Je vous comprends, cruelle! Mon fils a touché votre cœur.

— Ah! monsieur, il ne s'en est pas tenu là. Je ne puis exprimer que par ma confusion....

— Comment, mademoiselle? vous seriez....

— Je pense que oui, » dit-elle, en faisant une profonde révérence, et laissant échapper une larme.

Les femmes ont toujours une larme au service de leurs espiègleries; elles ont toujours une excuse pour leurs torts.

Tout amoureux qu'il était, M. de Revanne ne put s'empêcher d'admirer ce nouveau genre d'innocente sincérité sous la coiffe maternelle, et il trouva la révérence tout à fait à sa place.

« Mais, mademoiselle, je ne puis absolument comprendre.

— Ni moi non plus, » dit-elle, et ses larmes coulèrent plus abondamment.

Elles coulèrent, jusqu'à ce que M. de Revanne, après un moment de réflexions fort pénibles, reprit la parole, d'un air calme, et dit :

« Ceci m'éclaire : je vois combien mes prétentions étaient ridicules; je ne vous fais aucun reproche, et, pour unique punition de la douleur que vous me causez, je promets de vous donner sur sa part d'héritage autant de bien qu'il sera nécessaire pour éprouver s'il vous aime autant que je fais.

— Ah! monsieur, ayez pitié de mon innocence, et ne lui dites rien. »

Demander le secret n'est pas le moyen de l'obtenir. Après cette démarche, la belle inconnue s'attendait à voir paraître le fils indigné et furieux. Il vint en effet, et son regard annonçait des paroles foudroyantes. Mais il ne put bégayer que ces mots :

« Comment, mademoiselle! Est-il possible?

— Quoi donc, monsieur? dit-elle, avec un sourire désespérant dans une pareille circonstance.

— Comment, « quoi donc! » Allez, mademoiselle, vous êtes une jolie personne! Mais du moins il ne faudrait pas déshériter les enfants légitimes : c'est assez de les accuser. Oui, mademoiselle, je devine votre complot avec mon père : vous m'attribuez tous deux un fils, qui n'est que mon frère!... J'en suis certain. »

Avec le même front calme et serein, la belle folle lui répondit :

« Vous n'êtes sûr de rien : ce n'est ni votre fils ni votre frère. Tout garçon est méchant : je n'en veux point. C'est une pauvre fille, que j'emmènerai bien loin, bien loin des hommes, des méchants, des fous et des infidèles. »

Puis, soulageant son cœur :

« Adieu! lui dit-elle : adieu, mon cher Revanne! La nature vous a donné un cœur honnête : conservez vos principes de franchise ; ils ne sont pas dangereux, avec une fortune solide. Soyez bon envers les pauvres. Celui qui dédaigne la prière de l'innocence affligée sera réduit un jour à prier lui-même et ne sera pas écouté. Celui qui ne se fait pas scrupule de mépriser les scrupules d'une fille sans défense sera la victime de femmes sans scrupules. Celui qui ne sent pas ce que doit éprouver une honnête fille, quand on aspire à sa main, ne mérite pas de l'obtenir. Celui qui forge des projets contraires à la raison, contraires aux vues, aux plans de sa famille, pour satisfaire ses passions, ne mérite ni les fruits de sa passion ni l'estime de sa famille. Je crois bien que vous m'avez sincèrement aimée ; mais, mon cher Revanne, le chat sait bien à qui il lèche la barbe. Si vous êtes jamais l'amant d'une femme estimable, rappelez-vous le moulin de l'infidèle. Apprenez par mon exemple à vous reposer sur la constance et la discrétion de votre amante. Vous savez si je suis infidèle : votre père le sait aussi. J'ai résolu de parcourir le monde et de m'exposer à tous les dangers : assurément, les plus grands sont ceux qui me menacent dans cette maison. Mais, comme vous êtes jeune, je vous dirai à vous seul et en confidence : les hommes et les femmes ne sont infidèles que lorsqu'ils le veulent bien, et c'est ce que j'ai voulu prouver à l'ami du moulin, qui me reverra peut-être, si son cœur est assez pur un jour pour regretter ce qu'il a perdu. »

Le jeune Revanne écoutait encore, qu'elle avait déjà cessé de parler. Il était comme frappé de la foudre ; enfin les larmes se firent passage, et, dans ce trouble, il courut chez sa tante, chez son père :

« Mademoiselle s'en va ! Mademoiselle est un ange, ou plutôt un démon, qui parcourt le monde pour torturer tous les cœurs ! »

Mais la voyageuse avait si bien pris ses mesures, qu'on ne put la retrouver. Quand le père et le fils se furent expliqués, on ne douta plus de son innocence, de son esprit, de sa folie.

Quelque mouvement que se donnât depuis M. de Revanne, il ne put réussir à se procurer le moindre éclaircissement sur cette belle personne, qui lui était apparue, passagère comme les anges, et non moins aimable.

CHAPITRE VI.

Après un long et profond sommeil, dont les voyageurs avaient grand besoin, Félix sauta du lit vivement et se hâta de s'habiller. Son père crut remarquer qu'il y mettait plus de soin qu'auparavant. Rien n'était assez juste et assez propre ; il aurait voulu tout plus frais et plus neuf. Il courut au jardin, et ne fit qu'attraper en chemin quelque chose de la collation que le domestique apportait pour les hôtes, parce que les dames ne devaient descendre au jardin qu'une heure plus tard.

Le domestique était accoutumé à faire aux étrangers les honneurs du château : il conduisit notre ami dans une galerie toute composée de portraits et de bustes, la plupart d'excellents maîtres ; tous représentaient des personnages influents du xviii° siècle : grande et imposante société.

« Vous ne trouverez pas dans tout le château, dit le garçon, un tableau qui ait un rapport même éloigné à la religion, la tradition, la mythologie, les légendes ou les fables : notre maître veut que l'imagination ne soit excitée que pour se représenter le vrai. « Nous rêvons trop volontiers, dit-il souvent, « pour devoir encore stimuler cette dangereuse faculté de notre « esprit par des séductions étrangères. »

Wilhelm ayant demandé quand il pourrait rendre ses devoirs au maître, le serviteur lui répondit que, selon son habitude, il était sorti à cheval de grand matin. « Il avait coutume de dire : « L'attention est la vie. » Vous verrez cette maxime et d'autres encore, dans lesquelles il se peint lui-même, inscrites dans les champs, au-dessus des portes, comme nous voyons ici, par exemple :

On arrive au beau par l'utile et le vrai.

Les dames avaient déjà fait sous les tilleuls les apprêts du déjeuner. Félix faisait l'espiègle autour d'elles, et, par ses folies et ses témérités, il tâchait de fixer l'attention, de s'attirer une réprimande, une remontrance, d'Hersilie. Les deux sœurs cherchèrent à gagner par leur franchise et leur bienveillance la confiance de leur hôte silencieux, qui était fort à leur gré ; elles parlèrent d'un cousin, homme de mérite, absent depuis trois années, et qui devait arriver incessamment ; d'une digne tante, qui demeurait, près de là, dans son château, et qu'on regardait comme l'ange gardien de la famille. Elles la représentèrent le corps affaibli par la maladie, l'esprit florissant de jeunesse ; on eût dit une sibylle antique, devenue invisible, dont la voix prononçait, avec une parfaite simplicité, des paroles divines sur les choses humaines.

Wilhelm dirigea l'entretien et ses questions sur les objets présents. Il désirait apprendre à connaître plus particulièrement le noble maître dans son activité originale ; il songeait au chemin du beau à travers l'utile et le vrai, et il s'efforça d'expliquer ces mots à sa manière, ce qui lui réussit parfaitement et lui valut l'approbation de Juliette.

Hersilie, qui était restée silencieuse, répliqua en souriant :

« Les femmes sont dans une singulière situation. Nous entendons sans cesse répéter les maximes des hommes ; il nous faut même les voir écrites en lettres d'or au-dessus de nos têtes, et cependant, nous autres jeunes filles, nous pourrions aussi dire en nous-mêmes le contraire, qui serait juste également, comme c'est ici le cas. La *belle* trouve des adorateurs, puis des prétendants et enfin même un mari ; alors elle arrive au *vrai*, qui n'est pas toujours très-réjouissant, et, si elle est sage, elle se voue à l'*utile*, soigne sa maison et ses enfants et s'en tient là. C'est du moins ce que j'ai vu souvent. Les jeunes filles ont le temps d'observer, et, le plus souvent, elles trouvent ce qu'elles ne cherchaient pas. »

Un messager de l'oncle vint annoncer qu'il conviait toute la société dans une maison de chasse du voisinage ; on pouvait s'y rendre à cheval ou en voiture. Hersilie préféra le cheval ; Félix demanda instamment qu'on voulût bien aussi lui en donner un. Il fut décidé que Juliette et Wilhelm iraient en voiture, et Félix, traité comme un jeune page, fut redevable de sa première course à cheval à la dame de son jeune cœur.

La voiture qui menait Juliette, avec son nouvel ami, traversa une suite de plantations, toutes consacrées à l'utile et au produit. En voyant ces arbres fruitiers innombrables, on se demandait si tout ce fruit pouvait se consommer.

« Vous êtes arrivé chez nous, dit Juliette, par une singulière antichambre, et vous avez trouvé réellement beaucoup de choses étranges et bizarres, si bien que vous désirez, je présume, connaître l'enchaînement de tout cela. Tout repose sur la pensée et l'esprit de mon excellent oncle. Cet homme éminent était dans toute la force de l'âge à l'époque des Beccaria et des Filangieri ; les maximes d'humanité générale agissaient alors de toutes parts ; mais cet esprit ardent, ce caractère rigide, modifia ces généralités, selon des vues toutes dirigées vers la pratique. Il ne nous a point caché comment il transforme, à sa manière, cette maxime libérale : « Au plus grand nombre ce qu'il y a de « mieux », en celle-ci : « A beaucoup de gens ce qu'ils souhai- « tent. » Le plus grand nombre ne se peut ni trouver ni connaître ; ce qu'il y a de mieux, on peut moins encore le démêler : mais il y a toujours beaucoup de gens autour de nous ; ce qu'ils souhaitent, nous l'apprenons ; ce qu'ils devraient souhaiter, nous y pensons, et, de la sorte, on peut toujours faire et procurer un bien considérable. C'est, poursuivit-elle, dans cet esprit qu'on a planté, bâti, établi, tout ce que vous voyez ; l'objet est prochain, facile à saisir ; tout s'est fait en faveur des hautes montagnes du voisinage.

« Cet homme excellent, ayant la force et la richesse, s'est dit à lui-même : « Aucun des enfants de là-haut ne doit être « privé de pommes et de cerises, dont ils sont, à bon droit, si « friands ; la ménagère doit pouvoir mettre dans son pot-au-feu « des choux, des raves ou quelque autre plante potagère, afin de « faire un peu diversion à la malheureuse pomme de terre. »

C'est dans ces vues, et de cette manière, qu'il cherche à se rendre utile, et son domaine lui en fournit l'occasion; depuis plusieurs années, des revendeurs et des revendeuses colportent le fruit dans les gorges les plus profondes de ces montagnes.

— J'en ai joui moi-même comme un enfant, repartit Wilhelm : en un lieu où je n'espérais pas rencontrer rien de pareil, parmi les sapins et les rochers, une pensée pieuse ne m'a pas autant surpris qu'un fruit doux et rafraîchissant. Les dons de l'esprit sont partout à leur place; les présents de la nature sont distribués sur le globe avec économie.

— Notre digne oncle a su mettre encore à la portée des montagnards divers produits de pays éloignés : dans ces bâtiments, au pied des monts, ils trouvent des magasins de sel et des provisions d'épiceries. Il laisse à d'autres le soin de fournir le tabac et l'eau-de-vie. « Ce ne sont pas des besoins, dit-il, mais « des fantaisies, pour lesquelles il se trouvera toujours assez de « brocanteurs. »

Arrivés au lieu du rendez-vous, qui était une spacieuse maison de chasse dans la forêt, ils trouvèrent la société rassemblée; une petite table était déjà servie.

« Prenons place, dit Hersilie. Voici le siége de notre oncle, mais sans doute, selon sa coutume, il ne viendra pas. Je suis tentée de me féliciter que notre hôte ne doive pas, me dit-on, séjourner longtemps parmi nous, car il serait fastidieux pour lui de faire connaissance avec notre intérieur; c'est ce qu'on retrouve éternellement dans les romans et les pièces de théâtre : un oncle bizarre, une nièce posée, une rieuse; une sage tante, des commensaux comme partout, et, si notre cousin revenait, monsieur apprendrait à connaître un voyageur fantastique, qui peut-être amènerait encore quelque original, et la triste comédie serait trouvée, et transportée dans la réalité.

— Nous devons respecter les singularités de notre oncle, dit Juliette : elles ne gênent personne, et mettent au contraire chacun à son aise. Il ne peut souffrir les repas réguliers; il est rare qu'il y soit exact : aussi assure-t-il qu'une des plus belles inventions des temps modernes sont les repas à la carte. »

Parmi d'autres discours, on en vint aussi à la fantaisie du digne homme de mettre partout des inscriptions.

« Ma sœur, dit Hersilie, sait les expliquer toutes; elle peut rivaliser avec le concierge; moi, je trouve qu'on peut les retourner toutes, et qu'elles en sont tout aussi vraies et peut-être davantage.

— Je ne cacherai pas, dit Wilhelm, qu'il se trouve, dans le nombre, des maximes qui semblent se détruire elles-mêmes. J'ai été surpris, par exemple, de lire : Propriété et communauté de biens! Ces deux idées ne sont-elles pas contradictoires?

— Je suppose, dit vivement Hersilie, que notre oncle a pris ces inscriptions des Orientaux, qui lisent, sur toutes les murailles, des versets du coran, qu'ils vénèrent plus qu'ils ne les comprennent. »

Sans se laisser distraire, Juliette répondit à Wilhelm :

« Développez ces deux mots, et le sens ressortira aussitôt. »

Après quelques digressions, Juliette poursuivit l'explication commencée.

« Chacun désire améliorer, conserver, augmenter la propriété qu'il a reçue de la nature, de la fortune; il s'étend autour de lui, avec toutes ses facultés, aussi loin qu'il est capable d'atteindre; mais il se demande sans cesse comment il laissera les autres hommes prendre part à ses biens, car les riches ne sont estimés qu'autant que les autres jouissent de leur opulence. »

On chercha des exemples, et, cette fois, notre ami se trouva sur son terrain; on se piqua d'émulation, on enchérit les uns sur les autres, pour reconnaître la vérité de ces mots laconiques. Pourquoi, disait-on, le prince est-il honoré, sinon parce qu'il peut provoquer, encourager, favoriser l'activité de chacun, et lui faire part, en quelque façon, de sa puissance absolue? Pourquoi tous les yeux se tournent-ils vers le riche, sinon parce qu'il a le plus de besoins, et qu'il cherche partout des gens avec lesquels il puisse partager son superflu? Pourquoi tous les hommes envient-ils le poëte? Parce que sa nature l'oblige à se communiquer, que cette communication est sa nature même. Le musicien est plus heureux que le peintre : il dispense en personne, et directement, des dons agréables, tandis que le peintre ne donne qu'après s'être séparé de l'objet.

On en vint ensuite à des considérations générales : quelle que soit sa propriété, l'homme doit la maintenir ; il doit se faire le centre duquel peut dériver le bien commun ; il doit être égoïste pour ne pas le devenir, recueillir afin d'être en état de répandre. La belle avance de donner son bien aux pauvres ! Il est plus louable de se conduire comme leur intendant. Tel est le sens de ces mots : Propriété et communauté de biens ! Nul ne doit toucher au capital ; les intérêts, jetés dans la circulation, appartiendront à chacun.

On avait reproché à l'oncle, comme la suite de l'entretien le fit connaître, que ses domaines ne lui rapportaient pas ce qu'ils devaient rapporter. Il répondait : « Cette différence en moins, je la considère comme une dépense, qui me donne du plaisir, en ce que j'aide à vivre à d'autres hommes ; je n'ai pas même la peine de faire par mes mains cette distribution, et par là l'équilibre se rétablit. »

C'est ainsi que les dames s'entretenaient avec leur nouvel ami, en passant d'un sujet à l'autre, et, la confiance mutuelle s'étant toujours mieux établie, on parla du cousin qui devait bientôt arriver.

« Nous croyons sa bizarre conduite concertée avec notre oncle. Depuis quelques années, il ne nous donne aucunes nouvelles de lui, mais il nous envoie d'agréables présents, qui désignent, d'une manière allégorique, les pays où il se trouve ; puis tout à coup il nous écrit d'un lieu très-voisin ; mais il annonce qu'il ne veut pas arriver avant d'être informé de notre situation. Cette conduite n'est pas naturelle ; quelque mystère qu'elle cache, nous voulons le connaître avant son retour. Nous vous remettrons ce soir un paquet de lettres qui vous en apprendront davantage. »

Hersilie ajouta :

« Hier je vous ai fait connaître une folle vagabonde : aujourd'hui nous vous produirons un voyageur tout aussi extravagant.

— Avoue du moins, ajouta Juliette, que cette communication n'est pas sans but. »

A ces mots, Hersilie demanda le dessert avec quelque impatience, quand on vint annoncer que la société devait aller le prendre sous le grand berceau où l'oncle l'attendait. Wilhelm remarqua, en passant, une cuisine portative, dont on s'empressait d'emballer bruyamment les brillantes casseroles, les assiettes et les plats. On trouva le vieux maître sous un berceau spacieux, assis à une grande table ronde, qu'on venait de dresser, et sur laquelle on servit en abondance, au moment où la société prenait place, des fruits magnifiques, d'appétissantes pâtisseries et des sucreries excellentes. L'oncle ayant demandé ce qu'ils avaient fait jusqu'alors, Hersilie se hâta de répondre :

« Notre bon hôte aurait couru le risque de se perdre dans vos inscriptions laconiques, si Juliette n'était venue à son secours avec ses commentaires perpétuels.

— Tu ne cesses d'attaquer Juliette : c'est une fille de mérite, qui aime à s'instruire et à comprendre.

— Je voudrais bien, répliqua gaiement Hersilie, oublier beaucoup de choses que je sais, et ce que j'ai compris n'a pas non plus une grande valeur. »

Wilhelm prit la parole et dit avec réserve :

« Je sais apprécier les sentences, surtout quand elles m'excitent à considérer leurs contraires et à les mettre en harmonie.

— Parfaitement! répliqua l'oncle : l'homme raisonnable n'a pas autre chose à faire toute sa vie. »

Cependant la table ronde se garnit peu à peu, en sorte que les derniers venus eurent de la peine à trouver place. C'étaient les deux officiers, des chasseurs, des écuyers, des jardiniers, des gardes forestiers et d'autres, dont il n'était pas facile de reconnaître les fonctions au premier coup d'œil. Chacun avait à faire quelque récit ou quelque rapport sur les affaires du moment ; le vieux maître les écoutait volontiers, et même les provoquait par des questions bienveillantes ; mais enfin il se leva, et, saluant la société, qui dut rester assise, il s'éloigna avec les deux officiers. Tout le monde avait mangé des fruits ; les jeunes gens, bien qu'ils eussent l'air un peu sauvage, s'étaient fort bien régalés des sucreries. Tous ces gens se levèrent de table l'un après l'autre ; ils saluaient les demeurants et se retiraient.

Les dames, qui s'aperçurent que leur hôte observait avec

quelque étonnement ce qui se passait, lui donnèrent les explications suivantes :

« Vous voyez encore ici l'effet des singularités de notre bon oncle. Il soutient qu'aucune invention du siècle n'est plus admirable que les repas à la carte, que l'on peut prendre dans les hôtelleries, à de petites tables particulières. Aussitôt qu'il en eut connaissance, il voulut les introduire dans sa famille pour lui et pour d'autres. Quand il est de bonne humeur, il se plaît à décrire vivement les horreurs d'un repas de famille, où chacun, préoccupé d'idées étrangères, prend sa place, écoute avec ennui, parle avec distraction, garde un froid silence, et, si, par malheur, il arrive des petits enfants, provoque par sa pédagogie improvisée la plus importune mésintelligence. « Nous « avons, dit-il, tant de maux à souffrir !... J'ai su du moins me « délivrer de celui-là. » Il paraît rarement à notre table, et n'occupe qu'un moment la place qu'on lui réserve. Il se fait suivre partout de sa cuisine portative; d'ordinaire il mange seul, et laisse aux autres le soin de se pourvoir ; mais, lorsqu'il lui arrive d'offrir un déjeuner, un dessert ou une collation, ses gens y sont conviés de tous côtés et en prennent leur part, comme vous avez vu. Cela lui fait plaisir : mais il ne veut pas que l'on vienne sans apporter un bon appétit, et chacun doit quitter la table quand il s'est restauré ; de la sorte, il est toujours sûr d'être entouré de gens qui font honneur au repas. « Veut-on rendre les hommes heureux, dit-il parfois, il faut « tâcher de leur offrir des jouissances qu'ils ne goûtent jamais « ou qui soient rarement à leur portée »

Comme on retournait au château, un accident imprévu causa quelque émotion à la société. Hersilie avait dit à Félix, qui chevauchait auprès d'elle :

« Voyez là-haut ces fleurs, qui couvrent toute la pente méridionale de la colline ! Elles sont nouvelles pour moi : je ne les connais point. »

Aussitôt Félix poussa son cheval de ce côté, courut au galop, et bientôt on le vit revenir avec une touffe de ces belles fleurs, qu'il agitait de loin, quand tout à coup il disparut avec le cheval : il était tombé dans un fossé. Deux cavaliers se détachèrent de l'escorte, et coururent sur la place.

Wilhelm voulait s'élancer de la voiture; Juliette s'y opposa.

« Vous voyez qu'on est allé à son aide, et, chez nous, la règle, en pareil cas, est que celui qui peut porter du secours doit seul quitter sa place.

— Oui, dit Hersilie, en retenant son cheval : on a rarement besoin de médecins, de chirurgiens à chaque instant. »

Déjà Félix accourait à cheval, la tête bandée, tenant toujours à la main et montrant bien haut son butin florissant. Il offrit le bouquet, avec une satisfaction secrète, à la dame de ses pensées, qui lui donna en échange un léger fichu aux brillantes couleurs.

« Ce bandeau blanc ne te va pas bien, lui dit-elle : celui-ci sera plus gai. »

On revint au château sans inquiétude, mais doucement ému.

Il était tard : on se sépara avec l'agréable espérance de se revoir le lendemain; mais les lettres que nous donnons ici tinrent, quelques heures encore, Wilhelm éveillé et pensif.

Lénardo à la tante.

Enfin, ma chère tante, vous recevrez une lettre de moi au bout de trois ans, selon nos conventions, qui étaient, je l'avoue, assez singulières. Je voulais voir le monde, me livrer entièrement à lui, et, pendant ce temps, je voulais oublier la patrie que j'avais quittée et où j'espérais revenir. Je désirais garder l'impression tout entière, et n'être pas troublé par les détails dans les pays lointains. Cependant nous avons échangé de temps en temps les signes de vie nécessaires. Vous m'avez envoyé de l'argent, et je vous ai fait parvenir de petits cadeaux pour la famille. Aux objets que j'envoyais, vous pouviez juger de ma situation et des lieux où je me trouvais. Les vins ont sans doute fait deviner, chaque fois, à mon oncle les pays que je visitais; les dentelles, les objets de fantaisie, la quincaillerie, ont marqué pour les dames ma route par le Brabant, Paris et Londres, et je retrouverai sur vos tables à écrire, sur vos chiffonnières et vos tables à thé, dans vos négligés et vos habits de fête, bien des souvenirs, auxquels je pourrai rattacher mes récits de voyage.

Vous m'avez accompagné, sans entendre parler de moi, et peut-être n'êtes-vous pas curieuse d'en savoir davantage. Mais moi, il m'est extrêmement nécessaire d'apprendre, par l'effet de votre complaisance, ce qui se passe dans notre famille, au sein de laquelle je me dispose à rentrer. Je voudrais, en vérité, revenir des terres étrangères comme un étranger, qui, pour être agréable, commence par s'informer de ce qu'on veut et de ce qu'on désire dans la maison, et ne se figure pas qu'on doive le recevoir à sa guise, pour l'amour de ses beaux yeux ou de sa belle chevelure. Parlez-moi donc du bon oncle, des chères nièces, de vous-même, de nos parents proches et éloignés, même de nos anciens et nouveaux serviteurs. Enfin, laissez courir une fois sur le papier, en faveur de votre neveu, votre plume exercée, que vous n'avez pas trempée pour lui dans l'encre depuis si longtemps. Votre réponse instructive sera aussi la lettre de crédit avec laquelle je me présenterai, aussitôt que je l'aurai reçue. Ainsi donc, il dépend de vous de me voir dans vos bras. On change beaucoup moins qu'on ne croit, et, généralement, les circonstances demeurent aussi à peu près les mêmes. Ce n'est pas ce qui a changé, mais ce qui est demeuré, ce qui s'est accru ou qui a déchu peu à peu, que je veux reconnaître tout d'un coup, et me revoir moi-même dans un miroir connu. Je salue affectueusement tous les nôtres, et je vous prie de croire qu'il y a dans la bizarrerie de mes délais et de mon retour autant de chaleur d'âme, qu'il s'en trouve peu quelquefois dans les plus assidus témoignages d'intérêt et dans les plus actives communications. Mille salutations à chacun et à tous.

P. S. N'oubliez pas, chère tante, de me dire un mot de nos gens, de nos justiciers, de nos fermiers. Qu'est devenue Valérine, la fille du fermier, que notre oncle renvoya, à juste titre, il est vrai, mais, à mon sens, avec quelque dureté, peu de temps avant mon départ? Vous voyez que je me souviens encore de bien des choses : vraiment, je n'ai rien oublié. Vous pourrez m'examiner sur le passé, quand vous m'aurez mis au fait du présent.

La tante à Juliette.

Enfin, mes chers enfants, après trois ans de silence, voici une lettre du voyageur! Comme les gens bizarres sont drôles! Il croit que ses marchandises et ses cadeaux allégoriques ont autant de prix qu'une seule parole affectueuse, qu'un ami peut dire ou écrire à son ami. Il se figure même qu'il est en avance avec nous, et il commence par exiger de nous aujourd'hui ce qu'il nous a lui-même refusé, d'une manière si dure et si désobligeante. Que devons-nous faire? Pour moi, j'aurais répondu tout de suite à son désir dans une longue lettre, si je ne sentais l'approche de ma migraine, qui me permet à peine de terminer ce billet. Nous désirons tous le revoir. Chargez-vous de ce soin, mes chères nièces. Si je suis rétablie avant que vous ayez achevé, je mettrai quelque chose du mien. Choisissez chacune les personnes et les choses dont vous aimez le mieux à parler. Partagez-vous le travail. Vous ferez tout cela mieux que moi. J'espère que le messager m'apportera deux mots de vous.

Juliette à la tante.

Nous venons de lire votre lettre : nous avons réfléchi, et nous vous dirons notre avis, chacune en particulier, par le retour du messager, après avoir déclaré d'abord l'une et l'autre que nous ne sommes pas aussi bonnes que notre chère tante pour ce neveu, toujours enfant gâté. Après nous avoir caché pendant trois ans ses cartes, qu'il nous cache encore, lui montrerons-nous les nôtres, et jouerons-nous à jeu découvert contre jeu fermé? Cela n'est point juste : mais passe encore! car le plus fin se trompe souvent, par cela même qu'il se tient trop sur ses gardes. Nous ne différons que sur la question de savoir ce qu'il faut lui répondre et en quelle forme. Écrire ce qu'on pense sur les siens, c'est, pour nous du moins, une tâche singulière. D'ordinaire on n'a d'opinion sur leur compte qu'en telle ou telle occasion, au moment où ils nous font quelque plaisir ou quelque chagrin parti culier : du reste, l'un prend l'autre comme il est. Vous seule, chère tante, vous pourriez remplir cette tâche, car vous avez à la fois les lumières et l'indulgence. Hersilie, qui, vous le savez, s'échauffe aisément, m'a improvisé un tableau comique de toute la famille : je voudrais qu'il fût mis par écrit, pour vous arracher à vous-même un sourire au milieu de vos souffrances; mais je ne voudrais pas l'envoyer à Lénardo. Mon avis serait de lui communiquer notre correspondance des trois dernières années. Qu'il la parcoure, s'il en a le courage; sinon, qu'il vienne voir ce qu'il ne veut pas lire. Les lettres que vous m'avez écrites, ma chère tante, sont dans le meilleur ordre et toutes prêtes. Hersilie n'est pas de mon avis; elle s'excuse sur le désordre de ses papiers, etc., etc., comme elle vous le dira elle-même.

Hersilie à la tante.

Je serai très-brève, et il le faut, chère tante, car le messager se montre impatient et de mauvaise humeur. Je trouve qu'il serait d'une bonhomie excessive et tout à fait déplacée, de communiquer nos lettres à Lénardo. Qu'a-t-il besoin de savoir le bien et le mal que nous avons pu dire de lui? Pour conclure, du mal encore plus que du bien, que nous avons la faiblesse de l'aimer! Tenez-le de court, je vous prie. Il y a quelque chose de circonspect et de téméraire dans cette demande, dans cette conduite, que l'on retrouve chez presque tous ces messieurs qui reviennent des pays étrangers. Ils regardent toujours ceux qui sont restés au logis comme des êtres incomplets. Excusez-vous sur votre migraine. Il viendra, n'en doutez pas. S'il tardait, attendons encore un peu. Alors peut-être s'avisera-t-il de s'introduire chez nous d'une façon mystérieuse et singulière, de nous observer sans se faire connaître, et que sais-je encore ce qui peut entrer dans le plan d'un homme si sage? Voilà ce qui serait joli et surprenant! Cela produirait toute sorte d'incidents, qui ne sauraient se développer, s'il fait dans sa famille une rentrée diplomatique, comme celle qu'il médite aujourd'hui.

Le messager! le messager! Donnez de meilleures habitudes à

vos vieux domestiques, ou bien envoyez-en de jeunes! Ni le vin ni les cajoleries ne peuvent rien sur celui-ci. Adieu! adieu!

Post-scriptum, au sujet du post-scriptum.

Dites-moi ce que nous veut le cousin, dans son *post-scriptum*, avec cette Valérine? C'est la seule personne qu'il nomme par son nom. Nous autres nous sommes pour lui des tantes, des nièces, des employés; nous ne sommes point des personnes, mais des catégories. Valérine, la fille de notre justicier! Sans doute cette jeune blonde, qui aura charmé les yeux de monsieur notre cousin avant son départ? Elle est mariée, bien mariée et très-heureuse : je n'ai pas besoin de vous le dire. Mais il le sait tout aussi peu qu'il est informé de ce qui nous regarde. N'oubliez pas de lui mander, dans un *post-scriptum*, que Valérine est devenue plus belle de jour en jour, et que sa beauté lui a fait trouver un très-bon parti; qu'elle est femme d'un riche propriétaire; que la belle blonde est mariée. Dites-lui cela bien clairement. Mais, chère tante, ce n'est pas tout : comment peut-il se souvenir si bien de la blonde beauté et la confondre avec la fille du fermier paresseux, une étourdie et sauvage brunette, qui s'appelait Nachodine, et qui est maintenant je ne sais où? Cela m'est tout à fait incompréhensible et m'intrigue singulièrement; car il semble que monsieur notre cousin, qui vante sa bonne mémoire, confond les noms et les personnes d'une étrange façon. Peut-être a-t-il le sentiment de sa faiblesse, et veut-il, par votre peinture, rafraîchir ses souvenirs effacés. Tenez-le de court, je vous prie! mais tâchez de savoir ce qu'il en est des Valérine et des Nachodine, et des *Ines* et des *Rines*, qui peuvent être restées dans sa mémoire, tandis que les *Ettes* et les *Ilies* en sont effacées.... Le messager! le maudit messager!...

La tante aux nièces.
(Ce billet est dicté.)

Pourquoi tant dissimuler envers ceux avec qui l'on doit passer sa vie? Lénardo, avec toutes ses singularités, est digne de confiance. Je lui envoie vos deux lettres : elles lui apprendront à vous connaître, et j'espère que nous autres nous trouverons bientôt, sans y songer, une occasion de nous montrer à lui. Adieu ! Je souffre cruellement.

Hersilie à la tante

Pourquoi tant dissimuler envers ceux avec qui l'on doit passer sa vie ?... Vous gâtez votre neveu. C'est affreux à vous de lui envoyer nos lettres. Elles ne lui apprendront point à nous connaître, et je ne souhaite qu'une occasion prochaine de me montrer à lui sous une autre face. Vous faites bien souffrir les autres, souffrante et aveugle comme vous êtes. Soyez bientôt guérie de vos souffrances. Pour votre amour, il est incurable.

La tante à Hersilie.

J'aurais envoyé ton dernier billet à Lénardo avec les autres, si j'avais persisté dans la résolution que mon amour incorrigible, ma migraine et ma paresse m'avaient inspirée. Vos lettres ne sont point parties.

Wilhelm à Nathalie.

L'homme est un être social et bavard ; il trouve une grande jouissance à exercer les facultés qu'il a reçues, quand même il n'en résulterait rien de plus. Que de fois on se plaint dans le monde des gens qui ne nous laissent pas dire un mot ! Et l'on pourrait aussi se plaindre qu'ils ne nous laissent pas écrire, si écrire n'était pas d'ordinaire une occupation qui demande la solitude et l'indépendance.

On ne peut se figurer tout ce que les hommes écrivent. Je ne parle pas de tout ce qui s'imprime, quoique ce soit déjà bien assez ; mais ce qui circule, sans bruit, de lettres, de nouvelles, d'histoires, d'anecdotes, de descriptions, ayant pour objet la situation présente de telles et telles personnes, sous la forme de correspondances ou d'écrits plus étendus, on ne peut s'en faire une idée qu'après avoir vécu quelque temps, comme cela m'arrive aujourd'hui, au sein de familles instruites. Dans le cercle où je me trouve maintenant, on ne passe guère moins de temps à communiquer à ses parents et à ses amis les choses dont on s'occupe qu'à se livrer aux occupations dont on parle. Cette observation, qui me frappe depuis quelques jours, je la fais d'autant plus volontiers, que la manie d'écrire de mes nouveaux amis me fournit l'occasion d'apprendre à les connaître promptement et sous toutes les faces. On me confie, on me donne un paquet de lettres, une couple de cahiers renfermant des journaux de voyages, les confessions d'une âme encore en lutte avec elle-même, et, en peu de temps, me voilà de la famille : je connais sa plus intime société ; je connais les personnes avec lesquelles je serai mis en relation, et j'en sais plus peut-être sur leur compte qu'ils n'en savent eux-mêmes, parce qu'ils sont absorbés dans leur situation, et que je passe devant eux, en te donnant toujours la main et discourant sur tout avec toi. Aussi ma première condition, avant de recevoir une confidence, est que je puisse t'en faire part. Voilà donc quelques lettres, qui t'introduiront dans la famille où je me trouve actuellement, sans rompre ou sans éluder mon vœu.

CHAPITRE VII.

Notre ami se trouva seul de grand matin dans la galerie, où il prit plaisir à considérer mainte figure connue ; un catalogue se rencontra sous sa main, pour lui donner, sur les autres, les détails qu'il pouvait désirer. Le portrait, comme la biographie, a un intérêt tout particulier : l'homme marquant, qu'on ne peut se représenter sans entourage, se produit seul et à part, et se pose devant nous comme devant une glace; nous devons lui consacrer une attention décidée ; nous devons nous occuper de lui d'une manière exclusive, comme il s'occupe de lui-même avec complaisance devant le miroir. C'est un général, qui représente maintenant toute l'armée, et derrière lequel reculent dans l'ombre empereurs et rois, pour lesquels il combat. C'est un habile courtisan, qui se montre à nous, tout comme s'il nous faisait la cour; nous ne pensons point au grand monde pour lequel, à proprement parler, il s'est façonné si agréablement. Notre observateur fut ensuite surpris de la ressemblance qu'il trouvait entre plusieurs personnages morts depuis longtemps et des hommes vivants qu'il connaissait, et qu'il avait vus de ses yeux; de la ressemblance qu'il leur trouvait avec lui-même. Et pourquoi des Ménechmes jumeaux ne naîtraient-ils que d'une seule mère? La grande mère des dieux et des hommes ne pourrait-elle produire de son sein fécond, en même temps ou par intervalles, des figures pareilles? Enfin notre contemplateur sentimental ne put se dissimuler que, parmi les images qui passaient sous ses yeux, les unes attiraient à elles, les autres inspiraient l'antipathie.

Le maître de la maison le surprit au milieu de ces méditations; Wilhelm s'entretint librement avec lui sur ces objets, et par là il parut gagner toujours plus ses bonnes grâces : car le vieillard le conduisit amicalement dans les pièces réservées, devant les portraits les plus précieux des hommes illustres du xvie siècle, qui se montraient là tout entiers, dans leur vie libre et indépendante, sans se mirer dans une glace ou dans le spectateur, laissés à eux seuls et se suffisant à eux-mêmes, agissant par leur présence et non par dessein ou par volonté.

Le maître de la maison, charmé que son hôte sût apprécier de si riches annales du passé, lui fit voir des autographes de plusieurs personnages, dont ils avaient parlé dans la galerie, et même enfin diverses choses, dont on était sûr que l'ancien possesseur s'était servi et qu'il les avait touchées de ses mains.

« C'est là ma poésie, dit le vieillard en souriant : mon imagination veut se fixer sur quelque objet. Je puis à peine croire qu'une chose qui n'est plus là ait jamais existé. Je cherche à me procurer les plus rigoureux témoignages sur ces reliques du temps passé; autrement, je ne les admets point. Les traditions écrites sont surtout examinées avec le plus grand soin, car je crois bien que le moine a écrit la chronique, mais les choses dont il témoigne, j'y crois rarement. »

Enfin le vieillard présenta à Wilhelm une feuille de papier blanc, en le priant d'y tracer quelques lignes, mais sans signature, puis il ouvrit une portière et le laissa retourner dans la salle, où Wilhelm retrouva le concierge, qui lui dit :

« Je suis charmé que mon maître ait pour vous tant d'estime. Il suffit, pour m'en convaincre, qu'il vous fasse sortir par cette porte. Mais savez-vous pour qui il vous prend? Il croit que vous êtes un instituteur pratique; il soupçonne que l'enfant est d'une illustre maison, et confié à votre direction, pour apprendre de bonne heure, et par principes, à se faire une juste idée du monde et de ses divers états.

— Il me fait trop d'honneur, dit Wilhelm, mais je mettrai à profit ces paroles. »

A déjeuner, il trouva son Félix déjà empressé auprès des dames, qui exprimèrent le vœu, puisqu'on ne pouvait le retenir plus longtemps, qu'il se rendît chez leur noble tante Macarie, et peut-être, de là, auprès du cousin, pour éclaircir cette bizarre irrésolution : il deviendrait par là un membre de la famille, leur rendrait à tous un service essentiel, et entrerait, sans beaucoup de préliminaires, en relations intimes avec Lénardo.

« Où qu'il vous plaise de m'envoyer, répondit Wilhelm, j'irai volontiers. Je voyage pour observer et méditer : j'ai vu et appris auprès de vous plus que je n'osais espérer, et je suis persuadé que, sur la route où vous me dirigez, ce que je verrai, ce que j'apprendrai, dépassera mon attente.

— Et toi, charmant vaurien, qu'apprendras-tu ? » dit Hersilie.

A quoi l'enfant répondit hardiment :

« J'apprendrai à écrire, afin de pouvoir t'envoyer de mes lettres, et à monter à cheval mieux que personne, afin de revenir toujours bien vite auprès de toi. »

Là-dessus Hersilie devint pensive et se dit :

« Je ne fus jamais heureuse avec les adorateurs assortis à mon âge : il semble que la génération suivante veuille bientôt m'en dédommager. »

Maintenant, comme notre ami, nous sentons, avec un vif chagrin, approcher l'heure du départ, et nous voudrions nous faire une idée claire des singularités de son digne hôte et des bizarreries de cet homme extraordinaire. Mais, pour l'apprécier justement, nous devons diriger notre attention sur l'origine et le développement de cet honorable vieillard. Voici les renseignements que nous avons pu recueillir.

Son grand-père fut attaché à une ambassade en Angleterre, pendant les dernières années de Guillaume Penn. La noble bienveillance, les intentions pures, l'infatigable activité de ce grand homme, les luttes qu'il eut, en conséquence, à soutenir avec le monde, les dangers et les tourments sous lesquels il semblait succomber, éveillèrent dans le cœur affectueux du jeune homme le plus sérieux intérêt : il s'associa à l'entreprise, et finit même par se rendre en Amérique. Le père de notre vieillard naquit à Philadelphie, et tous deux se glorifiaient d'avoir contribué à fonder dans les colonies l'entière liberté des cultes.

C'était l'application de la maxime qu'une nation isolée, où règne l'uniformité des mœurs et des croyances religieuses, doit bien se garder de toute influence étrangère, de toute innovation, mais que là où l'on veut appeler et rassembler sur un sol nouveau beaucoup de gens venus de toutes parts, il faut laisser une activité illimitée à l'industrie, et permettre le libre développement des idées morales et religieuses.

Au commencement du xviiie siècle, les esprits étaient vivement portés vers l'Amérique, parce que tout homme qui se sentait mal à l'aise en Europe espérait trouver la liberté sur l'autre bord : cet élan était entretenu par l'espérance des belles possessions qu'on pouvait obtenir, avant que la population se fût étendue vers l'Occident. De vastes territoires, sous le nom de comtés, étaient encore à vendre aux limites des terres habitées. Le père de notre vieillard s'y était fait lui-même un établissement considérable.

Mais les sentiments des fils sont souvent en opposition avec ceux des pères, et cela se vit encore dans cette occasion. Le jeune homme, envoyé en Europe, s'y trouva dans un monde tout nouveau pour lui : cette inestimable civilisation, née depuis tant de siècles, développée, répandue, gênée, opprimée, jamais entièrement détruite, se ranimant, reprenant une vie nouvelle, et se manifestant, comme autrefois, sous mille et mille formes, lui donna de tout autres idées du point où l'humanité peut parvenir. Il aima mieux prendre part à ces immenses avantages, et se perdre dans le mouvement vaste et régulier de la foule, en travaillant avec elle, que de reculer de plusieurs siècles et de jouer, au delà des mers, le rôle d'Orphée et de Lycurgue. Partout, se disait-il, l'homme a besoin de patience ; partout il a des ménagements à garder, et j'aime mieux m'accommoder avec mon prince, afin qu'il m'accorde tels et tels droits ; j'aime mieux transiger avec mes voisins, pour en obtenir certaines libertés, en leur faisant, d'un autre côté, quelques concessions, que de guerroyer avec les Iroquois, pour les refouler, ou de les tromper par des traités, pour les chasser de leurs marais, où l'on souffre à mourir de la morsure des moustiques.

Il se chargea des biens de la famille ; il sut les administrer d'une manière libérale, les exploiter avec une sage économie, les agrandir de vastes terres du voisinage, qui semblaient inutiles, et, dans le sein de notre monde cultivé, qui, en un certain sens, peut être appelé bien souvent un désert, il sut acquérir et cultiver un territoire de médiocre étendue, qui, dans une position bornée, est encore une assez belle utopie.

Dans ce territoire, la liberté de conscience est chose naturelle ; le culte public est considéré comme un libre aveu que les hommes sont unis entre eux, à la vie et à la mort : aussi veille-t-on avec soin à ce que personne ne se mette à l'écart.

On remarque dans chaque exploitation des édifices de moyenne grandeur : ce sont des salles que doit construire tout propriétaire d'une commune. Là se rassemblent les anciens, pour délibérer ; là se réunissent les membres de la commune, pour entendre des enseignements et de pieuses exhortations ; mais ces édifices sont aussi consacrés aux réjouissances : on y donne les bals de noces, et l'on y fait de la musique, le soir des jours de fête.

Ici la nature même peut être notre guide. Sous un ciel presque toujours serein, nous voyons se rassembler, à l'ombre du même tilleul, les vieillards pour délibérer, le peuple pour prier, la jeunesse pour se livrer à la danse. Quand elle s'appuie sur une vie sérieuse, la sainteté est si belle! La gravité et la sainteté modèrent la joie, et l'homme ne se conserve que par la modération.

La commune ne partage-t-elle pas ces sentiments? si elle est assez riche, elle est libre de consacrer à ces divers objets divers édifices.

Mais, si l'on fait toutes ces dispositions pour l'extérieur et la décence publique, la religion proprement dite reste toujours une chose intérieure et même individuelle; car elle seule s'adresse à la conscience, qu'il importe d'exciter, de calmer : il faut l'exciter, quand elle reste assoupie, inactive, inefficace; il faut la calmer, quand elle menace de troubler la vie par les angoisses du repentir : car elle touche de bien près au souci, qui menace de se changer en violent chagrin, quand, par notre faute, nous avons attiré un malheur sur nous ou sur les autres.

Mais, comme nous ne sommes pas toujours disposés aux méditations du genre de celles qu'on nous demande ici, que nous n'aimons pas toujours qu'on les excite en nous, on y consacre le dimanche, où l'on doit s'entretenir de tout ce qui donne aux âmes du souci, sous le rapport religieux, moral, social et économique.

« Si vous restiez quelques jours avec nous, disait Juliette, notre dimanche, je le crois, ne vous déplairait pas. Après-demain matin, vous remarqueriez un grand silence; chacun reste seul et se livre à une méditation prescrite. L'homme est un être borné : c'est à méditer sur ces bornes que le dimanche est consacré. Si nous éprouvons des souffrances corporelles, que les occupations de la semaine nous ont fait peut-être négliger, nous devons, dès le commencement de la semaine suivante, consulter le médecin. Nos inquiétudes concernent-elles la gestion de nos affaires, nos employés sont tenus d'en délibérer. Ce qui nous afflige est-il de l'ordre moral ou religieux, nous devons nous adresser à un ami, à une personne sage, pour lui demander ses conseils, son assistance. Enfin c'est chez nous une loi, que personne ne doit transporter dans la semaine nouvelle une affaire qui l'afflige ou l'inquiète. C'est en les accomplissant de la manière la plus scrupuleuse, qu'on se délivre des devoirs pénibles, et ce que nous ne pouvons absolument résoudre, nous le remettons à Dieu, comme au dispensateur et au libérateur suprême.

« Notre oncle ne se soustrait point lui-même à cette épreuve. Dans certains cas, il nous a entretenus en confidence de quelque difficulté qu'il ne pouvait surmonter d'abord ; mais il consulte surtout notre noble tante, qu'il visite de temps en temps. Le dimanche soir, il a coutume de nous demander si nous avons tout confessé, tout réglé. Vous voyez donc que nous mettons tous nos soins à ne pas être compris dans votre ordre, dans la société des Renonçants.

— C'est une belle vie assurément ! dit vivement Hersilie. Si je fais abnégation tous les huit jours, c'est autant qui m'est dû sur les trois cent soixante-cinq. »

Au moment de partir, notre ami reçut du plus jeune des officiers un paquet, accompagné d'une lettre, d'où nous extrairons le passage suivant :

« Il me semble que, dans chaque nation, domine un sens différent, dont la satisfaction peut seule la rendre heureuse, et c'est une remarque que l'on peut faire aussi chez les divers individus. Celui qui a rempli son oreille de sons harmonieux, agréablement modulés, me saura-t-il gré, si je place devant ses yeux le plus excellent tableau ? Un ami de la peinture veut voir : il ne souffrira pas que son imagination soit émue par un poëme ou un roman. Quel homme est assez bien doué pour être capable de jouissances diverses ?

« Mais vous, ami passager, vous m'avez paru un de ces hommes, et, si vous avez su apprécier l'agrément et la richesse d'un imbroglio français, j'espère que vous ne dédaignerez pas la simple et franche loyauté des mœurs allemandes, et que vous me pardonnerez, si ma manière de voir et de penser, mon origine et ma position, ne me permettent de trouver aucun tableau plus agréable que ceux de la classe moyenne allemande, renfermée dans ses habitudes de patriarches.

« Agréez cette peinture et souvenez-vous de moi ! »

CHAPITRE VIII.

Lequel est le traître?

« Non, non! s'écria-t-il, comme il entrait avec violence et précipitation dans la chambre à coucher qu'on lui avait destinée, et posait la chandelle sur la table : non, c'est impossible ! Mais à qui recourir ? C'est la première fois que je pense autrement que lui, la première fois que je sens, que je veux autre chose.... O mon père, si tu pouvais me voir sans être vu, lire jusqu'au fond de mon cœur, tu serais convaincu que je suis toujours le même, toujours ton fils obéissant, fidèle et tendre.... Dire non! Résister au vœu le plus cher, au vœu longtemps caressé, de mon père! Comment le déclarer? Comment dire : « Je ne puis épouser Julie?...» En le disant, je frémis. Et comment me présenter devant lui, me découvrir à ce père tendre et chéri? Il me regarde avec étonnement et il se tait, il secoue la tête : cet homme si savant et si sage ne trouve pas un mot à dire. Malheur à moi !... Oh! je sais bien à qui je voudrais confier ma peine, ma perplexité; qui je voudrais prendre pour intercesseur! Toi seule, Lucinde ! Et je commencerais par te dire comme je t'aime, comme je m'abandonne à toi et te dis en suppliant : « Prends ma défense, et, si tu peux m'aimer, si tu veux « être à moi, prends notre défense à tous deux. »

Mais, pour expliquer ce court monologue, vraiment passionné, beaucoup de paroles nous seront nécessaires.

M. N...., professeur à N...., n'avait qu'un seul fils, qui était d'une beauté remarquable. Jusqu'à l'âge de huit ans, il l'avait abandonné aux soins de son excellente femme, qui consacrait les heures et les jours de l'enfant à le préparer pour la vie, pour l'étude, pour toute bonne discipline. Elle mourut, et le père sentit qu'il ne pouvait, pour le moment, continuer lui-même ces soins. Les parents avaient toujours vécu dans le plus parfait accord; ils avaient travaillé dans un seul et même but; ils étaient convenus ensemble de ce qu'il y avait à faire pour la suite, et la mère avait tout exécuté avec sagesse. Les alarmes du père en furent doublées; il savait bien, et il voyait tous les jours de ses yeux, qu'à moins d'un miracle, les fils des professeurs ne pouvaient recevoir dans l'université même une bonne éducation.

Dans cette perplexité, il consulta son ami, le grand bailli de R..., avec lequel il avait déjà formé des plans d'alliance de famille. Par ses conseils et son secours, le fils fut placé dans une de ces maisons d'éducation qui florissaient en Allemagne, et dans lesquelles on formait l'homme tout entier, on veillait, le mieux possible, sur son corps, son esprit et son âme.

Le fils était en sûreté, mais le père se trouvait trop seul, privé de sa femme, séparé de son cher enfant, qu'il avait vu jusqu'alors si bien élevé sous ses yeux, sans qu'il eût à s'en occuper lui-même. L'amitié du grand bailli fut encore sa consolation; la distance qui séparait leurs demeures disparut devant l'affection, le plaisir de se donner du mouvement, de se distraire. Là le docte veuf trouvait, dans une famille qui avait aussi perdu sa mère, deux jeunes filles, belles, aimables, mais très-différentes l'une de l'autre; et les deux pères se confirmaient de plus en plus dans la pensée, dans l'espérance, de voir un jour leurs familles heureusement unies.

Ils vivaient dans une paisible principauté : le grand bailli était assuré de sa place pour la vie, et, vraisemblablement, il pourrait la transmettre à un successeur de son choix. Il fut donc résolu dans la famille, et d'accord avec le ministre, que Lucidor serait élevé de manière à pouvoir remplir un jour la haute charge de son futur beau-père. Il s'y acheminait par degrés. On ne négligea rien pour lui communiquer toutes les connaissances, pour développer chez lui tous les talents qu'exige constamment le service de l'État : l'étude du droit strict et du droit arbitraire, où la prudence et la dextérité sont à l'usage de celui qui rend la justice; le calcul, pour les besoins journaliers, sans exclure les vues élevées, mais toujours d'une application immédiate, comme il faudrait certainement et inévitablement en user.

Lucidor avait achevé ses classes dans cet esprit; son père et son protecteur l'avaient préparé à fréquenter l'université. Il montrait en tout les plus beaux talents, et la nature l'avait disposé si heureusement, que, par amour pour son père, par reconnaissance pour son ami, il voulut donner à ses facultés la direction même qu'on lui désignait, ce qu'il fit d'abord par obéissance, puis par inclination. Il fut envoyé dans une université étrangère, et ses lettres particulières, ainsi que le témoignage de ses maîtres et de ses surveillants, prouvèrent qu'il y suivait la marche qui devait le conduire au but. Seulement, on ne pouvait l'approuver d'avoir montré dans quelques occasions une bravoure un peu trop bouillante. Là-dessus, le père secouait la tête; le grand bailli souriait. Qui n'aurait désiré avoir un tel fils ?

Cependant Julie et Lucinde grandissaient : Julie, la cadette, espiègle, aimable, inconstante, de l'humeur la plus agréable; Lucinde, difficile à caractériser, parce qu'elle offrait le modèle de la droiture et de la pureté que nous désirons trouver chez toutes les femmes. On se visitait mutuellement, et Julie trouvait dans la maison du professeur d'inépuisables sources d'amusements.

La géographie, qu'il savait animer par la topographie, était du domaine de ce savant; dès que Julie avait attrapé un de ces volumes, sortis des presses de Homann, et qui se trouvaient là en foule, elle passait en revue les différentes villes, les jugeant, préférant celles-ci, rebutant celles-là; les ports de mer étaient surtout l'objet de sa faveur; les autres villes voulaient-elles obtenir d'elle quelque approbation, il fallait qu'elles prissent la peine de se distinguer par de nombreux clochers, coupoles et minarets.

Son père la laissait passer des semaines chez l'ami qui avait toute sa confiance; elle faisait réellement des progrès en savoir et en intelligence, et connaissait passablement la terre habitée, ses principales relations, ses objets et ses lieux les plus remarquables. Elle était aussi fort attentive aux costumes des nations étrangères, et, quand son vieil ami lui demandait parfois en badinant, si, d'entre les nombreux et jolis jeunes gens qui passaient devant la fenêtre, tel ou tel ne lui plaisait point, elle répondait :

« Oui, sans doute, lorsqu'ils ont un air bien étrange! »

Et, comme nos jeunes étudiants ne sont jamais en défaut sur ce point, elle avait souvent occasion de prendre intérêt à l'un ou à l'autre; à leur vue, elle se rappelait quelque costume national étranger, mais elle finissait par assurer qu'il faudrait tout au moins un Grec, dans tout son équipage national, pour qu'elle voulût bien lui accorder une attention particulière; aussi désirait-elle se trouver un jour à la foire de Leipzig, où elle pourrait en voir dans les rues.

Après ses travaux arides, et quelquefois ennuyeux, le professeur n'avait point de plus heureux moments que ceux où il instruisait Julie en badinant, triomphant en secret de se former une bru si aimable, toujours amusée, toujours amusante. Les deux pères étaient d'ailleurs convenus de ne point laisser soupçonner leur projet aux jeunes filles : on le tint caché même à Lucidor.

Les années s'étaient écoulées, avec leur rapidité ordinaire. Ses études achevées, Lucidor se présenta aux examens, et les subit, à la grande joie de ses supérieurs, qui ne demandaient pas mieux que de pouvoir remplir en conscience l'espoir de vieux et dignes serviteurs, qui possédaient et méritaient leurs bonnes grâces.

L'affaire avait donc suivi sa marche régulière, et se trouvait enfin arrivée au point que Lucidor, après s'être conduit d'une manière exemplaire dans des places inférieures, obtint, selon ses vœux et son mérite, un poste très-avantageux, qui fixait sa résidence à moitié chemin entre la demeure de son père et celle du grand bailli.

C'est alors que le professeur entretint son fils de Julie, non plus par allusions, mais comme d'une fiancée et d'une épouse, sans exprimer un doute et une condition, s'estimant heureux de s'être assuré un pareil trésor. Il voyait déjà sa belle-fille le visiter de nouveau de temps en temps, s'occuper de ses cartes, de ses plans et de ses vues de ville; le fils, de son côté, se rappelait l'aimable et joyeuse enfant, qui, dans leur premier âge, l'avait toujours charmé par ses espiègleries comme par ses grâces. Le professeur envoya donc Lucidor chez le grand bailli, pour faire plus intime connaissance avec la jeune fille, et passer quelques semaines à se familiariser avec toute la maison. Dès que les jeunes gens seraient d'accord, comme on devait s'y attendre, Lucidor avertirait son père, qui se présenterait aussitôt, afin qu'un engagement solennel assurât pour la vie le bonheur espéré.

Lucidor arrive; il est amicalement reçu et conduit dans sa chambre; il fait sa toilette et paraît. Outre les membres de la famille qui nous sont déjà connus, il trouve un jeune fils, véritable enfant gâté, mais d'un bon caractère, en sorte que, si l'on voulait l'accepter comme le personnage plaisant, il ne cadrait pas mal avec l'ensemble. Parmi les personnes de la maison, se trouvait aussi un homme très-vieux, mais bien portant et de bonne humeur, silencieux, clairvoyant et sage, touchant au terme de la vie, et rendant encore çà et là quelques services. Aussitôt après Lucidor, survint un étranger, qui n'était plus jeune; il avait l'air imposant et noble, d'excellentes manières, et sa connaissance des pays lointains rendait sa conversation très-intéressante. Il se nommait Antoni.

Julie accueillit son prétendu d'une manière modeste, mais prévenante. Lucinde fit les honneurs de la maison, comme Julie ceux de sa personne. Ainsi se passa la journée, infiniment agréable pour tout le monde, excepté pour Lucidor, qui, d'ailleurs silencieux, devait, pour ne pas rester muet, se réduire à faire des questions, ce qui ne montre personne à son avantage.

Il était tout à fait préoccupé, car, dès le premier coup d'œil, il s'était senti, non pas de l'éloignement et de la répugnance, mais de la froideur pour Julie; Lucinde, au contraire, avait tant d'attrait pour lui, qu'il était tout ému, lorsqu'elle arrêtait sur lui ses beaux yeux, calmes et purs.

Ce fut avec ce trouble d'esprit qu'il se retira le premier soir dans sa chambre, et qu'il répandit son cœur dans le monologue par lequel nous avons commencé; mais, pour l'expliquer et pour apprendre aux lecteurs comment la véhémence d'un pareil flux de paroles s'accorde avec ce que nous savons du jeune homme, nous avons besoin d'ajouter quelques éclaircissements.

Lucidor avait des sentiments profonds, et, le plus souvent, son esprit était occupé d'autre chose que ce qu'exigeait la situation présente; aussi était-il peu propre à la conversation. Il le sentait, et cela le rendait silencieux, à moins que l'entretien ne roulât sur certaines matières qu'il avait étudiées à fond, et qui mettaient incessamment à sa disposition ce dont il avait besoin. Ajoutons que, dès le collége, et plus tard à l'université, il s'était trompé dans le choix de ses amis et avait mal placé ses confidences : dès lors il hésitait à s'épancher, et l'hésitation rend tout épanchement impossible. D'ordinaire il ne parlait à son père que pour acquiescer à tout, et il déchargeait son cœur en monologues, aussitôt qu'il était seul.

Le lendemain, il avait eu le temps de se remettre, et pourtant il s'en fallut peu qu'il ne perdît contenance, quand Julie vint au-devant de lui, avec plus de grâce, de gaieté et de liberté que la veille. Elle sut lui faire beaucoup de questions sur ses voyages par terre et par eau; comment, le sac sur le dos, le jeune étudiant avait parcouru, traversé la Suisse, et même franchi les Alpes; elle voulut avoir des détails sur la belle île[1] du grand lac méridional; puis, revenant en arrière, il fallut suivre le cours du Rhin, depuis sa source, d'abord au milieu de contrées sauvages, et, plus bas, à travers maintes vicissitudes, où il vaut encore la peine de l'accompagner, entre Mayence et Coblentz, pour le congédier avec honneur, après son dernier rétrécissement, et le laisser courir dans le vaste monde et enfin dans la mer.

Ces questions mirent Lucidor fort à l'aise; il raconta volontiers et fort bien ses voyages, en sorte que Julie, enchantée, s'écria qu'il faudrait voir ces choses à deux : nouveau sujet de frayeur pour Lucidor, parce qu'il crut y découvrir une allusion à leur commun voyage à travers la vie.

Mais il fut bientôt relevé de son office de narrateur, car Antoni éclipsa d'abord toutes les sources de montagnes, les rives rocheuses, les fleuves coulant dans un lit tantôt resserré, tantôt spacieux; il se transporta du premier bond à Gênes; Livourne n'était pas loin; on enleva, à la course, ce que le pays

---

1. Probablement l'*Isola-Bella*, l'une des îles Borromées.

offrait de plus intéressant ; il fallut voir Naples avant de mourir ; restait encore Constantinople, qui n'était pas non plus à dédaigner. En décrivant ces pays lointains, Antoni entraîna toutes les imaginations, sans qu'il eût besoin d'y mettre autant de verve ; mais Julie, transportée, n'était point satisfaite encore ; elle se sentait la fantaisie de visiter aussi Alexandrie, le Caire et surtout les Pyramides, sur lesquelles elle avait des notions assez étendues, grâce aux leçons du beau-père présumé.

Le même soir, Lucidor avait à peine fermé sa porte, il n'avait pas posé sa chandelle, qu'il s'écria :

« Prends une bonne résolution ; ceci est sérieux. Tu as beaucoup appris, beaucoup médité de choses sérieuses : que te sert ta jurisprudence, si tu ne sais pas agir en homme de loi ? Considère-toi comme un chargé d'affaires ; oublie que c'est de toi qu'il s'agit, et fais ce que tu devrais faire pour un autre. La situation se complique affreusement. L'étranger en veut manifestement à Lucinde ; elle lui montre les plus gracieuses et les plus nobles attentions d'une bienveillante hospitalité ; la petite folle serait prête à courir le monde, avec le premier venu, sans rime ni raison. Et puis c'est une friponne : sa passion pour les villes et les pays étrangers est un leurre pour nous réduire au silence. Mais pourquoi donc voir à la chose tant de difficultés ? Le grand bailli n'est-il pas lui-même le plus sage, le plus éclairé, le plus bienveillant des intercesseurs ? Tu lui diras ce que tu sens et ce que tu penses, et, s'il ne peut sentir, du moins il pensera comme toi. Il peut tout sur ton père. Et puis l'une n'est-elle pas sa fille comme l'autre ? Que pense Antoni le voyageur, de s'adresser à Lucinde, qui est née pour la maison, pour être heureuse et donner le bonheur ? Que le vif-argent qui frétille s'associe avec le Juif errant ! Ils feront un couple délicieux. »

Le lendemain, Lucidor descendit, avec la ferme résolution de parler au père, et de s'adresser à lui sans délai, aux heures où il le savait de loisir. Quelle ne fut pas sa douleur, sa perplexité, lorsqu'il apprit que des affaires avaient obligé le grand bailli de s'absenter, et qu'il ne reviendrait que le surlendemain ! Ce jour-là, Julie parut tout à fait d'humeur voyageuse : elle fut tout entière au coureur de pays et abandonna Lucidor à Lucinde, non sans se moquer un peu des inclinations casanières.

Si Lucidor, sur une impression générale, et après avoir observé à quelque distance la noble jeune fille, s'était déjà senti pour elle un attachement si tendre, il dut, en la voyant de près, découvrir deux fois et trois fois mieux encore ce qui l'avait attiré au premier coup d'œil.

Le bon vieil ami de la maison prit la place du père absent. Lui aussi, il avait vécu, il avait aimé, et, après maintes meurtrissures, il avait enfin retrouvé, auprès de l'ami de sa jeunesse, le bien-être et le rafraîchissement. Il animait la conversation, et s'étendit particulièrement sur les erreurs dans le choix d'un époux; il cita de remarquables exemples de déclarations opportunes ou tardives. Lucinde parut dans tout son éclat; elle avoua que, dans la vie, et, par conséquent, dans les mariages aussi, le hasard, sous toutes ses formes, pouvait produire d'excellents résultats; mais qu'il était plus beau, plus honorable, de pouvoir se dire qu'on devait son bonheur à soi-même, à la secrète et paisible voix de son cœur, à un noble dessein, suivi d'une prompte résolution. Lucidor avait les larmes aux yeux et applaudissait à ces paroles. Bientôt les dames se retirèrent, et le vieillard, qui faisait l'office de président, put raconter à son aise des histoires d'échanges, et la conversation se répandit en exemples divertissants, qui touchaient de si près notre héros, qu'il n'y avait qu'un jeune homme aussi bien élevé qui pût s'empêcher d'éclater; mais il s'épancha lorsqu'il fut seul.

« Je me suis contenu! s'écria-t-il. Je n'affligerai pas mon bon père par cette complication! Je me suis contenu; car je vois dans ce digne ami de la maison le représentant des deux pères. Je veux m'adresser à lui : je lui dirai tout. Il s'interposera sans doute, et peu s'en faut qu'il n'ait déjà exprimé ce que je désire. Pourrait-il blâmer dans un cas particulier ce qu'il approuve en général? Je le verrai demain matin : il faut que je décharge mon cœur. »

A déjeuner, le vieillard ne parut point : il avait, dit-on, trop parlé la veille; il avait tablé trop longtemps et bu un peu plus que d'habitude. On rapporta beaucoup de choses à sa louange, et justement des actes et des discours qui mirent Lucidor au désespoir de ne s'être pas adressé à lui sur-le-champ. Son chagrin fut plus vif encore, lorsqu'il apprit qu'après une pareille crise, le bon vieillard demeurait quelquefois huit jours invisible.

Une demeure champêtre a pour les réunions de société de grands avantages, surtout quand les maîtres de la maison, en gens qui savent penser et sentir, se sont trouvés engagés, pendant plusieurs années, à venir au secours de la nature pour embellir les environs. C'est ce que l'on avait su faire ici. Le grand bailli, avant son mariage, et, ensuite, durant une longue et heureuse union, riche par lui-même, occupant un emploi lucratif, avait établi et autorisé, d'abord selon ses vues, puis selon le goût de sa femme, et enfin d'après les désirs et les fantaisies de ses enfants, de grandes et petites promenades, qui, peu à peu réunies avec goût, par des chemins et des plantations, offraient une suite de scènes charmantes, variées, caractéristiques. La jeune famille ne manqua pas de faire accomplir à son hôte ce pèlerinage; car on aime à mettre ses plantations sous les yeux de l'étranger, afin qu'il contemple avec étonnement les choses qui nous sont devenues familières, et qu'il en conserve pour toujours une impression favorable.

Les environs, comme les lieux plus éloignés, étaient éminemment propres à de modestes embellissements et à des fantaisies véritablement champêtres. De fertiles collines alternaient avec des prairies bien arrosées, en sorte que, par moments, l'ensemble, sans être plat, pouvait se voir d'un coup d'œil, et, si le sol paraissait consacré principalement à l'utile, l'agréable, le beau, n'était pas exclu.

Au bâtiment principal et aux dépendances se rattachaient les jardins d'agrément et les vergers, d'où l'on se perdait insensiblement dans un petit bois, qu'une large route carrossable coupait en divers sens. Au milieu, sur la hauteur la plus considérable, on avait bâti une salle, avec plusieurs pièces attenantes. En entrant par la porte principale, on voyait, réfléchi dans une grande glace, le plus beau point de vue du pays, et l'on se retournait aussitôt, pour se reposer de cette image inattendue en présence de la réalité; car l'abord avait été disposé adroitement, et l'on avait habilement dissimulé tout ce qui pouvait causer la surprise. Personne n'entrait sans porter tour à tour, avec plaisir, ses regards du miroir à la nature et de la nature au miroir.

Une fois en chemin, par un beau jour d'été, pur et serein, on fit une paisible promenade champêtre, autour et au travers de ces beaux lieux. Les jeunes filles indiquèrent la place où leur bonne mère venait se reposer le soir, sous un hêtre magnifique, qui s'était fait une large et libre place; bientôt après, Julie signala, avec quelque malice, le lieu où Lucinde venait se recueillir le matin, au bord d'un petit ruisseau, dans un bosquet d'aunes et de peupliers, d'où s'élevaient les champs et s'abaissaient les prairies. Le charme de ce lieu ne pouvait se décrire : on croyait l'avoir déjà vu partout, mais nulle part avec une simplicité si expressive et si douce. En revanche, le jeune frère rendit aussi Julie un peu confuse, en montrant à Lucidor de petits berceaux et des jardins enfantins, que l'on remarquait à peine encore, auprès d'un moulin caché à l'écart. Ces établissements dataient de l'époque où Julie, qui pouvait alors avoir dix ans, s'était mis dans la tête de se faire meunière, d'entrer en fonctions après la mort des deux vieilles gens, et de prendre pour mari un brave garçon meunier.

« Tout cela, s'écria Julie, était d'un temps où je n'avais pas entendu parler de villes baignées par des fleuves ou même par la mer, où je ne savais pas un mot de Gênes et de tant d'autres cités. Votre bon père m'a convertie, Lucidor, et depuis lors je ne viens guère ici. »

En disant ces mots, elle s'assit, d'un air espiègle, sur un petit banc, à peine en état de la soutenir encore, sous un bouquet de sureau, dont les branches s'étaient courbées trop bas.

« Fi ! peut-on s'accroupir ainsi ! » s'écria-t-elle.

Puis elle se leva en sursaut, et courut en avant avec son joyeux frère.

Lucidor et Lucinde, restés en arrière, s'entretinrent raisonnablement; et, dans une pareille situation, la raison approche bien du sentiment. Passer tour à tour en revue des objets simples et naturels; considérer avec recueillement de quelle manière l'homme sage et intelligent sait en tirer parti pour son avantage ; comme l'observation des objets présents, s'unissant au sentiment du besoin, enfante des merveilles, pour rendre d'abord la terre habitable, puis la couvrir et enfin la surcharger d'habitants : tout cela pouvait ici faire en détail le sujet de l'entretien. Lucinde rendait raison de tout, et, malgré sa modestie, elle ne pouvait cacher que l'agréable et commode enchaînement des diverses parties était son ouvrage, d'après les indications, les avis et les encouragements d'une mère vénérée.

Mais le plus long jour finit par atteindre le soir ; il fallut songer au retour, et, comme on se disposait à prendre un détour agréable, le joyeux frère demanda qu'on prît le chemin le plus court, bien qu'il fût sans aucun attrait et même fort pénible.

« Vous avez triomphé, s'écria-t-il, de montrer comme, avec vos établissements et vos promenades, vous avez rendu la contrée plus belle et plus intéressante pour les yeux amis des effets pittoresques et pour les tendres cœurs : laissez-moi triompher à mon tour. »

Il fallut le suivre par des terres labourées, des sentiers raboteux, quelquefois même sur des pierres jetées au hasard à travers des marécages ; puis on aperçut, à quelque distance, un confus assemblage de machines diverses. En l'observant de plus près, on y reconnut un vaste emplacement pour les jeux et les exercices gymnastiques, disposé, non sans intelligence, avec un certain sens populaire. Là se trouvaient distribués, à distance convenable, la grande balançoire tournante, où ceux qui montent et qui descendent restent toujours assis horizontalement, d'autres balançoires, des escarpolettes, des jeux de quilles, et tout ce qu'on peut imaginer pour occuper et amuser à la fois diversement, sur une grande place, une multitude.

« Voilà ma création, s'écria-t-il, mon établissement. Et, quoique mon père ait donné l'argent et un habile homme ses idées, sans moi, que vous appelez souvent un étourdi, les idées et l'argent ne se seraient pas rencontrés. »

Dans ces heureuses dispositions, les quatre promeneurs rentrèrent à la maison au coucher du soleil. Ils y trouvèrent Antoni : cependant Julie, à qui toute une journée de promenade ne suffisait pas, fit mettre les chevaux à la voiture, pour se rendre chez une amie, qu'elle était au désespoir de n'avoir pas vue depuis deux jours. Les quatre personnes qui restaient se sentirent soudain embarrassées, et l'on en vint même à dire que l'absence du père inquiétait ses alentours. La conversation commençait à languir, quand tout à coup le joyeux frère sortit, et revint bientôt avec un livre, offrant de faire une lecture. Lucinde ne put s'empêcher de lui demander comment lui était venue cette idée, qu'il n'avait pas eue depuis un an; à quoi il répondit gaiement :

« Toutes les idées me viennent à propos : c'est une chose dont vous ne pouvez pas vous vanter. »

Puis il se mit à lire une suite de ces vrais contes, qui arrachent l'homme à lui-même, flattent ses désirs, et lui font oublier toutes les barrières dans lesquelles nous sommes toujours emprisonnés, même dans nos plus heureux moments.

« Que faire maintenant? s'écria Lucidor, lorsqu'enfin il se trouva seul : le temps presse. Je me défie d'Antoni : c'est un étranger. Je ne sais ce qu'il est, ni comment il se trouve dans cette maison, ni ce qu'il veut. Il semble avoir des empressements pour Lucinde : que pourrais-je donc espérer de lui? Je n'ai plus d'autre ressource que de m'adresser à Lucinde elle-même. Il faut qu'elle sache tout, qu'elle le sache avant tout autre. C'était mon premier sentiment : pourquoi nous laissons-nous égarer sur le chemin de la prudence? Eh bien, je finirai comme j'aurais dû commencer, et j'espère atteindre le but. »

Le samedi matin, Lucidor, s'étant levé de bonne heure, se promenait dans sa chambre en long et en large, méditant sur ce qu'il dirait à Lucinde, lorsqu'il entendit comme une querelle badine devant sa porte, qui s'ouvrit aussitôt. Le joyeux frère poussait devant lui un domestique, qui apportait du café et des pâtisseries pour notre ami; lui-même, il portait des viandes froides et du vin.

« Va toujours ! criait le fils de la maison. Il faut servir d'abord notre hôte; je suis accoutumé à me servir moi-même. Mon ami, je viens aujourd'hui un peu matin et bruyamment. Commençons par déjeuner en paix, et puis nous verrons ce que nous pourrons faire, car nous avons peu de chose à espérer de la compagnie : la petite n'est pas revenue encore de chez son amie; il faut qu'elles épanchent leurs cœurs au moins tous les quinze jours, sinon ils éclateraient infailliblement ; le samedi, Lucinde n'est bonne à rien; elle rend ponctuellement les comptes du ménage à notre père. On voulait aussi me mêler là dedans : Dieu m'en préserve! Quand je sais ce que coûte une chose, je ne puis en manger un morceau avec plaisir. On attend du monde pour demain; le vieux n'a pas encore repris son équilibre ; Antoni est à la chasse : nous allons en faire autant! »

Les fusils, les gibecières et les chiens étaient prêts, lorsqu'ils descendirent à la cour, et ils allèrent battre les champs, où ils tuèrent quelque levraut, quelque pauvre volatile. Pendant ce temps, ils parlaient de la famille et de ses hôtes actuels. On fit mention d'Antoni, et Lucidor ne manqua pas de demander des éclaircissements sur son compte. Le jeune espiègle assura, avec quelque suffisance, qu'il avait déjà pénétré jusqu'au fond cet homme singulier, tout mystérieux qu'il était.

« Assurément, poursuivit-il, c'est le fils d'un riche négociant, qui a fait faillite au moment où lui-même, dans la fleur de la jeunesse, se préparait, avec force et courage, à prendre part aux grandes affaires, et, en même temps, aux plaisirs, qui s'offrent en abondance. Voyant ses espérances détruites, il a rassemblé toute son énergie, et il a fait pour les autres ce qu'il ne pouvait plus faire pour lui et pour les siens. De la sorte, il a parcouru le monde, il a appris à le connaître à fond, ainsi que les relations commerciales des peuples, et cependant il n'a pas oublié ses intérêts. Par une activité infatigable et une probité éprouvée, il a gagné et conservé la confiance illimitée de beaucoup de gens. Il s'est fait ainsi en tous lieux des amis et des connaissances, et il est facile de remarquer que ses biens sont aussi dispersés dans le monde que ses amitiés, ce qui rend, de temps en temps, sa présence nécessaire dans les quatre parties du globe. »

Notre espiègle avait raconté tout cela avec plus de détails et de naïveté, mêlant à son histoire mainte réflexion risible, comme pour l'étendre à plaisir.

« Il y a bien longtemps qu'il est en liaison avec mon père,

poursuivit-il. Nos gens imaginent que je ne vois rien, parce que je ne m'inquiète de rien : mais je vois d'autant mieux, que cela ne me concerne pas. Il a déposé beaucoup d'argent chez mon père, qui l'a placé sûrement et avantageusement. Hier encore il remit dans les mains du vieux une cassette de bijoux, les plus riches et les plus beaux que j'aie jamais vus : mais ils m'ont laissé à peine le temps d'y jeter un coup d'œil, car c'est entre eux un secret. Apparemment c'est un cadeau, un gage d'amour, qu'il destine à sa fiancée. Antoni a donné son cœur à Lucinde : mais, quand je les vois ensemble, je ne puis trouver que ce soit un couple bien assorti. L'étourdie serait mieux son fait, et je crois qu'il lui plaît mieux qu'à l'aînée. Elle jette quelquefois au vieux barbon des regards aussi éveillés, aussi tendres, que si elle était prête à monter en voiture et à s'enfuir avec lui. »

Lucidor se contenait ; il ne savait que répondre ; tout ce qu'il apprenait lui causait une secrète joie. Le jeune frère continua ses confidences.

« Julie eut toujours un goût ridicule pour les vieux : je crois qu'elle aurait épousé votre père aussi lestement que vous. »

Lucidor suivait son compagnon où il lui plaisait de le conduire, à travers broussailles et rochers : ils oubliaient tous deux la chasse, qui ne pouvait d'ailleurs être bien productive. Ils entrèrent dans une ferme où ils furent bien reçus, et l'un des amis y passa le temps à manger, boire et babiller, tandis que l'autre, plongé dans ses pensées et ses réflexions, cherchait le moyen de mettre à profit la découverte qu'il avait faite.

Ces récits et ces communications lui avaient inspiré tant de confiance en son rival, que, dès son retour à la maison, il demanda de ses nouvelles et courut au jardin, où devait se trouver Antoni. Il parcourut toutes les allées du parc, où brillait un beau soleil couchant : ce fut peine perdue ; il ne trouvait pas une âme nulle part. Enfin, comme il arrivait à la porte de la grande salle, par un singulier hasard, le soleil couchant, se reflétant dans la glace, l'éblouit, au point qu'il ne put reconnaître les deux personnes qui étaient assises sur le canapé ; il s'aperçut seulement que l'une était une dame, à qui un homme, assis auprès d'elle, avait baisé la main avec beaucoup de vivacité. Mais quelle ne fut pas son horreur, lorsque, sa vue s'étant éclaircie, il se trouva en présence de Lucinde et d'Antoni ! Il aurait voulu que la terre l'engloutît, mais il resta comme s'il eût pris racine sur la place, quand Lucinde lui souhaita la bienvenue, de l'air le plus ingénu et le plus amical, s'approcha de lui et le pria de s'asseoir à son côté. Il obéit machinalement, et, lorsqu'elle lui adressa la parole, s'informa de la manière dont il avait passé la journée, et s'excusa d'avoir été absorbée par les soins du ménage, le son de sa voix le fit tressaillir. Antoni se leva et prit congé : Lucinde, s'étant remise à son tour, proposa une promenade à Lucidor. En marchant à ses côtés, il était silencieux et embarrassé ; elle-même paraissait inquiète, et, s'il avait eu quelque sang-froid, il aurait pu remarquer, à sa respiration pénible, qu'elle étouffait de tendres soupirs. Elle prit enfin congé de lui, lorsqu'ils approchèrent de la maison ; mais lui, il se dirigea vers la campagne, d'abord à pas lents, puis d'une marche précipitée. Le parc n'était pas assez vaste pour lui ; il courut à travers champs, sans rien entendre que la voix de son cœur, et tout à fait insensible aux beautés de la plus admirable soirée. Lorsqu'il se vit seul, et que ses sentiments se furent épanchés en un torrent de larmes bienfaisantes, il s'écria :

« J'ai déjà senti quelquefois dans ma vie, mais pas encore d'une manière aussi cruelle, la douleur qui me rend désormais tout à fait misérable : voir le bonheur, qui vient à nous, qui prend notre main dans la sienne, appuie son bras sur le nôtre, et nous adresse à l'instant même un éternel adieu ! J'étais assis près d'elle, je marchais à ses côtés ; les plis de sa robe flottante me touchaient, et je l'avais déjà perdue ! Ne te retrace plus ces choses ; ne reviens pas là-dessus : tais-toi et sache te résoudre ! »

Il s'était lui-même fermé la bouche : il gardait le silence ; il rêvait à travers les champs, les prés et les bois, sans suivre toujours les sentiers les plus praticables. Ce fut seulement lorsqu'il rentra bien tard dans sa chambre, qu'il cessa de se contenir et s'écria :

« Je partirai demain matin ! Je ne passerai pas une seconde journée comme celle-ci. »

Et il se jeta tout habillé sur son lit.

Heureuse et saine jeunesse ! Déjà il dormait. Le mouvement

et la fatigue du jour lui avaient procuré le plus doux repos. Cependant les premiers rayons du soleil l'arrachèrent aux joyeux songes du matin. C'était justement le plus long jour de l'année, qui menaçait d'être interminable pour lui. S'il avait été insensible à la grâce charmante de l'étoile du soir, il ne sentit la beauté vivifiante du matin que pour se désespérer. La nature s'offrait à lui aussi belle que jamais ; elle l'était encore pour ses yeux ; mais son cœur n'y répondait point ; tout cela lui devenait indifférent : il avait perdu Lucinde.

CHAPITRE IX.

Il eut bien vite fermé son portemanteau, qu'il voulait laisser chez le bailli ; il n'y joignit pas le moindre billet ; le palefrenier, qu'il était d'ailleurs forcé de réveiller, excuserait par quelques mots son absence à table et peut-être aussi le soir. Mais il le trouva déjà devant l'écurie, allant et venant à grands pas.

« Monsieur ne veut pas monter à cheval, j'espère ! cria ce bonhomme avec un peu d'humeur. J'ose bien vous le dire, notre jeune monsieur devient tous les jours plus insupportable. Hier il avait tant couru par le pays, qu'on pouvait croire qu'il serait trop heureux de dormir la grasse matinée : ne vient-il pas, ce matin, avant le jour, faire tapage dans l'écurie ? et, quand je m'éveille en sursaut, je le vois qui met la selle et la bride à votre cheval, sans qu'aucune représentation le puisse arrêter ; il saute dessus et me crie : « Vois un peu la bonne « action que je vais faire ! Cet animal ne va jamais que le petit « trot de la justice : je veux le mettre un peu au franc galop de « la vie. » Voilà à peu près ce qu'il a dit, avec d'autres propos singuliers. »

Ce fut pour Lucidor un double chagrin : il aimait son cheval, qui convenait à son caractère, à ses allures ; il était fâché de savoir la bonne et intelligente bête dans les mains d'un jeune fou. Il voyait renversé son plan, son projet de fuir, dans cette crise, chez un ami d'université, avec lequel il avait vécu dans une intime et joyeuse union. Il avait senti renaître l'ancienne confiance et oublié les milles qui les séparaient ; déjà il avait cru trouver des conseils et du soulagement auprès d'un sage et bienveillant ami : cette perspective lui était maintenant fermée. Mais non, elle ne l'était pas, s'il avait le courage d'aller à son but sur ses bonnes jambes, qui étaient toujours à son service.

Son parti pris, il songea d'abord à sortir du parc, afin de gagner à travers champs la route qui devait le conduire chez son ami. Il hésitait sur la direction qu'il devait suivre, lorsqu'il aperçut, à main gauche, et dominant la forêt, sur une bizarre charpente, l'ermitage, dont l'existence lui avait été cachée jusque-là, et, à sa grande surprise, il reconnut, sur la galerie abritée par le toit à la chinoise, le bon vieillard, tenu pour malade pendant quelques jours, et qui promenait gaiement ses regards de tous côtés. A ses salutations affectueuses, à ses pressantes invitations de monter auprès de lui, Lucidor répondit par des défaites et des salutations précipitées : mais, le bon vieillard se hâtant de descendre, d'un pas chancelant, l'escalier rapide, la crainte de le voir tomber décida Lucidor à courir au-devant de lui et à se laisser conduire dans l'ermitage. Il entra avec surprise dans une agréable petite salle. Elle n'avait que trois fenêtres, qui donnaient sur la campagne dans une exposition ravissante : du reste, les cloisons étaient décorées, ou plutôt couvertes, de cent et cent gravures et de quelques dessins collés à la paroi, les uns à côté des autres, dans un certain ordre, et séparés par des bordures et des intervalles coloriés.

« Je vous fais, mon ami, une faveur que je n'accorde pas à tout le monde, en vous introduisant dans le sanctuaire où je passe doucement mes derniers jours. C'est ici que je cherche le remède à toutes les fautes que la société me fait commettre ; c'est ici que je retrouve l'équilibre de mes forces, après mes écarts de régime. »

Lucidor jeta les yeux sur l'ensemble. Versé dans l'histoire, il eut bientôt reconnu que le goût de cette science avait présidé à la collection.

« Là-haut, sur la frise, dit le vieillard, vous trouvez les noms des grands hommes de l'antiquité, et, dans les âges voisins, des noms encore, et rien de plus; car il serait difficile de s'en procurer des portraits fidèles. Mais, dans ce champ plus vaste, commence proprement ma vie; voici les hommes dont j'entendais encore prononcer les noms dans mon enfance : car les noms des personnages éminents restent à peu près cinquante ans dans la mémoire du peuple, puis ils s'oublient ou tombent dans la légende. Quoique mon père et ma mère fussent Allemands, je suis né en Hollande, et, pour moi, Guillaume d'Orange est, comme stathouder de Hollande et roi d'Angleterre, le type des grands hommes et des héros. Près de lui, voyez maintenant Louis XIV, qui.... »

Comme Lucidor eût volontiers interrompu le vieillard, s'il l'eût osé, ainsi que nous pouvons nous le permettre, nous, libre narrateur! Car il était menacé de l'histoire moderne et contemporaine, comme il pouvait fort bien le remarquer, aux portraits du grand Frédéric et de ses généraux, qu'il regardait du coin de l'œil.

Or, si le bon jeune homme respectait le goût vif du vieillard pour son époque et pour celle qui l'avait immédiatement précédée; si quelques traits et quelques points de vue individuels pouvaient ne pas lui sembler sans intérêt, cependant il avait étudié dans les universités l'histoire moderne, et, ce qu'on a entendu une fois, on croit le savoir pour toujours. Sa pensée était loin de là; il n'écoutait pas; il regardait à peine, et il était sur le point de sortir, de la manière la plus impolie, et de dégringoler le long et rapide escalier, lorsqu'on entendit devant la maison un vif battement de mains.

Tandis que Lucidor se retirait en arrière, le vieillard mit la tête à la fenêtre, et une voix bien connue fit entendre ces paroles :

« Descendez, au nom du ciel, de votre salle historique, mon vieux monsieur ! Finissez-en avec vos fastes, et m'aidez à apaiser notre jeune ami, quand il saura la nouvelle. J'ai mené son cheval un peu étourdiment; il a perdu un fer, et j'ai dû le laisser en chemin. Que va-t-il dire? C'est absurde pourtant, d'être fou comme je suis.

— Montez, » dit le vieillard; puis, se tournant vers Lucidor : « Eh bien! qu'en dites-vous? »

Lucidor gardait le silence : le jeune étourdi entra. Après une longue altercation, on résolut d'envoyer aussitôt le palefrenier prendre soin du cheval.

Les deux jeunes gens quittèrent le vieillard et coururent à la maison, où Lucidor se laissa ramener sans trop de résistance, abandonnant les conséquences à la destinée. N'était-ce pas dans ces murs qu'était renfermé l'unique objet de ses vœux? Dans ces situations désespérées, nous cherchons en vain le secours de notre libre arbitre, et nous nous sentons soulagés pour un moment, si une détermination, une contrainte, interviennent, de quelque façon que ce puisse être. Cependant, lorsqu'il entra dans sa chambre, il se trouva dans la plus étrange situation, précisément comme un voyageur dont la voiture s'est brisée, et qui revient à contre-cœur dans la chambre d'auberge qu'il venait de quitter.

Le joyeux frère s'empara du portemanteau, pour tout dépaqueter soigneusement; il choisit et rassembla ce qui se trouvait de plus élégant, parmi ces hardes de voyageur, et força Lucidor à changer de bas et de souliers, rajusta lui-même sa riche et brune chevelure frisée et le brossa comme il faut; puis, reculant de quelques pas, et contemplant de la tête aux pieds son ouvrage, il s'écria :

« Maintenant, mon petit ami, vous avez l'air d'un homme qui peut prétendre au cœur de quelque belle enfant, et, en même temps, assez sérieux pour vous mettre à la recherche d'une fiancée. Un moment encore, et vous apprendrez comme je sais me montrer quand l'heure sonne. Je dois ce talent à MM. les officiers, que les jeunes filles lorgnent sans cesse; et, comme je me suis enrôlé moi-même dans une certaine milice, maintenant elles ne peuvent non plus assez me regarder, aucune ne sachant pour qui elle doit me prendre. Et cet échange d'œillades, ces étonnements, ces attentions, donnent souvent lieu à de jolies aventures, qui, ne fussent-elles que passagères, valent pourtant la peine qu'on leur consacre un moment. A présent, venez, mon ami, et rendez-moi le même service. Quand vous me verrez m'affubler pièce à pièce de mon nouveau costume, vous ne refuserez au jeune espiègle ni l'esprit ni l'invention. »

En disant ces mots, il entraînait son ami par les spacieux et longs corridors du vieux château.

« Je me suis logé à l'écart, disait-il : sans vouloir me cacher, j'aime à être seul, car on ne peut toujours contenter les gens. »

Ils passèrent devant la chancellerie, au moment où un employé en sortait, portant une écritoire antique, noire, massive et complète, avec une provision de papier.

« Je sais d'avance ce qu'on va barbouiller, lui cria le jeune fils. Va et laisse-moi la clef. Lucidor, jetez un coup d'œil dans cette salle; cela vous amusera, en attendant que j'aie fait ma toilette. Ce local ne doit pas déplaire à un jurisconsulte comme à un amateur de chevaux. »

Puis il poussa Lucidor dans la salle d'audience.

Lucidor se sentit d'abord dans son élément : il se souvint des jours où, appliqué à l'ouvrage, il était assis à un bureau comme celui-là, ne cessant d'écouter et d'écrire. Il n'ignorait pas non plus que cette salle avait été jadis une magnifique chapelle, convertie en temple de Thémis, à l'époque de la réformation. Sur les tablettes il trouva des titres et des actes qui lui étaient connus : il avait même travaillé à ces affaires dans la capitale. En ouvrant une liasse de papiers, il tomba sur une pièce qu'il avait mise au net lui-même, et sur une autre dont il avait fait le brouillon. L'écriture et le papier, le sceau de la chancellerie et la signature du président, tout lui rappelait ce temps d'honnêtes labeurs et de jeunes espérances. Et lorsqu'il regardait autour de lui, et jetait les yeux sur le siége du grand bailli, qui lui était réservé et destiné, une si belle place, un si honorable champ d'activité, qu'il courait le risque de laisser échapper, de manquer!... toutes ces idées l'oppressaient doublement, tandis que la figure de Lucinde semblait, en même temps, s'éloigner de lui.

Il voulut chercher le grand air, mais il se trouva prisonnier. Le jeune fou, par étourderie ou par malice, avait fermé la porte à clef; mais notre ami ne resta pas longtemps dans cette pénible angoisse, car l'espiègle revint, fit ses excuses, et parvint même à mettre Lucidor de bonne humeur par son étrange équipement. Ce qu'il y avait de hasardé dans la couleur et la coupe de l'habit était tempéré par un goût naturel : c'est ainsi que l'Indien tatoué surprend quelquefois notre suffrage.

« Cette fois, s'écria-t-il, nous allons nous dédommager de l'ennui des derniers jours; de bons amis, de joyeux amis, sont arrivés, de jolies personnes, espiègles, amoureuses, et puis mon père, et, miracles sur miracles! votre père aussi. Quelle fête! Déjà tout le monde est réuni pour le déjeuner. »

Lucidor se sentit comme plongé dans un épais nuage, à travers lequel toutes ces figures annoncées, connues et inconnues, lui apparaissaient comme des fantômes : mais il fut soutenu par son caractère et la pureté de son cœur. En quelques secondes, il fut prêt à tout événement. Il suivit, d'un pas tranquille, son impatient ami, bien résolu d'attendre, quoi qu'il pût arriver, et de se déclarer, quoi qu'il en pût résulter.

Cependant, dès l'entrée, il fut saisi d'étonnement. Dans un grand demi-cercle de personnes rangées auprès des fenêtres, il découvrit d'abord son père à côté du grand bailli, tous deux en grand costume. Il jeta sur les sœurs, sur Antoni et d'autres personnes, connues et inconnues, un rapide coup d'œil, et sa vue faillit se troubler. Il s'avança, d'un pas chancelant, vers son père, qui le salua très-affectueusement, mais avec une certaine cérémonie, qui encourageait à peine une approche familière. Debout, devant tant de monde, il se cherchait, pour le moment, une place convenable. Il aurait pu s'asseoir auprès de Lucinde ; mais Julie, contre les lois de l'étiquette sévère, fit un mouvement qui l'obligea de s'approcher d'elle, et Antoni resta auprès de Lucinde.

Dans ce moment décisif, Lucidor se sentit de nouveau comme un chargé d'affaires; et, fortifié par toute sa jurisprudence, il se rappela, pour son avantage personnel, cette belle maxime : « Nous devons gérer les affaires d'autrui comme celles qui nous sont propres. » Et pourquoi pas les nôtres dans le même esprit ? Il savait parfaitement exposer une affaire ; il passa promptement en revue ce qu'il avait à dire. Cependant la société, rangée tout de bon en demi-cercle, semblait vouloir l'envelopper. Il savait fort bien ce qu'il avait à dire, mais il ne pouvait trouver le commencement. Et puis il remarquait sur une table, dans un coin, la grosse écritoire et les secrétaires auprès. Le grand bailli fit un mouvement, comme pour se disposer à prendre la parole : Lucidor voulut le prévenir, et, au même instant, Julie lui serra la main. Cela le mit hors de lui-même ; il se persuada que tout était décidé, tout perdu pour lui.

Il n'avait donc plus à ménager la situation présente, les relations de famille, les convenances sociales : sans regarder Julie, il dégagea sa main de la sienne, et fut sitôt sorti, que l'assemblée ne s'aperçut pas d'abord de son absence, et que lui-même, hors de la maison, ne savait plus où il en était.

Effrayé de la lumière du jour, qui brillait sur lui de tout son éclat, évitant les regards des personnes qu'il rencontrait, craignant d'être poursuivi, il allait toujours devant lui, et il arriva dans la grande salle du jardin. Là les forces lui manquèrent, il entra précipitamment, et il se jeta, désespéré, sur le sofa, au-dessous de la glace ; saisi, au milieu d'une société polie, d'un affreux égarement, qui soulevait une tempête autour de lui et dans son cœur. Son existence passée luttait avec sa situation présente : c'était un horrible moment.

Il demeura quelque temps ainsi, la tête sur le coussin où Lucinde avait appuyé son bras la veille. Abîmé dans sa douleur, il leva tout à coup la tête, ayant senti une main qui le touchait, sans qu'il eût remarqué l'approche de personne : et il vit Lucinde debout auprès de lui !

Soupçonnant qu'on l'avait envoyée pour le chercher, qu'on l'avait chargée de lui parler sagement, comme une sœur, et de le ramener dans l'assemblée, pour lui imposer une destinée dont il ne voulait pas, il s'écria :

« Ce n'est pas vous qu'on devait envoyer, Lucinde, car c'est à cause de vous que j'ai fui. Je ne retournerai pas. Si vous êtes capable de pitié, donnez-moi les facilités et les moyens de fuir. Car, afin que vous puissiez attester combien il est impossible de me ramener, laissez-moi vous expliquer ma conduite, qui doit vous paraître, comme à tout le monde, celle d'un insensé. Écoutez le serment que je me suis fait à moi-même, que je répète hautement et ne violerai jamais : c'est avec vous seule que voulais vivre, user et jouir de ma jeunesse, et couler mes jours dans une fidèle et vertueuse union. Et il est aussi ferme, aussi certain, que s'il était prêté devant l'autel, le serment que je fais à l'heure où je vous quitte, moi, le plus infortuné des hommes. »

Lucidor fit un mouvement pour échapper à Lucinde, qui était debout tout près de lui ; mais elle le prit doucement dans ses bras.

« Que faites-vous ? s'écria-t-il.

— Lucidor, vous n'êtes pas à plaindre comme vous l'imaginez ! Vous êtes à moi ; je suis à vous ! Je vous tiens dans mes bras : ne craignez point de me presser dans les vôtres. Votre père approuve tout ; Antoni épouse ma sœur. »

Lucidor recula d'étonnement.

« Serait-il vrai ? »

Lucinde sourit et fit un geste affirmatif. Il se dégagea de ses bras.

« Laissez-moi contempler encore une fois de loin le trésor qui doit m'appartenir de si près. »

Il lui prit les mains.

« Regardez-moi, Lucinde !... Êtes-vous à moi ?

— Oui, oui, » répondit-elle, et les plus douces larmes brillaient dans les yeux de cette fidèle amante. Il la prit dans ses bras, la pressa sur son cœur, comme le naufragé embrasse le rocher du rivage. Le sol tremblait encore sous lui. Tout à coup ses yeux ravis, se rouvrant, rencontrèrent le miroir. Il la voyait dans ses bras, il se voyait enlacé par les siens ; il regardait, il regardait encore. De tels souvenirs accompagnent l'homme dans toute sa carrière. En même temps, il vit dans la glace la campagne, qui lui avait paru, la veille, si triste et si sombre ; il la vit plus magnifique et plus brillante que jamais. Et lui, dans une pareille situation ! avec un pareil fond de tableau ! Quel dédommagement pour toutes ses souffrances !

« Nous ne sommes pas seuls, » dit Lucinde.

A peine se fut-il remis de ses transports, qu'ils virent paraître des jeunes filles et des jeunes garçons en habits de fête, le front ceint de fleurs, portant des couronnes et fermant l'entrée.

« Tout cela devait aller autrement! dit Lucinde. On avait si bien pris les mesures! Et, maintenant, tout va pêle-mêle en tumulte! »

Une joyeuse marche retentit de loin, et l'on vit la société s'avancer solennellement par la grande allée. Lucidor hésitait à marcher au-devant, et semblait avoir besoin du bras de Lucinde pour affermir ses pas. Elle resta auprès de lui, qui attendait, de moment en moment, la scène solennelle du revoir et des remerciements pour un pardon déjà accordé.

Mais les dieux fantasques en avaient ordonné autrement : le son bruyant et joyeux du cor d'un postillon se fit entendre du côté opposé et parut troubler toute la cérémonie.

« Qui peut venir? » dit Lucinde.

Lucidor craignait quelque visite étrangère, et en effet la voiture avait l'air tout à fait étranger : c'était une chaise de voyage, à deux places, neuve, de la dernière nouveauté. Elle s'avança devant la salle. Un jockey, en belle livrée, sauta de son siége, ouvrit la portière, mais personne ne descendit de la voiture. Elle était vide. Le jockey y monta, repoussa adroitement les glaces, et, en un clin d'œil, l'élégante voiture fut transformée en une gracieuse calèche, aux yeux de tous les assistants, qui s'étaient approchés dans l'entrefaite. Antoni, devançant le reste de la société, conduisit Julie à la voiture.

« Essayez, lui dit-il, si cet équipage peut vous plaire, pour courir le monde avec moi par les meilleurs chemins. Je ne vous mènerai que par ceux-là, et, si quelquefois nous y sommes forcés, nous saurons trouver d'autres moyens : pour traverser les montagnes, nous prendrons des mulets, qui porteront aussi la voiture.

— Vous êtes charmant! » s'écria Julie.

Le jockey s'approcha, et, avec l'adresse d'un escamoteur, il montra tous les avantages, tous les petits agréments, toutes les ressources de ce léger équipage.

« Je ne sais point vous remercier sur la terre! dit Julie à Antoni. C'est seulement dans ce petit ciel mobile, c'est de ce nuage, au sein duquel vous m'élevez, que je veux vous remercier de tout mon cœur. »

Elle s'était élancée dans la voiture, en lui jetant des baisers et des regards tendres.

« Cependant n'y montez pas encore auprès de moi. Il en est ici un autre, dont je songe à me faire accompagner dans cette course d'essai : il a lui-même encore une épreuve à subir. »

Julie appela Lucidor, qui s'entretenait dans ce moment à voix basse avec son père et son beau-père, et qui se laissa volontiers embarquer dans le léger équipage, parce qu'il éprouvait un besoin invincible de se distraire un moment par un moyen quelconque. Il prit place à côté de Julie, qui donna ses ordres au postillon. Aussitôt ils partirent et disparurent dans un nuage de poussière, aux yeux des assistants surpris. Julie s'appuya et se mit à son aise dans un coin de la voiture.

« Reculez aussi dans le vôtre, monsieur mon beau-frère, afin que nous puissions nous regarder commodément.

LUCIDOR.

Vous comprenez mon trouble, mon embarras. Je suis encore comme dans un songe ; aidez-moi à me réveiller.

JULIE.

Voyez comme ces gentils paysans nous saluent gracieusement! Depuis que vous êtes chez nous, vous n'êtes pas encore allé au village de là-haut. Tous gens à leur aise et qui me sont dévoués. Il n'en est point d'assez riche pour qu'on ne puisse lui témoigner sa bienveillance, en lui rendant quelque service important. Ce chemin, que nous parcourons si commodément, c'est mon père qui l'a établi, et c'est encore une de ses bonnes actions.

LUCIDOR.

Je le crois volontiers et je vous l'accorde : mais que me font les objets extérieurs dans le trouble où je suis!

JULIE.

Patience : je veux vous montrer les royaumes du monde et leur gloire. Nous voici en haut! Comme la plaine s'étale agréablement jusque vers la montagne! Tous ces villages doivent beaucoup à mon père, à ma mère et à leurs filles aussi. Le bailliage s'étend jusqu'à la banlieue de cette petite ville que vous voyez là-bas.

LUCIDOR.

Je vous trouve dans une singulière disposition d'esprit : ce que vous dites ne semble pas être ce que vous vouliez dire.

JULIE.

A présent, regardez là-bas à gauche : comme tout cela se déploie admirablement! L'église avec ses grands tilleuls, la maison du bailli avec ses peupliers, derrière la colline du village. Les jardins et le parc s'étalent aussi devant nous. »

Le postillon pressa les chevaux plus vivement.

JULIE.

Cette salle là-haut, vous la connaissez : elle se voit aussi bien d'ici que la contrée se voit de là. On s'arrête ici au pied de l'arbre ; à cette place, notre image est reflétée par la grande glace : on nous voit très-bien là-haut, mais nous ne pouvons nous reconnaître.... Fouette, cocher!... Il n'y a pas longtemps que deux jeunes gens se sont mirés de plus près dans cette glace, et, si je ne me trompe, avec une vive et mutuelle satisfaction.

Lucidor avait de l'humeur et ne répondit rien. Les promeneurs gardèrent quelque temps le silence : ils allaient très-vite.

« Ici, dit Julie, la route commence à devenir mauvaise ; un jour peut-être vous aurez le mérite de l'améliorer. Avant que l'on descende, regardez encore une fois là-bas : le hêtre de ma mère élève son faîte magnifique au-dessus de tout ce qui l'environne. Tu vas continuer par ce mauvais chemin, dit Julie, en s'adressant au postillon : nous prendrons le sentier à travers le vallon, et nous serons avant toi de l'autre côté. »

En descendant de voiture, elle s'écria :

« Avouez que le Juif errant, Antoni, l'inquiet voyageur, sait arranger assez commodément ses pèlerinages, pour lui et pour ceux qui l'accompagnent : c'est là une belle et commode voiture. »

Julie était déjà au bas de la colline ; Lucidor la suivait de loin en rêvant, et la trouva assise sur un banc admirablement situé : c'était la place favorite de Lucinde. Julie l'invita à s'asseoir auprès d'elle.

JULIE.

Nous voilà sur le même banc, et pourtant étrangers l'un à l'autre. Il en devait être ainsi : le vif-argent ne vous plaisait pas du tout ; vous ne pouviez aimer une pareille étourdie ; elle vous était odieuse.

La surprise de Lucidor allait croissant.

JULIE.

Mais Lucinde!... Oh! c'est l'abrégé de toutes les perfections, et, une fois pour toutes, elle a supplanté sa gentille sœur. Je vous vois sur le point de me demander qui nous a si bien instruits.

LUCIDOR.

Il y a là-dessous une trahison!

JULIE.

Sans doute! Il y a un traître.

LUCIDOR.

Nommez-le.

JULIE.

Il sera bientôt démasqué : c'est vous, Lucidor.... Vous avez la bonne ou mauvaise habitude de vous parler à vous-même, et je dois avouer, au nom de tous, que nous vous avons écouté tour à tour.

LUCIDOR, *se levant subitement.*

La belle hospitalité! Tendre ainsi des piéges aux étrangers!

JULIE.

Nullement! Nous n'avions pas l'idée de vous observer. Vous savez que votre lit se trouve dans une alcôve formée par la cloison : vis-à-vis s'en trouve une autre, qui ne sert d'ordinaire que de garde-meuble. Quelques jours avant votre arrivée, nous avions obligé notre vieil ami d'y coucher, parce que son isolement dans l'ermitage nous donnait beaucoup d'inquiétude. Or, dès le premier soir, vous avez débuté par un monologue si véhément, qu'il s'est empressé de nous en faire part dès le lendemain.

Lucidor n'avait nulle envie d'interrompre Julie. Il s'éloignait.

JULIE, *se levant pour le suivre.*

Comme cette révélation nous vint à propos! Car, je l'avoue, sans avoir pour vous de répugnance, je ne me sentais aucun goût pour la position qui m'attendait. Me voir madame la grande baillive, quelle effrayante situation! Avoir pour mari un brave et digne homme, qui doit rendre la justice à tout le monde, et, par pure justice, ne peut arriver à ce qui est juste; qui ne peut satisfaire ni ses supérieurs ni ses inférieurs, ni lui-même, qui pis est! Je sais tout ce que ma mère a souffert de l'incorruptibilité, de l'inébranlabilité de mon père. Enfin, et ce fut, par malheur, après la mort de sa femme, il montra une certaine indulgence; il parut s'arranger, se réconcilier avec le monde, contre lequel il avait jusqu'alors vainement combattu.

LUCIDOR. *Il s'arrête, fort mécontent de l'aventure, choqué de la façon légère dont on l'a traité.*

Pour le badinage d'une soirée, cela pouvait passer : mais faire subir pendant des jours et des nuits à un hôte confiant une pareille mystification, c'est une chose impardonnable.

JULIE.

Nous sommes tous coupables; nous avons tous écouté ; mais j'en suis seule punie.

LUCIDOR.

Tous! C'est d'autant plus inexcusable. Et comment pouviez-vous, le lendemain, regarder sans confusion celui que vous aviez joué, pendant la nuit, d'une manière si coupable et si offensante? Mais je vois maintenant, d'un coup d'œil, que tous vos arrangements du jour étaient pris pour vous moquer de moi. L'honorable famille! Où donc est cet amour de la justice qui distingue votre père? Et Lucinde!

JULIE.

Et Lucinde!... Quel ton vous prenez là! Vous voulez dire, n'est-ce pas, combien il vous en coûte de juger Lucinde défavorablement, de mettre Lucinde dans la même catégorie que nous autres?

LUCIDOR.

Je ne puis comprendre Lucinde.

JULIE.

Vous voulez dire qu'il est incompréhensible que cette âme noble et pure, cette nature calme et recueillie, la bonté, la bienveillance même, cette femme modèle, se ligue avec une société frivole, une sœur étourdie, un jeune espiègle et certaines personnes mystérieuses.

LUCIDOR.

Oui certes, c'est incompréhensible.

JULIE.

Eh bien, il vous faut le comprendre! Lucinde avait les mains liées ainsi que nous. Si vous aviez pu remarquer son trouble, combien elle avait de peine à se retenir de vous avouer tout, vous l'auriez aimée deux fois et trois fois autant, si tout amour véritable n'était pas décuple et centuple par lui-même. Et, je vous l'assure, nous avons tous fini par trouver le jeu trop long.

LUCIDOR.

Pourquoi ne pas y mettre fin ?

JULIE.

C'est ce qu'il faut encore vous expliquer. Dès que votre premier monologue fut connu de notre père, et qu'il eut constaté qu'aucun de ses enfants n'avait d'objection contre cet échange, il résolut de se rendre aussitôt chez son ami. L'importance de l'affaire le rendait circonspect. Un père seul est capable de sentir les égards que l'on doit à un père. « Il doit être informé le premier, dit le nôtre, afin de n'avoir pas à donner après coup, lorsque nous serons d'accord, un consentement arraché de mauvaise grâce. Je le connais parfaitement ; je sais comme il s'attache à une idée, un goût, un projet, et je ne suis pas sans inquiétude. Julie est tellement identifiée dans son esprit avec ses cartes et ses dessins topographiques, que déjà il se proposait de transporter ici tout ce bagage, quand viendrait le jour où le jeune couple s'y établirait et ne pourrait plus changer aisément de résidence ; il voulait alors nous consacrer toutes ses vacances, et que sais-je encore les beaux rêves qu'il faisait ? Il faut qu'il apprenne d'abord le tour que nous a joué l'inclination naturelle, avant que rien ne soit proprement déclaré, ne soit décidé. » Là-dessus notre père, nous tendant la main, nous fit promettre à tous, de la manière la plus solennelle, de vous observer, et, quoi qu'il pût arriver, de traîner avec vous le temps en longueur. Comment son retour s'est fait attendre, combien d'adresse, d'efforts et de persistance lui ont été nécessaires pour obtenir le consentement de votre père, c'est ce qu'il pourra vous apprendre lui-même. Enfin la chose est faite ; Lucinde vous est accordée. »

Julie et Lucidor s'étaient éloignés vivement de leur première station ; et, s'arrêtant par intervalles, continuant à discourir, puis reprenant lentement leur marche à travers les prairies, ils étaient arrivés, sur la colline, à une autre chaussée, soigneusement entretenue. La voiture ne tarda guère; Julie attira quelques moments l'attention de Lucidor sur un singulier spectacle. Toutes les machines qui faisaient l'orgueil du frère étaient animées et en mouvement; déjà les roues faisaient monter et descendre une foule de gens; déjà se balançaient les escarpolettes; on grimpait aux mâts de Cocagne; et quels balancements, quels sauts hardis ne voyait-on pas au-dessus des têtes d'une foule innombrable! C'était le jeune fils qui avait mis tout ce monde en mouvement, afin de réjouir tous les convives après le festin.

« Passons par le village d'en bas, dit Julie au postillon. Je suis aimée de ces gens, poursuivit-elle, et je veux qu'ils voient comme je suis heureuse. »

Le village était désert; toute la jeunesse avait couru à la place des jeux; les vieilles gens, attirés par le cor du postillon, se montrèrent aux portes et aux fenêtres; et saluant, bénissant, ils criaient tous :

« Oh! le beau couple! »

JULIE.

Vous l'entendez! Qui sait? Nous étions faits l'un pour l'autre : vous aurez des regrets peut-être.

LUCIDOR.

Mais à présent, ma chère sœur....

JULIE.

Ma chère! c'est fort bien, à présent que vous êtes délivré de moi.

LUCIDOR.

Un mot seulement! Vous avez un tort grave à vous reprocher. Que signifiait ce serrement de main, quand vous deviez connaître et sentir mon épouvantable situation? Je n'ai vu de ma vie une malice pareille.

JULIE.

Rendez grâce à Dieu : voilà la faute expiée; tout est pardonné! Je ne voulais pas de vous, c'est vrai, mais vous ne vouliez absolument pas de moi, et c'est ce qu'aucune jeune fille ne pardonne, et ce serrement de main, souvenez-vous-en, était pour le fripon. Il était, je l'avoue, plus malin que juste, et je ne me pardonne qu'en vous pardonnant à vous-même; et qu'ainsi tout soit oublié et pardonné! Voici ma main! »

Lucidor lui tendit la sienne.

« Nous sommes dans notre parc, dit Julie; nous sommes de retour, et voilà comme je ferai le tour du monde et comme je reviendrai. Nous nous reverrons. »

Ils étaient arrivés devant la salle du jardin : elle semblait déserte. La société, impatientée de voir si longtemps différé le moment de se mettre à table, faisait un tour de promenade. Mais Antoni et Lucinde parurent; Julie s'élança de la voiture au-devant de son amant. Elle le remercia par les plus tendres caresses, et des larmes de joie s'échappèrent de ses yeux. Une teinte vive anima les joues du noble voyageur, ses traits s'épanouirent, ses yeux humides brillèrent d'un vif éclat, et, sous l'enveloppe de l'âge mûr, parut un imposant et beau jeune homme.

Puis les deux couples rejoignirent la société, avec des sensations que ne saurait donner le plus beau rêve.

CHAPITRE X.

Le père et le fils, accompagnés d'un jockey, venaient de traverser une agréable contrée, quand le domestique, s'arrêtant à la vue d'une haute muraille, qui paraissait enfermer une vaste enceinte, pria les voyageurs de mettre pied à terre, parce qu'on ne laissait entrer aucun cheval dans cet enclos. Ils approchèrent du portail, ils sonnèrent, la porte s'ouvrit, sans qu'aucune figure humaine se montrât, et ils s'avancèrent vers un vieil édifice, qu'ils voyaient briller à travers les troncs antiques de chênes et de hêtres. Il présentait un étrange aspect : car, si vieux qu'il parût par sa forme, on eût dit qu'il sortait de la main des maçons et des tailleurs de pierre, tant les jointures et les ornements paraissaient nouveaux, nets et complets.

Le pesant anneau de métal, fixé à une porte bien sculptée, les invitait à frapper. Félix, en véritable espiègle, s'en acquitta un peu rudement : cette porte s'ouvrit à son tour, et ils trouvèrent d'abord dans le vestibule une femme de moyen âge, assise devant un métier à broder et faisant un travail d'un beau dessin. Elle salua les survenants comme des personnes annoncées, et se mit à chanter une gaie chanson. Aussitôt l'on vit s'avancer, d'une porte voisine, une femme, que le trousseau de clefs pendu à sa ceinture faisait reconnaître d'abord pour la concierge et l'active intendante. Elle aussi salua gracieusement les étrangers, leur fit monter un escalier, et leur ouvrit une salle d'un aspect sérieux, grande, haute, entourée de boiseries, au-dessus desquelles se voyait une suite de peintures historiques. Ils virent s'avancer à leur rencontre un homme d'âge mûr et une jeune personne.

Celle-ci fit à l'étranger une salutation cordiale.

« Vous nous êtes annoncé comme l'un des nôtres, lui dit-elle ; mais comment dois-je vous présenter l'homme que vous voyez? C'est l'ami de la maison, dans le sens le plus étendu et le plus honorable : le jour, homme de société, plein de science; la nuit, astronome, et médecin à toute heure.

— Et moi, reprit cet ami avec bienveillance, je vous présente mademoiselle comme une personne infatigable pendant le jour; la nuit, toute prête à secourir ceux qui souffrent, et, sans cesse, aimable et gracieuse compagne. »

Angela (c'était le nom de cette belle et attrayante personne) annonça bientôt l'arrivée de Macarie. Un rideau vert s'ouvrit; une femme âgée, d'une noble et imposante physionomie, fut amenée dans un fauteuil à roulettes par deux jolies jeunes filles, tandis que deux autres apportaient, sur une table ronde, un déjeuner bienvenu. Dans un angle de la salle, entourée de bancs de chêne massif, étaient posés des coussins : les trois personnes y prirent place, ayant devant elles Macarie dans son fauteuil. Félix déjeuna debout, de grand appétit, en faisant le tour de la salle, et regardant avec curiosité les figures chevaleresques peintes au-dessus du lambris.

Macarie s'entretint avec Wilhelm comme avec un ami de confiance : elle paraissait se complaire à tracer finement le portrait des membres de sa famille. On eût dit qu'elle avait approfondi la nature intime de chacun, à travers l'enveloppe individuelle. Les personnes que Wilhelm connaissait se présentaient devant son âme comme transfigurées; l'intelligente bonté de l'inestimable femme avait ouvert l'écorce, ennobli et vivifié le noyau.

Après avoir épuisé ces agréables sujets, en les traitant avec une grâce parfaite, elle dit à son respectable ami :

« La présence de ce nouvel hôte ne doit pas vous fournir une nouvelle excuse, ni différer encore la conversation que vous nous avez promise : je le crois homme à y prendre lui-même intérêt. »

L'astronome répondit :

« Vous savez combien il est difficile de s'expliquer sur ces sujets, car il n'est question de rien moins que de l'abus d'excellents et vastes moyens.

— J'en conviens, répondit Macarie : en effet, on se trouve dans un double embarras. Si l'on parle de l'abus, on semble porter atteinte à la dignité du moyen lui-même, qui est toujours enveloppé dans l'abus; si l'on parle du moyen, on peut accorder à peine que sa solidité et sa dignité laissent aucun abus possible. Cependant, puisque nous sommes entre nous, que nous ne voulons rien établir, ni exercer au dehors aucune influence, mais seulement nous éclairer, nous pouvons, sans inconvénient, donner cours à cet entretien.

— Mais, repartit l'homme circonspect, il nous faudrait auparavant demander si notre nouvel ami est disposé à s'occuper avec nous d'une matière assez abstruse, et s'il n'aimerait pas mieux se retirer pour goûter un repos nécessaire. L'affaire qui nous occupe pourrait-elle, sans l'enchaînement, sans la connaissance de ce qui nous y a conduits, être accueillie de notre hôte avec faveur et plaisir ?

— Si je pouvais, dit Wilhelm, m'expliquer ce que vous avez dit par quelque chose d'analogue, il me semble que c'est à peu près ce qui arrive, lorsqu'on attaque l'hypocrisie et qu'on peut être accusé d'attaquer la religion.

— Nous pouvons accepter l'analogie, répondit l'astronome, car il est aussi question entre nous d'une réunion d'hommes éminents; il s'agit d'une haute science, d'un art important, en un mot, des mathématiques.

— Chaque fois que j'ai entendu discourir sur les objets qui m'étaient le plus étrangers, répondit Wilhelm, j'en ai tiré quelque avantage : car tout ce qui intéresse un homme trouvera de l'écho chez un autre.

— Oui, reprit le savant, pourvu qu'il ait acquis une certaine liberté d'esprit, et, comme nous croyons que tel est votre cas, je ne veux pas, du moins pour ma part, refuser rien à votre insistance.

— Mais que ferons-nous de Félix? demanda Macarie. Il a fini, je le vois, la revue de ces tableaux, et laisse paraître quelque impatience.

— Permettez-moi, dit Félix, de dire quelque chose à cette demoiselle. »

Il chuchota quelques mots à l'oreille d'Angéla, qui sortit avec lui et revint bientôt après en souriant. L'ami de la maison prit la parole en ces termes :

« Dans les occasions où il faut exprimer une désapprobation, un blâme ou seulement une réserve, je ne prends pas volontiers l'initiative; je cherche une autorité sur laquelle je puisse me reposer, avec le sentiment que j'ai quelqu'un à mon côté. S'agit-il de louer, je le fais sans scrupule : car pourquoi me taire, quand une chose me plaît? Mon éloge dût-il trahir les bornes de mon esprit, je n'ai pas lieu d'en rougir; mais, si je blâme, je puis fort bien rebuter quelque chose d'excellent, et m'attirer ainsi la réprobation d'autres personnes, qui l'entendent mieux; il faut que je me rétracte, quand une fois je suis éclairé. C'est pourquoi je vous apporte quelques écrits et même des traductions : car, sur de pareils sujets, je me fie à ma nation aussi peu qu'à moi-même; une adhésion qui vient de loin et de l'étranger me semble offrir plus de garantie. »

Après en avoir obtenu la permission, il commença donc la lecture suivante.

. . . .

Mais, si nous sommes d'humeur à ne pas laisser lire ce brave homme, nos propres lecteurs accueilleront probablement cette résolution avec faveur : car ce qu'on a dit plus haut, pour détourner Wilhelm d'assister à cette conversation, s'applique, avec plus de force encore, au cas actuel. Nos amis ont pris en main un roman, et, s'il est déjà devenu çà et là par trop didactique, nous jugeons prudent de ne pas mettre nos bienveillants lecteurs à une nouvelle épreuve. Ces manuscrits que nous avons dans les mains, nous songeons à les faire imprimer dans une autre occasion, et nous rentrons cette fois, sans autre détour, dans la narration, impatients que nous sommes nous-mêmes de voir enfin résolue l'énigme qu'on nous propose.

Cependant nous ne pouvons nous tenir de citer encore quelques paroles, qui furent prononcées avant que la noble société se séparât pour chercher le repos.

Wilhelm, après avoir prêté à la lecture une oreille attentive, dit, avec une entière franchise :

« Je trouve chez votre auteur des dons naturels, des facultés et des talents remarquables, mais aussi, dans l'application, plus d'une difficulté. Si je devais me résumer là-dessus, je m'écrierais : De grandes pensées et un cœur pur, voilà ce que nos prières devraient demander à Dieu! »

La société se sépara, en approuvant ces sages paroles : mais l'astronome promit à Wilhelm de lui faire contempler à souhait, dans cette nuit, d'une sérénité admirable, les merveilles du ciel étoilé.

Quelques heures plus tard, il fit monter à son hôte l'escalier de l'observatoire, et ils se trouvèrent enfin sur la plate-forme circulaire d'une haute tour. La nuit la plus pure, avec toutes ses étoiles scintillantes, environnait le spectateur, qui croyait contempler pour la première fois la voûte céleste dans toute sa magnificence : c'est que, dans la vie ordinaire, sans parler de la température défavorable, qui nous dérobe le pur éclat de l'espace éthéré, nous sommes gênés, dans la ville, par les pignons et les toitures, dans les champs, par les rochers et les bois, mais principalement, et en tout lieu, par les secrètes inquiétudes du cœur, qui, plus que les nuages et le mauvais temps, s'agitent en tout sens, pour assombrir l'espace qui nous environne.

Dans sa surprise et son saisissement, il porta la main sur ses yeux. L'immensité cesse d'être sublime, elle surpasse notre intelligence, elle menace de nous anéantir.

« Que suis-je devant l'univers? se dit-il à lui-même. Comment puis-je subsister devant lui, subsister dans son centre? »

Cependant, après un instant de réflexion, il poursuivit :

« Le résultat de notre soirée d'aujourd'hui explique également l'énigme de l'heure actuelle. Comment l'homme peut-il se présenter en face de l'infini, sinon en recueillant au fond de son être toutes ses forces intellectuelles, qui sont entraînées de divers côtés; en se disant à lui-même : « Peux-tu seulement te « sentir au milieu de cet ordre éternel et vivant, s'il ne se « produit pas en même temps chez toi un mouvement sublime « qui circule autour d'un centre pur? Et lors même qu'il te « serait difficile de découvrir ce centre dans ton sein, tu le re- « connaîtrais à ce qu'une influence bienveillante, bienfaisante, « émane de lui et en rend témoignage. » Mais qui peut jeter un regard sur sa vie passée, sans être, en quelque façon, troublé de reconnaître le plus souvent que sa volonté fut juste et sa conduite mauvaise, ses vœux répréhensibles, et néanmoins leur accomplissement agréable? Que de fois n'ai-je pas vu briller ces astres, et ne m'ont-ils pas trouvé toujours différent! Mais eux, ils sont toujours les mêmes, et disent toujours la même chose : « Nous marquons, disent-ils sans cesse, par « notre course régulière les jours et les heures : demande-toi « quel usage tu fais des heures et des jours. » Cette fois, du moins, je puis répondre : « Je n'ai pas à rougir de ma situation « présente; mon but est de rétablir une désirable union entre « tous les membres d'une vertueuse famille : ma route est tra- « cée. Je dois rechercher ce qui sépare de nobles âmes; je dois « écarter les obstacles, de quelque nature qu'ils soient. » Tu peux le déclarer à la face de ces armées célestes; si elles prenaient garde à toi, elles souriraient, je le sais, de ta faiblesse, mais sans doute elles honoreraient ton dessein et en favoriseraient l'accomplissement. »

Après ces méditations, il promena ses regards autour de lui et ses yeux rencontrèrent Jupiter, astre de bon augure, aussi brillant que jamais. Il en tira un présage favorable, et demeura quelque temps avec joie dans cette contemplation.

Là-dessus l'astronome, l'ayant invité à descendre, lui fit observer cet astre, merveille du ciel, avec une excellente lunette, qui le lui montra d'une remarquable grosseur, accompagné de ses lunes.

Après être demeuré longtemps plongé dans cette contemplation, notre ami se tourna vers l'astronome et lui dit :

« Je ne sais si je dois vous remercier d'avoir approché cet astre de moi hors de toute proportion. Quand je le regardais auparavant, il était en rapport avec les innombrables étoiles du ciel et avec moi-même : maintenant il se présente à mon imagination, hors de mesure, et je ne sais si je voudrais rapprocher de moi pareillement le reste des légions célestes : j'en serais oppressé, écrasé. »

C'est ainsi que notre ami s'épanchait, selon sa coutume, et cette occasion provoqua maintes réflexions inattendues. A quelques réponses de l'astronome, Wilhelm répliqua :

« Je comprends fort bien que, vous autres savants, vous trouviez le plus grand plaisir à rapprocher ainsi de vous en détail l'immense univers, comme j'ai vu et vois ici cette planète : mais, souffrez que je le dise, tout considéré, l'expérience m'a prouvé qu'en général ces moyens par lesquels nous venons en aide à nos sens n'exercent sur l'homme aucun effet moral favorable. Celui qui observe à travers les lunettes se croit plus sage qu'il n'est, car son sens externe cesse par là d'être en équilibre avec sa faculté de juger : il faut un haut degré de développement intellectuel, auquel des hommes privilégiés peuvent seuls atteindre, pour accorder, en quelque mesure, la vérité intérieure avec cette illusion du rapprochement des objets extérieurs. Chaque fois que je regarde par la lunette, je suis un autre homme et mécontent de moi-même : je vois plus qu'il ne m'appartient de voir. Le monde, observé d'une vue trop perçante, ne s'harmonise pas avec mon esprit, et je me hâte de mettre les instruments à l'écart, quand j'ai satisfait ma curiosité de connaître tel ou tel objet éloigné. »

Sur quelques réflexions badines de l'astronome, Wilhelm poursuivit :

« Nous ne bannirons de chez les hommes ni ces verres optiques, ni aucune espèce de machines ; mais il importe à l'observateur des mœurs de rechercher et de savoir comment se sont introduites dans la société maintes choses dont on se plaint. Je suis convaincu, par exemple, que l'usage de porter des lorgnons doit être imputé principalement à la vanité de nos jeunes gens. »

Pendant qu'ils discouraient ainsi, la nuit s'était avancée et le savant, accoutumé aux veilles, engagea son jeune ami à se coucher sur le lit de camp et à dormir un peu, afin de contempler et de saluer d'un œil reposé Vénus, qui devançait le lever du soleil, et qui promettait de paraître ce jour-là dans toute sa splendeur.

Wilhelm, qui s'était tenu jusque-là très-alerte et bien éveillé, s'aperçut, à cette invitation de l'homme attentif et bienveillant, qu'il était réellement épuisé de fatigue. Il se coucha, et, à l'instant même, il fut plongé dans le plus profond sommeil.

Éveillé par l'astronome, il saute à bas du lit et court à la fenêtre : là, saisi de surprise, il demeure un moment le regard immobile, puis il s'écrie avec enthousiasme :

« Quelle magnificence ! Quel miracle ! »

Il exprima son ravissement en d'autres termes encore, mais il persistait à voir dans ce spectacle un miracle, un grand miracle.

« Que cet astre aimable, qui se montre aujourd'hui avec une ampleur et un éclat inaccoutumé, vous saisît de surprise, je pouvais le prévoir : mais, j'ose le dire sans être accusé de froideur, je n'y vois aucun miracle, absolument aucun.

— Comment le pourriez-vous, repartit Wilhelm, puisque je l'amène avec moi, que je le porte en moi et ne sais ce que j'éprouve ? Laissez-moi dans ma contemplation, ma surprise muette, et puis vous saurez ! »

Après un moment de silence, il poursuivit :

« J'étais couché doucement, et profondément endormi : je me trouvai transporté dans la salle d'hier, mais j'étais seul. Le rideau vert s'ouvrit ; le fauteuil de Macarie s'avança de lui-même, comme un être vivant : il avait la splendeur de l'or. Les habits de Macarie avaient le caractère sacerdotal ; son regard brillait doucement : j'étais sur le point de me prosterner. Des nuages se déroulèrent à ses pieds, et, s'élevant, ils emportèrent, comme sur des ailes, la sainte image. A la place de son auguste figure, je vis enfin briller, dans l'ouverture d'un nuage, une étoile, qui, montant toujours, et prenant l'essor par le comble entr'ouvert, se réunit au firmament, dont l'étendue semblait se déployer sans cesse et tout embrasser. C'est à ce moment que vous m'avez réveillé. Encore assoupi, je m'avance, en chancelant, vers la fenêtre, ayant toujours l'étoile devant les yeux : je regarde, et je vois réellement devant moi l'étoile du matin, aussi belle, mais non pas aussi resplendissante : cependant je contemple encore, encore, et vous aussi, vous contemplez avec moi, ce qui aurait dû proprement disparaître à mes yeux avec le voile du sommeil. »

L'astronome s'écria :

« Miracle! Oui, miracle! Vous ne savez pas vous-même quelles merveilleuses paroles vous avez prononcées. Puisse votre songe ne pas présager le départ de cette femme admirable, à laquelle est réservée tôt ou tard une pareille apothéose! »

Dès le matin, Wilhelm courut à la recherche de son Félix, qui s'était glissé de bonne heure dans le jardin. Il fut surpris d'y voir plusieurs jeunes filles occupées à le cultiver. Toutes étaient jolies ou du moins agréables; aucune ne semblait avoir vingt ans. Elles étaient habillées diversement, étant originaires de contrées diverses. Elles travaillaient avec ardeur, saluaient gracieusement, et poursuivaient leur travail.

Il rencontra Angéla, qui allait et venait, pour ordonner et juger les travaux. Wilhelm lui exprima l'étonnement que lui causait cette jolie et agissante colonie.

« Cette colonie est permanente, répondit-elle : elle change, mais elle subsiste toujours dans le même état, car, à leur vingtième année, ces jeunes filles, comme toutes les habitantes de notre établissement, entrent dans la vie active, et la plupart dans le mariage. Tous les jeunes hommes du voisinage qui désirent une femme laborieuse, observent les progrès de nos élèves. Car elles ne sont pas cloîtrées; elles ont déjà visité quelques foires; elles ont été vues, désirées et fiancées : aussi beaucoup de familles observent avec attention le moment où il se trouve chez nous des places vacantes, pour y faire admettre leurs enfants. »

Après avoir entendu ces explications, Wilhelm ne put cacher à la jeune fille son désir de parcourir une seconde fois ce que l'astronome avait lu la veille.

« J'ai saisi l'ensemble, dit-il, mais je voudrais étudier de plus près les détails du sujet.

— Je me trouve heureusement en état de satisfaire sur-le-champ ce désir, lui répondit-elle. Les rapports intimes, si promptement établis entre nous, m'autorisent à vous dire que ces papiers sont déjà dans mes mains, et que je les garde soigneusement avec d'autres manuscrits.

« Ma maîtresse, poursuivit-elle, est très-persuadée de l'importance des conversations improvisées : il s'y produit, dit-elle, des choses qu'aucun livre ne contient, et des choses meilleures qu'ils n'en ont jamais contenu. C'est pourquoi elle m'a chargée de recueillir de bonnes pensées détachées, qui s'échappent d'une conversation spirituelle, comme une graine d'une plante féconde. Si l'on est exact, dit-elle encore, à fixer le souvenir du présent, on prendra goût à la tradition, car on trouvera déjà formulées les meilleures pensées, déjà exprimés les plus aimables sentiments. Par là nous arrivons à la contemplation de cette harmonie à laquelle l'homme est appelé, à laquelle il doit se plier souvent contre son gré, car il s'imagine trop volontiers que le monde commence avec lui. »

Angéla, continuant ses confidences, apprit encore au voyageur que ces notes formaient déjà des archives considérables, et que, dans ses nuits d'insomnie, Macarie s'en faisait lire par elle quelques pages. « De ces lectures, ajouta-t-elle, jaillissent, à leur tour, d'une manière admirable, mille remarques particulières, comme d'une masse de vif-argent, qui tombe, s'échappent de toutes parts d'innombrables gouttelettes. »

Wilhelm ayant demandé jusqu'à quel point ces archives étaient gardées comme un secret, Angéla déclara qu'à la vérité le plus proche entourage en avait seul connaissance, mais qu'elle prendrait sur elle de lui en communiquer sur-le-champ quelques cahiers, puisqu'il en témoignait le désir.

Cet entretien les avait amenés du jardin au château : comme ils entraient dans les chambres d'un corps de logis latéral, Angéla dit, avec un sourire :

« J'ai encore à vous confier, en passant, un secret, auquel vous n'êtes pas du tout préparé. »

Puis, écartant un rideau, elle lui fit jeter les yeux dans un cabinet, où il fut bien surpris de voir Félix assis devant une table, occupé à écrire; et il ne pouvait d'abord s'expliquer l'énigme de cette application inattendue. Mais il devina bientôt, lorsque Angéla lui découvrit que l'enfant consacrait à cet exercice tous les moments où il pouvait s'esquiver, et qu'il avait déclaré que tout son désir était de savoir bientôt écrire et monter à cheval.

Angéla conduisit ensuite notre ami dans une chambre, où il put voir de nombreux manuscrits rangés en bon ordre dans des armoires autour de la salle. Les titres, par leur variété, annonçaient les matières les plus diverses; un ordre intelligent brillait dans ces dispositions. Quand Wilhelm signala ces avantages, Angéla en attribua le mérite à l'ami de la maison, qui savait régler et déterminer, avec une rare intelligence, non-seulement la distribution générale, mais encore, dans les cas difficiles, les intercalations. Ensuite elle chercha les manuscrits qu'on avait lus la veille, et permit au curieux voyageur de les consulter, ainsi que tous les autres, et même d'en prendre copie.

Mais notre ami dut en user avec mesure, car il y avait surabondance de richesses attrayantes et désirables; il jugea surtout précieux les cahiers de courtes sentences, à peine liées entre elles; résumés qui ont l'apparence du paradoxe, quand nous ne connaissons pas leur origine, mais qui nous forcent à revenir en arrière, au moyen de recherches et de découvertes en sens inverse, et à nous représenter de loin, de bas en haut, s'il est possible, la filiation de ces pensées.

Les motifs que nous avons présentés plus haut ne nous permettent pas non plus d'insérer ici ces maximes : mais nous saisirons la première occasion qui s'offrira, et nous saurons présenter en son lieu un choix des trésors amassés par Wilhelm dans ces écrits.

Le matin du troisième jour, il se rendit auprès d'Angéla, et, se présentant avec quelque embarras :

« Je dois partir aujourd'hui, lui dit-il, et recevoir les derniers ordres de l'excellente dame, auprès de laquelle je n'ai pu être admis hier de tout le jour. Et maintenant j'ai, dans le secret de mon cœur, quelque chose dont je voudrais bien être éclairci. Accordez-moi cette grâce, s'il est possible.

— Je crois vous comprendre, dit l'aimable jeune fille : n'importe, achevez.

— Un songe merveilleux, poursuivit-il, quelques mots du grave astronome, un compartiment séparé et fermé, dans ces armoires accessibles, et portant cette inscription : *Les particularités de Macarie,* toutes ces circonstances s'unissent à une secrète voix, qui me crie que cette étude des astres n'est pas seulement un goût scientifique, un désir de connaître le firmament, mais qu'il faut plutôt supposer que ces choses recèlent un rapport secret de Macarie avec les astres, qu'il m'importerait extrêmement de connaître. Je ne suis ni curieux ni importun, mais je trouve ici un cas si intéressant pour l'observateur des esprits et des mœurs, que je me sens entraîné à demander si, après tant de marques de confiance, on voudrait bien encore m'accorder celle-là, qui mettrait le comble à vos bontés.

— Je suis autorisée à vous l'accorder, répondit-elle avec obligeance. Votre songe remarquable est, il est vrai, resté un secret pour Macarie; mais j'ai apprécié et considéré, avec notre savant ami, votre singulière activité d'esprit, votre soudaine conception des plus profonds secrets, et nous osons nous permettre de vous conduire plus avant. Souffrez que je vous parle d'abord par figures : dans les choses difficiles à comprendre, on a raison de recourir à ce moyen.

« Comme on prétend que le poëte recèle au fond de son être les éléments du monde moral, qui n'auraient qu'à se répandre par degrés de son sein, en sorte que rien ne se présente à lui dans l'univers dont il n'ait eu le pressentiment, de même, à ce qu'il paraît, les rapports de notre système solaire sont, dès le principe, innés chez Macarie, d'abord à l'état de repos, puis se développant par degrés, enfin prenant une vie toujours plus manifeste. Ces apparitions lui furent d'abord douloureuses, puis elle y prit plaisir, et son enchantement augmenta avec les années. Cependant elle ne put arriver là-dessus à l'unité et à la paix avant d'avoir trouvé le soutien, l'ami, dont vous avez suffisamment appris à connaître le mérite.

« D'abord incrédule, en sa qualité de mathématicien et de philosophe, il soupçonna longtemps que cette vision était une chose apprise; car Macarie dut avouer qu'elle avait reçu de bonne heure des leçons d'astronomie, et qu'elle s'était occupée de cette science avec passion. Mais elle l'informa aussi que, pendant nombre d'années, elle avait rapproché et comparé ses visions intérieures avec sa science acquise, sans avoir jamais pu les accorder.

« Le savant se fit donc exposer par elle, avec la plus grande précision, ce qu'elle voyait, dont elle n'avait que par intervalles une perception parfaitement distincte; il fit des calculs, et il en conclut qu'elle portait en elle le système solaire tout entier, ou plutôt qu'elle se mouvait elle-même, en esprit, dans cet ensemble comme partie intégrante. Il se basa sur cette supposition, et ses calculs se trouvèrent confirmés, d'une manière incroyable, par les déclarations de Macarie.

« Je ne puis cette fois vous en confier davantage, et, cela même, je vous le révèle avec l'instante prière de ne pas en dire un mot à personne : car tout homme raisonnable et sensé, même animé de la plus pure bienveillance, ne devrait-il pas envisager et présenter de pareilles assertions comme des idées fantasques, comme de confus souvenirs d'une science acquise auparavant? La famille elle-même n'est pas initiée à ce mystère; ces visions secrètes, ces images ravissantes, sont présentées à ses parents comme une maladie, qui l'empêche momentanément de prendre part aux affaires du monde. Gardez le silence sur ces choses, mon ami, et n'en faites non plus rien paraître avec Lénardo. »

Vers le soir, Macarie reçut encore une fois notre voyageur; la conversation fut aussi agréable qu'instructive : nous en rapporterons quelques mots seulement.

« La nature, disait Macarie, ne nous a pas donné un défaut qui ne puisse devenir une vertu, pas une vertu qui ne puisse devenir un défaut : ces derniers sont précisément les plus dangereux. Cette observation m'a été surtout suggérée par mon bizarre neveu, ce jeune homme, sur lequel ma famille vous a déjà rapporté de singulières choses, et qu'elle m'accuse de traiter avec trop de tendresse et de ménagements.

« Dès son enfance, il se développa chez lui une certaine adresse, une habileté pour les arts, à laquelle il se livra tout entier, et qui lui valut d'heureux succès dans maintes études et maintes industries. Plus tard, tout ce qu'il nous adressa pendant ses voyages était toujours du travail le plus élégant, le plus ingénieux, le plus fin, le plus délicat, et portait le cachet du pays où il se trouvait et qu'il nous fallait deviner. On pouvait en conclure qu'il était et serait toujours un homme d'un caractère sec, nullement sympathique, absorbé par les objets extérieurs; dans la conversation, il n'était pas non plus disposé à se livrer aux réflexions générales de l'ordre moral : mais, sans qu'il y parût et qu'il en fît montre, il possédait un sens pratique, merveilleusement fin, du bien et du mal, de ce qui méritait l'éloge ou le blâme, tellement que je ne l'ai jamais vu se mal conduire envers les jeunes ou les vieux, envers ses supérieurs ou ses inférieurs. Mais cette délicatesse naturelle, mal réglée comme elle l'était, dégénéra, dans le détail, en fantasque faiblesse; il pouvait même se créer des devoirs imaginaires et se reconnaître parfois débiteur sans nécessité.

« Toute sa conduite pendant son voyage, et surtout les précautions qu'il prend pour son retour, me font croire qu'il imagine avoir offensé quelque femme de notre entourage, sur le sort de laquelle il éprouve aujourd'hui une inquiétude, dont il se sentirait affranchi et délivré, dès qu'il pourrait apprendre qu'elle est heureuse.... Angéla vous dira le reste. Prenez cette lettre, mon ami, et préparez à notre famille une heureuse réconciliation. A parler franchement, je souhaiterais le revoir encore une fois dans ce monde et le bénir avant mon départ. »

CHAPITRE XI.

Lorsque Wilhelm eut rempli exactement, et en détail, sa commission, Lénardo lui dit en souriant :

« Je vous suis fort obligé pour tout ce que j'apprends par

votre entremise, mais j'ai encore une question à vous faire. Ma tante n'a-t-elle pas fini par vous recommander de m'annoncer une chose en apparence insignifiante ? »

Wilhelm réfléchit un moment.

« Oui, reprit-il, je l'oubliais! Elle a parlé d'une jeune personne qui se nommait Valérine. J'étais chargé de vous dire qu'elle est heureusement mariée, et qu'elle se trouve dans une situation digne d'envie.

— Vous m'ôtez une montagne de dessus le cœur! répliqua Lénardo. Maintenant je retournerai chez nous volontiers, puisque je n'ai pas à craindre que le souvenir de cette jeune fille me soit, dans l'occasion, un sujet de remords.

— Il ne m'appartient pas de vous demander quelles relations vous avez eues avec elle. Il suffit que vous puissiez être tranquille, si vous vous intéressez, de quelque manière que ce soit, au sort de cette jeune femme.

— Ce sont les relations les plus singulières du monde, dit Lénardo : ce n'est point une affaire d'amour, comme on pourrait l'imaginer. Je puis bien vous confier et vous raconter ce qui n'est pas proprement une histoire. Mais que penserez-vous, quand je vous dirai que les hésitations de mon retour, que la crainte de reparaître dans notre maison, que ces bizarres dispositions, ces questions sur ce qui se passait chez nous, n'avaient proprement pour objet que d'apprendre, en passant, ce qu'était devenue cette jeune fille.

« Croyez-le, en effet, poursuivit-il, je sais d'ailleurs fort bien qu'on peut quitter ses amis pour longtemps sans les retrouver changés au retour; aussi pensé-je me sentir bientôt parmi les miens tout à fait à mon aise. Cette seule personne m'inquiétait; il fallait que son sort fût changé, et, grâce au ciel, il est changé en mieux !

— Vous provoquez ma curiosité. Vous me préparez à quelque chose d'extraordinaire.

— C'est du moins mon avis, » répondit Lénardo. Et il commença son récit de la manière suivante :

« C'était chez moi une ferme résolution, nourrie dès mes plus tendres années, de faire, suivant l'usage, et pendant ma jeunesse, mon tour d'Europe : cependant je différais, comme il arrive, d'année en année l'exécution de ce projet; les objets voisins m'attiraient, m'enchaînaient, et ceux qui étaient éloignés perdaient incessamment de leurs charmes, à mesure que j'en avais lu ou entendu faire des relations. Mais enfin, pressé par mon oncle, engagé par des amis qui s'étaient lancés dans le monde avant moi, je pris ma résolution, et même plus vite que nous ne le prévoyions tous.

« Mon oncle, de qui il dépendait surtout de rendre le voyage possible, en fit aussitôt son occupation exclusive. Vous connaissez l'homme et son caractère, et comme il ne s'occupe jamais que d'une chose à la fois pour la mener à bien, laissant, dans l'intervalle, reposer et dormir tout le reste, ce qui lui a permis d'accomplir beaucoup de choses qui semblent au-dessus des forces d'un simple particulier. Ce voyage le prit, en quelque sorte, à l'improviste. Certaines constructions, qu'il avait résolues et même commencées, furent interrompues, et, comme il refuse toujours, en sage financier, de prendre sur ses épargnes, il eut recours à d'autres moyens. Le premier qui se présentait était de faire rentrer les dettes, et particulièrement les fermages arriérés : car c'était aussi sa manière, d'être indulgent pour les débiteurs, aussi longtemps qu'il pouvait lui-même, jusqu'à un certain point, se passer d'argent. Son homme d'affaires reçut la liste et fut chargé de l'exécution. Nous ne fûmes informés d'aucun détail; seulement j'appris, en passant, que le fermier d'un de nos domaines, avec lequel mon oncle avait patienté longtemps, allait être enfin renvoyé, son cautionnement retenu, comme chétif dédommagement de la perte, et le bien affermé à un autre. Cet homme était du nombre des gens dévots et paisibles, mais il n'était pas, comme ses pareils, actif et prudent; on l'aimait à cause de sa piété et de sa bonté, mais on le blâmait pour sa mauvaise économie. Après la mort de sa femme, leur fille, que l'on ne connaissait que sous le nom de *la Brunette*, promettait déjà d'être active et résolue, mais elle était beaucoup trop jeune pour exercer une action décisive : en un mot, les affaires de cet homme allèrent en décadence, sans que l'indulgence de mon oncle y pût remédier.

« J'avais mon voyage en tête, et je devais approuver les moyens de le rendre possible. Tout était prêt; je faisais mes malles et mes adieux; le temps pressait. Un soir, je visitais le parc une dernière fois, pour dire adieu aux arbustes, aux arbres connus, quand je trouvai soudain sur mes pas Valérine (car c'était le nom de la jeune fille; l'autre n'était qu'un surnom familier que lui avait valu la couleur de son teint). Elle m'arrêta au passage. »

Lénardo suspendit un moment son récit et sembla rêveur.

« A quoi pensé-je? dit-il. Ne s'appelait-elle pas aussi Valérine? Oui sans doute, poursuivit-il, mais le surnom était plus ordinaire. Bref, la Brunette m'arrête et me prie instamment d'intercéder pour son père, pour elle, auprès de mon oncle. Comme je savais où l'affaire en était, et voyais bien qu'il serait difficile, et même impossible, de faire alors quelque chose pour elle, je le lui dis franchement, et lui présentai sous un jour défavorable la faute de son père.

« Là-dessus elle me répondit avec tant de clarté, et, néanmoins, avec tant de ménagement et d'amour filial, qu'elle m'inspira le plus vif intérêt, et que, s'il se fût agi de mes propres deniers, j'aurais cédé sur-le-champ à sa prière et comblé ses vœux. Mais il s'agissait des revenus de mon oncle, de ses dispositions, de ses ordres : avec sa manière de voir, après ce qui s'était fait, il n'y avait rien à espérer. Une promesse fut toujours sacrée pour moi; qui me faisait une demande me mettait dans l'embarras. Je m'étais tellement accoutumé à refuser, que je ne promettais pas même ce que je songeais à tenir. Cette habitude me servit très-bien avec Valérine. Elle s'appuyait sur des considérations personnelles et sur le sentiment : j'invoquais le devoir et la raison, et j'avoue qu'ils finirent par me sembler trop durs à moi-même. Nous avions déjà répété plusieurs fois les mêmes choses sans nous persuader l'un l'autre, quand la nécessité la rendit plus éloquente; une ruine inévitable, qu'elle voyait devant ses yeux, lui arracha des larmes. Sa réserve ne l'abandonna pas tout à fait, mais elle parla vivement, avec émotion; et, tandis que je feignais toujours la froideur et la tranquillité, son âme s'ouvrit tout entière. Je désirais mettre fin à cette scène; mais tout à coup la jeune fille se jette à mes pieds, me prend la main, la presse sur ses lèvres, et me regarde d'un air si suppliant et si doux, que je m'oublie moi-même et lui dis aussitôt en la relevant :

« Calme-toi, mon enfant; je ferai mon possible. »

« Puis, je m'éloignai par une allée latérale.

« Faites l'impossible! me cria-t-elle.

« Je ne sais plus quelle réponse je voulus lui faire, mais je dis :

« Je veux.... »

« Et je ne pus achever.

« Faites l'impossible! » dit-elle vivement! avec l'expression d'une sainte espérance.

« Je lui dis adieu, et m'éloignai promptement.

« Je ne voulus pas m'adresser d'abord à mon oncle, car je savais trop bien qu'on n'osait pas lui faire considérer un détail, quand il avait pris une résolution générale. Je cherchai l'homme d'affaires : il était sorti. Le soir, il vint du monde, des amis, qui voulaient me faire leurs adieux. Le jeu et le souper se prolongèrent fort avant dans la nuit. Ils restèrent le lendemain, et la distraction effaça l'image de la malheureuse suppliante. L'homme d'affaires revint : il était plus occupé, plus pressé que jamais; chacun demandait à lui parler; il n'avait pas le temps de m'écouter. Cependant je fis une tentative pour m'emparer de lui; mais, à peine avais-je prononcé le nom de ce pieux fermier, qu'il m'interrompit vivement :

« Au nom du ciel, ne dites pas un mot de cette affaire à votre
« oncle, si vous ne voulez pas avoir des désagréments. »

« Le jour de mon départ était fixé, j'avais des lettres à écrire, des amis à recevoir, des visites à faire dans le voisinage. Mes domestiques, suffisants pour le service ordinaire, étaient incapables de me rendre plus légers les embarras du départ; tout reposait sur moi, et pourtant, l'homme d'affaires m'ayant donné une heure pendant la nuit, pour prendre nos arrangements pécuniaires, j'essayai de le prier encore pour le père de Valérine.

« Mon cher baron, me dit cet homme à l'humeur vive, com-
« ment pouvez-vous songer à cela? Aujourd'hui même, j'ai
« déjà soutenu un rude combat contre monsieur votre oncle;
« car ce qui vous est nécessaire pour votre voyage s'élève
« beaucoup plus haut que nous n'avions pensé. Cela est tout à

« fait naturel, mais pourtant désagréable. Notre vieux maître
« ne peut souffrir qu'une affaire semble terminée et qu'elle ne
« le soit pas. Il en est souvent ainsi, et c'est nous qui payons
« la folle enchère. Quant à la sévérité avec laquelle les dettes
« arriérées doivent être exigées, il s'est fait à lui-même une
« règle; il l'observe constamment, et l'on ne saurait l'amener à
« l'indulgence. Ne l'essayez pas, je vous en prie : c'est tout à
« fait inutile. »

« Je n'osais plus insister : cependant je ne me décourageai pas
tout à fait; je sollicitai l'homme d'affaires, puisque l'exécution
dépendait de lui, d'agir avec douceur et humanité. Il promit
tout, selon l'usage de ses pareils, pour être laissé en repos. Il
s'était délivré de moi ; je fus toujours plus assiégé, plus distrait;
je montai en voiture, et laissai derrière moi tout ce qui pouvait
m'intéresser au château.

« Une vive impression est comme toute blessure : on ne la
sent pas au moment qu'on la reçoit; c'est plus tard seulement
qu'elle commence à faire souffrir et à s'envenimer. Voilà ce qui
m'arriva pour l'aventure du parc. Chaque fois que j'étais seul,
chaque fois que j'étais inoccupé, je voyais devant mes yeux cette
figure de la jeune fille suppliante, avec tous les objets d'alentour,
les arbres, les buissons, la place où elle s'était mise à genoux,
le chemin que j'avais pris pour m'éloigner d'elle : je voyais tout
cela avec une vivacité toujours nouvelle ; c'était une impression
ineffaçable, qui pouvait bien être obscurcie, voilée par d'autres
images et d'autres intérêts, mais qui ne pouvait être détruite;
elle reparaissait constamment aux heures de silence ; je sentais
de jour en jour plus douloureusement la faute que j'avais com-
mise contre mes principes et mes habitudes, sinon expressément,
du moins par mes hésitations, m'étant trouvé embarrassé en
pareil cas pour la première fois.

« Je ne manquai pas de demander, dans mes premières lettres,
à notre homme d'affaires, où la chose en était. Il me faisait des
réponses dilatoires, puis il omettait de répondre sur ce point;
puis ses paroles furent ambiguës; enfin il garda un silence
complet. Je m'éloignai toujours plus; de nouveaux objets s'in-
terposèrent entre moi et ma patrie; des observations, des intérêts divers, me préoccupèrent; l'image s'évanouit; j'oubliai la

jeune fille et, peu s'en faut, jusqu'à son nom. Sa pensée s'offrait à moi plus rarement, et ma fantaisie de correspondre avec les miens, non par lettres mais par signes, contribua beaucoup à me faire presque oublier ma situation précédente, avec toutes ses obligations. Mais à présent que je m'approche de la maison, que je songe à payer, avec usure, à ma famille l'arriéré que je lui dois, à présent, cet étrange repentir (je puis bien l'appeler étrange) me saisit avec toute sa force. La figure de la jeune fille revit dans ma mémoire avec celles de mes parents, et je ne crains rien tant que d'apprendre qu'elle s'est abîmée dans le malheur où je l'ai précipitée; car, en omettant d'agir, il me semblait avoir agi pour sa perte, avoir avancé son triste sort. Mille fois je me suis dit que ce sentiment n'était au fond qu'une faiblesse, qu'autrefois c'était seulement par crainte du repentir, et non par un sentiment plus généreux, que je m'étais imposé la loi de ne jamais faire de promesse.

« Et maintenant, le repentir que je voulais éviter semble se venger de moi, en s'emparant de ce cas, au lieu de mille, pour me torturer. Avec cela, l'image, l'idée, qui me tourmente, est si pleine de grâce et d'attrait, que je m'y arrête volontiers. Et, lorsque j'y pense, le baiser qu'elle imprima sur ma main semble encore me brûler. »

Lénardo se tut, et Wilhelm se hâta de lui répondre gaiement :

« Je ne pouvais donc vous rendre un plus grand service que par le supplément de mon message, de même que parfois l'objet le plus intéressant de la lettre est renfermé dans le postscriptum. A la vérité, je sais peu de chose sur le compte de Valérine, car je n'ai entendu parler d'elle qu'en passant : mais, ce qu'il y a de certain, c'est qu'elle est la femme d'un riche propriétaire, qu'elle est heureuse, comme votre tante me l'a répété au moment de mon départ.

— Fort bien! dit Lénardo : maintenant rien ne m'arrête plus. Vous m'avez donné l'absolution : rendons-nous au sein de ma famille, que je fais d'ailleurs attendre plus que de raison. »

Wilhelm répondit :

« J'ai le regret de ne pouvoir vous accompagner : car une obligation singulière me condamne à ne m'arrêter nulle part plus de trois jours, et à ne pas reparaître avant une année dans un lieu que j'ai quitté. Excusez-moi de ne pouvoir vous faire connaître le motif de cette singularité.

— Je regrette vivement, dit Lénardo, que nous devions vous perdre sitôt, et que je ne puisse, à mon tour, faire quelque chose pour vous. Mais, puisque vous avez commencé à m'obliger, vous me rendriez bien heureux, si vous alliez voir Valérine, pour vous instruire exactement de sa position et m'en donner ensuite, pour me tranquilliser, des nouvelles détaillées, soit par écrit, soit de vive voix.... Il nous serait facile de convenir d'un lieu de rendez-vous. »

Ce projet fut discuté; on avait indiqué à Wilhelm le séjour de Valérine; il se chargea de lui rendre visite. Les deux jeunes hommes convinrent d'un lieu tiers, où le baron se rendrait, et amènerait Félix, qui était demeuré auprès des dames.

Lénardo et Wilhelm, chevauchant de compagnie, avaient poursuivi quelque temps leur chemin à travers d'agréables prairies, en discourant sur divers sujets. Enfin ils approchèrent de la grand'route, et atteignirent la voiture, qui, escortée de son maître, allait rejoindre le logis.

Les amis étaient sur le point de se séparer; Wilhelm prenait congé avec quelques paroles affectueuses, et promettait encore une fois au baron qu'il aurait bientôt des nouvelles de Valérine; tout à coup Lénardo s'écria :

« Mais, j'y pense!... Je n'aurais qu'un petit détour à faire pour vous accompagner : pourquoi n'irais-je pas moi-même rendre visite à Valérine? Pourquoi ne pas m'assurer par moi-même de son heureuse situation? Vous avez été assez bon pour offrir d'être mon messager : pourquoi refuseriez-vous de m'accompagner? Car il me faut un compagnon, un conseil moral, comme on prend un conseil judiciaire, quand on ne croit pas être tout à fait capable de traiter une affaire juridique. »

Wilhelm objecta vainement qu'on attendait au logis le voyageur, absent depuis si longtemps; que l'arrivée de la voiture vide produirait un étrange effet : tout ce qu'il put ajouter encore ne fit aucune impression sur Lénardo, et Wilhelm dut enfin se résoudre à l'accompagner, ce qu'il ne faisait pas de bon cœur, à cause des suites qu'il redoutait.

Le baron instruisit les domestiques de ce qu'ils avaient à dire en arrivant, et les deux amis prirent le chemin qui menait chez Valérine. La contrée avait un aspect riche et fertile, et semblait le vrai berceau de l'agriculture. En effet, dans le quartier qui appartenait au mari de Valérine, le sol était excellent et bien cultivé. Wilhelm eut le loisir d'observer le pays en détail, car Lénardo cheminait en silence à ses côtés. Enfin le baron prit la parole.

« Un autre, à ma place, aurait cherché peut-être à s'approcher de Valérine incognito, car c'est toujours un pénible sentiment de paraître aux yeux des personnes qu'on a offensées ; mais je préfère me résoudre à subir le reproche que je redoute de ses premiers regards, plutôt que de m'en garantir par le déguisement et le mensonge. Le mensonge peut nous mettre dans l'embarras autant que la vérité, et, si nous voulions peser les avantages de l'un et de l'autre, nous trouverions que le mieux est de s'attacher invariablement à la vérité. Ainsi donc, avançons avec courage ; je veux me nommer, et je vous présenterai comme mon ami et mon compagnon de voyage. »

Ils étaient arrivés dans la cour, et ils mirent pied à terre. Un homme de bonne mine, vêtu simplement, qu'ils pouvaient prendre pour un fermier, vint au-devant d'eux, et se présenta comme le maître de la maison. Lénardo déclina son nom, et le maître parut fort joyeux de le voir et de faire sa connaissance.

« Que dira ma femme, s'écria-t-il, quand elle reverra le neveu de son bienfaiteur ? Elle ne peut assez nous dire et nous raconter tout ce qu'elle et son père doivent à monsieur votre oncle. »

Quelles étranges réflexions se croisèrent tout à coup dans l'esprit de Lénardo !

« Cet homme, qui a l'air si loyal, cache-t-il son amertume sous un visage affable et des paroles polies ? Est-il capable de donner à ses reproches un air si gracieux ? mon oncle n'a-t-il pas rendu cette famille malheureuse ? et la chose serait-elle restée inconnue au mari ? Ou bien, se dit le baron, qui saisit vivement cette espérance, l'affaire n'a-t-elle pas été aussi mal que tu l'imagines ? Car enfin tu n'en as jamais eu des nouvelles positives. »

Il se livrait à ces suppositions diverses, tandis que le maître faisait atteler, pour qu'on allât chercher sa femme, qui faisait une visite dans le voisinage.

« En attendant qu'elle arrive, si vous me permettez de vous offrir une distraction assortie à mon état, et de continuer mes travaux, veuillez faire quelques pas avec moi dans les champs, et voyez comme je les cultive : car sans doute il n'est rien de plus intéressant, pour un grand propriétaire comme vous, que la noble science, la noble pratique de l'agriculture. »

Lénardo ne le contredit point ; Wilhelm aimait à s'instruire, et ce campagnard connaissait parfaitement ses terres, qu'il possédait et qu'il exploitait en maître absolu ; toutes ses entreprises étaient sagement calculées ; il plantait, il semait toujours dans le terrain convenable ; il savait exposer si clairement ses motifs et ses procédés, que chacun les comprenait, et se serait flatté de pouvoir faire les mêmes choses : erreur dans laquelle on tombe facilement, lorsqu'on voit un maître qui fait tout avec aisance.

Les étrangers se montrèrent fort satisfaits, et ne purent que louer et approuver tout ; le maître y parut fort sensible, mais il ajouta :

« Il faut maintenant que je vous montre aussi mon côté faible, car tout homme a le sien, quand il s'occupe exclusivement d'un seul objet. »

Il conduisit les deux amis dans sa cour, leur montra ses instruments de culture, et une collection qu'il avait faite de tous les outils imaginables, avec leurs accessoires.

« On m'a blâmé souvent, disait-il, d'aller trop loin à cet égard ; mais je ne puis me condamner moi-même. Heureux celui qui se fait un amusement de ses affaires, qui joue avec son travail, et se récrée avec les occupations dont son état lui fait un devoir ! »

Les deux amis ne manquèrent pas de le questionner et de lui demander des éclaircissements. Wilhelm aimait surtout les observations générales, auxquelles cet homme paraissait se plaire, et il ne manquait pas d'y répondre, tandis que Lénardo, plus recueilli, se réjouissait en secret du bonheur de Valérine, qu'il regardait comme certain dans une situation pareille : il éprouvait toutefois un léger sentiment de malaise, dont il ne pouvait se rendre compte.

Ils étaient déjà revenus à la maison, quand la voiture arriva. Ils s'empressèrent d'aller au-devant de la dame; mais quelle ne fut pas la surprise, la frayeur de Lénardo, quand il la vit mettre pied à terre! Ce n'était pas elle! Ce n'était pas la Brunette! C'était justement le contraire. C'était aussi une belle personne, d'une taille élancée, mais elle était blonde, avec tous les avantages de ses pareilles.

Cette beauté, cette grâce, troublèrent Lénardo; ses yeux avaient cherché la Brunette : une tout autre personne brillait devant lui. Il se rappelait aussi ce visage : le langage, les manières de la belle dissipèrent bientôt chez lui toute incertitude : c'était la fille du justicier, fort considéré de son oncle, qui avait, en conséquence, beaucoup fait pour l'établissement de la jeune fille, et avait protégé les nouveaux époux. Ces détails, et d'autres encore, furent, dès l'abord, gracieusement rappelés par la jeune femme, avec cette joie que la surprise du revoir laisse éclater sans contrainte. On demanda si l'on se reconnaissait; on parla des changements survenus dans les figures, et qui, chez des personnes de cet âge, sont assez remarquables. Valérine était toujours charmante, d'ailleurs extrêmement aimable, quand la gaieté la faisait sortir de son calme ordinaire. On causa beaucoup, et cette conversation si vive permit à Lénardo de se remettre et de cacher son trouble. Wilhelm, qu'un signe de son ami avait assez tôt mis au fait de ce bizarre événement, le seconda de son mieux, et Valérine, agréablement flattée que le baron, même avant d'avoir vu ses parents, l'honorât d'un souvenir et d'une visite, fut bien loin de soupçonner que Lénardo eût un autre dessein et qu'il se fût trompé.

On ne se sépara que bien avant dans la nuit. Les deux amis, qui soupiraient après un entretien secret, s'y livrèrent, dès qu'ils se virent seuls dans leur chambre à coucher.

« Il paraît, dit Lénardo, que mon tourment me poursuivra toujours. Une malheureuse confusion de noms le redouble. J'ai vu souvent cette belle blonde jouer avec la Brunette, qu'on ne saurait appeler une beauté; quoique de beaucoup leur aîné, j'ai même couru avec elles dans les champs et les jardins. Ni l'une ni l'autre ne firent sur moi aucune impression; j'ai retenu le nom de l'une seulement et l'ai appliqué à l'autre. Maintenant, celle qui ne m'intéresse point, je la trouve, à sa manière, au comble du bonheur, tandis que l'autre est reléguée, Dieu sait dans quel pays! »

Le lendemain, les deux amis furent debout même avant les laborieux campagnards. Le plaisir de voir ses hôtes avait aussi éveillé Valérine de bonne heure. Elle ne soupçonnait pas les sentiments avec lesquels ils parurent au déjeuner. Wilhelm, qui voyait bien que, si Lénardo n'avait pas des nouvelles de la Brunette, il se trouverait dans la plus douloureuse situation, mit la conversation sur le premier âge, sur les amies d'enfance, sur les beaux lieux qu'il connaissait lui-même, sur d'autres souvenirs encore, si bien que Valérine fut enfin conduite, d'une manière toute naturelle, à parler de la Brunette, et à prononcer son nom.

A peine Lénardo eut-il entendu le nom de Nachodine, qu'il se le rappela parfaitement; mais, avec le nom, revint aussi l'image de cette suppliante, et il en fut si vivement saisi, qu'il éprouva une insupportable douleur, lorsque Valérine, avec une chaleureuse sympathie, raconta l'expulsion du pieux fermier, sa résignation, son départ, et comme il s'appuyait sur sa fille, qui portait un petit paquet de hardes. Le baron se sentait comme anéanti. Par malheur, et par bonheur aussi, Valérine entra dans certains détails qui déchiraient le cœur de Lénardo, mais qui, avec le secours de son compagnon, lui permirent de faire assez bonne contenance.

Au moment du départ, les époux prièrent vivement leurs hôtes de revenir bientôt les voir, ce qu'ils promirent du bout des lèvres. Et, comme les personnes qui se flattent volontiers trouvent partout sujet d'être satisfaites, Valérine finit par expliquer à son avantage le silence de Lénardo, sa distraction visible au moment des adieux, son départ précipité, et, quoique aimable et fidèle épouse d'un honnête campagnard, elle ne put s'empêcher de prendre quelque plaisir à l'inclination nouvelle ou renaissante de son ancien seigneur.

Après cette singulière aventure, Lénardo dit à Wilhelm :

« Avec de si belles espérances, il est cruel d'échouer au port, et, si je puis m'en consoler un peu, si je puis en prendre mon parti pour le moment, et me présenter devant ma famille, c'est par la pensée que le ciel vous a conduit auprès de moi, vous, qu'une mission particulière laisse indifférent sur la direction et l'objet de votre voyage. Veuillez entreprendre de chercher Nachodine et m'en donner des nouvelles ! Est-elle heureuse, je serai satisfait ; est-elle malheureuse, disposez de mes ressources pour la secourir. Ne regardez pas à la dépense, n'épargnez, ne ménagez rien.

— Mais vers quel point du globe dois-je tourner mes pas ? dit Wilhelm en souriant. Si vous n'avez aucuns pressentiments, comment puis-je en avoir ?

— Écoutez ! La nuit dernière, où vous m'avez vu me promener en long et en large, sans repos, comme un désespéré, au milieu du trouble violent de mon esprit et de mon cœur, je me suis rappelé un ancien ami, un homme vertueux, qui, sans avoir été proprement mon gouverneur, a exercé sur ma jeunesse une grande influence. Je l'aurais prié volontiers de m'accompagner, du moins dans une partie de mes voyages, s'il n'était pas retenu dans sa demeure, comme enchanté, par une belle et précieuse collection d'objets d'art et d'antiquités, dont il ne s'éloigne jamais que momentanément. Cet homme a, je le sais, des relations étendues avec toutes les personnes unies dans ce monde par quelque noble lien. Allez le voir, dites-lui ce que je vous ai confié : il nous est permis d'espérer que sa pénétration délicate lui révélera le lieu, la contrée, où il serait possible de trouver Nachodine. Dans mon angoisse, je me suis rappelé que son père était un homme dévot, et, à l'instant même, je me suis senti assez dévot moi-même pour m'adresser à l'ordre moral et le prier de se manifester une fois, par grâce et par miracle, en ma faveur.

— Il reste une difficulté à résoudre, repartit Wilhelm : que ferai-je de Félix ? Je ne voudrais pas le mener avec moi, ne sachant où je vais, et je ne puis m'en séparer volontiers, car il me semble qu'un fils ne se forme nulle part mieux que sous les yeux de son père.

— Nullement ! répliqua Lénardo : c'est là une douce erreur paternelle. Le père garde toujours une autorité despotique sur son fils, dont il méconnaît les vertus et dont il chérit les défauts. Aussi les anciens disaient-ils que les fils des héros deviennent des vauriens, et j'ai assez observé le monde pour m'éclairer là-dessus. Heureusement notre ami, pour qui je vous remettrai quelques mots, vous donnera aussi sur ce sujet les meilleures directions. Dans notre dernière entrevue, qui remonte à quelques années, il me parla beaucoup d'une association pédagogique, qui ne me parut qu'une sorte d'utopie ; je crus voir, sous une apparence de réalité, une suite d'idées, de conceptions, de projets et de plans, enchaînés ensemble, il est vrai, mais qui pourraient difficilement se rencontrer dans le cours ordinaire des choses. Cependant, comme je sais qu'il aime à représenter par des images le possible et l'impossible, je ne fis pas d'objections, et maintenant la chose nous vient très à propos ; il saura sans doute vous dire, en détail, à qui vous pouvez remettre votre fils avec confiance, pour attendre d'une sage direction les plus heureux succès. »

Comme ils cheminaient, s'entretenant de la sorte, ils remarquèrent une noble villa, des bâtiments d'un goût sévère et gracieux à la fois, une place libre sur le devant, et, alentour, des arbres d'une belle croissance, formant une imposante et vaste ceinture, mais les portes et les volets absolument fermés, tout solitaire, quoique paraissant bien entretenu. Nos voyageurs apprirent d'un homme âgé, qui était occupé à l'entrée, que c'était l'héritage d'un jeune homme, qui le tenait de son père, mort depuis peu dans un âge avancé.

Ayant fait de nouvelles questions, ils apprirent qu'aux yeux de l'héritier, tout cela était trop fini ; il n'y trouvait plus rien à faire, et jouir du présent n'était pas trop son fait : il avait donc cherché un emplacement plus près des montagnes, où il bâtissait des chaumières pour lui et ses amis, et voulait établir une sorte d'ermitage pour la chasse. Quant à l'homme qui leur donnait ces détails, ils apprirent que c'était le concierge, attaché au domaine par le testateur, et chargé de veiller avec le plus grand soin à l'entretien et à la propreté, afin qu'un jour quelque petit-fils, entrant dans les goûts et la propriété de l'aïeul, trouvât tout comme il l'avait laissé.

Après qu'ils eurent poursuivi quelque temps leur chemin en

silence, Lénardo fit l'observation que c'était la manie de l'homme de vouloir tout recommencer ; à quoi son ami repartit que cela pouvait s'expliquer et s'excuser, car, à proprement parler, chacun recommence en effet.

« Est-il un homme, disait-il, qui soit dispensé des maux que ses aïeux ont soufferts? Et peut-on le blâmer de ne vouloir pas de leurs plaisirs ?

— Vous m'encouragez, répondit Lénardo, à vous faire un aveu : je ne sais agir volontiers que sur les choses qui sont mon ouvrage. Je ne voudrais pas d'un serviteur que je n'aurais pas formé dès son enfance, ni d'un cheval que je n'aurais pas dressé moi-même. Par suite de cette manière de voir, je suis encore, je l'avoue, attiré irrésistiblement vers les situations primitives ; mes voyages à travers tous les pays et les peuples civilisés en peuvent étouffer ce sentiment; mon imagination cherche le bienêtre au delà des mers, et des propriétés de famille, jusqu'à présent négligées, dans ces contrées nouvelles, me font espérer de pouvoir exécuter enfin un plan conçu en silence, et que j'ai vu mûrir peu à peu au gré de mes souhaits.

— Je n'ai rien à objecter, dit Wilhelm : une pensée pareille, tournée vers le nouveau et l'incertain, a quelque chose de grand et de singulier. Mais je vous prie de considérer qu'une telle entreprise ne peut réussir qu'à une association. Vous passerez la mer et vous y trouverez, je le sais, des biens de famille; mes amis forment les mêmes plans, et se sont déjà établis dans le pays; unissez-vous à ces hommes énergiques, prudents et sages : l'affaire en deviendra pour tous plus facile et plus considérable. »

En discourant ainsi, les amis étaient arrivés à l'auberge où ils devaient se séparer. Ils se mirent tous deux à écrire. Lénardo recommandait Wilhelm à l'antiquaire ; Wilhelm exposait à ses associés la situation de son nouvel ami : c'était, naturellement, écrire une lettre de recommandation. Il finissait par appeler aussi l'attention de Jarno sur l'affaire dont ils avaient parlé, et développait encore une fois les motifs qui lui faisaient désirer qu'on le délivrât, le plus tôt possible, d'une condition incommode, qui faisait de lui un autre Juif errant.

Au moment où ils échangeaient ces lettres, Wilhelm ne put s'empêcher d'exprimer encore certains scrupules à son ami.

« Dans ma situation, lui dit-il, je regarde comme très-souhaitable la mission de délivrer d'inquiétude un homme généreux, tel que vous, et de sauver en même temps une infortunée de la détresse où elle se trouve peut-être. Un but pareil est comme une étoile vers laquelle on navigue, quand même on ne sait pas ce qu'on trouvera sur la route, quel accident l'on peut rencontrer. Cependant je ne puis me dissimuler le péril où je vous vois flotter, quoi qu'il arrive. Si vous n'étiez pas résolu à ne jamais engager votre parole, j'exigerais de vous la promesse que vous ne reverrez jamais cette femme, qui vous coûte si cher; qu'il vous suffira d'apprendre par moi qu'elle est heureuse, à supposer que je la trouve dans le bien-être ou que je sois en état de procurer son bonheur. Mais, comme je ne veux ni ne puis vous obliger à me faire une promesse, je vous conjure, par tout ce qui vous est cher et sacré, par vous-même, par votre famille et par moi, votre nouvel ami, de ne vous rapprocher, sous aucun prétexte, de cette femme regrettée; de ne pas exiger que je vous désigne ou même vous déclare le lieu où je la trouverai, le pays où je l'aurai laissée. Vous en croirez ma parole, quand je vous dirai qu'elle est heureuse, et vous serez quitte envers elle et tranquillisé. »

Lénardo répondit en souriant :

« Rendez-moi ce service et je serai reconnaissant. Pour ce que vous pourrez et voudrez faire, je m'en remets à vous entièrement. Vous-même, remettez-moi au temps, à la réflexion et s'il est possible, à la raison.

— Excusez-moi, reprit Wilhelm : celui qui sait sous quelles formes étranges l'amour se glisse chez nous, doit s'alarmer, quand il prévoit qu'un ami pourrait désirer ce qui, dans sa situation, dans sa position de famille, serait pour lui nécessairement une cause de trouble et de malheur.

— J'espère, dit Lénardo, qu'en apprenant que cette jeune fille est heureuse, je serai délivré d'elle. »

Là-dessus les deux amis se séparèrent, et partirent chacun de son côté.

CHAPITRE XII.

Après un court et agréable voyage, Wilhelm était arrivé dans la ville où Lénardo l'adressait. Il la trouva riante et bien bâtie ; mais la nouveauté des constructions annonçait trop clairement qu'un incendie l'avait récemment dévastée. L'adresse de la lettre conduisit Wilhelm à l'extrémité de la ville, dans un quartier peu considérable, que l'incendie avait épargné. Il arriva à une maison d'un style ancien et sévère, mais qui était propre et bien entretenue. Des vitraux sombres et bizarrement enchâssés faisaient deviner, dans l'intérieur, des couleurs agréables et riches, et, en effet, le dedans répondait à ce que promettait le dehors. Dans des salles propres se voyaient partout des meubles qui pouvaient avoir servi à plusieurs générations, mêlés avec quelques rares meubles modernes. Le maître de la maison reçut Wilhelm d'une manière amicale, dans une salle meublée de la même façon. Ces pendules avaient déjà sonné bien des heures de naissance et de mort, et tout ce qu'on voyait autour de soi avertissait que le passé peut se survivre.

Le voyageur présenta sa lettre ; mais le vieillard, l'ayant mise à part sans l'ouvrir, voulut faire par lui-même connaissance avec son hôte dans une conversation enjouée. Ils furent bientôt liés, et Wilhelm promenant, contre l'usage ordinaire, des regards observateurs autour de la chambre, le bon vieillard lui dit :

« Les objets qui m'environnent excitent votre attention. Vous voyez ici comme certaines choses peuvent durer longtemps. Et il faut bien en voir aussi de celles-là, comme compensation à ce qui se succède et change si rapidement dans le monde. Cette bouilloire à thé me vient de mes parents ; c'est un témoin de nos soirées de famille ; cet écran de cuivre me garantit encore du feu, attisé par ces vieilles et massives pincettes. Il en est ainsi de tout le reste. Je pouvais donc mettre de l'intérêt et consacrer de l'activité à beaucoup d'autres objets, puisque je n'avais plus à m'occuper de varier ces besoins extérieurs, qui consument le temps et les forces de tant de gens. L'homme attentif et affectionné à ce qu'il possède y trouve la richesse, puisqu'il s'amasse de la sorte un trésor de souvenirs, qui se rattachent à des choses indifférentes. J'ai connu un jeune homme qui, en faisant ses adieux à sa bien-aimée, lui déroba une épingle, dont il attachait chaque jour son jabot, et qui rapporta ce trésor, précieusement gardé, après avoir voyagé sur mer pendant plusieurs années. A nous autres petits hommes, il faut compter cela comme une vertu.

— Il en est plus d'un, répliqua Wilhelm, qui rapporte d'un si grand voyage une épine dans le cœur, dont il aimerait mieux peut-être se sentir délivré. »

Le vieillard semblait ne pas songer à la situation de Lénardo, bien qu'il eût ouvert et parcouru la lettre, car il revint à ses premières réflexions.

« La ténacité du possesseur, poursuivit-il, lui donne, dans certains cas, la plus grande énergie. Je dois à cette persistance le salut de ma maison. Quand la ville brûla, on voulait aussi chez moi s'enfuir, emporter le mobilier. Je m'y opposai : j'ordonnai de fermer les portes et les fenêtres, et, avec quelques voisins, je combattis les flammes. Par nos efforts, nous réussîmes à sauver ce bout de la ville. Le lendemain tout subsistait encore chez moi, comme vous le voyez, et comme il a subsisté depuis près de cent ans.

— Avec tout cela, dit Wilhelm, vous m'avouerez que l'homme ne résiste pas aux changements que le temps amène.

— Sans doute, dit le vieillard, mais celui qui se maintient le plus longtemps a néanmoins son mérite. Nous sommes capables de maintenir et de conserver, même au delà du terme de notre vie ; nous transmettons des connaissances, nous transmettons des sentiments, aussi bien que des richesses. Mais, comme, à présent, j'ai surtout à m'occuper de celles-ci, j'ai usé dès longtemps d'une singulière prévoyance ; je me suis avisé de précautions toutes particulières : cependant je n'ai réussi que bien tard à voir mes vœux accomplis.

« D'ordinaire le fils disperse ce que le père a rassemblé ; il assemble autre chose ou d'une autre manière : mais, si l'on peut attendre le petit-fils, la génération nouvelle, les mêmes goûts, les mêmes vues, reparaissent. Je me suis donc enfin procuré, par les soins de notre société pédagogique, un jeune homme de mérite, qui tient, s'il est possible, encore plus que moi-même à la possession traditionnelle, et qui aime passionnément les choses rares. Il a gagné toute ma confiance par les efforts énergiques avec lesquels il a réussi à préserver notre maison de l'incendie ; il a mérité deux fois et trois fois le trésor que je songe à laisser en sa possession ; il lui est même déjà transmis, et, depuis, notre collection s'accroît merveilleusement.

Cependant tout ce que vous voyez ici ne nous appartient pas. Comme vous remarquez chez les prêteurs sur gages maints joyaux étrangers, je puis vous montrer ici des objets précieux qu'on a déposés chez moi, dans les circonstances les plus diverses, afin qu'ils fussent mieux gardés. »

Ces mots rappelèrent à Wilhelm la magnifique cassette, qu'il portait à regret d'un lieu à l'autre dans ses voyages, et il ne résista pas au plaisir de la montrer au vieillard, qui la considéra avec attention, indiqua l'époque à laquelle remontait ce travail, et produisit un ouvrage du même genre. Wilhelm demanda s'il devait ouvrir sa cassette : l'antiquaire le lui déconseilla.

« Je crois, dit-il, qu'on pourrait le faire sans beaucoup de dommage : mais, puisqu'elle est tombée dans vos mains par un si merveilleux hasard, vous devriez faire sur elle l'épreuve de votre bonheur. Car, si vous êtes né sous une heureuse étoile, et, si cette cassette a quelque importance, la clef se trouvera dans l'occasion, et précisément quand vous y penserez le moins.

— On en a vu des exemples, dit Wilhelm.

— Mon expérience personnelle m'en a fourni quelques-uns, répliqua l'antiquaire, et vous avez devant vous le plus remarquable. Durant trente années, je n'ai possédé de ce crucifix que le corps, avec la tête et les pieds, d'une seule pièce : je les gardai soigneusement dans le plus précieux coffret, par respect pour l'objet, aussi bien que pour l'admirable travail. Il y a environ dix ans, que je retrouvai la croix qui s'y rapporte, avec l'inscription, et je me laissai entraîner à faire rétablir les bras par le plus habile sculpteur de notre temps. Mais combien le bonhomme était resté au-dessous de son devancier! Toutefois c'était passable, plutôt pour l'édification que pour être admiré comme œuvre d'art. Jugez de mon ravissement! Naguère j'ai reçu lesvéritables bras, comme vous les voyez ici ajustés, et dans la plus aimable harmonie avec l'ensemble! Et moi, charmé d'une si heureuse rencontre, je ne puis m'empêcher d'y reconnaître les destinées de la religion chrétienne, qui, assez souvent démembrée et dispersée, doit cependant finir toujours par se réunir au pied de la croix. »

Wilhelm admira l'ouvrage et sa merveilleuse reconstruction.

« Je suivrai votre conseil, ajouta-t-il. Que la cassette reste fermée, en attendant que la clef se trouve, quand tout devrait demeurer ainsi jusqu'à la fin de ma vie.

— Qui vit longtemps, dit le vieillard, voit bien des choses se construire et bien d'autres tomber en ruines. »

Le jeune associé entra dans ce moment, et Wilhelm déclara son intention de remettre la cassette à sa garde. On apporta un grand registre; l'objet confié fut inscrit; on en fit, avec maintes formalités d'usage et maintes conditions, un récépissé, à la disposition de quiconque le produirait, mais qui ne devait déployer son effet que sur un signe particulier, convenu avec le dépositaire.

Quand cette affaire fut terminée, on délibéra sur l'objet de la lettre, en s'occupant d'abord du choix d'un asile pour le bon Félix, et, à cette occasion, le vieil ami exposa d'abord quelques maximes, qu'il regardait comme la base de l'éducation.

« La vie, disait-il, l'action, l'art, enfin, doit toujours être précédé par le métier, qui ne s'apprend que dans la spécialité. Bien savoir et bien faire une seule chose procure un plus haut développement que d'en faire à demi une centaine. Dans l'établissement auquel je vous adresse, on a séparé tous les objets d'activité. Les élèves sont éprouvés à chaque pas; par là on reconnaît leurs tendances naturelles, bien que leurs désirs inconstants les poussent tantôt d'un côté tantôt d'un autre. Des hommes sages veillent à ce que l'enfant trouve sous sa main ce qui lui convient; ils abrègent les détours par lesquels l'homme ne se laisse que trop volontiers écarter de sa destination.

« Ensuite, ajouta-t-il, j'ose espérer que, de ce centre admirable, on vous mettra sur la voie où vous pourrez découvrir cette bonne jeune fille, qui a produit sans doute sur votre ami une merveilleuse impression, puisque la réflexion, le sentiment moral, lui ont fait estimer à si haut prix le mérite d'une innocente et malheureuse créature, qu'il a été contraint d'en faire l'objet et le but de sa vie. J'espère que vous pourrez le tranquilliser, car la Providence a mille moyens de relever ceux qui sont tombés et de rendre le courage à ceux qui sont abattus. Notre destinée se présente souvent comme l'arbre fruitier en hiver : à sa triste apparence, qui croirait que ces rameaux desséchés reverdiront, fleuriront au printemps, et bientôt porteront des fruits? Mais nous l'espérons, nous en avons l'assurance. »

LIVRE DEUXIÈME.

CHAPITRE I.

Wilhelm et son fils avaient suivi la route que l'antiquaire leur avait indiquée, et ils trouvèrent heureusement les limites de la province dans laquelle ils devaient voir tant de choses remarquables. Dès l'entrée, ils admirèrent un pays fertile, où l'agriculture florissait sur de douces collines, tandis que les moutons paissaient sur les hautes montagnes et le gros bétail dans les vastes plaines des vallées. On approchait de la moisson, et tout offrait l'image de l'abondance. Mais ce qui surprit le plus les voyageurs fut qu'ils ne voyaient à l'ouvrage ni des hommes faits ni des femmes, et seulement des petits garçons et des jeunes gens, occupés des préparatifs d'une heureuse moisson, et aussi des joyeux apprêts de la fête consacrée à cette récolte. Les voyageurs en saluèrent un, puis un autre, et leur demandèrent le chef, mais les enfants ne purent leur indiquer sa demeure. L'adresse de la lettre ne portait que ces mots : *Au Chef ou aux Trois*. les enfants ne surent pas mieux l'expliquer, et ils adressèrent les étrangers à un inspecteur, qui allait monter à cheval. Wilhelm lui fit connaître son désir; Félix, avec son air de franchise, parut faire sur l'inspecteur une impression agréable; les trois cavaliers cheminèrent ensemble.

Wilhelm avait déjà observé qu'il régnait dans la couleur et la coupe des habits une variété, qui donnait à toute la petite population un singulier aspect; il était sur le point de demander là-dessus des éclaircissements à son guide, quand un spectacle plus étrange encore se produisit à ses yeux : tous les enfants, quel que fût leur travail, l'interrompirent, et se tournèrent vers les cavaliers passants, avec des gestes particuliers, mais différents les uns des autres, et il était facile de juger que c'était un hommage rendu au surveillant. Les plus jeunes se croisaient les bras sur la poitrine, et levaient les yeux au ciel avec l'expression de la joie; ceux d'âge moyen tenaient leurs bras derrière le dos, et regardaient la terre en souriant; les aînés se redressaient avec un air d'assurance, les bras pendants; ils tournaient la tête à droite, et formèrent une file, tandis que les autres demeuraient isolés à la place où on les rencontrait.

Les cavaliers s'étant arrêtés, et ayant mis pied à terre en un lieu où de nombreux enfants se présentaient, dans différentes attitudes, devant le surveillant, qui les passait en revue, Wilhelm demanda ce que signifiaient ces gestes.

Félix, sans attendre la réponse, s'écria gaiement :

« Quelle position faut-il que je prenne?

— Commencez toujours, répondit le surveillant, par croiser les bras sur la poitrine avec une douce gravité, les yeux levés vers le ciel et le regard immobile. »

Félix obéit, mais il dit bientôt :

« Cela ne me plaît guère : je ne vois rien là-haut. Cela doit-il durer longtemps?... Mais si! dit-il avec joie : je vois deux éperviers, qui volent de l'occident à l'orient. N'est-ce pas un bon présage?

— C'est selon que tu le prendras, répondit le surveillant; maintenant, va te mêler parmi ces enfants et fais comme ils font. »

L'inspecteur donna un signal; les enfants quittèrent leur attitude, et retournèrent à leurs occupations ou jouèrent comme auparavant.

« Voulez-vous et pouvez-vous, dit Wilhelm, m'expliquer ce qui provoque ici mon étonnement? Je vois bien que ces gestes, ces attitudes, sont des salutations par lesquelles on nous accueille.

— Parfaitement : des salutations qui m'indiquent d'abord le degré d'instruction auquel chaque enfant est parvenu.

— Mais pouvez-vous m'expliquer le sens de cette gradation? car je vois bien que c'en est une.

— C'est à mes supérieurs de vous répondre : cependant je puis vous assurer que ce ne sont pas de vaines grimaces; que l'on en donne, au contraire, aux enfants, sinon le sens le plus élevé, du moins une explication intelligible, mais qu'il est ordonné à chacun de garder pour lui ce qu'on juge convenable de lui répondre; ils doivent s'abstenir d'en causer soit avec les étrangers, soit entre eux; si bien que l'instruction se modifie de mille manières. D'ailleurs le secret offre de grands avantages : car, si l'on dit d'emblée et toujours à l'homme ce dont il s'agit, il suppose qu'il ne reste plus rien à découvrir. Il est certains secrets, fussent-ils même révélés, auxquels il faut rendre hommage par la réserve et le silence, car cela influe sur la modestie et les bonnes mœurs.

— Je vous comprends, répondit Wilhelm : pourquoi ce qui est si nécessaire dans les choses corporelles ne serait-il pas aussi pratiqué dans celles qui appartiennent à l'intelligence? Mais peut-être vous sera-t-il permis de satisfaire sur un autre point ma curiosité. La grande variété de la coupe et de la couleur des habits me surprend, et pourtant je ne vois pas ici toutes les couleurs: j'en vois quelques-unes seulement, depuis les nuances les plus claires jusqu'à la plus foncée. Cependant j'observe qu'on ne peut avoir eu en vue de marquer les degrés de l'âge ou du mérite, car les enfants de tout âge indistinctement peuvent porter des habits de même coupe et de même couleur, et ceux qui saluent avec les mêmes gestes ne sont pas semblables entre eux par le vêtement.

— Je ne puis non plus m'ouvrir sur ce point, répondit l'inspecteur; mais je serais bien trompé, si vous nous quittiez sans avoir reçu des éclaircissements sur tout ce que vous pouvez désirer. »

Ils continuaient d'aller à la recherche du supérieur, dont ils croyaient avoir trouvé la trace. Wilhelm dut remarquer avec surprise qu'à mesure qu'ils avançaient dans le pays, ils entendaient plus distinctement des chants harmonieux. Tout ce que faisaient les enfants, tous les travaux auxquels on les trouvait occupés, ils les faisaient en chantant; les chants paraissaient appropriés à chaque travail, et toujours les mêmes, quand les circonstances étaient pareilles. Si plusieurs enfants se trouvaient rassemblés, ils s'accompagnaient tour à tour; vers le soir, ils rencontrèrent aussi des danseurs, dont les pas étaient animés et réglés par des chœurs; Félix, qui était remonté à cheval, unit sa voix à celles des enfants, et ce ne fut pas sans succès. Wilhelm prit plaisir à cette récréation qui animait la contrée.

» Apparemment, dit-il à l'inspecteur, on donne beaucoup de soins à cet enseignement : sans cela ce talent ne pourrait être aussi remarquablement développé et aussi répandu.

— Assurément : répondit-il, chez nous le chant est le premier degré de la culture morale; tout le reste s'y rattache et en est facilité. La plus simple jouissance, comme le plus simple enseignement, sont animés et inculqués chez nous par le chant; même ce que nous enseignons de religion et de morale, nous le communiquons par la voie du chant. D'autres avantages s'y joignent aussitôt, pour produire des résultats indépendants; en effet, quand nous formons les enfants à noter sur un tableau les sons qu'ils émettent, et à les reproduire d'après les signes tracés par eux, à y joindre le texte, qu'ils écrivent au-dessous, ils exercent à la fois la main, l'œil et l'oreille, et ils acquièrent, plus vite que l'on ne croirait, une bonne et belle écriture; et, comme tout cela se fait et se répète et se copie en mesure, selon des temps exactement déterminés, ils comprennent, beaucoup plus vite que de toute autre manière, la grande importance de la géométrie et du calcul. Voilà pourquoi nous avons choisi la musique, entre toutes choses, pour le principe de l'éducation, car elle mène à tout le reste par des chemins faciles. »

Wilhelm cherchait de nouveaux éclaircissements, et ne cacha point sa surprise de n'entendre aucune musique instrumentale.

« Nous ne la négligeons point, répondit l'inspecteur; mais elle est confinée et pratiquée dans un canton particulier, qui forme le plus agréable vallon de montagne, et l'on a même pris soin d'enseigner les divers instruments dans des lieux séparés. Nous veillons surtout à reléguer les dissonances des commençants dans certaines solitudes, où elles ne peuvent réduire personne au désespoir : car vous avouerez vous-même qu'il n'est guère de supplice plus cruel à souffrir, dans une société civile bien policée, que celui dont nous afflige le voisinage d'un violon ou d'une flûte novice. Nos commençants, animés du louable sentiment de ne vouloir être importuns à personne, s'enfoncent volontairement, pour un temps plus ou moins long, dans le désert, et rivalisent, chacun à part, pour mériter de s'approcher du monde habité; en conséquence, on permet de temps en temps qu'ils essayent d'approcher, et il est rare qu'ils échouent, car ici, comme dans toutes nos institutions, nous devons cultiver et garder la pudeur et la modestie. Je suis charmé que votre fils ait une voix agréable : cela rendra le reste plus facile. »

Ils étaient arrivés à l'endroit où Félix devait s'arrêter et s'essayer avec les autres enfants, avant qu'on eût décidé son admission formelle. Déjà ils entendaient de loin un joyeux chant : c'était une récréation, à laquelle les enfants se livraient cette fois dans une heure de loisir. Ils entonnèrent un chœur général, auquel chaque membre d'un cercle plus étendu répondit joyeusement, d'une voix juste et claire, en obéissant aux signes du directeur. Cependant il surprenait souvent les chanteurs, en suspendant par un signe le chœur général, et touchant avec sa baguette un des choristes, qui devait soudain entonner seul une chanson en harmonie avec l'air et les paroles du chœur. La plupart montraient déjà beaucoup d'habileté; quelques-uns, qui échouaient dans cette épreuve, donnaient des gages sans trop exciter la moquerie. En véritable enfant, Félix se mêla d'abord avec eux, et ne se tira pas mal d'affaire. Puis il dut faire le salut de la première classe : il se croisa les mains sur la poitrine, leva les yeux au ciel, mais d'un air malin, qui faisait bien voir qu'il n'attachait pas encore à cet acte un sens mystérieux.

L'agrément du lieu, le bon accueil qu'on lui fit, la gaieté de ses camarades, tout charma l'enfant, au point qu'il vit sans trop de regret son père s'éloigner : il jeta un regard plus triste peut-être sur le cheval, qu'on emmenait, mais on lui fit comprendre qu'il ne pouvait le garder dans le district où il se trouvait; et on lui promit qu'il en retrouverait un pareil, gentil et bien dressé, au moment où il s'y attendrait le moins.

Le surveillant, n'ayant pu réussir à trouver le chef, dit à Wilhelm :

« Il faut que je vous quitte; mes affaires m'appellent; cependant je veux vous conduire auprès des Trois, qui président à nos sanctuaires : votre lettre leur est aussi adressée, et, réunis ensemble, ils remplacent le chef. »

Wilhelm aurait désiré savoir d'avance ce qu'étaient ces sanctuaires : le surveillant répondit :

« Les Trois, afin de reconnaître la confiance avec laquelle vous nous remettez votre fils, vous révèleront sans doute, avec sagesse et justice, le plus nécessaire. Les objets visibles de nos respects, que j'ai nommés sanctuaires, sont renfermés dans un canton particulier, ne sont mêlés à rien, troublés par aucune chose; on n'en laisse approcher les élèves qu'à certaines époques de l'année, selon le degré de leur développement, pour les instruire par l'histoire et la peinture, en sorte qu'ils emportent une impression dont ils se puissent nourrir quelque temps dans la pratique de leur devoir.

Wilhelm arriva devant un portail, à l'entrée d'un vallon boisé, ceint de hautes murailles. A un signal donné, la petite porte s'ouvrit, et notre ami fut reçu par un homme d'une figure noble et grave, dans une grande et magnifique salle de verdure, ombragée par des arbres et des arbrisseaux de tout genre. A peine pouvait-on distinguer, à travers cette haute et touffue décoration naturelle, d'imposantes murailles et de remarquables bâtiments. Les Trois, qui parurent successivement, firent à Wilhelm un accueil amical, et ils entrèrent avec lui dans une conversation où chacun mit du sien, mais que nous abrégerons pour nos lecteurs.

« Puisque vous nous confiez votre fils, dirent-ils, c'est notre devoir de vous faire connaître plus à fond notre méthode. Vous avez déjà remarqué bien des formes qui ne s'expliquent pas par elles-mêmes au premier coup d'œil. De quel point désirez-vous d'abord être éclairci?

— J'ai remarqué des salutations et des gestes décents, mais étranges, dont je souhaiterais connaître le sens : chez vous l'extérieur se rapporte sans doute à l'intérieur, et réciproquement. Faites-moi connaître ce rapport.

— Des enfants sains et bien nés, répondirent-ils, apportent beaucoup avec eux ; la nature a donné à chacun tout ce qui lui est nécessaire pour le présent et l'avenir : développer ces facultés est notre devoir. Souvent elles se développent mieux par elles-mêmes : mais il est un sentiment que l'homme n'apporte pas en venant au monde, et, néanmoins, c'est celui qui est essentiel pour que l'homme soit homme à tous égards. Pouvez-vous deviner vous-même quel est ce sentiment ? »

Wilhelm réfléchit un moment et fit un signe négatif.

Avec une modeste retenue, les chefs lui dirent : « Le respect. »

Wilhelm fit un geste d'étonnement.

« Le respect, répétèrent-ils : il manque à tout le monde, et peut-être à vous-même. Vous avez vu trois sortes de gestes, et nous enseignons trois sortes de respect, qui doivent être réunies et former un ensemble, pour atteindre à leur force et à leur effet suprême. La première est le respect de ce qui est au-dessus de nous. Ce geste, que vous avez vu, les bras croisés sur la poitrine, un joyeux regard dirigé vers le ciel, est l'attitude que nous prescrivons aux jeunes enfants, et par là nous leur demandons en même temps de témoigner qu'il est là-haut un Dieu, qui se reflète et se manifeste dans les parents, les instituteurs et les supérieurs. La deuxième espèce est le respect de ce qui est placé au-dessous de nous. Les mains jointes et comme liées derrière le dos, les yeux baissés et souriants, disent que l'on doit jeter sur la terre un regard serein. La terre fournit la nourriture; elle procure des jouissances infinies, mais aussi d'immenses douleurs. Qu'un homme se fasse, par sa faute ou innocemment, quelque mal corporel ; que d'autres hommes le blessent, à dessein ou par hasard ; qu'une chose enfin dépourvue de volonté lui cause quelque souffrance, il doit y prendre garde, car les mêmes dangers l'accompagnent toute sa vie. Mais nous délivrons, le plus tôt possible, notre élève de cette position, dès que nous sommes persuadés que cette deuxième leçon a exercé sur lui une action suffisante; nous l'exhortons alors à prendre du courage, à se tourner vers ses camarades et à s'unir avec eux. Alors il se tient debout, ferme et hardi, non pas en s'isolant avec égoïsme : c'est seulement en société avec ses égaux qu'il fait face au monde. Nous ne saurions ajouter rien à ces explications.

— Je suis éclairé, répondit Wilhelm. Si la multitude est plongée dans un si fâcheux état, c'est qu'elle se plaît dans l'élément de la malveillance et de la médisance. Celui qui s'y abandonne arrive bientôt à l'indifférence pour Dieu, au mépris pour le monde, à la haine pour ses égaux, tandis que la véritable, pure et nécessaire estime de soi-même, dégénère en ambition et en vanité.

« Permettez-moi cependant, poursuivit-il, de vous faire une objection : N'a-t-on pas considéré de tout temps la terreur que les peuples sauvages éprouvaient, à la vue des puissants phénomènes de la nature et des événements mystérieux, inexplicables, comme le germe duquel devait se développer par degrés un sentiment plus élevé, une émotion plus pure? »

Les chefs répondirent :

« La peur est un sentiment conforme à la nature : le respect ne l'est pas; on craint un être puissant, connu ou inconnu; le fort essaye de le combattre, le faible de l'éviter : l'un et l'autre désirent s'en délivrer, et se sentent heureux, quand ils sont parvenus à l'écarter pour quelque temps ; quand leur nature a reconquis, dans une certaine mesure, la liberté et l'indépendance. L'homme de la nature répète ces expériences mille et mille fois pendant sa vie : de la crainte, il aspire à la liberté, et, de la liberté, il est poussé vers la crainte, et n'en est pas plus avancé. Il est facile, mais il est douloureux, de craindre; garder le respect est difficile, mais doux. L'homme se résout à regret au respect, ou plutôt il ne s'y résout jamais ; c'est un sentiment plus élevé, qu'il faut lui communiquer, et qui ne se développe de lui-même que chez les personnes douées de grâces particulières, et que l'on a toujours considérées, en conséquence, comme des saints, comme des dieux. C'est là ce qui constitue la dignité, le but de toutes les vraies religions, et l'on n'en compte d'ailleurs que trois, selon les objets auxquels s'adressent leurs hommages. »

Les chefs avaient cessé de parler. Wilhelm garda quelque temps un silence rêveur; mais, comme il ne se sentait pas la hardiesse d'interpréter ces étranges paroles, il pria ces hommes respectables de poursuivre leur exposition, et ils se prêtèrent sur-le-champ à son désir.

« Toute religion, dirent-ils, qui se base sur la crainte n'obtient chez nous aucune estime. Quand l'homme laisse le respect régner dans son âme, il peut, en rendant l'honneur, maintenir le sien; il n'est pas en désaccord avec lui, comme dans l'autre cas. La religion qui repose sur le respect de ce qui est au-dessus de nous, nous l'appelons *ethnique*[1] : c'est la religion des peuples, et le premier degré d'affranchissement d'une crainte vile; toutes les religions des Gentils sont de cette espèce, sous quelque nom qu'elles soient désignées. La deuxième religion, qui se fonde sur notre respect pour ce qui est pareil à nous, nous l'appelons philosophique; car le philosophe, qui se place au centre de tout, doit faire descendre jusqu'à lui tout ce qui est supérieur et monter jusqu'à lui tout ce qui est au-dessous, et c'est seulement dans cette position mitoyenne qu'il mérite le nom de sage. Or, en tant qu'il connaît parfaitement ses rapports avec ses égaux, et, par conséquent, avec toute l'humanité, ses rapports avec toutes les autres choses terrestres, nécessaires et accidentelles, on peut dire, dans le sens cosmique, qu'il est seul en possession de la vérité. Il nous reste à parler de la troisième religion, fondée sur le respect de ce qui est au-dessous de nous : nous l'appelons chrétienne, parce que c'est dans le christianisme que se manifeste surtout ce sentiment : c'est le dernier terme auquel l'humanité pouvait et devait arriver. Mais quels efforts ne faut-il pas, premièrement pour s'élever au-dessus de la terre et se reporter à une céleste patrie, et ensuite pour reconnaître, comme choses divines, l'abaissement et la pauvreté, la raillerie et le mépris, l'opprobre et la misère, la souffrance et la mort; pour respecter même et chérir le péché et le crime, comme étant, non des obstacles, mais des acheminements à la sainteté! Nous trouvons, il est vrai, des traces de cette doctrine dans tous les temps; mais des traces ne sont pas un but, et, quand une fois ce but est atteint, l'humanité ne peut plus reculer : aussi l'on osera dire que la religion chrétienne, ayant une fois paru, ne saurait plus disparaître, et que, s'étant incorporé la divinité, elle est désormais indestructible.

— Laquelle de ces religions professez-vous? demanda Wilhelm.

— Toutes les trois, répondirent-ils; car c'est proprement leur ensemble qui constitue la religion véritable : de ces trois genres

---

[1]. Nationale, particulière.

de respect résulte le respect suprême, le respect de soi, et, de celui-ci, découlent, à leur tour, les autres ; en sorte que l'homme s'élève au plus haut point où il est capable d'atteindre ; qu'il peut se considérer lui-même comme le plus parfait ouvrage que Dieu et la nature aient produit ; qu'il peut même demeurer à ce point d'élévation, sans retomber dans un état vulgaire par l'égoïsme et la vanité.

— Une pareille profession de foi, répondit Wilhelm, développée comme vous venez de le faire, ne me surprend point ; elle s'accorde avec tout ce qu'on entend çà et là dans le monde ; seulement vous unissez ce que les autres hommes séparent. »

Les Trois répondirent :

« Cette doctrine est déjà professée, mais à leur insu, par une grande partie des hommes.

— Comment donc ? Où trouvez-vous cela ?

— Dans le *Credo*, car le premier article est ethnique, et appartient à tous les peuples ; le deuxième est chrétien, il est pour ceux qui luttent avec la douleur et qui sont glorifiés par elle ; le troisième enfin enseigne une divine communion des saints, c'est-à-dire des hommes les meilleurs et les plus sages. Les trois personnes divines, sous l'emblème et le nom desquelles sont exprimés ces dogmes et ces promesses, ne devraient-elles pas être considérées comme la plus sublime unité ?

— Je vous remercie, dit Wilhelm, de vouloir bien m'exposer ces choses avec tant de suite et de clarté, comme à un homme fait, auquel les trois sentiments ne sont pas étrangers ; et, quand je viens à réfléchir que vous communiquez cette haute doctrine aux enfants, d'abord sous la forme d'un signe visible, puis avec quelques harmonies symboliques, et qu'enfin vous leur en expliquez la suprême signification, je ne puis que vous approuver hautement.

— Vous nous comprenez à merveille, répondirent-ils ; cependant il faut vous en dire davantage encore, afin de vous persuader que votre fils est en bonnes mains. Mais réservons cela pour les heures de la matinée : prenez du repos, afin de pouvoir nous suivre demain matin au sanctuaire, d'un cœur joyeux et avec une parfaite bienveillance. »

CHAPITRE II.

Le plus âgé des Trois prit Wilhelm par la main, et le fit entrer, par un portail imposant, dans une salle ronde ou plutôt octogone, si richement décorée de peintures, qu'il en fut saisi d'étonnement. Il comprenait aisément que tout ce qu'il voyait devait avoir une signification importante, quoiqu'il ne pût la démêler du premier coup. Il était sur le point de consulter, à ce sujet, son guide, quand celui-ci l'invita à passer dans une galerie latérale, ouverte, d'un côté, sur un vaste jardin, émaillé de fleurs, qu'elle environnait. Toutefois ce luxe riant de la nature attira moins ses regards que le mur de la galerie : c'est qu'il était couvert de peintures, et le voyageur n'alla pas bien avant, sans remarquer que les saints livres des Hébreux en avaient fourni les sujets.

« Voici, dit l'ancien, où nous enseignons cette religion que, pour abréger, j'ai appelée ethnique. Le fonds s'en trouve dans l'histoire universelle, comme l'enveloppe dans les événements ; on en saisit l'idée véritable dans le retour des destinées de peuples entiers.

— A ce que je vois, dit Wilhelm, vous avez fait au peuple juif l'honneur de prendre son histoire pour base de cet enseignement, ou plutôt vous en avez fait votre objet principal.

— Comme vous voyez, dit l'ancien ; car vous remarquerez qu'on a retracé, dans les socles et les frises, des actes et des événements synchronistiques ou plutôt symphronistiques[1], attendu qu'il se rencontre chez tous les peuples des traditions qui ont le même sens et la même portée. Par exemple, vous voyez ici,

---

1. Συμφρονεῖν, être du même sentiment, être d'accord.

dans l'espace principal, Abraham, que ses dieux visitent sous la forme de beaux adolescents, et, dans la frise au-dessus, Apollon parmi les bergers d'Admète : par où nous pouvons apprendre que, si les dieux apparaissent aux hommes, d'ordinaire ils passent au milieu d'eux sans en être remarqués. »

Wilhelm, en poursuivant sa revue, trouva le plus souvent des sujets connus, mais représentés d'une manière plus vive et plus frappante qu'on ne le fait d'ordinaire. Il exprima le désir d'avoir sur quelques-uns des éclaircissements, et il ne put s'empêcher de demander encore une fois pourquoi l'on avait choisi l'histoire des Juifs, de préférence à toutes les autres.

L'ancien répondit :

« Parmi toutes les religions ethniques, celle des Juifs, qui n'est pas autre chose, a de grands avantages, dont je mentionnerai seulement quelques-uns. Devant le tribunal ethnique, devant le tribunal du Dieu des nations, on ne demande pas si c'est la nation la meilleure, la plus excellente, mais si elle subsiste, si elle s'est maintenue. Le peuple israélite n'a jamais valu grand'chose, comme ses guides, juges, chefs ou prophètes, le lui ont mille fois reproché ; il a peu de vertus, et il a presque tous les défauts des autres peuples : mais il n'a pas son pareil en indépendance, en fermeté, en courage, et, si c'est trop peu de tout cela, en ténacité ; c'est la nation la plus obstinée de la terre ; elle est, elle fut, elle sera, pour célébrer dans tous les temps le nom de Jéhovah : aussi l'avons-nous présentée comme la figure modèle, la figure principale, à laquelle les autres ne servent que de cadre.

— Il ne m'appartient pas de disputer avec vous, reprit Wilhelm, car vous êtes en état de m'instruire : veuillez donc me faire connaître les autres avantages de ce peuple, ou plutôt de son histoire, de sa religion.

— Un avantage essentiel, c'est l'excellente collection de ses livres saints. Ils sont si heureusement rassemblés, qu'avec les éléments les plus étrangers, ils offrent un ensemble décevant ; ils sont assez complets pour satisfaire, assez fragmentaires pour piquer la curiosité ; assez barbares pour irriter, assez humains pour apaiser : et que d'autres qualités opposées ne pourrait-on pas encore célébrer dans ces livres, dans ce livre ! »

La suite des peintures principales, aussi bien que les rapports des peintures accessoires qui les accompagnaient au-dessus et au-dessous, donnèrent tant à réfléchir au voyageur, qu'il entendait à peine les remarques importantes par lesquelles son guide paraissait plutôt détourner son attention que la fixer sur les objets.

Cependant l'ancien saisit l'occasion de dire :

« Je dois signaler un autre avantage de la religion juive : c'est qu'elle n'incorpore son Dieu dans aucune forme, et nous laisse, par conséquent, la liberté de lui donner une noble figure humaine, et de représenter, en contraste, la mauvaise idolâtrie par des figures de bêtes et de monstres. »

Une courte promenade dans cette galerie avait fait revivre pour Wilhelm l'histoire du monde ; il y trouvait çà et là du nouveau sous le rapport des événements : ainsi le rapprochement des peintures, les réflexions du guide firent naître chez lui quelques vues nouvelles, et il s'applaudissait de ce qu'avec une si belle suite d'images, Félix graverait, pour toute sa vie, ces grands et mémorables événements dans sa mémoire, comme s'ils se fussent passés à côté de lui. Il finit par ne plus considérer ces tableaux qu'avec les yeux de son enfant, et, de la sorte, il en fut complétement satisfait.

En poursuivant leur marche, ils étaient parvenus aux temps malheureux et troublés, à la destruction de la ville et du temple, au massacre, au bannissement, à l'esclavage de cette nation persévérante. Ses destinées subséquentes étaient sagement représentées d'une manière allégorique, car une représentation historique et réelle sort des limites de l'art.

Là se terminait tout d'un coup la galerie qu'ils avaient parcourue, et Wilhelm fut surpris de se voir déjà au bout.

« Je trouve, dit-il à son guide, une lacune dans ces fastes historiques : vous avez détruit le temple de Jérusalem et dispersé le peuple, sans produire l'homme divin, qui, peu de temps auparavant, enseignait dans ce temple, et que les Juifs ne voulurent pas écouter.

— Faire ce que vous demandez aurait été une faute. La vie de l'homme divin que vous désignez n'est point liée avec l'histoire universelle de son temps : ce fut une vie privée ; son enseignement s'adressait à chaque homme en particulier. Les événements qui concernent des peuples entiers et des portions de peuples appartiennent à l'histoire universelle, à la religion universelle, que nous considérons comme la première; ce qui se passe dans le cœur de l'individu appartient à la deuxième, à la religion des sages : de ce genre fut celle que le Christ enseigna et pratiqua, tout le temps de son pèlerinage terrestre. C'est pourquoi l'extérieur trouve ici son terme, et je vous produis maintenant l'intérieur. »

Une porte s'ouvrit, et ils entrèrent dans une galerie pareille, où Wilhelm reconnut aussitôt les sujets du Nouveau Testament. Ils semblaient être d'une autre main que les premiers : tout était plus doux, les figures, les mouvements, les accessoires, la lumière et la couleur.

« Ici, disait le guide, après qu'ils eurent passé devant quelques tableaux, vous ne voyez ni des actes ni des événements historiques, mais des miracles et des paraboles. C'est un monde nouveau, d'un aspect tout autre que le précédent, animé d'un esprit qui manque totalement dans le premier. Des miracles et des paraboles ouvrent un nouvel ordre de choses : les miracles rendent extraordinaire ce qui est commun, les paraboles rendent commun l'extraordinaire.

— Ayez la complaisance, dit Wilhelm, de m'expliquer ces quelques mots avec plus de détail, car je ne me sens pas en état de le faire moi-même.

— Ces mots ont un sens naturel, quoique profond, répondit le guide. Des exemples le manifesteront plus promptement que tout autre moyen. Il n'y a rien de plus commun que de manger et de boire, mais c'est une chose extraordinaire de convertir une boisson en une boisson plus noble, de multiplier un aliment, en sorte qu'il suffise pour une multitude. Il n'est rien de plus ordinaire que les maladies et les infirmités corporelles; mais les alléger ou les guérir par des moyens spirituels ou qui y ressemblent est extraordinaire, et le merveilleux du miracle consiste précisément en ce que l'ordinaire et l'extraordinaire, le possible et l'impossible, se confondent. Dans la similitude, dans la parabole, c'est l'inverse : ici, c'est le sens, la vue, l'idée, qui est grande, extraordinaire, inaccessible. Quand elle prend un corps dans un emblème commun, vulgaire, saisissable, tellement qu'elle s'offre à nous vivante, réelle, présente, que nous pouvons nous l'approprier, la saisir, la retenir, vivre avec elle comme avec notre égale, c'est une seconde espèce de miracle, et l'on peut raisonnablement la rapprocher de la première, peut-être même lui donner la préférence. Ici la leçon est vivante, la leçon, qui n'éveille aucun débat : ce n'est pas une opinion sur le juste et l'injuste; c'est le juste ou l'injuste même, incontestablement. »

Cette galerie était plus courte que l'autre, ou plutôt elle ne formait qu'un des quatre côtés de la cour intérieure; mais, si l'on ne faisait que passer dans l'autre, on s'arrêtait volontiers dans celle-ci; volontiers on y faisait plus d'un tour. Les objets étaient moins frappants, moins variés; mais ils invitaient bien plus à en rechercher le sens paisible et profond. Aussi, arrivés au bout de la galerie, Wilhelm et le guide revinrent-ils sur leurs pas; cependant Wilhelm exprima son étonnement de voir que les peintures s'arrêtaient à la Cène, à la séparation du Maître et des disciples. Il demanda où se trouvait le reste de l'histoire.

« Dans chaque enseignement, répondit l'ancien, nous aimons à séparer tout ce qui est séparable : c'est le seul moyen de faire naître chez la jeunesse l'idée de l'importance des choses. La vie mêle et confond tout : c'est pourquoi nous avons entièrement séparé de sa vie la mort de cet homme parfait. Dans sa vie il apparaît comme un vrai philosophe (que cette expression ne vous scandalise point), comme un sage sublime : il s'attache fermement à son objet; il suit sa route constamment, et, tout en élevant jusqu'à lui les humbles, en communiquant aux ignorants, aux pauvres, aux infirmes, sa sagessse, sa richesse, sa force, et paraissant, en cela, s'égaler à eux, d'un autre côté, il ne dément pas sa céleste origine; il ose s'égaler à Dieu, se déclarer Dieu lui-même. Par là il étonne, dès son enfance, les personnes qui l'entourent, s'en attache une partie, soulève l'autre contre lui, et montre à tous ceux qui aspirent à une certaine élévation dans l'enseignement et dans la vie, ce qu'ils doivent attendre du monde. Aussi sa conduite est-elle plus instructive encore et plus salutaire que sa mort pour l'élite de l'humanité : car tous les hommes sont appelés aux épreuves de sa vie et bien peu à son martyre. Et, pour omettre toutes les autres conséquences de cette réflexion, considérez le touchant tableau de la Cène! Ici le sage laisse, comme toujours, les siens véritablement orphelins, et, tandis qu'il s'alarme pour les bons, il nourrit avec eux un traître, qui causera leur perte et la sienne. »

A ces mots, l'ancien ouvrit une porte, et Wilhelm fut bien surpris de se retrouver dans la première salle d'entrée. Ils avaient fait dans l'intervalle, comme il put le remarquer, le tour entier de la cour.

« J'espérais, dit-il, que vous me conduiriez jusqu'au bout, et vous me ramenez au commencement.

— Je ne puis vous en montrer davantage pour cette fois, répondit l'ancien : ce que vous venez de parcourir est tout ce que nous faisons voir et que nous expliquons à nos élèves; l'extérieur, l'universel, à chacun, dès son enfance; l'intérieur, avec son caractère spirituel et moral, à ceux-là seulement dont l'intelligence se développe avec les années : le reste, nous ne l'ouvrons qu'une fois chaque année, et nous n'y pouvons admettre que les élèves auxquels nous donnons leur congé.

— Cette troisième religion, qui naît du respect pour ce qui est au-dessous de nous, cette adoration de l'adversité, de l'épreuve, de la souffrance, nous ne la communiquons à chacun que comme un équipement, à leur entrée dans le monde, afin qu'ils sachent où ils pourront trouver ce recours, s'ils doivent en éprouver le besoin. Je vous invite à revenir au bout d'une année, pour assister à notre fête générale, et voir quels progrès votre fils aura faits : alors vous pourrez aussi être admis dans le sanctuaire de la douleur.

— Permettez-moi de vous faire une question, reprit Wilhelm. De même que vous avez exposé la vie de l'homme divin comme une leçon et un modèle, avez-vous aussi produit ses souffrances et sa mort comme un idéal de résignation sublime?

— Assurément, dit l'ancien ; nous n'en faisons pas un secret; mais nous jetons un voile sur ses souffrances, précisément parce que nous les vénérons profondément. Nous regardons comme une témérité condamnable d'exposer l'instrument du supplice et le saint martyr aux regards du soleil, qui voila son visage, quand un monde impie lui voulut imposer ce spectacle ; nous ne voulons pas que l'on joue avec ces graves mystères, dans lesquels la divine profondeur de la souffrance est ensevelie ; que l'on en fasse un amusement, une décoration, que l'on n'ait aucun repos avant d'avoir rendu absurde et vulgaire ce qu'il y a de plus sublime.

« En voilà bien assez cette fois pour vous tranquilliser sur votre fils, et pour vous convaincre que vous le retrouverez plus ou moins développé, mais enfin d'une manière désirable, et, en tout cas, exempt de trouble, d'inconstance et d'irrésolution. »

Wilhelm s'arrêtait à contempler les peintures de la salle d'entrée, et il aurait désiré en connaître la signification.

« Nous vous réservons aussi cela pour l'année prochaine, dit le guide. Nous n'admettons aucun étranger aux leçons que nous donnons aux élèves dans l'intervalle : mais venez alors, et vous apprendrez ce que nos meilleurs orateurs croient utile de dire publiquement sur ces objets. »

Bientôt après, on entendit heurter à la petite porte. L'inspecteur de la veille se présenta : il avait amené le cheval de Wilhelm. Notre ami prit congé des Trois, qui, en lui faisant leurs adieux, le recommandèrent à l'inspecteur dans les termes suivants :

« Nous comptons maintenant cet étranger au nombre de nos amis ; et tu sais ce que tu devras répondre à ses questions : car il désire sans doute être éclairé sur bien des choses qu'il a vues et entendues chez nous. Tu sais dans quelle mesure et dans quel sens tu dois parler. »

En effet, Wilhelm avait encore sur le cœur certaines questions, qu'il présenta sur-le-champ. A leur passage, les enfants se plaçaient comme la veille : mais il vit de loin en loin quelques enfants qui ne saluaient pas l'inspecteur, et le laissaient passer sans paraître le voir et sans quitter des yeux leur travail. Wilhelm en demanda la cause, et ce que pouvait signifier cette exception.

Le surveillant répondit :

« Elle est d'une grande importance, car c'est la plus grave punition qu'on inflige aux élèves. On les a déclarés indignes de témoigner du respect, et on les condamne à se présenter d'une façon grossière et incivile : mais ils font leur possible pour sortir de cette situation, et remplissent tous leurs devoirs avec le plus grand zèle. Cependant, si quelqu'un d'eux s'obstine et ne montre aucune disposition au repentir, il est renvoyé à ses parents avec un rapport succinct, mais concluant. Celui qui ne veut pas se soumettre aux lois doit quitter le pays où elles règnent. »

Un autre objet excita, comme il avait fait la veille, la curiosité du voyageur : c'était la variété qu'il observait dans la coupe et la couleur de l'habillement des élèves. Là il ne semblait régner aucune gradation : car ceux qui saluaient diversement étaient habillés de même, et ceux qui faisaient le même salut portaient des habits différents. Wilhelm demanda la raison de cette contradiction apparente.

« En voici l'explication, répondit l'inspecteur : c'est un moyen de sonder le caractère des enfants. A côté de l'ordre sévère qui règne dans notre établissement, nous souffrons, sur ce point, une certaine fantaisie : les élèves peuvent choisir la couleur qui leur plaît, parmi les étoffes et les garnitures que nous avons dans nos magasins, tout comme aussi, dans certaines limites, la forme et la coupe qui leur agréent. Ce choix, nous l'observons avec soin : car, à la couleur, nous jugeons leur caractère, et, à la coupe, leurs habitudes. Mais un trait particulier à la nature humaine rend une exacte appréciation assez difficile : c'est l'esprit d'imitation, le penchant à se grouper avec les autres. Il est très-rare qu'un élève fasse tomber son choix sur quelque chose de nouveau; le plus souvent ils préfèrent ce qu'ils connaissent, ce qu'ils ont sous les yeux. Cependant cette observation n'est pas sans résultat pour nous : par ces signes extérieurs, ils se rattachent à tel ou tel parti; ils forment telle ou telle liaison; ainsi se signalent des dispositions générales; nous apprenons où chacun incline, quel modèle il se propose. Nous avons vu quelquefois tous les esprits tendre à l'universalité, une mode devenir générale, et toutes les distinctions se perdre dans l'uniformité. Cette direction, nous cherchons à la combattre doucement; nous laissons nos provisions s'épuiser; il n'est plus possible de se procurer telle ou telle étoffe, tel ou tel ornement; nous produisons quelque chose de nouveau, quelque chose d'attrayant; avec les couleurs brillantes, les formes étroites et courtes, nous séduisons les caractères gais; avec les nuances sévères, les vêtements amples et commodes, nous attirons les esprits graves, et nous rétablissons peu à peu l'équilibre. Car nous sommes absolument opposés à l'uniforme : il dissimule le caractère et dérobe aux regards des supérieurs les tendances particulières des élèves plus que tout autre déguisement. »

Ces discours et d'autres semblables amenèrent Wilhelm et son guide à la limite de la province, et à l'endroit où le voyageur devait la quitter, pour aller, selon les instructions de l'antiquaire, à la recherche de Nachodine.

En lui faisant ses adieux, le surveillant le pria de vouloir attendre le moment où la grande fête serait annoncée, de diverses manières, à toutes les personnes qui devaient y prendre part. Tous les parents y seraient invités, et les élèves suffisamment instruits seraient congédiés pour entrer dans la liberté et les hasards de la vie. Il pourrait alors visiter à loisir les autres cantons, où l'enseignement individuel est donné et pratiqué selon des principes particuliers, au milieu de tout ce qui doit y concourir.

CHAPITRE III.

Pour flatter le goût de nos très-honorés lecteurs, qui se plaisent depuis assez longtemps aux morceaux détachés, nous avions eu d'abord l'intention de donner en plusieurs fragments l'histoire suivante; mais l'intime liaison des faits, des pensées et des sentiments, demandait une exposition suivie. Puisse-t-elle atteindre son but, et montrer à la fin combien les personnages de ce récit, qui semble détaché du reste, sont intimement unis avec ceux que déjà nous connaissons et nous aimons !

L'homme de cinquante ans.

Le major venait d'entrer à cheval dans la cour du château, et déjà sa nièce Hilarie l'attendait, pour le recevoir, au bas de l'escalier extérieur. Il la reconnut à peine, tant elle était devenue grande et belle. Elle vola dans ses bras; il la pressa sur son cœur, avec une joie paternelle, et ils se hâtèrent de monter chez sa mère.

La baronne accueillit son frère avec le même empressement, et la jeune fille étant sortie pour s'occuper du déjeuner, le major dit à sa sœur avec l'accent de la joie :

« Cette fois je puis être bref, et vous dire que notre affaire est terminée. Notre frère, le grand maréchal, voit parfaitement qu'il ne peut s'arranger ni avec les fermiers ni avec les intendants; il abandonne définitivement les domaines à nous et à nos enfants; la rente qu'il stipule est un peu forte, il est vrai, mais nous pourrons la lui payer : nous y gagnons beaucoup pour le présent et tout pour l'avenir. Les nouveaux arrangements seront bientôt terminés. Au moment où j'espère mon prochain congé, je vois s'ouvrir devant moi une nouvelle carrière d'activité, qui aura pour nous et les nôtres un avantage décidé. Nous verrons tranquillement grandir nos enfants, et il dépendra de nous et d'eux-mêmes de hâter leur union.

— Tout cela serait fort bien, dit la baronne, si je n'avais pas à te révéler un secret, tout nouveau pour moi-même. Le cœur d'Hilarie n'est plus libre : de ce côté, ton fils n'a plus rien ou n'a que peu de chose à espérer.

— Que dis-tu? s'écria le major; est-il possible? Pendant que nous prenons tant de peine pour arranger nos affaires, l'amour nous joue un pareil tour! Dis-moi, ma chère, dis-moi vite quel homme a pu enchaîner le cœur d'Hilarie? Mais la chose est-elle déjà si grave? N'est-ce point une impression passagère, qu'on puisse espérer d'effacer?

— Commence par te recueillir et réfléchir un peu, » répondit la baronne, augmentant ainsi l'impatience du major.

Cette impatience était déjà au comble, lorsque Hilarie, survenant avec les domestiques, qui portaient le déjeuner, rendit impossible une prompte solution de l'énigme.

Le major lui-même crut voir la belle enfant d'un autre œil qu'il n'avait fait quelques moments auparavant. Il se sentait comme jaloux de l'heureux mortel dont l'image avait pu se graver dans le cœur d'une si aimable personne. Il fit peu d'honneur au déjeuner, et ne remarqua point qu'on avait tout servi selon son goût, et comme il avait coutume d'en exprimer le désir.

Ce silence et cet embarras firent perdre à Hilarie presque toute sa gaieté. La baronne se sentit embarrassée, et mena sa fille au clavecin; mais son jeu, plein de grâce et de sentiment, obtint à peine quelques éloges du major : il désirait voir s'éloigner au plus tôt la belle enfant et le déjeuner, et la baronne dut couper court à la situation, en proposant à son frère une promenade au jardin.

A peine furent-ils seuls, que le major répéta vivement sa première question, et sa sœur, après un moment de silence, lui dit en souriant :

« Si tu veux trouver l'homme heureux qu'elle aime, tu n'as que faire d'aller loin; il est tout près : c'est toi. »

Le major resta confondu, puis il s'écria :

« Ce serait une plaisanterie bien déplacée de vouloir me persuader une chose qui, sérieusement, me causerait autant d'embarras que de chagrin. En effet, bien qu'il me faille du temps pour revenir de ma surprise, je vois d'un coup d'œil comme nos rapports seraient troublés par un événement si inattendu. La seule chose qui me rassure, c'est la persuasion où je suis que de pareilles inclinations ne sont qu'apparentes; qu'elles cachent une illusion qu'on s'est faite, et qu'une âme bonne et pure revient promptement de ces méprises par elle-même, ou du moins avec quelque secours de personnes sensées.

— Je ne suis pas de cet avis, dit la baronne : car, d'après tous les symptômes, je crois très-sérieux le sentiment dont Hilarie est pénétrée.

— Je n'aurais jamais supposé qu'une personne si naturelle fût capable d'un sentiment si contraire à la nature.

— Pas si contraire! dit la sœur. Je trouve moi-même, parmi mes souvenirs de jeunesse, une passion pour un homme plus âgé que toi. Tu as cinquante ans : ce n'est pas un trop grand âge pour un Allemand, si d'autres nations, plus vives, vieillissent peut-être plus vite.

— Mais sur quoi se fondent tes soupçons?

— Ce ne sont point des soupçons; c'est une certitude. Tu pourras t'en convaincre peu à peu. »

Hilarie vint les rejoindre, et, malgré lui, le major se sentit de nouveau changé. Elle lui parut plus aimable et plus belle encore qu'auparavant. Ses manières lui semblèrent plus affectueuses, et déjà il commençait à croire aux paroles de sa sœur. Ce sentiment lui fut agréable au plus haut point, quoiqu'il ne voulût ni se l'avouer, ni se le permettre. A vrai dire, Hilarie était charmante, elle unissait intimement, dans ses manières, la délicate réserve que l'on garde avec un amant et la libre familiarité que l'on se permet avec un oncle : car elle l'aimait réellement et de toute son âme.

Le jardin était alors dans sa magnificence printanière, et le major, qui voyait tant de vieux arbres reverdir, pouvait aussi croire au retour de son printemps. Et qui n'aurait pas succombé à une séduction si agréable, en présence de la plus aimable jeune fille?

Ainsi s'écoula pour eux la journée; tous les petits événements qu'elle amène dans un intérieur furent pour eux pleins de charmes. Après souper, Hilarie se remit au clavecin : le major écouta avec d'autres oreilles que le matin. Les mélodies s'enchaînaient, les chants venaient à la suite les uns des autres, et minuit avait sonné, que la petite société n'était pas encore séparée.

Quand le major entra dans sa chambre, il y trouva tout arrangé selon ses anciennes habitudes : quelques gravures, qui fixaient de préférence son attention, avaient été apportées d'autres chambres; son attention une fois éveillée, il reconnut, jusque dans les plus petits détails, le soin et le désir de lui plaire.

Pour cette fois, peu de sommeil lui fut nécessaire; ses forces vitales furent promptement réveillées; mais il reconnut aussitôt qu'un nouvel ordre de choses entraîne après lui quelques inconvénients. Son vieux palefrenier, qui remplissait aussi l'office de valet de chambre, n'avait pas essuyé, depuis nombre d'années, une parole dure de son maître : car tout allait, dans l'ordre le plus rigoureux, son train ordinaire. Les chevaux étaient pansés et les habits nettoyés à l'heure voulue; mais le maître s'était levé plus matin, et rien n'allait comme il faut.

Une autre circonstance vint encore augmenter l'impatience et la mauvaise humeur du major. Auparavant il avait toujours été satisfait de lui-même et de son vieux domestique ; mais, quand il se regarda au miroir, il ne se trouva point tel qu'il aurait souhaité. Il ne pouvait dissimuler quelques cheveux gris, et il crut découvrir aussi quelques rides. Il se poudra et s'essuya plus soigneusement que d'habitude, et dut finir par laisser les choses aller comme elles pourraient. Il ne fut pas plus satisfait de ses vêtements et de leur propreté. Il se trouvait toujours sur l'habit quelque duvet, et quelque poussière sur les bottes. Le vieux serviteur ne savait ce que cela voulait dire, et il était surpris de voir son maître si changé.

Malgré tous ces empêchements, le major descendit d'assez bonne heure au jardin. Il espérait y trouver Hilarie : il la trouva en effet. Elle vint lui présenter un bouquet, et il n'eut pas le courage de lui donner un baiser, comme autrefois, et de la presser sur son cœur. Il se sentait dans l'embarras le plus agréable du monde, et s'abandonnait à ses sentiments sans songer où cela pourrait le conduire.

La baronne ne tarda pas non plus à paraître, et, en remettant à son frère un billet, qu'un messager venait d'apporter, elle s'écria :

« Tu ne devines pas qui ce billet nous annonce !

— Eh bien, dis-le tout de suite ! » répondit le major.

Et il apprit qu'un acteur, de ses anciens amis, qui passait non loin du château, avait songé à lui faire une visite.

« Je suis curieux de le revoir, dit le major : ce n'est plus un jeune homme, et l'on dit qu'il joue toujours les jeunes premiers.

— Il doit avoir dix ans de plus que toi, dit la baronne.

— Certainement, repartit le major, d'après tous mes souvenirs. »

Ils n'attendirent pas longtemps avant de voir paraître un homme agréable, de joyeuse humeur et bien tourné. Les amis se reconnurent bientôt, et des souvenirs de toute espèce animèrent la conversation. On en vint ensuite aux récits, aux questions, aux comptes rendus ; de part et d'autre, on se mit au fait de la situation présente, et l'on se trouva bientôt comme si l'on ne se fût jamais quitté.

La chronique secrète rapporte que cet homme avait eu, dans sa jeunesse, le bonheur ou le malheur de charmer par ses agréments et sa beauté une noble dame; que cette liaison l'avait jeté dans de grands embarras et de grands périls, d'où le major l'avait heureusement tiré, au moment où il était menacé du plus triste sort. Il en avait conservé une fidèle reconnaissance au frère aussi bien qu'à la sœur, qui, par un avis opportun, l'avait engagé à se tenir sur ses gardes.

Avant de se mettre à table, les deux hommes se trouvèrent seuls un moment. Le major avait considéré en gros et en détail l'extérieur de son ancien ami, non sans admiration, et même avec étonnement. Il ne semblait pas du tout changé, et il ne fallait plus être surpris qu'il pût jouer encore les rôles d'amoureux.

« Tu m'observes avec une attention qui passe les bornes, dit-il enfin au major : je crains fort que tu ne trouves chez moi trop de changement.

— En aucune façon, repartit le major : je suis au contraire émerveillé de trouver que tu parais plus frais et plus jeune que moi, et je sais cependant que tu étais déjà un homme fait, quand je t'assistai, avec l'audace et l'étourderie d'un blanc-bec, dans certains embarras.

— C'est ta faute, répliqua le comédien, c'est la faute de tous tes pareils; et vous méritez bien, sinon une verte remontrance, du moins quelques reproches. On ne pense jamais qu'au nécessaire : on veut être et non paraître. C'est fort bien, aussi longtemps qu'on est quelque chose; mais, lorsqu'enfin la réalité commence à chercher le secours de l'apparence, et que l'apparence échappe plus vite encore que la réalité, chacun reconnaît qu'il n'aurait pas mal fait de ne pas négliger complétement les dehors pour l'intérieur.

— Tu as raison, répondit le major en étouffant un soupir.

— Peut-être la raison n'en a-t-elle pas tout l'honneur, dit le suranné jeune homme, car, dans mon métier, il serait tout à fait impardonnable de ne pas soigner les dehors aussi longtemps que possible. Mais, vous autres, vous avez des affaires plus importantes et plus considérables.

— Il est pourtant des occasions, dit le major, où l'on se sent jeune de cœur, et où l'on voudrait bien aussi rajeunir sa figure. »

Comme l'artiste ne pouvait soupçonner les vrais sentiments du major, il crut que son ami parlait en qualité de soldat, et il s'étendit sur l'importance de l'extérieur pour les militaires ; il fit observer que l'officier, qui doit prendre tant de soin de sa tenue, pourrait bien aussi donner quelque attention à sa peau et à ses cheveux.

« Par exemple, poursuivit-il, c'est impardonnable que vos tempes soient déjà grises, que çà et là quelques rides se dessinent, et que le sommet de votre tête menace de se dégarnir. Voyez-moi donc, vieux gaillard que je suis! Observez comme je me suis maintenu! Et tout cela, sans sortilége, avec beaucoup moins de peine et de soins qu'on n'en prend tous les jours pour se nuire ou du moins pour s'ennuyer. »

Le major avait trop à gagner dans cette conversation pour souhaiter de l'interrompre sitôt ; mais il agissait avec mesure et précaution, quoiqu'il eût affaire à une vieille connaissance.

« Par malheur, j'ai négligé tout cela, s'écria-t-il, et c'est un mal irréparable. Il ne me reste plus qu'à me résigner, et l'on n'en aura pas, j'espère, plus mauvaise opinion de moi.

— Rien ne serait perdu, répondit l'acteur, si, vous autres hommes sérieux, vous étiez moins roides et moins gourmés ; si vous n'accusiez d'abord de vanité tout homme qui soigne son extérieur, vous refusant ainsi la joie de voir un monde qui plaise et de plaire vous-mêmes.

— Si ce n'est pas avec le secours de la magie, dit en souriant le major, que vous conservez votre jeunesse, c'est du moins un secret ou peut-être un de ces arcanes souvent célébrés dans les gazettes, et dont vous savez mettre en œuvre les meilleurs.

— Je ne sais si tu plaisantes ou si tu parles sérieusement, mais tu as deviné juste. Entre les mille choses qu'on a dès longtemps essayées, pour donner quelque nourriture à l'extérieur, qui souvent déchoit beaucoup plus vite que l'intérieur, il existe en effet d'inestimables moyens, simples ou composés, que des confrères m'ont communiqués, que mon argent ou le hasard m'ont procurés, et dont j'ai fait moi-même l'expérience. Je les emploie constamment, sans renoncer à faire de nouvelles recherches. Il suffira de te dire, et je n'exagère point, que je porte toujours avec moi un coffret de toilette, un coffret sans prix, dont j'essayerais volontiers sur toi les effets, si nous passions seulement quinze jours ensemble. »

L'idée qu'une chose pareille fût possible, et qu'elle fût mise par hasard à sa portée au bon moment, fit sur le major une impression si agréable, qu'il en parut déjà plus frais et plus joyeux; animé par l'espérance de mettre en harmonie avec son cœur sa tête et son visage, excité par l'impatience d'apprendre à connaître ces secrets, il parut à table un tout autre homme; il répondit avec confiance aux gracieuses attentions d'Hilarie, et porta ses regards sur elle avec une certaine assurance, qui, dans la matinée, lui était encore bien étrangère.

L'artiste avait su entretenir, animer, augmenter, cette bonne humeur par ses souvenirs, ses récits et ses bons mots; mais le major prit l'alarme, quand le voyageur, en sortant de table, parut se disposer à poursuivre sa route. Il fit tous ses efforts pour lui faciliter une halte au château, du moins pour cette nuit, en lui promettant des chevaux de relais pour le lendemain. Il ne fallait pas laisser sortir de la maison la salutaire toilette, avant que l'on sût parfaitement ce qu'elle contenait et la manière de s'en servir.

Le major voyait bien qu'il n'y avait pas de temps à perdre, et, d'abord après dîner, il prit à part son ancien ami. Comme il n'osait pas aborder directement le sujet, il y revint par un détour, et, rappelant leur première conversation, il assura que, pour lui, il prendrait volontiers plus de soin de son extérieur, si les gens n'accusaient pas de vanité tout homme chez lequel ils remarquaient cette attention, et si son caractère ne perdait pas aussitôt dans leur estime, à mesure qu'ils se sentaient obligés de trouver sa personne plus agréable.

« Laisse-moi ces discours importuns, répliqua le comédien: ce sont des propos auxquels la société s'est accoutumée, sans y attacher aucun sens, ou, si l'on veut les juger plus sévèrement, ils ne sont que l'expression de la malignité et de la malveillance. A considérer la chose exactement, qu'est-ce donc que l'on voudrait souvent décrier sous le nom de vanité? Tout homme doit prendre plaisir à lui-même. Heureux qui jouit de cet avantage!

Et, s'il le possède, peut-il s'empêcher de laisser voir cet agréable sentiment ? Comment peut-il cacher, jouissant de la vie, qu'il a du plaisir à vivre ? Si la bonne société (la seule dont il soit ici question) ne trouvait ces manifestations blâmables que lorsqu'elles deviennent trop vives, et que le plaisir qu'un homme prend à lui-même et à sa manière d'être, empêche les autres de se complaire en eux et de le laisser voir, la chose serait parfaitement juste, et c'est de pareils excès que le blâme a pris naissance. Mais que veut faire une bizarre et sèche austérité contre une chose inévitable ? Pourquoi ne veut-on pas trouver loisibles et supportables, des démonstrations qu'on se permet pourtant plus ou moins à soi-même de temps en temps, bien plus, sans lesquelles une société polie ne saurait exister ? Car le plaisir que l'on prend à soi-même, le désir de faire partager aux autres cette satisfaction, donne de la grâce; la conscience de nos propres agréments nous rend agréables. Plût à Dieu que tous les hommes eussent de la vanité, mais avec conscience, avec mesure, et dans le véritable sens! Nous serions, dans la société polie, les hommes les plus heureux du monde. Les femmes, dit-on, sont naturellement vaines, mais cela leur sied bien ; elles ne nous en plaisent que mieux. Un jeune homme peut-il se former, s'il n'est pas vain? Une tête vide et creuse se donnera du moins par là quelque apparence, et l'homme de mérite se formera bientôt de l'extérieur à l'intérieur. Pour ce qui me concerne, j'ai particulièrement sujet de me tenir pour le plus heureux des hommes, parce que mon métier m'autorise à être vain, et que, plus je le suis, plus je procure de plaisir aux gens. Je suis loué, tandis que l'on en blâme d'autres ; et, en suivant cette voie, j'ai le droit et le privilège de récréer et de charmer le public, à un âge où d'autres sont forcés de renoncer au théâtre, ou n'y paraissent plus qu'avec ignominie. »

Le major n'entendit pas avec plaisir cette conclusion. Ce petit mot de vanité, qu'il avait mis en avant, ne devait lui servir que de transition pour exposer adroitement son désir à son ami : il craignit maintenant, si l'entretien se prolongeait, de voir s'éloigner encore le but auquel il tendait, et il se hâta d'en venir au fait sans détour.

« Pour moi, dit-il, je ne serais pas éloigné de m'enrôler sous tes drapeaux, puisque, à ton avis, il n'est pas trop tard pour regagner, en quelque mesure, le temps perdu. Fais-moi part de tes teintures, de tes baumes et de tes pommades, et je ferai un essai.

— Faire part de ces choses est plus difficile qu'on ne pense; car, par exemple, il ne s'agit pas seulement de te verser quelques gouttes de mon flacon et de te laisser la moitié de mes ingrédients de toilette : c'est l'emploi qui est la grande difficulté. On ne saurait s'approprier d'abord ces marchandises; mais, de savoir comment celle-ci ou celle-là convient, dans quelles circonstances, dans quel ordre, il faut employer les cosmétiques, voilà ce qui exige de l'expérience et de la réflexion; et cela même ne sert de guère, si l'on n'a pas pour la chose dont il s'agit un talent naturel.

— Tu veux reculer, à ce qu'il me semble, reprit le major. Tu m'opposes des difficultés, pour mettre à couvert tes assertions, probablement quelque peu fabuleuses; tu n'as pas envie de me fournir une occasion de mettre tes discours à l'épreuve.

— Mon ami, répliqua l'artiste, tes agaceries ne me décideraient pas à satisfaire ton désir, si je n'étais pas moi-même, à ton égard, dans les bonnes dispositions que je t'ai d'abord montrées. Considère d'ailleurs, cher ami, que l'homme trouve un plaisir tout particulier à faire des prosélytes, à reproduire chez les autres ce qu'il estime chez lui, à les faire jouir des choses dont il jouit lui-même, à se retrouver, à se refléter en eux. En vérité, si c'est encore de l'égoïsme, il est bien digne d'amour et de louange, le sentiment qui a fait de nous des hommes, et qui nous maintient ce beau caractère. Abstraction faite de l'amitié que j'ai pour toi, c'est de lui que me vient mon désir de te prendre pour élève dans l'art du rajeunissement. Mais, comme on peut s'attendre à ce qu'un maître ne veuille pas former des bousilleurs, je suis embarrassé de savoir comment nous devons nous y prendre. Je l'ai dit, ni les essences ni les recettes ne sont suffisantes : on ne peut en prescrire l'emploi d'une manière générale. Par amitié pour toi, et dans le désir de propager ma science, je suis prêt à tous les sacrifices. Je veux t'offrir à l'instant même le plus grand que je puisse faire; je te laisserai mon domestique, une sorte de valet de chambre et d'homme universel, qui, sans savoir faire toutes les préparations, sans être initié à tous les secrets, entend bien l'essentiel, et te sera, pour les commencements, d'une grande utilité, en attendant que tu aies fait assez de progrès, pour que je puisse te découvrir enfin les secrets les plus rares.

— Comment, dit le major, tu as aussi des degrés, des échelons, dans l'art du rajeunissement! Tu as des secrets particuliers pour les initiés!

— Certainement! ce serait un art bien misérable que celui qu'on pourrait embrasser tout d'un coup, et que le novice saisirait du premier regard jusqu'à son dernier terme. »

L'exécution ne tarda guère : le valet de chambre fut remis au major, qui promit de le bien traiter. La baronne dut fournir des boîtes, des flacons et des verres, sans savoir pourquoi. On procéda au partage, et les deux amis passèrent le temps ensemble jusqu'à la nuit, dans une conversation agréable et spirituelle. Bien tard enfin, la lune s'étant levée, le voyageur partit, non sans promettre de revenir dans quelque temps.

Le major se retira dans sa chambre assez fatigué; il s'était levé de bonne heure; il ne s'était point ménagé pendant le jour, et il se flattait d'être bientôt dans son lit. Mais, au lieu d'un domestique, il en trouva deux. Le vieux palefrenier le déshabilla promptement, selon l'ancienne habitude; alors le nouveau venu s'avança, et fit observer au major que la nuit était le temps favorable, pour mettre en œuvre les moyens de rajeunissement et d'embellissement, parce que l'effet s'en déployait plus sûrement pendant un paisible sommeil. Le major dut parconséquent se laisser oindre la tête, graisser le visage, peindre les sourcils et les lèvres. Il lui fallut essuyer encore d'autres cérémonies; même il ne dut pas mettre son bonnet de nuit, avant qu'on eût enveloppé sa tête d'un réseau et même d'une fine calotte de cuir.

Le major se mit au lit avec une sensation désagréable, dont il n'eut pas le temps de se rendre compte, parce qu'il s'endormit bientôt; cependant, si nous devons exprimer ce qui se passait en lui, il se sentait comme une momie, tenant à la fois du malade et du corps embaumé: mais la douce image d'Hilarie, entourée des plus riantes espérances, le plongea bientôt dans un sommeil réparateur.

Le lendemain matin, le palefrenier vint à l'heure précise. Tout ce qui appartenait à la toilette du maître était sur les chaises dans l'ordre accoutumé, et le major allait sortir du lit, quand le nouveau valet de chambre survint, et protesta vivement contre une pareille précipitation. Il fallait du repos, il fallait des ménagements, pour que l'entreprise réussît, et que tant de soins et de peine fussent récompensés. Le major fut avisé qu'il se lèverait plus tard, qu'il ferait un petit déjeuner, qu'il devrait ensuite prendre un bain, déjà préparé. Il ne fallut pas s'écarter de ces prescriptions; elles durent être observées, et, dans ces occupations, quelques heures passèrent.

Le major abrégeait le temps du repos après le bain; il voulait s'habiller à la hâte; car il était, de sa nature, expéditif; d'ailleurs il désirait voir bientôt Hilarie; mais le valet de chambre l'arrêta encore, et lui fit comprendre qu'il devait perdre absolument ces habitudes impatientes. Tout ce qu'on faisait, il fallait l'exécuter lentement et commodément, et surtout considérer le temps de la toilette comme une heure d'agréable récréation.

Les actions du valet de chambre étaient parfaitement d'accord avec ses paroles. Mais aussi le major se trouva réellement mieux habillé que jamais, lorsqu'il se regarda au miroir, et qu'il se vit si bien ajusté. Sans trop le consulter, le valet de chambre avait même donné à l'uniforme une façon plus moderne, en passant la nuit à produire cette métamorphose. Une restauration si prompte mit le major de très-bonne humeur, en sorte qu'il se sentait une nouvelle vie, au dedans comme au dehors, et brûlait d'impatience de rejoindre sa sœur et sa nièce.

Il trouva la baronne devant leur arbre généalogique, qu'elle avait fait suspendre à la cloison, parce que, le soir précédent, ils avaient parlé de quelques parents collatéraux, les uns célibataires, les autres établis dans des pays éloignés, d'autres même disparus, qui donnaient au frère et à la sœur, ou à leurs enfants, l'espérance de riches héritages. Ils s'entretinrent quelque temps sur ce sujet, sans rappeler que, jusqu'à ce jour, tous leurs soucis de famille, toutes leurs préoccupations n'avaient eu que leurs enfants pour objet. L'inclination d'Hilarie avait changé toutes ces vues, et pourtant ni le major ni la sœur ne voulaient faire mention de la chose en ce moment.

La baronne s'éloigna, le major demeura seul devant le laconique tableau ; Hilarie survint, s'appuya innocemment sur son bras, et, considérant aussi le tableau, lui demanda lesquels de leurs parents il avait connus et lesquels vivaient encore.

Le major commença l'énumération par les plus anciens, dont il n'avait conservé, dès son enfance, qu'un vague souvenir ; puis il avança, décrivit les caractères des divers ascendants, leur ressemblance ou leur dissemblance avec leur postérité, remarqua que souvent l'aïeul reparaît dans le petit-fils, parla, en passant, de l'influence des femmes, qui, sorties de familles étrangères, changent souvent le caractère de toute une race. Il célébra la vertu de plusieurs ancêtres et collatéraux, et ne déguisa point leurs vices ; il passa sous silence ceux qui avaient fait honte à la famille. Enfin il arriva aux derniers rejetons : là se trouvaient son frère le grand maréchal, sa sœur et lui-même, et, au-dessous son fils et Hilarie.

« Ceux-ci se regardent bien l'un l'autre au visage, » dit le major, sans ajouter ce qu'il avait dans l'esprit.

Après un moment de silence, Hilarie répondit modestement, à demi-voix et presque en soupirant :

« Et pourtant on ne blâmera jamais celui qui regarde en haut. »

En même temps elle éleva jusqu'à lui un regard qui exprimait toute sa tendresse.

« T'ai-je bien comprise ? dit le major, en se tournant de son côté.

— Je ne puis rien dire, répondit la nièce en souriant, qui ne vous soit déjà connu.

— Tu fais de moi le plus heureux des hommes, s'écria-t-il en tombant à ses pieds. Veux-tu être à moi ?

— Au nom du ciel, levez-vous ! Je suis à toi pour jamais. »

La baronne entra. Sans être surprise, elle eut un moment d'hésitation.

« Si c'était un malheur, dit le major, c'est toi, ma sœur, qui en serais coupable : c'est le bonheur, et nous t'en sommes obligés pour la vie. »

Dès son enfance, la baronne avait tellement aimé son frère, qu'elle le préférait à tout le monde, et peut-être cette préférence avait-elle provoqué, ou du moins entretenu, l'inclination d'Hilarie.

Dès lors ils s'unirent tous trois dans un seul amour, un seul contentement, et les heures les plus fortunées coulèrent quelque temps pour eux : mais enfin ils se rappelèrent de nouveau le monde, qui les entourait, et il est rarement en harmonie avec de pareils sentiments.

Puis leurs pensées se reportèrent sur le fils. On lui avait destiné Hilarie, et la chose lui était bien connue. Aussitôt après avoir conclu avec le grand maréchal, le major devait voir son fils, alors en garnison, conférer de tout avec lui et mener ces affaires à une heureuse fin. Un événement imprévu avait dérangé toute la situation; les rapports, jusqu'alors faciles et bienveillants, semblaient devenir hostiles; il était difficile de prévoir quelle tournure la chose prendrait, et quelle serait la disposition des esprits.

Cependant le major dut se rendre auprès de son fils, qui attendait sa visite. Après quelque hésitation, il se mit en chemin, non sans répugnance, non sans d'étranges pressentiments, et fort affligé de quitter Hilarie, même pour peu de temps; il laissa ses chevaux et son palefrenier, et, suivi de son industrieux valet de chambre [1], désormais indispensable, il partit pour la ville où son fils séjournait.

Ils ne s'étaient pas vus depuis longtemps, et s'embrassèrent avec la plus vive tendresse. Ils avaient beaucoup de choses à se dire, et pourtant ils ne touchèrent pas d'abord le point qui leur tenait le plus au cœur. Le fils parla de ses espérances d'un prochain avancement; de son côté, le père exposa en détail ce qui s'était traité et conclu entre le grand chambellan, sa sœur et lui, au sujet de l'ensemble et des diverses parties de leur patrimoine.

Déjà la conversation commençait à languir, quand le fils, s'étant armé de courage, dit à son père en souriant :

« Vous me traitez avec beaucoup de tendresse, mon cher

---

1. A la lettre, *son valet de rajeunissement.*

père, et je vous en remercie. Vous me parlez de possessions et de biens, et vous ne dites pas un mot de la condition sous laquelle une partie au moins de cette fortune doit m'appartenir ; vous ne prononcez pas le nom d'Hilarie ; vous attendez que je la nomme moi-même, que je vous fasse paraître mon désir d'être bientôt uni avec cette aimable enfant. »

A ces mots, le père se trouva dans un grand embarras ; mais, comme c'était chez lui une disposition naturelle, en même temps qu'une vieille habitude, de scruter la pensée des gens avec lesquels il avait des affaires à traiter, il garda le silence, et observa son fils avec un sourire équivoque.

« Vous ne devinez pas, mon père, ce que j'ai à vous dire, poursuivit le lieutenant ; une fois pour toutes, je vais vous le déclarer : je puis me reposer sur votre bonté, qui, au milieu de tant de peines que vous prenez pour moi, a sans doute aussi en vue mon véritable bonheur. Il faut le dire une fois, et le mieux sera de le dire tout de suite : Hilarie ne peut faire mon bonheur ; elle n'est pour moi qu'une aimable parente, avec qui je voudrais être uni toute ma vie de la plus tendre amitié ; mais une autre femme m'a inspiré le plus ardent amour, a enchaîné mon cœur. C'est un penchant irrésistible : vous ne voudrez pas me rendre malheureux. »

Le major eut de la peine à dissimuler la joie qui était près d'éclater sur son visage, et il demanda à son fils, avec une douce gravité, quelle était la personne qui avait pu le captiver si complétement.

« Il faut que vous la voyiez, mon père : car il est aussi impossible de la décrire que de la comprendre. Je crains seulement qu'elle ne vous subjugue vous-même, comme tous ceux qui l'approchent. Bon Dieu ! c'est ce qui arrivera, et je vous verrai le rival de votre fils.

— Qui est-elle enfin ? demanda le père. Si tu n'es pas en état de décrire sa personne, fais-moi du moins connaître sa position. C'est une chose qui se peut exprimer plus aisément.

— Fort bien, mon père, mais cette position serait différente chez une autre, et produirait d'autres effets. C'est une jeune veuve, héritière d'un vieux et riche mari, mort depuis peu ; elle est indépendante et parfaitement digne de l'être ; elle a de nombreux alentours, autant d'amis, autant d'adorateurs; mais, si je ne m'abuse, son cœur est à moi. »

Comme le père se taisait, et ne donnait aucun signe de désapprobation, le fils continua d'exposer, avec effusion, la conduite de la belle veuve à son égard, d'exalter en détail ces grâces irrésistibles, ces tendres marques de faveur, dans lesquelles le père put reconnaître, à la vérité, les légères prévenances d'une femme, objet de l'attention générale, qui préfère peut-être quelqu'un dans la foule, mais sans se déclarer absolument pour lui. Dans d'autres circonstances, il aurait certainement engagé un fils, et même un ami, à se tenir en garde contre l'illusion qu'il se faisait selon toute apparence; mais, cette fois, il était si intéressé à ce que son fils ne s'abusât point, à ce que la veuve pût l'aimer réellement et se décider le plus tôt possible en sa faveur, qu'il ne conçut aucune défiance, ou qu'il repoussa le doute, ou peut-être aussi le dissimula.

« Tu me jettes dans un grand embarras, dit le père, après un moment de silence. Tout l'arrangement conclu entre les membres qui restent de notre famille est établi sur la supposition que tu épouseras Hilarie; si elle se marie avec un étranger, cette réunion complète, ingénieuse et belle de toutes les parties d'un patrimoine considérable est de nouveau abolie, et toi surtout, tu n'es pas fort bien partagé. Il y aurait bien encore un moyen, mais qui paraîtrait un peu singulier, et auquel tu ne gagnerais pas beaucoup : je pourrais, malgré mon âge avancé, épouser Hilarie; mais ce ne serait pas, je pense, te faire un grand plaisir.

— Le plus grand du monde ! s'écria le lieutenant; en effet, qui peut éprouver une véritable inclination, qui peut goûter ou espérer le bonheur de l'amour, sans souhaiter ce bonheur suprême à chacun de ses amis, à chacun de ceux qui lui sont chers? Vous n'êtes point âgé, mon père; et combien Hilarie n'est-elle pas aimable ! L'idée même qui vous vient tout à coup de lui offrir votre main prouve que vous avez le cœur jeune, que vous avez l'ardeur du bel âge. Considérons et pesons mûrement cette idée, ce projet soudain. C'est alors seulement, c'est quand je vous saurais heureux, que je le serais véritablement; c'est alors que je jouirais de vous voir vous-même si bien, si dignement récompensé des soins que vous avez pris de mon sort. Maintenant je peux vous conduire, avec une joyeuse confiance, avec un cœur ouvert, auprès de ma belle veuve. Vous approuverez mes sentiments, parce que vous les partagerez ; vous ne ferez pas obstacle au bonheur d'un fils, parce que le bonheur vous appelle sur un autre chemin. »

Avec des discours si pressants, le fils ferma la bouche à son père, qui voulait élever des difficultés ; il l'entraîna chez la belle veuve, qu'ils trouvèrent dans une grande et somptueuse maison engagée dans une agréable conversation, au milieu d'une société peu nombreuse, mais choisie. C'était une de ces femmes auxquelles aucun homme n'échappe. Avec une incroyable adresse, elle sut faire du major le héros de cette soirée. Le reste de la compagnie semblait être sa famille, le major seul, être son hôte. Elle connaissait fort bien sa position, et cependant elle sut lui en demander le détail, comme éprouvant le désir de tout apprendre de lui, et, de la sorte, chaque personne de la société dut témoigner aussi de l'intérêt au nouveau venu : l'un avait connu son frère, l'autre, ses domaines, un troisième, quelque autre chose ; si bien que, dans une conversation animée, le major se trouva constamment le centre de tout. D'ailleurs il était assis auprès de la belle dame ; il était le but de ses regards, de ses sourires ; bref, il se trouvait si bien, qu'il oubliait presque le sujet pour lequel il était venu. La veuve elle-même lui dit à peine quelques mots de son fils, quoique le jeune homme prît une vive part à la conversation. Aux yeux de la veuve, il semblait, comme tous les autres, n'être là qu'en l'honneur de son père.

Les ouvrages d'aiguille auxquels on se livre en société, et que l'on poursuit avec une apparente indifférence, prennent souvent, par le secours de l'adresse et de la grâce, une importante signification. Continués assidûment et sans préoccupation, ils donnent à la belle, attachée à son ouvrage, l'air d'une complète inattention aux personnes qui l'entourent, et provoquent chez elles un silencieux mécontentement. Puis, comme si elle se réveillait, un mot, un regard, ramène l'absente au milieu de la compagnie : c'est comme une apparition nouvelle et bienvenue ; mais, pose-t-elle son ouvrage sur ses genoux, et se montre-t-elle attentive à un récit, à quelqu'une de ces savantes improvisations auxquelles les hommes s'abandonnent si volontiers, c'est un témoignage infiniment flatteur pour celui qu'elle favorise.

Notre belle veuve travaillait à un portefeuille aussi élégant que magnifique, qui se distinguait encore par la grandeur du format. Il était devenu le sujet de la conversation; il avait passé dans les mains du plus proche voisin, et il faisait le tour du cercle, en provoquant de grands éloges, tandis que l'industrieuse beauté s'entretenait avec le major sur des sujets sérieux : un vieil ami de la maison fit un éloge hyperbolique de l'ouvrage presque achevé; mais, lorsqu'il arriva dans les mains du major, la veuve parut vouloir le mettre à l'écart, comme indigne de fixer l'attention d'un homme tel que lui ; il sut néanmoins apprécier d'une manière obligeante les mérites de ce travail, tandis que l'ami de la maison croyait y voir un merveilleux ouvrage, digne de Pénélope.

On se dispersa dans les diverses pièces, et l'on se groupa au hasard. Le lieutenant s'approcha de la veuve et lui dit :

« Que pensez-vous de mon père ? »

Elle répondit en souriant :

« Il me semble que vous pourriez le prendre pour modèle. Voyez quelle mise élégante ! Ne trouvez-vous pas qu'il s'habille et se présente mieux que son cher fils ? »

Elle continua de la sorte à célébrer et louer l'un aux dépens de l'autre, et à faire naître dans le cœur du jeune homme un sentiment très-mélangé de satisfaction et de jalousie.

Quelques moments après, le fils s'approcha du père, et lui rapporta tout, jusqu'au moindre détail. Le père ne s'en montra que plus empressé auprès de la veuve, qui, de son côté, sut déjà prendre avec lui un ton plus vif et plus familier ; bref, on peut dire qu'au moment du départ, le major lui appartenait et faisait partie de sa cour, aussi bien que tous les autres.

Une grosse averse empêcha les personnes de la société de retourner chez elles comme elles étaient venues; quelques équipages survinrent, dans lesquels on distribua les piétons; le lieutenant, sous prétexte de ne pas gêner les personnes déjà trop serrées, laissa partir son père et resta.

Le major, en rentrant chez lui, se sentit dans une sorte d'ivresse et d'incertitude, comme il arrive aux personnes qui passent tout à coup d'une situation dans la situation contraire. La terre semble se balancer pour celui qui débarque d'un vaisseau, et la lumière vacille encore dans les yeux de l'homme qui passe soudain du jour aux ténèbres. De même, le major se sentait encore environné de la présence de cette belle femme, il souhaitait la voir, l'entendre encore, la voir de nouveau, l'entendre de nouveau; après quelque réflexion, il pardonnait à son fils, et même il l'estimait heureux d'oser prétendre à posséder tant de charmes.

Son fils vint l'arracher à ses sensations, en s'élançant dans la chambre avec transport. Il embrasse son père et s'écrie :

« Je suis l'homme le plus heureux du monde. »

Après cette exclamation et d'autres pareilles, il en vint aux explications. Le père fit observer à son fils que, dans la conversation qu'il avait eue avec elle, la belle dame n'avait pas dit un mot de lui.

« C'est justement sa manière délicate, silencieuse, ou qui s'exprime à demi-mot par des allusions légères, qui assure de ce qu'on désire, et fait pourtant qu'on ne peut se défendre du doute. C'est ainsi qu'elle s'était conduite avec moi jusqu'à ce jour; mais votre présence, mon père, a produit un miracle. J'avoue que je suis resté, pour la voir, un moment de plus. Je l'ai trouvée qui se promenait dans ses salons encore éclairés, car je sais que telle est sa coutume ; quand la société s'est retirée, elle ne souffre pas qu'on éteigne aucune lumière ; elle se promène seule dans ses salles enchantées, après qu'elle a congédié les esprits qu'elle avait évoqués. Elle admit le prétexte dont je couvrais mon retour. Elle parlait avec grâce, mais de choses indifférentes ; nous passions de chambre en chambre ; déjà nous étions arrivés plus d'une fois jusqu'au bout, dans le petit cabinet, qui n'est éclairé que par une lampe d'albâtre. Si elle était belle, lorsqu'elle se promenait sous les lustres étincelants, elle semblait plus délicieuse encore, à la douce lumière de la lampe. Nous étions revenus à cette place, et, nous étant retournés, nous restâmes un moment immobiles. Je ne sais ce qui m'inspira cette témérité, je ne sais comment, au milieu de la conversation la plus indifférente, je me hasardai tout à coup à prendre sa main, à baiser cette main délicate, à la presser sur mon cœur. On ne la retira point.

« Créature céleste, m'écriai-je, ne dissimule pas plus long-
« temps avec moi! S'il y a dans ce noble cœur un tendre senti-
« ment pour l'homme heureux qui est devant toi, ne le cache
« pas plus longtemps, laisse-le paraître, fais-en l'aveu; voici le
« moment souhaité, le moment suprême.... Chasse-moi de ta
« présence ou presse-moi sur ton cœur. »

« Je ne sais tout ce que j'ai dit, je ne sais quelle a été ma conduite. Elle ne s'est point éloignée, elle n'a pas résisté, elle n'a pas répondu. J'ai osé la presser dans mes bras, lui demander si elle voulait être à moi; j'ai cueilli sur ses lèvres un baiser de flamme; elle m'a repoussé. « Oui! oui! » ou quelque chose de pareil, s'est échappé de sa bouche, à demi-voix, et comme si elle fût troublée. Je me suis éloigné en m'écriant : « J'enverrai
« mon père, qui parlera pour moi. — Ne lui dites pas un mot
« de tout ceci! a-t-elle répondu, en faisant quelques pas avec
« moi. Éloignez-vous, oubliez ce qui s'est passé. »

Ce que le major pensa, nous ne le développerons pas; mais il dit à son fils :

« A ton avis, que devons-nous faire à présent? La chose est brusquée assez heureusement, pour que nous puissions procéder un peu plus dans les formes, et qu'il soit peut-être fort convenable que je me présente demain chez la dame et fasse la demande pour toi.

— Au nom du ciel, mon père, ne le faites pas. Ce serait gâter toute l'affaire. Cette conduite, cette délicatesse, ne veulent être troublées, inquiétées, par aucune formalité. Il suffit, mon père, que votre présence hâte cette union, sans que vous prononciez un mot. Oui, c'est à vous que je dois mon bonheur. L'estime que vous inspirez à ma bien-aimée a triomphé de toutes ses hésitations, et jamais le fils n'aurait trouvé cet instant favorable, si le père ne l'avait préparé. »

Ces réflexions et d'autres pareilles les menèrent fort avant dans la nuit. Ils se mirent d'accord sur leurs plans de part et d'autre : le major ne voulait plus faire qu'une visite de cérémonie, puis il irait conclure son mariage avec Hilarie; le fils ferait pour arranger et accélérer le sien, tout ce qu'il saurait faire.

CHAPITRE IV.

Le major fit a la belle veuve une visite du matin, pour prendre congé, et, s'il était possible, seconder, avec délicatesse, les vues de son fils. Il la trouva dans le plus charmant négligé, en compagnie d'une dame âgée, qui le captiva d'abord par ses manières affables et polies. Les grâces de l'une, la dignité de l'autre, formaient le plus harmonieux ensemble, et leur manière d'être l'une avec l'autre annonçait évidemment qu'elles étaient étroitement unies.

La veuve semblait avoir achevé à l'instant même, par un travail assidu, le portefeuille qui nous est déjà connu. Après les salutations ordinaires et les obligeantes paroles de bienvenue, elle se tourna vers son amie, et lui présenta cet élégant ouvrage, en disant, comme pour renouer une conversation interrompue :

« Vous voyez donc que j'ai fini, bien que les longueurs et les retards ne semblassent pas le permettre.

— Vous venez à propos, monsieur le major, dit la dame âgée, pour juger notre différend, ou du moins pour vous prononcer en faveur de l'un ou de l'autre parti. Je soutiens que l'on ne commence point un travail si considérable, sans penser à une personne à qui on l'a destiné; on ne l'achève point sans avoir cette pensée. Considérez vous-même cette œuvre d'art (je lui donne ce nom à juste titre) : peut-on avoir entrepris tout à fait sans but quelque chose de pareil ? »

Le major dut rendre un hommage sans réserve à ce travail. En partie tressé, en partie brodé, il excitait à la fois l'admiration et le désir d'apprendre comment il était fait. La soie de toute nuance dominait, mais l'or n'avait pas été dédaigné;

enfin on ne savait qu'admirer le plus, du bon goût ou de la richesse.

« Il y a pourtant quelque chose à faire encore, reprit la veuve, en dénouant le ruban qui liait le portefeuille et en s'occupant de l'intérieur. Je ne veux pas contester, poursuivit-elle, mais je vous dirai quelles sont mes pensées, quand je m'occupe de pareils travaux. Jeunes filles, nous avons l'habitude d'amuser nos aiguilles à des babioles, et celle de laisser courir au hasard nos pensées; nous conservons l'une et l'autre, en apprenant peu à peu à faire les ouvrages les plus élégants et les plus difficiles; et j'avoue que j'ai constamment rattaché à chaque travail de ce genre des souvenirs de personnes, de circonstances, de plaisirs ou de peines. Par là, l'ouvrage commencé me devenait intéressant, et l'ouvrage achevé, j'oserai dire, précieux. A ce titre, le moindre avait pour moi quelque importance; le plus léger travail acquérait de la valeur, et, si le plus difficile en avait davantage, c'est que les souvenirs qui s'y trouvaient liés étaient plus riches et plus complets : c'est pourquoi il m'a toujours semblé que je pouvais offrir ces choses à des amis, à des personnes distinguées et respectables; elles voulaient bien aussi les accepter, sachant que je leur offrais une part de moi-même, quelque chose de multiple et d'inexprimable, mais qui, s'unissant enfin à un agréable cadeau, était reçu toujours avec bienveillance, comme le salut d'un ami. »

A une si aimable confidence, il était presque impossible de rien répliquer; mais la vieille dame sut ajouter à ces réflexions quelques mots gracieux. Le major, qui savait dès longtemps apprécier l'agréable sagesse des poëtes latins, et qui avait gravé dans sa mémoire leurs pensées brillantes, se rappela quelques vers, qui s'appliquaient parfaitement à la circonstance; mais la crainte de passer pour pédant le détourna de les citer ou même d'y faire allusion. Cependant, pour ne pas garder un silence insipide, il essaya d'en improviser une prosaïque paraphrase, qui réussit assez mal et fit un peu languir la conversation.

La vieille dame reprit donc un livre, qu'elle avait posé à l'arrivée du major : c'était un recueil de poésies, qui fixait à ce moment l'attention des deux amies. A cette occasion, l'on parla de poésie, mais l'on ne s'en tint pas longtemps aux réflexions générales; les dames firent entendre qu'elles avaient ouï dire que le major faisait des vers charmants. Le fils, qui ne cachait pas ses propres prétentions au glorieux titre de poëte, avait parlé des ouvrages de son père; il en avait même récité quelques-uns : c'était, au fond, pour se faire honneur d'une poétique origine, et se produire modestement, selon l'usage de la jeunesse, en fils destiné à surpasser les talents de son père; mais le major, plus réservé, et qui ne voulait passer que pour simple amateur des lettres, se voyant trop pressé, chercha une défaite, et dit que la poésie dans laquelle il s'était aussi exercé était d'un genre inférieur, et méritait à peine ce nom; cependant il ne pouvait nier qu'il n'eût fait quelques essais dans le genre qu'on nomme descriptif, et, en un certain sens, didactique.

Les dames, et surtout la jeune veuve, prirent la défense de ce genre.

« Si nous voulons passer une vie sage et tranquille, ce qui est au fond le désir et la pensée de chacun, qu'avons-nous à faire de ces compositions exaltées, qui nous excitent capricieusement, sans nous donner rien; qui nous agitent et finissent par nous abandonner à nous-mêmes? Je trouve infiniment plus agréable, ne pouvant consentir à me passer de poésie, celle qui me transporte dans de riantes contrées, où je crois me reconnaître; qui me rend sensible au mérite réel de la simplicité rustique; me conduit, à travers les bocages, à la forêt, puis, insensiblement, sur une hauteur, en vue d'un lac, sur les rives duquel s'élèvent de fertiles collines, des cimes couronnées de forêts, enfin les montagnes bleues, qui achèvent un admirable tableau. Si l'on m'offre ces peintures en vers harmonieux, assise sur mon sofa, je remercie le poëte, qui développe dans mon imagination une scène dont je puis jouir plus doucement que si je l'avais devant mes yeux, après une marche fatigante et peut-être au milieu d'autres circonstances défavorables. »

Le major, qui ne voyait dans cette conversation qu'un moyen d'arriver à son but, s'efforça de faire valoir la poésie lyrique, dans laquelle son fils s'était exercé avec succès. Sans le contredire ouvertement, on cherchait à le faire sortir de cette voie par quelques plaisanteries, particulièrement lorsqu'il sembla faire allusion aux poésies passionnées, par lesquelles le jeune lieutenant avait essayé, avec assez de force et de talent, de peindre son ardent amour à l'incomparable veuve.

« Je n'aime pas, disait-elle, à entendre les amants réciter ou chanter leurs vers : sans y prendre garde, nous portons envie aux amants heureux, et les malheureux nous ennuient toujours. »

L'autre dame, se tournant vers sa belle amie, lui dit là-dessus :

« Pourquoi ces détours? pourquoi perdre le temps en vaines cérémonies, avec un homme que nous estimons et que nous aimons? Osons lui dire que nous avons eu le plaisir d'apprendre à connaître, par quelques fragments, l'agréable poëme où il développe, avec toutes ses particularités, la noble passion de la chasse, et que nous le prions de ne pas nous refuser l'ensemble.

« Votre fils, poursuivit-elle, nous en a récité avec éloquence quelques passages, qu'il savait par cœur, et nous a fait souhaiter de connaître le reste. »

Le père voulut encore saisir l'occasion de revenir sur les talents de son fils et de les relever; mais les dames l'arrêtèrent, en lui disant que c'était une excuse manifeste, pour éviter indirectement de satisfaire leur désir. Il ne put en finir qu'en promettant sans détour de leur envoyer le poëme; mais ensuite la conversation prit une direction qui l'empêcha de placer un mot de plus en faveur de son fils, d'autant qu'il avait reçu de lui la recommandation d'éviter toute importunité.

Le moment paraissant venu de prendre congé, comme le major s'y disposait, la belle veuve dit avec une sorte d'embarras, qui la rendait encore plus belle, en arrangeant avec soin le ruban du portefeuille, qu'elle venait d'attacher :

« Les poëtes et les amants ont depuis longtemps la fâcheuse réputation d'être peu fidèles à tenir leurs promesses : excusez-moi donc si j'ose me défier de la parole d'un galant homme, et si je le prie non pas de donner, mais de recevoir un gage, un denier à Dieu. Acceptez ce portefeuille! Il a quelque rapport avec votre poëme sur la chasse; beaucoup de souvenirs s'y rattachent; il a coûté assez de temps; le voilà achevé : servez-vous-en, comme d'un messager, pour nous envoyer votre aimable ouvrage. »

A cette offre inattendue, le major se sentit vraiment confondu. L'élégance et la richesse de ce cadeau avaient si peu de rapports avec les objets qui l'entouraient d'ordinaire, avec les choses qui étaient à son usage, qu'il osait à peine l'accepter; cependant il se recueillit, et, comme sa mémoire ne lui refusait jamais ce qu'il lui avait confié, il se rappela sur-le-champ un passage de ses classiques : mais, ne pouvant le citer sans pédanterie, il s'avisa gaiement d'en improviser une agréable paraphrase, en un remerciement affectueux et un gracieux compliment. Ainsi se termina cette entrevue, à la satisfaction commune.

Le major se trouvait donc enfin, non sans embarras, mêlé dans une agréable aventure; il avait promis d'écrire son poëme, de l'envoyer, et, si l'occasion lui était, à quelques égards, un sujet de gêne, il devait cependant considérer comme un bonheur de conserver d'agréables relations avec une femme douée de grands avantages, et qui devait lui appartenir de si près. Il se retira donc avec une satisfaction secrète. Eh! comment ne serait-il pas sensible à de tels encouragements, le poëte dont l'œuvre, studieusement travaillée et demeurée longtemps dans l'oubli, devient à l'improviste l'objet d'une aimable attention!

Dès qu'il fut rentré chez lui, le major écrivit à sa bonne sœur pour l'informer de tout, et il était fort naturel qu'il laissât paraître, dans son langage, une certaine exaltation, que lui-même il ressentait, et que son fils augmentait encore par ses vives exclamations.

Cette lettre produisit sur la baronne une impression très-mélangée; en effet, bien qu'elle dût voir avec plaisir une circonstance qui pouvait hâter et favoriser le mariage de son frère avec Hilarie, la belle veuve ne lui plaisait point, sans qu'elle pût se rendre compte de cette impression. A cette occasion, nous ferons l'observation suivante :

Il ne faut jamais confier à une autre femme l'enthousiasme qu'une femme nous inspire. Elles se connaissent trop bien entre elles, pour se croire dignes de cette adoration exclusive. Les hommes leur paraissent comme les chalands dans la boutique, où le vendeur, qui connaît ses marchandises, a l'avantage, et peut saisir l'occasion de les présenter dans le plus beau jour, tandis que l'acheteur survient toujours avec une sorte d'ignorance ; il a besoin de la marchandise, il la veut et la désire, et il sait bien rarement la juger avec l'œil d'un connaisseur. L'un sait très-bien ce qu'il donne ; l'autre ne sait pas toujours ce qu'il reçoit ; mais telle est la vie, et l'on n'y peut rien changer : c'est même une chose aussi bonne que nécessaire, car elle est la base de toute demande et de toute recherche, de tout achat et de tout échange.

Par suite de ces impressions, plus senties que méditées, la baronne ne pouvait être complétement satisfaite ni de la passion du fils ni de la peinture favorable du père ; elle se trouvait étonnée de l'heureux tour que cette affaire avait pris, mais, en considérant cette double inégalité d'âge, elle ne pouvait se défendre de fâcheux pressentiments. Hilarie était trop jeune pour le père ; la veuve n'était pas assez jeune pour le fils ; cependant la chose avait pris son cours, et il semblait impossible de l'arrêter. Un pieux désir que toute l'affaire eût une heureuse issue s'exhala de son cœur avec un léger soupir. Pour se soulager, elle prit la plume, elle écrivit à une amie[1] qui connaissait le monde. Après lui avoir fait le récit des événements, elle poursuivait en ces termes :

« Le manége de cette jeune et séduisante veuve ne m'est pas nouveau : elle paraît éviter la société des femmes et ne souffre auprès d'elle que celle qui ne peut lui faire aucun tort, qui la flatte, et qui, par une conduite et des paroles adroites, sait recommander à l'attention les avantages de sa jeune amie, si leur muet langage ne les fait pas briller suffisamment. Une pareille comédie ne veut pour spectateurs et pour acteurs que des hommes : de là le besoin de les attirer, de les fixer. Je n'ai pas mauvaise opinion de cette belle femme ; elle semble assez convenable et réservée, mais une vanité si vive sacrifie aisément quelque chose aux circonstances, et, ce que je regarde comme le plus fâcheux, tout n'est pas chez elle réfléchi et médité ; une sorte d'heureux naturel la dirige et la protége ; et rien n'est plus dangereux chez une femme, née coquette, qu'une témérité inspirée par l'innocence. »

---

1. On pourrait croire qu'il s'agit de Macarie, si ce qu'on lit plus bas, page 200, ne semblait y contredire.

Le major, revenu dans ses domaines, s'occupa sans cesse à les visiter et les étudier. Il eut sujet d'observer qu'un dessein juste et sage rencontre, dans l'exécution, des obstacles de tout genre ; qu'il est traversé par mille accidents, au point que l'idée première s'évanouit presque entièrement, et semble, pour le moment, anéantie, mais qu'enfin, au milieu de toutes ces perturbations, la possibilité de la réussite s'offre de nouveau à notre esprit, si nous voyons le temps venir à notre aide, comme le meilleur allié d'une invincible constance.

De même, alors, après avoir entendu les judicieuses observations d'intelligents économes, l'affligeant spectacle de grands et beaux domaines, entièrement négligés, aurait jeté le major dans le découragement, si l'on n'avait pas prévu, en même temps, qu'un certain nombre d'années, employées avec sagesse et probité, suffirait pour rendre la vie à ce qui était mort, imprimer le mouvement à ce qui languissait, enfin, pour atteindre, avec le secours de l'ordre et de l'activité, le but qu'on se proposait.

L'insouciant maréchal était arrivé, et il avait amené un grave jurisconsulte, qui donna du reste moins d'inquiétude au major que son frère, un de ces hommes qui agissent sans un but ou qui refusent les moyens de l'atteindre. Un bien-être de chaque jour et de chaque moment était l'indispensable besoin de sa vie. Après une longue hésitation, il était enfin sérieusement résolu à se délivrer de ses créanciers, à se débarrasser de terres qui lui étaient à charge, à réparer le désordre de sa maison, à jouir sans soucis d'un revenu convenable et assuré, mais sans renoncer le moins du monde aux avantages dont il avait joui jusqu'alors.

Il accordait tout ce qui devait mettre son frère et sa sœur en paisible possession des terres, et particulièrement du château, mais il ne voulut pas abandonner absolument ses droits à un certain pavillon voisin, dans lequel il avait coutume de célébrer son anniversaire avec ses plus vieux amis et ses plus nouvelles connaissances ; il se réservait aussi le jardin de plaisance attenant au pavillon, et qui le reliait avec le château. Tous les meubles devaient rester dans l'état actuel, avec les gravures qui décoraient les chambres ; il se faisait promettre aussi les fruits des espaliers. On devait lui délivrer fidèlement les pêches, les fraises, des espèces les plus distinguées, les poires et les pommes, excellentes et magnifiques, mais surtout une certaine espèce de petites pommes grises, dont il avait coutume de faire hommage, depuis plusieurs années, à la princesse douairière. Il ajouta d'autres conditions, peu importantes, mais extrêmement onéreuses pour le maître, les fermiers, les administrateurs et les jardiniers.

Au reste, le grand maréchal était de fort bonne humeur. Bien persuadé que tout finirait par s'arranger au gré de ses désirs, comme son humeur légère le lui avait représenté, il veillait à ce que la table fût bien servie; quelques heures d'une chasse peu fatigante lui donnaient le mouvement nécessaire; il racontait histoires sur histoires, et avait l'air le plus joyeux du monde.

Il partit dans les mêmes dispositions; il fit de grands remerciements au major sur sa conduite vraiment fraternelle, demanda encore quelque argent, fit soigneusement emballer les petites pommes grises, dont la récolte avait été fort belle cette année, et, muni de ce trésor, qu'il se proposait d'offrir à la princesse, comme un agréable hommage, il partit pour la résidence de Son Altesse, qui daigna lui faire le plus gracieux et le plus aimable accueil.

Le major demeurait dans une situation d'esprit bien différente, et les difficultés qu'il trouvait devant lui l'auraient, peu s'en faut, réduit au désespoir, s'il n'avait été soutenu par le sentiment qui fortifie et réjouit un homme de cœur, quand il espère démêler des affaires embrouillées et jouir de ce qu'il aura débrouillé.

Heureusement l'avocat de son frère était un honnête homme, qui, ayant beaucoup d'autres affaires, se hâta de terminer celle-ci. Un valet de chambre du grand maréchal ne s'employa pas moins heureusement; il promit ses bons offices, à des conditions modérées, ce qui permit d'espérer une conclusion avantageuse. Mais, quoique charmé de la chose, le major sentit, en honnête homme qu'il était, par les divers mouvements que l'on se donna dans cette occasion, que, pour apurer une affaire, il faut bien souvent recourir à des moyens impurs.

Au reste, tout comme c'est pour les femmes un moment fort pénible que celui où leur beauté, jusqu'alors incontestée, commence à être mise en question, les hommes d'un certain âge, bien qu'ils soient encore dans leur pleine vigueur, éprouvent, au plus léger sentiment que leurs forces pourraient décliner, une impression infiniment désagréable, et même une sorte d'angoisse.

Toutefois une autre circonstance, qui aurait dû alarmer le major, contribua, au contraire, à le mettre en bonne humeur : son cosmétique valet de chambre, qui ne l'avait pas abandonné, même au milieu de cette excursion champêtre, semblait, depuis quelque temps, entrer dans une autre voie, où devaient le pousser le lever matinal du major, ses sorties à cheval et ses courses journalières, tout comme les visites de beaucoup de gens affairés et aussi d'oisifs, pendant le séjour du grand chambellan. Le valet de chambre épargnait, depuis quelque temps, au major toutes les minuties auxquelles un histrion pouvait seul être assujetti; mais il ne s'en attacha que plus rigoureusement à quelques points essentiels, qu'un futile charlatanisme avait déguisés jusqu'à ce jour. Tout ce qui pouvait conserver, non pas l'apparence de la santé, mais la santé elle-même, fut recommandé plus fortement, et surtout la modération en toutes choses, les changements appropriés aux circonstances, le soin de la peau et des cheveux, des sourcils, des dents, des mains et des ongles, auxquels cet homme habile avait déjà donné soigneusement la longueur la plus convenable et la forme la plus élégante. Enfin, après avoir instamment recommandé la tempérance dans tout ce qui peut faire sortir l'homme de son équilibre, il demanda son congé, le major n'ayant plus besoin de ses services. Cependant l'on pouvait supposer qu'il ne serait pas fâché de rejoindre son premier maître, afin de se livrer désormais aux jouissances variées de la vie théâtrale.

Et en effet le major se trouva fort bien d'être rendu à lui-même. L'homme sage n'a besoin que de se modérer pour être heureux. Il se livrait en liberté, selon ses anciennes habitudes, à l'exercice du cheval, à la chasse et aux distractions qui l'accompagnent. Dans ces moments de solitude, l'image d'Hilarie venait de nouveau lui sourire, et il s'accommodait à sa position de fiancé, la plus agréable peut-être qui se puisse offrir dans notre société civilisée.

Dans un moment de loisir, ses affaires lui laissant quelque liberté, il se hâta de retourner chez lui, où, songeant à remplir la promesse qu'il avait faite à la belle veuve, et qui n'était pas sortie de sa mémoire, il fit la revue de ses poésies, qui étaient serrées en bon ordre. A cette occasion, divers cahiers de pensées, de souvenirs, d'extraits de ses lectures d'écrivains anciens et modernes, lui tombèrent sous la main : la plupart étaient empruntés à Horace et aux poëtes latins, ses auteurs favoris, et il fut frappé de voir que ces passages faisaient le plus souvent allusion aux regrets du temps passé, de circonstances et de sensations évanouies. Entre un grand nombre, nous ne citerons que celui-ci :

> .... Heu!
> Quæ mens est hodie, cur eadem non puero fuit?
> Vel cur his animis incolumes non redeunt genæ?

Ce qui revient à dire :
« Comme je me sens aujourd'hui joyeux et dispos, tandis
« qu'au temps où un jeune sang circulait dans mes veines, j'é-
« tais sombre et sauvage! Mais, quand les années me pincent, si
« joyeux que je sois, je me souviens de mes joues vermeilles, et
« je voudrais bien les voir fleurir encore[1]. »

Notre ami retrouva bientôt, parmi ses manuscrits, si bien classés, son poëme sur la chasse. Il prit plaisir à voir cette copie soignée, telle qu'il l'avait faite autrefois, en beaux caractères latins, dans le grand format in-octavo. Le précieux portefeuille était d'une dimension à contenir aisément tout l'ouvrage. Rarement un auteur s'était vu dans une enveloppe aussi magnifique. Quelques lignes d'envoi étaient indispensables : mais la prose n'était guère admissible. Il se rappela le passage d'Ovide qu'il avait eu en vue, et il crut ne pouvoir mieux faire que de le paraphraser en vers, comme il l'avait déjà fait en prose.

> Nec factas solum vestes spectare juvabat.
> Tum quoque, dum fierent : tantus decor adfuit arti!

« Je l'ai vu dans les mains de l'artiste.... Qu'avec plaisir je
« songe à ces beaux moments!... Je l'ai vu se développer, puis

---

1. Cette paraphrase, ainsi que la suivante, est en vers dans l'original.

« arriver à cette perfection, à cette magnificence inouïe. Je le
« possède maintenant, mais je me dis à moi-même : « Je vou-
« drais qu'il ne fût pas encore achevé ; le travail était si beau ! »

Notre ami ne fut pas longtemps satisfait de cette imitation : il se reprochait d'avoir changé en un triste substantif la flexion élégante du *fierent*, et il eut le chagrin de ne pouvoir, malgré tous ses efforts, corriger cet endroit. Sa préférence pour les langues anciennes en fut tout à coup ranimée, et l'éclat du Parnasse allemand, où il s'efforçait pourtant de gravir en silence, lui parut obscurci.

Mais enfin ce gracieux compliment, considéré sans comparaison avec le texte original, lui semblait tout à fait joli, et il pouvait croire qu'une femme l'accueillerait fort bien. Malheureusement, il lui vint un second scrupule : c'est que, des vers galants faisant toujours supposer un poëte amoureux, il jouait là, comme futur beau-père, un rôle singulier. Le major fit, pour conclure, une réflexion beaucoup plus fâcheuse encore : dans ces vers, Ovide avait en vue Arachné, ouvrière habile autant que jolie et charmante ; mais elle fut changée en araignée par Minerve jalouse, et c'était une chose suspecte de voir une belle femme comparée, même de loin, avec une araignée suspendue au centre d'un vaste filet. Dans la société spirituelle qui entourait notre veuve, il pouvait bien se trouver un savant qui éventerait cette imitation.... Comment notre ami se tira de cette difficulté, nous ne le savons pas, et nous compterons ce cas parmi ceux sur lesquels les Muses se permettent subtilement de jeter un voile. Il suffira de dire que le poëme sur la chasse fut envoyé, et nous ajouterons ici quelques réflexions sur cet ouvrage.

Le lecteur y trouve avec plaisir l'expression d'un goût décidé pour la chasse et pour tout ce qui peut le favoriser ; les diverses saisons qui le provoquent et l'éveillent offrent les plus agréables tableaux ; les instincts particuliers des divers animaux que l'on poursuit et dont on menace la vie, les différents caractères des chasseurs qui se livrent à ce plaisir, à cette fatigue, les incidents qui les favorisent ou leur nuisent, tout, et particulièrement ce qui avait rapport au gibier à plumes, était traité avec le plus heureux badinage et la plus grande originalité.

Depuis les amours du coq de bruyère jusqu'au deuxième passage de la bécasse, et, de là, jusqu'à la chasse aux corbeaux, rien n'était négligé; tout était bien observé, clairement saisi, poursuivi avec ardeur, exposé d'une façon légère, enjouée et souvent ironique.

Cependant il régnait dans tout l'ouvrage un ton élégiaque : c'était comme un adieu à ces plaisirs. Le poëme y gagnait une peinture sentimentale d'une vie agréablement passée, et produisait une impression très-salutaire; mais enfin, comme les maximes, il laissait, après la jouissance, un certain vide. La revue qu'il fit de ces manuscrits, ou peut-être un malaise momentané, attrista le major. A l'âge intermédiaire où il était arrivé, il parut tout à coup sentir vivement que les années, qui d'abord apportent tour à tour les plus beaux dons, les reprennent ensuite insensiblement. Une saison passée sans aller aux eaux, un été écoulé sans plaisir, le manque d'un exercice régulier, tout lui fit éprouver un certain malaise corporel, qu'il prenait pour un mal véritable, et qu'il supportait avec une impatience peu sage.

Les membres de la famille étaient restés quelques mois sans nouvelles les uns des autres : le major était occupé dans la capitale à négocier définitivement certains consentements et certaines confirmations au sujet de son affaire; la baronne et Hilarie employaient leur activité à préparer le plus agréable et le plus riche trousseau; le lieutenant, esclave de sa passion, semblait tout oublier pour la belle veuve. L'hiver était arrivé, et il enveloppait toutes les habitations champêtres de tristes orages et d'une précoce obscurité.

Le voyageur qui aurait parcouru, par une sombre nuit de novembre, les environs du noble manoir, et, à la faible clarté de la lune voilée de nuages, aurait aperçu dans l'ombre les champs, les prés, les groupes d'arbres, les collines et les bois, puis tout à coup, au brusque détour du chemin, aurait vu toutes les fenêtres d'un vaste édifice brillamment éclairées, se serait attendu certainement à y rencontrer une société en habits de fête : mais quelle n'eût pas été sa surprise, après avoir trouvé quelques rares domestiques, pour le conduire par un escalier brillamment éclairé, de voir trois femmes seulement, la baronne, Hilarie et la femme de chambre, commodément établies, entourées de meubles gracieux, dans des salons bien chauffés et brillants comme le jour!

Cependant, puisque nous croyons surprendre la baronne au milieu d'une fête, il est nécessaire de faire observer que cette brillante illumination ne doit pas être ici considérée comme une chose extraordinaire, mais comme une des habitudes particulières que cette dame avait conservées de son premier genre de vie. Élevée à la cour, comme fille d'une grande maîtresse du palais, elle était accoutumée à préférer l'hiver à toutes les autres saisons, et à faire d'un somptueux éclairage le premier élément de toutes ses jouissances. On ne manquait jamais de bougies, mais un des anciens serviteurs de la baronne avait un goût si prononcé pour les perfectionnements de l'industrie, qu'on n'inventait guère une nouvelle espèce de lampe, sans qu'il prît soin de l'introduire quelque part dans le château; l'éclairage y gagnait quelquefois en vivacité; quelquefois aussi il en résultait çà et là une éclipse partielle.

L'amour et de sages réflexions avaient décidé la baronne à quitter sa position de dame d'honneur pour épouser un riche propriétaire, agronome déterminé; et cet époux intelligent, voyant que, dans les premiers temps, la vie champêtre ne plaisait pas à sa femme, sut réparer, avec le concours de ses voisins, et sur les ordres du gouvernement, les chemins, à plusieurs milles à la ronde, si bien que les communications vicinales n'étaient nulle part aussi bien entretenues; toutefois, dans ce louable établissement, l'objet principal avait été que Mme la baronne pût rouler partout en voiture, surtout pendant la belle saison : mais, en hiver, pour lui rendre le château plus agréable, le baron savait l'éclairer de sorte que la nuit ressemblait au jour. Après la mort de son mari, les tendres soins que la baronne prit de sa fille furent pour elle une occupation suffisante; les fréquentes visites de son frère, une intime jouissance, et ce brillant éclairage, un agrément où elle semblait trouver une satisfaction véritable.

Cependant aujourd'hui cette illumination est fort bien à sa place, car nous voyons, dans une des chambres, comme un étalage d'étrennes, dont les yeux sont éblouis. L'adroite soubrette avait engagé le valet de chambre à éclairer mieux que jamais; puis elle avait rassemblé et déployé tout ce qui était achevé du trousseau d'Hilarie, bien plus par finesse, afin d'amener la conversation sur ce qui manquait encore, que pour faire valoir ce qu'on avait déjà obtenu. Tout le nécessaire était là, et des plus fines étoffes et du travail le plus élégant; les fantaisies ne manquaient pas non plus, et pourtant Annette savait rendre sensible une lacune aux endroits où l'on aurait pu tout aussi bien trouver le plus bel enchaînement. Tandis que tout le linge, en bel étalage, éblouissait les yeux; que la toile, la mousseline, et tous ces tissus délicats, de toute dénomination, répandaient un doux éclat, les soieries bigarrées manquaient encore : on en retardait sagement l'emplette, parce que les modes étaient fort changeantes, et qu'on voulait ajouter au trousseau, comme conclusion et couronnement, les dernières nouveautés.

Après cette agréable revue, les dames étaient revenues à leur conversation ordinaire, mais toujours variée. La baronne, qui savait fort bien quels dons intérieurs contribuent, avec une heureuse figure, à rendre agréable et à faire rechercher une jeune femme, où que le sort puisse la conduire, avait eu soin, dans sa retraite champêtre, de se livrer avec sa fille à des conversations tellement variées et instructives, qu'Hilarie, si jeune encore, semblait être déjà partout en pays de connaissance, ne paraissait étrangère à aucun sujet d'entretien, et pourtant observait toujours la réserve convenable à son âge. Exposer comment la baronne avait obtenu ce résultat exigerait de trop longs détails; bornons-nous à dire que cette soirée encore fut aussi bien employée que les autres; une lecture instructive, le clavecin, un chant agréable, remplirent les heures doucement et régulièrement, comme d'habitude, mais d'une manière significative : un absent occupait leur pensée, un homme chéri et respecté, pour qui l'on préparait tout cela et d'autres choses encore, afin de fêter son arrivée. C'était une émotion de fiancée, et Hilarie n'était pas seule à éprouver ces doux sentiments : la mère y prenait part avec une joie pure, et Annette elle-même, qui n'était d'ordinaire que sage et diligente, s'abandonnait à certaines espérances lointaines, qui faisaient briller à ses yeux le retour et la présence d'un absent aimé. C'est ainsi que les sentiments de ces trois femmes, chacune aimable à sa manière, s'étaient mis en harmonie avec la clarté qui les environnait, avec une chaleur bienfaisante, enfin avec la situation la plus agréable.

CHAPITRE V.

Des coups violents et des cris à la porte du château, des voix qui appelaient et répondaient avec menace, des flambeaux, dans la cour, interrompirent un doux chant d'Hilarie. Mais le vacarme fut étouffé avant qu'on en eût appris la cause : cependant la tranquillité n'était pas rétablie ; on entendait dans l'escalier un bruit et une vive altercation de gens qui montaient. La porte s'ouvrit brusquement, sans que personne fût annoncé ; les femmes furent saisies d'effroi : c'était Flavio, le lieutenant, dans un état épouvantable, les cheveux en désordre, hérissés d'horreur ou baignés de pluie et flottants, les habits déchirés, comme s'il se fût précipité à travers les épines et les ronces, couvert de fange, comme s'il fût arrivé à travers la vase et les marais.

« Mon père ! s'écria-t-il ; où est mon père ? »

Les femmes se levèrent éperdues ; le vieux chasseur, son plus ancien domestique et le gardien le plus dévoué de son enfance, entrant sur ses pas, lui répondit :

« Votre père n'est pas ici. Calmez-vous : voici la tante, voici la nièce. Voyez !

— Il n'est pas ici ? Eh bien, laissez-moi courir où il est. Lui seul doit l'entendre, et puis je veux mourir ! Laissez-moi fuir ces lumières, ce jour ! Il m'éblouit, il m'anéantit. »

Le médecin de la maison arriva ; il prit la main de Flavio, lui tâtant le pouls avec précaution : plusieurs domestiques les entouraient avec angoisse.

« Que fais-je sur ces tapis? Je les gâte, je les détruis; mon malheur coule sur eux goutte à goutte; mon sort affreux les souille. »

Il s'élança vers la porte : on profita de ce mouvement pour l'emmener, et le conduire dans la plus éloignée des chambres destinées aux hôtes du château, et que le père avait coutume d'habiter. La mère et la fille étaient restées immobiles : elles avaient vu Oreste poursuivi par les Furies, mais non Oreste ennobli par le prestige de l'art; elles l'avaient vu dans sa hideuse et repoussante réalité, qui semblait encore plus horrible par le contraste avec une brillante et commode résidence, à la vive clarté des bougies. Les dames se regardaient avec stupeur, et chacune croyait voir dans les yeux de l'autre l'affreuse image qui s'était gravée profondément dans leur esprit.

La baronne, retrouvant quelque sang-froid, envoya ses domestiques, l'un après l'autre, savoir des nouvelles. Elles furent un peu tranquillisées, en apprenant qu'on avait pu le déshabiller, l'essuyer, le soigner; moitié connaissance, moitié égarement, il laissait agir. A leurs questions répétées, on les pria de prendre patience.

Enfin les dames alarmées apprirent qu'on l'avait saigné, et qu'on avait employé tous les calmants : il était tranquille, on espérait le sommeil.

Vers minuit, la baronne demanda de le voir, s'il dormait. Le médecin résista et finit par céder : Hilarie se glissa derrière sa mère. La chambre était sombre; une seule bougie l'éclairait faiblement, voilée par une gaze verte; on y voyait peu, on n'entendait aucun bruit. La mère s'approcha du lit; Hilarie, dans son impatience, saisit la lumière et la fit briller sur le jeune homme endormi. Il était couché, le visage tourné vers la muraille, mais une oreille parfaitement dessinée; une joue pleine, pâle en ce moment, apparaissait entre les boucles d'une chevelure qui avait repris sa gracieuse souplesse; une main doucement posée, et des doigts effilés, unissant la délicatesse et la force, attiraient le regard incertain de la jeune fille. Elle respirait doucement, et croyait elle-même entendre une respiration légère : elle approchait le flambeau, comme Psyché, au risque de troubler le plus salutaire sommeil. Le médecin prit le flambeau des mains d'Hilarie, et reconduisit les dames chez elles.

Comment ces tendres femmes, dignes de toutes nos sympathies, passèrent les heures de la nuit, c'est un secret dont nous n'avons pas eu connaissance ; mais, le lendemain, elles firent paraître l'une et l'autre, de très-bonne heure, une extrême impatience. Les questions n'avaient point de fin ; on exprimait, d'une manière modeste mais pressante, le désir de voir le malade : ce fut seulement vers midi, que le médecin permit une courte visite.

La baronne entra : Flavio lui tendit la main.

« Pardon, chère tante ! un peu de patience ! pas longtemps peut-être ! »

Hilarie parut à son tour ; il lui tendit aussi la main.

« Bonjour, chère sœur ! »

Ce mot perça le cœur d'Hilarie. Flavio tenait toujours sa main. Ils se regardaient : c'était un couple magnifique, formant le plus beau contraste. Les yeux noirs, étincelants, du jeune homme s'accordaient avec ses boucles brunes, qui tombaient en désordre ; la jeune fille paraissait dans un calme céleste : cependant à l'événement qui l'avait ébranlée venait s'unir la scène actuelle avec tous ses présages. Et ce nom de sœur !... Elle était troublée jusqu'au fond de l'âme.

« Comment êtes-vous, mon neveu ? dit la baronne.

— Très-supportablement : mais on me traite fort mal.

— Comment donc ?

— Ils m'ont tiré du sang, c'est cruel. Ils ont tout jeté, c'est téméraire. Il ne m'appartient pas, c'est à elle qu'il appartient. »

A ces mots, ses traits parurent bouleversés ; mais il versa des larmes brûlantes, et cacha son visage dans les coussins.

L'expression d'Hilarie effraya la baronne ; on eût dit que l'aimable enfant voyait s'ouvrir devant elle les portes de l'enfer : pour la première fois, elle voyait l'horrible et pour toujours ! Troublée, éperdue, elle s'enfuit ; elle courut, à travers le salon, dans le dernier cabinet, se jeta sur le sofa ; sa mère la suivit, et lui demanda ce qu'elle avait, hélas ! déjà deviné.

Hilarie, lui jetant un regard étrange, s'écria :

« Le sang! le sang!... c'est à elle qu'il appartient! Elle n'en est pas digne! L'infortuné! l'infortuné! »

A ces mots, un torrent de larmes amères soulagea son cœur oppressé.

Qui essayerait de décrire les situations que la scène précédente avait développées, d'exposer les souffrances dont cette première entrevue fut la source pour la mère et la fille? Elle fut aussi très-fâcheuse pour le malade : le médecin l'affirma du moins; il vint assez souvent donner aux dames des nouvelles et des consolations, mais il se crut obligé de leur interdire toute nouvelle visite. Il les trouva d'ailleurs disposées à l'obéissance : la fille n'osait pas demander ce que la mère n'aurait pas accordé, et l'on se soumit aux ordres du sage docteur. En récompense, il apporta la nouvelle tranquillisante que Flavio avait demandé une écritoire, qu'il avait en effet écrit quelque chose, mais qu'il avait aussitôt caché les feuilles sous son oreiller. Alors la curiosité vint se joindre à leur inquiétude et leur impatience. Ce furent de pénibles heures. Au bout de quelque temps, le docteur apporta une petite feuille, d'une écriture belle et facile, quoique tracée à la hâte. On y lisait les vers suivants :

« L'existence de l'homme est un prodige; l'homme s'égare et se perd au sein des prodiges. Vers quelle porte sombre, que l'œil découvre à peine, s'avancent, en tâtonnant au hasard, ses pas incertains?... Puis, au milieu d'une clarté céleste, vivante, je vois, je sens, la nuit, la mort et l'enfer. »

La noble poésie pouvait encore manifester ici son pouvoir salutaire. Intimement unie à la musique, elle guérit parfaitement toutes les souffrances de l'âme, en les excitant, les évoquant avec puissance, pour les dissiper en secourables douleurs. Le médecin s'était persuadé que le jeune homme serait bientôt rétabli. Étant sain de corps, il retrouverait bientôt sa gaieté, si l'on pouvait faire disparaître ou apaiser la passion qui le dominait. Hilarie voulut répondre à Flavio. Elle s'assit devant le piano, et cherchait une mélodie pour les vers du malade. Elle ne réussit pas; il n'y avait point d'écho dans son âme pour de si profondes douleurs; mais, tandis qu'elle faisait cette tentative, la mesure et la rime s'insinuèrent si bien dans ses propres sentiments, qu'elle répondit à ces vers, avec une consolante sérénité, en prenant le temps de composer et de polir la strophe suivante :

« Si profondes que soient la douleur et la peine où ton âme est plongée, la vie t'appelle au bonheur de la jeunesse. Prends courage, et marche vivement, d'un pas assuré ; viens dans la céleste et radieuse lumière de l'amitié : que tu puisses te sentir au milieu de cœurs tendres et fidèles, et que pour toi jaillisse une pure source de vie! »

Le bon docteur se chargea du message : il réussit. Déjà Flavio répondait avec modération. Hilarie continua de le calmer, et peu à peu le jour sembla redevenir serein, la position plus facile. Peut-être nous sera-t-il permis de communiquer à nos lecteurs toute la suite de cette cure charmante. Quelques jours s'écoulèrent très-agréablement dans ces occupations ; on se préparait à une nouvelle et tranquille entrevue, que le médecin ne voulait pas différer plus qu'il ne serait nécessaire.

Sur ces entrefaites, la baronne avait arrangé et mis en ordre d'anciens papiers, et cette distraction, tout à fait en harmonie avec la situation présente, produisit un étrange effet sur son esprit ému. Elle passa en revue bien des années de sa vie : de menaçantes et pénibles souffrances étaient passées, dont la méditation fortifiait maintenant son courage ; elle fut surtout émue par le souvenir des rapports pleins de charmes qu'elle avait eus avec Macarie dans de graves circonstances. Les admirables qualités de cette femme unique lui revinrent à la pensée, et sur-le-champ elle prit la résolution de s'adresser à elle cette fois encore : à qui pouvait-elle mieux faire part des sentiments qui l'agitaient, à qui mieux exposer ses craintes et ses espérances ?

En faisant sa revue, elle avait retrouvé entre autres un portrait en miniature de son frère, et ne put s'empêcher de soupirer et de sourire, en voyant la ressemblance de ce portrait avec le fils. Hilarie la surprit dans ce moment, s'empara du portrait, et fut aussi étrangement frappée de cette ressemblance.

Au bout de quelque temps, avec la permission du docteur et sous sa conduite, Flavio, qui s'était fait annoncer, parut au déjeuner. Les dames avaient redouté cette première entrevue ; mais il arrive souvent qu'un incident joyeux, et même risible, survient dans les moments difficiles, redoutables, et ce hasard vint à leur secours. Le fils se présenta entièrement vêtu des habits du père : car, tous les siens étant hors d'état de servir, on avait eu recours à la garde-robe de campagne et de maison du major, qui la laissait en réserve chez sa sœur, afin d'en user à son aise pour la chasse et pour la maison. La baronne sourit et fit bonne contenance. Hilarie, saisie d'une surprise indéfinissable, détourna le visage, et le jeune homme ne trouvait dans ce moment pas une phrase, pas un mot d'amitié. Pour tirer tout le monde d'embarras, le docteur entreprit un parallèle entre la stature du père et celle du fils ; le père était un peu plus grand, par conséquent l'habit était un peu trop long ; le fils avait la carrure un peu plus large, aussi l'habit était-il trop étroit aux épaules. Ces deux disconvenances donnèrent à la mascarade une apparence comique ; par ces détails, on échappa aux difficultés du moment : mais la ressemblance entre le portrait du père, dans sa jeunesse, et le jeune fils, qui était devant ses yeux, ne cessa pas de produire sur Hilarie un effet désagréable et même pénible.

Nous aimerions à voir les temps qui suivirent retracés en détail par la plume délicate d'une femme : car, selon notre manière, nous ne pouvons nous attacher qu'aux circonstances les plus générales. Ainsi donc, nous allons revenir sur l'influence de la poésie.

On ne pouvait refuser à notre Flavio quelque talent : mais il avait trop besoin d'une passion réelle pour produire quelque chose de remarquable. Aussi, presque tous les vers consacrés à cette femme irrésistible paraissaient-ils pleins de force et de mérite, et maintenant, lus avec enthousiasme à une belle et charmante jeune fille, ils ne devaient pas produire peu d'effet.

Une femme qui en voit une autre passionnément aimée se prête volontiers au rôle de confidente ; elle nourrit, presque à son insu, le secret sentiment, qu'il ne serait pas désagréable de se voir insensiblement substituée à la place de l'objet adoré. Les entretiens devinrent de plus en plus significatifs. Flavio avait composé des poëmes dialogués, comme font souvent les poëtes amoureux, parce qu'ils peuvent se faire répondre, quoique avec réserve, à peu près ce qu'ils désirent, et ce qu'ils oseraient à peine espérer qu'une jolie bouche daignât leur faire entendre. Flavio lut aussi de ces poëmes alternativement avec Hilarie, et, comme les deux jeunes gens lisaient sur un même manuscrit, qu'ils ne quittaient pas des yeux, pour être prêts à répondre à propos, et qu'à cet effet, l'un et l'autre devaient tenir le cahier, il arriva qu'étant assis côte à côte, les personnes, les mains se rapprochaient toujours davantage, et finissaient, chose toute naturelle, par se toucher furtivement.

Mais, au milieu de cette douce familiarité et des charmants plaisirs qu'elle lui faisait goûter, Flavio était poursuivi d'un souci douloureux, qu'il déguisait mal, et, soupirant sans cesse après l'arrivée de son père, il donnait à entendre qu'il avait à lui confier le plus important secret. Cependant, avec quelque réflexion, ce secret eût été facile à pénétrer. Peut-être la séduisante veuve, dans un moment de colère provoqué par le bouillant jeune homme, avait-elle congédié le malheureux et détruit les espérances qu'il avait obstinément nourries jusqu'alors. Nous n'avons pas essayé de peindre une scène pareille, craignant de ne plus trouver en nous l'ardeur de la jeunesse. Quoi qu'il en soit, il se posséda si peu, que, sans congé de ses chefs, il avait quitté précipitamment la garnison, et, pour chercher son père, était accouru, avec désespoir, à travers la nuit, la pluie et l'orage, au château de sa tante, où nous l'avons vu arriver naguère. Les suites d'une pareille démarche le préoccupaient vivement, depuis qu'il était revenu à des pensées plus sages, et, comme l'absence prolongée de son père le privait de la seule intervention qu'il pût espérer, il ne savait ni se calmer ni pourvoir à son salut.

Quels ne furent donc pas sa surprise et son saisissement, lorsqu'il reçut une lettre de son colonel! Il rompit, avec hésitation, avec angoisse, le cachet bien connu; mais, après le début le plus amical, le colonel finissait par lui dire que le congé qu'on lui avait accordé était prolongé d'un mois.

Quelque inexplicable que parût cette grâce, elle délivra Flavio d'une inquiétude qui commençait à lui devenir plus pénible encore que les mépris de la veuve. Il sentait maintenant tout son bonheur d'être si bien accueilli par ses aimables parents; il pouvait goûter la société d'Hilarie, et il eut bientôt retrouvé toutes ses qualités aimables, qui l'avaient rendu quelque temps nécessaire à la belle veuve aussi bien qu'à son entourage, et qu'une demande péremptoire de sa main avait pu seule obscurcir pour jamais.

Dans de pareilles dispositions, on pouvait fort bien attendre l'arrivée du père; la saison amena aussi des événements qui provoquèrent chez les habitants du château une activité nouvelle. Les pluies continuelles, qui les avaient jusqu'alors enfermés chez eux, s'écoulant en grandes masses, avaient enflé toutes les rivières; des digues s'étaient rompues, et la contrée au-dessous du château était devenue un véritable lac, où les villages, les métairies, les maisons de campagne, grandes et petites, occupant les collines, s'élevaient encore comme des îles.

On était préparé à ces accidents, rares, il est vrai, mais imaginables : la baronne donna les ordres, et ses serviteurs les exécutèrent. Après avoir prêté à tout le monde la première assistance, on fit cuire du pain, on abattit des bœufs; des barques allèrent çà et là portant des secours et des provisions de tous côtés. Tout se passa fort bien; ce qu'on donnait avec plaisir fut reçu avec joie et reconnaissance. Il n'y eut qu'un village où l'on ne voulut pas se fier aux officiers municipaux, qui faisaient la distribution : Flavio se chargea de l'affaire, et se rendit promptement et heureusement sur les lieux, avec une barque bien chargée. La chose, fort simple en elle-même, et simplement traitée, réussit parfaitement. Passant plus loin, notre jeune homme s'acquitta d'une commission qu'Hilarie lui avait donnée à son départ. Au moment de l'inondation, une femme était accouchée; elle inspirait à la jeune fille un intérêt particulier. Flavio trouva sa demeure, et rapporta ses remerciements au château, avec ceux de toutes les personnes qu'il avait visitées. Cela ne pouvait manquer de donner lieu à une foule de récits. Personne n'avait péri, mais on rapportait beaucoup de délivrances merveilleuses, d'événements singuliers, amusants et même risibles; plusieurs cas de détresse furent décrits d'une manière intéressante. Tout à coup Hilarie sentit un désir irrésistible d'entreprendre à son tour une course en bateau, de visiter la pauvre femme en couches, de lui porter des présents, et de passer quelques heures agréables.

La bonne mère opposa d'abord quelque résistance, mais elle finit par céder au joyeux désir d'Hilarie de courir cette aventure; et nous devons avouer, qu'à la manière dont ces événements nous furent présentés, nous craignîmes que la chose n'offrît quelque danger, un échouement, une submersion de la barque, un péril de mort de la belle, qui serait hardiment sauvée par le jeune homme, pour étreindre plus fortement un nœud encore peu serré. Mais rien de pareil ne se réalisa : la course se fit heureusement; l'accouchée reçut la visite et les cadeaux; la compagnie du médecin ne fut pas sans bons effets, et, si l'on essuya çà et là quelque petit choc, si l'apparence d'un moment dangereux sembla inquiéter les rameurs, cela n'eut d'autre suite que de malicieux badinages sur la mine inquiète, le grand embarras, le geste effrayé, que l'un prétendait avoir observé chez l'autre. Cependant la confiance mutuelle avait fait des progrès marqués; l'habitude de se voir et d'être ensemble dans toutes les circonstances s'était fortifiée, et chaque jour augmentait le danger d'une situation, où la parenté et l'inclination semblent autoriser de part et d'autre le rapprochement et l'intimité.

Mais un agréable incident devait les entraîner, toujours plus avant, dans les sentiers de l'amour. Le ciel s'éclaircit; il survint une forte gelée, qui d'ailleurs était de saison; les eaux furent prises avant d'avoir pu s'écouler; l'aspect de la contrée changea tout d'un coup; les lieux auparavant séparés par les flots étaient maintenant réunis par une plaine solide, et l'on vit d'abord se produire, comme un heureux intermédiaire, le bel art inventé chez les peuples du Nord pour célébrer l'entrée soudaine de l'hiver et rendre une vie nouvelle à la nature engourdie. Les armoires s'ouvrirent; chacun chercha les patins qui portaient sa marque, désireux de glisser le premier, même avec quelque péril, sur la glace polie. Parmi les habitants du château, plusieurs savaient aller avec la plus grande vitesse : car ils prenaient ce plaisir presque tous les ans, sur les lacs voisins et les canaux de jonction; mais, cette fois, ils avaient une plaine immense à parcourir.

Flavio se sentait parfaitement guéri; Hilarie, instruite par son oncle, dès son plus jeune âge, fit paraître autant de grâce que de force sur le sol nouvellement créé; on glissait, avec une gaieté toujours plus vive, parfois ensemble, parfois séparés; on se fuyait, on se rejoignait. Partir, se dire adieu, chose d'ordinaire si pénible au cœur, n'était ici qu'un jeu, une petite bravade : on se fuyait, pour se retrouver l'instant d'après.

Mais, au milieu de ces amusements, tout un monde de choses utiles s'ébranlait aussi. Jusque-là, certains lieux n'avaient été secourus qu'à demi : maintenant les marchandises les plus nécessaires volaient de tous côtés sur des traîneaux pourvus de bons attelages, et, ce qui fut encore plus heureux pour la contrée, de maints endroits trop éloignés de la grand'route, on put transporter rapidement les produits de l'agriculture dans les magasins des villes et des bourgs et en ramener toute espèce de marchandises. Ainsi une contrée affligée, et qui éprouvait la plus fâcheuse disette, fut délivrée, approvisionnée, à travers une plaine tout unie, ouverte à l'adresse et à l'audace.

Notre jeune couple, en se livrant toujours à son plaisir, ne manqua point d'accomplir les devoirs d'une charitable bienfaisance. On visita la pauvre femme relevée de couches; on la pourvut du nécessaire; d'autres malheureux furent visités, de vieux ecclésiastiques, dont la santé avait donné des inquiétudes, avec lesquels on avait eu souvent des conversations édifiantes, et qu'on trouva plus dignes encore de respect dans cette épreuve; de petits propriétaires, qui, à une époque antérieure, avaient eu l'imprudence de s'établir dans les plaines basses, mais qui, cette fois, protégés par de fortes digues, n'avaient éprouvé aucun dommage, et, après des angoisses extrêmes, jouissaient doublement de leur délivrance. Chaque ferme, chaque maison, chaque famille, chaque individu, avait son histoire; il était devenu pour lui, et même pour les autres, un personnage important; aussi quiconque faisait son histoire était souvent interrompu par un autre, qui voulait faire la sienne. Chacun avait hâte de parler et d'agir, d'aller et de venir, car le danger subsistait toujours : un dégel subit pouvait détruire tout ce bel ensemble d'heureuse et mutuelle activité, menacer les habitants dans leurs demeures et séparer de leurs foyers les voyageurs.

Si les jours se passaient dans un mouvement rapide et dans les affaires les plus animées, le soir offrait un tout autre spectacle e les plus agréables passe-temps : car les courses sur la glace ont cet avantage sur les autres exercices corporels, que les efforts n'échauffent pas et que la durée ne fatigue pas ; tous les membres semblent devenir plus souples, et chaque emploi de la force produire des forces nouvelles, en sorte que nous finissons par goûter un repos doucement agité, dans lequel nous sommes tentés de nous bercer sans cesse.

Un soir, notre jeune couple ne pouvait s'arracher de la plaine glacée ; chaque course vers le château, brillamment éclairé, et qui déjà réunissait une société nombreuse, était soudain suivie d'un autre élan en sens contraire ; on ne voulait pas se séparer, de peur de se perdre ; on se tenait par la main, pour être bien sûr de la présence l'un de l'autre. Mais le mouvement semblait surtout délicieux, quand les bras entrelacés reposaient sur les épaules, et que les doigts délicats jouaient avec distraction dans les boucles de la chevelure.

La lune monta dans le ciel étincelant d'étoiles et compléta la magie du spectacle. Ils se revirent distinctement l'un l'autre, et ils cherchèrent à l'envi, dans leurs yeux voilés, la réponse ordinaire, mais elle sembla n'être plus la même ; du fond de leurs prunelles, une lumière parut briller et faire comprendre ce que leur bouche taisait sagement : ils se sentaient tous deux dans une paix charmante et solennelle.

Les grands saules et les aunes qui bordaient les fossés, les plus humbles buissons, sur les hauteurs et les collines, se voyaient distinctement ; les astres étincelaient ; le froid était devenu plus vif : nos jeunes gens ne le sentaient pas, et ils allaient au-devant du reflet de la lune, qui scintillait au loin, au-devant de l'astre lui-même. Puis ils levèrent les yeux, et virent, dans les éclairs du reflet, flotter çà et là la figure d'un homme qui semblait poursuivre son ombre, et qui, sombre lui-même, environné de lumière, s'avançait de leur côté : ils se détournèrent involontairement ; toute rencontre leur eût été désagréable. Ils évitaient la figure, qui continuait de se mouvoir au hasard, et semblait ne pas les avoir aperçus. Ils poursuivirent eux-mêmes leur course vers le château. Mais tout à coup leur tranquillité les abandonna, car la vision circula plus d'une fois autour du couple angoissé. Par hasard, ils avaient pris le côté de l'ombre ; l'inconnu, éclairé en plein par les rayons de la lune, venait droit à eux; il se trouvait devant leurs yeux : il était impossible de ne pas reconnaître le père.

Hilarie, arrêtant sa course, perdit l'équilibre par l'effet de la surprise et tomba. Flavio mit aussitôt un genou sur la glace, et prit dans ses bras la tête d'Hilarie; elle se cachait le visage ; elle ne savait ce qui lui était arrivé.

« Je cours chercher un traîneau; en voilà un qui passe encore là-bas. J'espère qu'elle ne s'est pas blessée. Je vous retrouverai vers ces trois aunes. »

Ainsi parla le père, et il était déjà parti. Hilarie se releva vivement, en s'appuyant sur Flavio.

« Fuyons, s'écria-t-elle. Je ne puis supporter cela. »

Et, tournant du côté opposé au château, elle s'éloignait d'une course si vive, que Flavio eut quelque peine à l'atteindre. Il lui prodigua les plus douces paroles.

Il est impossible de décrire ce qui se passa dans le cœur de ces trois personnes, errantes, égarées, sur la plaine de glace, à la clarté de la lune. Ils revinrent tard au château, les jeunes gens, chacun à part, n'osant plus se toucher, s'approcher; le père, avec le traîneau vide, qu'il avait promené vainement de côté et d'autre, pour aller au secours d'Hilarie. La musique et la danse avaient déjà commencé. Hilarie se retira chez elle, alléguant les suites fâcheuses d'une mauvaise chute; Flavio abandonna très-volontiers la direction du bal à quelques jeunes amis, qui s'en étaient emparés en son absence. Le major ne parut point, et fut assez surpris de trouver sa chambre comme habitée, quoiqu'il ne fût pas attendu, et ses habits, son linge, ses effets, étalés alentour, seulement dans un moins bon ordre que de coutume. La dame du château remplit ses devoirs avec une contrainte polie. Et comme elle fut contente, lorsqu'enfin tous ses hôtes, bien casés dans leurs appartements, lui laissèrent la liberté de s'expliquer avec son frère ! Ce fut bientôt fait : mais il leur fallut du temps pour se remettre de leur surprise, pour comprendre l'imprévu, pour lever les doutes, pour apaiser l'inquiétude. Quant au dénoûment de la difficulté, aux moyens de sortir d'embarras, on ne pouvait y songer de sitôt.

Nos lecteurs comprennent bien que nous devons, dès ce moment, renoncer à décrire, et nous attacher au récit et aux réflexions, si nous voulons approfondir et nous représenter la situation des esprits, seul objet qui désormais nous intéresse.

Nous commencerons par dire que le major, depuis que nous l'avons perdu de vue, avait consacré tout son temps à l'affaire de famille que nous connaissons, mais que, si claire et si simple qu'elle fût, il rencontra dans maints détails des difficultés inattendues : car, en général, il n'est pas facile de démêler une situation depuis longtemps embrouillée, et de rouler en peloton des fils nombreux, entre-croisés. Comme il était donc appelé à changer souvent de séjour, afin de poursuivre l'affaire en divers lieux et chez différentes personnes, les lettres de sa sœur ne lui parvenaient que lentement et sans ordre. Il apprit d'abord l'égarement de son fils et sa maladie; puis il eut la nouvelle de son congé, qu'il ne comprenait pas. Que l'amour d'Hilarie fût sur le point de changer d'objet, c'est une chose qui lui resta cachée. Comment sa sœur eût-elle osé l'en instruire ? A la nouvelle de l'inondation, il hâta son voyage, mais il n'arriva qu'après la gelée vers les champs de glace; il envoya, par un détour, ses gens et ses chevaux au château, se procura des patins, et, d'une course rapide, voyant déjà de loin les fenêtres illuminées, il arriva, par une nuit claire comme le jour, pour être témoin du plus fâcheux spectacle, et fut plongé aussitôt dans une cruelle perplexité.

Le passage de la vérité intérieure à la réalité sensible est toujours douloureux par le contraste. Quoi donc? Aimer et demeurer n'auraient-ils pas les mêmes droits que se séparer et se fuir? Et pourtant, quand l'un se sépare de l'autre, il se fait dans le cœur un vide affreux, où plus d'une existence s'est abîmée; oui, l'illusion, aussi longtemps qu'elle dure, possède une invincible vérité, et les esprits mâles et courageux sont les seuls que la découverte d'une erreur élève et fortifie; cette découverte les transporte au-dessus d'eux-mêmes; à cette hauteur, ils regardent autour d'eux, et, l'ancienne voie leur étant fermée, ils en cherchent promptement une nouvelle, pour y marcher aussitôt avec ardeur et courage. Ils sont innombrables, les embarras au milieu desquels l'homme se trouve engagé en de pareils moments; innombrables, les moyens qu'une ingénieuse nature sait découvrir dans les limites de ses propres forces, et aussi indiquer avec bienveillance hors de son domaine, quand les premiers ne suffisent pas.

Heureusement le major, sans le vouloir et le chercher, était, par un demi-pressentiment, préparé, dans le fond du cœur, à l'événement. Depuis qu'il avait congédié le cosmétique valet de chambre, qu'il était revenu à ses habitudes naturelles, qu'il avait cessé de prétendre à l'apparence, il sentait comme une diminution dans son bien-être physique; il sentait la désagréable transition du jeune premier au père sensible; et pourtant ce dernier rôle s'imposait de plus en plus à lui.

Le sort d'Hilarie et de sa famille était toujours le premier souci, le premier objet qui s'offrait à sa pensée, et le sentiment de l'amour, l'inclination, le désir de la présence, ne se développaient qu'à la suite. Et, lorsqu'il se figurait Hilarie dans ses bras, c'était le bonheur de la jeune femme qui l'animait; c'était ce bonheur qu'il aspirait à lui procurer, plus qu'à goûter lui-même la joie de la posséder. Même, s'il voulait porter sa pensée sur elle avec une jouissance pure, il fallait d'abord qu'il se rappelât l'amour de la jeune fille et son aveu charmant; qu'il se rappelât le moment où elle s'était donnée à lui contre toute espérance.

Mais maintenant, qu'il avait vu devant ses yeux, dans la nuit brillante, un jeune couple uni; l'aimable Hilarie, après sa chute, pressée dans les bras de Flavio; ces deux amants, sans avoir égard à sa promesse de revenir à leur secours, sans l'attendre au lieu désigné, disparaître dans la nuit, et lui-même, abandonné dans la plus triste situation : qui sentirait ces choses comme lui, sans tomber dans le désespoir?

Cette famille, qui avait toujours vécu dans l'union, et qui en avait espéré une plus étroite encore, était consternée et dispersée. Hilarie persistait à se renfermer chez elle; le major prit enfin sur lui d'interroger Flavio sur sa conduite antérieure. Le mal avait sa source dans la coquetterie de la belle veuve. Pour ne pas abandonner son adorateur, jusqu'alors passionné, à une autre femme, digne de son amour, qui laissait voir son inclination pour lui, la trompeuse lui fait les avances les plus marquées, et lui, enflammé, encouragé, il veut poursuivre son dessein avec une ardeur qui passe les bornes de la bienséance : il s'ensuit d'abord des bouderies et des querelles ; puis une rupture ouverte vient mettre fin irrévocablement à toute la liaison.

Quand les fautes des enfants ont de fâcheuses suites, il ne reste plus à la tendresse paternelle qu'à les déplorer et les réparer, s'il est possible, et à les pardonner et les oublier, si elles n'ont pas des conséquences aussi graves que l'on devait s'y attendre. Après quelques réflexions et quelques pourparlers, Flavio fut envoyé, pour soigner certaines affaires à la place de son père, dans les domaines dont il s'était chargé ; il devait y séjourner jusqu'à l'expiration de son congé, et de là rejoindre son régiment, qui, dans l'intervalle, avait changé de garnison.

Le major en eut pour plusieurs jours à ouvrir les paquets et les lettres, qui, pendant sa longue absence, s'étaient amoncelés chez sa sœur. Il trouva entre autres une lettre de son ingénieux ami, l'acteur bien conservé, qui, ayant appris, par le valet de chambre congédié, la situation du major et son projet de mariage, lui représentait agréablement les conséquences fâcheuses que l'on devait avoir devant les yeux dans une pareille entreprise ; il traitait l'affaire à sa manière, et faisait entendre à son ami que, pour un homme d'un certain âge, le plus sûr cosmétique était de renoncer au beau sexe et de vivre dans une louable et douce liberté. Le major montra en souriant la lettre à sa sœur, faisant une allusion badine, mais au fond assez sérieuse, à l'importance du contenu. Il s'était souvenu, dans l'entrefaite, d'une poésie, dont la forme rhythmique ne nous revient pas à la mémoire en ce moment, et qui se distinguait par d'élégantes images et par un tour agréable.

« La lune tardive, qui brille encore dans la nuit, pâlit en face du soleil levant ; l'illusion amoureuse du vieil âge s'évanouit en présence de la vive jeunesse ; le sapin qui, pendant l'hiver, semble frais et vigoureux, offre, quand vient le printemps, un aspect noir et sombre au milieu des bouleaux verdoyants. »

Nous ne voulons cependant célébrer ici ni la philosophie ni la poésie comme les auxiliaires décisifs d'une résolution définitive : car, s'il est vrai qu'un petit événement peut avoir les suites les plus importantes, souvent aussi, quand les sentiments sont incertains, il détermine la balance à pencher d'un côté ou de l'autre. Le major venait de perdre une dent incisive, et il craignait la perte d'une seconde. Réparer cette lacune par des moyens artificiels répugnait à ses principes, et, avec de pareilles brèches, prétendre à la main d'une jeune femme commençait à lui sembler tout à fait humiliant, surtout depuis qu'il se trouvait avec elle sous le même toit. Un peu plus tôt ou un peu plus tard, un pareil événement aurait eu peu d'influence ; mais cette disgrâce arrivait précisément dans les circonstances où elle doit être infiniment désagréable pour l'homme accoutumé à voir toute sa personne bien entière : il lui semble que la clef de voûte de son organisme physique soit enlevée, et que désormais le reste menace peu à peu de s'écrouler.

Quoi qu'il en soit, le major eut bientôt avec sa sœur de sages et lumineux entretiens sur l'affaire qui semblait si embrouillée. Ils furent obligés de reconnaître tous deux qu'ils n'avaient fait proprement qu'arriver par un détour au but dont ils s'étaient éloignés, écartés inconsidérément par une circonstance extérieure, par l'erreur d'une enfant sans expérience ; rien ne leur sembla plus naturel que de s'arrêter dans cette voie, de ménager l'union des deux enfants, et de leur vouer ensuite fidèlement, constamment, les soins paternels qu'ils avaient su se mettre en état de prendre pour eux. Parfaitement d'accord avec son frère, la baronne se rendit chez Hilarie. Elle était à son piano, elle chantait, et, souriant à sa mère, elle répondit à son salut par une inclination de tête, comme pour la prier d'écouter. C'était une agréable, une paisible romance, qui annonçait chez la chanteuse des dispositions aussi favorables qu'on pouvait les désirer.

Quand elle eut fini, elle se leva, et, avant que la prudente baronne eût entamé son discours, elle lui dit :

« Bonne mère, c'est fort bien que nous ayons si longtemps gardé le silence sur l'affaire la plus importante ; je vous remercie de n'avoir pas touché cette corde jusqu'à présent : mais il est temps de s'expliquer, si cela vous plaît. Que pensez-vous de la chose ? »

La baronne, très-réjouie de trouver sa fille si calme et si paisible, commença aussitôt un sage exposé du temps passé, des qualités et des mérites de son frère ; elle trouva fort naturelle l'impression qu'avait dû faire nécessairement sur le cœur d'une jeune fille le seul homme de mérite qu'elle eût appris à connaître intimement ; au lieu de la vénération et de la confiance filiale, il avait pu fort bien en résulter un penchant qui avait les apparences de l'amour et de la passion. Hilarie écoutait attentivement, et, par son air et ses gestes affirmatifs, elle donnait à entendre sa pleine approbation.

La mère passa ensuite au fils. Hilarie baissa ses longs cils, et, si l'éloquente baronne ne trouva pas d'aussi glorieux arguments en faveur du jeune homme que pour son père, elle insista principalement sur leur ressemblance, sur l'avantage que donnait à Flavio sa jeunesse ; choisi pour être son époux et le compagnon de sa vie, il promettait de devenir, avec le temps, la parfaite image de son père. Ici encore, Hilarie semblait entrer dans tous ces sentiments, bien qu'un regard un peu plus sérieux et ses yeux quelquefois baissés trahissent une émotion bien naturelle. Ensuite la baronne passa aux circonstances extérieures, qui étaient favorables et, en quelque sorte, impérieuses. L'arrangement que l'on avait conclu, les grands avantages qu'il assurait dès à présent, les vastes perspectives qui s'ouvraient de plusieurs côtés, tout fut mis sous les yeux d'Hilarie avec une parfaite vérité ; et la mère ne pouvait manquer enfin de faire entendre qu'Hilarie elle-même devait se souvenir d'avoir été fiancée auparavant, fût-ce même par forme de badinage, avec son cousin, son compagnon d'enfance. Par toutes ces considérations, la mère conclut, comme cela s'entendait de soi-même, à ce qu'avec son consentement et celui de l'oncle, l'union du jeune couple fût prochainement célébrée.

Hilarie répondit, d'un air et d'une voix tranquilles, qu'elle ne pouvait admettre sans difficulté cette conséquence, et représenta, avec beaucoup de noblesse et de grâce, ce que les cœurs délicats sentiront certainement comme elle, et que nous n'essayerons pas d'exprimer.

Lorsque des personnes raisonnables ont médité quelque sage dessein, et comment on pourrait écarter telle ou telle difficulté, atteindre tel ou tel but ; lorsqu'elles ont mis dans un beau jour et rangé en bon ordre tous les arguments imaginables, elles éprouvent une surprise désagréable au dernier point, quand ceux qui devraient concourir à leur propre bonheur se trouvent être d'un avis absolument opposé, et, par des motifs puisés dans le fond du cœur, résistent à ce qui est aussi louable que nécessaire. On échangea des paroles sans se persuader : la raison ne voulait pas s'accommoder au sentiment, le sentiment se plier à l'utile, au nécessaire; la conversation s'échauffa; la raison tranchante porta une atteinte au cœur déjà blessé, qui fit paraître au jour son état, non plus modérément, mais avec passion, de telle sorte que la mère elle-même finit par reculer, avec étonnement, devant la hauteur et la dignité de la jeune fille, lorsqu'elle lui représenta, avec énergie et vérité, l'indécence et même l'immoralité d'une pareille union.

On peut juger dans quel état de trouble la baronne revint auprès de son frère, et peut-être aussi sentir, quoique imparfaitement, ce qu'éprouva le major, qui, dans le fond du cœur, flatté de ce refus décidé, écoutant sans espérance, mais avec consolation, le rapport de sa sœur, se voyait ainsi relevé de son humiliation, et prenait secrètement son parti d'un événement, devenu pour lui une affaire d'honneur de la nature la plus délicate. Il cacha pour le moment à sa sœur ces dispositions, et dissimula son douloureux contentement sous l'allégation, fort naturelle en pareil cas, qu'il ne fallait rien précipiter, mais laisser à l'aimable enfant le loisir d'entrer volontairement dans la voie qu'on lui avait ouverte, et qui désormais se présentait comme d'elle-même.

Maintenant nous pouvons à peine exiger de nos lecteurs qu'ils passent de ces émotions poignantes aux circonstances extérieures, devenues cependant si importantes. Tandis que la baronne laissait sa fille, en toute liberté, passer agréablement les journées à jouer du clavecin et à chanter, à dessiner et à broder, à lire seule ou avec sa mère, le major, songeant à l'approche du printemps, s'occupait à mettre en ordre ses affaires domestiques.

Le fils, qui se voyait dans la suite un riche propriétaire, et, comme il n'en pouvait douter, l'heureux époux d'Hilarie, commençait à sentir une ardeur guerrière pour la gloire et l'avancement, en présence de la guerre qui menaçait d'éclater. Dans cette tranquillité momentanée, on se croyait donc assuré que cette énigme, qui semblait ne plus tenir qu'à un scrupule, serait bientôt éclaircie et résolue.

Par malheur, la tranquillité n'était qu'apparente. La baronne attendait de jour en jour, mais inutilement, un changement de volonté chez sa fille, qui donnait à entendre, rarement, il est vrai, et avec modestie, mais sans balancer, qu'elle persistait dans sa résolution, avec la fermeté d'une personne qui est arrivée à une pleine conviction, et ne s'inquiète plus de savoir si le monde qui l'entoure l'approuve ou la condamne. Le major était fort combattu : il se serait senti blessé, si Hilarie se fût décidée pour son fils; cependant, si elle se décidait pour lui-même, il était également persuadé qu'il devait refuser sa main.

Plaignons cet excellent homme, que ces inquiétudes, ces tourments, assiégeaient sans cesse, pareils à une vapeur flottante, qui tantôt se présentait comme un fond de tableau, sur lequel se dessinaient les réalités et les occupations pressantes de chaque jour, tantôt se rapprochait et couvrait d'un voile toute la situation présente. Telles étaient les fluctuations auxquelles son âme était en proie, et, si les devoirs du jour lui imposaient une vive et laborieuse activité, c'était la nuit, pendant l'insomnie, que toutes ces contrariétés, prenant mille formes diverses, roulaient tour à tour dans son esprit comme un cercle de douleurs. Ces images inévitables, et qui revenaient sans cesse, le réduisaient à un état voisin du désespoir, parce que l'action et le travail, qui sont d'ordinaire les meilleurs remèdes pour les situations telles que la sienne, loin de lui rendre la paix, lui procuraient à peine quelque soulagement.

Au milieu de ces angoisses, notre ami reçut une lettre, d'une écriture inconnue, avec l'invitation de se rendre à la maison de poste d'une petite ville du voisinage, où un voyageur fort pressé désirait vivement l'entretenir. Accoutumé, par ses nombreuses relations d'affaires et de société, à de pareils rendez-vous, il hésita d'autant moins, qu'il croyait se rappeler un peu cette main facile et légère. Calme et tranquille, suivant son habitude, il se rendit au lieu désigné, et là, dans une chambre haute, qu'il connaissait bien, une chambre presque villageoise, il trouva la belle veuve, qui vint au-devant de lui, plus belle et plus agréable qu'il ne l'avait laissée. Est-ce que notre imagination ne saurait conserver et nous représenter complétement la perfection, ou bien l'émotion avait-elle prêté à cette femme de nouveaux charmes? Quoi qu'il en soit, il eut besoin de tous ses efforts pour dissimuler, sous l'apparence de la politesse ordinaire, son trouble et son étonnement. Il salua la veuve avec une civilité froide et embarrassée.

« Non pas ainsi, mon ami! s'écria-t-elle.... Je ne vous ai pas fait appeler entre ces murailles blanchies, dans cette ignoble demeure.... Un si misérable mobilier n'invite pas aux conversations cérémonieuses : je veux soulager mon cœur d'un pesant fardeau, en vous disant et vous avouant que j'ai fait beaucoup de mal à votre famille. »

Le major recula de surprise.

« Je sais tout, poursuivit-elle, nous n'avons pas besoin de nous expliquer. Je vous plains, vous et Hilarie, Hilarie et Flavio et votre bonne sœur. »

La voix parut lui manquer; de ses belles paupières s'échappèrent des pleurs, qu'elle ne put contenir; ses joues s'animèrent : elle était plus belle que jamais. Le noble seigneur était devant elle dans un trouble extrême; une émotion inconnue le pénétrait.

« Asseyons-nous, dit l'enchanteresse, en essuyant ses larmes. Pardonnez-moi, plaignez-moi : vous voyez combien je suis punie. »

Elle se couvrit de nouveau les yeux de son mouchoir, pour cacher ses larmes amères.

« Daignez m'expliquer, madame.... dit le major avec vivacité.

— Ne dites pas madame, reprit-elle avec un sourire céleste : appelez-moi votre amie. Vous n'en avez point de plus fidèle. Ainsi donc, mon ami.... je sais tout; je connais parfaitement la position de votre famille; je suis dans la confidence de tous vos sentiments, de toutes vos douleurs.

— Qui a pu vous instruire à ce point?

— Des aveux directs. Cette main ne vous est pas étrangère? »

Elle lui présenta quelques lettres ouvertes.

« La main de ma sœur! Des lettres! En grand nombre! Et familières, à voir l'écriture négligée!... Avez-vous jamais été en relation avec elle?

— Non pas directement, mais d'une manière indirecte, depuis quelque temps. Voyez l'adresse.

— Nouvelle énigme! A Macarie! la plus discrète des femmes!

— Et, par cette raison, la confidente, le confesseur, de toutes les âmes affligées, de toutes celles qui se sont égarées, qui désirent se retrouver et ne savent à qui s'adresser.

— Dieu soit loué, s'écria le major, qu'une pareille entremise se soit trouvée! Ce n'était pas à moi de la solliciter : je bénis ma sœur de l'avoir fait. Moi aussi, je sais, par des exemples, que cette femme excellente, en présentant aux malheureux comme un miroir magique, leur a fait reconnaître, à travers leur extérieur troublé, leur âme belle et pure, les a réconciliés tout d'un coup avec eux-mêmes, et les a fait entrer dans une vie nouvelle.

— Ce service, elle me l'a aussi rendu, » reprit la belle veuve.

Et, dans ce moment, notre ami sentit, sans se l'expliquer encore, mais sans pouvoir en douter, que cette femme, d'ailleurs si remarquable dans son individualité, manifestait un caractère d'une grande beauté morale, fait pour éprouver et pour inspirer la sympathie.

« Je n'étais pas malheureuse, mais inquiète, poursuivit-elle; je ne m'appartenais plus, et cela ne s'appelle pas être heureux. Je ne me plaisais plus à moi-même; j'avais beau m'ajuster devant mon miroir, il me semblait toujours que je me déguisais pour une mascarade : mais, depuis que Macarie m'a présenté son miroir, depuis que j'ai reconnu comme on peut se parer de ses propres vertus, je retrouve en moi la véritable beauté. »

Elle parlait ainsi entre le sourire et les larmes, et, il faut l'avouer, elle était plus qu'aimable, elle paraissait digne de respect, digne d'une éternelle affection.

« Maintenant, mon ami, il faut nous décider promptement. Voici les lettres : pour les lire et les relire, pour vous recueillir et vous préparer, prenez une heure encore, si vous voulez; quelques mots nous suffiront ensuite pour nous résoudre. »

Là-dessus la dame quitta le major pour se promener au jardin. Le major lut cette correspondance de la baronne avec Macarie : nous ne ferons qu'en indiquer le contenu. La baronne se plaint de la belle veuve; on voit comme une femme en considère une autre et la juge sévèrement; il n'est proprement question que de paroles et d'apparences; l'intérieur, on ne s'en inquiète point. Du côté de Macarie, ce sont des jugements équitables, une peinture qui fait ressortir les qualités intérieures; l'extérieur apparaît comme la suite de circonstances accidentelles, à peine blâmables, excusables peut-être. Puis la baronne mande à son amie l'égarement et la fureur du fils, l'inclination croissante des jeunes gens l'un pour l'autre, l'arrivée du père, le refus positif d'Hilarie. Les réponses de Macarie sont toujours d'une équité parfaite, qui part de la ferme persuasion que tout cela doit amener une réforme morale. Elle finit par envoyer toute la correspondance à la belle veuve, dont le caractère se montre alors dans sa beauté céleste, et répand sur sa personne une glorieuse lumière. La correspondance est close par une lettre dans laquelle la veuve exprime sa reconnaissance à Macarie.

CHAPITRE VI.

Wilhelm à Lénardo.

Enfin, très-cher ami, je puis vous le dire, elle est trouvée, et (il m'est permis de l'ajouter pour votre contentement) dans une position où cette personne excellente n'a plus rien à souhaiter. Laissez-moi m'en tenir aux expressions générales : j'écris sur les lieux mêmes, ayant sous les yeux toutes les choses dont je dois vous rendre compte.

Un intérieur basé sur la piété, animé et entretenu par l'ordre et le travail, pas trop resserré, pas trop large, dans le plus heureux rapport avec les forces et les facultés; autour d'elle, le mouvement d'une industrie toute primitive; une existence bornée, qui étend ses effets au loin; la prudence et la modération, l'innocence et l'activité. Il est rare que j'aie vu le présent s'offrir à moi sous un aspect plus agréable, avec une riante perspective pour le lendemain et pour l'avenir. Tout cela considéré me paraît suffire pour tranquilliser tous les amis.

J'ose donc, en vous rappelant tout ce qui s'est dit entre nous, vous prier, de la manière la plus pressante, de vous en tenir à cette esquisse générale, de l'achever dans votre pensée, mais de renoncer à toute recherche ultérieure, et de vous consacrer, avec la plus vive ardeur, à la grande entreprise à laquelle vous êtes aujourd'hui, je suppose, complétement initié.

J'envoie une copie de cette lettre à Hersilie et une autre à l'abbé, qui, je le présume, sait, mieux que personne, où l'on peut vous atteindre. J'écris encore à cet ami éprouvé, également sûr pour toute affaire publique ou secrète, quelques mots, qu'il vous communiquera. Je vous prie en particulier de vous intéresser à l'affaire qui me touche moi-même, et de recommander mon projet avec la chaleur d'une amitié fidèle.

Wilhelm à l'abbé.

Tout me persuade que l'estimable, l'excellent Lénardo est présentement au milieu de vous, mes amis. C'est pourquoi je vous envoie la copie d'une lettre que je lui écris, afin qu'elle lui parvienne sûrement. Puisse ce jeune homme distingué se livrer parmi vous tout entier à une activité sérieuse et soutenue! car, je l'espère, son cœur est apaisé.

Pour ce qui me regarde, après m'être observé moi-même avec une active persévérance, je ne puis que vous répéter, avec plus d'instances encore, la demande que je vous ai depuis longtemps adressée par l'entremise de Montan. Mon désir de terminer mes années de voyage avec plus de calme et de stabilité devient toujours plus pressant. Dans la ferme espérance que mes représentations seront accueillies, j'ai déjà terminé mes préparatifs, et j'ai pris mes arrangements. Quand j'aurai achevé l'affaire que j'ai entreprise en faveur de mon noble ami, j'entrerai avec confiance dans mon nouveau genre de vie, sous les conditions déjà exprimées. Aussitôt que j'aurai accompli un pieux pèlerinage, qui me reste à faire, je compte me rendre à ***. C'est là que j'espère trouver vos lettres et commencer des travaux conformes à mon inclination naturelle.

CHAPITRE VII.

Après avoir expédié ces lettres, notre ami poursuivit sa route à travers les montagnes voisines, et vit enfin s'ouvrir devant lui les magnifiques vallées où il se proposait d'accomplir tant de choses, avant de commencer une carrière nouvelle. Là il fit la rencontre soudaine d'un jeune et ardent voyageur, dont la société lui devait être d'un grand secours, pour atteindre son but et goûter maintes jouissances. C'était un peintre, un artiste remarquable, comme on en peut rencontrer dans le monde, et comme on en voit plus encore apparaître et circuler dans les drames et les romans. Les deux voyageurs ne tardèrent pas à s'entendre; ils se communiquèrent leurs goûts, leurs vues, leurs projets, et Wilhelm découvrit, dans cet excellent artiste, qui savait orner ses aquarelles de figures ingénieuses, d'un dessin et d'une exécution remarquables, un admirateur passionné de Mignon, de sa figure, de son caractère et de sa destinée; il l'avait déjà reproduite fort souvent, et s'était mis en voyage, pour dessiner d'après nature les lieux où elle avait vécu, pour y représenter l'aimable enfant dans ses situations et ses moments heureux et malheureux, et montrer aux yeux son image, qui vivait dans tous les cœurs aimants.

Bientôt les amis arrivent au grand lac; Wilhelm tâche de retrouver successivement les places indiquées. Il cherche les villas magnifiques, les vastes couvents, les passages et les baies, les langues de terre et les places de débarquement, et n'oublie pas plus les demeures des courageux et bienveillants pêcheurs que les riantes bourgades étalées sur la rive, et les petits châteaux bâtis sur les hauteurs voisines. L'artiste sut tout reproduire, tout approprier, par la lumière et la couleur, au sentiment que l'histoire éveillait chaque fois, en sorte que Wilhelm passait les heures et les jours dans une émotion profonde.

Mignon était souvent représentée au premier plan, et d'une ressemblance parfaite : car Wilhelm savait aider par une exacte description l'heureuse imagination du peintre, et ramener sa pensée générale dans les limites de la personnalité. On voyait donc la jeune enfant en habits de garçon, dans les attitudes et les pensées les plus diverses. Sous le grand portique de la magnifique villa, on la voyait rêveuse, en contemplation devant les statues du vestibule. Ici, elle se balançait dans la barque amarrée au rivage ; là, elle grimpait au mât, et paraissait un mousse audacieux.

Mais une de ces peintures était surtout remarquable : admirable conception de l'artiste, qui l'avait exécutée, avec tous ses traits caractéristiques, pendant son voyage, avant d'avoir fait la rencontre de Wilhelm. Au milieu de sauvages montagnes, brille la charmante enfant, sous son costume trompeur, entourée de roches brisées, mouillée par les cascades, prisonnière d'une horde difficile à décrire. Jamais peut-être une abrupte et sombre gorge de montagnes ne fut animée d'une manière plus gracieuse et plus expressive. La troupe bigarrée des Bohémiens, grossière à la fois et fantastique, bizarre et vulgaire, est trop folâtre pour inspirer la frayeur, trop étrange pour éveiller la confiance. De puissantes bêtes de somme traînent, en gravissant les chemins ombragés de branchages, en descendant les degrés taillés dans le roc, un bagage en désordre, autour duquel tous les instruments d'une étourdissante musique flottent suspendus et blessent de temps en temps l'oreille par des sons barbares. Au milieu de tout cela, l'aimable enfant, pensive sans bravade, indignée sans résistance, emmenée, mais non entraînée. Qui n'aurait admiré ce tableau, d'une exécution remarquable ? On y voyait, vigoureusement caractérisée, la gorge affreuse de rochers, les noires crevasses qui déchiraient ces masses entassées, menaçant de fermer toute issue, si un pont, hardiment jeté, n'avait fait deviner la possibilité de communiquer avec le reste du monde. L'artiste, avec un judicieux et poétique sentiment du vrai, avait aussi indiqué une caverne, qu'on pouvait prendre pour le laboratoire dans lequel la nature fabriquait ses puissants cristaux, ou pour la demeure d'un fabuleux et terrible dragon.

Ce ne fut pas sans une sainte appréhension que les amis visitèrent le palais du marquis : le vieillard n'était pas encore revenu de son voyage, mais ils furent aussi reçus et traités amicalement dans ce canton, parce qu'ils savaient se conduire prudemment avec les autorités civiles et ecclésiastiques. Au reste, Wilhelm s'applaudit de l'absence du maître : il aurait eu sans doute un grand plaisir à le revoir et à lui rendre ses hommages; mais il redoutait sa libéralité reconnaissante et les largesses qu'on l'aurait contraint d'accepter, pour la conduite amicale et fidèle dont il avait déjà recueilli la plus douce récompense.

Nos amis, portés dans une élégante nacelle, eurent donc le loisir de voguer d'une rive à l'autre et de parcourir le lac en tout sens. On était dans la plus belle saison de l'année ; ils ne laissèrent échapper aucun lever, aucun coucher de soleil, aucune des mille nuances que la lumière céleste répand, d'une manière si libérale, dans l'espace éthéré, et, de là, sur le lac et la terre, pour déployer enfin toute sa magnificence dans ses derniers reflets.

Une végétation luxuriante, ouvrage de la nature, que l'art entretient et favorise, les environnait de toutes parts. Déjà les premiers bois de châtaigniers leur avaient souhaité la bienvenue ; ensuite ils ne purent s'empêcher de sourire, avec mélancolie, lorsque, couchés sous les cyprès, ils virent le laurier lever la tête, la grenade rougir, les orangers et les citronniers fleurir, et leurs fruits briller parmi le sombre feuillage.

Mais Wilhelm dut à son jeune compagnon de voyage de nouvelles jouissances. La nature n'avait point donné à notre ami l'œil du peintre. Il ne sentait la beauté visible que dans la figure humaine, et s'aperçut tout à coup, qu'un ami doué des mêmes sentiments, mais formé à de tout autres jouissances, à un autre genre d'activité, lui révélait le monde qui les entourait.

La conversation de l'artiste, qui lui signalait les changeantes beautés de la contrée, et surtout l'imitation, qui les concentrait, ouvrirent les yeux de Wilhelm, et le délivrèrent de tous les doutes qu'il avait nourris obstinément jusqu'alors. Les reproductions de la nature italienne lui avaient toujours été suspectes : le ciel lui paraissait trop bleu ; le ton violet des lointains ravissants lui semblait extrêmement agréable, mais sans vérité, et les diverses nuances de la verdure par trop bigarrées : désormais il s'identifiait avec son nouvel ami ; susceptible, comme il l'était, de recevoir toutes les impressions, il apprit à voir l'univers avec les yeux de son guide ; et, tandis que la nature déployait le mystère visible de sa beauté, il ne pouvait manquer d'éprouver un invincible attrait pour le bel art, son plus digne interprète.

Mais l'aimable artiste lui causa une autre surprise encore. Il avait quelquefois entonné un chant joyeux ; il avait doucement animé et rempli par ces accents les heures paisibles de leurs longues promenades sur l'eau : un jour il trouva dans un palais un instrument à cordes tout particulier ; c'était un luth de petite dimension, sonore, harmonieux, commode et portatif. Aussitôt il accorda l'instrument avec adresse, et il en joua avec tant d'art et d'agrément, il charma si bien l'assistance, qu'il sut, comme un nouvel Orphée, amollir le sec et rigoureux concierge, et, par une douce violence, le résoudre à prêter pour quelque temps l'instrument au chanteur, à condition de le rendre fidèlement avant son départ, et de venir quelquefois, dans l'intervalle, réjouir la famille par ses chants, les dimanches et les jours de fête.

Le lac et les rives prirent dès lors une vie toute nouvelle : les bateaux et les nacelles se pressaient à l'envi sur la trace de l'esquif où voguaient nos amis. Les coches même et les barques marchandes suspendaient leur course aux environs ; les gens les suivaient à la file sur le rivage, et, s'ils débarquaient, ils se voyaient soudain entourés d'une foule joyeuse ; à leur départ, chacun les bénissait, avec une satisfaction mêlée de regrets.

Un observateur impartial eût aisément remarqué que la mission de nos amis était désormais terminée ; tous les lieux qui rappelaient le souvenir de Mignon étaient esquissés ; les uns, avec tous les effets de lumière, d'ombre et de couleur, les autres même complétement achevés pendant les heures brûlantes du jour. Pour arriver à ce résultat, ils avaient dû se transporter de lieu en lieu, parce que le vœu de Wilhelm était fort souvent un obstacle; toutefois ils surent l'esquiver dans l'occasion, en se disant que la promesse était obligatoire sur la terre, mais que, sur l'eau, elle n'était pas applicable.

Wilhelm sentait bien aussi qu'ils avaient atteint leur but; et pourtant il ne pouvait se dissimuler qu'à moins de satisfaire son désir de voir Hilarie et la belle veuve, il ne quitterait pas le pays sans regrets. L'artiste, à qui il avait fait leur histoire, n'était pas moins séduit, et déjà il s'applaudissait de savoir vacante, dans un de ses tableaux, une belle place, où il ferait dignement figurer ces personnes charmantes.

Dès lors ils croisaient sans cesse, et se tenaient en observation aux endroits par lesquels les étrangers ont coutume d'entrer dans ce paradis. Les bateliers de ces dames leur avaient donné l'espérance d'y rencontrer des amis. En effet ils tardèrent peu à voir glisser de leur côté un bateau de parade élégamment décoré, auquel ils firent la chasse, et qu'ils se permirent même d'aborder sur-le-champ, avec une vive ardeur. Les dames, un peu effrayées, se remirent, dès que Wilhelm leur eut produit la petite feuille, où elles reconnurent sans difficulté, l'une et l'autre, la flèche qu'elles avaient elles-mêmes dessinée. Aussitôt elles invitèrent familièrement nos amis à passer dans leur barque, ce qui fut bientôt fait.

Qu'on se représente maintenant ces quatre personnes, assises vis-à-vis les unes des autres dans cette barque élégante, caressées par une douce brise, dans ces lieux enchanteurs et bercées sur les vagues étincelantes; qu'on se figure ces deux femmes, telles qu'on nous les a récemment représentées, ces deux jeunes hommes, avec lesquels nous voyageons depuis quelques semaines, et, après quelque réflexion, nous trouverons toutes ces personnes dans la plus agréable, mais la plus dangereuse position. Trois d'entre elles appartiennent déjà, de force ou de gré, à la société des Renonçants, et l'on peut être moins alarmé pour elles; la quatrième devait bientôt se voir admise dans cet ordre.

Après qu'ils eurent traversé le lac plusieurs fois, et porté leur attention sur les points les plus intéressants du rivage et des îles, on conduisit les dames dans la petite ville où elles devaient passer la nuit, et dans laquelle un guide expérimenté, choisi pour ce voyage, sut leur procurer un logement commode. Ici le vœu de Wilhelm fut un maître des cérémonies convenable, mais importun; car les amis avaient passé dernièrement trois jours dans ce lieu, et visité tout ce qu'il y avait de remarquable aux environs. L'artiste, qu'aucun vœu ne gênait, demanda la permission d'accompagner les dames jusqu'à terre, mais elles la refusèrent, et l'on se sépara à quelque distance du port.

A peine le chanteur eut-il sauté dans son bateau, qui s'éloignait rapidement du bord, qu'il prit son luth, et entonna doucement ce chant d'une admirable mélancolie, que les gondoliers vénitiens font retentir du rivage à la mer et de la mer au rivage. Assez exercé à cette mélodie, qu'il rendit, cette fois, d'une manière particulièrement expressive et touchante, il renforçait sa voix, à mesure que le bateau gagnait le large, en sorte que, sur la grève, on croyait toujours entendre à la même distance le chanteur qui s'éloignait. Enfin il cessa de faire parler son luth, se fiant aux seules forces de sa voix, et il eut la satisfaction de remarquer que les dames, au lieu de se retirer à l'auberge, se plaisaient à s'arrêter sur le rivage. Il en fut tellement ravi, qu'il ne pouvait finir, même lorsque la nuit et la distance lui dérobèrent la vue de tous les objets. Enfin son ami, qui était plus calme, lui fit observer que la musique s'entendait, il est vrai, de plus loin dans l'obscurité, mais que le bateau avait depuis longtemps dépassé les limites où peut s'étendre la voix humaine.

Comme on se l'était promis, on se retrouva sur le lac le lendemain. Dans une course rapide, on passa en revue ces sites magnifiques, qui se déployaient aux yeux, tantôt à la suite les uns des autres, tantôt sur des plans différents, et qui, se réfléchissant dans l'eau avec symétrie, offrent, au passage, mille jouissances diverses. Les fidèles imitations de l'artiste faisaient d'ailleurs deviner et pressentir, sur le papier, ce qu'on ne découvrait pas dans la promenade du jour. Hilarie admira ces peintures en silence, et parut les sentir avec un goût libre et pur.

Vers midi, les prestiges recommencèrent. Les dames avaient abordé seules, et les deux amis croisaient devant le port. Le chanteur voulut accommoder ses mélodies à la courte distance où il se trouvait, et qui lui laissait espérer de produire un heureux effet, non plus seulement avec les accents vagues et bruyants du désir, mais en exprimant la passion avec plus de délicatesse et de grâce. Déjà, plus d'une fois, quelques-uns des chants dont nous sommes redevables à nos amis des Années d'apprentissage avaient voltigé sur ses cordes, sur ses lèvres : mais il s'était contenu par un ménagement délicat, dont il avait besoin lui-même, aimant mieux se jouer avec des images et des sentiments étrangers, pour faire valoir son chant, qui n'en était que plus séduisant et plus doux. En bloquant le port de cette manière, les deux amis auraient oublié de manger et de boire, si les dames n'avaient eu l'attention de leur envoyer des provisions exquises, accompagnées d'un vin choisi, dont ils surent apprécier le mérite.

Toute séparation, tout obstacle, qui traverse nos passions naissantes, les irrite au lieu de les étouffer : cette fois encore, une courte absence avait, on le devine, produit de part et d'autre une égale impatience : ce qu'il y a de certain, c'est qu'on vit bientôt les dames revenir dans leur brillante et gracieuse gondole.

Que l'on ne prenne donc pas le mot de gondole dans sa triste acception vénitienne : il désigne ici une barque jolie, commode, riante, assez grande pour une société deux fois plus nombreuse.

Quelques jours se passèrent dans ces singulières alternatives de rencontres et de séparations, de départs et de retours; au milieu des jouissances de la plus délicieuse société, l'âme agitée avait toujours présente la vague pensée de l'adieu et du regret. En présence des nouveaux amis, on se rappelait les anciens. S'il fallait se séparer des nouveaux, on devait reconnaître qu'à leur tour, ils s'étaient assuré déjà bien des droits au souvenir. Un esprit calme, éprouvé, comme celui de notre belle veuve, pouvait seul conserver, en de pareils moments, un équilibre parfait.

Le cœur d'Hilarie avait reçu une trop sérieuse atteinte pour admettre une impression nouvelle et sans mélange : mais, quand les charmes d'une magnifique contrée nous environnent de leur paisible influence ; quand la douceur de sensibles amis agit sur nous, il se passe dans notre esprit et notre cœur quelque chose d'étrange, qui évoque, comme un songe, les choses absentes ou passées, et recule par magie le présent, comme s'il était une pure vision. Bercés par ces diverses alternatives, attirés et écartés, éloignés et rapprochés, ils flottèrent et voguèrent de la sorte plusieurs jours.

Sans observer de trop près les relations des promeneurs, le guide, qui avait du coup d'œil et de l'expérience, crut remarquer un changement dans la paisible conduite de ses belles voyageuses ; et, lorsqu'enfin il se fut expliqué cette situation bizarre, il y pourvut de la manière la plus agréable : car, au moment où l'on voulut ramener les dames à l'endroit où elles devaient trouver la table prête, on vit s'avancer une autre barque, élégamment décorée, qui vint s'amarrer à celle de nos amis, et leur offrit, d'une manière engageante, une table servie avec abondance et délicatesse. Cela permit de passer de suite bien des heures ensemble, et la nuit seule amenait la séparation habituelle.

Heureusement, par un amour capricieux de la nature, Wilhelm et son compagnon avaient négligé, dans leurs premières promenades, de visiter celle des îles qui est le plus richement décorée, et, même alors, ce fut seulement quand ils eurent épuisé toutes les magnifiques scènes naturelles, qu'ils s'avisèrent de faire voir aux dames les objets d'art que cette île renferme, mais qui ne sont pas fort bien conservés. Cependant une autre idée leur vint tout à coup. Ils mirent le guide dans leur confidence : il eut bientôt arrangé cette promenade, et elle s'offrit à leur pensée comme la plus délicieuse qu'ils eussent faite encore. Après tant de jouissances interrompues, ils pouvaient espérer de passer trois journées divines, réunis dans un espace isolé.

Ici nous devons décerner au guide des éloges particuliers. Il était de ces hommes alertes, actifs et déliés, qui, accoutumés à conduire les seigneurs étrangers, parcourant souvent les mêmes chemins, en connaissent les avantages et les inconvénients, savent profiter des uns, éviter les autres, et, sans oublier leur intérêt particulier, font parcourir au voyageur la contrée, d'une manière plus agréable et moins chère pour ceux qui les emploient, qu'ils n'auraient pu faire par eux-mêmes.

Il se présenta en même temps, pour servir les dames, quelques femmes vives et intelligentes, en sorte que la belle veuve put exiger que les deux amis acceptassent chez elle une modeste hospitalité. Tout réussit pour le mieux : car, en cette occasion, comme auparavant, l'habile serviteur avait su faire un si bon usage des lettres de crédit et de recommandation dont les dames étaient pourvues, qu'en l'absence des maîtres, le château, les jardins, ainsi que la cuisine, furent mis à leur disposition, et que la cave même leur fut ouverte. Tout s'arrangea pour le mieux, et, dès le premier moment, les voyageurs pouvaient se croire les maîtres originaires et légitimes de ce paradis.

Tous leurs effets furent sans délai transportés dans l'île, ce qui fut extrêmement commode à la société; mais le plus grand avantage que l'on avait en vue fut de pouvoir, pour la première fois, réunir tous les portefeuilles de l'excellent artiste, et lui fournir l'occasion d'exposer aux dames, dans un ordre suivi, la route qu'il avait parcourue. Ce leur fut une occupation délicieuse. On ne vit point ici cet échange banal de compliments auquel s'abandonnent les amateurs et les artistes : un homme distingué recevait les éloges les mieux sentis et les plus intelligents. Mais, pour ne pas être soupçonné de vouloir, par des phrases générales, persuader aux lecteurs crédules ce que nous ne pouvons leur produire, nous présenterons ici le jugement d'un connaisseur, qui, plusieurs années après, put admirer à loisir ces travaux, ainsi que d'autres du même genre.

Notre artiste réussissait à peindre la tranquille sérénité de ces paisibles vues de lacs, où d'agréables habitations riveraines, se réfléchissant dans l'eau transparente, semblent s'y baigner; les rives, entourées de vertes collines, derrière lesquelles s'élèvent des montagnes boisées et les cimes des glaciers. Le coloris de ces paysages est gracieux et brillant; les lointains sont comme pénétrés d'une douce vapeur, qui monte, en voiles grisâtres, des vallées et des profondeurs arrosées, et en indique les sinuosités. Le maître ne déploie pas un art moins admirable à peindre les vallées plus voisines des hautes montagnes, dont les pentes s'abaissent, couvertes d'une riche végétation, où les frais torrents roulent au pied des rochers leurs eaux rapides.

L'artiste sait parfaitement exprimer, dans les masses de verdure du premier plan, le caractère distinctif des différentes espèces d'arbres, soit par la forme de l'ensemble, soit par la direction des branches et les différentes parties du feuillage, tout comme par les diverses nuances de la fraîche verdure, où semble se jouer la douce haleine des vents et trembloter la lumière.

Au second plan, les vives teintes vertes s'affaiblissent par degrés, et se marient, sur les montagnes lointaines, en nuances d'un violet pâle, avec l'azur du ciel.

Mais notre artiste réussit principalement à représenter les contrées des Hautes-Alpes, leur caractère de simple et tranquille grandeur, les pâturages déployés sur le penchant des montagnes, revêtus de la plus fraîche verdure, où quelques sombres sapins isolés surgissent du tapis de gazon, et où les ruisseaux écumants se précipitent du haut des rochers. Soit qu'il représente, dans les pâturages, les vaches paissantes, ou, sur le sentier étroit et rapide, qui se replie autour des rochers, les chevaux de bât et les mulets, il les dessine avec autant de talent que d'esprit; toujours bien placés et pas trop nombreux, ils décorent, ils animent ces tableaux, sans en troubler ou même en diminuer la paisible solitude. L'exécution témoigne une grande hardiesse de la main; elle est facile; quelques touches fermes et sûres suffisent pour faire un ouvrage achevé.

Plus tard, il se servit sur le papier des brillantes et solides couleurs anglaises, et ces tableaux ont un coloris d'un éclat tout particulier, plein de vivacité, mais aussi de force et de richesse.

Ses représentations des gorges profondes, où se dresse de tous côtés la roche inanimée, où le torrent sauvage mugit dans l'abîme, sous un pont hardiment jeté, ne plaisent pas, il est vrai, comme ses autres tableaux, mais leur vérité nous saisit; nous admirons le grand effet de l'ensemble, produit, à peu de frais, par un petit nombre de traits vigoureux, par les masses de teintes locales.

Il sait reproduire d'une manière non moins caractéristique

les régions les plus élevées, où ne se voient plus aucun arbre, aucun buisson, mais où quelques places abritées, entre les pics de rochers et les cimes neigeuses, se couvrent d'un tendre gazon. Si attrayant et si beau que soit le coloris qu'il donne à cette suave verdure, il a judicieusement évité d'y peindre des troupeaux paissants : car, dans ces régions, les chamois seulement trouvent leur pâture, et le *faucheur sauvage* un périlleux butin.

Ce n'est pas nous éloigner de notre objet que de dépeindre à nos lecteurs, aussi exactement que possible, ces régions désolées, et de leur expliquer, en peu de mots, l'expression de faucheur sauvage, que nous venons d'employer. On désigne sous ce nom les plus pauvres habitants des hautes montagnes, qui se hasardent à récolter le foin dans ces places gazonnées, absolument inaccessibles au bétail. Les pieds armés de crampons, ils gravissent les roches les plus escarpées et les plus dangereuses, ou, s'il est nécessaire, ils se font descendre avec des cordes jusqu'à ces places. Ont-ils fauché et fané l'herbe, ils la jettent des hauteurs dans les vallées inférieures, où elle est recueillie et vendue aux nourrisseurs, qui l'achètent volontiers, à cause de son excellente qualité.

Ces tableaux devaient attirer et charmer chacun de nos amis, mais Hilarie les considérait surtout avec une grande attention. Ses observations firent deviner qu'elle n'était pas elle-même étrangère à ce talent ; l'artiste devait s'y tromper moins que personne, lui qui n'aurait ambitionné aucun suffrage autant que celui de cette aimable jeune fille. Aussi son amie ne lui garda pas plus longtemps le secret : elle blâmait Hilarie d'hésiter, cette fois encore, à laisser paraître ce qu'elle savait. Il ne s'agissait pas ici d'être louée ou critiquée, mais de s'instruire. Elle n'en trouverait peut-être jamais une plus belle occasion.

On finit par la contraindre à montrer son portefeuille, et l'on put reconnaître que cette charmante et modeste jeune fille possédait un véritable talent ; c'était un goût naturel, exercé par l'étude ; elle avait l'œil juste, la main adroite, comme les femmes en acquièrent l'avantage, pour les œuvres d'art, dans leurs travaux ordinaires de toilette et de parure. On remarquait, il est vrai, de l'incertitude dans le dessin, d'où il résultait que le caractère des objets n'était pas suffisamment exprimé ;

mais on admirait l'exécution soignée : toutefois l'ensemble n'était pas conçu de la manière la plus avantageuse, ordonné avec l'expérience de l'artiste. Elle craint, semble-t-il, de profaner l'objet, si elle ne lui reste pas complétement fidèle : de là une attention minutieuse, qui se perd dans les détails.

Mais elle sent désormais que le grand et libre talent, la main hardie de l'artiste, éveille, vivifie, ce qui sommeillait en elle de sentiment et de goût; elle s'aperçoit qu'elle n'a qu'à prendre courage, qu'à suivre, sérieusement et sans balancer, quelques règles principales, que l'artiste lui communique avec solidité, avec une insistance, une ardeur amicale. Elle trouve la sûreté du trait; peu à peu elle s'attache moins aux détails qu'à l'ensemble, et la plus heureuse aptitude se développe ainsi, à l'improviste, en un talent, comme un bouton de rose, auprès duquel nous avons passé le soir sans le remarquer, s'épanouit à nos yeux, le matin, au lever du soleil, en sorte que nous croyons voir le frémissement de vie qui porte au-devant de la lumière cet objet ravissant.

Ce développement esthétique ne pouvait manquer de produire une conséquence morale : car le sentiment de la profonde reconnaissance que nous devons à quiconque nous communique une solide instruction, produit sur une âme pure une impression magique. C'était depuis longtemps le premier sentiment de joie qui se développait dans le cœur d'Hilarie. Contempler d'abord, pendant des jours entiers, la magnifique nature, et sentir tout à coup que l'on a reçu le don de la reproduire d'une manière plus complète!... Quelle joie de s'approcher, par le dessin et la couleur, de la beauté ineffable! Elle trouvait soudainement en elle une nouvelle jeunesse, et ne pouvait s'interdire une tendre inclination pour celui à qui elle était redevable de ce bonheur.

Lorsqu'ils étaient assis à côté l'un de l'autre, nul n'aurait pu distinguer si l'un montrait plus d'ardeur à enseigner les ressources de l'art que l'autre à les saisir et à les mettre en pratique. C'était la lutte la plus heureuse, et telle qu'on la voit rarement s'engager entre le maître et l'élève. Quelquefois l'artiste semblait vouloir tracer sur la feuille un trait décisif; mais elle, repoussant sa main avec douceur, se hâtait d'exécuter ce qui était désiré, ce qui était nécessaire, et toujours de manière à étonner le maître.

Pendant ce temps, la belle veuve se promenait avec Wilhelm sous les cyprès et les pins ou sur les terrasses, le long des treilles de vigne et d'oranger, et elle finit par céder au vœu délicatement exprimé par son nouvel ami; elle lui fit connaître quel étrange concours d'événements avait séparé les deux amies de leurs anciennes relations, les avait intimement unies et jetées en pays étranger.

Wilhelm, qui ne manquait pas du talent de tout recueillir exactement, écrivit plus tard ce récit confidentiel, et nous avons dessein de le communiquer un jour à nos lecteurs, tel que Nathalie le reçut par l'entremise d'Hersilie.

Le dernier soir était arrivé, et l'éclat magnifique de la pleine lune ne permettait pas de sentir le passage du jour à la nuit. La société s'était réunie sur une des plus hautes terrasses, pour contempler le lac tranquille, éclairé de toutes parts et reflétant la clarté. Sa longueur finissait par échapper au regard, mais, dans sa largeur, on le voyait resplendir tout entier.

Quoi que l'on pût avoir à se dire en de pareils moments, on ne devait pas manquer de reconnaître, comme on l'a fait mille fois, les avantages de ce ciel, de ces eaux, de cette terre, sous l'influence de leur soleil puissant, de leur lune plus douce; d'en faire un éloge exclusif et enthousiaste.

Mais, ce qu'on ne se disait pas, ce qu'on s'avouait à peine à soi-même, c'était le sentiment douloureux et profond qui agitait tous les cœurs, avec plus ou moins de force, mais avec la même sincérité et la même tendresse. Le pressentiment de la séparation planait sur ce cercle d'amis; il s'ensuivit peu à peu un silence, qui devint presque de l'angoisse.

Alors le chanteur prit sa résolution, préludant sur son luth avec vigueur, sans se souvenir des ménagements qu'il avait su garder jusqu'alors. L'image de Mignon s'offrit à sa pensée, avec le premier chant de tendresse de l'aimable enfant. Entraîné par la passion au delà des bornes, animant de sa main frémissante les cordes harmonieuses, il chanta :

« Connais-tu la contrée où les citronniers fleurissent?... »

Hilarie se leva, saisie d'une émotion profonde, et s'éloigna, le front voilé; la belle veuve étendit une main vers le chanteur, comme pour l'arrêter, et, de l'autre, elle prit le bras de Wilhelm; le jeune peintre, hors de lui, suivit les pas d'Hilarie; Wilhelm entraîna sur leurs pas la veuve, qui se possédait mieux. Et, lorsqu'ils se trouvèrent tous en face les uns des autres, à la clarté que la lune versait du haut des cieux, l'émotion générale éclata d'une manière irrésistible; les dames s'embrassèrent; Wilhelm pressa son ami sur son cœur, et la lune fut témoin des plus nobles et des plus chastes pleurs. Peu à peu on se remit de son trouble; on se sépara en silence, avec des sentiments et des vœux étranges, qui étaient pourtant dès lors sans espérance. Et, à la face du ciel, dans les heures sérieuses de la nuit, notre artiste, que son ami avait entraîné, fut initié à toutes les douleurs par lesquelles les Renonçants débutent dans la carrière. Les deux dames et Wilhelm avaient déjà passé par cette épreuve, et ils se voyaient menacés de la subir douloureusement une seconde fois.

Les deux jeunes gens s'étaient livrés tard au repos, et, s'étant éveillés de grand matin, ils s'armèrent de courage et se crurent assez forts pour dire adieu à ce paradis; ils imaginèrent divers plans, qui devaient leur permettre de prolonger, sans violer le devoir, leur séjour dans l'agréable voisinage de ces dames.

Ils songeaient à leur faire part de ce projet, quand ils apprirent soudain qu'elles étaient parties au point du jour.

Une lettre de notre reine des cœurs leur en disait davantage. On pouvait douter si c'était la sagesse ou la bonté, l'amour ou l'amitié, l'estime pour le mérite ou une légère confusion causée par le préjugé, qui l'avait dictée. Par malheur, la conclusion exprimait la défense rigoureuse de suivre et de chercher nulle part les deux amies; même, s'ils les rencontraient par hasard, il faudrait sans faute s'éviter mutuellement.

Dès ce moment, le paradis fut changé pour les amis, comme par un coup de baguette magique, en un véritable désert; et assurément ils auraient ri eux-mêmes, s'ils avaient pu s'apercevoir alors combien ils étaient devenus tout à coup injustes et ingrats envers un séjour si beau, si remarquable. Nul égoïste hypocondriaque n'aurait critiqué et frondé avec autant de rigueur et de caprice les bâtiments dégradés, les murs négligés, les tours délabrées par le temps, les allées remplies d'herbe, les arbres languissants, les grottes artificielles couvertes d'une mousse tombée en pourriture, et cent autres choses pareilles. Cependant ils se remirent du mieux qu'ils purent; notre artiste empaqueta soigneusement ses ouvrages; ils s'embarquèrent; Wilhelm accompagna son ami jusqu'à la tête du lac, où le peintre se mit en chemin, comme ils en étaient convenus, pour se rendre auprès de Nathalie, et, par le moyen de ces remarquables peintures, la transporter dans des contrées qu'elle ne verrait peut-être pas de sitôt. Il était aussi autorisé à déclarer la circonstance inattendue qui l'avait fait accueillir, de la manière la plus amicale, par les membres de la société des Renonçants, dont les traitements pleins de bienveillance l'avaient, sinon guéri, du moins consolé.

Lénardo à Wilhelm.

Votre lettre, mon cher ami, m'a trouvé au milieu d'une activité que je pourrais appeler confusion, si le but était moins grand, et si j'étais moins sûr de l'atteindre. Mon union avec les vôtres est plus importante que nous ne pouvions le penser de part et d'autre. Je n'ose entamer ce sujet, parce que je vois, dès l'entrée, comme l'ensemble est immense, comme l'enchaînement est inexprimable. Agir sans parler doit être désormais notre mot de ralliement.

Je vous remercie de me faire entrevoir, à demi voilé, dans le lointain, un si agréable secret. Je suis charmé de savoir cette femme excellente dans une situation heureuse et tranquille, tandis qu'un tourbillon d'affaires m'enveloppe et m'entraîne, mais non sans étoile et sans guide. L'abbé se charge de vous dire le reste; je ne puis songer qu'au progrès; le désir s'évanouit dans le travail et l'activité. Je suis à vous.... mais je m'arrête. Lorsqu'on a tant à faire, il ne reste plus de place pour la réflexion.

L'abbé à Wilhelm.

Votre lettre, bonne et sage, a failli, contre votre intention, nous faire beaucoup de mal. Votre peinture de la femme que vous avez retrouvée est si touchante et si pleine d'attrait, que notre ami fantasque aurait volontiers tout quitté pour la chercher à son tour, si les plans que nous avons désormais arrêtés n'étaient pas si grands et d'une si vaste portée. Mais il a soutenu l'épreuve, et nous sommes assurés qu'il est complétement pénétré de cette affaire importante, qu'il se sent détourné de tout le reste et entraîné vers cet unique objet.

Après un plus mûr examen, nous avons découvert dans nos relations avec les nouveaux amis que vous nous avez procurés, de beaucoup plus grands avantages pour eux et pour nous qu'on ne l'avait pensé. Car on a projeté, dans ces derniers temps, à travers une contrée moins favorisée de la nature, et où se trouve une partie des domaines que l'oncle de Lénardo lui abandonne, un canal, qui passera aussi à travers nos possessions, et qui, si nous unissons nos efforts, augmentera la valeur de ces terres d'une manière incalculable.

Par là il pourra satisfaire aisément son inclination dominante, qui est de prendre les choses à l'origine. Il se trouvera sur les deux bords de ce canal assez de terres incultes et inhabitées ; là pourront s'établir des fileuses et des tisseuses, des maçons, des charpentiers et des forgerons, et l'on pourra leur construire des ateliers convenables ; tout s'exécutera de la première main, tandis que, nous autres, nous entreprendrons de résoudre les difficultés, et que nous saurons seconder l'élan de l'activité.

Telle est donc la première tâche de notre ami. Il nous arrive sans cesse de la montagne des plaintes nouvelles sur l'accroissement de la disette, et, dans ces quartiers, la population paraît être surabondante. Il ira les visiter, juger les hommes et les choses, et recevoir dans notre courant les gens laborieux, capables d'être utiles à eux-mêmes et aux autres.

Pour ce qui regarde Lothaire, je puis vous annoncer qu'il prépare la conclusion définitive. Il a entrepris un voyage chez les instituteurs, pour leur demander des artistes d'un vrai talent, mais en très-petit nombre. Les arts sont le sel de la terre ; ils jouent dans l'industrie le rôle du sel dans les aliments. Nous empruntons à l'art ce qu'il faut seulement pour que le métier ne devienne pas insipide.

En somme, une constante union avec cette institution pédagogique nous deviendra infiniment utile et nécessaire. Nous devons agir et ne pouvons nous occuper d'éducation ; mais notre premier devoir est d'attirer à nous des hommes bien préparés.

Je pourrais ajouter mille et mille réflexions : permettez-moi seulement, selon notre ancienne habitude, encore une observation générale, provoquée par un passage de votre lettre à Lénardo. Nous ne prétendons pas refuser à la piété domestique les louanges qu'elle mérite ; sur elle se fonde la tranquillité de l'individu, laquelle, à son tour, peut être la base de la fermeté et de la dignité ; mais elle ne suffit plus : il nous faut concevoir l'idée d'une piété universelle, donner à nos sentiments de probité et d'humanité un large développement pratique, et, non-seulement faire du bien à nos proches, mais associer à nos destinées l'humanité tout entière.

Pour en venir enfin à votre requête, voici ce que j'ai à vous dire. Montan nous l'a transmise sans retard. L'homme singulier s'est absolument refusé à nous déclarer quelle est proprement votre résolution, mais il nous a donné sa parole d'ami qu'elle était sage, et que la réussite en serait extrêmement utile à la société. Ainsi donc l'on vous pardonne de nous en faire vous-même un secret dans votre lettre. En un mot, vous êtes affranchi de toute gêne, et vous l'auriez été plus tôt, si nous eussions connu votre séjour. C'est pourquoi, je vous le répète au nom de tous, votre projet, quoique vous ne l'ayez pas fait connaître, est approuvé sur votre parole et celle de Montan. Voyagez, arrêtez-vous, passez de lieu en lieu, fixez-vous quelque part.... ce qui vous réussira sera bien. Puissiez-vous devenir l'anneau le plus nécessaire de notre chaîne!

J'ajoute ici un petit tableau, qui vous fera connaître le centre mobile de nos communications. Vous y verrez désigné le lieu où vous devrez, dans chaque saison, nous adresser vos lettres;

nous préférons qu'elles nous parviennent par des messagers fidèles, dont un nombre suffisant vous est indiqué en plusieurs lieux. Des signes vous font aussi connaître où vous pourrez, au besoin, trouver quelqu'un des nôtres.

Avis au lecteur.

Nous sommes obligés de signaler ici à nos lecteurs une lacune de quelques années : aussi aurions-nous terminé volontiers le volume à cet endroit, si la disposition typographique l'avait permis. Mais l'intervalle d'un chapitre à l'autre suffira sans doute pour franchir, par la pensée, l'espace de temps supposé, car nous sommes dès longtemps accoutumés à voir une chose pareille se passer, en notre présence, entre la chute et le lever du rideau.

Nous avons vu dans ce deuxième livre les relations de nos anciens amis s'étendre d'une manière considérable, et nous avons fait en même temps de nouvelles connaissances. L'avenir se présente de telle sorte, que nous pouvons espérer de les voir tous et chacun réussir à souhait, s'ils savent se conduire dans le monde. Il faut donc nous attendre à les retrouver l'un après l'autre, s'entremêlant et se dégageant tour à tour, sur des chemins frayés et non frayés.

CHAPITRE IX.

Si nous allons à la recherche de notre ami, que nous avons abandonné depuis quelque temps à lui-même, nous le trouvons sur le point d'entrer dans la province des Instituteurs par le côté de la plaine. Il traverse des pâturages et des prairies ; il fait sur la pelouse le tour de maint petit lac, observe des collines, plutôt buissonneuses que boisées, et, de toutes parts, une vue découverte sur un sol peu accidenté.

En suivant ces sentiers, il ne tarda pas à se convaincre qu'il était dans le canton consacré à la nourriture des chevaux; il remarquait çà et là des troupeaux, grands ou petits, de ce noble animal; des mâles et des femelles de tout âge. Soudain l'horizon se couvre d'un effrayant nuage de poussière, qui s'enfle et s'approche rapidement, couvre toute la largeur de la plaine, puis, écarté par un coup de vent, laisse voir à découvert le tumulte qu'il avait enveloppé.

Une grande troupe de ces coursiers généreux arrive en plein galop; ils sont conduits et maintenus en masse serrée par les gardiens qui les montent. L'orageux tourbillon passe devant le voyageur; un beau jeune garçon, du nombre des gardiens, l'observe avec étonnement, s'arrête, saute à bas de son cheval et embrasse son père.

Aussitôt les questions et les récits commencèrent. Félix rapporta que, dans le premier temps des épreuves, il avait beaucoup souffert; il regrettait son cheval; il avait dû se traîner à pied par les champs et les prairies; comme il l'avait annoncé d'avance, il ne s'était pas trop distingué dans la vie pénible et monotone des laboureurs; la fête des moissons lui avait beaucoup plu, mais ensuite il n'avait pris aucun plaisir à bêcher, labourer, creuser la terre et la cultiver; il s'était occupé des animaux domestiques, utiles et nécessaires, mais toujours avec nonchalance et mécontentement: enfin on l'avait fait passer dans la catégorie plus animée des cavaliers. Garder les juments et les poulains était quelquefois assez ennuyeux; cependant lorsqu'on voyait devant soi un gentil petit animal, qui, dans trois ou quatre ans peut-être, emporterait gaiement son homme, c'était tout autre chose que de s'occuper de veaux et de cochons de lait, dont la destination, lorsqu'ils sont bien nourris et engraissés, est d'être menés à la boucherie.

La taille de l'enfant, qui allait devenir un jeune homme, son air de santé, sa conversation franche, animée et même spirituelle, étaient faits pour charmer le père. Ils se hâtèrent de suivre, à cheval, la troupe rapide, en passant devant de grandes métairies solitaires, et ils arrivèrent à la bourgade où se tenait la grande fête du marché. Là régnait un incroyable tumulte, et l'on ne pouvait distinguer qui, des chevaux ou des acheteurs, soulevait le plus de poussière. Là se rassemblaient, de tout pays, des chalands désireux d'acheter des sujets de noble race et soigneusement dressés. On croyait entendre toutes les langues de la terre. Il s'y mêlait le son des instruments à vent les plus énergiques; partout le mouvement, la force et la vie.

Notre voyageur rencontra le surveillant, son ancienne connaissance. Il était avec d'autres hommes forts et robustes, qui, sans bruit et comme inaperçus, savaient maintenir l'ordre et la discipline. Wilhelm, croyant remarquer ici un nouvel exemple d'une occupation exclusive, et, à côté de vues larges, une direction bornée, désira savoir à quoi l'on exerçait encore les élèves, pour empêcher qu'avec une occupation si sauvage et, en quelque façon, grossière, élevant et nourrissant des animaux, le jeune homme ne devînt lui-même un véritable sauvage. Il fut donc charmé d'apprendre qu'à ces occupations, qui avaient un air de rudesse et de violence, on associait justement l'étude la plus délicate, savoir l'exercice et la culture des langues.

A ce moment, Wilhelm ne vit plus Félix à son côté : il l'aperçut à travers la foule, vivement occupé à marchander et acheter quelques bagatelles d'un jeune colporteur. Bientôt après, il ne le vit plus. Le surveillant lui demanda la cause de son inquiétude et de sa distraction, et, apprenant qu'il cherchait son fils :

« Laissez-le faire, dit-il au père, pour le tranquilliser : il n'est pas perdu, et, pour vous faire voir comme nous maintenons nos élèves.... »

A ces mots, il souffla vivement dans un petit sifflet suspendu à sa ceinture Aussitôt des sifflets répondirent par douzaines des divers côtés. Le surveillant poursuivit :

« Je m'en tiens là pour le moment : ce n'est qu'un signal, pour annoncer que l'inspecteur est dans le voisinage, et qu'il veut savoir à peu près combien d'élèves l'entendent. A un second signal, ils gardent le silence, mais ils se préparent; au troisième, ils répondent et ils accourent. Au reste, ces signaux sont très-variés et d'une utilité particulière. »

Les rangs s'étaient tout à coup éclaircis autour d'eux; ils purent discourir plus librement, en dirigeant leur promenade vers les hauteurs voisines. Le surveillant continua ses explications.

« Ce qui nous a déterminés à faire apprendre les langues étrangères, c'est qu'il se trouve ici des jeunes gens de toutes les parties du monde. Pour empêcher que les compatriotes ne se liguent entre eux, comme il arrive d'ordinaire en pays étranger, qu'ils ne se séparent des autres nations et ne forment des partis, nous tâchons qu'ils se rapprochent les uns des autres, en s'enseignant mutuellement leurs langues. Le talent d'en parler plusieurs est surtout indispensable, parce que, dans le marché de fête, chaque étranger aime à trouver, en sa propre langue, une conversation agréable et toutes les facilités désirables pour le trafic. Cependant, de peur que le langage ne s'altère ou que l'on ne tombe dans la confusion de Babel, on ne doit parler, durant tout un mois, qu'une seule langue, d'après le principe qu'on n'apprend rien en dehors de l'élément qu'il s'agit de dompter.

« Nous considérons nos élèves, ajouta l'inspecteur, comme autant de nageurs, surpris de se sentir plus légers dans l'élément qui menaçait de les engloutir, et qui les soulève et les porte; et il en est de même pour tout ce que l'homme entreprend. Cependant si un de nos élèves montre un goût particulier pour telle ou telle langue, au sein même de cette vie, en apparence tumultueuse, qui offre aussi beaucoup d'heures de loisir, de solitude et même d'ennui, on veille à ce qu'il reçoive un enseignement exact et solide. Vous auriez, je pense, de la peine à démêler, parmi ces centaures imberbes et barbus, nos grammairiens cavaliers, entre lesquels il se trouve même quelques pédants. Votre Félix s'est appliqué à l'italien, et, comme le chant embrasse, ainsi que vous le savez, tout notre système d'éducation, vous pourriez l'entendre, pendant les longues heures du pâturage, chanter diverses mélodies avec goût et sentiment. Une vie active et pratique est beaucoup plus compatible qu'on ne pense avec une instruction suffisante. »

Comme chaque district célèbre sa fête particulière, on conduisit le voyageur dans celui de la musique instrumentale. Voisin de la plaine, il offrait déjà une succession d'agréables et charmants vallons, de gracieux bocages, de paisibles ruisseaux.

sur les rives desquels s'élevait çà et là une roche moussue. On apercevait sur les collines des cabanes éparses, entourées de verdure; dans les douces vallées, les maisons se serraient davantage. Ces gracieuses chaumières des coteaux étaient assez séparées, pour que les sons, justes ou faux, ne pussent s'entendre de l'une à l'autre.

Ils approchèrent ensuite d'une grande place, entourée de bâtiments et d'ombrages, où ils trouvèrent une foule serrée, qui semblait être dans une vive attente. A l'instant même où Wilhelm arrivait, commença une grande symphonie, exécutée par tous les instruments, et dont il admira la douce et puissante harmonie.

A côté du spacieux orchestre, on en voyait un plus petit, qui lui fournit le sujet d'une observation particulière. Il s'y trouvait des élèves d'âges différents; chacun tenait son instrument tout prêt, sans jouer : c'étaient ceux qui ne pouvaient ou n'osaient pas encore prendre part à la symphonie. On observait avec intérêt qu'ils semblaient sur le point de se risquer, et l'on assurait que rarement une de ces fêtes se passait sans qu'il se révélât tout à coup quelque talent.

Comme des chants s'entremêlèrent aux morceaux de musique instrumentale, on ne pouvait douter que la musique vocale ne fût aussi cultivée. Le voyageur ayant demandé quel autre enseignement s'unissait à celui-là, il apprit que c'était celui de la poésie, et particulièrement de la poésie lyrique. L'essentiel est que les deux arts se développent pour eux-mêmes et par eux-mêmes, puis l'un pour l'autre et l'un avec l'autre. Les élèves apprennent à les connaître tous deux dans leur caractère propre; ensuite on leur enseigne comment ils agissent l'un sur l'autre, et puis s'affranchissent mutuellement.

Au rhythme poétique le musicien oppose la mesure et le mouvement. Mais c'est en cela que la musique paraît bientôt dominer la poésie : car si, comme il est juste et nécessaire, la poésie observe toujours, aussi purement que possible, la quantité, il se trouve pour le musicien peu de syllabes décidément courtes ou longues; il brise arbitrairement le travail le plus consciencieux du poëte; il change même la prose en chant, d'où résultent les plus étranges conséquences, et le poëte se verrait bientôt anéanti, s'il ne savait, à son tour, inspirer au musicien du respect par la tendresse et l'audace de ses mouvements lyriques, et provoquer des sentiments nouveaux, tantôt par un doux enchaînement, tantôt par les plus soudaines transitions.

Les chanteurs que vous trouvez ici sont la plupart poëtes eux-mêmes. On enseigne aussi les principes de la danse, afin que tous ces talents se puissent répandre régulièrement dans tous les districts.

Lorsque le voyageur eut franchi la limite de la contrée voisine, il remarqua aussitôt une tout autre architecture. Les habitations n'étaient plus dispersées; ce n'étaient plus de simples cabanes; les maisons étaient rangées dans un ordre régulier; belles et solides à l'extérieur, elles étaient vastes, commodes, élégantes au dedans; elles présentaient l'aspect d'une ville spacieuse, bien bâtie, en proportion avec le pays. C'était le domaine de l'art plastique et de tous les métiers qui s'y rattachent, et, dans cet espace, régnait un silence tout particulier.

L'artiste qui se livre à la plastique est toujours, il est vrai, par la pensée, en rapport avec toute la société vivante et agissante, mais son travail est solitaire; et, par la plus singulière contradiction, aucun autre peut-être ne demande un entourage aussi animé. Ici donc chacun exécute en secret ce qui doit bientôt occuper à jamais les regards des hommes; un silence religieux règne dans la ville entière, et, si l'on n'avait pas entendu çà et là le ciseau des tailleurs de pierre ou les coups mesurés de la hache des charpentiers, assidûment occupés à terminer un superbe édifice, aucun bruit n'aurait ému les airs.

Notre voyageur fut surpris de la sévérité, de l'étrange rigueur, avec laquelle on traitait les commençants aussi bien que les élèves avancés; nul ne semblait agir de son propre mouvement; on eût dit qu'un esprit invisible les animait tous, pour les conduire vers un grand et unique but. On n'apercevait nulle part ni projet ni esquisse; chaque trait était tracé avec circonspection, et, quand le voyageur demanda l'explication de toute cette conduite, le guide lui répondit que l'imagination était une faculté vague, inconstante, et que, d'un autre côté, dans la plastique, tout le mérite de l'artiste consiste à fixer, à enchaîner toujours plus l'imagination, et à l'élever enfin jusqu'à la réalité.

On rappelait la nécessité de principes fixes dans les autres arts.

Le musicien pardonnerait-il à un élève d'attaquer la corde brusquement, ou de se permettre même des intervalles à son gré? Ici on s'étonne que rien ne soit laissé au caprice du disciple : l'élément dans lequel il doit agir lui est positivement assigné; l'instrument dont il doit se servir est placé dans sa main; il se voit même prescrire la manière dont il doit s'en servir, je veux dire le changement de doigts, afin qu'un membre fasse place à un autre membre et prépare à son successeur le droit chemin, et cette coopération régulière rend seule possible l'impossible.

Et ce qui justifie surtout nos sévères exigences, nos règles absolues, c'est que le génie, le talent naturel, est le premier à les comprendre et s'y soumet le plus volontiers. C'est le demi-talent qui seul voudrait mettre son individualité bornée à la place de l'absolue universalité, et colorer ses fausses conceptions du prétexte d'une originalité et d'une indépendance indomptables. Mais c'est là ce que nous ne souffrons point; nous préservons au contraire nos élèves de tous les faux pas, qui égarent et dissipent une grande part de la vie, et quelquefois la vie tout entière.

C'est au génie que nous aimons surtout à nous adresser, car il est animé du bon esprit de reconnaître bientôt ce qui lui est avantageux. Il comprend que l'art s'appelle de ce nom, précisément parce qu'il n'est point la nature; il se plie au respect même de ce qu'on pourrait nommer conventionnel. En effet, que faut-il entendre par là, sinon que les hommes les plus éminents se sont accordés à reconnaître le nécessaire, l'indispensable, comme ce qu'il y a de meilleur? Et ne tourne-t-il pas constamment à notre avantage?

Nous avons rendu beaucoup plus facile la tâche des maîtres, en introduisant et inculquant ici, comme dans toute notre institution, les trois respects et leurs signes extérieurs, mais avec quelques modifications, conformes à la nature de l'occupation principale.

En poursuivant sa promenade, le voyageur admirait de voir que la ville semblait s'étendre toujours, les rues se développer les unes à la suite des autres, offrant des points de vue variés. L'extérieur des bâtiments annonçait clairement leur destination; ils étaient dignes et imposants; ils étaient beaux plutôt que magnifiques; aux plus nobles et aux plus sévères, qui se trouvaient au centre de la ville, en succédaient de gracieux; puis les faubourgs élégants, d'un style agréable, s'étendaient jusque dans les champs, et finissaient par se disperser en habitations entourées de jardins.

Le voyageur ne put s'empêcher de faire observer que les habitations des musiciens, dans le district précédent, ne pouvaient en aucune façon être comparées, pour la grandeur et la beauté, à celles où étaient logés les peintres, les sculpteurs et les architectes. On lui répondit que cela tenait à la nature de la chose. Le musicien doit être toujours concentré en lui-même; il doit cultiver son être moral, pour le produire au dehors; il n'est point appelé à flatter l'œil : l'œil triomphe aisément de l'oreille, et entraîne l'esprit vers les objets extérieurs. Au contraire, l'artiste voué à la plastique doit vivre dans le monde extérieur, et, comme à son insu, manifester l'état de son âme dans les choses du dehors et par leur intermédiaire. Ces artistes doivent être logés comme des rois et des dieux; sans cela, comment pourraient-ils bâtir et décorer des édifices pour les rois et les dieux? Ils doivent enfin s'élever tellement au-dessus du vulgaire, que le peuple tout entier se sente ennobli dans leurs ouvrages.

Notre ami se fit ensuite expliquer un autre paradoxe, savoir pourquoi, précisément dans ces jours de fête, ces jours d'une joie tumultueuse, qui animaient si vivement d'autres cantons, régnait dans celui-ci le plus grand silence, et pourquoi le travail n'était pas aussi interrompu.

« L'homme qui se consacre à l'art plastique, répondit le surveillant, n'a besoin d'aucune fête. Pour lui l'année tout entière est une fête. Quand il a produit quelque œuvre excellente, elle demeure, après comme auparavant, exposée à ses yeux, aux yeux du monde entier; il n'est besoin pour cela d'aucune répétition, d'aucun nouvel effort, d'aucun nouveau succès, que le musicien est contraint de poursuivre sans cesse; aussi lui faut-il accorder les fêtes les plus magnifiques, en présence d'un public nombreux.

— On devrait du moins, reprit Wilhelm, permettre, en ces jours solennels, une exposition, où l'on pourrait contempler avec plaisir et apprécier les progrès que les élèves ont faits pendant trois ans.

— Les expositions peuvent être nécessaires en d'autres lieux, répondit le surveillant; chez nous elles ne le sont point : tout notre système, toute notre existence, est une exposition. Voyez ces édifices de tout genre, tous construits par des élèves, mais sur des plans cent fois médités et discutés : car les tâtonnements et les essais sont interdits à l'architecte. Ce qui doit rester debout, il faut l'établir parfaitement et pour l'éternité, ou du moins pour une longue durée. On peut commettre des fautes, on ne doit point en bâtir.

« Nous sommes plus indulgents pour les sculpteurs et plus encore pour les peintres : ils peuvent faire des essais chacun dans leur genre. Ils sont libres de choisir, au dedans et au dehors des édifices, et dans les places publiques, un point qu'ils désirent décorer. Ils font connaître leur pensée : si elle est digne de quelque approbation, l'exécution en est permise, et cela, soit avec l'autorisation, accordée à l'élève, de pouvoir, plus tôt ou plus tard, faire enlever son travail, s'il venait à lui déplaire, soit à condition que l'œuvre, une fois exposée, demeure à sa place irrévocablement. La plupart choisissent le premier parti, et se réservent la permission qu'on leur offre : en quoi ils sont toujours mieux inspirés. Le second cas est plus rare, et l'on observe qu'alors les artistes se fient moins en eux-mêmes, qu'ils ont de longues conférences avec leurs camarades et avec les connaisseurs, et réussissent de la sorte à produire des ouvrages vraiment dignes d'estime et qui méritent de vivre. »

Wilhelm ne négligea pas ensuite de demander quel enseignement on associait à la culture des arts plastiques.

« Celui de la poésie épique, » répondit le surveillant.

Cependant il causa une singulière surprise au voyageur, en ajoutant qu'on ne permettait pas aux élèves de lire ou de réciter les épopées mêmes des poëtes anciens et modernes.

« On se contente, poursuivit-il, de leur exposer brièvement une suite de mythes, de traditions et de légendes. On juge bientôt, à l'exécution pittoresque ou poétique, la faculté créatrice du talent voué à l'un ou à l'autre de ces arts. Le poëte et l'artiste puisent à la même source, et chacun cherche à diriger l'eau de son côté et pour son avantage, afin d'atteindre, selon l'exigence, des buts particuliers : ce qui lui réussit beaucoup mieux, que s'il essayait de reproduire ce qui est déjà produit.»

Le voyageur eut lui-même l'occasion de voir comment les choses se passaient. Plusieurs peintres travaillaient dans une salle; un jeune ami, d'une vive intelligence, leur racontait, en grand détail, une histoire toute simple, en sorte qu'il employait presque autant de mots que les artistes de coups de pinceau, pour donner lui-même à son œuvre la forme la plus achevée.

Le surveillant assura que les amis trouvaient beaucoup de charme à cette récréation, tandis qu'ils travaillaient ensemble, et qu'elle avait souvent développé des improvisateurs, qui savaient inspirer un grand enthousiasme pour l'une et l'autre forme d'imitation.

Wilhelm en revint aux arts plastiques, pour demander de nouvelles explications.

« Vous n'avez point d'expositions, dit-il, et par conséquent point de concours ni de prix?

— Non pas précisément, mais nous pourrons vous faire voir ici près ce que nous jugeons plus utile. »

Ils entrèrent dans une grande salle, heureusement éclairée par en haut. Ils virent d'abord de nombreux artistes, rangés en cercle et travaillant; du milieu d'eux s'élevait un groupe colossal, favorablement exposé. Des figures énergiques d'hommes et de femmes, dans des attitudes violentes, rappelaient le magnifique combat des jeunes héros et des Amazones, où la haine et l'hostilité finissent par faire place, des deux parts, à une affectueuse assistance. Cet ouvrage, où tant de formes s'entrelaçaient admirablement, se présentait de chaque côté d'une manière également avantageuse. Les artistes, assis ou debout, formaient alentour un vaste cercle, chacun occupé à sa manière, le peintre, à son chevalet, le dessinateur, devant sa planche; quelques-uns modelaient en plein, quelques-uns en bas-relief; des architectes même faisaient le projet du piédestal sur lequel ce bel ouvrage devait être érigé plus tard. Chaque artiste suivait ses inspirations dans sa copie : les peintres et les dessinateurs développaient le groupe en surface, attentifs toutefois à ne point en troubler l'ordonnance, mais à la respecter aussi fidèlement que possible; les imitations en bas-relief étaient traitées dans le même esprit; un seul artiste avait reproduit le groupe tout entier, avec de plus petites dimensions, et, dans certains mouvements, dans les proportions des membres, il semblait avoir surpassé le modèle.

Alors Wilhelm apprit que c'était l'auteur même du groupe qui, avant de l'exécuter en marbre, l'avait soumis à cette épreuve, non pas critique, mais pratique; et qui, observant avec soin ce que chacun de ses collaborateurs avait vu dans cette œuvre, avait maintenu ou changé, d'après ses propres inspirations, savait en profiter dans un nouvel examen de son travail; en sorte qu'à la fin ce grand ouvrage, une fois exécuté en marbre, quoique entrepris, modelé et achevé par un seul artiste, semblerait appartenir à tous.

Le plus grand silence régnait dans la salle; mais le surveillant éleva la voix et s'écria :

« Qui pourrait ici, en présence de cette œuvre immobile, ébranler par d'éloquentes paroles notre imagination, au point de rendre à tout ce que nous voyons là fixe et arrêté le mouvement et la vie, sans que l'ouvrage perdît son caractère, afin de nous persuader que la situation choisie et fixée par l'artiste était en effet la plus noble ? »

Désigné par tous ses camarades, un beau jeune homme quitta son travail, et, sortant du cercle, il commença, sur un ton calme et paisible, paraissant se borner à décrire l'œuvre d'art qu'il avait sous les yeux; mais bientôt il s'élança dans le domaine de la poésie; il se plongea dans le milieu de l'action, et domina son sujet d'une manière admirable; peu à peu son exposition s'éleva, par le secours d'une déclamation excellente, à un degré si sublime, que le groupe immobile sembla réellement se mouvoir sur son axe et que l'on crut voir doubler et tripler le nombre des figures.

Wilhelm était dans le ravissement et il s'écria :

« Qui pourra maintenant s'empêcher de passer au véritable chant, à la poésie cadencée par le rhythme ?

— Je serais forcé de m'y opposer, répliqua le surveillant;

car, si notre excellent sculpteur veut être sincère, il reconnaîtra que notre poëte l'a importuné, précisément parce que les deux artistes sont aussi loin que possible l'un de l'autre ; j'oserais au contraire affirmer que plus d'un peintre s'est approprié quelque trait de ce vivant tableau.... Je voudrais cependant faire entendre à notre ami un chant paisible et doux, un chant que vous exécutez avec une gravité charmante ; il plane sur l'ensemble de l'art, et je ne puis moi-même jamais l'entendre sans être touché. »

Après une pause, pendant laquelle les élèves échangèrent des signes d'intelligence, toute la salle retentit de ce noble chant qui élevait à la fois les esprits et les cœurs :

« Pour inventer, pour te résoudre, artiste, demeure souvent seul ; pour jouir de ton ouvrage, va gaiement te mêler dans la foule. Là, dans l'ensemble, observe, découvre ta propre voie, et les travaux de plusieurs années se révéleront pour toi dans le voisin.

« La pensée, le projet, les formes, leurs rapports, l'un l'autre se fécondent, et l'on touche au terme enfin. Bien inventer, méditer sagement, modeler avec élégance et délicatement finir : c'est ainsi toujours que l'artiste ingénieux a conquis sa puissance.

« Comme la nature en ses mille tableaux ne manifeste qu'un Dieu, ainsi, dans le vaste champ des arts, règne une idée éternelle : c'est l'idée de la vérité, qui ne veut pour ornement que le beau, et qui ose regarder fixement la plus vive clarté du jour le plus pur.

« Comme le poëte et l'orateur se déploient hardiment dans les vers et la prose, que la rose charmante s'anime, s'épanouisse dans le tableau du peintre, entourée de ses sœurs brillantes, couronnée des fruits de l'automne, en sorte qu'elle éveille l'impression manifeste d'une secrète vie.

« Que, toujours diverse et belle, la forme découle de la forme sous ta main, et qu'elle aime dans la figure de l'homme la préférence de la divinité. De quelque instrument que vous fassiez usage, présentez-vous comme frères, et, au bruit des chants, la flamme et la fumée du sacrifice s'élèvent en colonne de l'autel. »

Wilhelm était fort disposé à tout admettre, bien que tout lui parût fort paradoxal, et lui aurait semblé même absolument impossible, s'il ne l'avait vu de ses yeux. Et comme ces choses lui étaient exposées et communiquées ouvertement et librement, dans un bel ordre, il avait à peine besoin de faire une question pour en apprendre davantage; cependant il ne put s'empêcher de demander un éclaircissement à son guide.

« Je vois, dit-il, qu'on a pourvu sagement à tout ce qu'on peut désirer dans la vie; mais apprenez-moi dans quel district je verrai cultivée, avec le même soin, la poésie dramatique, et où je pourrai m'instruire sur ce sujet. J'ai observé tous vos édifices, et je n'en trouve point que l'on pût destiner à cet objet.

— Nous répondrons sans mystère à votre question que vous n'en trouverez aucun dans toute notre province. Le drame suppose une foule oisive, peut-être même une populace, et il n'en existe point chez nous : car les gens de cet acabit, quand ils ne s'éloignent pas avec humeur, nous leur faisons passer la frontière. Soyez pourtant assuré que, dans notre institution, qui exerce une action générale, un point de cette importance a été bien médité. Mais il ne s'est trouvé aucun district convenable; partout s'offraient de graves difficultés. Lequel de nos élèves aurait pu se résoudre aisément à exciter dans la foule, par une gaieté mensongère ou une douleur factice, un sentiment faux, étranger au moment, pour faire naître une succession de plaisirs toujours incomplets? Nous avons trouvé ces jongleries tout à fait dangereuses, et incompatibles avec un but aussi sérieux que le nôtre.

— On dit cependant, repartit Wilhelm, que cet art, d'une étendue si vaste, favorise tous les autres.

— Nullement! Il les fait servir à son usage, mais il les corrompt. Je ne blâme pas le comédien de rechercher le peintre, mais c'est pour le peintre une société funeste. Le comédien mettra en œuvre, sans scrupule et non sans avantage, pour atteindre son but frivole et passager, ce que lui fourniront l'art et la vie : en revanche, le peintre qui songerait à profiter du théâtre, n'y trouvera jamais son compte, non plus que le musicien. A mes yeux, les arts sont comme des frères, dont la plupart seraient disposés à vivre avec une sage économie, mais dont l'un, à tête légère, aurait envie de s'approprier et de dissiper le patrimoine de toute la famille. Tel est le théâtre ; il a une origine équivoque, qu'il ne peut jamais démentir entièrement, qu'il se présente comme un art, comme un métier ou comme une fantaisie. »

Wilhelm baissa les yeux, en poussant un profond soupir, car tout ce qu'il avait éprouvé de plaisirs et de souffrances auprès de la scène et sur la scène lui revint soudain à la mémoire ; il bénit les hommes pieux qui avaient su épargner ces tourments à leurs élèves, et, par principe et par conviction, avaient éloigné ces périls du milieu d'eux.

Mais son guide ne le laissa pas longtemps à ces réflexions.

« C'est notre première et plus sainte maxime, poursuivit-il, de n'égarer aucune disposition naturelle, aucun talent, et nous ne pouvons nous dissimuler que, dans un si grand nombre d'élèves, il peut se produire un talent mimique, naturel et décidé ; il se révèle dans le penchant irrésistible à contrefaire les caractères, les figures, les gestes, les langages étrangers. Nous n'encourageons pas cette disposition, mais nous observons l'élève avec soin, et, s'il demeure fidèle à son inclination, comme nous avons des relations avec les grands théâtres de tous les pays, nous leur envoyons ces sujets d'une capacité reconnue, afin que, le plus tôt possible, comme le canard sur l'étang, ils puissent barboter et se démener sur les planches. »

Wilhelm écoutait avec patience, n'étant toutefois persuadé qu'à demi, et peut-être avec quelque chagrin, car, telle est la bizarrerie de l'homme, qu'il peut reconnaître la vanité d'une chose qu'il aime, se détourner d'elle et même la maudire, mais qu'il ne veut pas la voir traiter de même sorte par d'autres que lui ; et peut-être l'esprit de contradiction, commun à tous les hommes, ne se montre-t-il jamais avec plus de force et de vivacité que dans cette occasion.

Le rédacteur de ces feuilles se permettra lui-même d'avouer qu'il ne laisse point passer sans quelque mécontentement ce singulier endroit. N'a-t-il pas aussi consacré au théâtre, et de diverses manières, plus de temps et de force qu'il n'était convenable, et pourrait-on bien lui persuader que ce fut une erreur impardonnable, un travail infructueux ?

Mais nous n'avons pas le temps de nous livrer avec chagrin à ces souvenirs et à ces ressentiments, car notre ami éprouve l'agréable surprise de voir reparaître un des Trois, homme particulièrement aimable. En montrant une douceur prévenante et la paix intérieure la plus pure, il se communiqua d'une manière infiniment agréable; le voyageur put s'approcher de lui avec confiance, et il sentit que cette confiance lui était rendue.

Il apprit que le chef était alors dans les sanctuaires, occupé à instruire, à enseigner, à bénir, tandis que les Trois s'étaient partagé le travail, pour visiter tous les districts, et, après avoir pris une connaissance approfondie de l'état des choses, et avoir conféré avec les inspecteurs subordonnés, développer les institutions déjà fondées, affermir les innovations, et remplir ainsi fidèlement leurs grands devoirs.

Cet homme excellent donna à Wilhelm une idée plus générale de l'état intérieur et des relations extérieures; il lui fit connaître l'influence mutuelle des divers districts les uns sur les autres; il n'expliqua pas avec moins de clarté comment un élève pouvait, après un temps plus ou moins long, passer d'un district dans un autre. Au reste, tout s'accordait parfaitement avec ce que Wilhelm avait entendu jusque-là. En même temps on le remplit de joie par le compte qu'on lui rendit de son fils. Le plan que l'on se proposait de suivre désormais à l'égard de Félix reçut sa complète approbation.

CHAPITRE X.

Wilhelm fut ensuite invité par les aides et les surveillants à une fête de mineurs, qui devait être bientôt célébrée. Il gravit péniblement la montagne, et il crut même observer que, vers le soir, son guide marchait plus lentement, comme si l'obscurité ne devait pas rendre leur chemin plus difficile encore.

Mais, lorsqu'ils furent environnés d'une profonde nuit, le mot de l'énigme lui fut révélé : il vit scintiller de mille vallons et fondrières de petites flammes vacillantes, qui serpentaient en longs filets et se roulaient par-dessus les cimes des montagnes. Bien plus agréable que l'éruption d'un volcan, avec ses flammes tonnantes, qui menacent de détruire des provinces entières, ce phénomène devint cependant par degrés plus éclatant, plus vaste et plus intense ; il étincelait comme un fleuve d'étoiles, et se répandait avec douceur, avec grâce, mais pourtant avec hardiesse, sur toute la contrée.

Après que le guide eut joui quelque temps de la surprise du voyageur (car ils pouvaient fort bien s'observer l'un l'autre; leurs visages et leurs personnes se dessinaient, illuminées, comme leur chemin, par ces clartés lointaines), il prit la parole en ces termes :

« Vous voyez assurément un étrange spectacle : ces lumières, qui, durant toute l'année, brillent et agissent sous terre jour et nuit, et favorisent l'exploitation de trésors cachés, à peine accessibles, ruissellent et flottent maintenant hors de leurs abîmes, et prêtent à la nuit la splendeur du jour. Il est rare d'assister à une revue aussi satisfaisante, où l'œuvre la plus utile, dispersée sous la terre, dérobée aux regards, se montre à nous dans toute sa richesse, et nous révèle une grande et secrète harmonie. »

Ces entretiens et ces réflexions les avaient amenés jusqu'au lieu où les ruisseaux de feu se déployaient en un lac enflammé, autour d'une île brillamment éclairée. Déjà le voyageur se trouvait dans le cercle éblouissant, où des milliers de torches scintillantes formaient un mystérieux contraste avec les porteurs, rangés au pied de roches noires, qui formaient le fond du tableau. Tout à coup éclata une joyeuse musique, avec des chants harmonieux. Des masses de rochers creux s'avancèrent à force de machines, et offrirent bientôt à l'œil du spectateur charmé une salle étincelante. Il y eut des représentations mimiques, et tout ce qui peut réjouir la foule dans un pareil moment se réunit pour exciter et satisfaire à la fois l'attention de la joyeuse assemblée.

Mais quel ne fut pas l'étonnement de notre voyageur, lorsqu'il se vit présenter aux chefs, et qu'il reconnut dans leur nombre, sous un costume imposant et grave, son ami Jarno, qui lui dit avec un cri de joie :

« Ce n'est pas sans raison que j'ai quitté le nom de Jarno pour celui de Montan, plus en harmonie avec ma carrière : tu vois en moi l'initié des montagnes et des cavernes, et, plus heureux qu'on ne saurait l'imaginer, dans cet étroit espace, ayant la terre sous mes pieds et sur ma tête.

— J'espère, lui repartit Wilhelm, t'y trouver, avec ta haute expérience, plus libéral d'explications et d'éclaircissements que tu ne l'as été sur les rochers et les montagnes où je t'ai rencontré naguère.

— Point du tout, répondit Montan; les montagnes sont des maîtres muets et font des élèves silencieux. »

Après cette solennité, plusieurs tables furent dressées. Tous les convives, invités ou non invités, qui prirent part au festin, étaient du métier : aussi, à la table où Wilhelm et Montan avaient pris place, il s'établit aussitôt une conversation en harmonie avec le lieu; on parla en détail de roches, de filons et de gisements, des terrains et des métaux de la contrée. Mais ensuite la conversation se perdit dans les généralités, et il ne fut question de rien moins que de la création et de la formation du globe. Sur ce sujet, la conversation ne resta pas longtemps paisible, et il s'éleva bientôt une vive contestation.

Plusieurs voulaient expliquer la formation de notre terre par la retraite graduelle des eaux qui l'avaient couverte; ils alléguèrent, à l'appui de leur système, les débris organiques d'habitants de la mer sur les plus hautes montagnes comme sur les basses collines.

D'autres, plus ardents, commençaient par tout embraser et tout fondre, et faire régner absolument un feu, qui, après avoir suffisamment opéré à la surface, s'étant retiré enfin dans les profondeurs, manifestait encore sa présence par les volcans qui exercent leurs fureurs soit dans la mer soit sur la terre, et, par des éruptions successives et des effusions graduelles de laves, formait les plus hautes montagnes; faisant observer à ceux qui étaient d'un avis contraire, que, sans feu, il ne peut se développer aucune chaleur, et qu'un feu actif suppose toujours un foyer.

Bien que ce système parût fondé sur l'expérience, plusieurs n'en étaient pas satisfaits : il affirmaient que de vastes corps, déjà complétement formés dans le sein de la terre, avaient été lancés au dehors, à travers l'écorce du globe, au moyen de forces expansives irrésistibles, et que, dans ce tumulte, maintes parties s'étaient dispersées et brisées auprès et au loin ; ils s'appuyaient sur plusieurs faits, inexplicables sans cette supposition.

Un quatrième parti, qui peut-être ne comptait pas un grand nombre d'adhérents, riait de ces efforts inutiles, et affirmait que bien des états de la surface terrestre ne pourraient jamais être expliqués, si l'on n'admettait pas que des masses de montagnes, plus ou moins considérables, sont tombées de l'atmosphère et ont couvert de vastes contrées. Ils se fondaient sur les masses de rochers, grandes ou petites, qu'on a trouvées répandues en beaucoup de pays plats, et que, de nos jours encore, on recueille, comme tombées du ciel.

Enfin deux ou trois convives tranquilles invoquèrent une époque de froid horrible, et imaginèrent, du sommet des plus hautes montagnes, sur les glaciers, étendus bien avant dans les pays plats, de véritables glissoires, préparées pour les masses de roches primitives, qu'ils voyaient, en esprit, dévaler au loin sur ces routes polies. L'époque du dégel étant arrivée, ces masses avaient dû s'asseoir et rester à jamais fixées sur un sol étranger. Alors même, les glaces flottantes avaient rendu possible le transport d'énormes blocs de rochers venus du Nord. Ces bonnes gens ne purent toutefois faire accepter leurs idées un peu froides. On trouvait beaucoup plus naturel d'opérer la création du monde avec des craquements et des soulèvements énormes, un tumulte effroyable et des explosions enflammées. Au reste, comme la chaleur du vin agissait avec énergie, il s'en fallut peu que cette fête splendide ne finît par des scènes tragiques.

Notre ami sentait ses idées tout à fait troublées et confondues, s'étant, toute sa vie, représenté, dans sa paisible croyance, l'Esprit qui planait sur les eaux, et les flots élevés de quinze coudées au-dessus des plus hautes montagnes ; et, parmi ces étranges discours, son imagination croyait voir ce monde, si bien ordonné, si richement vêtu, si vivant, s'abîmer dans le chaos.

Le lendemain, il ne manqua pas d'interroger là-dessus le grave Montan.

« Je n'ai pu, lui dit-il, te comprendre hier. Au milieu de tous ces débats et de ces discours bizarres, j'espérais entendre enfin ton avis et ta décision; au lieu de cela, tu te rangeais tantôt d'un côté, tantôt de l'autre, et tu cherchais toujours à étayer l'avis de celui qui parlait. Maintenant, dis-moi sérieusement ce que tu penses, ce que tu sais là-dessus.

— J'en sais autant qu'ils en savent, répondit Montan, et je voudrais ne jamais y penser.

— Mais je vois ici une foule d'opinions contraires, et l'on dit pourtant que la vérité est au milieu!

— Point du tout! ce qui est au milieu, c'est le problème, insoluble peut-être, peut-être aussi abordable, à condition que l'on s'y prenne comme il faut. »

Après qu'ils eurent discuté quelque temps de la sorte, Montan poursuivit, sur le ton de la confidence :

« Tu me blâmes d'avoir soutenu chacun dans son opinion : il n'en est aucune en effet pour laquelle on ne puisse trouver un argument nouveau. Par là j'augmentais, il est vrai, la confusion, mais je ne saurais réellement prendre ces gens au sérieux. Ma conviction absolue est désormais que ce qui nous est le plus cher (et ce sont assurément nos convictions), nous devons le renfermer sérieusement en nous-mêmes ; ce que chacun sait, il ne le sait que pour lui, et il doit le tenir secret. Dès qu'il l'exprime, la contradiction s'éveille, et, dès qu'il s'engage dans la dispute, il sort de son équilibre, et ce qu'il a de meilleur en lui est ébranlé, sinon anéanti. »

Quelques objections de Wilhelm engagèrent Montan à poursuivre.

« Quand une fois on connaît la chose essentielle, dit-il à son ami, on cesse d'être causeur.

— Mais quelle est cette chose essentielle? dit Wilhelm avec vivacité.

— C'est bientôt dit : penser et agir, agir et penser; c'est la somme de toute sagesse, en tout temps reconnue, en tout temps pratiquée, mais que chacun ne sait pas voir. L'un et l'autre doivent se succéder incessamment dans le cours de la vie.

comme la poitrine respire l'air et l'expire tour à tour ; comme la question et la réponse, l'une ne devrait pas aller sans l'autre. Celui qui reçoit comme une loi ce que le génie de la raison humaine souffle à l'oreille de chaque nouveau-né, savoir de soumettre l'action à l'épreuve de la pensée et la pensée à l'épreuve de l'action, ne court pas le risque de s'égarer, ou du moins il retrouvera bientôt le bon chemin. »

Ensuite Montan promena son ami dans le district des mineurs, en suivant un ordre méthodique. Partout ils recevaient la salutation accoutumée : *Bonne chance!* et ils la rendaient avec cordialité.

« Je voudrais bien, disait Montan, leur crier quelquefois : *Bon sens!* Car le sens vaut mieux que la chance. Au reste la foule a toujours assez de bon sens, quand les chefs n'en manquent pas. Comme je puis donner à ces gens, sinon des ordres, du moins des conseils, je me suis appliqué à étudier la nature de ces montagnes. On recherche avidement les métaux qu'elles renferment : j'ai donc travaillé à découvrir leurs gisements et j'y suis parvenu. La chance n'y suffit pas ; il faut du bon sens pour l'évoquer, pour la régler. Comment ces montagnes se sont formées, je n'en sais rien, je ne veux pas le savoir, mais je tâche tous les jours de reconnaître leur nature propre. On s'acharne à la recherche du plomb et de l'argent qu'elles recèlent dans leur sein. Comment ils y sont situés, c'est un secret que je garde, et j'indique les moyens de trouver ce qu'on désire. Sur ma parole, on entreprend les recherches : on réussit et j'ai la chance. Ce que je sais, je le sais pour moi ; ce qui me réussit me réussit pour les autres, et nul ne songe qu'il pourrait réussir par la même voie. On me soupçonne de posséder une baguette divinatoire ; mais ils ne remarquent pas qu'ils me contredisent, quand je leur présente quelque idée raisonnable, et qu'ils se ferment ainsi le chemin qui mène à l'arbre de la science, où l'on peut cueillir ces prophétiques rameaux. »

Animé par ces entretiens, persuadé que, par sa façon d'agir et de penser jusqu'à ce jour, il était parvenu à satisfaire, pour l'essentiel, mais dans une carrière bien différente, les exigences de son ami, Wilhelm lui exposa l'emploi qu'il avait fait de son temps, depuis qu'il avait obtenu la faveur de partager et d'utiliser, non plus par jours et par heures, mais en vue d'un véritable et complet développement, le pèlerinage qui lui était imposé.

Un hasard voulut qu'il n'eût pas besoin de beaucoup de paroles, car un événement important procura à notre ami l'occasion d'employer, avec adresse et bonheur, le talent qu'il avait acquis, et de se montrer vraiment utile à la société humaine.

Quel était ce talent, nous ne pouvons le divulguer encore, mais le lecteur en sera bientôt suffisamment instruit.

CHAPITRE XI.

Herstlie à Wilhelm.

Tout le monde m'accuse depuis longtemps d'être capricieuse et bizarre. Si je le suis, ce n'est pas ma faute. Les gens ont dû prendre patience avec moi, et maintenant il faut que moi-même j'use de patience avec mon imagination, qui me représente le père et le fils, tantôt ensemble, tantôt successivement. Me voilà comme une innocente Alcmène, incessamment visitée par deux êtres, qui sont la parfaite image l'un de l'autre.

J'ai beaucoup de choses à vous dire, et pourtant, si je vous écris, il semble que ce soit seulement quand j'ai une aventure à vous raconter : tout le reste est, j'en conviens, assez aventuré, mais n'est pas aventure. Voici celle d'aujourd'hui.

Je suis assise sous les grands tilleuls, et j'achève justement un petit portefeuille, très-joli, sans savoir clairement qui l'aura du père ou du fils, mais décidée à l'offrir à l'un ou à l'autre. Tout à coup, je vois s'approcher un jeune colporteur, avec des corbeilles et des cassettes : il me fait voir modestement, par un écrit du bailli, qu'il lui est permis d'aller de maison en maison dans nos domaines ; j'examine ses petites marchandises, jusqu'aux moindres bagatelles, dont personne n'a besoin et que tout le monde achète, par une fantaisie enfantine de posséder et de dissiper. Le jeune garçon semble m'observer attentivement. De beaux yeux noirs, un peu fripons, des sourcils bien dessinés, une abondante chevelure bouclée, deux rangées de dents éblouissantes, enfin, vous m'entendez, quelque chose d'oriental.

Il me fait diverses questions sur les personnes de la famille, auxquelles il voudrait offrir quelque chose; par divers détours, il sait m'amener à lui dire mon nom.

« Hersilie! dit-il modestement : Hersilie me pardonnera-t-elle si je lui fais un message? »

Je le regarde avec étonnement : il tire de sa poche une toute petite ardoise, encadrée de blanc, comme on les fabrique dans la montagne, pour exercer les commençants à écrire; je la prends, j'y vois quelque chose d'écrit, et je lis cette inscription, nettement gravée avec le burin :

> Félix
> aime
> Hersilie.
> L'écuyer
> viendra bientôt.

Je suis saisie, je me sens toute surprise, devant l'objet que je tiens dans ma main, que je vois de mes yeux, et surtout je m'étonne de voir le hasard se montrer presque plus bizarre que moi-même. « Qu'est-ce que cela signifie? » me dis-je. Et le petit fripon m'est présent plus que jamais! Il me semble même que son image s'est fixée dans mes yeux.

Je questionne le colporteur et n'obtiens que des réponses singulières, obscures; je le presse et n'apprends rien; je réfléchis et ne puis rassembler mes pensées. Enfin je devine, en rapprochant ses divers propos, qu'il a parcouru la province des Instituteurs, qu'il a gagné la confiance de mon jeune adorateur, lequel a gravé l'inscription sur la tablette achetée, et lui a promis, pour un petit mot de réponse, une belle récompense. Alors il m'a présenté une tablette pareille, dont il se trouvait plusieurs dans sa boutique, et, en même temps, un burin, me pressant et me priant, avec tant de grâce, que j'ai pris l'un et l'autre ; j'ai rêvé, rêvé, je n'ai su trouver rien, et j'ai fini par écrire :

HERSILIE
SALUE
FÉLIX.
QUE L'ÉCUYER
SE TIENNE BIEN.

J'ai relu ces lignes, et la maladresse de l'expression m'a choquée. Point de tendresse, point de sens, point d'esprit ! De l'embarras seulement ! Et pourquoi ? J'étais en présence d'un enfant, j'écrivais à un enfant : était-ce de quoi perdre contenance ? Je crois même que j'ai soupiré, et j'étais sur le point d'effacer ce que j'avais écrit : mais le petit garçon retira gentiment la tablette de ma main ; il me pria de lui donner, par précaution, une enveloppe, et aussitôt (je ne sais trop comment cela s'est fait) je serrai la tablette dans le portefeuille, que j'entourai du ruban, et je le donnai ainsi fermé au colporteur, qui le prit avec grâce, s'arrêta un moment à me faire une profonde révérence, si bien que j'eus le temps de lui glisser ma petite bourse dans la main, en me reprochant de lui avoir trop peu donné. Il s'éloigna lestement, et, quand je le cherchai des yeux, il avait déjà disparu, je ne sais comment.

Tout cela est passé ; me voilà revenue au train monotone de la vie ordinaire, et je crois à peine à cette apparition. Cependant, ne vois-je pas dans ma main la tablette ? Qu'elle est jolie ! Que l'écriture est belle et soignée ! Je la couvrirais de baisers, si je ne craignais pas de l'effacer.

. . . .

J'ai pris du temps pour me recueillir, après avoir écrit ce qui précède : mais je ne puis parvenir à démêler mes pensées. Il y avait assurément quelque chose de mystérieux dans cette figure ; ses pareilles sont aujourd'hui indispensables dans les romans : faudrait-il aussi les rencontrer dans la vie ? Agréable et suspect, étrange, mais inspirant la confiance !... Pourquoi donc aussi m'a-t-il quittée, avant que je fusse sortie de mon trouble? Pourquoi n'ai-je pas eu assez de présence d'esprit pour le retenir sous un prétexte convenable?

. . . .

Après une pause, je reprends la plume pour continuer mes aveux. L'inclination décidée et durable d'un enfant qui devient un jeune homme m'avait flattée; mais il m'est revenu à l'esprit qu'il n'est point rare de voir ses pareils s'attacher à des femmes plus âgées. Véritablement, les très-jeunes hommes ont un penchant mystérieux pour les femmes d'un certain âge. Quand cela ne me concernait pas moi-même, j'en riais, et je prétendais malicieusement avoir découvert que c'étaient de tendres souvenirs de nourrices, dont ils ne s'étaient pas encore bien détachés. Aujourd'hui je répugne à me représenter ainsi la chose; je fais redescendre le bon Félix jusqu'à l'enfance, et sans me voir pourtant moi-même dans une position avantageuse. Ah! quelle différence dans les jugements que nous portons sur nous et sur les autres!

CHAPITRE XII.

Wilhelm à Nathalie.

Voici plusieurs jours que je me promène sans pouvoir me résoudre à prendre la plume. J'ai tant de choses à te dire! De vive voix, cela s'enchaînerait; une chose en amènerait aisément une autre : permets donc à l'exilé de commencer par les choses les plus générales : elles finiront peut-être par me conduire au singulier récit que j'ai à te faire.

Tu as entendu raconter l'aventure du jeune homme qui, se promenant un jour sur le rivage de la mer, trouva une cheville à rame : l'intérêt qu'il prit à sa trouvaille le conduisit à fabriquer un aviron pour la cheville. L'aviron ne lui servait non plus à rien : il travailla sérieusement à fabriquer une barque, et il y réussit. Mais la barque, l'aviron et la cheville ne l'avançaient guère : il se procura des mâts et des voiles, et peu à peu tout ce qui est nécessaire à la vitesse et à la facilité de la navigation. Par des efforts bien dirigés, il parvient à une plus grande habileté; la fortune le favorise; il se voit enfin possesseur et patron d'un grand vaisseau; le succès va croissant; il acquiert fortune et considération, et se fait un nom parmi les navigateurs.

. . . .

Après t'avoir donné l'occasion de relire cette agréable histoire, je dois avouer qu'elle n'a qu'un rapport très-général avec ce qui m'occupe, mais qu'elle me conduit au sujet dont je veux t'entretenir. Il faut cependant que je fasse encore quelques détours.

. . . .

Les facultés de l'homme sont générales ou particulières; les facultés générales peuvent être considérées comme des aptitudes qui dorment paisiblement, que les circonstances éveillent, et que le hasard consacre à tel ou tel objet. Le don d'imiter est général chez l'homme; il veut copier, contrefaire ce qu'il voit, même sans avoir le moindre moyen intérieur et extérieur d'atteindre son but. Il est donc toujours naturel qu'il veuille faire à son tour ce qu'il voit faire : mais ce qu'il y aurait de plus naturel, serait que le fils embrassât le métier de son père. Alors tout se trouve réuni : peut-être une activité déjà innée pour l'objet particulier, décidée, dans une direction originelle; puis une pratique raisonnée, graduée, suivie; enfin un talent formé, qui nous oblige à persévérer dans la voie où nous sommes entrés, quand d'autres penchants viennent à se développer en nous, et qu'un libre choix pourrait nous conduire à un travail pour lequel la nature ne nous a donné ni talent ni persévérance. En somme, les plus heureux sont ceux qui trouvent l'occasion d'exercer dans la maison paternelle un talent naturel, un talent de famille. C'est ainsi que nous avons des générations de peintres. Dans le nombre, il s'est trouvé sans doute de faibles talents; cependant ils ont fait des choses passables, et peut-être meilleures qu'ils n'eussent fait, avec leurs facultés bornées, dans quelque autre état de leur choix.

. . . .

Mais, comme ce n'est pas là encore ce que je voulais dire, je vais chercher à m'approcher de mon sujet par un autre côté.

. . . .

Le malheur de l'absence est de ne pouvoir présenter et produire dans une liaison instantanée les chaînons, les fils de nos pensées, qui, lorsqu'on est en présence, se développent et s'entrelacent mutuellement avec la vitesse de l'éclair. Je commencerai donc par un des premiers événements de mon enfance.

. . . .

Élevés dans une vieille et sérieuse cité, nous avions pu, dès notre jeune âge, nous faire l'idée de rues, de places, de murailles, puis de remparts, de glacis et de jardins clos de murs, dans le voisinage. Mais, pour nous conduire une fois ou plutôt pour se transporter eux-mêmes en rase campagne, nos parents avaient projeté depuis longtemps, avec des amis villageois, une partie toujours différée. Enfin, à Pentecôte, l'invitation et le projet devinrent plus pressants. On accepta, mais sous condition de tout arranger de sorte qu'on pût être de retour le soir à la maison; car, de coucher ailleurs que dans son lit dès longtemps accoutumé, cela semblait la chose impossible. Concentrer à ce point les plaisirs de la journée était assurément difficile; il s'agissait de visiter deux amis, et de satisfaire leurs prétentions à un rare plaisir : cependant on espérait en venir à bout, avec une grande ponctualité.

Le troisième jour des fêtes de Pentecôte, tout le monde fut prêt et joyeux de grand matin. A l'heure fixée, la voiture était devant la porte : nous eûmes bientôt laissé derrière nous tout ce qui bornait la vue, les rues, les portes, les ponts et les fossés de la ville; un libre et vaste horizon s'ouvrit devant nos yeux étonnés; la verdure des champs et des prairies, rafraîchie par une pluie de nuit, les nuances diverses du feuillage naissant des arbres et des buissons, la blancheur éblouissante des arbres en fleurs, qui se déployait au loin de toutes parts, tout nous donnait l'avant-goût des joies du paradis.

Nous arrivâmes assez tôt à la première station, chez un bon pasteur. Accueillis de la manière la plus amicale, nous ne tardâmes pas à nous apercevoir que ces cœurs amis du repos et de la liberté, n'avaient pas renoncé à la solennité du jour, que l'autorité avait abolie. Pour la première fois de ma vie, j'observais, avec un joyeux intérêt, un ménage champêtre : les charrues et les herses, les voitures et les chariots, annonçaient un usage journalier; le fumier même, objet par lui-même repoussant, semblait ici la chose la plus indispensable : il était amoncelé avec soin et disposé avec une sorte d'élégance. Mais nos jeunes regards, que ces objets nouveaux, et pourtant faciles à comprendre, avaient attirés, furent bientôt fixés sur les apprêts du repas; les gâteaux appétissants, le frais laitage et maintes friandises champêtres occupèrent vivement notre attention. Ensuite les enfants, ayant quitté le petit jardin et la treille hospitalière, coururent dans le verger voisin s'acquitter d'une commission qu'une bonne vieille tante leur avait donnée. Il s'agissait de recueillir autant de primevères que possible, et de les apporter soigneusement à la ville, où la vieille ménagère avait coutume d'en composer toute sorte de boissons salutaires.

Tandis que, livrés à cette occupation, nous courons çà et là dans les prés, au bord des sentiers et des haies, beaucoup d'enfants du village viennent se joindre à nous, et l'agréable odeur de cette moisson de fleurs printanières semblait toujours plus douce et plus embaumée.

Nous avions déjà recueilli une telle quantité de fleurs avec leurs tiges, que nous ne savions qu'en faire : alors nous commençâmes à séparer les corolles safranées, car c'était uniquement de la fleur qu'on faisait usage. Chacun tâchait d'en amasser le plus possible dans son chapeau ou sa casquette.

Le plus grand des jeunes garçons, un peu plus âgé que moi, et fils du pêcheur, semblait ne trouver aucun plaisir à cet amusement. Il m'avait plu singulièrement dès le premier abord; il me proposa d'aller avec lui à la rivière, qui, déjà fort large en cet endroit, coulait à peu de distance. Nous prenons chacun une ligne, et nous allons nous asseoir à une place ombragée, où de petits poissons passaient et repassaient dans l'eau calme, limpide et profonde. Il m'apprit gentiment comme il fallait m'y prendre, comment on fixait l'amorce à l'hameçon, et je réussis quelques fois de suite à tirer dans l'air, contre leur volonté, les plus petites de ces délicates créatures. Tandis que nous étions assis de la sorte, tranquilles, appuyés l'un contre l'autre, mon camarade parut trouver le temps long, et me fit remarquer sur notre bord un banc de gravier qui s'avançait dans la rivière : c'était la plus belle place pour se baigner. Enfin, se levant tout à coup, il ne pouvait, dit-il, résister à la tentation; et, avant que j'y prisse garde, il était descendu sur la grève, déshabillé et dans l'eau.

Comme il nageait fort bien, il quitta bientôt le bas-fond, s'abandonna au courant et vint jusqu'à moi dans l'eau profonde. J'éprouvais des sensations inexprimables : les sauterelles dansaient autour de moi; les fourmis s'approchaient en rampant; des scarabées de toute couleur étaient suspendus aux branches; et, dorées, étincelantes, les filles du soleil[1], comme mon camarade les avait appelées, planaient et se balançaient à mes pieds, à la manière des esprits, au moment où le jeune baigneur, saisissant entre les racines une grosse écrevisse, me la montrait joyeusement, avant de la recacher, avec précaution, à la même place, la réservant pour une pêche prochaine. L'air était humide et chaud; au soleil, on désirait l'ombre, et, de l'ombre fraîche, on désirait descendre dans l'eau, plus fraîche encore. Il fut aisé à mon compagnon de me séduire; deux ou trois invitations, qu'il m'adressa, me parurent irrésistibles; quelque crainte de fâcher mes parents, à quoi se joignait la peur de l'élément inconnu, me causait une agitation singulière. Cependant, bientôt déshabillé sur le gravier, je me risquai tout doucement dans l'eau, mais pas à une plus grande profondeur que ne le permettait la faible pente du rivage; mon compagnon, me laissant à cette place, s'éloigna, porté par les flots; il revint, et, lorsqu'il sortit de l'eau, qu'il se tint debout, pour se sécher aux rayons du soleil, plus élevé, mes yeux furent comme éblouis, tant je trouvai belle la forme humaine, dont je n'avais jamais eu l'idée. Il sembla m'observer avec la même attention. Après

---

1. Sans doute les libellules ou demoiselles.

nous être habillés à la hâte, nous étions encore l'un pour l'autre comme en état de nudité, nos âmes s'attirèrent, et, avec des baisers de flamme, nous nous jurâmes une éternelle amitié.

Puis nous courûmes vite, vite, à la maison, et nous arrivâmes au moment où la société se mettait en marche, par le plus agréable sentier, à travers les bosquets et les bois, pour se rendre à une lieue et demie de là, chez le bailli. Mon ami m'accompagna; nous paraissions déjà inséparables; mais, lorsqu'étant à moitié chemin, je demandai la permission de le mener avec nous chez le bailli, la femme du pasteur s'y opposa, en faisant doucement observer que ce n'était pas convenable. Cependant elle recommanda au jeune garçon de dire à son père, aussitôt qu'il serait rentré à la maison, de lui préparer sans faute, pour le soir, un panier de belles écrevisses, qu'elle voulait donner à ses hôtes, comme une rareté, pour les emporter à la ville. L'enfant nous quitta, après m'avoir promis, en me donnant sa parole et me touchant la main, qu'il m'attendrait, le soir, à ce même endroit de la forêt.

La société arriva bientôt chez le bailli, où nous trouvâmes encore une demeure champêtre, mais d'un genre plus relevé. Un dîner, que l'excessive agitation de la ménagère fit un peu attendre, ne me causa aucune impatience: car la promenade dans un jardin d'agrément, bien entretenu, où me conduisit la fille du bailli, un peu plus jeune que moi, me fut extrêmement agréable. Toute sorte de fleurs printanières remplissaient des plates-bandes élégamment dessinées ou formaient d'élégantes bordures. Ma compagne était blonde, douce et belle; nous allions ensemble familièrement, en nous tenant par la main, et paraissant ne souhaiter rien de mieux. Nous passâmes devant des planches de tulipes, des rangées de narcisses et de jonquilles; elle me fit remarquer quelques places, où les plus magnifiques jacinthes étaient déjà défleuries. Mais on avait aussi songé aux autres saisons: déjà verdoyaient les touffes d'anémones et de renoncules; les soins prodigués à de nombreux pieds d'œillets promettaient la plus variée et la plus riche floraison; près de là, des lis, mêlés avec goût parmi les roses, se couvraient déjà de mille boutons; et plus d'un berceau promettait de déployer bientôt ses ombrages fleuris, de jasmins, de chèvrefeuilles, de plantes sarmenteuses et grimpantes.

. . . .

Quand je me rappelle, après tant d'années, la situation où j'étais alors, elle me semble réellement digne d'envie. Dans un même jour, j'éprouvai, à l'improviste, le pressentiment de l'amour et de l'amitié. En effet, quand je dis adieu, malgré moi, à la belle enfant, je me consolai par l'idée que je pourrais découvrir, confier ces sentiments à mon jeune ami, et jouir de la part qu'il prendrait à ces sensations nouvelles.

. . . .

Et, si je puis ajouter encore une réflexion, je dois avouer que ce premier épanouissement du monde extérieur s'est offert à moi, dans le cours de ma vie, comme la véritable nature, comme le tableau original, auprès duquel tout ce qui frappe nos sens dans la suite semble n'être que des copies, qui, tout en approchant de ce modèle, manquent toutefois de l'esprit et du caractère primitif.

. . . .

Combien ne serions-nous pas désespérés, de trouver le monde extérieur si froid, si inanimé, s'il ne se développait dans notre sein quelque chose qui rend la nature tout autrement magnifique, en nous communiquant un pouvoir créateur pour nous ennoblir en elle!

. . . .

La nuit commençait quand nous approchâmes de l'endroit de la forêt où mon jeune ami avait promis de m'attendre. Je regardais de tous mes yeux pour chercher à le découvrir, et, ne pouvant y réussir, je courus en avant avec impatience, tandis que la société cheminait lentement; je fouillai le bois de tous côtés; j'appelai, je me tourmentai : il ne se montrait point, ne répondait pas davantage. J'éprouvai, pour la première fois, une violente douleur.

Déjà se développait en moi le désir immodéré d'intimes affections; déjà je sentais le besoin irrésistible de donner, par mon babil, un peu d'essor à mon imagination, que possédait l'image de la jolie blonde, de soulager mon cœur, oppressé des sentiments qu'elle avait éveillés en moi; il était plein; déjà il débordait sur mes lèvres murmurantes ; j'accusais tout haut mon bon camarade d'avoir offensé l'amitié, d'avoir manqué à sa promesse.

Mais de plus cruelles épreuves m'étaient réservées. Quelques femmes s'élancèrent des premières maisons du village, en poussant des cris ; des enfants les suivaient, avec des gémissements lamentables ; personne ne répondait à nos questions. Nous vîmes, de derrière la maison du coin, déboucher un triste cortége ; il défilait lentement le long de la rue ; c'était comme un convoi, ou plutôt une suite de convois funèbres ; les brancards ne finissaient pas. Les cris continuaient, ils redoublaient, on accourait en foule. « Ils sont noyés, ils sont tous noyés! » s'écriait-on. Qui ? qui donc? Les mères qui voyaient leurs enfants autour d'elles semblaient plus calmes. Mais un homme s'avança gravement, et, s'adressant à la femme du pasteur, il lui dit :

« Par malheur, j'ai trop tardé à revenir : Adolphe est noyé, lui cinquième! Il voulait tenir sa promesse et la mienne. »

L'homme (c'était le pêcheur lui-même) suivit le cortége. Nous restions immobiles, glacés d'effroi. Un petit garçon s'avança, présentant un sac :

« Madame, voilà les écrevisses! »

Et il levait le sac bien haut. Cela fit horreur, comme la chose la plus déplorable. On demanda des explications, et l'on apprit que ce petit enfant était resté sur le bord pour ramasser les écrevisses, que les autres lui jetaient de la rivière. Enfin, à force de questions, on apprit qu'Adolphe était entré dans l'eau avec deux camarades exercés à cette pêche ; que deux autres, plus jeunes, s'étaient joints à eux sans être demandés, et que ni menaces ni réprimandes n'avaient pu les en détourner. Les premiers avaient presque franchi une place escarpée et dangereuse ; les derniers glissèrent, s'accrochèrent à ce qu'ils purent, et s'entraînèrent l'un l'autre, jusqu'au plus avancé, et tous furent précipités dans l'eau profonde. Adolphe, qui était bon nageur, aurait pu se sauver ; mais tous les autres se tenaient à lui avec angoisse, et il fut entraîné. Le petit garçon avait couru au village, en poussant des cris, tenant toujours à la main son sac d'écrevisses. Le pêcheur, qui rentrait enfin à ce moment, était accouru avec d'autres personnes ; on avait retiré les corps l'un après l'autre ; on les avait trouvés sans vie et on les rapportait.

Le pasteur et le père se rendirent en silence à la maison commune. La lune s'était levée; elle éclairait le funèbre cortége. Je le suivis avec désespoir : on ne voulut pas me laisser entrer. J'étais dans le plus horrible état. Je tournais autour de la maison, sans pouvoir me calmer; enfin je réussis à y pénétrer par une fenêtre.

Dans la grande salle, destinée aux assemblées de toute espèce, les infortunés étaient couchés sans habits sur la paille ; même à l'obscure clarté d'une lampe, ces corps paraissaient d'une blancheur éclatante. Je me jetai sur le plus grand : c'était mon ami. Je ne saurais dire ce que j'éprouvais : je pleurais amèrement, et j'inondais sa large poitrine de mes larmes intarissables. J'avais ouï parler de frictions, qui devaient être salutaires dans les cas de ce genre : je frottai ce corps baigné de mes larmes, et la chaleur que je provoquais me fit illusion. Dans mon égarement, je voulais lui insuffler mon haleine : mais ses dents, comme deux rangées de perles, étaient fermement serrées ; les lèvres, sur lesquelles le baiser d'adieu semblait reposer encore, refusaient le plus léger signe de sentiment. N'espérant plus rien des forces humaines, je recourus à la prière ; j'invoquai, j'implorai l'assistance divine. Il me semblait que je dusse opérer un miracle en ce moment, évoquer l'âme encore enveloppée dans le corps, ou l'y rappeler du voisinage, où elle flottait encore.

On m'arracha de ce lieu. Toujours en pleurs et sanglotant, je m'assis dans la voiture, et j'entendis à peine ce que disaient mes parents. Notre mère, comme je l'ai entendu répéter depuis bien souvent, s'était remise à la volonté de Dieu. Enfin je m'endormis, et, le lendemain, je m'éveillai fort tard; j'étais sombre et dans un état de trouble indéfinissable.

Quand j'allai déjeuner, je trouvai ma mère, ma tante et la cuisinière occupées d'un important débat. On ne pouvait songer à cuire les écrevisses et à les servir sur la table : mon père ne voulait pas souffrir un souvenir si direct du malheur qui venait d'arriver. Ma tante paraissait très-empressée à s'emparer de ces affreuses bêtes, et me grondait en même temps d'avoir négligé d'apporter les primevères. Mais elle parut bientôt s'apaiser, lorsqu'on lui abandonna ces monstres, qui rampaient les uns parmi les autres, et dont le sort ultérieur fut débattu entre elle et la cuisinière.

Pour rendre cette scène intelligible, il faut que j'ajoute quelques explications sur le caractère et les habitudes de cette femme. Envisagées au point de vue moral, les qualités qui dominaient chez elle n'avaient rien de louable; cependant, sous le rapport civil et politique, elles produisaient plusieurs bons effets. A proprement parler, elle était avare; elle regrettait chaque denier qu'elle était forcée de débourser, et, pour subvenir à ses besoins, elle était partout en quête de moyens accidentels, qu'on pouvait se procurer gratis, par échange ou de quelque autre façon. Les primevères étaient destinées à faire du thé, qu'elle regardait comme plus sain que le thé de Chine. Dieu avait donné à chaque pays le nécessaire, pour la nourriture, l'assaisonnement, les remèdes : on n'avait donc nul besoin pour cela de recourir aux pays étrangers. Aussi cultivait-elle, dans un petit jardin, tout ce qui lui semblait propre à rendre les mets savoureux et salutaires pour les malades; elle ne visitait jamais un jardin étranger sans en rapporter quelque chose de ce genre.

On lui passait très-volontiers ces idées et leurs conséquences: car sa fortune, lentement amassée, devait enfin revenir à la famille. Aussi mon père et ma mère savaient-ils lui complaire et la seconder en tout.

Elle avait cependant une autre passion, une passion agissante, qui se manifestait par une infatigable activité : c'était la vanité de passer pour une personne influente et considérable. Et, en effet, elle avait mérité et conquis cette réputation; car elle savait employer à son profit les bavardages, d'ordinaire inutiles, souvent même nuisibles, qui circulent parmi les femmes. Tout ce qui se passait dans la ville, et aussi, par conséquent, l'intérieur des familles, lui était parfaitement connu, et il n'arrivait guère un cas difficile, dans lequel elle ne trouvât moyen de se mêler, ce qui lui réussissait d'autant mieux, qu'elle ne cherchait jamais qu'à se rendre utile; mais elle savait par là augmenter son crédit et sa bonne renommée. Elle avait fait bien des mariages, et l'un des époux, tout au moins, en restait peut-être satisfait.

Mais ce qui l'occupait surtout, c'étaient les secours et le concours qu'elle prêtait aux personnes qui recherchaient un emploi, un établissement, ce qui lui avait valu de nombreux clients, dont elle savait ensuite mettre à profit l'influence.

Veuve d'un fonctionnaire assez considérable, homme intègre et sévère, elle avait toutefois appris comme on séduit par des bagatelles ceux qu'on ne saurait gagner par des offres de conséquence.

Pour demeurer, sans de plus longs détours, dans le chemin où nous sommes entrés, ajoutons qu'elle avait su prendre une grande influence sur un homme qui occupait une place importante. Il était avare comme elle, et, pour son malheur, tout aussi amateur de la bonne chère et des friandises. Aussi le premier soin de ma tante était-il de saisir tous les prétextes pour faire paraître sur la table du gourmand quelque mets savoureux. La conscience de l'homme n'était pas des plus délicates, mais il fallait aussi se faire des droits à son courage, à son audace, quand il s'agissait de vaincre, en des occasions difficiles, la résistance de ses collègues, et d'étouffer la voix du devoir, qu'ils lui opposaient.

Or il se trouvait que ma tante protégeait alors un sujet sans mérite ; elle avait fait tout son possible pour le faire parvenir ; la chose avait pris pour elle une tournure favorable, et les écrevisses, dont on avait vu rarement les pareilles, lui venaient tout à point : il s'agissait de les nourrir soigneusement, et de les faire peu à peu figurer sur la table du puissant patron, qui d'ordinaire mangeait seul et faisait très-pauvre chère.

Au reste on parla beaucoup de ce funeste accident, et la société en fut émue. Mon père était un des hommes de ce temps qu'un esprit de bienveillance générale avait portés des premiers à étendre leur attention et leurs soins au delà du cercle de leur famille et de leur ville natale. Il s'était efforcé, avec d'habiles médecins et des membres de l'administration, d'écarter les grands obstacles qui s'opposaient, dans les commencements, à l'inoculation de la petite vérole. L'amélioration des hôpitaux, l'adoucissement du sort des prisonniers, et tout ce qui avait rapport à ces choses, était l'objet de sa vie, ou du moins de ses lectures et de ses méditations ; et, comme il exprimait en toutes circonstances ses convictions, il faisait par là quelque bien.

Il considérait la société civile, à quelque forme de gouvernement qu'elle fût soumise, comme un état naturel, qui avait ses biens et ses maux, sa marche ordinaire, tour à tour ses années d'abondance et de disette, et non moins de cas fortuits et irréguliers, grêles, inondations, incendies : le bien, il fallait le saisir et en profiter ; le mal, le détourner ou le souffrir : mais rien ne lui paraissait plus désirable que le développement de la bienveillance universelle, indépendamment de toute condition.

De pareils sentiments durent l'engager à rappeler l'attention sur l'œuvre de bienfaisance qu'il avait déjà recommandée, savoir les soins à donner aux personnes qui semblaient mortes, de quelque manière qu'elles eussent perdu les apparences de la vie. En assistant à ces entretiens, j'en vins à comprendre qu'on avait essayé et fait avec ces malheureux enfants tout le contraire, et qu'on les avait, en quelque sorte, assassinés ; on soutenait d'ailleurs qu'une saignée les aurait peut-être rappelés tous à la vie. Dans mon zèle de jeunesse, je me promis secrètement de ne négliger aucune occasion d'apprendre tout ce qui est nécessaire en pareil cas, particulièrement d'apprendre à saigner et à porter les autres secours.

Mais comme la marche ordinaire de la vie m'entraîna bientôt ! Le besoin d'amour et d'amitié s'était éveillé : je cherchai de toutes parts à le satisfaire. Cependant mes sens, mon imagination et mon esprit furent absorbés par le théâtre. Jusqu'où je fus conduit, combien je fus séduit par cette passion, je n'ose le répéter.

. . . .

Et s'il faut t'avouer encore, après ce long récit, que je ne suis pas encore parvenu à mon but, et ne puis espérer d'y parvenir que par un détour, que te dirai-je de plus et comment pourrai-je m'excuser ? En tout cas je pourrais dire encore : s'il est permis à l'écrivain humoriste d'entasser mille choses pêle-mêle ; s'il ose abandonner hardiment à son lecteur le soin de découvrir enfin, sous des expressions à demi voilées, ce qu'il en faut prendre, ne saurait-on permettre à l'homme sage et raisonnable de porter, avec une apparente bizarrerie, son action sur divers points successivement, pour qu'on les retrouve enfin réfléchis et concentrés en un seul foyer, et qu'on apprenne à reconnaître comment les influences les plus diverses entourent l'homme, et le poussent à une résolution qu'il n'aurait pu prendre d'aucune autre façon, ni par une impulsion intérieure, ni par une influence étrangère ?

. . . .

Parmi les diverses choses qu'il me reste à dire, je puis choisir celle par où je veux commencer ; toutefois cela même est indifférent : veuille prendre patience, lire, lire encore ; tu verras enfin se produire tout à coup, et tu trouveras fort naturel ce qui, si je l'avais exprimé d'un seul mot, t'aurait semblé tout à fait bizarre, au point que tu aurais à peine accordé un moment d'attention à ces préliminaires, donnés en forme d'explications.

Mais, pour abréger un peu, j'en reviendrai à cette cheville à rame, et te dirai qu'ayant retrouvé notre fidèle ami Jarno dans les montagnes, sous le nom de Montan, j'eus avec lui un entretien, que je fus entraîné accidentellement à poursuivre, pour éveiller, d'une façon toute particulière, certains sentiments. Les affaires de notre vie ont une marche mystérieuse qui ne peut se calculer. Tu te souviens sans doute de cette trousse, que votre excellent chirurgien produisit, quand tu vins à mon secours dans la forêt où j'étais gisant et blessé : elle frappa mes regards de telle sorte, et me laissa une impression si profonde, que je fut tout ravi lorsque, plusieurs années après, je la retrouvai dans les mains d'un plus jeune maître. Lui-même il n'y attachait aucune importance ; les instruments de chirurgie s'étaient perfectionnés depuis lors, et on les avait rendus plus commodes : il me céda la trousse volontiers, d'autant que l'emplette d'une autre lui en devint plus facile. Dès lors je la portai sur moi constamment, sans en faire, il est vrai, aucun usage, mais comme un fidèle et consolant souvenir : c'était le témoin du moment où avait brillé devant mes yeux un bonheur auquel je ne devais parvenir qu'après un long détour.

Jarno vit par hasard cet objet, quand nous passâmes la nuit auprès du charbonnier ; il le reconnut aussitôt, et, sur mon aveu, il me dit :

« Je ne m'oppose point à ce que l'on garde un pareil fétiche, en souvenir de quelque bonheur inattendu, des suites importantes d'un événement indifférent : cela nous élève, comme une chose qui nous signale un mystère incompréhensible, qui nous tranquillise dans nos perplexités et qui soutient nos espérances; mais il serait plus beau d'être engagé par ces instruments à en apprendre aussi l'emploi et à faire ce qu'ils te demandent dans leur muet langage.

— Laisse-moi t'avouer, lui répondis-je, que cette pensée m'est venue cent fois à l'esprit; une voix secrète s'éveillait en moi, qui me révélait ma véritable vocation. »

Là-dessus je lui racontai l'histoire des enfants noyés, et qu'ayant alors appris qu'on aurait pu les sauver, si on les avait saignés, je m'étais proposé d'apprendre cette pratique, et que le temps avait effacé cette résolution.

« Prends-la sur-le-champ! répliqua-t-il. Je te vois depuis bien longtemps occupé de choses qui concernent et qui regardent l'esprit, le cœur, le sentiment, et tout ce qu'on qualifie de la sorte : quels avantages en as-tu retirés pour toi et pour les autres? Des souffrances morales, dans lesquelles nous sommes plongés par le malheur ou par nos propres fautes. Pour les guérir, l'esprit ne peut rien, la raison peu de chose, le temps beaucoup, et tout enfin, une activité décidée. Par elle chacun agit avec lui-même et sur lui-même; tu l'as éprouvé sur toi, tu l'as éprouvé sur les autres. »

Il me pressa, selon sa coutume, avec des paroles vives et amères, et me dit bien des choses dures, que je n'aimerais pas à répéter. Il finit en ces termes :

« Rien n'est plus digne d'être appris et pratiqué qu'un art qui peut venir en aide à l'homme bien portant qu'un accident a blessé; un traitement éclairé rétablit aisément le bon état du corps; laissons les malades au médecin : mais personne n'a plus besoin d'un chirurgien que l'homme bien portant. Dans la tranquillité de la vie champêtre, dans le cercle étroit de la famille, il est autant le bienvenu que dans le tumulte de la bataille et après; dans les plus doux moments, comme dans les plus douloureux et les plus horribles, partout les chances funestes règnent, plus cruelles que la mort, et avec aussi peu de ménagements, d'une manière même plus injurieuse, qui trouble le plaisir et la vie. »

Tu le connais, et tu croiras sans peine qu'il m'épargna aussi peu qu'il épargne tout le monde. Mais il s'appuya principalement sur le motif qu'il me présenta au nom de notre grande société.

« Votre culture générale, me dit-il, et toutes vos institutions pour la procurer, ne sont que ridicules folies. Ce qui importe, c'est qu'un homme possède parfaitement certaines connaissances; qu'il puisse exécuter excellemment ce qu'un homme du voisinage ne ferait pas aussi bien que lui. Cela s'entend surtout de soi-même dans notre association. Tu es justement dans l'âge où l'homme se propose un travail avec discernement, juge avec intelligence ce qui se présente à lui, l'attaque du bon côté, et dirige vers le véritable but ses talents et ses facultés »

. . . .

Pourquoi t'exposer plus longuement une chose évidente? Il me fit comprendre que je pouvais obtenir dispense de la vie errante qu'on m'avait si singulièrement imposée, mais qu'on ne me ferait pas cette faveur sans difficulté. Il me dit :

« Tu es du nombre des personnes qui s'accoutument aisément à un lieu et malaisément à une destination. A tous ces hommes on impose la vie errante, dans l'espérance de les faire arriver à un genre de vie fixe. Veux-tu te consacrer à la plus divine de toutes les professions, à guérir les blessures sans miracles et à faire des miracles sans paroles? je m'emploierai pour toi. »

C'est ainsi qu'il parla avec véhémence, et il ajouta toutes les puissantes considérations que son éloquence lui sut inspirer.

. . . .

Il est temps que je finisse; mais tu apprendras bientôt avec détail comment j'ai profité de la permission de séjourner plus longtemps en un lieu déterminé; comment j'ai su promptement m'appliquer, me former, à l'œuvre pour laquelle je sentis toujours une inclination secrète. Enfin, dans la grande entreprise que vous poursuivez, je me montrerai comme un membre utile, un membre nécessaire de la société, et je m'attacherai à vos pas avec une certaine confiance, avec quelque orgueil, car il est louable, l'orgueil d'être digne de vous.

LIVRE TROISIÈME.

CHAPITRE I.

Après tout ce qui s'était passé et ce qui pouvait s'ensuivre, Wilhelm n'eut rien de plus pressé que de se rapprocher de ses associés et de se mettre quelque part en rapport avec une partie d'entre eux. Il consulta donc ses tablettes, et prit la route qui lui promettait de le conduire le mieux au but. Mais comme, pour atteindre le point le plus favorable, il devait prendre des chemins de traverse, il se vit obligé de faire la route à pied et de faire porter son bagage après lui. Notre piéton en fut richement récompensé à chaque pas, car il rencontrait à l'improviste les plus charmantes contrées. Elles avaient le caractère des pays où les dernières montagnes s'abaissent vers la plaine; c'étaient des collines boisées, de douces pentes soigneusement cultivées, toutes les plaines vertes, rien d'escarpé, de stérile, de sauvage. Puis il arriva dans la vallée principale, où se versaient les eaux de part et d'autre : cette vallée était aussi cultivée avec soin; la perspective en était agréable; des arbres élancés marquaient les sinuosités de la rivière et des ruisseaux qui venaient s'y perdre; et, lorsqu'il consulta la carte qui était son guide, il vit avec surprise que la ligne tracée suivait directement cette vallée, et que, du moins pour le moment, il se trouvait sur le droit chemin.

Sur une colline boisée se montrait un vieux château bien entretenu, et réparé à diverses époques; au pied du château s'étendait un joli bourg avec une auberge, premier objet qui se présentait aux yeux. Le voyageur s'y rendit et fut gracieusement accueilli de l'aubergiste, qui lui fit cependant ses excuses de ne pouvoir l'héberger sans la permission d'une société qui avait loué, pour quelque temps, toute l'hôtellerie, ce qui l'obligeait d'adresser tous les voyageurs à l'ancienne auberge, qui se trouvait plus loin.

Après quelques pourparlers, l'homme sembla se consulter lui-même et dit au voyageur :

« A la vérité, ces messieurs ne se trouvent pas actuellement à la maison; mais c'est samedi, et nous ne tarderons pas à voir paraître l'administrateur, qui règle, chaque semaine, tous les comptes, et donne ses ordres pour la semaine suivante. Certes, il règne chez ces gens un ordre parfait, et c'est un plaisir d'avoir affaire avec eux, bien qu'ils soient parcimonieux : avec eux, le profit n'est pas grand, mais il est sûr. »

Là-dessus, il fit monter le voyageur dans une salle d'entrée et le pria d'attendre l'événement.

La salle était grande et propre, mais on n'y voyait d'autres meubles que des tables et des bancs. Wilhelm fut singulièrement surpris de voir un grand écriteau fixé au-dessus d'une porte, avec ces mots inscrits en lettres d'or :

UBI HOMINES SUNT, MODI SUNT.

C'est-à-dire que, là où les hommes se réunissent en société, il s'établit des règles selon lesquelles ils pourront vivre et subsister ensemble. Cette maxime fit rêver notre voyageur; il en tira un bon présage, car il y voyait la confirmation de ce qu'il avait souvent reconnu comme avantageux et sage. L'administrateur arriva bientôt; l'hôte l'avait mis au fait, et, après un court entretien, sans demander des informations particulières, il accueillit notre ami aux conditions suivantes : il resterait trois jours, il assisterait en silence à tout ce qui se ferait, et, quoi qu'il pût arriver, il n'en demanderait point la raison, non plus que la note de sa dépense au moment du départ. Le voyageur dut souscrire à tout, car l'administrateur ne pouvait céder sur aucun point.

Il allait s'éloigner, lorsqu'un chant retentit dans l'escalier, et deux beaux jeunes hommes entrèrent : un signe suffit pour leur faire entendre que l'étranger était admis. Sans interrompre leur chant, ils le saluèrent gracieusement. Leurs voix s'accordaient d'une manière fort agréable; on pouvait aisément reconnaître qu'ils étaient parfaitement exercés et qu'ils chantaient en maîtres. Wilhelm ayant paru les écouter avec le plus vif intérêt, ils lui demandèrent, quand ils eurent fini, si, dans ses voyages à pied, il n'avait pas aussi quelque chant, qu'il fredonnait en poursuivant son chemin.

« La nature ne m'a pas accordé une belle voix, répondit Wilhelm; mais il me semble souvent qu'un secret génie prélude au fond de mon cœur et murmure en cadence, si bien que mes pas se meuvent toujours en mesure, et que je crois entendre de légers sons accompagnant quelque poésie, qui, d'une manière ou d'une autre, se présente sans effort.

— Si vous en avez une de ce genre présente à la mémoire, veuillez nous l'écrire, dirent les jeunes gens; nous essayerons d'accompagner votre mélodieux génie. »

Wilhelm tira de son portefeuille un morceau de papier, où il écrivit ces mots :

« De la montagne aux collines, et le long de la vallée, résonne comme un bruit d'ailes et s'éveille comme un chant : cette impulsion universelle, la joie, la sagesse, la suivent. Que l'amour inspire tes efforts et que l'action soit ta vie. »

Les jeunes hommes se recueillirent un moment, puis ils entonnèrent un joyeux chant à deux voix, dans un mouvement de marche, et qui, par ses répétitions, ses entrelacements toujours nouveaux, entraîna l'auditeur. Il ne savait plus si c'était sa propre mélodie, son premier thème, ou s'il venait seulement d'être adapté aux paroles, de telle sorte que nul autre mouvement ne se pouvait imaginer. Les chanteurs s'étaient amusés quelque temps de la sorte, lorsqu'on vit paraître deux robustes compagnons, qu'à leurs attributs on pouvait reconnaître d'abord pour des maçons; ils furent suivis de deux autres, qui étaient évidemment charpentiers. En déposant sans bruit leurs outils, ils prêtèrent tous les quatre l'oreille au chant, et bientôt ils s'y associèrent avec aisance et sûreté, en sorte que l'on eût dit une société complète de compagnons, cheminant par monts et par vaux. Wilhelm ne croyait pas avoir jamais entendu rien d'aussi agréable, d'aussi propre à élever l'esprit et le cœur. Cependant cette jouissance devait s'accroître encore et parvenir au comble, lorsqu'un homme de taille colossale monta l'escalier d'un pas ferme et pesant, qu'avec la meilleure volonté du monde il avait de la peine à modérer. Il entra dans la salle et déposa dans un coin des crochets pesamment chargés; ensuite il s'assit sur un banc, que l'on entendit craquer, ce qui fit rire les autres, toutefois sans interrompre leur chant. Mais Wilhelm fut bien étonné lorsque, avec une formidable voix de basse-taille, ce fils d'Énac[1] se mit à chanter aussi. La salle tremblait, et l'on s'aperçut qu'il avait changé aussitôt le refrain dans sa partie, et qu'il chantait :

« Dans la vie, garde-toi de rien différer ; que ta vie soit l'action, l'action sans cesse. »

On put aussi remarquer bientôt qu'il ralentissait le mouvement, et obligeait les autres chanteurs de s'y conformer. Lorsqu'enfin ils cessèrent, après avoir goûté tout le plaisir qu'ils voulurent, les premiers reprochèrent à leur camarade de s'être appliqué à les troubler.

« Point du tout, répliqua-t-il ; c'est vous qui vouliez me troubler : vous vouliez me faire sortir de mon allure, qui doit être ferme et mesurée, quand j'ai à gravir ou à descendre les montagnes avec mon fardeau, pour arriver enfin à l'heure fixée et vous satisfaire. »

Ils entrèrent ensuite l'un après l'autre chez l'administrateur, et Wilhelm put observer qu'il s'agissait de règlement de comptes, sur quoi il n'osa pas demander d'explications. Dans l'intervalle, deux beaux jeunes garçons, à l'air éveillé, vinrent préparer vivement la table : ils servirent, sans prodigalité, des vivres et du vin; puis l'administrateur, sortant de son cabinet, invita tout le monde à s'asseoir avec lui. Les jeunes garçons servirent les convives, mais sans s'oublier eux-mêmes, et ils mangèrent leur part debout. Wilhelm se rappela des scènes pareilles du temps qu'il vivait chez les comédiens; cependant la société au milieu de laquelle il se trouvait alors lui paraissait beaucoup plus grave, ayant pour objet, non le badinage et l'apparence, mais un sérieux emploi de la vie.

---

1. Géant, dont il est parlé dans les livres de Moïse. *Nombres*, chap. XIII.

La conversation de l'administrateur et des ouvriers l'instruisit clairement de ce qu'il désirait savoir à ce sujet. Les quatre robustes jeunes gens étaient occupés dans le voisinage, où un violent incendie avait réduit en cendres une charmante petite ville. Il apprit encore que le diligent administrateur était occupé à procurer les bois et les autres matériaux, ce qui lui parut d'autant plus difficile à expliquer que, dans tout le reste, ces hommes s'annonçaient, non comme des gens du pays, mais comme n'étant là qu'en passant. A la fin du repas, Saint-Christophe (c'était le nom qu'ils donnaient au géant) s'arrosa, en guise de potion somnifère, d'un grand verre de vin mis à part, et un chant joyeux tint, quelques moments encore, les convives réunis, pour l'oreille du moins, car ils avaient déjà disparu aux regards et s'étaient dispersés.

Wilhelm fut conduit dans une chambre agréablement située. La lune, déjà levée, éclairait de riches campagnes, et réveilla dans le cœur de notre pèlerin des souvenirs en harmonie avec cette scène. Les images de tous ses amis passèrent devant lui : celle de Lénardo était surtout si vivante, qu'il croyait le voir. Toutes ces sensations le disposaient doucement au sommeil, quand le bruit le plus étrange vint lui causer une sorte de frayeur. Il retentissait de loin, et semblait pourtant se faire dans la maison même, car elle tremblait parfois, et les poutres gémissaient, quand le fracas s'élevait à toute sa violence. Wilhelm, dont l'oreille délicate savait distinguer tous les bruits, ne put cependant reconnaître celui-ci : il le comparait au ronflement d'un grand tuyau d'orgue, qui, en raison de sa vaste dimension, ne donne aucun son distinct. Ce vacarme nocturne cessa-t-il vers le matin, ou Wilhelm, s'y étant peu à peu accoutumé, n'y fut-il plus sensible, c'est ce que nous ne pouvons guère décider ; quoi qu'il en soit, il s'endormit, et fut agréablement réveillé par le soleil levant.

A peine un des jeunes garçons eut-il servi son déjeuner, qu'un personnage se présenta, qu'il avait déjà remarqué au souper, sans se rendre compte de ce qu'il pouvait être. C'était un homme de belle taille, large d'épaules, agile, qui, en étalant ses instruments, se fit connaître pour un barbier, et se mit en mesure de rendre à Wilhelm ce service bienvenu. Au reste il gardait le silence, et il s'acquitta de sa tâche, d'une main fort légère, sans articuler un mot.

Wilhelm commença donc et lui dit :

« Vous êtes passé maître dans votre art, et je ne crois pas avoir jamais senti sur mes joues un rasoir plus doux : mais il paraît que vous observez aussi ponctuellement les lois de la société. »

Il sourit avec malice, en se posant le doigt sur la bouche, et se retira sans mot dire.

« En vérité, lui cria Wilhelm, vous êtes le Manteau rouge [1], ou du moins un de ses descendants. Je vous félicite de ne pas m'avoir demandé la pareille : vous vous en seriez mal trouvé. »

A peine cet homme bizarre se fut-il retiré, que l'administrateur survint, et l'invita à dîner, en des termes qui lui semblèrent aussi passablement étranges. « L'Union, dit expressément l'administrateur, souhaite la bienvenue à l'étranger; elle l'invite à dîner, et se flatte de pouvoir entrer en relations plus intimes avec lui. » L'administrateur s'informa d'ailleurs de la santé de son hôte, et lui demanda s'il était satisfait de l'hospitalité qu'il avait reçue. Wilhelm ne put que témoigner sa complète satisfaction. Il aurait bien voulu demander au chef, comme tout à l'heure au silencieux barbier, ce que c'était que ce bruit épouvantable, qui l'avait, sinon alarmé, du moins inquiété pendant la nuit; mais, se souvenant de sa promesse, il s'abstint de toute question, se flattant que, sans se rendre importun, il apprendrait, par hasard ou par la complaisance de la société, ce qu'il désirait savoir.

Quand notre ami se trouva seul, il songea au singulier personnage qui le priait à dîner, et ne savait trop ce qu'il en devait croire. Annoncer un ou plusieurs chefs par un terme collectif lui paraissait par trop circonspect. Au reste il régnait autour de lui un tel silence, qu'il ne croyait pas avoir jamais vu un dimanche plus tranquille. Il sortit de la maison, puis il entendit

---

1. Allusion à une légende populaire en Allemagne et que Musœus a développée fort agréablement. Un comte revient, après sa mort, dans son château; il fait la barbe aux gens assez hardis pour loger dans le vieux manoir, et il oblige ensuite ses hôtes à le raser lui-même. La peur les rend maladroits, et il se fâche, parce qu'il doit revenir à la vie, quand il aura trouvé un barbier courageux, qui le rase sans le blesser ni le faire souffrir.

le bruit des cloches, et il se rendit à la petite ville. La messe venait de finir, et, parmi les habitants et les campagnards qui sortaient en foule de l'église, il reconnut trois des personnes de la veille, un charpentier, un maçon et un garçon servant. Plus tard, il remarqua justement les trois autres parmi les fidèles protestants. Comment le reste avait rempli ses devoirs religieux, c'est ce qu'il ne put savoir : seulement il crut pouvoir conclure que, dans cette société, régnait une parfaite liberté de religion.

A midi, l'administrateur vint au-devant de lui à la porte du château, pour le conduire, à travers plusieurs chambres, dans une grande salle d'attente où il le fit asseoir. Beaucoup de gens passèrent devant eux et entrèrent dans une salle attenante. Les personnes déjà connues étaient du nombre ; Saint-Christophe lui-même passa ; tous saluèrent l'administrateur et l'étranger. Ce qui le surprenait le plus, c'est qu'il croyait ne voir que des ouvriers, tous dans leur costume ordinaire, mais vêtus avec une parfaite propreté ; un petit nombre seulement lui semblaient être tout au plus des secrétaires.

Quand tous les convives furent arrivés, l'administrateur conduisit notre ami, par une belle et grande porte, dans une vaste salle, où se trouvait servie une table immense. On le fit remonter jusqu'au haut bout, qu'il voyait occupé par trois chefs. Mais de quel étonnement ne fut-il pas saisi, lorsque, s'étant approché, il reconnut Lénardo, qui lui sauta au cou! Il ne s'était pas remis de cette surprise, qu'un second ami l'embrassa avec autant d'ardeur et de vivacité : c'était l'espiègle Frédéric, le frère de Nathalie. La joie des trois amis se communiqua à tous les convives ; un cri d'allégresse et de bénédiction retentit dans toute l'assemblée. Puis aussitôt, lorsqu'on se fut assis, tout devint silencieux ; le repas fut servi et se passa avec une certaine solennité.

Vers la fin du dîner, Lénardo donna un signal ; deux chanteurs se levèrent, et Wilhelm fut bien surpris d'entendre répéter son chant de la veille, que, pour l'intelligence de la suite, nous jugeons nécessaire de reproduire ici :

« De la montagne aux collines, et le long de la vallée, résonne comme un bruit d'ailes et s'éveille comme un chant : cette impulsion universelle, la joie, la sagesse, la suivent. Que l'amour inspire tes efforts, et que l'action soit ta vie! »

A peine ce duo, accompagné doucement d'un chœur, qui modérait ses voix, approchait-il de la fin, que deux autres chanteurs, placés vis-à-vis, se levèrent brusquement, et poursuivirent, ou plutôt transformèrent le chant avec une grave véhémence, et, à la grande surprise du voyageur, firent entendre ces paroles :

« Car les liens sont brisés ; la confiance est ébranlée. Puis-je dire, puis-je savoir, à quels hasards exposé, je dois partir, je dois marcher, comme la triste veuve; et, tantôt avec l'un, tantôt avec l'autre, voyager, voyager sans cesse? »

Le chœur, qui reprit cette strophe, devint toujours plus nombreux, toujours plus éclatant, et pourtant on put bientôt distinguer la voix de Saint-Christophe, assis au bas de la table. A la fin, la tristesse alla croissant, d'une manière presque effrayante; une ardeur sombre donnait à tout l'ensemble, grâce au talent des chanteurs, le caractère d'une fugue, tellement que notre ami se sentait tressaillir. Ils semblaient tous réellement pénétrés du même sentiment, et déplorer chacun leur propre sort, en présence d'une séparation prochaine. Les plus capricieuses reprises, les fréquents retours d'un chant presque épuisé, parurent enfin dangereux à l'Union elle-même; Lénardo se leva : aussitôt tous les convives s'assirent et l'hymne cessa.

Lénardo fit entendre ces paroles affectueuses :

« Je ne puis assurément vous blâmer de vous représenter sans cesse le sort qui nous est à tous réservé, afin d'y être préparés à toute heure. Si des vieillards, lassés de vivre, ont crié à leurs frères : *Songe à mourir!* nous autres jeunes gens, pleins de vie, nous pouvons bien nous encourager et nous avertir constamment les uns les autres par ces joyeuses paroles : *Songe à voyager!* Mais il est convenable de nous rappeler avec mesure et gaieté ce que nous entreprendrons volontairement ou ce que nous croirons être obligés de faire. Vous savez parfaitement ce qui est permanent au milieu de nous et ce qui est variable : faites-nous en jouir aussi, avec des accents qui inspirent la joie et le courage, et que le verre de l'adieu se boive dans cette espérance! »

A ces mots Lénardo vida son verre et s'assit : les quatre chanteurs, s'étant levés aussitôt, firent entendre des accents inspirés par le discours du chef et qui s'y rattachaient.

« Ne reste pas fixé sur le sol : courage! ose partir! Qui a le bras et la tête, avec une joyeuse vigueur, est partout chez lui. Que pour nous le soleil brille, nous n'avons plus de souci. C'est pour que les hommes se dispersent sur elle, que la terre est si grande! »

Pendant que le chœur répétait ces vers, Lénardo se leva, et tous les assistants avec lui. Au signal qu'il donna, tous les convives défilèrent en chantant : ceux du bas de la table, Saint-Christophe en tête, sortirent deux à deux de la salle. Le chant du voyageur était répété d'une voix toujours plus libre et plus gaie; mais il réussit particulièrement bien, quand la société, réunie dans les jardins en terrasse qui décoraient le château, contempla la spacieuse vallée, si riche, si agréable, où l'on se serait perdu volontiers. Tandis que la foule se dispersait à plaisir de toutes parts, on présenta Wilhelm au troisième chef. C'était le bailli, qui avait eu l'idée d'abandonner à l'Union, pour tout le temps qu'elle voudrait l'occuper, le noble manoir, situé au milieu de plusieurs seigneuries, et de procurer à cette société divers avantages, mais qui avait su en échange mettre à profit, en homme habile, la présence de locataires si singuliers. En effet, en même temps qu'il livrait ses denrées à bon marché, et procurait tout ce qui était nécessaire pour la nourriture et l'entretien, il saisit cette occasion pour remettre à neuf les toitures longtemps négligées, réparer les combles, reprendre les murs en sous-œuvre, reconstruire les planchers et relever d'autres ruines, au point que la propriété négligée, dégradée, d'une famille en décadence, prit l'aspect d'une demeure vivante, habitée, et fournit la preuve que la vie donne la vie, et que celui qui est utile aux autres les met dans la nécessité de lui être utiles à leur tour.

CHAPITRE II.

Hersilie à Wilhelm.

L'état où je suis me fait souvenir des tragédies d'Alfieri : comme les confidents en sont retranchés absolument, il faut que tout se passe en monologues. Et, en vérité, une correspondance avec vous ressemble parfaitement à un monologue : car vos réponses ne font proprement que reprendre vaguement, comme un écho, nos dernières syllabes pour les disperser dans l'air. Avez-vous répliqué une seule fois quelque chose à quoi l'on aurait pu répliquer à son tour? Vos lettres sont résistantes, évasives : quand je me lève pour aller au-devant de vous, vous m'invitez à reprendre ma place.

. . . .

Cela était écrit depuis quelques jours; il se trouve maintenant un nouveau motif et une nouvelle occasion d'envoyer cette lettre à Lénardo. Elle vous trouvera auprès de lui, ou bien l'on saura vous trouver. Mais, où qu'elle puisse vous atteindre, si, après l'avoir lue, vous ne bondissez pas de dessus votre siége, et n'accourez pas auprès de moi comme un pieux pèlerin, je vous déclare le plus homme de tous les hommes, c'est-à-dire n'ayant pas trace de la plus aimable qualité de notre sexe, j'entends la curiosité, qui, dans cet instant même, me tourmente au dernier point.

En deux mots, la clef de votre précieuse cassette est trouvée : mais il ne faut pas que personne le sache, excepté vous et moi. Voici comment elle est tombée dans mes mains.

Il y a quelques jours, notre bailli reçoit une missive d'une juridiction étrangère, qui lui demande si, à telle et telle date, un jeune garçon n'a pas rôdé dans notre voisinage, n'a pas fait toutes sortes de tours, et fini par perdre sa jaquette dans une entreprise téméraire.

Tel que ce vaurien nous était décrit, nous ne doutâmes point que ce ne fût le Fitz, dont votre Félix avait tant de choses à raconter, et qu'il regrettait si souvent comme camarade.

Le juge étranger nous demandait ce vêtement, s'il existait encore, parce que le jeune garçon, contre lequel une enquête était ouverte, invoquait cette pièce en sa faveur. Notre bailli nous parla incidemment de cette requête, et nous montra la jaquette avant de l'envoyer.

Un bon ou mauvais génie me pousse à fouiller la poche de devant; un petit objet anguleux se trouve sous ma main; moi, qui suis d'ordinaire si peureuse, chatouilleuse et poltronne, je ferme la main, je la ferme, je me tais, et l'on expédie la jaquette. Aussitôt je suis saisie du sentiment le plus bizarre du monde. Au premier coup d'œil, jeté à la dérobée, je devine que c'est la clef de votre cassette. Alors ma conscience me fait de singuliers reproches; divers scrupules me viennent : déclarer ma trouvaille, la livrer, m'était impossible. Qu'importe à ces juges une chose qui peut être si utile à notre ami? Le droit et le devoir voulurent encore me représenter bien des choses, mais sans pouvoir triompher de moi.

Voyez maintenant dans quelle situation me jette l'amitié! Une merveilleuse faculté se développe soudain pour l'amour de vous. Quel étrange événement! Pourvu qu'il n'y ait pas quelque chose de plus que l'amitié dans ce qui fait ainsi contre-poids à ma conscience. Je suis dans une singulière inquiétude, entre ma faute et ma curiosité. Je me crée mille fantômes sur tout ce qui pourrait résulter de mon action. Il ne faut pas plaisanter avec la justice. Hersilie, cette fille naïve, quelquefois même étourdie, impliquée dans un procès criminel!... Car c'est ainsi que la chose finira.... Et que me reste-t-il à faire, que de penser à l'ami en faveur duquel je souffre tout cela? Autrefois je pensais à vous, mais avec des intervalles; maintenant j'y songe sans cesse; maintenant, quand le cœur me bat, et que je pense au septième commandement, je me tourne vers vous, comme vers le saint qui a fait commettre la faute, et qui peut me faire pardonner. Ainsi donc l'ouverture de la cassette peut seule me tranquilliser. Ma curiosité est doublée. Venez vite et apportez la cassette! De quel tribunal relève proprement ce mystère, c'est ce que nous déciderons ensemble. Jusque-là il reste entre nous. Que personne, personne au monde n'en sache rien.

Eh bien, mon ami, pour conclure, que dites-vous de cette copie de l'énigme? Ne fait-elle pas souvenir d'une flèche barbelée? Le ciel nous soit en aide! Mais il faut d'abord que la cassette fermée soit posée entre vous et moi, et qu'ensuite, ouverte, elle prescrive elle-même le reste. Je voudrais qu'il ne s'y trouvât rien du tout.... Et ce que je voudrais encore, ce que je pourrais encore vous dire.... Non!... je vous le réserve, pour vous décider à vous mettre plus vite en chemin.

. . . .

Et maintenant, un post-scriptum, à la manière des jeunes filles! En quoi la cassette nous concerne-t-elle vous et moi?

Elle appartient à Félix. C'est lui qui l'a découverte, qui se l'est appropriée. Il faut le faire venir. Nous ne devons l'ouvrir qu'en sa présence.

Et quelles sont ces nouvelles cérémonies? C'est à n'en pas finir.

Pourquoi courez-vous ainsi le monde? Venez! Amenez avec vous l'aimable enfant : je voudrais bien aussi le revoir une fois.... Et nous y voilà encore !... le père et le fils !... Faites ce que vous pourrez, mais venez tous les deux.

CHAPITRE III.

Cette singulière lettre était écrite depuis longtemps ; elle avait couru de côté et d'autre, puis elle était enfin arrivée à son adresse. Wilhelm se proposa de profiter du premier messager, dont le départ était proche, pour faire une réponse amicale, mais qui serait un refus. Hersilie semblait ne pas calculer la distance, et il était alors trop sérieusement occupé pour sentir la moindre curiosité de savoir ce qui pouvait se trouver dans la cassette.

D'ailleurs quelques accidents arrivés aux hommes les plus vigoureux de cette laborieuse société lui fournirent l'occasion de montrer ses talents dans l'art auquel il s'était consacré. Et, comme une parole en amène une autre, une action succède encore plus heureusement à une autre action ; et si, à leur tour, elles amènent des paroles, celles-ci en sont plus fécondes et plus propres à élever l'esprit. Les conversations étaient donc aussi instructives qu'intéressantes ; car les amis se rendaient compte mutuellement de la marche qu'ils avaient suivie dans leurs études et leur conduite, et il en résultait un développement d'esprit qui les étonnait tour à tour, au point qu'ils avaient besoin de rapprendre à se connaître les uns les autres.

Un soir, Wilhelm commença donc son récit.

« J'ai fait mes premières études de chirurgie dans un grand établissement de la plus grande ville, seul théâtre où elles soient possibles. Je m'appliquai sur-le-champ avec ardeur à l'anatomie, qui est l'étude fondamentale.

« J'étais déjà fort avancé dans la connaissance du corps humain, et j'avais fait ce progrès d'une façon singulière, que nul ne pourrait deviner : c'était dans ma carrière théâtrale.

Tout considéré, le corps humain y joue le rôle principal. Un bel homme! une belle femme!... Si le directeur est assez heureux pour se les procurer, le succès des auteurs comiques et tragiques est assuré. Le sans-gêne au milieu duquel vivent les comédiens leur fait mieux connaître que dans toute autre condition la beauté propre des parties du corps qu'on laisse à découvert; divers costumes obligent même à produire aux regards ce qui, dans l'usage traditionnel, est tenu caché. J'aurais là-dessus bien des choses à dire, tout comme sur les défectuosités, que l'acteur habile doit reconnaître chez lui et chez les autres, pour les corriger ou du moins les dissimuler. Par là j'étais donc suffisamment préparé à prêter une attention raisonnée à l'enseignement anatomique qui apprenait à connaître exactement les parties extérieures : les intérieures elles-mêmes ne m'étaient pas étrangères, car j'en avais toujours porté en moi un certain pressentiment.

« L'étude était désagréablement gênée par le manque de sujets, qui provoquait des plaintes continuelles; par le nombre insuffisant des cadavres, qu'un but si noble faisait désirer de soumettre au scalpel. Pour en procurer, sinon en suffisance, du moins le plus possible, on avait rendu des ordonnances sévères : elles nous livraient, non-seulement les criminels, qui avaient mérité de perdre tout droit sur leur personne, mais encore d'autres malheureux, laissés sans protection matérielle ou morale. Avec le besoin s'accrut la rigueur des règlements, et, avec celle-ci, la répugnance du peuple, qui, au point de vue moral et religieux, ne peut sacrifier sa personnalité et celle des êtres qui lui sont chers.

« Cependant le mal devint toujours plus grave : les esprits alarmés craignirent que les paisibles tombeaux de personnes aimées ne fussent menacés à leur tour. L'âge, la dignité, les rangs les plus élevés, comme les plus humbles, n'étaient plus assurés du repos de la tombe; le tertre qu'on avait décoré de fleurs, les inscriptions par lesquelles on s'était efforcé de perpétuer la mémoire, rien ne pouvait protéger contre la rapacité lucrative; la plus douloureuse séparation semblait troublée avec la dernière cruauté, et, dans l'instant même où l'on s'éloignait de la fosse, on éprouvait déjà la crainte que les membres de personnes chéries, livrés au sommeil de la mort sous de pieux ornements, ne fussent déchirés, dispersés et profanés.

« Mais on avait répété et rebattu sans cesse la même chose, sans que personne eût songé ni pu songer à trouver un remède ; et les plaintes devinrent toujours plus générales, quand de jeunes hommes, qui avaient suivi les leçons avec attention, voulurent se convaincre par leurs yeux et leurs mains, de ce qu'ils avaient jusqu'alors appris comme simples auditeurs, et graver, d'une manière toujours plus vive et plus profonde, dans leur mémoire des connaissances si nécessaires. En de pareils moments, se développe comme une soif étrange de la science, qui excite à rechercher la satisfaction la plus révoltante, comme la chose la plus agréable et la plus nécessaire.

« Ces obstacles et ces longueurs avaient occupé et agité, depuis quelque temps, les amis de l'action et de la science, lorsqu'enfin un événement, qui mit en rumeur toute la ville, fit débattre un jour, pendant quelques heures, le pour et le contre avec beaucoup de vivacité. Une très-belle jeune fille, égarée par un amour malheureux, avait cherché et trouvé la mort dans la rivière : l'école d'anatomie s'empara du corps. Les parents, la famille, l'amant lui-même, que la défunte avait cru faussement coupable, firent des efforts inutiles : l'autorité, qui venait de publier des ordonnances plus sévères, ne pouvait accorder aucune exception : d'ailleurs on se hâta d'utiliser cette proie aussitôt que possible, et, à cet effet, de la partager. »

Wilhelm, qui fut appelé à son tour, comme aspirant premier inscrit, trouva, devant le siège qui lui fut assigné sur une planche fort propre et soigneusement couverte, une tâche difficile : car, lorsqu'il eut enlevé le linge, il vit, couché sur la planche, le plus beau bras de femme qui eût jamais enlacé le cou d'un jeune homme. Il tenait sa trousse à la main, et ne pouvait se résoudre à l'ouvrir ; il restait debout, sans songer à s'asseoir. Sa répugnance à défigurer plus encore ce magnifique ouvrage de la nature luttait avec ce que l'homme avide de science doit exiger de lui-même et que tous les assistants approuvaient.

A ce moment, il vit s'avancer vers lui un homme d'un extérieur remarquable, qu'il avait vu rarement parmi les auditeurs, mais toujours très-attentif. Wilhelm avait souvent demandé des informations sur son compte. Personne n'avait pu lui en donner de précises. On s'accordait à dire qu'il était sculpteur, mais on le tenait aussi pour alchimiste ; il habitait, disait-on, une grande et vieille maison, dont le seul vestibule était accessible à ceux qui le visitaient ou qui travaillaient chez lui ; toutes les autres salles étaient fermées.

Cet homme s'était approché plusieurs fois de Wilhelm, l'avait abordé à la sortie du cours ; mais il paraissait éviter toute liaison plus intime et toute explication. Cette fois cependant il s'exprima avec une certaine franchise.

« Je vois que vous hésitez, lui dit-il : vous admirez ce bel ouvrage sans pouvoir vous résoudre à le détruire. Elevez-vous au-dessus de l'esprit de corps et suivez-moi ! »

Là-dessus, il recouvrit le bras, fit un signe d'intelligence au garçon de salle, et ils sortirent tous deux. Ils marchaient côte à côte en silence ; enfin le sculpteur s'arrêta devant une grande porte, ouvrit le guichet, et fit entrer notre ami, qui se trouva dans un grand espace couvert, tel qu'on en voit dans les anciennes maisons de commerce, pour abriter, dès leur arrivée, les caisses et les ballots. Il s'y trouvait des plâtres de statues et de bustes, des caisses, les unes pleines et fermées, les autres vides.

« Ceci a l'air bien marchand, dit notre homme ; la facilité d'expédier d'ici mes envois par eau est pour moi d'un prix inestimable. »

Tout cela s'accordait fort bien avec l'état d'un sculpteur. Wilhelm ne pouvait imaginer autre chose, quand son guide bienveillant, lui ayant fait monter quelques degrés, l'introduisit dans une vaste salle, dont le pourtour était décoré de hauts et bas-reliefs, de figures grandes et petites, de bustes et aussi de membres isolés, offrant les plus belles formes. Notre ami considérait tous ces objets avec plaisir, et prêtait volontiers l'oreille aux discours instructifs de son hôte, bien qu'il dût trouver un abîme entre ces ouvrages d'art et les études scientifiques qu'ils venaient d'interrompre. Enfin le guide lui dit avec quelque gravité :

« Vous n'aurez pas de peine à comprendre pourquoi je vous amène ici. Cette porte, poursuivit-il, en indiquant un côté de la salle, touche de plus près que vous ne pensez à la porte de la salle d'où nous venons. »

Wilhelm entra, et certes il eut sujet de s'étonner, lorsqu'au lieu de voir, comme dans les autres, l'imitation de formes vivantes, il trouva les cloisons couvertes de pièces anatomiques, soit en cire, soit en d'autres matières, mais toutes avec l'apparence fraîche et colorée des préparations que l'on vient d'achever.

« Mon ami, dit l'artiste, vous voyez ici de précieux auxiliaires pour les travaux qu'à la grande répugnance du peuple, souvent avec beaucoup de peine et de dégoût, en des heures incommodes, nous préparons pour la destruction, ou pour être conservés sous une forme repoussante. Il faut que je me livre à ces occupations dans le plus profond secret ; car vous en avez sans doute ouï parler avec dédain aux hommes du métier. Je ne perds pas courage, et ce que je prépare aura plus tard, j'en suis convaincu, une grande influence. Le chirurgien surtout, s'il s'élève à l'idée plastique, sera bien plus capable de venir, dans chaque accident, au secours de la nature incessamment créatrice. Cette idée élèverait la pratique du médecin lui-même. Mais c'est assez de paroles. Vous apprendrez bientôt que l'on s'instruit plus à construire qu'à détruire, à unir qu'à séparer, à animer la mort qu'à tuer une seconde fois ceux qu'elle a déjà frappés. Je conclus : voulez-vous être mon élève ? »

Wilhelm ayant répondu affirmativement, le savant lui présenta les os d'un bras de femme, dans la situation où ils avaient vu tout à l'heure celui de la jeune fille.

« J'ai remarqué, poursuivit le maître, que vous donniez une attention particulière aux ligaments, et avec raison, car c'est par eux que la sèche et morte charpente osseuse commence à se ranimer pour nous. Il fallut qu'Ézéchiel vît d'abord son champ d'ossements se relier et s'ajuster de cette manière, avant que les membres se pussent mouvoir, les bras s'étendre et les jambes se dresser. Voici de la cire molle, des baguettes et tout ce qui est nécessaire : essayez. »

Le nouvel élève se recueillit, et, après avoir considéré les os de plus près, il vit qu'ils étaient artistement fabriqués en bois.

« J'ai un habile homme, reprit le maître, dont le métier n'allait plus, parce que les saints et les martyrs qu'il avait coutume de sculpter ne trouvaient plus de débit : je lui ai conseillé de se mettre à fabriquer des squelettes grands et petits. »

Wilhelm fit de son mieux, et il obtint les encouragements de son guide. Il lui fut agréable aussi d'observer, à cette occasion, comme le souvenir était fort ou faible, et il reconnut, avec une joyeuse surprise, que la mémoire était réveillée par l'action. Il prit une véritable passion pour ce travail, et il demanda au maître de l'héberger dans sa maison. Là il travailla sans relâche; les grands et les petits os du bras furent bientôt liés ensemble convenablement : mais il fallait y rattacher les tendons et les muscles, et il semblait absolument impossible de reconstruire de la sorte, dans une juste proportion, le corps tout entier. L'instituteur encouragea Wilhelm, en lui faisant considérer la multiplication par le moulage; tandis que l'imitation, la copie exacte des modèles, demandait de nouveaux efforts et une nouvelle attention.

Toute chose à laquelle l'homme s'applique sérieusement est infinie; il ne peut vaincre les obstacles que par une active émulation : Wilhelm surmonta bientôt le sentiment de son impuissance, qui est toujours une sorte de désespoir, et il put travailler avec plaisir.

« Je suis heureux, lui disait le maître, de vous voir réussir à cet ouvrage, et me prouver combien cette méthode est féconde, quoiqu'elle ne soit pas approuvée par les hommes du métier. Il faut qu'il y ait une école, et qu'elle s'attache essentiellement à la tradition; ce qui s'est fait jusqu'à ce jour doit se faire encore à l'avenir : cela est bien ; il est convenable et bon et nécessaire qu'il en soit ainsi. Mais, quand l'école cesse de marcher, il faut savoir le reconnaître; il faut s'attacher à ce qui est vivant, et expérimenter, mais en secret : autrement on est gêné et l'on gêne les autres. Vous avez senti la vie, et vous le prouvez par l'effet : réunir vaut mieux que séparer, copier vaut mieux que voir.

Wilhelm apprit que ces modèles étaient déjà répandus au loin sans bruit, et, ce qui lui causa une extrême surprise, que tout ce qui était en réserve devait être emballé et transporté outre mer. Cet habile artiste s'était déjà mis en rapport avec Lothaire et son ami; on jugeait que la fondation d'une pareille école serait particulièrement convenable dans ces provinces naissantes ; qu'elle était même indispensable au milieu d'hommes honnêtes et simples, pour lesquels la dissection réelle a toujours quelque chose du cannibale.

« Si vous m'accordez, disait le maître, que la plupart des médecins et des chirurgiens ne conservent dans leur mémoire qu'une idée générale de l'anatomie du corps humain, et croient qu'il ne leur en faut pas davantage, assurément ces modèles suffiront pour éveiller de nouveau dans leur esprit des formes qui peu à peu s'effacent, et pour y faire vivre précisément le nécessaire. Que le goût et la passion s'en mêlent, et nous verrons reproduire les effets les plus délicats de l'art anatomique : le crayon, le pinceau et le burin y sont déjà parvenus.

Alors il ouvrit une petite armoire, et fit remarquer à Wilhelm les nerfs optiques reproduits avec une merveilleuse habileté.

« C'est là, par malheur, poursuivit-il, le dernier ouvrage d'un jeune collaborateur, que la mort m'a ravi, et qui me donnait les plus belles espérances de réaliser mes pensées, de développer utilement ce qui m'intéresse. »

Wilhelm et son maître eurent ensemble de longs entretiens sur les effets divers que cet art pouvait produire; ses rapports avec la plastique furent aussi l'objet de conversations intéressantes. Ces communications produisirent un bel et surprenant exemple de la manière dont il fallait travailler, tantôt en avançant, tantôt en revenant sur ses pas. Le maître avait monté, d'après l'antique, un beau torse de jeune homme, et il cherchait maintenant à dépouiller, avec intelligence, la figure idéale de son épiderme, pour transformer cette belle œuvre vivante en une froide préparation anatomique.

« Ici encore, disait l'artiste, les moyens et le but se touchent de près, et je dois avouer que les moyens m'ont fait négliger le but; mais ce n'est pas entièrement ma faute. L'homme n'est vraiment l'homme que dans la nudité. Le sculpteur a sa place à côté des Élohim[1], qui savaient métamorphoser en la plus noble

---

1. Élohim est le nom du Dieu créateur chez les Hébreux : sa terminaison est

image l'informe et rebutante argile. Il doit se nourrir de ces pensées divines. Pour l'être pur tout est pur : pourquoi pas le dessein direct de Dieu dans la nature ? Mais c'est là ce qu'on ne peut demander à notre siècle. On ne s'en tire pas sans feuilles de figuier et sans peaux de bêtes, et cela est encore bien loin de suffire. J'avais à peine appris quelque chose, qu'on me demanda de sculpter des hommes vénérables, en robe de chambre à longs plis et à larges manches. Je reculai, et, ne pouvant employer ce que je savais à exprimer le beau, je résolus d'être utile, et c'est aussi une affaire d'importance. Si mon vœu s'accomplit, si l'on reconnaît qu'il est avantageux qu'en cette occasion, comme dans beaucoup d'autres, l'acte de copier et la copie elle-même viennent au secours de l'imagination et de la mémoire, quand la fraîcheur de l'impression s'est effacée, assurément plus d'un artiste voué à la plastique prendra le parti que j'ai pris, et aimera mieux travailler pour vous que de faire, contre son sentiment et ses convictions, un métier rebutant. »

Ici se présentait encore cette considération vraiment intéressante, que l'art et le métier se font, pour ainsi dire, équilibre, et sont si intimement unis que l'un incline toujours vers l'autre; en sorte que l'art ne peut descendre sans se transformer en louable métier, ni le métier s'élever sans devenir un art.

Wilhelm et son maître s'entendaient si bien et s'étaient si parfaitement accoutumés l'un à l'autre, qu'ils ne se séparèrent qu'à regret, quand ils y furent obligés, pour marcher au but important que chacun d'eux se proposait.

« Mais, disait le maître, afin que l'on ne croie pas que nous voulons nous interdire la nature et la renier, nous ouvrons une perspective nouvelle. Au delà des mers, où se développent sans cesse des sentiments qui honorent l'humanité, l'abolition de la peine de mort obligera enfin à construire de vastes prisons, à clore de murs des espaces, pour protéger contre le crime le citoyen paisible, et ne pas laisser le crime se donner carrière impunément. C'est là, mon ami, c'est dans ces tristes cantons, que nous réserverons une chapelle à Esculape; là, aussi sé-

---

plurielle, parce que, dans l'antiquité, on se représentait la divinité comme réunissant dans sa nature une multitude de forces infinies.

questré que le châtiment lui-même, notre savoir se renouvellera sans cesse sur des sujets dont la dissection ne blessera pas notre sentiment d'humanité; à la vue desquels le scalpel ne restera pas immobile dans notre main, comme cela vous est arrivé devant ce beau bras innocent; et la pitié n'éteindra pas dans notre cœur tout désir de science. »

« Ce fut là, dit Wilhelm, notre dernier entretien; je vis les caisses bien conditionnées descendre la rivière; je leur souhaitai la plus heureuse traversée, et à nous la joie de les déballer ensemble. »

Notre ami avait fait ce récit et l'avait terminé avec feu, avec enthousiasme, enfin, avec une certaine vivacité d'accent et de langage, qu'on n'était pas accoutumé à trouver chez lui dans les derniers temps. Cependant, ayant cru observer, en achevant son discours, que Lénardo, comme distrait et préoccupé, ne suivait pas ses paroles; que, de son côté, Frédéric avait souri, et quelquefois même secoué la tête, notre ami, appréciateur délicat du jeu des physionomies, fut tellement surpris de voir ses amis témoigner si peu d'intérêt pour une chose qui lui semblait d'une extrême importance, qu'il ne put s'empêcher de leur en faire des reproches.

Frédéric s'expliqua là-dessus avec franchise et simplicité: l'entreprise lui paraissait louable et bonne, mais peu importante et moins encore exécutable. Il cherchait à soutenir son opinion par des arguments de nature à blesser, plus qu'on ne l'imagine, l'homme qui s'est passionné pour une affaire et qui se flatte d'en venir à bout. Aussi notre anatomiste plastique, après avoir paru l'écouter quelque temps avec patience, lui répliqua vivement:

« Mon cher Frédéric, tu as des qualités que l'on ne saurait nier, et je les conteste moins que personne; mais tu parles cette fois comme parlent ordinairement les hommes ordinaires. Dans le nouveau, nous ne voyons que l'étrange : pour apercevoir d'abord dans ce qui est rare le côté important, il faut déjà plus de lumières. Pour vous, vous exigez que tout passe d'abord dans le domaine des faits, s'effectue et se produise aux yeux comme possible, comme réel; alors vous l'admettez comme autre chose. Tes objections, j'entends déjà d'avance les savants et les gens du monde les répéter, les premiers, par nonchalance et par préjugé, les autres, par indifférence. Un projet tel que le nôtre n'est peut-être exécutable que dans un nouveau monde, où l'esprit doit s'enhardir, rechercher de nouvelles ressources pour des besoins absolus, parce que les moyens traditionnels manquent complétement : là l'esprit d'invention s'éveille; l'audace, la persévérance, s'associent à la nécessité.

« Qu'il opère au moyen des remèdes ou avec la main, le médecin n'est rien sans la connaissance approfondie de l'extérieur et de l'intérieur du corps humain; et il ne lui suffit point d'en avoir pris à l'école une connaissance légère; de s'être fait une idée superficielle de la forme, de la position, de la liaison des parties si diverses de l'organisme impénétrable : chaque jour le médecin consciencieux doit chercher toutes les occasions de revenir sur cette connaissance, cette contemplation, de représenter à son œil et à son esprit l'ensemble de ce miracle vivant. S'il entendait ses intérêts, comme le temps lui manque pour de pareils travaux, il aurait à son service un anatomiste, qui, travaillant secrètement pour lui, sous sa direction, saurait, comme en présence de toutes les complications de la vie la plus entremêlée, répondre incontinent aux questions les plus difficiles.

« Plus on se convaincra de cette vérité, plus on cultivera avec zèle, avec ardeur et passion, l'étude de l'anatomie. Mais les moyens diminueront dans la même proportion; les sujets, les cadavres, sur lesquels cette étude repose, manqueront, deviendront plus rares et plus chers, et il en naîtra une véritable guerre entre les vivants et les morts.

« Dans l'ancien monde, tout est routine; on veut toujours traiter le nouveau selon la vieille méthode, le progrès, d'après des formes immobiles. Cette lutte, que j'annonce, entre les vivants et les morts, elle deviendra impitoyable : on effrayera, on fera des enquêtes, on rendra des ordonnances, qui resteront sans effet. Dans de telles conjonctures, les précautions et les défenses ne servent à rien : il faut une réforme radicale; et c'est là ce que mon maître et moi nous espérons accomplir dans les circonstances nouvelles. Et ce n'est point une nouveauté; la chose existe : il faut seulement que ce qui est un art aujourd'hui, devienne un métier; que ce qui se fait isolément passe dans la pratique générale, et rien ne peut se répandre que ce qui est reconnu. Il faut que l'on reconnaisse nos travaux comme le secours unique dans une pressante calamité, qui menace particulièrement les grandes villes. Je vais vous rapporter les propres paroles de mon maître; mais écoutez bien! Il me disait un jour en grand secret :

« Le lecteur de gazettes trouve curieuses et même divertis-
« santes les histoires de résurrectionnistes. Ils commencèrent
« par voler les corps avec un profond secret : on leur opposa
« des gardiens. Alors ils vinrent par bandes armées, pour s'em-
« parer violemment de leur proie. Et, ce qu'il y a de pire, je
« n'ose en parler, car je serais entraîné, non pas, il est vrai,
« comme complice, mais comme témoin accidentel, dans l'en-
« quête la plus dangereuse, et je devrais, en tout cas, être puni
« pour n'avoir pas dénoncé le crime à la justice, aussitôt après
« l'avoir découvert. Faut-il vous l'avouer, mon ami? dans cette
« ville on a assassiné pour fournir des corps aux anatomistes
« pressants, qui payaient bien. Le cadavre était gisant devant
« nous.... Je n'ose décrire cette scène.... Mon maître découvrit
« le forfait, je le découvris aussi : nos yeux se rencontrèrent et
« nous gardâmes le silence; et, les yeux baissés, nous reprîmes
« notre travail. Voilà, mon ami, ce qui m'a relégué parmi la
« cire et le plâtre, et ce qui vous intéressera vous-même à cet
« art, qui sera quelque jour plus estimé que tous les autres. »

A ces mots Frédéric se leva vivement; il battit des mains; ses bravos ne cessaient pas, tellement que Wilhelm finit par se fâcher tout de bon.

« Bravo, s'écria Frédéric : je te reconnais maintenant. Il y a bien longtemps que tu n'avais parlé en homme qui a véritablement une chose à cœur; pour la première fois, le flot du discours t'a entraîné; tu t'es montré capable de vanter et d'accomplir quelque chose. »

Lénardo prit la parole à son tour, et accommoda parfaitement cette petite querelle.

« J'ai paru distrait, dit-il à Wilhelm, mais c'est que la chose me préoccupait trop vivement. Je me suis en effet rappelé un grand cabinet de ce genre, que j'ai vu dans mes voyages, avec un si vif intérêt, que le gardien, qui, pour en finir selon l'usage, avait commencé à me réciter sa kyrielle, et qui était préparateur lui-même, sortit bientôt de son rôle, et se produisit en savant démonstrateur.

« Quel admirable contraste, de voir devant moi, au milieu de l'été, dans des salles autour desquelles régnait une chaleur étouffante, les mêmes objets dont on ose à peine approcher pendant les rigueurs de l'hiver ! Ici tout satisfait commodément le désir de la science. Le gardien m'exposait tranquillement et dans le plus bel ordre les merveilles de l'organisation humaine, et s'applaudissait de pouvoir me convaincre que ces préparations étaient parfaitement suffisantes pour commencer l'étude et pour en garder le souvenir. Après quoi chacun était libre, dans l'intervalle, de s'attacher à la nature, et d'étudier, dans l'occasion, telle ou telle partie spéciale. Il me pria de lui donner des recommandations, car il n'avait fait encore de collection pareille que pour un grand musée étranger; les universités s'opposaient absolument à l'entreprise, parce que les maîtres d'anatomie savaient bien former des prosecteurs, mais non point des proplastes [1].

« Je croyais donc cet habile homme unique au monde, et vous nous apprenez qu'un autre s'occupe des mêmes travaux. Qui sait s'il ne s'en produira pas un troisième et un quatrième? Pour ce qui nous regarde, nous encouragerons la chose. La recommandation doit venir du dehors, et nous favoriserons certainement cette utile entreprise dans notre nouvelle société. »

---

1. Puisque nous avons l'adjectif *proplastique*, pourquoi n'admettrait-on pas le substantif? Au reste, il fallait conserver le mot ou renoncer à traduire la phrase.

CHAPITRE IV.

Le lendemain, Frédéric entra de bonne heure chez Wilhelm, un cahier à la main, et dit en le lui présentant :

« Hier au soir, en présence de tous vos mérites, que vous avez exposés avec assez de détails, je n'ai pu placer un mot sur moi et mes avantages, que j'ai pourtant lieu de vanter aussi, et qui me signalent comme un digne membre de cette grande caravane. Examinez ce manuscrit, et vous verrez un échantillon de mon habileté. »

Wilhelm parcourut rapidement ces feuilles, et il y trouva, d'une écriture agréable à lire, quoique rapide, la relation qu'il avait faite la veille de ses études d'anatomie, reproduite presque mot pour mot, telle qu'il l'avait présentée; de quoi il ne put dissimuler sa surprise.

« Vous savez, reprit Frédéric, la loi fondamentale de notre Union : il faut exceller dans un genre quelconque, si l'on aspire à faire partie de l'association. Je me creusais la tête pour me découvrir un talent, et ne pouvais rien trouver, quand j'aurais dû songer que nul n'avait meilleure mémoire que moi, ni une écriture plus rapide, plus coulante et plus lisible. Vous devez vous souvenir que j'avais cet agréable talent à l'époque de notre carrière théâtrale, en ce temps où nous tirions notre poudre aux moineaux, sans réfléchir qu'un coup de fusil bien adressé peut fournir un lièvre à la cuisine. Combien de fois n'ai-je pas soufflé sans livre! Combien de fois n'ai-je pas écrit en quelques heures les rôles de mémoire! Cela vous arrangeait alors; vous pensiez que c'était une chose toute simple; je le croyais aussi, et je n'aurais pas imaginé combien cela pouvait m'être utile. C'est l'abbé qui a fait cette découverte; il a trouvé l'eau qu'il fallait à son moulin; il m'a mis à l'épreuve, et, moi j'ai tr uvé fort aréable un travail qui m'était si facile et qui satisfaisait un homme grave. Je suis donc, au besoin, toute une chancellerie. On m'associe encore une machine arithmétique à deux jambes, et il n'est pas un prince, quel que soit le nombre de ses secrétaires, qui soit mieux servi que nos chefs. »

Une conversation joviale sur de si merveilleux talents amena les amis à parler d'autres associés.

« Croiriez-vous, dit Frédéric, que celle qui semblait la plus inutile créature du monde, que ma Philine enfin, deviendra l'anneau le plus utile de cette grande chaîne? Étalez une pièce d'étoffe; présentez-lui des hommes, présentez-lui des femmes : sans prendre mesure, elle vous taille en plein drap, et sait tellement bien utiliser tous les morceaux, toutes les pointes, qu'il en résulte un notable profit, et tout cela sans tâtonnement; un heureux coup d'œil lui dit tout : elle voit la personne et elle coupe. On peut ensuite aller où l'on veut, elle coupe encore, et vous fait un habit qui semble moulé sur le corps. Cependant la chose serait impraticable, si elle ne s'était pas associé une couturière, la Lydie de Montan, qui est devenue tranquille et qui reste tranquille, mais qui sait coudre comme personne. Ses points sont des rangées de perles, une véritable broderie. Et voilà ce qu'on peut faire de la créature humaine. C'est proprement l'habitude, la fantaisie, la distraction et le caprice, qui nous affublent de tant de choses inutiles, et nous jettent sur les épaules un manteau d'Arlequin. C'est pourquoi nous ne savons ni découvrir ni mettre à profit ce que la nature a voulu faire de nous, ce qu'elle a mis en nous de plus excellent. »

Des réflexions générales sur les avantages de l'association qui s'était si heureusement formée ouvrirent les plus belles perspectives.

Lénardo étant venu joindre ses amis, Wilhelm le pria de faire aussi son histoire, de vouloir bien raconter ce qu'il avait fait jusqu'à ce jour, comment il avait travaillé pour lui-même et pour les autres.

« Mon excellent ami, répondit Lénardo, vous n'avez pas oublié dans quelle singulière agitation je me trouvais quand nous avons fait connaissance : j'étais préoccupé, absorbé par la plus étrange recherche, par un désir irrésistible; il ne pouvait être alors question que du moment présent, de la cruelle douleur qui m'était réservée, et que je m'appliquais moi-même à rendre plus amère. Je ne pus vous faire l'histoire de ma première jeunesse, comme je dois la faire aujourd'hui, pour vous mettre sur la voie qui m'a conduit où vous me trouvez.

« Parmi les premières facultés qui se développèrent chez moi par degrés, à la faveur des circonstances, se manifesta un certain goût pour les arts industriels, qui fut chaque jour entretenu par l'impatience qu'on éprouve à la campagne, quand il faut se passer d'un métier, puis d'un autre, dans les grandes constructions, et particulièrement dans les petites réparations, les arrangements et les fantaisies, et qu'on se met à l'œuvre sans art et sans adresse, plutôt que d'attendre trop longtemps la main du maître. Heureusement, il rôdait dans nos environs une sorte d'homme universel, qui, trouvant mieux son compte chez moi, me prêtait son concours plus volontiers qu'à tous nos voisins. Il établit chez moi un tour, dont il savait fort bien se servir, à chaque visite, pour son usage plus que pour mon instruction. Je me procurai aussi des outils de menuisier, et je pris à ces travaux un goût plus vif et plus décidé, grâce à l'opinion, alors hautement proclamée, que nul ne pouvait se risquer dans la vie, sans être en mesure de s'entretenir, au besoin, en exerçant un métier. Les principes de nos instituteurs les portaient à encourager mon zèle. Je me souviens à peine de m'être livré à quelques jeux, car toutes mes heures libres étaient employées à faire et à fabriquer quelque chose. Oui, je puis me vanter que, dès mon enfance, j'étais un habile forgeron, et que j'avais élevé mes prétentions jusqu'à l'art du serrurier, du tailleur de limes et de l'horloger.

« Pour exécuter tous ces ouvrages, il fallait d'abord me procurer les outils nécessaires, et nous n'avions pas échappé à la maladie des théoriciens, qui confondent les moyens et le but, et perdent leur temps en préparatifs et en arrangements, plutôt que de s'attacher sérieusement à l'exécution. Mais un genre de travaux où nous pouvions montrer une activité pratique, c'étaient les embellissements du parc, et ces décorations dont aucun propriétaire n'osait plus se passer : bien des cabanes de mousse et d'écorce, des ponts et des siéges de branchages, attestèrent la diligence avec laquelle nous avions pris à tâche de reproduire une architecture toute grossière et toute primitive au milieu du monde civilisé.

« Avec le progrès des années, ce goût me conduisait à m'occuper plus sérieusement de toutes les choses qui sont utiles aux hommes et indispensables dans leur situation présente, et mes longs voyages en prirent un intérêt particulier.

« Or, comme c'est l'ordinaire que l'homme poursuive sa marche dans la voie où il a fait quelques progrès, je me sentais pour la mécanique moins de goût que pour les travaux manuels, dans lesquels nous exerçons à la fois la force et le tact : aussi m'arrêtais-je volontiers dans les lieux où, selon les circonstances, on se consacrait à tel ou tel travail. Cela donne à toute réunion une physionomie particulière, à chaque famille, à une petite peuplade, composée de quelques familles, le caractère le plus prononcé : on se sent vivre véritablement au milieu d'une société vivante.

« Je m'étais d'ailleurs accoutumé à tout noter, en accompagnant mes notes de figures, et à passer ainsi mon temps d'une manière louable et récréative, non sans songer à l'emploi que je pourrais faire un jour de ces souvenirs.

« Ce goût, cette aptitude développée par l'exercice, je m'en suis servi avantageusement dans l'importante mission que notre société m'a confiée, d'étudier la situation des habitants de la montagne, et d'enrôler dans nos rangs ceux qui désiraient voyager et pouvaient nous être utiles. Voulez-vous maintenant, tandis que diverses affaires me réclament, passer cette belle soirée à parcourir une partie de mon journal? Je ne veux pas assurer qu'il soit agréable à lire : il m'a toujours semblé intéressant, et même assez instructif; mais chacun est toujours disposé à se mirer dans son ouvrage. »

CHAPITRE V.

Journal de Lénardo.

Lundi, 15 septembre.

Après avoir gravi péniblement la moitié de la montagne, je suis arrivé, la nuit étant déjà fort avancée, dans une auberge passable, et, avant le point du jour, j'ai été réveillé, à mon vif chagrin, d'un sommeil réparateur, par un long tintement de cloches et de sonnettes. Une grande file de chevaux de somme avait passé, avant que j'eusse achevé de m'habiller, pour prendre les devants. J'appris bientôt, en poursuivant ma route, combien une pareille compagnie est désagréable et fâcheuse. Le bruit monotone des clochettes assourdit les oreilles; la charge, qui déborde beaucoup de part et d'autre sur les flancs de l'animal (elle consistait cette fois en balles de coton), frotte souvent contre les rochers, et, si la bête, pour éviter cette gêne, s'approche de l'autre côté, le fardeau paraît suspendu sur l'abîme, et donne le vertige au spectateur; ce qu'il y a de plus fâcheux, c'est que, dans l'un et l'autre cas, on est empêché de passer à côté et de prendre les devants.

Enfin j'arrivai sur un rocher isolé, à côté de la route; là Saint-Christophe, qui portait gaillardement mon bagage, salua un homme, qui se tenait debout et tranquille, et semblait passer le convoi en revue. C'était en effet le chef. Non-seulement un grand nombre des bêtes de somme lui appartenait (il avait loué les autres avec leurs guides), mais il était aussi propriétaire d'une petite partie des marchandises. Cependant son affaire principale était de surveiller fidèlement, pour le compte de gros marchands, le transport de celles qui leur appartenaient. J'entrai avec lui en conversation, et j'appris que ce coton venait de Chypre et de Macédoine par Trieste, et que, du pied de la montagne, il était transporté sur ces hauteurs par des mulets et des chevaux de somme, jusqu'au delà des monts, où un nombre infini de fileurs et de tisserands, répandus dans les vallées et les gorges, préparaient pour l'étranger des étoffes de grand débit. Pour la commodité du chargement, les balles étaient de cent cinquante à trois cents livres. Celles-ci formaient la charge entière d'une bête de somme. L'homme vanta la qualité de la marchandise qui arrivait par cette voie. Il la compara avec le coton des Indes orientales et occidentales; particulièrement avec celui de Cayenne, comme étant le plus connu. Il paraissait très-bien instruit de son affaire, et, comme je n'y étais pas entièrement étranger, la conversation devint utile et intéressante. Cependant tout le convoi avait passé devant nous, et je ne pouvais regarder sans humeur la file immense de ces bêtes chargées, derrière lesquelles il faudrait se traîner dans le sentier qui serpentait sur les hauteurs, et où l'on devait être grillé par le soleil entre les rochers. Comme j'en faisais des plaintes à mon messager, un homme joyeux et robuste survint, portant, sur des crochets assez grands, un fardeau qui semblait relativement léger. Nous nous saluâmes, et je vis bientôt, à la manière dont sa main vigoureuse secoua celle de Saint-Christophe, que ces deux hommes se connaissaient. Voici ce que j'appris alors sur son compte.

Dans les parties les plus reculées de la montagne, trop éloignées des marchés pour que chaque travailleur puisse s'y rendre, on connaît une sorte de marchands en sous-ordre ou collecteurs, qui sont nommés *porte-fil*[1]. Ces gens parcourent toutes les vallées et tous les lieux écartés, vont de maison en maison, portent aux fileurs le coton en petite quantité, prennent en échange du fil ou l'achètent, de quelque qualité qu'il soit, et le revendent en gros, avec quelque profit, aux fabricants établis plus bas.

1. *Garntraeger.* Nous avons évité, dans le récit, l'emploi de cette qualification. Celle de marchand se justifie par le genre de l'industrie de l'homme, et nous a paru suffisante.

Comme j'exprimais encore une fois l'ennui de cheminer lentement derrière les mulets, cet homme me proposa de descendre avec lui dans une vallée latérale, qui s'écartait, en ce lieu même, de la vallée principale, pour emmener les eaux dans une autre région. Ma résolution fut bientôt prise; et, lorsque nous eûmes franchi, avec quelque fatigue, une crête assez escarpée, nous vîmes devant nous l'autre versant, qui parut d'abord très-sauvage : la pierre avait changé, et avait pris une forme schisteuse; aucune végétation n'animait les rochers et les éboulements, et l'on se voyait menacé d'avoir à faire une descente très-rude. Des sources jaillissaient de plusieurs côtés à la fois; on passa même auprès d'un petit lac, entouré de roches escarpées. Enfin parurent, d'abord isolés, puis groupés ensemble, des pins, des mélèzes et des bouleaux, puis, éparses sous leur ombrage, de rustiques maisons, fort misérables, il est vrai, que leurs habitants avaient eux-mêmes bâties en poutres croisées, et dont les toits étaient couverts de bardeaux grands et noirs, chargés de lourdes pierres, afin que le vent ne pût les emporter. Malgré cette triste apparence, l'intérieur, dans ses étroites proportions, n'était pas désagréable : il était chaud et sec, proprement tenu, et répondait fort bien à l'air joyeux des habitants, avec qui l'on se trouvait bientôt dans une familiarité champêtre.

Le marchand semblait attendu; on l'avait guetté de la petite fenêtre à coulisse : car il avait coutume de venir, autant que possible, aux mêmes jours de la semaine. Il acheta le fil, il distribua de nouveau coton; puis nous descendîmes rapidement dans un lieu où se trouvaient plusieurs maisons peu écartées les unes des autres. A peine sommes-nous aperçus, que les habitants accourent et nous saluent; les enfants se pressent autour du bonhomme; un petit pain, un gâteau, les mettent au comble de la joie. Le contentement était général, et il devint plus vif encore, quand on s'aperçut que Saint-Christophe avait aussi de ces provisions. Il eut à son tour le plaisir de moissonner ces remerciements enfantins, d'autant plus agréables pour lui, qu'il savait, comme son compagnon, fort bien s'y prendre avec ce petit peuple.

Les vieillards, de leur côté, tenaient des questions toutes prêtes; chacun voulait avoir des nouvelles de la guerre, heureusement très-éloignée, et qui, même de plus près, était peu dangereuse pour ces contrées. Néanmoins ils se réjouirent, dans l'espérance de la paix, tout alarmés qu'ils étaient par la menace d'un autre danger. On ne pouvait se dissimuler que les machines ne fussent toujours plus nombreuses dans le pays, et que les mains laborieuses ne fussent menacées d'être peu à peu réduites à l'inaction. Cependant il se présentait toute sorte de consolations et d'espérances.

Dans l'entrefaite, ils consultèrent notre homme sur mainte affaire. Il savait se montrer leur ami et même leur médecin. Il portait toujours sur lui des élixirs, des sels et des baumes.

En visitant les diverses maisons, je trouvai l'occasion de me livrer à mon ancien goût et de m'instruire dans l'art du fileur. J'observai avec attention les enfants, soigneusement et assidûment occupés à éplucher le coton en laine, à enlever les graines, les débris des enveloppes, ainsi que d'autres impuretés. Ils appellent cela *trier*. Je demandai si les enfants étaient seuls occupés à ce travail, mais j'appris que, dans les soirées d'hiver, les hommes et les femmes s'y livraient aussi.

Les diligentes fileuses attirèrent ensuite mon attention. Voici comment la matière se prépare. On étale sur les cardes le coton trié ou nettoyé; on le carde; opération qui enlève la poussière, et donne aux fils du coton une direction pareille; puis il est enlevé, mis en rouleaux, et disposé sur la roue pour être filé.

On me fit remarquer la différence entre le fil que l'on tourne à gauche et celui que l'on tourne à droite : le premier est ordinairement plus fin, et on l'obtient en croisant autour de la poulie la corde qui fait mouvoir la broche, comme l'indique la figure ci-jointe. (Nous avons le regret de ne pouvoir la donner ici, non plus que les autres.)

La fileuse est assise sur un siége peu élevé, devant le rouet, que plusieurs assujettissent en croisant les pieds dessus : d'autres le fixent du pied droit seulement, et rejettent le gauche en arrière. Elle tourne le rouet de la main droite, allongeant le bras autant qu'elle peut, ce qui produit de beaux mouvements, et, par une pose élégante du corps, dessine très-avantageusement une taille svelte et des bras arrondis. La position des fileuses qui ne tiennent le rouet que du pied droit offre surtout un contraste fort pittoresque, en sorte que nos plus belles dames n'auraient rien à perdre pour le charme et la grâce, si elles s'avisaient une fois de tenir le rouet au lieu de la guitare.

Entouré de ces ouvrières, je sentais s'éveiller en moi des impressions toutes nouvelles; le ronflement des rouets a une certaine éloquence; les jeunes filles chantent des psaumes, quelquefois même des chansons; des serins et des chardonnerets, dans des cages suspendues, y mêlent leur gazouillement, et l'on ne trouverait pas facilement un tableau de vie plus active que celui d'une chambre où travaillent plusieurs fileuses.

On préfère au *fil de rouet*, que nous avons décrit, le *fil de cornet*, pour lequel on a choisi le meilleur coton, dont la soie est plus longue. Quand on l'a soigneusement épluché, au lieu de le carder, on le place sur des instruments qui consistent en de simples rangées de longues aiguilles d'acier, et on le peigne; puis la partie la plus longue et la plus fine est enlevée par bandes avec un couteau émoussé, pelotonnée et renfermée dans un sac de papier, qu'on attache ensuite à la quenouille, d'où il est tiré avec la main et filé au fuseau. De là l'expression *filer au cornet* et le nom de *fil de cornet*.

Ce travail, qui n'est fait que par des personnes soigneuses et tranquilles, donne à la fileuse un air plus calme que le rouet; l'un sied mieux à une taille élancée et svelte, l'autre est très-favorable à une personne tranquille et délicate. Je voyais en nombre, dans une seule chambre, ces différents caractères appliqués à divers travaux, et ne savais pas trop à la fin si mon attention devait être pour l'ouvrage ou pour les ouvrières.

Mais je ne dois pas dissimuler non plus que les habitantes de la montagne, animées par les rares visiteurs qu'elles voient, se montrent pleines de grâce et d'obligeance. Elles étaient surtout flattées de voir que je m'enquérais de tout si exactement, que j'écoutais attentivement leurs explications, que j'esquissais leurs outils et leur simple machine, et dessinais, à la dérobée, leurs formes élégantes, comme on devrait le voir ici. Quand vint le soir, l'ouvrage achevé fut produit; les fuseaux pleins furent mis à part dans des coffrets destinés à cet usage, et tout le travail du jour fut soigneusement recueilli. Nous étions déjà plus familiers ensemble. Cependant le travail poursuivit son cours; on s'occupa du dévidage, et déjà l'on me montrait, avec beaucoup plus d'aisance, soit la machine soit le procédé, et je notai ces détails soigneusement.

Le dévidoir a une roue et un indicateur : à chaque tour se lève un ressort, qui retombe au centième. Mille tours forment un grand écheveau.

Le fil tourné à droite donne de vingt-cinq à trente écheveaux pour une livre; tourné à gauche, il en donne de soixante à quatre-vingts et même quatre-vingt-dix. Le tour du dévidoir est d'environ une aune et trois quarts, ou un peu plus; et une leste et diligente fileuse assura qu'elle filait au rouet quatre et même cinq grands écheveaux, c'est-à-dire cinq mille tours de rouet, et, par conséquent, de huit à neuf mille aunes de fil en une journée. Elle offrit d'en faire la gageure, si nous voulions rester encore un jour.

Là-dessus une paisible et modeste fileuse au cornet voulut faire valoir aussi ses avantages, et assura que, d'une livre, elle tirait, dans un temps convenable, cent vingt écheveaux. Le filage au cornet est en effet plus lent que le filage au rouet : il est aussi mieux payé. Peut-être le rouet fait-il le double d'ouvrage, mais la fileuse au cornet avait autant de tours de dévidoir. Elle me fit voir le bout du fil entourant l'écheveau une couple de fois et noué; elle enleva l'écheveau, le replia sur lui-même, fit passer un des bouts à travers l'autre, et, avec un innocent orgueil, elle put montrer achevé l'ouvrage d'une habile fileuse.

Comme il ne restait rien à observer sur ce travail, la mère se leva. Puisque le jeune monsieur désirait tout voir, elle voulait, dit-elle, lui montrer aussi le tissage à sec. Elle m'apprit, avec la même complaisance, en se plaçant au métier, qu'on se bornait dans le hameau à cette sorte de tissage, qui ne convenait que pour les cotonnades grossières, où la trame est passée à sec et peu serrée; elle me fit voir ensuite de ces tissus, qui sont toujours unis, sans rayures ni dessins, et n'ont guère qu'une aune et un quart de largeur.

La lune éclairait, et notre marchand voulait poursuivre sa route, parce qu'il devait observer les jours et les heures et se rencontrer partout exactement. Les sentiers étaient bons et clairs, disait-il, surtout avec un pareil flambeau. Nos adieux furent égayés par des rubans et des mouchoirs de soie, dont Saint-Christophe était suffisamment pourvu : on remit les cadeaux à la mère, pour les distribuer à sa famille.

Mardi matin, 16 septembre.

La promenade, par une nuit claire et magnifique, fut pleine de charme et d'agrément. Nous arrivâmes dans un hameau un peu plus grand, qu'on aurait pu qualifier de village. A quelque distance, sur une colline découverte, était une chapelle, et tout commençait à prendre un air plus hospitalier et plus humain. Nous passâmes le long des haies, qui n'enfermaient pas, il est vrai, des jardins, mais du moins de petites prairies, soigneusement gardées.

Nous arrivâmes dans un endroit où le tissage était plus sérieusement pratiqué à côté du filage. Notre marche de la veille, prolongée jusque dans la nuit, avait lassé l'homme robuste et ses jeunes compagnons. Le marchand monta au grenier à foin, et j'allais le suivre, quand Saint-Christophe me recommanda ses crochets et sortit de la maison. Je connaissais sa louable intention et le laissai faire.

Mais, le lendemain, nous vîmes d'abord toute la famille en émoi, et il fut sévèrement défendu aux enfants de passer la porte, parce qu'un ours ou quelque autre monstre devait se trouver dans le voisinage, car on avait entendu, pendant la nuit, des murmures et des mugissements partir de la chapelle; tellement que les rochers et les maisons en avaient tremblé, et l'on nous conseilla d'être sur nos gardes pendant la longue traite que nous avions à faire ce jour-là. Nous fîmes tous nos efforts pour tranquilliser ces bonnes gens, mais la chose semblait plus difficile dans cette solitude.

Le marchand me dit qu'il se hâterait de finir ses affaires, et qu'il reviendrait nous chercher. Nous avions à faire ce jour-là une course longue et fatigante, car il ne s'agissait plus de descendre commodément la vallée, mais de gravir avec effort une montagne qui formait devant nous une barrière. Je résolus en conséquence d'employer le temps aussi bien que possible, et de me faire initier par mes bonnes gens aux éléments du tissage.

C'étaient deux vieux époux, à qui Dieu avait accordé, dans un âge assez avancé, deux ou trois enfants; leurs sentiments religieux et leurs idées mystiques s'annonçaient bientôt dans leur entourage, leurs actions et leurs discours. Je tombai justement sur le début du travail, la transition du filage au tissage, et, ne trouvant plus aucun sujet de distraction, je me fis dicter, en quelque sorte, et je notai dans mes tablettes, l'opération, comme on l'exécutait à ce moment.

Le premier travail, qui consiste à coller le fil, s'était accompli la veille. On le fait bouillir dans un mélange liquide d'amidon et de colle forte, qui lui donne plus de consistance; les écheveaux s'étaient trouvés secs de bonne heure, et l'on se disposait à les bobiner, c'est-à-dire à enrouler le fil aux bobines avec le rouet. Le vieux grand-père, assis près du poêle, exécutait ce travail facile; un de ses petits-fils était près de lui, et semblait avoir envie de tourner lui-même le rouet. Pendant ce temps, le père, se disposant à ourdir, fixait les bobines sur un cadre divisé par des baguettes transversales, en sorte qu'elles se mouvaient librement autour de gros fils d'archal placés dans une position verticale, et laissaient courir leur fil. Elles sont garnies de fil grossier et fin, dans l'ordre qu'exige le modèle ou plutôt les rayures du tissu. Un instrument particulier, la planchette, dont la forme rappelle celle du sistre, est muni, des deux côtés, de trous, par lesquels on passe les fils. Cet instrument se trouve dans la main droite de l'ouvrier; de la main gauche, il assemble les fils, et, allant et venant, il les place sur l'ourdissoir. L'allée et la venue, de haut en bas et de bas en haut, compose une portée, et le nombre des portées varie selon que le tissu est plus ou moins serré, plus ou moins large. La longueur est de soixante-quatre ou seulement de trente-deux aunes [1]. Au commencement de chaque portée, on ramène, avec les doigts de la main gauche, un ou deux fils en haut et de même en bas : c'est ce qu'on appelle *croiser*; de la sorte, les fils entrelacés sont dis-

---

1. L'aune allemande répond à peu près à une demi-aune de France.

posés sur deux chevilles, fixées dans la partie supérieure de l'ourdissoir, afin que le tisserand puisse maintenir les fils dans un ordre toujours égal. Quand l'ourdissage est fini, on attache, par-dessous, la croisée, et, dans cette opération, chaque portée est mise à part, afin que rien ne se puisse confondre ; puis on fait des marques à la dernière portée, avec une solution de vert-de-gris, pour que le tisserand maintienne la mesure convenable ; enfin on enlève le tout, et on le roule en forme de grosse pelote qui se nomme la chaîne.

Mercredi, 17 septembre

Nous avons été debout avant le jour, et nous avons joui d'un magnifique clair de lune matinal. L'aube naissante, puis le soleil levant, nous ont fait voir un pays moins désert et mieux cultivé. Si, pour traverser les ruisseaux, nous n'avions rencontré plus haut que des pierres plates et d'étroites passerelles, n'ayant d'appuis que d'un côté, nous trouvions maintenant des ponts de pierre jetés sur le ruisseau, devenu toujours plus large ; le gracieux se mêlait par degrés au sauvage, et les trois voyageurs en ressentaient une impression plus gaie.

Par-dessus la montagne, nous vîmes arriver à nous, d'une autre vallée, un homme à la taille élancée, aux cheveux noirs et bouclés, et qui s'écria de loin, en homme qui avait une forte poitrine, comme il avait de bons yeux :

« Dieu vous garde, mon cher compère porte-fil ! »

Notre compagnon, le laissant approcher, s'écria lui-même avec surprise :

« Dieu vous le rende, mon cher compère rhabilleur ! D'où venez-vous ? Quelle rencontre inattendue ! »

L'homme répondit en s'approchant :

« Voici deux mois que je cours la montagne, pour réparer les instruments et les métiers de ces bonnes gens, en sorte qu'ils pourront continuer quelque temps leurs travaux sans obstacle. »

Là-dessus, le marchand, se tournant vers moi :

« Mon jeune monsieur, me dit-il, puisque vous témoignez tant d'intérêt pour ces travaux, et que vous les observez soigneusement, cet homme survient bien à propos, et, depuis que je vous ai rencontré, je désirais en secret sa présence. Il vous aurait tout expliqué mieux que ces jeunes filles, avec toute leur bonne volonté. Il est passé maître dans son métier; il peut expliquer tout ce qui se rapporte au filage et au tissage; il sait l'exécuter, entretenir les outils et les réparer, selon qu'il est nécessaire et que chacun peut le désirer. »

Je m'entretins avec cet homme et le trouvai très-intelligent, ayant une certaine instruction, et connaissant fort bien son métier; je pus m'en assurer, en revenant avec lui sur quelques-unes des choses que j'avais apprises chez les montagnards, et en lui demandant de lever quelques difficultés. Je lui dis entre autres ce que j'avais appris la veille des premières opérations du tissage.

« C'est à merveille, répondit-il d'un air joyeux, et je viens à propos pour donner à un aimable monsieur les détails nécessaires sur le plus ancien et le plus bel art, qui distingue véritablement l'homme de la brute. Nous arriverons justement aujourd'hui chez d'habiles et bonnes gens, et je veux ne pas mériter le titre de maître rhabilleur, si je ne vous fais comprendre ce travail, aussi bien que je l'entends moi-même. »

Je le remerciai cordialement; nous continuâmes à discourir sur divers sujets, et, après avoir fait une halte pour déjeuner, nous arrivâmes à un groupe de maisons, sans alignement, comme les autres, mais mieux bâties. Notre nouveau compagnon nous conduisit à la plus apparente. Le marchand, Saint-Christophe et moi, nous entrâmes les premiers, ainsi que nous en étions convenus; puis, après que nous eûmes salué gaiement les gens de la maison, le rhabilleur nous suivit, et nous admirâmes la joyeuse surprise que son arrivée causa dans la famille : le père, la mère, les filles, les jeunes enfants, se rassemblèrent autour de lui; une fille bien faite, assise devant le métier, laissa immobile dans sa main la navette, qui allait courir à travers la chaîne; elle resta elle-même à sa place, se leva, et ne vint que plus tard, d'une marche lente et embarrassée, toucher la main du jeune homme.

Le marchand et le rhabilleur se mirent bientôt à rire et à jaser, comme il appartient à d'anciens amis, et, quand on se fut réjoui quelque temps, le jeune homme se tourna de mon côté et me dit :

« Mon cher monsieur, nous ne devons pas vous oublier au milieu de la fête du revoir : nous pourrons encore, nous autres, babiller ensemble des jours entiers, et vous devez partir demain. Mettons monsieur au fait de notre industrie. Il connaît le collage et l'ourdissage : montrons-lui le reste. Ces jeunes filles voudront bien m'aider. Je vois que l'on va monter une pièce sur ce métier. »

C'est à quoi était occupée la fille cadette, dont nous nous approchâmes ; l'aînée retourna à son métier, et poursuivit son travail rapide avec une grâce tranquille.

J'observai soigneusement le montage. Pour l'exécuter, on fait passer en ordre les portées à travers un grand râteau, aussi large que l'ensouple sur laquelle on doit monter la pièce. L'ensouple est percée d'une rainure, dans laquelle se loge une baguette ronde, qui est passée à travers les extrémités de la chaîne et assujettie dans la rainure. Un petit garçon, ou une petite fille, assis sous le métier, tient fortement la chaîne, tandis que la tisseuse tourne l'ensouple avec un levier, et veille en même temps à ce que tout se dispose en bon ordre. Quand le montage est achevé, on pousse, à travers la croisée, une baguette ronde et deux plates, afin qu'elle se maintienne ferme. Alors on commence à nouer.

Il est resté à la deuxième ensouple à peu près un quart d'aune de la pièce précédente, avec les fils, longs de trois quarts d'aune à peu près, qui passent à travers le peigne fixé dans le battant, aussi bien qu'à travers les lames de l'outil. A ces fils, le tisserand attache soigneusement ceux de la nouvelle chaîne, l'un après l'autre, et, quand il a fini, il fait tout passer à la fois, de sorte que les nouveaux fils arrivent jusqu'à l'ensouple antérieure, encore vide ; on renoue les fils rompus ; la trame est roulée sur de petites bobines, proportionnées à la navette, et l'on passe au dernier préparatif du tissage, savoir au collage de la chaîne.

Dans toute l'étendue du métier, la chaîne est humectée au moyen de brosses que l'on plonge dans une colle liquide, préparée avec de la peau de gants ; ensuite on retire les baguettes mentionnées plus haut, qui tiennent la croisée; tous les fils sont rangés avec le plus grand soin, et, jusqu'à ce qu'ils soient bien secs, on les évente avec une aile d'oie, fixée à un bâton : alors on peut commencer le tissage, et le continuer jusqu'à ce qu'il soit de nouveau nécessaire de coller.

Cette opération, comme celle qui consiste à éventer, est d'ordinaire abandonnée aux jeunes apprentis; mais, dans les loisirs des soirées d'hiver, un frère ou un amant rend souvent ce service à la jolie tisseuse, ou du moins remplit du fil de la trame les petites bobines.

Les fines mousselines sont tissées humides : le fil destiné à la trame est trempé dans l'eau de colle; on l'enroule, encore humide, aux bobines, et on l'emploie sur-le-champ : le tissu en est plus égal et paraît plus brillant.

Jeudi, 18 septembre.

Je trouvais en général à ces ateliers de tisserands quelque chose de singulièrement animé, d'intime et de paisible. Plusieurs métiers étaient en mouvement; on voyait encore tourner les rouets et les dévidoirs à bobines; les vieillards, assis près du poêle, s'entretenaient doucement avec leurs voisins ou leurs connaissances. Par intervalles, on entendait quelque chant, d'ordinaire les psaumes à quatre parties d'Ambroise Lobwasser[1], plus rarement des chansons mondaines; par moments aussi un joyeux éclat de rire des jeunes filles, quand le cousin Jacques avait dit quelque mot plaisant.

Une habile et laborieuse ouvrière, quand elle est secondée, peut tout au plus achever, en une semaine, une pièce de mousseline ordinaire de trente-deux aunes; mais cela est très-rare, et, si elle a quelques occupations domestiques, ce travail exige ordinairement quinze jours.

La beauté du tissu dépend de la marche égale du métier, de l'égalité du coup de chasse et de la trame sèche ou humide; une

---

1. Ambroise Lobwasser, mort à Kœnigsberg en 1585, traduisit les psaumes de David en vers allemands, d'après Marot et Théodore de Bèze. Son psautier, fort critiqué par les théologiens de l'époque, est peu remarquable au point de vue littéraire : aussi est-il tombé dans l'oubli.

tension égale et forte y contribue aussi beaucoup : à cet effet, la tisseuse de fines cotonnades suspend une pesante pierre à une cheville de l'ensouple antérieure. Si le tissu est bien tendu pendant le travail, il s'allonge de trois quarts d'aune sur trente-deux, soit d'une aune et demie sur soixante-quatre, et cet excédant appartient à la fileuse, qui en reçoit le prix à part ou qui garde l'étoffe pour son usage.

. . . .

La famille s'était assise avec ses hôtes devant la porte de la maison, par le plus doux et le plus brillant clair de lune, comme on n'en voit que dans les hautes montagnes; la société se livrait à une vive causerie, tandis que Lénardo rêvait profondément. Parmi toute cette vie laborieuse, et tant d'observations qu'il faisait sur l'industrie, la lettre que son ami Wilhelm lui avait écrite, pour le tranquilliser, lui était déjà revenue à la mémoire. Toutes les lignes, tous les mots, qu'il avait lus si souvent, étaient présents à son imagination, et, comme une mélodie favorite résonne à l'improviste au fond de notre oreille, cette communication, si délicate et si tendre, se réveillait comme un écho dans son âme tranquille et désoccupée.

« Un intérieur qui repose sur la piété, animé et entretenu par l'ordre et le travail, pas trop resserré, pas trop large, dans le plus heureux rapport avec les forces et les facultés; autour de soi, le mouvement d'une industrie toute primitive; une existence bornée, qui étend ses effets au loin; la prudence et la modération, l'innocence et l'activité.... »

Mais alors ce souvenir était plus propre à le stimuler qu'à le calmer. Il se disait à lui-même : « Cette description générale et laconique s'accorde parfaitement avec les choses qui m'entourent. Ne vois-je pas ici la paix, la piété, une activité continuelle? Je ne vois pas aussi clairement des effets qui s'étendent au loin. La bonne Nachodie doit animer sans doute un pareil entourage, mais plus grand, plus salutaire; elle doit se trouver heureuse, plus heureuse peut-être encore que ces gens-là, et jeter autour d'elle des regards plus libres et plus sereins. »

A ce moment, Lénardo fut tiré de sa rêverie par la conversation, devenue plus animée et plus vive, et, prêtant plus d'attention à ce qu'on disait, il fut saisi entièrement d'une pensée, qui l'avait secrètement occupé depuis quelques heures : « Cet homme, qui allait de tous côtés, réparant avec tant d'adresse les outils et les métiers, ne serait-il pas un membre fort utile de notre société? » Lénardo réfléchissait à la chose, car les mérites de cet habile ouvrier avaient vivement frappé ses yeux. Il tourna donc la conversation de ce côté, et proposa au jeune homme, avec le ton du badinage, il est vrai, mais d'une manière d'autant plus ouverte, d'entrer dans une association importante et de prendre le parti d'émigrer outre-mer.

Le jeune homme s'excusa, assurant à son tour, d'un ton jovial, que les choses allaient bien pour lui dans le pays, qu'il attendait mieux encore; il était né dans ces contrées, il y était accoutumé, connu de tous côtés, et partout amicalement reçu. En général, on trouverait dans ces vallées peu de penchant pour l'émigration; elle n'était nullement nécessaire, et la montagne avait pour ses habitants un invincible attrait.

« C'est pourquoi, dit le marchand, je m'étonne d'un bruit qui court que Mme Susanne va épouser son facteur, vendre ses propriétés et passer la mer avec son bel argent. »

Notre ami demanda qui était cette Susanne, et on lui apprit que c'était une jeune veuve, qui faisait, dans de favorables circonstances, un commerce avantageux des produits de la montagne, ce dont le voyageur pourrait s'assurer le lendemain par ses yeux, car, en suivant la route qu'ils avaient prise, ils arriveraient de bonne heure chez elle.

« J'ai entendu diverses fois parler d'elle, dit Lénardo, comme d'une personne qui répand la vie et qui fait du bien dans ces vallées, et j'avais négligé de vous en demander davantage.

— Allons nous reposer, dit le marchand, afin de mettre à profit de bonne heure la journée de demain, qui promet d'être belle. »

. . . .

Ici finissait le manuscrit, et Wilhelm, ayant demandé la suite, apprit qu'elle n'était pas alors dans les mains de ses amis. On l'avait envoyée à Macarie, dont l'esprit et la bienveillance devaient arranger certaines difficultés qui s'y trouvaient mentionnées, et démêler de graves complications. Wilhelm dut se résigner à cette interruption et se préparer à goûter, le soir, le plaisir d'une joyeuse conversation avec ses amis.

CHAPITRE VI.

Le soir étant venu, et les amis se trouvant assis sous un berceau, d'où la vue s'étendait au loin de tous côtés, un personnage d'un extérieur remarquable parut à l'entrée, et Wilhelm reconnut aussitôt le barbier.

Cet homme fit une profonde et silencieuse salutation, et Lénardo lui dit :

« Vous venez, comme toujours, très à propos, et vous ne tarderez pas à nous réjouir par votre talent. Je puis sans doute, poursuivit-il, en s'adressant à Wilhelm, vous révéler quelques particularités de l'Union, dont j'ose me glorifier d'être le lien: Personne n'en peut faire partie, s'il n'a quelques talents à produire, qui puissent servir à l'utilité ou au plaisir de toute société. Cet homme est un hardi chirurgien, qui, dans les cas difficiles où il faut déployer de la résolution et de la force musculaire, est prêt à seconder parfaitement son maître. Son talent, comme artiste barbier, vous pouvez en rendre vous-même témoignage : et, de ce côté-là, ses services nous sont aussi agréables que nécessaires. Mais, comme cette profession entraine d'ordinaire une grande et souvent importune loquacité, il s'est soumis, pour s'exercer lui-même, à une condition : car toute personne qui veut vivre parmi nous doit s'imposer une certaine gêne, si, sous d'autres rapports, on lui laisse la plus grande liberté. Cet homme a donc renoncé à la parole, pour autant qu'elle sert à exprimer des choses communes ou accidentelles ; mais cette gêne a développé chez lui une faculté oratoire toute particulière, qui agit avec intention, avec agrément et sagesse, je veux dire le talent du narrateur.

« Sa vie est pleine de souvenirs singuliers, qu'il dissipait à contre-temps, en vains bavardages, et que le silence l'oblige maintenant à récapituler et à classer dans le secret de la pensée. Par là l'imagination rassemble ses forces, et communique aux événements le mouvement et la vie. Il sait débiter, avec un art et un agrément particuliers, des contes vrais et des histoires fabuleuses, et par là nous amuse souvent dans les heures propices, quand je lui délie la langue, comme je le fais dans ce moment. Je dois ajouter un mot à sa louange : depuis le temps, assez long, que je le connais, il ne s'est pas encore répété. J'espère que, cette fois encore, pour l'amour et à l'honneur de notre cher hôte, il saura se distinguer. »

On vit se répandre sur la figure du manteau rouge un air de gaieté spirituelle, et aussitôt il commença le récit suivant.

La nouvelle Mélusine.

Très-honorés messieurs, je sais que les longs préambules sont peu de votre goût : je me bornerai donc à vous assurer que je me flatte de réussir cette fois particulièrement bien. J'ai déjà raconté maintes histoires vraies, à la grande satisfaction de tout le monde, mais j'ose dire que celle d'aujourd'hui surpassera de beaucoup les précédentes. Bien qu'elle me soit arrivée il y a plusieurs années, son souvenir m'inquiète encore, et me fait même attendre un dénoûment définitif : cette histoire ne trouvera guère sa pareille.

Commençons par avouer que je n'ai pas toujours arrangé ma vie de manière à savoir comment je vivrais dans la suite, et même le lendemain. Dans ma jeunesse, je n'étais pas fort économe, et je me suis trouvé souvent dans divers embarras. Un jour j'entrepris un voyage qui devait me procurer un bon profit : mais je pris mal mes mesures, et, après avoir voyagé d'abord en chaise de poste, puis en diligence, je finis par être obligé de poursuivre ma route à pied.

En joyeux compagnon, j'avais coutume, aussitôt que j'entrais dans une auberge, de faire connaissance avec l'hôtesse ou avec la cuisinière et de les cajoler, si bien que ma dépense en était le plus souvent diminuée.

Un soir, comme j'entrais dans l'auberge de la poste d'une petite ville, et me préparais à suivre mes habitudes, une belle voiture à deux places, attelée de quatre chevaux, s'arrêta bruyamment devant la porte. Je me retournai, et vis une dame seule, sans femme de chambre, sans domestiques. Je courus lui ouvrir la portière, et lui demander si elle avait quelques ordres à me donner. En descendant de voiture, elle fit paraître une taille élégante; à l'observer de près, on lui trouvait le visage gracieux, avec une légère expression de mélancolie, qui lui donnait plus de charme. Je lui demandai de nouveau si je pouvais l'obliger en quelque chose.

« Oui, monsieur, me dit-elle : veuillez prendre avec précaution la cassette qui est sur le banc et la porter là-haut; mais je vous prie de la tenir soigneusement d'aplomb, sans lui donner la moindre secousse. »

Je pris soigneusement la cassette; la dame ferma la portière; nous montâmes ensemble les degrés; elle dit aux domestiques qu'elle coucherait.

Nous étions seuls dans sa chambre. Elle me dit de poser la cassette sur une table appuyée contre la cloison, et, comme je remarquai, à ses mouvements, qu'elle désirait être seule, je pris congé d'elle, en lui baisant respectueusement, mais vivement, la main.

« Commandez le souper pour nous deux, » me dit-elle aussitôt.

On juge avec quel plaisir je m'acquittai de la commission. Dans mon orgueil, je regardais à peine par-dessus l'épaule l'hôtesse et les domestiques. J'attendais avec impatience le moment qui devait enfin me ramener auprès de la voyageuse. On servit; nous nous plaçâmes vis-à-vis l'un de l'autre. Pour la première fois, depuis fort longtemps, je me repaissais tout ensemble d'un bon souper et d'une vue charmante. La dame me paraissait à chaque instant plus jolie.

Sa conversation était agréable, mais elle évitait avec soin tout ce qui avait rapport au sentiment et à l'amour. On avait desservi, j'hésitais, j'essayais de toutes les ruses pour me rapprocher d'elle, mais inutilement : elle me tenait à distance par une certaine dignité à laquelle je ne résistais pas, et je dus, malgré moi, prendre congé d'elle assez tôt.

Après une nuit passée presque tout entière dans l'insomnie et les rêves inquiets, je m'informai si la voyageuse avait commandé des chevaux : j'appris que non et je me rendis au jardin. Je la vis à sa fenêtre : je courus chez elle. Quand je la vis venir à moi, si belle, plus belle encore que la veille, un mouvement de passion, d'étourderie et d'audace me prit tout à coup; je m'élançai au-devant d'elle et la saisis dans mes bras.

« Créature céleste, irrésistible, m'écriai-je, pardonne! mais c'est impossible!... »

Elle s'échappa de mes bras avec une incroyable agilité : je n'avais pu même lui baiser la joue.

« Réprimez, me dit-elle, ces emportements d'une passion soudaine, si vous ne voulez renoncer à un bonheur qui est fort près de vous, mais auquel vous ne pourrez atteindre qu'après quelques épreuves.

— Ange du ciel, m'écriai-je, demande ce que tu voudras, mais ne me réduis pas au désespoir.

— Voulez-vous, me répondit-elle en souriant, vous consacrer à mon service? Écoutez mes conditions : je viens ici rendre visite à une amie, chez qui je compte passer quelques jours : dans l'intervalle, je désire que ma voiture et cette cassette soient transportées plus loin. Êtes-vous disposé à vous en charger? Vous n'avez pas autre chose à faire que d'emporter, avec précaution, la cassette de la voiture et de l'y rapporter; vous asseoir à côté et en prendre le plus grand soin. Quand vous entrerez dans une auberge, vous la placerez sur une table, dans une chambre à part, que vous ne devrez pas occuper et où vous ne coucherez pas. Vous fermerez chaque fois la chambre avec cette clef, qui ouvre et qui ferme toutes les serrures, et leur donne la singulière propriété que nul ne peut les ouvrir dans l'intervalle. »

Je la regardai, animé de sentiments fort étranges. Je promis tout, pourvu que je pusse espérer de la revoir bientôt, et qu'elle voulût bien sceller cette espérance par un baiser. Elle y consentit, et, dès ce moment, je lui fus absolument dévoué. Alors elle me dit de commander les chevaux. Nous convînmes de la route que je devais suivre, des lieux où je devrais m'arrêter et l'attendre. Elle me mit une bourse pleine d'or dans la main, et j'imprimai un baiser sur les siennes. Elle parut émue à mon départ; pour moi, je ne savais plus où était ma raison.

Quand je revins de commander les chevaux, je trouvai la porte de la chambre fermée : j'essayai aussitôt mon passe-partout, et l'épreuve réussit parfaitement; la porte s'ouvrit; je trouvai la chambre vide; la cassette seulement était sur la table où je l'avais déposée.

On avait avancé la voiture : je descendis soigneusement la cassette et la plaçai à côté de moi.

« Où est donc la dame? demanda l'hôtesse.

— Elle est allée en ville, » répondit un enfant.

Je saluai les gens et je partis comme en triomphe, moi qui étais arrivé la veille en guêtres poudreuses. Que dès lors, dans mes doux loisirs, j'aie rêvé à cette aventure, compté mon argent et fait maints projets, tout en lorgnant par moments la cassette, c'est ce que vous pouvez aisément imaginer. Je poursuivis tout droit ma route; je passai plusieurs stations sans descendre de voiture, et ne m'arrêtai pas avant d'être arrivé dans une grande ville, où l'inconnue m'avait donné rendez-vous. Ses ordres furent soigneusement exécutés; la cassette placée dans une chambre à part, et deux bougies allumées auprès, comme elle me l'avait aussi commandé. Je fermai la chambre, je m'établis dans la mienne, et je pris du bon temps.

Pendant quelques jours, le souvenir de la belle dame suffit pour m'occuper; mais bientôt le temps me parut long. Je n'étais pas accoutumé à vivre sans société : j'en trouvai d'abord à ma convenance, aux tables d'hôte et dans les lieux publics. Avec cette vie, mon argent commença à se fondre, et, un soir que je m'étais échauffé au jeu imprudemment, ma bourse se trouva vide. Rentré dans ma chambre, j'étais hors de moi. Dépourvu d'argent, attendant, avec l'air d'un homme riche, un mémoire considérable, ne sachant où et quand ma belle reparaîtrait, j'étais dans la plus grande perplexité; je soupirais doublement après elle, et je ne croyais plus maintenant pouvoir vivre sans elle et sans son or.

Après un souper que j'avais trouvé fort insipide, parce que j'avais dû, cette fois, le prendre seul, je me promenais vivement dans ma chambre, je me parlais à moi-même, je me maudissais;

enfin je me prosternai sur le plancher, m'arrachant les cheveux et m'agitant comme un possédé. Tout à coup, j'entends un mouvement léger dans la chambre fermée qui touchait à la mienne, et, bientôt après, on heurte à la porte bien close. Je me lève en sursaut, je saisis le passe-partout; mais les battants s'ouvrent d'eux-mêmes, et, à la clarté des bougies, ma belle vient à moi. Je me jette à ses pieds, je baise ses vêtements, ses mains. Elle me relève; je n'ose l'embrasser ni soutenir son regard, et je lui avoue ma faute avec sincérité et repentir.

« Elle est pardonnable, me dit-elle; mais, hélas! vous retardez votre bonheur et le mien. Il vous faudra de nouveau courir un peu le monde, avant que nous puissions nous revoir. Voici encore de l'or, ajouta-t-elle; il vous suffira, si vous voulez vivre avec quelque économie. Le vin et le jeu vous ont mis, cette fois, dans l'embarras : gardez-vous désormais du vin et des femmes, et laissez-moi espérer un joyeux revoir. »

Elle franchit le seuil de la porte; les battants se refermèrent. Je heurtai, je priai, mais je n'entendis plus rien.

Le lendemain, quand je demandai ma note, le garçon me dit en souriant :

« Nous savons maintenant pourquoi vous fermez vos portes d'une manière si habile et si incompréhensible, qu'aucun passe-partout ne peut les ouvrir. Nous soupçonnions qu'il se trouvait chez vous beaucoup d'argent et de raretés; mais nous avons vu le trésor descendre l'escalier, et, de toute manière, il nous a paru digne d'être bien gardé. »

Je ne répliquai rien, je payai ma dépense et montai en voiture avec ma cassette. Je poursuivis ma route, bien résolu d'avoir égard désormais aux avertissements de ma mystérieuse amie. Toutefois, à peine arrivé dans une grande ville, je fis de nouveau connaissance avec d'aimables femmes, dont je ne pouvais me délivrer. Elles parurent disposées à me faire payer cher leurs bonnes grâces, car, en me tenant toujours à quelque distance, elles m'entraînaient d'une dépense à l'autre; et, comme je ne cherchais qu'à leur faire plaisir, je ne ménageai pas plus ma bourse qu'auparavant, continuant à payer et à dépenser en toute occasion. Et quels ne furent pas mon étonnement et ma joie, lorsque, au bout de quelques semaines, j'observai que ma bourse ne s'était pas encore désemplie, qu'elle était aussi ronde, aussi dodue qu'auparavant! Je voulus étudier de près cette belle propriété; je me mis à compter mon or, je notai exactement la somme, et je recommençai à mener joyeuse vie avec ma société : parties de campagne, promenades sur l'eau, bals, concerts et autres plaisirs se succédèrent en foule. Mais je n'eus pas besoin d'une grande attention pour reconnaître que la bourse diminuait, comme si, par la maudite fantaisie que j'avais eue de compter mon or, je lui avais enlevé la vertu d'être *incomptable*. Mais j'étais lancé dans la vie joyeuse; je ne pouvais reculer, et bientôt je fus au bout de mon argent. Je maudissais mon sort, je blâmais mon amie, qui m'avait induit en tentation; j'étais offensé qu'elle ne se fit plus voir; dans mon dépit, je me disais quitte de tous devoirs envers elle, et me proposais d'ouvrir la cassette, pour voir si peut-être il ne s'y trouverait pas quelque secours; car, si elle n'était pas assez pesante pour renfermer de l'argent, il pouvait s'y trouver des bijoux, qui auraient été les bienvenus. J'étais sur le point de mettre ce projet à exécution; cependant je le renvoyai jusqu'à la nuit, pour faire la chose sans être inquiété, et je courus à un banquet où j'étais attendu. Les choses allaient à merveille; le vin et une bruyante musique nous avaient fort animés, lorsqu'au dessert j'eus la désagréable surprise de voir entrer un ancien amant de ma maîtresse. Il arrivait de voyage, et il survint à l'improviste. Il s'assit auprès d'elle, et voulut sans façon faire valoir ses anciens droits. Il s'ensuivit un différend, une querelle, un combat. Nous dégaînâmes, et je fus rapporté chez moi avec plusieurs blessures et demi-mort.

Le chirurgien m'avait pansé et s'était retiré; la nuit était avancée; ma garde dormait : la porte de la chambre voisine s'ouvrit. Ma mystérieuse amie entra et s'assit à mon chevet. Elle me demanda comment je me trouvais : je ne répondis pas, car j'étais accablé et mécontent. Elle continua de parler avec beaucoup d'affection, me frotta les tempes avec un certain baume, et aussitôt je me sentis plus fort, assez fort pour être en état de me mettre en colère et de la quereller. Dans une apostrophe véhémente, je rejetai toute la faute de mon malheur sur elle, sur la passion qu'elle m'avait inspirée, sur ses apparitions, ses retraites, sur l'ennui et le désir que je devais éprouver. Je m'échauffai de plus en plus, comme saisi d'un accès de fièvre, et je lui jurai, à la fin, que, si elle ne voulait pas être à moi et m'appartenir tout de bon, si elle ne voulait pas s'unir à moi, je ne voulais plus vivre; sur quoi je lui demandai une réponse décisive. Comme elle hésitait à se déclarer, j'entrai en fureur, je déchirai le double et triple appareil de mes blessures, avec la ferme intention de faire écouler tout mon sang. Mais quelle ne fut pas ma surprise, quand je sentis toutes mes blessures guéries, mon corps en merveilleux état et la belle dans mes bras !

Il ne se vit jamais au monde de plus heureux amants : nous nous demandions pardon l'un à l'autre sans savoir de quoi. Elle me promit de voyager désormais avec moi, et bientôt nous fûmes assis côte à côte dans la voiture, la cassette vis-à-vis de nous. Je n'en avais jamais fait mention en présence de la belle, et, même alors, je ne m'avisai point d'en parler, bien que l'objet fût sous nos yeux, et que, par une entente secrète, nous en prissions soin tous les deux selon l'occasion; seulement c'était toujours moi qui l'emportais de la voiture et qui l'y rapportais, et, comme auparavant, je veillais à fermer les portes.

Tant qu'il y avait eu quelque chose dans la bourse, j'avais continué de payer; quand l'argent tira à sa fin, j'en fis l'observation.

« Le remède est facile, » me dit-elle.

En même temps, elle m'indiqua deux petites poches pratiquées de côté, vers le haut de la voiture, et que j'avais bien remarquées auparavant, mais sans en avoir fait usage. Elle mit la main dans l'une, et en tira quelques pièces d'or; puis elle visita l'autre de même, et en tira des pièces d'argent. Par là elle me fit voir la possibilité de continuer nos dépenses comme il nous plairait.

Nous voyageâmes ainsi de ville en ville, de pays en pays, contents l'un de l'autre et de tout le monde, et l'idée ne me venait pas qu'elle pût me quitter encore, d'autant moins qu'au bout de quelque temps, elle eut l'espoir d'être mère, ce qui augmenta encore notre gaieté et notre amour. Mais, hélas ! un matin je ne la trouvai plus; et, comme le séjour m'était insupportable sans elle, je me remis en route avec ma cassette. Je fis l'épreuve des deux poches et les trouvai toujours fidèles.

Je voyageai sans fâcheux accident, et, si jusque-là je ne m'étais pas inquiété de mon aventure, parce que j'attendais une conclusion toute naturelle de ces singuliers événements, il survint dès lors quelque chose qui me causa de l'étonnement, du souci et même de la frayeur. Éprouvant le besoin de changer de lieu, j'avais pris l'habitude de voyager jour et nuit; il m'arriva de cheminer souvent dans les ténèbres, et, si par hasard les lanternes s'éteignaient, je n'y voyais goutte dans ma voiture. Pendant une de ces nuits ténébreuses, je m'étais endormi, et, en m'éveillant, je vis briller une lumière contre le dessus de ma voiture. Je l'observai et je découvris qu'elle partait de la cassette, qui paraissait avoir une fente, comme si la température chaude et sèche de l'été naissant l'avait fait éclater. Cela me rappela l'idée des bijoux : je soupçonnai qu'il y avait dans la cassette une escarboucle, et je désirai en avoir la certitude. Je me plaçai aussi bien que je pus, pour appliquer mon œil contre la fente. Mais quel ne fut pas mon étonnement, quand je vis l'intérieur d'une chambre, brillante de lumières et meublée avec beaucoup de goût, même avec magnificence, comme si j'avais vu par l'ouverture d'une voûte une salle royale! A la vérité, je ne pouvais voir qu'une partie de la chambre, mais elle me faisait juger du reste. Auprès d'une cheminée, où brillait un bon feu, je voyais un fauteuil. Je retenais mon haleine et continuais d'observer. A ce moment, je vis s'avancer, de l'autre côté de la salle, une dame, tenant un livre à la main, que je reconnus aussitôt pour ma femme, quoique sa figure fût réduite aux plus petites proportions. La belle s'assit dans le fauteuil, près de la cheminée, pour se livrer à la lecture; elle arrangea les tisons avec les plus jolies pincettes du monde, et, pendant ce temps, je pus m'apercevoir que cette charmante petite créature avait aussi l'espoir d'être mère. A ce moment, je fus obligé de changer un peu d'attitude, étant fort gêné, et, quand je voulus regarder de nouveau et m'assurer que ce n'était pas un songe, la lumière avait disparu, et je ne vis plus que ténèbres.

On peut comprendre combien je fus étonné et même effrayé. Je faisais mille réflexions sur cette découverte, et ne savais proprement qu'en penser. Je m'endormis, et, quand je m'éveillai, je crus n'avoir fait qu'un rêve. Je sentais pour ma belle une sorte d'éloignement, et, tout en portant la cassette avec plus de soin que jamais, je ne savais s'il me fallait souhaiter ou craindre que ma femme reparût devant moi de grandeur naturelle.

Au bout de quelque temps, elle revint en effet un soir, habillée de blanc. Comme il faisait sombre dans la chambre, elle me parut d'une taille plus grande que de coutume, et je me souvins d'avoir ouï dire que tous les êtres de la race des ondines et des gnomes devenaient beaucoup plus grands à l'entrée de la nuit. Elle vola, comme d'ordinaire, dans mes bras, mais je ne pus la serrer avec une véritable joie contre ma poitrine oppressée.

« Mon ami, dit-elle, je sens bien, à ton accueil, ce que je sais déjà par malheur. Tu m'as vue dans l'intervalle ; tu connais l'état dans lequel je me trouve à certaines époques ; par là ton bonheur et le mien est interrompu ; il est même sur le point de périr absolument. Je dois te quitter, et j'ignore si je te reverrai jamais. »

Sa présence, la grâce avec laquelle elle me parlait, effacèrent aussitôt presque entièrement le souvenir de cette vision, qui d'ailleurs jusqu'alors ne m'avait guère semblé qu'un songe. Je l'accueillis avec vivacité, je l'assurai de mon amour, je protestai de mon innocence, et lui racontai le hasard de cette découverte : bref, je fis si bien, qu'elle parut elle-même rassurée et s'efforça de me rassurer à mon tour.

« Observe-toi bien, disait-elle ; vois si cette découverte n'a pas nui à ton amour, si tu peux oublier que je me trouve sous deux formes auprès de toi, si la diminution de mon être ne diminuera point aussi ton amour. »

Je la regardai : elle était plus belle que jamais, et je me dis à moi-même : « Est-ce donc un si grand malheur de posséder une femme qui devient de temps en temps une naine, en sorte qu'on peut la porter dans une cassette ? Ne serait-ce pas bien pis, si elle devenait une géante, et qu'elle enfermât son mari dans le coffre ? » Ma bonne humeur était revenue. Pour rien au monde je n'aurais voulu renoncer à ma femme.

« Mon cher cœur, lui répondis-je, demeurons tels que nous

avons été! Serait-il possible d'être plus heureux? Ne te gêne pas : je te promets de porter la cassette avec plus de soin que jamais. Comment la chose la plus mignonne que j'aie vue de ma vie ferait-elle sur moi une fâcheuse impression ? Que les amants seraient heureux, s'ils pouvaient posséder de pareils portraits en miniature! Et puis enfin, cette figurine n'est qu'un petit escamotage. Tu m'éprouves et me lutines, mais tu verras comme je saurai me tenir!

— La chose est plus sérieuse que tu ne penses, dit la belle; cependant je suis charmée que tu la prennes légèrement, car elle peut avoir pour tous deux la suite la plus heureuse. Je veux me fier à toi, et faire de mon côté tout mon possible. Promets-moi seulement de ne jamais me reprocher cette découverte. J'ajoute encore une instante prière : garde-toi plus que jamais de la colère et du vin. »

Je promis ce qu'elle voulut; j'aurais promis tout au monde; mais elle changea elle-même de conversation, et tout rentra dans l'ornière accoutumée. Nous n'avions pas de raisons pour changer de séjour : la ville était grande, la société variée, la saison invitait aux parties de campagne et aux fêtes dans les jardins.

Dans tous ces divertissements, ma femme était très-bien accueillie; les hommes et les dames la recherchaient avec empressement; ses manières douces et insinuantes, mêlées d'une certaine dignité, la faisaient aimer et respecter de chacun. D'ailleurs elle jouait à merveille du luth, dont elle accompagnait son chant, et son talent était le digne couronnement de toutes les soirées de fête.

Je dois avouer que je n'ai jamais su beaucoup aimer la musique; elle produisait plutôt sur moi une impression désagréable. Ma femme s'en était bientôt aperçue, et, quand nous étions seuls, elle ne cherchait jamais à m'offrir ce divertissement; mais elle semblait se dédommager dans le monde, où son talent trouvait d'ordinaire une foule d'admirateurs.

Et pourquoi le nier? Notre dernière conférence, malgré toute ma bonne volonté, n'avait pu me satisfaire entièrement; au contraire, mon humeur s'était singulièrement altérée, sans que je m'en fusse parfaitement rendu compte. Un soir, dans une nombreuse société, mon mécontentement éclata, et j'en éprouvai les plus fâcheux effets.

Je ne puis me dissimuler qu'après cette fâcheuse découverte, j'aimais beaucoup moins ma belle, et j'en étais devenu jaloux, ce qui ne m'était pas venu à l'esprit auparavant. Un soir, à table, que nous étions assez éloignés, elle d'un côté, moi de l'autre, je me trouvais fort bien entre mes deux voisines, qui, depuis quelque temps, me semblaient charmantes. Au milieu des badinages et des propos galants, on ne ménageait pas le vin, tandis que, de l'autre côté, deux amateurs de musique s'étaient emparés de ma femme, et savaient encourager et entraîner l'assemblée à chanter soit des solos, soit des chœurs. Cela me mit de mauvaise humeur. Les deux amateurs semblaient pressants; le chant m'agaçait les nerfs, et, lorsqu'on en vint même à me demander de chanter aussi un couplet, j'entrai dans une véritable colère, je vidai mon verre et le posai sur la table très-rudement.

Je me sentis, il est vrai, apaisé soudain par les grâces de mes voisines; mais c'est une chose fatale que la colère, lorsqu'une fois elle est en chemin. Elle couvait secrètement, quand tout aurait dû me disposer à la joie, à l'indulgence. Au contraire, je devins encore plus morose, lorsqu'on apporta un luth, et que ma belle en accompagna son chant, aux applaudissements de tous les convives. Par malheur, on demanda un silence général : je ne pouvais donc plus babiller, et les sons du luth me faisaient grincer les dents. Était-ce merveille, que la moindre étincelle finît par mettre le feu à la mine?

La belle venait d'achever un chant vivement applaudi, lorsqu'elle tourna les yeux de mon côté, et, je dois le dire, d'un air plein de tendresse. Mais, hélas! ses regards firent sur moi peu d'impression. Elle remarqua que je vidais mon verre et le remplissais de nouveau. Elle me fit signe de l'index, en m'adressant une menace amicale.

« Songez que c'est du vin, dit-elle, tout juste assez haut pour que je pusse l'entendre.

— L'eau est pour les ondines! m'écriai-je.

— Mesdames, dit-elle à mes voisines, couronnez la coupe de toutes vos grâces, afin qu'elle ne se vide pas trop souvent.

— Vous laisserez-vous faire la loi? me dit à l'oreille une de ces dames.

— Que veut la naine? m'écriai-je, avec des gestes violents, dont le verre fut renversé.

— Voilà bien des choses répandues! » dit la merveilleuse beauté, puis elle fit résonner les cordes, comme pour détourner de ce désordre l'attention des convives et l'attirer de nouveau sur elle. Elle y réussit en effet, d'autant plus qu'elle se leva, mais comme pour jouer plus commodément, et elle continua de préluder.

Quand je vis la nappe rougie par les flots de vin, je rentrai en moi-même; je reconnus la grande faute que j'avais faite; j'étais pénétré de honte et de repentir. Pour la première fois, la musique me parla. La première strophe que la belle chanta était un adieu bienveillant à la société, qui pouvait encore se sentir réunie. A la strophe suivante, la compagnie sembla s'écouler; chacun se sentait seul, séparé, nul ne se croyait plus présent à la fête. Mais que dirai-je de la dernière strophe? Elle ne s'adressait qu'à moi : c'était la voix de l'amour blessé, qui prend congé de la colère et de l'orgueil.

Je ramenai en silence ma femme au logis, et je n'attendais rien de bon; cependant, à peine fûmes-nous retirés dans notre chambre, qu'elle se montra caressante, agréable, au plus haut point, espiègle même, et me rendit le plus heureux des hommes.

Le lendemain, je lui dis, plein de confiance et de tendresse :

« Tu as souvent chanté sur l'invitation de nos amis, et, par exemple, hier au soir, cet adieu si touchant : chante une fois aussi, pour l'amour de moi, une jolie et joyeuse bienvenue, en cette heure matinale, et qu'il semble que nous apprenions à nous connaître pour la première fois!

— Cela m'est impossible, mon ami, répondit-elle d'un air grave. Le chant d'hier au soir avait pour objet notre séparation, qui doit s'accomplir sans délai. Car, je puis te le dire, la violation de ta promesse et de ton serment a pour nous deux les plus fâcheuses conséquences : tu sacrifies un grand bonheur, et moi, il faut que je renonce à mes vœux les plus chers. »

A mes instances et à mes prières de vouloir bien s'expliquer plus clairement :

« Je le puis, hélas! dit-elle, car c'en est fait de notre union; il faut nous séparer. Apprends donc ce que j'aurais voulu te cacher jusqu'aux temps les plus reculés : la forme sous laquelle tu m'as vue dans la cassette est réellement ma forme native et naturelle, car je suis de la famille du roi Eckwald, le puissant monarque des nains, dont la véridique histoire rapporte tant de choses. Notre peuple est toujours, comme autrefois, actif et laborieux et, par conséquent, facile à gouverner. Mais ne te figure pas que les nains soient restés en arrière dans leur industrie. Jadis leurs plus fameux ouvrages étaient des épées, qui poursuivaient l'ennemi, quand on les lançait contre lui, des chaînes invisibles, et qui le liaient mystérieusement, des boucliers impénétrables, et autres choses pareilles : mais aujourd'hui ils fabriquent principalement des objets de luxe et de parure, en quoi ils surpassent tous les peuples de la terre. Tu serais émerveillé, si tu visitais nos ateliers et nos magasins. Enfin notre bonheur serait complet, si toute la nation, et principalement la famille royale, n'était sous le poids d'une fatalité particulière. »

La princesse ayant fait silence un moment, je la priai de s'expliquer plus amplement sur ces étranges secrets, et au même instant elle voulut bien poursuivre en ces termes :

« On sait que Dieu, aussitôt qu'il eut créé le monde, que toute la terre fut essuyée et que les montagnes se dressèrent, puissantes et magnifiques, on sait, dis-je, qu'avant toutes choses Dieu créa la race des nains, afin qu'il y eût aussi des êtres raisonnables, qui pussent admirer et vénérer ses merveilles dans l'intérieur de la terre, les mines et les cavernes. On sait de plus que cette petite race s'enorgueillit dans la suite, et prétendit à l'empire du monde, et que Dieu créa les dragons, pour refouler les nains dans les montagnes. Mais, comme les dragons prirent l'habitude de se gîter dans les grandes cavernes et les crevasses et d'y séjourner; qu'un grand nombre vomissaient des flammes et commettaient beaucoup d'autres désordres, les nains se virent menacés de grands malheurs et de grandes souffrances, en sorte qu'ils ne savaient plus que devenir, et qu'ils s'adressèrent au seigneur Dieu avec d'humbles supplications, le priant de vouloir bien faire rentrer dans le néant cette engeance impure de dragons. Et lui, qui, dans sa sagesse, ne pouvait résoudre la destruction de sa créature, il vit néanmoins avec compassion la grande détresse des pauvres nains : il créa aussitôt les géants pour combattre les dragons et, sinon les exterminer, du moins en diminuer le nombre.

« Mais, lorsque les géants eurent assez avancé la besogne avec les dragons, ils s'enflèrent à leur tour d'audace et d'orgueil, et se livrèrent à maintes violences, surtout à l'égard des pauvres nains, qui recoururent une seconde fois au Seigneur, et le Seigneur, par sa toute-puissance, créa les chevaliers, pour combattre les géants et les dragons, et vivre en bonne intelligence avec les nains. De cette façon, l'œuvre de la création fut achevée de ce côté-là, et dès lors les géants et les dragons d'une part, les chevaliers et les nains de l'autre, furent constamment unis. De là tu peux voir, mon ami, que nous sommes de la race la plus ancienne du monde, ce qui nous fait sans doute beaucoup d'honneur, mais entraîne aussi de grands maux.

« En effet, comme rien ne peut subsister éternellement dans le monde, et que tout ce qui fut grand une fois doit diminuer et se rapetisser, nous sommes aussi prédestinés à nous voir, dès la création du monde, diminuer sans cesse et devenir plus petits, et la famille royale, à cause de la pureté de son sang, est, plus que toute autre, soumise à cette fatalité. C'est pourquoi nos sages ont imaginé, il y a bien des siècles, d'envoyer de temps en temps sur la terre une princesse du sang royal, pour épouser un honorable chevalier, afin que la race des nains soit renouvelée et sauvée d'une complète décadence. »

Tandis que ma belle me parlait ainsi avec un entier abandon, je l'observais avec défiance, parce qu'il semblait qu'elle eût envie de m'en faire accroire. Pour ce qui regardait sa mignonne origine, je n'avais plus aucun doute ; mais qu'elle m'eût choisi, au lieu d'un chevalier, cela m'inspirait quelque méfiance, car je me connaissais trop bien pour me figurer que mes ancêtres eussent été l'œuvre immédiate du Créateur.

Je dissimulai mes doutes et mon étonnement, et je dis affectueusement à la princesse :

« Apprends-moi cependant, ma bonne amie, comment tu t'élèves à cette grande et belle taille. Je connais peu de femmes d'une tournure aussi magnifique.

— Je vais te l'expliquer, reprit ma belle. C'est une maxime, de tout temps observée dans le conseil du roi des nains, de se garder aussi longtemps que possible de toute démarche extraordinaire, ce que je trouve moi-même tout à fait naturel et raisonnable. On aurait peut-être tardé longtemps encore à envoyer de nouveau une princesse sur la terre, si mon frère puîné ne fût pas venu au monde si petit, que les femmes chargées de sa garde l'ont laissé échapper de ses langes, sans qu'on ait pu savoir ce qu'il était devenu. Sur cet accident, tout à fait inouï dans les fastes de l'empire des nains, on a convoqué les sages, et, bref, on a résolu de m'envoyer à la recherche d'un mari.

— On a résolu ! m'écriai-je : c'est bel et bon ; on peut prendre un parti, on peut résoudre quelque chose ; mais donner à une naine cette taille divine, comment vos sages y sont-ils parvenus?

— Nos ancêtres avaient déjà pourvu à la chose. Dans le trésor royal se trouvait un énorme anneau d'or. Je dis énorme, parce qu'il me parut tel lorsqu'on me le montra, dans mon enfance, à la place qu'il occupait : car c'est le même que je porte ici au doigt, et voici comment on procéda.

« On m'instruisit de tout ce qui m'attendait, et l'on m'apprit ce que j'avais à faire et à éviter. Un magnifique palais fut bâti sur le modèle de la résidence d'été que mes parents préfèrent : un corps de logis, deux ailes et tout ce qu'on peut souhaiter. Il se trouvait à l'entrée d'une grande crevasse de rocher, et la décorait le mieux du monde. Au jour fixé, la cour s'y rendit, et mes parents avec moi. L'armée défila en grande tenue ; vingt-quatre prêtres portaient, non sans peine, sur un riche brancard le merveilleux anneau. On le déposa vers le seuil de l'édifice, du côté intérieur, à la place où on le franchit. Après maintes cérémonies, après de tendres adieux, je me mis à l'œuvre. Je m'approchai, je posai la main sur l'anneau, et aussitôt je commençai à grandir notablement. En peu d'instants, je parvins à la taille que vous me voyez ; après quoi, je passai l'anneau à mon doigt. En un clin d'œil, les fenêtres et les portes se fermèrent, les ailes rentrèrent dans le corps de logis; au lieu du palais, j'avais à côté de moi une cassette, que je pris sur-le-champ et que j'emportai, non sans éprouver un agréable sentiment de me voir si grande et si forte : toujours de taille naine, en comparaison des arbres, des montagnes, des fleuves et des pays, mais géante, auprès du gazon et des herbes, et surtout auprès des fourmis, avec lesquelles, nous autres nains, nous ne sommes pas toujours en bons rapports et dont nous avons souvent à souffrir.

« J'aurais bien des choses à raconter sur ce qui m'est arrivé dans mon pèlerinage, avant que je fisse ta rencontre; mais nul autre que toi ne m'a paru digne de renouveler et de perpétuer la race de l'illustre Eckwald. »

Pendant tout ce récit, j'avais eu, par moments, bonne envie de secouer la tête. Je fis à la belle diverses questions, sans obtenir des réponses bien satisfaisantes; j'appris, au contraire, à mon vif chagrin, qu'après ce qui était arrivé, elle était forcée de retourner chez ses parents. Elle espérait, il est vrai, pouvoir me rejoindre; toutefois, pour le moment, il était indispensable qu'elle se présentât devant eux, autrement tout serait fini pour elle et pour moi : les poches de la voiture cesseraient bientôt de payer, et quelles conséquences cela n'aurait-il pas encore ?

Quand j'appris que l'argent allait nous manquer, je n'en demandai pas davantage. Je haussai les épaules sans rien dire, mais elle parut me comprendre.

Nous fîmes nos paquets et nous montâmes en voiture, plaçant devant nous la cassette, à laquelle je ne pouvais trouver encore aucune ressemblance avec un palais. Nous courûmes plusieurs postes, payant, sans peine et largement, les chevaux et les pourboire, avec le secours des poches de droite et de gauche. Enfin nous arrivâmes dans une contrée montagneuse, et nous fûmes à peine descendus de voiture, que ma belle prit les devants. Sur son invitation, je la suivis, la cassette sous le bras. Elle me conduisit, par des sentiers assez rudes, dans une étroite prairie, à travers laquelle une source claire tombait en cascades, puis courait en faisant mille détours. Là, elle m'indiqua une place élevée, où elle me fit déposer la cassette; après quoi, elle me dit:

« Adieu! tu retrouveras bien aisément la route. Pense à moi : j'espère te revoir. »

A ce moment, il me sembla que je ne pourrais la quitter. Elle se retrouvait justement dans son beau jour, ou, si l'on veut, sa belle heure. Se trouver seul, avec une si charmante personne, dans une verte prairie, parmi les fleurs et le gazon, entouré de rochers protecteurs, de ruisseaux murmurants.... est-il un cœur qui fût resté insensible? Je voulus lui prendre la main, la serrer dans mes bras : elle me repoussa, et, toujours avec douceur, me menaça d'un grand danger, si je ne m'éloignais pas sur-le-champ.

« Est-il donc absolument impossible, m'écriai-je, que je demeure avec toi, que tu me gardes auprès de toi? »

J'accompagnai ces paroles de gestes et de plaintes si lamentables, qu'elle parut émue, et, après quelque hésitation, elle m'avoua que la durée de notre union n'était pas tout à fait impossible.

Quel homme plus heureux que moi?... Mes instances, toujours plus vives, l'obligèrent enfin à s'expliquer et à me découvrir que, si je me décidais à devenir, avec elle, aussi petit que je l'avais vue, je pouvais rester auprès d'elle, et la suivre dans sa demeure, dans son empire, au sein de sa famille. Cette proposition ne me plaisait pas tout à fait, mais enfin je ne pouvais me séparer d'elle en ce moment. Accoutumé au merveilleux depuis assez longtemps, disposé aux résolutions soudaines, je consentis, et je lui dis qu'elle pouvait faire de moi ce qu'elle voudrait.

Aussitôt elle me fit allonger le petit doigt de la main droite, elle le pressa avec le bout du sien, ôta tout doucement, avec sa main gauche, son anneau d'or, et le fit passer à mon doigt. A peine cela était-il fait, que je ressentis au doigt une violente douleur; l'anneau se resserra et me fit souffrir une épouvantable torture. Je poussai un grand cri, et je tendis machinalement les mains autour de moi, pour chercher ma princesse : elle avait disparu. Ce que j'éprouvai dans cet instant, je ne saurais trouver d'expression pour le rendre, et je n'ai plus rien à dire, sinon que j'étais devenu un tout petit personnage, et me trouvais, à côté de ma belle, dans une forêt de gazon. La joie de se revoir, après une courte mais étrange séparation, ou, si vous aimez mieux, de se rejoindre sans avoir été séparés, surpasse toute idée. Je lui sautai au cou, elle répondit à mes caresses, et le petit couple ne se sentit pas moins heureux que le grand.

Nous montâmes ensuite, avec quelque difficulté, une colline, car la prairie était devenue pour nous une forêt presque impénétrable. Cependant nous parvînmes enfin à une clairière, et quel ne fut pas mon étonnement, d'y voir une grande masse régulière que je dus bientôt reconnaître pour la cassette, dans la situation où je l'avais placée.

« Avance, mon ami, me dit ma bien-aimée, heurte avec l'anneau ; tu verras des merveilles. »

J'avançai, et j'avais à peine heurté, que je vis en effet la plus grande merveille. Deux ailes de bâtiment se déployèrent, et en même temps il tomba comme des écailles et des planures, si bien que les portes, les fenêtres, les colonnades, et tout ce qui compose un véritable palais, parut aussitôt à mes yeux.

Si vous avez vu un de ces ingénieux secrétaires, où, d'un seul coup, l'on met en mouvement de nombreux ressorts; où le pupitre, l'écritoire, la case aux lettres et celle de l'argent, se déploient à la fois ou dans une succession rapide, vous pourrez vous figurer comme se développa le palais dans lequel ma douce compagne me fit entrer. Je reconnus aussitôt, dans le grand salon, la cheminée que j'avais auparavant aperçue d'en haut, et le fauteuil où la belle s'était assise. En levant les yeux, je crus apercevoir en effet quelque trace de l'ouverture qui s'était faite à la coupole, et par laquelle mes regards avaient pénétré. Je vous épargne la description du reste; il suffira de dire que tout était spacieux, magnifique et plein de goût. A peine étais-je revenu de ma surprise, que j'entendis de loin une musique militaire : ma belle moitié tressaillit de joie, et m'annonça, avec ravissement, l'arrivée de son auguste père. Nous nous avançâmes sur le seuil de la porte, et nous vîmes une troupe brillante sortir d'une large fente de rochers. Des soldats, des domestiques, des officiers et une cour magnifique marchaient à la file. Enfin on aperçut une troupe dorée, et, dans ses rangs, le roi lui-même. Quand tout le cortége fut rangé devant le palais, le roi s'avança avec son plus proche entourage. Sa tendre fille courut à lui, et m'entraîna sur ses pas. Nous tombâmes à ses pieds; il me releva très-gracieusement, et, quand je me vis debout devant lui, je remarquai d'abord que, parmi ce petit peuple, j'avais encore la taille la plus considérable. Nous entrâmes ensemble dans le palais, où le roi, en présence de toute sa cour, me souhaita la bienvenue dans un discours soigneusement travaillé, où il exprima sa surprise de nous trouver là, me déclara son gendre, et fixa le mariage au lendemain.

Je fus saisi de terreur, lorsque j'entendis parler de mariage, car, jusque-là, cette idée m'avait inspiré plus d'éloignement peut-être que la musique elle-même, qui me semblait d'ailleurs la chose la plus odieuse du monde. Ceux qui font de la musique, disais-je quelquefois, se figurent du moins qu'ils sont d'accord entre eux, et qu'ils agissent avec harmonie; lorsqu'ils ont assez longtemps accordé leurs instruments, et nous ont déchiré les oreilles par mille dissonances, ils croient fermement que tout ira bien, et qu'un instrument sera d'accord avec l'autre; le chef d'orchestre lui-même partage cette heureuse illusion, et l'on commence joyeusement un tintamarre dont nous avons, nous autres, les oreilles déchirées. Dans le mariage, il n'en va pas même ainsi : en effet, bien que ce soit un simple duo, et qu'il soit permis de supposer que deux voix, et même deux instruments, peuvent toujours s'accorder jusqu'à un certain point, cependant la chose arrive rarement : car, si le mari donne le ton, la femme le prend tout de suite un peu plus haut, et le mari plus haut à son tour; si bien qu'ils passent du ton ordinaire à celui de la musique d'église, et ainsi de suite, jusqu'à ce qu'enfin les instruments à vent eux-mêmes ne peuvent plus les suivre. Et moi, qui ne peux souffrir la musique harmonieuse, je suis bien plus excusable encore de trouver la discordante insupportable.

Je ne veux et ne puis rien vous dire de toutes les fêtes au milieu desquelles le jour se passa, car j'y fis peu d'attention; les mets exquis, les vins excellents, m'étaient insipides : je rêvais et réfléchissais à ce que j'avais à faire. Mais je n'avais pas besoin de longues méditations. Je résolus de m'esquiver tout uniment, dès qu'il ferait nuit, et de me cacher quelque part.

Je découvris en effet heureusement une fente de rocher, où je m'enfonçai et me cachai de mon mieux. Je tâchai d'abord d'ôter de mon doigt le malheureux anneau, mais je ne pus y parvenir; je sentais au contraire qu'il me serrait toujours davantage, dès que j'essayais de le retirer, et je souffrais de violentes douleurs, qui cessaient aussitôt que je renonçais à mon dessein.

Je m'éveillai de grand matin (car ma petite personne avait très-bien dormi), et je songeais à m'en aller plus loin, lorsqu'il commença de tomber sur moi comme une pluie.... En effet il tombait en abondance comme du sable et du gravier à travers le gazon, les feuilles et les fleurs. Mais combien je fus effrayé, quand je vis tout cela remuer autour de moi, et qu'une armée innombrable de fourmis fondit sur ma personne! A peine m'avaient-elles aperçu, qu'elles m'avaient assailli de tous côtés, et, quoique je me défendisse avec assez de vigueur et de courage, elles finirent par me couvrir, me pincer et me tourmenter, au point que je fus très-heureux d'entendre que l'on me criait de me rendre prisonnier. Je me rendis en effet et sans tarder, sur quoi une fourmi, d'une taille considérable, s'approcha de moi avec politesse, je puis dire avec respect, et se recommanda même à mes bonnes grâces. J'appris que les fourmis étaient devenues les alliées de mon beau-père, qu'il les avait appelées à son secours dans la conjoncture présente, et chargées de me ramener chez lui. Et maintenant, petite créature, j'étais dans les mains de plus petits que moi. Je voyais devant moi le mariage, et je devais bénir le ciel, si mon beau-père n'était pas furieux contre moi, si ma belle amie n'avait pas pris de l'humeur.

Permettez-moi de passer sous silence toutes les cérémonies. Pour tout dire, nous étions mariés. Mais, si joyeux et si gai que l'on fût au logis, il se trouvait néanmoins de ces heures solitaires, dans lesquelles on se laisse entraîner aux réflexions, et il m'arriva ce qui ne m'était jamais arrivé.... Quoi donc et comment?... C'est ce qu'il faut vous apprendre.

Tout ce qui m'environnait était parfaitement assorti à ma taille actuelle et à mes besoins; les bouteilles et les verres bien proportionnés à un petit buveur; peut-être même la mesure était-elle mieux réglée que chez nous. Mon petit palais savourait parfaitement les mets délicats ; un baiser de la petite bouche de mon épouse était trop charmant, et, je l'avouerai, la nouveauté me rendait ces rapports infiniment agréables. Mais, par malheur, je n'avais pas oublié mon premier état. Je sentais en moi comme l'échelle de mon ancienne grandeur, ce qui me causait de l'inquiétude et m'affligeait. Alors je compris enfin ce que les philosophes entendent par leur idéal, qui tourmente si fort les hommes. J'avais un idéal de moi-même, et je me voyais quelquefois en songe comme un géant. Pour tout dire, ma femme, mon anneau, ma stature de nain, tant d'autres chaînes, me rendaient tout à fait malheureux, et je songeai sérieusement à ma délivrance.

Comme j'étais persuadé que tout le charme était renfermé dans l'anneau, je résolus de le limer. Dans ce dessein, je dérobai au bijoutier de la cour quelques limes. Heureusement, j'étais gaucher, et, de ma vie, je n'avais rien fait que gauchement. Je poursuivis vaillamment mon ouvrage. Ce n'était pas peu de chose : car le petit cercle d'or, si mince qu'il parût, était devenu plus compacte, à proportion qu'il avait perdu de son premier volume. J'employais furtivement à ce travail toutes mes heures de liberté, et, quand le métal fut limé presque entièrement, je fus assez avisé pour sortir du palais. Sage précaution, car le cercle d'or se rompit brusquement, et je grandis d'une manière si soudaine, qu'il me sembla véritablement heurter la voûte du ciel ; et sans doute j'aurais transpercé la coupole de notre palais d'été et même détruit, par mes dimensions énormes, l'édifice tout entier.

J'étais donc redevenu bien plus grand, mais, à ce qu'il me semblait aussi, bien plus lourd et plus maladroit. Quand je me fus remis de mon étourdissement, je vis la cassette près de moi. Je la trouvai assez lourde, quand je l'enlevai et l'emportai, en descendant le sentier, pour me rendre à la maison de poste. Là je fis sur-le-champ mettre les chevaux à la voiture et je poursuivis mon voyage. Une fois en route, je m'empressai de faire l'essai des deux poches. Au lieu de l'argent, qui parut s'être éclipsé, il se rencontra sous ma main une petite clef : c'était celle de la cassette, où je trouvai un assez beau dédommagement. Tant qu'il dura, je me servis de la voiture; puis je la vendis, afin de continuer ma route en diligence. Pour la cassette, je ne m'en défis qu'à la dernière extrémité, parce que je pensais toujours qu'elle se remplirait encore une fois. Et c'est ainsi que je revins enfin, après un assez long détour, au coin du feu de la cuisinière, où vous m'avez rencontré pour la première fois.

CHAPITRE VII.

Hersilie à Wilhelm.

Les liaisons, même lorsqu'elles se forment d'une manière indifférente, ont souvent les suites les plus considérables : à plus forte raison, celle que nous avons formée avec vous, qui, dès le commencement, n'a été nullement indifférente. La merveilleuse clef était tombée dans mes mains comme un gage extraordinaire, et maintenant je possède aussi la cassette. La clef et la cassette!... Qu'en dites-vous? Que faut-il en penser? Écoutez comment la chose s'est passée.

Un jeune homme, à l'air distingué, se présente chez mon oncle, et lui annonce que cet original d'antiquaire, avec lequel vous avez été longtemps lié, vient de mourir, et lui a légué toute sa remarquable collection, mais qu'il lui impose en même temps l'obligation de restituer sans délai tous les objets étrangers qui n'étaient chez lui qu'en dépôt. Nos biens propres ne nous donnent aucune inquiétude, car leur perte ne regarde que nous : pour les biens étrangers, il ne s'était permis d'en recevoir sous sa garde que dans des cas particuliers. Il voulait le soulager de ce fardeau; il lui défendait même, par son affection et son autorité paternelle, de s'en charger jamais. Après ce préambule, le jeune homme présenta la cassette, que je connaissais déjà par vos descriptions, mais dont mes yeux furent singulièrement frappés.

Mon oncle, après l'avoir examinée de tous côtés, la rendit, en disant qu'il s'était fait lui-même un devoir d'agir de la même manière, et de ne se charger d'aucunes antiquités, si belles et si merveilleuses qu'elles fussent, à moins de savoir à qui elles avaient appartenu auparavant, et quel événement historique s'y rattachait. Or cette cassette ne présentait ni inscription, ni chiffre, ni date, ni aucune indication, qui pût faire deviner l'auteur ou l'ancien possesseur de l'ouvrage : il était donc absolument sans utilité et sans intérêt pour lui.

Le jeune homme était dans un grand embarras, et il demanda, après un moment de réflexion, si on ne lui permettrait pas de déposer la cassette chez le bailli. Mon oncle sourit, se tourna de mon côté et me dit :

« Hersilie, ce serait pour toi une jolie occupation. Déjà tu possèdes toutes sortes d'ornements et d'élégantes raretés : ajoutes-y celle-là, car je gagerais que notre ami, qui ne t'est pas resté indifférent, reviendra quelque jour la reprendre. »

Il faut que j'écrive tous ces détails pour être historien fidèle : je dois avouer ensuite que je regardais la cassette avec des yeux d'envie, et qu'une certaine convoitise s'empara de moi. Il me répugnait de voir déposer dans le vieux coffre de fer rouillé des archives de la justice la magnifique et précieuse cassette que la fortune avait adressée au charmant Félix. Elle attirait ma main, comme la baguette divinatoire; ma faible raison résistait; j'avais déjà la clef et je n'osais le dire, et j'allais m'imposer le tourment de laisser la serrure fermée ou m'abandonner à la coupable témérité de l'ouvrir. Mais, je ne sais, soit désir, soit pressentiment, je me suis représentée que vous reveniez, que vous alliez revenir, que vous seriez là, quand j'entrerais dans ma chambre : en un mot, j'étais embarrassée, interdite, troublée, comme il m'arrive toujours, quand je suis arrachée à ma paisible gaieté. Je n'ajoute rien, je n'explique pas, je ne m'excuse pas. Il suffit de vous dire que la cassette est là devant moi, dans mon secrétaire, la clef à côté; et, si vous avez un cœur, si vous avez quelque sentiment, figurez-vous ce que j'éprouve, combien de passions se combattent dans mon sein, comme je vous désire ici et Félix avec vous, pour que ceci prenne une fin ou du moins que nous sachions un peu ce que signifie cette merveilleuse trouvaille qui se retrouve, ces objets qui se séparent pour se réunir. Et, quand je ne devrais pas être délivrée de tout embarras, je désire du moins avec passion que celui-ci s'explique, qu'il trouve son terme, dût-il m'arriver, comme je le crains, quelque chose de pire.

CHAPITRE VIII.

Parmi les notes que nous avons sous les yeux en rédigeant cette histoire, nous trouvons une facétie, que nous insérons ici, sans autre préambule, parce que les événements deviennent toujours plus graves, et que, plus tard, il ne se trouverait aucune place pour de pareilles digressions.
En somme, nos lecteurs ne jugeront peut-être point désagréable ce récit, que fit, un soir, Saint-Christophe à un cercle de joyeux camarades.

La gageure dangereuse.

C'est une chose connue, que les hommes, aussitôt qu'ils jouissent de quelque bien-être, et que les choses vont au gré de leurs désirs, ne savent plus tenir en bride leur témérité. De folâtres étudiants avaient coutume de courir par bandes le pays, pendant les vacances, et de faire, à leur manière, des farces, qui n'avaient pas toujours les plus heureuses conséquences. Ils étaient très-divers entre eux, rassemblés et liés par la vie d'étudiants; ils différaient par la naissance et la fortune, l'esprit et l'éducation, mais tous, joyeux et sociables, ils allaient et couraient les uns avec les autres. Ils me mettaient souvent de la partie; en effet, comme je portais des fardeaux plus lourds que pas un d'eux, ils me décernèrent le titre honorable de grand farceur, et principalement parce que mes plaisanteries, pour être plus rares, n'en étaient que plus fortes, comme je vais en donner la preuve.

Nous avions atteint, dans nos courses vagabondes, un agréable village de montagne, qui, dans sa situation écartée, avait, par privilége, une maison de poste et, parmi ses habitants, deux jolies jeunes filles, ornement de ce lieu solitaire. On voulut s'y reposer, y passer le temps, faire l'amour, vivre quelques jours à meilleur marché, et, en conséquence, dissiper plus d'argent.

On sortait de table; quelques-uns se sentaient animés et les autres abattus; les uns étaient gisants et cuvaient leur vin, les autres en auraient volontiers dissipé les fumées dans quelque joyeuse escapade. Nous avions, dans une aile du bâtiment, deux grandes chambres sur la cour. Un bel équipage à quatre chevaux, arrivant à grand fracas, nous attira aux fenêtres. Les domestiques s'élancèrent du siége, pour ouvrir la portière à un monsieur de belle et noble apparence, qui, malgré les années, marchait encore d'un pas assez ferme. Son grand nez bien fait me frappa d'abord, et je ne sais quel mauvais génie m'inspira sur-le-champ l'idée la plus folle, et l'audace de l'exécuter aussitôt, sans plus de réflexion.

« Que pensez-vous de ce monsieur? demandai-je à la compagnie.

— A le voir, répondit quelqu'un, il ne ferait pas bon se jouer à lui.

— Oui, oui, dit un autre, il a tout l'air d'un imposant Ne-me-touchez-pas!

— Et pourtant, répliquai-je hardiment, je gage de le tirer par le bout du nez, sans qu'il m'en arrive aucun mal; même je prétends me mettre par là dans ses bonnes grâces.

— Si tu fais cela, dit Raufbold, chacun de nous te donne un louis d'or.

— Encaissez l'argent pour moi, m'écriai-je, je m'en remets à vous.

— J'aimerais mieux, dit le petit jeune homme, arracher à un lion un poil de sa moustache.

— Je n'ai point de temps à perdre, » dis-je aussitôt, et je descendis l'escalier.

Au premier coup d'œil, j'avais observé que l'étranger avait la barbe longue, et je soupçonnai qu'aucun de ses gens ne savait raser. Je rencontrai le garçon d'auberge, et je m'informai de lui si le monsieur n'avait point demandé un barbier.

« Sans doute, répondit-il, et il en a grand besoin. Son valet de chambre est resté en arrière depuis deux jours ; le monsieur veut absolument être délivré de sa barbe, et notre unique barbier est allé, je ne sais où, dans les environs.

— Eh bien ! annoncez-moi, présentez-moi comme barbier à l'étranger : je vous ferai honneur. »

Je pris les instruments à barbe que je trouvai dans la maison, et je suivis le garçon. Le vieux monsieur me reçut avec beaucoup de gravité, me regarda des pieds à la tête, comme s'il avait voulu juger de mon talent sur ma physionomie.

« Savez-vous bien votre métier ? me dit-il.

— Sans me vanter, répliquai-je, je n'ai pas encore trouvé mon pareil. »

J'étais d'ailleurs sûr de mon fait, car j'avais exercé dans ma première jeunesse cette noble profession, et j'étais surtout renommé, parce que je rasais de la main gauche.

La chambre dans laquelle l'étranger faisait sa toilette donnait sur la cour, et se trouvait placée de telle sorte, que nos amis pouvaient voir aisément ce qui s'y passait, surtout si les croisées étaient ouvertes. Il ne manquait plus rien à mes préparatifs ; le monsieur s'était assis, la serviette attachée au cou : je m'avançai très-humblement et lui dis :

« Monseigneur, une expérience particulière, que j'ai faite dans l'exercice de mon art, c'est que je rase mieux et plus à mon gré les gens du commun que les personnes de qualité. Je m'en suis longtemps demandé la cause, et l'ai cherchée tantôt ici, tantôt là ; enfin j'ai trouvé que je réussissais beaucoup mieux au grand air que dans les chambres fermées. Si Votre Excellence veut permettre que j'ouvre les fenêtres, elle en éprouvera bientôt l'effet à sa propre satisfaction. »

Il y consentit ; j'ouvris la fenêtre, je fis un signe à mes amis, et je commençai à savonner cette forte barbe avec beaucoup de grâce. Avec non moins de prestesse et de légèreté, je fauchai la prairie, et je ne manquai pas, lorsque j'en vins à la lèvre supérieure, de prendre ma noble pratique par le nez et de le courber à droite et à gauche, en me plaçant de telle sorte, que les parieurs durent reconnaître et convenir, à leur grande satisfaction, qu'ils avaient perdu la gageure.

Le vieux monsieur s'avança vers le miroir avec dignité; on voyait qu'il se regardait avec quelque complaisance, et c'était en effet un très-bel homme. Puis il se tourna de mon côté, fixant sur moi ses yeux noirs, étincelants, mais gracieux, et il me dit :

« Vous méritez plus d'éloges que la plupart de vos confrères, car je remarque chez vous beaucoup moins de mauvaises habitudes : vous ne passez pas deux fois et trois fois sur la même place; c'est fait du premier coup; vous ne frottez pas non plus, comme plusieurs, votre rasoir sur la paume de la main, et vous ne promenez pas sous le nez de la personne les débris de la barbe. L'adresse de votre main gauche est surtout admirable. Voici pour votre peine, poursuivit-il en me donnant un florin. Rappelez-vous seulement une chose, c'est qu'on ne prend pas les gens de qualité par le nez. Si vous évitez, par la suite, cette habitude rustique, vous ferez votre chemin dans le monde. »

Je fis une profonde révérence; je promis tout ce qu'il voulut, le priant, s'il venait à repasser, de vouloir bien m'honorer encore de sa confiance, et je courus vers nos jeunes camarades, qui avaient fini par me donner assez d'inquiétude, car ils poussaient de tels cris et de tels éclats de rire, sautant comme des fous, applaudissant et appelant, éveillant les endormis, et racontant l'aventure, avec de nouveaux rires et un nouveau tapage, qu'en arrivant dans la chambre, je commençai par fermer les fenêtres, et conjurai, au nom du ciel, ces étourdis de rester tranquilles; mais enfin il me fallut rire avec les autres, à l'idée d'une action si folle, que j'avais accomplie avec tant de gravité.

A la fin, la tempête du rire un peu apaisée, je me félicitais de mon bonheur; j'avais dans ma poche les pièces d'or, et de plus le florin bien mérité; je me trouvais la bourse bien garnie, ce qui me venait d'autant plus à propos, que la société avait résolu de se séparer le lendemain. Mais nous n'étions pas destinés à nous quitter avec ordre et bienséance. L'histoire était trop plaisante, et mes gens ne pouvaient la garder pour eux, si vivement que je les eusse priés et conjurés de rester bouche close, jusqu'au départ du vieux monsieur. Un de nous, nommé Fabrige, avait une intrigue d'amour avec la fille de la maison. Ils eurent un rendez-vous, et, ne sachant apparemment que dire de mieux à la belle, il lui raconta la plaisanterie, beau sujet de rire à gorge déployée. La chose n'en resta pas là; la jeune fille colporta le récit avec la même gaieté, si bien qu'il parvint enfin aux oreilles du vieux seigneur, au moment où il allait se coucher.

Nous étions assis, plus tranquilles que de coutume, ayant fait tout le jour assez de vacarme, quand le petit sommelier, qui nous était fort dévoué, accourut en criant :

« Sauvez-vous! On veut vous tuer. »

Nous nous levâmes en sursaut, et nous voulions en savoir davantage : le petit garçon était déjà parti. Je courus pousser le verrou. Déjà nous entendions heurter et frapper à la porte; il nous sembla même qu'on la brisait à coups de hache. Sans raisonner, nous faisons retraite dans la deuxième chambre. Tous étaient stupéfaits.

« Nous sommes trahis! m'écriai-je; c'est le diable qui nous tient par le nez. »

Raufbold prit son épée. Je montrai encore une fois ma force de géant, et poussai, à moi seul, une pesante commode devant la porte, qui, par bonheur, s'ouvrait en dedans. Déjà nous entendions le tumulte dans la première chambre et des coups violents contre notre porte.

Le baron Raufbold semblait résolu à se défendre : je lui criai à lui et aux autres :

« Sauvez-vous! Vous n'avez pas à craindre ici des coups seulement, mais un affront plus grand pour un gentilhomme. »

La jeune fille, la même qui nous avait trahis, accourut, désespérée de savoir son amant en danger de mort.

« Fuyez! fuyez! cria-t-elle en le prenant par la main. Venez, je vous emmènerai par les corridors, les greniers et les granges. Venez tous, et que le dernier retire l'échelle. »

Tous se précipitent vers la porte de derrière; je monte encore un coffre sur la commode, pour repousser et raffermir les panneaux déjà enfoncés de la porte assiégée : mon opiniâtreté faillit m'être fatale.

Quand je courus pour joindre les autres, je trouvai l'échelle enlevée, et me voyais sans espérance de salut. Me voilà donc, moi, le vrai coupable, renonçant déjà à m'en tirer, la peau saine et sauve et les os entiers. Et qui sait.... Mais laissez-moi là-bas dans cette angoisse, puisque je peux maintenant vous raconter ici, moi-même, l'aventure. Sachez seulement que cette farce audacieuse eut de fâcheuses suites.

Le vieux seigneur, profondément blessé de cette moquerie, dont il n'avait pu tirer vengeance, prit la chose à cœur, et l'on assure que cet événement, s'il ne fut pas la cause immédiate de sa mort, n'y fut pas étranger. Son fils, cherchant à découvrir la trace des coupables, vint, par malheur, à savoir la part que le baron y avait prise, et, ayant éclairci la chose plusieurs années après, il l'appela sur le terrain, et fit à ce beau jeune homme une blessure qui le défigura pour le reste de sa vie; et lui-même, par un enchaînement fortuit de circonstances, vit, à la suite de cette affaire, une partie de sa jeunesse empoisonnée.

Tout apologue doit contenir une leçon morale; mais vous trouvez tous, je pense, aussi claire que le jour celle qui ressort du récit que je viens de vous faire.

CHAPITRE IX.

Le jour solennel était arrivé : le moment était venu où devaient se faire les premiers pas vers une émigration générale; on allait décider qui partirait pour le nouveau monde, et qui resterait de ce côté, et chercherait fortune dans le continent de la vieille Europe.

Des chants joyeux retentissaient dans toutes les rues du bourg, qui avait un air de fête; les masses se rassemblaient; les compagnons de chaque métier se groupaient entre eux, et, avec des chants harmonieux, ils se rendaient au château, dans un ordre que le sort avait fixé.

Les présidents, nous voulons dire Lénardo, Frédéric et le bailli, étaient sur le point de les suivre et d'occuper les places qui leur appartenaient, quand un homme d'un extérieur agréable, les ayant abordés, leur demanda la permission d'assister à l'assemblée. On n'aurait rien pu lui refuser, tant ses manières étaient polies, prévenantes, amicales, ce qui rendait infiniment agréable sa figure imposante, qui annonçait à la fois un militaire, un homme de cour et un homme du monde. Il entra avec toute la société, et on lui offrit une place d'honneur. Quand tout le monde fut assis, Lénardo, restant debout, prononça le discours suivant :

« Mes amis, lorsque nous observons les provinces et les États les plus populeux du continent, partout où le sol se montre fertile, nous le trouvons cultivé, planté, mesuré, embelli, et, dans la même proportion, désiré, possédé, fortifié et défendu. Cela nous fait sentir le haut prix de la propriété territoriale, et nous sommes obligés de la reconnaître comme le premier, le plus précieux des biens que l'homme puisse acquérir. Si nous trouvons ensuite (en considérant de plus près l'amour des pères et des enfants) l'intime union des habitants d'un même pays, d'une même ville, et, par conséquent, le sentiment patriotique dans son sens général, fondé immédiatement sur le sol, alors cette occupation et cette possession d'une partie, grande ou petite, de la terre nous paraissent toujours plus importantes et plus respectables. Oui, ainsi l'a voulu la nature : un homme né sur la glèbe lui appartient par l'habitude; ils s'incorporent l'un avec l'autre, et par là se forment les plus doux liens. Qui voudrait porter une fâcheuse atteinte à cette base de toute existence, méconnaître la valeur et la dignité de ce beau présent du ciel?

« Et pourtant, on osera le dire, si ce que l'homme possède est d'une si grande valeur, il faut en attribuer une plus grande encore à ce qu'il fait et ce qu'il accomplit. Une observation générale nous fera donc considérer la propriété foncière comme n'étant qu'une petite partie des biens qui nous sont accordés.

Les plus considérables et les plus élevés consistent proprement en biens mobiliers, et dans les choses que produit le mouvement de la vie.

« C'est de ce côté que nous sommes obligés particulièrement, nous autres jeunes gens, de chercher nos ressources : car, eussions-nous même l'envie de rester et de nous fixer, à l'exemple de nos pères, nous sommes néanmoins invités de mille manières à ne pas fermer les yeux devant les perspectives lointaines et le vaste horizon. Courons donc au rivage de la mer ; qu'un regard nous fasse comprendre quels champs immenses d'activité nous sont ouverts, et, à cette seule pensée, nous sentirons en nous une ardeur toute nouvelle.

« Mais nous ne voulons pas nous perdre dans des espaces sans limites ; nous voulons fixer notre attention sur le sol continu, large et spacieux, de tant de pays et de royaumes. Là, nous voyons de vastes contrées parcourues par des peuples nomades, dont les cités sont mobiles, dont les troupeaux nourriciers, propriété vivante, veulent être promenés en tous lieux. Nous les voyons, au milieu du désert, dans de grands et verts pâturages, comme à l'ancre dans le port souhaité. Ce mouvement, ces migrations, sont pour eux une habitude, un besoin ; ils finissent par considérer la surface du globe comme si elle n'était pas diguée par des montagnes, sillonnée par des fleuves. Nous avons vu pourtant le nord-est se porter contre le sud-ouest, un peuple chasser l'autre devant lui, la souveraineté et la possession du sol absolument changées.

« On verra plus d'une fois, dans le cours des âges, le même flot déborder des pays trop populeux. Ce que nous devons attendre de l'étranger, il serait difficile de le dire ; mais il est remarquable que nous-mêmes, par l'excès de notre population, nous nous pressons à l'intérieur mutuellement, et, sans attendre d'être chassés, nous nous chassons les uns les autres, prononçant contre nos frères la sentence d'exil.

« Voici donc le temps et le lieu de savoir, sans chagrin ni découragement, donner carrière en notre cœur à quelque mobilité ; de ne point réprimer l'humeur impatiente qui nous pousse à changer de pays. Toutefois, que nos desseins et nos projets ne soient pas l'œuvre de la passion, ni de quelque autre contrainte; qu'ils découlent d'une conviction en harmonie avec le meilleur conseil.

« On a dit et répété : « Où je suis bien, est ma patrie. » Ce consolant proverbe serait plus juste encore, si l'on disait : « Où je suis utile, est ma patrie. » Dans son pays, un homme peut être inutile, sans que cela soit remarqué d'abord; dans l'étranger, l'homme inutile frappe bientôt les yeux. Si je dis maintenant : « Que chacun s'efforce en tous lieux d'être utile à lui-« même et aux autres, » ce n'est pas là une leçon ni un conseil, c'est l'arrêt que la vie elle-même prononce.

« Maintenant considérons la terre; oublions, pour le moment, la mer; ne nous laissons pas entraîner par le mouvement tumultueux de la navigation; arrêtons nos regards sur la terre ferme, et admirons cette race de fourmis dont elle est couverte, et dont les tourbillons se croisent sans cesse. Dieu lui-même l'a voulu ainsi, lorsque, empêchant la construction de Babel, il dispersa le genre humain sur la terre. Qu'il en reçoive nos actions de grâces! Car cette bénédiction s'est transmise à toutes les générations des hommes.

« Observez avec joie comme toute la jeunesse se met d'abord en mouvement. L'instruction ne lui étant offerte ni dans la maison paternelle ni à sa porte, elle s'empresse de courir en d'autres pays, en d'autres villes, où l'attire la renommée du savoir et de la sagesse. Après avoir reçu un développement rapide et suffisant, elle se sent d'abord poussée à promener au loin ses regards dans le monde, pour découvrir et saisir ici ou là quelque utile expérience, propre à seconder ses desseins. Qu'ils aillent donc, s'il leur plaît, tenter la fortune! Pour nous, notre pensée se porte avant tout sur ces hommes accomplis, éminents, ces nobles explorateurs de la nature, qui affrontent, avec connaissance de cause, tous les obstacles, tous les dangers, pour ouvrir le monde au monde, et préparer des chemins, des passages, par les lieux les plus impraticables.

« Cependant voyez sur les faciles grandes routes cette poussière soulevée en longs nuages, marquant la trace de commodes voitures, surchargées de bagages, dans lesquelles roulent les nobles, les riches et tant d'autres, dont Yorick nous représente si bien les pensées et les projets divers.

« Il peut les suivre du regard avec satisfaction, le modeste piéton, estimable ouvrier, à qui sa patrie faisait un devoir de s'approprier l'habileté étrangère, et de ne pas revenir au foyer paternel avant de l'avoir acquise. Mais nous rencontrons plus souvent sur notre chemin des marchands et des trafiquants; un petit détailleur ne peut faire autrement que de laisser de temps en temps sa boutique, de visiter les foires et les marchés, pour s'approcher du marchand en gros, pour augmenter ses petits bénéfices, à l'exemple, aux encouragements, de l'opulence sans bornes. Avec plus d'inquiétude encore, ils se croisent à cheval sur les grandes routes et les routes de traverse, ces innombrables voyageurs, qui s'appliquent à nous faire délier notre bourse, même contre notre volonté. Des échantillons de toute espèce et des listes de prix nous poursuivent dans les villes et les campagnes; où que nous puissions nous réfugier, pleins d'empressement, ils nous surprennent, nous offrant une occasion que personne n'aurait pensé à chercher.

Et que dirai-je de ce peuple qui s'approprie plus que tous les autres les bénédictions de l'éternel pèlerinage, et qui, par sa mobile activité, sait abuser les gens stables et l'emporter sur ceux qui voyagent comme lui? Nous ne devons en dire aucun bien ni aucun mal : aucun bien, parce que notre Union se tient en garde contre lui; aucun mal, parce que le voyageur doit traiter avec bienveillance tout homme qu'il rencontre, en songeant à l'avantage réciproque.

« Mais, avant tout, nous devons rappeler avec intérêt tous les artistes, car ils sont aussi mêlés profondément au mouvement universel. Le peintre ne voyage-t-il pas avec son chevalet et sa palette, de visage en visage, et ses confrères ne sont-ils pas appelés tantôt dans un lieu, tantôt dans un autre, parce qu'on veut partout des bâtiments et des sculptures? Cependant le musicien voyage plus vivement; car c'est lui proprement qui prépare pour tout nouvel auditeur une nouvelle surprise, pour des sens ravivés une admiration toute vive. Les comédiens, à leur tour, bien qu'ils dédaignent le char de Thespis, ne laissent pas de voyager toujours en petites troupes, et leur monde mobile est assez promptement bâti à chaque place. Sacrifiant des engagements sérieux et profitables, ils se plaisent aussi à passer seuls de lieux en lieux; un talent, dont les appointements s'élèvent à mesure que s'élèvent les besoins, en est l'occasion et le prétexte. De là il arrive, d'ordinaire, qu'il n'est pas dans leur patrie un théâtre de quelque importance, sur lequel ils ne se soient montrés.

« Ceci nous invite à jeter les yeux sur l'enseignement. Vous le trouvez aussi dans un mouvement continuel; on passe de chaire en chaire, afin de répandre abondamment de toutes parts la semence d'une instruction rapide. Mais elles sont plus zélées et plus entreprenantes, ces âmes pieuses qui, pour procurer aux nations le salut, se dispersent dans toutes les parties du monde. D'autres, en revanche, vont en pèlerinage pour leur propre salut; ils se rendent, en grandes caravanes, dans des lieux consacrés par des prodiges, pour y chercher et y recevoir ce que leur piété ne trouvait pas chez eux.

« Que si tous ces gens-là n'excitent point notre étonnement, parce que leurs travaux ne sauraient le plus souvent se concevoir sans voyages, du moins faudrait-il tenir enchaînés au sol ceux qui lui consacrent leur activité. Nullement! L'usage d'une chose n'en suppose pas toujours la possession, et nous voyons le diligent cultivateur quitter des campagnes où il a trouvé, comme fermier, pendant plusieurs années, la joie et le profit; il cherche avec impatience, auprès ou au loin, des avantages pareils ou plus considérables. Le propriétaire lui-même quitte ses terres à peine défrichées, aussitôt que, par la culture, il les a rendues agréables à un possesseur moins habile; il pénètre de nouveau dans le désert, se fait une autre place dans les bois; et, récompensé de ses premiers efforts, il occupe une double, une triple étendue de terrains, sur lesquels peut-être il ne songe pas non plus à se fixer.

« Laissons-le dans ces lieux sauvages se battre avec les ours et les autres bêtes féroces, et revenons dans le monde civilisé, où nous ne trouvons pas les choses plus stables; observons un grand empire policé : là, le plus capable est en même temps le plus mobile. Sur un signe du prince, un ordre du conseil d'État, l'homme utile se transporte d'un lieu dans un autre, et lui aussi, il peut se dire comme nous : « Cherchez en tout lieu à vous rendre utile, en tout lieu vous serez chez vous! » Mais, quand nous voyons des hommes d'État considérables quitter, quoique à regret, leurs postes éminents, nous avons sujet de les plaindre, parce que nous ne pouvons voir en eux ni des émigrants, ni des voyageurs. Ils ne sont pas émigrants, parce qu'ils perdent une position digne d'envie, sans voir s'ouvrir, même en apparence, la perspective d'un meilleur état; ils ne sont pas voyageurs, parce qu'il leur est rarement donné d'être, d'une manière quelconque, utiles en d'autres lieux.

« Cependant le soldat est appelé à une vie errante d'un genre particulier. Même pendant la paix, on lui assigne tantôt un poste, tantôt un autre; il doit se tenir sans cesse en activité, afin de combattre auprès ou au loin pour la patrie, et ce n'est pas seulement pour le salut immédiat, c'est aussi pour les desseins des peuples et des souverains, qu'il porte ses pas dans toutes les parties du monde. Il n'est donné qu'à un petit nombre de s'établir en quelque lieu.

« La valeur est envisagée comme la première qualité du soldat, mais on suppose que la fidélité l'accompagne toujours : c'est pourquoi nous voyons certains peuples, célèbres par leur loyauté, appelés hors de leur patrie pour servir de gardes à des souverains ecclésiastiques et séculiers.

« Nous trouvons encore une classe très-mobile, une classe indispensable à l'État, dans ces hommes d'affaires, qui, envoyés de cour en cour, assiégent les princes et les ministres, et enlacent de fils invisibles toute la terre habitée. Aucun d'eux ne peut non plus compter un moment qu'il restera à la place où il se trouve : en paix, on envoie les plus habiles d'un pays dans un autre; en guerre, ils marchent à la suite de l'armée victorieuse; ils ouvrent les chemins à l'armée fugitive; ils sont toujours prêts à quitter un lieu pour un autre : c'est pourquoi ils portent toujours dans leur bagage une grande provision de cartes d'adieu.

« Nous avons su jusqu'à présent nous faire honneur à chaque pas, en réclamant, comme nos compagnons et comme associés à notre sort, l'élite des hommes actifs : pour conclure, mes chers amis, la plus haute faveur vous est réservée, car vous allez vous trouver les confrères des empereurs, des rois et des princes. Rappelons-nous d'abord, avec bénédiction, ce noble et impérial voyageur, cet Adrien, qui parcourut à pied, à la tête de son armée, la terre habitée, qui lui était soumise, et de la sorte en prit véritablement possession ; songeons avec horreur aux conquérants, ces voyageurs armés, contre lesquels ni résistance ne peut secourir, ni murailles et boulevards ne peuvent garantir les peuples innocents ; accompagnons enfin de nos justes regrets ces malheureux princes bannis, qui, précipités du faîte de la grandeur, ne pourraient même être accueillis dans la modeste association des voyageurs laborieux.

« Après nous être mutuellement représenté et expliqué toutes ces choses, ne nous laissons dominer par aucune mélancolie à courte vue, aucune incertitude maladive. Il est passé, le temps où l'on courait le monde à l'aventure : grâce aux efforts des savants voyageurs qui l'ont habilement décrit et retracé avec art, nous le connaissons partout suffisamment, pour savoir à peu près ce que nous pouvons attendre.

« Mais chacun ne peut parvenir à une connaissance complète : notre société générale est fondée pour éclairer chaque membre, selon sa mesure et son but. Quelqu'un a-t-il dans sa pensée un pays où l'appellent ses vœux, nous cherchons à lui fournir des lumières sur l'objet particulier qui s'offrait à son imagination d'une manière vague et générale : nous donner mutuellement une idée de la terre habitée et habitable, est le plus agréable et le plus fructueux entretien.

« Dans ce sens, nous pouvons nous considérer comme une association cosmopolite : la pensée en est simple et grande, l'exécution facile, avec l'intelligence et la force. L'unité est toute-puissante : aussi, point de scission, point de luttes entre nous! En tant que nous avons des principes, ils nous sont communs à tous. Que l'homme, disons-nous, apprenne à se connaître sans rapports extérieurs durables ; qu'il cherche la sagesse, non dans les circonstances, mais en lui-même : c'est là qu'il la trouvera, pour s'y attacher, pour la cultiver avec amour. Il se formera et se disposera de telle sorte qu'il ne soit nulle part étranger. Celui qui se consacre à ce qui est le plus nécessaire marche partout plus sûrement au but ; les autres, qui aspirent à ce qui est plus relevé, plus délicat, doivent être plus attentifs au choix de la route. Mais, quoi que l'homme entreprenne ou pratique, isolé, il ne peut se suffire : la société est toujours le premier besoin d'un homme laborieux ; tous les hommes utiles doivent être en rapport les uns avec les autres ; comme le propriétaire qui fait bâtir se pourvoit d'un architecte, et celui-ci de maçons et de charpentiers.

« Ainsi donc nous savons tous comment et de quelle manière notre union est conclue et quel en est le fondement ; nous ne voyons parmi nous personne qui ne puisse, à chaque moment, exercer avec fruit son activité ; qui ne soit assuré que partout où le hasard, l'inclination, la passion même, pourront le conduire, il se verra bien recommandé, accueilli, soutenu et même relevé, autant que possible, s'il tombe dans le malheur.

« Il est en outre deux obligations que nous nous sommes rigoureusement imposées : d'abord nous respectons tous les cultes, car ils sont tous plus ou moins renfermés dans le *Credo*; ensuite nous admettons également toutes les formes de gouvernement, et, comme toutes exigent et encouragent une activité salutaire, nous agissons dans les limites de ces institutions, selon leur volonté et leurs vœux, sans assigner de terme à notre obéissance. Enfin nous tenons pour notre devoir d'observer et d'encourager, sans pédanterie et sans rigueur, la moralité, comme l'exige le respect de nous-mêmes, qui résulte des trois formes de respect que nous professons tous, et nous avons eu tous le bonheur et la joie d'être initiés, quelques-uns même dès leur enfance, à cette sublime sagesse universelle. Toutes ces choses, nous avons voulu les méditer encore une fois, à l'heure solennelle de la séparation, les proclamer, les entendre, les reconnaître et les consacrer aussi par un adieu fraternel.

« Ne reste pas fixé sur le sol! Courage! Ose partir! Qui a le
« bras et la tête, avec une joyeuse vigueur, est partout chez lui
« Où que le soleil nous éclaire, nous n'avons point de souci.
« C'est pour que les hommes se dispersent sur elle, que la terre
« est si grande. »

CHAPITRE X.

Pendant ce chant final, une grande partie des assistants se levèrent vivement, et sortirent de la salle deux à deux, avec des acclamations qui retentissaient au loin. Lénardo, s'étant assis, demanda à son hôte s'il songeait à faire sa proposition publiquement, ou s'il demandait une séance particulière. L'étranger se leva, salua l'assemblée et parla en ces termes :

« C'est précisément dans une assemblée comme celle-ci que je désire m'expliquer d'abord sans autres façons. Ces hommes, qui sont restés immobiles, et qu'on juge tous, à les voir, amis du travail, font clairement connaître, en demeurant à leur place, leur désir et leur intention de rester attachés au sol de la patrie. Je les salue tous avec affection, car j'ose leur déclarer que je suis en état de leur offrir à tous, tels qu'ils se montrent à mes yeux, assez de travail pour bien des années. Je désire toutefois, après un court intervalle, une nouvelle assemblée, parce qu'il est nécessaire que j'expose d'abord en confidence l'affaire dont il s'agit aux dignes chefs qui ont rassemblé jusqu'à ce jour ces hommes laborieux; j'ai besoin de leur persuader que ma mission mérite la confiance. Mais ensuite il conviendra que je m'explique en particulier avec chacun des hommes qui resteront, afin que je sache par quels services ils se proposent de répondre à mes offres considérables. »

Là-dessus Lénardo demanda un peu de temps pour régler les affaires les plus urgentes, et, lorsqu'on eut fixé le terme, tous les hommes qui étaient restés se levèrent avec décence, et ils sortirent aussi deux à deux de la salle, en chantant un hymne d'un caractère grave et doux.

Alors l'étranger, qui se nommait Odoardo, exposa aux deux

chefs ses vues et ses projets, et produisit ses pouvoirs. Mais il ne put entrer, avec des hommes si distingués, dans de plus amples détails au sujet de l'affaire, sans parler de la base tout humaine sur laquelle l'ensemble reposait. De là, des explications mutuelles et des confidences, relatives à leurs plus chers et plus profonds intérêts, se développèrent dans la suite de l'entretien. Ils restèrent ensemble une grande partie de la nuit, et s'engagèrent, se perdirent de plus en plus dans le labyrinthe des destinées et des sentiments humains. Odoardo fut entraîné insensiblement à faire, comme par fragments, l'histoire confidentielle de son esprit et de son cœur : c'est pourquoi nous n'avons recueilli de cet entretien qu'une notice incomplète et insuffisante. Cependant nous devons à l'heureuse mémoire de Frédéric et à son talent de rédaction la reproduction de scènes intéressantes, et quelques éclaircissements sur la vie de cet homme excellent, qui commence à captiver notre attention, ne fût-ce que par l'indication des choses qui seront peut-être exposées dans la suite avec plus de détails et de liaison.

Pas trop loin.

Dix heures du soir venaient de sonner, et tout se trouvait prêt pour le moment convenu ; dans la petite salle décorée, était dressée, pour quatre personnes, une grande table élégamment servie ; un friand dessert et des sucreries étaient disposés entre les éblouissantes bougies et les fleurs. Quel plaisir pour les enfants que ce dessert! Car ils devaient prendre place à table. En attendant, ils circulaient alentour, parés et masqués, et, comme on ne saurait défigurer les enfants, ils paraissaient sous les traits de deux génies jumeaux, les plus jolis du monde. Le père les appela devant lui, et, avec un peu de secours, ils récitèrent fort gentiment le dialogue en vers, composé pour le jour de naissance de leur mère.

Le temps passait : de quart d'heure en quart d'heure, la bonne vieille ne pouvait s'empêcher d'augmenter l'impatience de son maître. Plusieurs lampes, disait-elle, allaient s'éteindre dans l'escalier ; les mets favoris de madame ne pourraient se conserver à point. L'ennui commençait à rendre les enfants mutins, et, par impatience, ils devinrent insupportables. Le père se contenait; cependant sa tranquillité accoutumée était près de l'abandonner. Il prêtait avidement l'oreille au bruit des voitures; quelques-unes roulaient devant la maison sans s'arrêter; un certain dépit allait le saisir. Pour passer le temps, il demanda aux enfants une nouvelle répétition; mais, inattentifs, dans leur ennui, distraits et maussades, ils disaient tout de travers; les gestes n'avaient plus aucune justesse; ils exagéraient, à la manière des comédiens qui ne sentent rien. L'angoisse du pauvre homme croissait à chaque moment; il était plus de dix heures et demie : laissons-le nous dire le reste lui-même.

« L'horloge sonna onze heures; mon impatience était montée jusqu'au désespoir; je n'espérais plus, je craignais : j'appréhendais de la voir entrer, de l'entendre s'excuser légèrement, avec sa grâce accoutumée; assurer qu'elle était très-fatiguée, et, par toutes ses façons, me reprocher de gêner ses plaisirs. J'étais dans un trouble affreux; mille choses, que j'avais souffertes depuis des années me revenaient à l'esprit pour m'accabler. Je commençais à la haïr, et je ne savais plus comment je devrais l'accueillir. Mes pauvres enfants, parés comme de petits anges, dormaient paisiblement sur le sofa. Le parquet me brûlait sous les pieds; j'étais troublé, je n'étais plus à moi, et il ne me restait plus qu'à fuir, pour laisser du moins passer les premiers moments. Je courus, dans mes légers habits de fête, à la porte de la maison; je ne sais quelle excuse je balbutiai à la bonne vieille; elle me jeta un manteau sur les épaules, et je me trouvai au milieu de la rue, dans un état que je n'avais pas senti depuis longtemps. Comme un jeune étourdi, que la passion a mis hors de lui-même, je courais les rues au hasard. J'aurais gagné la pleine campagne, mais un vent humide et froid me soufflait assez rudement au visage pour modérer mon dépit. »

On ne peut manquer d'observer ici que, nous arrogeant les droits du poëte épique, nous avons entraîné, trop rapidement peut-être, le lecteur bénévole au milieu d'une scène passionnée. Nous voyons un homme considérable, troublé par un chagrin domestique, sans avoir appris rien de plus sur son compte : aussi, pour le moment, afin d'éclaircir un peu la situation, nous rejoindrons la bonne vieille, et nous écouterons ce que, dans son trouble et son émotion, elle va murmurant ou déclamant toute seule.

« Je l'ai prévu depuis longtemps; je l'ai prédit; je n'ai pas ménagé madame; je l'ai souvent avertie : mais c'est plus fort qu'elle. Quand monsieur s'est fatigué d'affaires, tout le jour, à la chancellerie, dans la ville, à la campagne, il trouve, le soir, la maison vide ou une société qui ne lui plaît pas. Elle ne peut s'en passer! Si elle ne voit pas du monde, des hommes autour d'elle, si elle ne roule pas en voiture de çà et de là, si elle ne peut défaire et refaire sa toilette, il semble qu'elle étouffe. Aujourd'hui, l'anniversaire de sa naissance, elle part dès le matin pour la campagne. Bon! En attendant, nous préparons tout ; elle donne sa parole qu'elle sera de retour à neuf heures. Nous sommes prêts : monsieur fait réciter aux enfants un joli compliment, qu'ils ont appris par cœur; ils sont parés; les lampes et les bougies, le bouilli et le rôti, il ne manque rien.... elle ne vient pas ! Monsieur a bien de l'empire sur lui-même ; il cache son impatience : elle éclate enfin. Il sort de la maison, si tard : pourquoi? C'est clair ! Mais où va-t-il? J'ai souvent menacé madame de rivales : c'était mon devoir. Je n'ai rien remarqué encore chez monsieur; une belle dame le guette depuis longtemps, lui fait des avances. Qui sait comme il a résisté jusqu'à présent? Maintenant il éclate; le désespoir de voir sa bonne volonté méconnue le pousse de nuit hors de la maison : tout est perdu. J'ai dit à madame plus d'une fois de ne pas aller trop loin. »

Revenons à notre ami pour l'écouter lui-même.

« Je vis de la lumière au rez-de-chaussée de la grande auberge : je heurtai à la fenêtre, et demandai au garçon, d'une voix qui lui était connue, si des étrangers n'étaient pas arrivés ou ne s'étaient pas fait annoncer. Déjà il avait ouvert la porte pour me répondre négativement et me prier d'entrer. Dans ma situation, je trouvai à propos de continuer cette fable; je lui demandai une chambre, qu'il me donna tout de suite au deuxième étage. Je le laissai croire que le premier devait être réservé pour les étrangers attendus. Il se hâta de faire quelques préparatifs; je le laissai faire, et je garantis le payement. Ces choses faites, je retombai dans ma douleur ; je me représentais chaque circonstance, pour l'aggraver ou l'adoucir; je me condamnais moi-même, et cherchais à me remettre, à me calmer; tout pourrait s'arranger le lendemain ; je me figurais déjà les choses revenues au train ordinaire; puis le dépit éclatait de nouveau avec une force indomptable : je n'aurais jamais cru qu'il fût possible d'être aussi malheureux. »

Déjà sans doute nos lecteurs s'intéressent à l'homme excellent que nous voyons si vivement ému d'un incident frivole en apparence, et ils désirent apprendre à le connaître plus particulièrement : nous profiterons pour cela de la pause qui se fait dans cette nocturne aventure, tandis que notre héros, silencieux et troublé, se promène de long en large dans la chambre.

Odoardo était le rejeton d'une ancienne famille, et une suite de générations lui avait transmis en héritage les plus nobles qualités. Élevé dans une école militaire, il y avait pris une tenue élégante, qui, s'unissant aux plus belles qualités de l'esprit, donnait à ses manières un charme particulier. Un emploi qu'il exerça quelque temps à la cour lui apprit à connaître fort bien les relations extérieures d'augustes personnages; et, par une faveur qu'il eut bientôt gagnée, attaché à une mission diplomatique, où il eut l'occasion de voir le monde et d'apprendre à connaître les cours étrangères, il fit paraître en toutes choses la lucidité de son esprit, la sûreté de sa mémoire, mais surtout il ne tarda pas à montrer un zèle remarquable dans les entreprises de tout genre. La connaissance des langues étrangères, qu'il parlait avec facilité, ses manières franches, sans importunité, l'élevèrent par degrés; il fut heureux dans toutes ses missions diplomatiques, parce qu'il captivait la bienveillance, et par là s'assurait les moyens d'apaiser les différends; il savait surtout satisfaire les intérêts opposés, par une juste appréciation des droits de chacun.

Le premier ministre voulut s'attacher un homme si distingué: il lui fit épouser sa fille, qui était d'une beauté ravissante, avec tous les dons qui font le charme de la société. Mais comme le courant des félicités humaines rencontre tôt ou tard une digue qui lui résiste et le refoule, il en fut de même en cette occasion.

La princesse Sophronie fut élevée à la cour du prince, en qualité de pupille; elle était le dernier rejeton de sa race, et ses biens et ses prétentions étaient encore assez considérables, quoique la souveraineté fût échue à son oncle : aussi, pour éviter de longs démêlés, on désirait la marier au prince héréditaire, qui était cependant beaucoup plus jeune.

On soupçonna Odoardo d'un penchant secret pour la princesse; on trouva qu'il l'avait célébrée trop passionnément, sous le nom d'Aurore, dans un poëme de sa composition; de son côté, la princesse montra quelque imprudence : avec la fermeté naturelle de son caractère, elle avait répondu fièrement à certaines railleries de ses compagnes, qu'il faudrait être aveugle pour ne pas remarquer un pareil mérite.

Le mariage d'Odoardo fit taire, il est vrai, ces soupçons, mais de secrets ennemis les nourrissaient en silence, et ils n'attendaient qu'une occasion pour les faire revivre.

On évitait, autant que possible, de revenir sur les droits de la princesse; cependant ils furent quelquefois débattus. Le prince et les plus sages conseillers estimaient que le mieux était toujours de laisser dormir cette affaire, tandis que les partisans secrets de Sophronie désiraient la voir terminée, et, par ce moyen, la princesse rendue à une plus grande liberté, avant que la mort eût enlevé le vieux roi voisin, parent et protecteur de Sophronie, qui s'était montré disposé à lui prêter, dans l'occasion, son appui paternel.

Odoardo, qu'on avait chargé d'une mission de pure cérémonie auprès du roi, fut soupçonné d'avoir réveillé l'affaire, que l'on voulait assoupir. Ses ennemis s'emparèrent de cet incident, et son beau-père, qu'il avait convaincu de son innocence, eut besoin de tout son crédit pour lui faire obtenir une sorte de lieutenance dans une province éloignée. Il s'y trouvait heureux; il pouvait déployer toute son activité; il trouvait à faire des choses utiles, nécessaires, bonnes, grandes et belles; il pouvait accomplir des œuvres durables, sans se sacrifier lui-même, tandis qu'à la cour, en s'occupant, contre sa propre conviction, d'intérêts passagers, on peut courir soi-même à sa perte.

Sa femme ne prit pas la chose comme lui; elle ne pouvait vivre que dans le grand monde, et ne suivit son mari dans son gouvernement que plus tard et par contrainte. Il se conduisit envers elle avec tous les ménagements possibles, et lui procura tous les dédommagements imaginables de sa première fortune : pendant l'été, parties de campagne dans le voisinage; en hiver, un théâtre d'amateurs, les bals et tous les divertissements qu'elle arrangeait à son gré. Il poussa même la complaisance jusqu'à souffrir, comme ami de la maison, un étranger, qui s'était introduit depuis quelque temps, bien qu'il ne lui plût en aucune façon, et qu'avec son coup d'œil pénétrant il crût découvrir en lui une certaine fausseté.

Après toutes ces explications, on comprendra que, dans la grave conjoncture présente, quelques nuages sombres, et aussi quelques vives lumières s'élevassent dans son esprit. En un mot, si, après ces confidences, que nous devons à l'heureuse mémoire de Frédéric, nous revenons à Odoardo, nous le retrouvons allant et venant dans la chambre, à grands pas, et manifestant, par ses gestes et ses exclamations entrecoupées, le combat qui se faisait en lui.

« Livré à ces pensées, je marchais toujours de long en large, dans une grande agitation; le garçon m'avait apporté une tasse de bouillon, dont j'avais grand besoin : car, tout occupé des préparatifs de la fête, je n'avais rien pris, et un excellent souper, auquel personne n'avait touché, attendait à la maison. A ce moment, nous entendîmes le cor d'un postillon, qui jouait très-agréablement en montant la rue.

« Il vient de la montagne! » dit le garçon.

« Nous courûmes à la fenêtre et nous vîmes, à la clarté de ses deux lanternes brillantes, s'avancer une belle voiture à quatre chevaux, soigneusement chargée. Les domestiques s'élancèrent du siége.

« Les voilà! » s'écria le garçon, et il courait à la porte.

« Je le retins, pour lui recommander de ne point dire que je fusse là, de ne point avouer qu'on eût fait quelques préparatifs. Il le promit et m'échappa.

« Cependant j'avais négligé d'observer qui était descendu, et une nouvelle impatience s'empara de moi; il me semblait que le garçon tardait trop à m'apporter des nouvelles. Enfin j'appris de lui que les personnes arrivées étaient deux dames, l'une âgée, à l'air imposant, l'autre jeune encore, et d'une grâce admirable; elles étaient accompagnées d'une femme de chambre, comme on la pouvait souhaiter.

« Elle a commencé, poursuivit-il, par me donner des ordres, « puis elle a parlé d'un ton caressant, et, quand j'ai voulu faire « l'agréable, elle a pris un air fripon, qui lui va le mieux du « monde. »

« J'ai remarqué sur-le-champ, ajouta-t-il, la surprise de ces « dames de me trouver si alerte, et la maison prête à les rece- « voir; les chambres éclairées, les feux allumés. Elles se sont « mises à leur aise; elles ont trouvé dans la salle un souper « froid; je leur ai offert un bouillon, qu'elles ont pris avec « plaisir. »

Les dames se mirent à table. La plus âgée mangea peu; la charmante beauté ne prit rien; la femme de chambre, qu'on appelait Lucie, mangea de très-bon appétit, et célébra les mérites de l'auberge, s'extasiant sur le brillant éclairage, le fin linge, les porcelaines et les autres meubles. Après s'être chauffée à un feu magnifique, elle demanda au garçon, qui venait de rentrer, si l'on était donc toujours prêt, à toute heure de jour et de nuit, à traiter si bien les hôtes qui survenaient à l'improviste. Le garçon fit comme les enfants, qui savent bien taire un secret, mais ne peuvent cacher qu'un secret leur a été confié. Il répondit d'abord d'une manière équivoque, puis en s'approchant par degrés de la vérité; enfin, poussé dans les derniers retranchements par la vivacité de la soubrette, de réponse en réplique, il avoua qu'un domestique.... qu'un monsieur.... était venu, reparti, revenu; enfin, il lui échappa de dire que le monsieur était en effet là-haut, et se promenait avec impatience de long en large. La jeune dame se leva soudain, les autres en firent autant. « Ce doit être un vieux monsieur, » s'écrièrent-elles. Le garçon affirma qu'il était jeune. Leurs doutes recommencèrent. Il jura qu'il avait dit la vérité. L'inquiétude, le trouble, augmentaient.

« Ce doit être mon oncle, assura la jeune.

— Ce n'est pas sa manière, répondit la vieille.

— Nul autre que lui, reprit sa compagne, n'a pu savoir que nous arriverions ici à ces heures. »

Mais le garçon persistait à dire que le monsieur était un homme jeune, vigoureux et beau. Lucie soutint que c'était l'oncle; qu'il ne fallait pas se fier à ce fripon, qui se contredisait depuis une demi-heure.

Après tous ces débats, il fut obligé de monter; il conjura le monsieur de vouloir bien descendre sur-le-champ, sinon les dames monteraient pour le remercier elles-mêmes.

« C'est un vrai brouillamini, poursuivit le garçon. Je ne comprends pas pourquoi vous balancez à vous montrer. On vous prend pour un vieux oncle, que l'on désire passionnément embrasser. Descendez, je vous en prie! Ne sont-ce pas les personnes que vous attendiez? Ne dédaignez pas capricieusement une délicieuse aventure. La jeune beauté est digne d'être vue et entendue; ce sont des personnes du plus grand air. Hâtez-vous de descendre : sans cela elles viendront vous relancer dans votre chambre. »

La passion engendre la passion. Ému, comme il l'était, Odoardo aspirait à quelque chose de nouveau, de singulier. Il descendit, espérant s'expliquer avec les inconnues dans un agréable entretien, faire de nouvelles connaissances, se distraire.... Et cependant un vague pressentiment lui disait qu'il allait au-devant de personnes connues. Il était devant la porte : les dames, qui croyaient reconnaître le pas de l'oncle, coururent au-devant de lui. Quelle rencontre! quel objet! La belle poussa un cri, et se jeta au cou de la vieille dame. Odoardo les reconnut toutes deux, et recula d'étonnement : puis il accourt, il tombe à ses pieds, lui prend la main, qu'il abandonne aussitôt, après l'avoir effleurée du plus respectueux baiser, et le nom d'Aurore expire sur ses lèvres.

Tournons maintenant nos regards vers la maison de notre ami, et nous y verrons des choses fort singulières. La bonne vieille était dans un extrême embarras; elle entretenait les lampes du vestibule et de l'escalier; elle avait retiré du feu le souper, dont une partie était absolument perdue. La femme de chambre était restée auprès des enfants endormis, et avait surveillé les nombreuses bougies allumées dans les salles, allant et venant, avec autant de calme et de patience que la vieille avait de mauvaise humeur.

Enfin une voiture s'arrêta devant la porte : c'était la dame. Elle apprit que son mari avait dû sortir quelques heures auparavant. En montant l'escalier, elle ne parut faire aucune attention à cette illumination de fête. La vieille apprit d'un laquais qu'un accident leur était arrivé en route; que la voiture avait versé dans un fossé, et tout ce qui s'ensuit.

La dame entra dans la salle à manger.

« Que signifie cette mascarade? dit-elle, à la vue des enfants.

— Madame aurait eu beaucoup de plaisir, répondit la femme de chambre, si elle était arrivée quelques heures plus tôt. »

Les enfants, brusquement réveillés, s'élancèrent du sofa, et, voyant leur mère devant eux, ils se mirent à débiter leur compliment. Ils allèrent quelque temps l'un et l'autre avec embarras; puis, n'étant ni encouragés ni secourus, ils hésitèrent; enfin ils s'arrêtèrent tout court, et les pauvres petits furent envoyés au lit avec quelques caresses. La dame, se voyant seule, se jeta sur le sofa et versa des larmes amères.

Il est nécessaire maintenant de donner quelques détails sur cette dame et sur la fête champêtre qui semble s'être mal terminée. Albertine était une de ces femmes auxquelles on ne sait que dire dans le tête-à-tête, mais que l'on rencontre avec plaisir dans le grand monde. Là, elles paraissent le véritable ornement d'un cercle, dont elles savent écarter par leurs charmes la langueur et l'ennui. Leur grâce, pour se produire, pour se déployer à l'aise, a besoin d'un certain espace; leur action veut un grand théâtre; il leur faut un élément qui les porte, qui les force d'être aimables; dans le particulier, elles savent à peine se faire supporter.

L'ami de la maison n'avait gagné et ne conservait ses bonnes grâces que pour avoir su l'entretenir dans un mouvement continuel, et l'entourer d'une société peu nombreuse, il est vrai, mais disposée au plaisir. Dans la distribution des rôles, il choisissait pour lui les pères nobles, et, par une action décente et sage, il savait garder la prépondérance sur le premier, le deuxième et le troisième amoureux.

Florine, qui possédait une terre noble dans le voisinage, habitait l'hiver à la ville; elle avait des obligations à Odoardo, dont l'administration produisait, d'une manière accidentelle, mais heureuse, des effets très-favorables au domaine de cette dame, et promettait d'en augmenter dans la suite les revenus d'une manière considérable; elle habitait son château pendant l'été, et en faisait le théâtre des plus agréables fêtes : les jours de naissance n'étaient surtout jamais oubliés, et donnaient lieu à des plaisirs de tout genre.

Florine était gaie et folâtre, paraissant ne tenir à personne, sans demander, sans exiger l'affection. Danseuse passionnée, elle n'estimait les hommes qu'autant qu'ils savaient aller en mesure; toujours animée dans la conversation, elle trouvait insupportable quiconque semblait un moment distrait et rêveur; au reste elle jouait très-agréablement, dans la comédie et l'opéra, les rôles de coquettes, en sorte qu'il n'y avait jamais de rivalité entre elle et Albertine, qui jouait les ingénues.

Afin de célébrer son jour de naissance en bonne compagnie, on avait invité la meilleure société de la ville et des campagnes voisines. Le bal, commencé après déjeuner, s'était continué après dîner; la fête se prolongea; on partit trop tard, et, surpris par la nuit dans de mauvais chemins, doublement mauvais parce qu'on les réparait, le cocher se trompa et versa dans un fossé. Notre belle se trouva, avec Florine et l'ami de la maison, dans le plus fâcheux désordre. L'ami sut promptement s'en démêler, puis, se penchant sur la voiture, il s'écria : « Florine, es-tu blessée? » Albertine croyait rêver. Il avança les bras dans la voiture, et retira Florine évanouie; et, lui prodiguant ses soins, il l'emporta dans ses bras jusqu'au bon chemin. Albertine était encore gisante dans le carrosse : son domestique et le cocher l'en retirèrent, et, s'appuyant sur les bras de son valet, elle s'efforça de poursuivre sa route. Les chemins étaient affreux, peu faits pour des souliers de bal; quoique soutenue par son guide robuste, elle trébuchait à chaque pas. Cependant le cœur était encore plus malade, plus déchiré : elle ne savait, elle ne pouvait se comprendre.

Mais lorsqu'elle arriva dans l'auberge, qu'elle vit Florine couchée sur un lit, dans la petite chambre, et l'hôtesse et Lélio empressés autour d'elle, elle fut certaine de son malheur; elle devina sur-le-champ une liaison secrète entre l'infidèle ami et la perfide amie; il fallut qu'elle vît comme Florine, ouvrant les yeux, se jeta au cou de son ami, avec la joie de l'abandon le plus tendre, qui renaît à la vie; elle vit comme ses yeux noirs reprirent leur éclat, comme un frais incarnat colora, embellit tout à coup ses joues pâlies. Florine semblait véritablement rajeunie, charmante, délicieuse.

Albertine était debout, les yeux baissés, seule, à peine remarquée. Les amants revinrent à eux-mêmes, ils reprirent contenance, mais le mal était fait. On fut cependant obligé de remonter ensemble en voiture; et, dans l'enfer même, des cœurs ennemis, des traîtres et leurs victimes, ne sauraient être entassés aussi étroitement.

CHAPITRE XI.

Lénardo fut très-activement occupé, pendant quelques jours, à pourvoir les émigrants de toutes les choses nécessaires, et Odoardo, de son côté, à faire connaissance avec ceux qui restaient, à se rendre compte de leur capacité, pour les instruire suffisamment de son but. Dans l'intervalle, Wilhelm et Frédéric eurent le temps et la liberté de se livrer à de paisibles entretiens. Wilhelm se fit exposer le plan général de l'Union, et, lorsqu'on se fut assez familiarisé avec la contrée, qu'on eut exprimé l'espérance de voir une nombreuse population se développer dans un vaste territoire, la conversation finit naturellement par se tourner vers ce qui unit proprement les hommes, savoir la religion et la morale. Là-dessus le joyeux Frédéric sut donner des explications suffisantes, et l'on nous serait peut-être obligé, si nous pouvions rapporter la conversation tout entière, qui, par une suite de questions et de réponses, d'objections et d'explications, se développa très-convenablement, et, par divers détours, s'avança doucement vers son véritable but. Mais nous n'osons pas nous arrêter si longtemps, et nous aimons mieux donner sur-le-champ les résultats, que de nous attacher à les faire naître peu à peu dans l'esprit de nos lecteurs. Voici la quintessence de cet entretien.

« Toutes les religions ont pour objet de faire accepter à l'homme les maux inévitables. Chacune tâche d'atteindre ce but à sa manière. La religion chrétienne y parvient avec un charme puissant, par la foi, l'amour et l'espérance, qui produisent la résignation, doux sentiment du prix que le don de la vie conserve encore, même lorsqu'au lieu des jouissances désirées, lui sont imposées les plus cuisantes douleurs. Nous nous attachons fermement à cette religion, mais d'une façon particulière; nous instruisons nos élèves, dès leur enfance, des grands avantages qu'elle nous a procurés; en revanche nous ne leur faisons connaître qu'en dernier lieu son origine et son développement. Alors seulement, son auteur nous devient cher et précieux, et tous les détails qui se rapportent à sa personne nous deviennent sacrés. Dans cette idée, qu'on dira peut-être pédantesque, mais qu'on sera forcé de trouver conséquente, nous ne souffrons aucun juif parmi nous : en effet, comment pourrions-nous le faire participer à la plus haute civilisation, dont il nie la source et l'origine?

« Notre morale en est complétement distincte; elle est purement active, et renfermée dans ces deux préceptes : « Modéra-
« tion dans ce qui est permis, diligence dans ce qui est néces-
« saire. » Chacun peut faire, à sa manière, dans le cours de sa vie, l'application de ces laconiques paroles, et y trouve un texte fécond à des développements infinis.

« On grave dans tous les cœurs le plus grand respect pour le temps, ce don suprême de Dieu et de la nature, et le compagnon le plus vigilant de l'existence. Chez nous, les horloges sont très-multipliées, et l'aiguille, aussi bien que la cloche, annonce les quarts d'heure, et, pour multiplier ces signaux autant que possible, les télégraphes élevés dans notre province annoncent, lorsqu'ils ne sont pas endommagés, les heures de jour et de nuit, au moyen d'un appareil fort ingénieux.

« Notre morale, qui est, par conséquent, toute pratique, insiste principalement sur la prudence; et, grâce à la division du temps, la prudence est éminemment stimulée par l'attention donnée à chaque heure.

« Il faut que chaque moment ait son emploi; et comment cela pourrait-il être, si l'on n'était pas attentif à l'ouvrage comme à l'heure?

« Vu que nous ne faisons que commencer, nous attachons une grande importance aux liens de famille; nous songeons à imposer de grands devoirs aux pères et aux mères; l'éducation est d'autant plus facile chez nous, que chacun doit se fournir lui-même de serviteurs et de servantes.

« Certaines choses doivent sans doute être soumises à une règle unique et uniforme : l'abbé se charge d'enseigner à la masse, d'une manière facile, la lecture, l'écriture et le calcul. Sa méthode, avec quelque chose de plus ingénieux, rappelle l'enseignement mutuel : au reste, l'objet essentiel est proprement de former à la fois des instituteurs et des élèves.

« Mais je veux mentionner encore une sorte d'enseignement mutuel : c'est l'étude pratique de l'attaque et de la défense. Ici Lothaire est sur son terrain. Ses manœuvres ont quelque chose de semblable à celles de nos chasseurs : mais, dans ce qu'il fait, il ne peut être qu'original.

« J'ajouterai que, dans la vie civile, nous n'avons point de cloches, et dans la vie militaire point de tambours : dans l'une et dans l'autre, la voix humaine suffit, unie aux instruments à vent. Toutes ces choses ont déjà existé et existent encore; mais, d'en faire un judicieux emploi, c'est l'œuvre de l'esprit, qui d'ailleurs, au besoin, les aurait inventées.

« Ce qu'il y a de plus nécessaire dans un État, ce sont des chefs courageux, et le nôtre n'en manquera pas : nous sommes tous impatients de nous mettre à l'œuvre, pleins d'ardeur et persuadés qu'il faut commencer simplement. C'est pourquoi nous ne pensons point à organiser la justice, mais bien la police. En voici le principe, et son énergique expression : « Nul ne « doit incommoder autrui. » Celui qui se rend incommode est mis à l'écart, jusqu'à ce qu'il ait compris comment on doit se conduire pour être souffert. Si c'est une chose inanimée ou une créature privée de raison qui cause le trouble, elle est également mise à l'écart.

« Il y a dans chaque district trois directeurs de police, qui se relayent toutes les huit heures, comme dans les mines, où le travail ne doit pas non plus chômer, et un de nos hommes doit surtout être disponible pendant la nuit.

« Ils ont le droit d'exhorter, de blâmer, de censurer et de mettre à l'écart; s'ils le trouvent nécessaire, ils convoquent des jurés, en nombre plus ou moins grand; si les voix sont égales, ce n'est pas le président, c'est le sort, qui décide, parce qu'on est persuadé que, dans les cas où les voix sont partagées, il est toujours indifférent que l'on prenne l'un ou l'autre parti. Au sujet de la majorité, nous avons des idées toutes particulières : nous la laissons faire la loi dans le cours nécessaire des choses de la vie; mais, dans un sens plus élevé, nous n'avons pas en elle beaucoup de confiance. Au reste, je ne dois pas m'expliquer plus amplement sur ce point.

« Quand on demandera l'autorité supérieure qui dirige tout, on ne la trouvera jamais fixée en un même lieu : elle circule sans cesse, pour maintenir l'égalité dans les choses principales, et laisser à chacun son libre arbitre dans les choses facultatives. Cela s'est vu déjà dans l'histoire : les empereurs d'Allemagne passaient de lieu en lieu, et cette institution est surtout conforme à l'esprit des États libres. Nous redoutons une capitale, bien que nous voyions déjà le point de nos domaines où le plus grand nombre d'hommes affluera. Mais nous évitons d'en parler : cela viendra peu à peu, et toujours assez tôt.

» Voilà en général les points sur lesquels nous sommes presque entièrement d'accord : cependant, quand les membres de la société seront réunis, en grand ou en petit nombre, ils pourront toujours les discuter de nouveau. L'essentiel est que nous soyons sur les lieux. C'est proprement à la loi de formuler la nouvelle constitution, qui sera permanente.

" Nos châtiments sont légers. Tout homme d'un certain âge peut se permettre l'avertissement; les vieillards les plus considérables peuvent seuls désapprouver et censurer; infliger une peine n'appartient qu'à un certain nombre d'hommes convoqués à cet effet. On observe que les lois rigoureuses faiblissent bientôt et se relâchent peu à peu, parce que la nature maintient toujours ses droits. Nos lois sont indulgentes, afin de pouvoir devenir par degrés plus sévères : nos punitions consistent d'abord à séquestrer de la société civile, d'une manière plus ou moins absolue, plus ou moins durable, selon les cas. Quand la fortune des citoyens sera insensiblement augmentée, on leur en retranchera aussi, à titre de peines, une part plus ou moins grande, selon qu'ils l'auront mérité.

« On a donné connaissance de ces choses à tous les membres, et, dans un examen auquel on a procédé, on a trouvé que chacun fait sur lui-même la plus judicieuse application des points principaux. L'essentiel est que nous emportions sur l'autre bord les avantages de la civilisation, et que nous en laissions derrière nous les abus. Nous ne souffrirons chez nous ni débits d'eau-de-vie ni cabinets de lecture ; mais, quant aux règlements que nous établirons à l'égard des bouteilles et des livres, j'aime mieux ne pas m'en expliquer : ce sont là des choses qu'on ne peut juger qu'après qu'elles sont faites. »

Par la même raison, celui qui rassemble et rédige ces documents ne dira rien d'autres ordonnances, que la société discute encore, et que peut-être on ne jugera pas convenable d'essayer dans le nouvel établissement, loin que l'on osât se promettre de les voir approuver, si on les exposait ici avec détail.

CHAPITRE XII.

Le jour où Odoardo devait présenter sa proposition était arrivé, et, quand l'assemblée fut réunie et silencieuse, il prononça le discours suivant :

« L'œuvre importante pour laquelle je dois inviter ces hommes laborieux à prêter leur concours ne vous est pas entièrement inconnue, car je m'en suis déjà expliqué avec vous d'une manière générale. Je vous ai fait considérer qu'il existe dans l'ancien monde, aussi bien que dans le nouveau, des terres qui réclament une meilleure culture que celle qu'elles ont eue jusqu'à ce jour. Sur l'autre bord, la nature a déployé de grandes régions, où elle règne, vierge et sauvage, en sorte qu'on ose à peine l'attaquer et engager contre elle le combat. Cependant il est facile aux hommes résolus de conquérir peu à peu sur elle les solitudes, et de s'en assurer la possession partielle. Dans l'ancien monde, c'est le contraire. Tout le sol est déjà divisé entre un certain nombre de propriétaires, et leur droit est plus ou moins consacré par un temps immémorial. Et si, en Amérique, l'espace sans limites se présente comme un obstacle insurmontable, ici, une simple borne oppose des obstacles peut-être plus difficiles à vaincre. Il faut, pour dompter la nature, l'industrie des hommes, la force ou la persuasion.

« Si la propriété particulière est sacrée pour la société tout entière, elle l'est bien plus encore pour le possesseur. L'habitude, les impressions d'enfance, le respect des aïeux, la haine du voisin et mille choses roidissent le propriétaire et le préviennent contre tout changement. Plus un pareil état de choses est ancien et complexe, et la propriété divisée, plus il devient difficile de procurer le bien général, qui, en prenant quelque chose à l'individu, profite à la société tout entière, et, d'une manière inattendue, par contre-coup, par coopération, à l'individu lui-même.

« Depuis nombre d'années, je gouverne, au nom de mon souverain, une province, qui, séparée de ses États, est depuis longtemps bien loin de produire ce qu'elle pourrait. Son isolement, ou, si l'on veut, son enclavement, a empêché, jusqu'à ce jour, de prendre des dispositions qui eussent permis aux habitants de répandre leurs produits au dehors, et de recevoir du dehors les choses dont ils ont besoin.

« Je gouverne le pays avec des pouvoirs illimités. Il y avait du bien à faire, mais dans d'étroites limites; partout l'accès était fermé au perfectionnement, et les progrès les plus désirables semblaient relégués dans un autre monde.

« Je n'avais d'autre obligation que d'administrer sagement. Et quoi de plus facile? Il ne l'est pas moins d'écarter les abus, d'utiliser les forces de l'homme, de seconder les gens industrieux. Pour tout cela, le bon sens et la force suffisent; tout cela s'est opéré, en quelque sorte, de soi-même. Mais l'objet particulier de mon attention, de mon souci, c'étaient les voisins, qui ne gouvernaient point et ne faisaient point gouverner leurs provinces avec les mêmes vues, bien moins encore avec les mêmes convictions.

« J'aurais peut-être fini par me résigner, par me renfermer de mon mieux dans ma situation, et tirer des usages traditionnels le meilleur parti possible, quand j'observai tout à coup que le siècle venait à mon secours. Des fonctionnaires plus jeunes furent placés dans le voisinage; ils nourrissaient les mêmes sentiments, mais ce n'était, à vrai dire, qu'une bienveillance générale; et, s'ils ont adopté peu à peu mes plans de complète alliance, c'est qu'heureusement j'avais à faire les plus grands sacrifices, sans que personne prît garde que je retirais aussi les plus grands avantages.

« Nous sommes trois, qui avons le gouvernement de provinces considérables; nos souverains et leurs ministres croient fermement à l'honnêteté et à l'utilité de nos projets, car il est d'ailleurs bien plus difficile de voir son avantage en grand qu'en petit. Ici, la nécessité nous indique toujours ce que nous devons faire ou éviter, et il nous suffit d'appliquer cette mesure au présent; mais, là, nous devons créer un avenir, et, quand même un esprit pénétrant trouverait le plan qui convient, comment peut-il espérer que d'autres l'adopteront?

« Cela ne réussirait pas non plus à l'homme isolé : le temps, qui affranchit les esprits, découvre pareillement le lointain à leurs regards, et, dans le lointain, on reconnaît sans peine ce qui est grand : par là il devient plus facile d'écarter un des plus puissants obstacles que rencontre l'activité humaine; cet obstacle vient de ce que les hommes, en général d'accord sur le but, le sont beaucoup plus rarement sur les moyens. Car la véritable grandeur nous élève au-dessus de nous-mêmes, et luit devant nous comme une étoile; mais le choix des moyens nous fait rentrer en nous-mêmes, et, là, l'individu se retrouve précisément tel qu'il était, et se sent aussi isolé que s'il n'avait pas auparavant adhéré à l'ensemble.

« Aussi, nous devons le répéter, il faut que le siècle vienne à notre secours; il faut que le temps agisse à la place de la raison, et que, dans une intelligence agrandie, l'avantage supérieur l'emporte sur l'inférieur.

« Ces explications suffiront, je pense, et si, pour le moment, elles semblent surabondantes, plus tard je les rappellerai à chaque associé. Nos mesures sont prises, les routes tracées, les points déterminés où se bâtiront les auberges, et, dans la suite peut-être, les villages. L'opportunité et même la nécessité de constructions en tout genre se fait sentir. D'excellents architectes préparent tout; les plans, les projets, sont achevés; notre dessein est de conclure de grands et de petits traités, et d'employer ainsi, avec un contrôle exact, les sommes qui sont prêtes, de manière à exciter l'étonnement de la mère patrie : car nous vivons dans l'heureuse espérance qu'une activité commune se développera désormais de toutes parts.

« Mais un point sur lequel je dois fixer l'attention de tous les associés, parce qu'il aura peut-être de l'influence sur leur résolution, c'est l'organisation, la forme, en laquelle nous songeons à réunir tous les coopérateurs, et, à leur faire une honorable position entre eux et à l'égard de la société civile.

« Aussitôt que nous serons établis sur le sol désigné, les métiers seront déclarés des arts, et, pour les séparer nettement des arts libéraux, ils seront appelés arts positifs. Il ne peut être ici question que des travaux qui ont pour objet les constructions : tous les hommes ici rassemblés, jeunes et vieux, sont voués à ces industries.

« Passons-les ici en revue, selon qu'ils participent à la construction de l'édifice, et en font par degrés une demeure habitable. Je nommerai d'abord les tailleurs de pierre, qui préparent les pierres des bases et des angles, qu'ils font descendre à la place convenable, suivant la plus exacte mesure, avec l'aide des maçons; les maçons leur succèdent, et, sur le sol attentivement éprouvé, ils établissent le présent et l'avenir. Bientôt le charpentier amène ses charpentes, et c'est ainsi que le bâtiment peu à peu s'élève. Nous appelons bien vite le couvreur. Dans l'intérieur nous avons besoin du menuisier, du vitrier, du serrurier, et, si je ne parle du peintre qu'en dernier lieu, c'est que son travail peut se faire dans les moments les plus divers, pour donner à l'ensemble, au dedans et au dehors, un agréable aspect. Je passe sous silence maints travaux accessoires, ne m'attachant qu'à l'objet principal.

« La classification d'apprenti, de compagnon et de maître, devra être observée rigoureusement. Il pourra s'y trouver encore bien des degrés, mais les examens ne peuvent se faire trop soigneusement. Celui qui se présente sait qu'il se voue à un art positif, et il ne doit pas en attendre des exigences facultatives. Tout est perdu, dès qu'un seul anneau se rompt dans une grande chaîne. Dans les grandes entreprises, comme dans les grands périls, la légèreté est proscrite.

« C'est en cela justement que les arts positifs servent de modèles aux arts libéraux, et aspirent à les surpasser. Si nous considérons ce qu'on nomme les arts libéraux, qu'il faudrait proprement prendre et désigner dans un sens plus élevé, on trouve que c'est une chose tout à fait indifférente qu'ils soient bien ou mal cultivés. La plus mauvaise statue se tient sur ses pieds comme la meilleure; une figure peinte marche hardiment sur ses pieds contrefaits, ses bras difformes embrassent avec vigueur; les figures ne sont pas sur le plan convenable, mais le sol n'en est pas enfoncé. La chose est encore bien plus frappante dans la musique; le violon criard d'un cabaret de village met en mouvement, avec la plus vive énergie, des membres vigoureux, et nous avons entendu les plus mauvaises musiques d'église, dont le vacarme édifiait le fidèle. S'il vous plaît de ranger la poésie parmi les arts libéraux, vous verrez assurément qu'elle sait à peine où elle doit trouver une limite. Et cependant tout art libéral a ses lois, mais qui peuvent être négligées sans aucun dommage pour l'humanité. Au contraire, les arts positifs ne sauraient se permettre aucune licence. On peut vanter celui qui cultive les beaux-arts, on peut prendre plaisir à ses mérites, quand même son travail, observé de près, ne soutient pas l'examen.

« Mais si nous considérons les uns et les autres dans leur perfection, nous trouverons que les uns doivent se garder de la pédanterie et des simagrées, les autres de la frivolité et du bousillage. L'homme appelé à les diriger doit porter sur ce point l'attention : c'est le moyen d'éviter les abus et les défauts.

« Je ne me répète point.... car toute notre vie sera une répétition de ces paroles; je n'ajoute plus qu'une observation : celui qui se voue à un art positif doit s'y consacrer pour la vie. Jusqu'à ce jour, on le nommait profession manuelle : c'était parfaitement juste; les ouvriers devaient agir avec la main, et, si tel est l'office de la main, il faut qu'une vie propre l'anime; il faut qu'elle soit à elle-même une nature, qu'elle ait ses pensées propres, sa volonté propre : or elle ne peut y parvenir de diverses manières. »

L'orateur ayant terminé son discours par quelques bonnes paroles, tous les assistants se levèrent, et les ouvriers, au lieu de se retirer, se formèrent en cercle régulier, devant la table des chefs qu'ils acceptaient. Odoardo fit circuler entre eux une feuille imprimée, où se trouvait ce chant familier, qu'ils chantèrent gaiement, dans un mouvement modéré, sur une mélodie connue :

« Rester, partir, partir, rester.... désormais seront chose égale pour l'homme de courage. Les lieux où nous faisons une œuvre utile sont le plus digne séjour. Te suivre nous sera facile : qui se laisse conduire arrive au but. Montre à nos yeux une patrie certaine! Béni soit le guide! bénie, l'Union!

« Tu répartis la force et le fardeau, et tu les mesures avec justesse : au vieillard, tu donnes repos et dignité; au jeune homme, du travail et une compagne. La mutuelle confiance bâtit une cabane proprette, ferme la cour et le jardin, et puis se fie au voisinage.

« Aux lieux où, près de routes bien aplanies, on s'arrête dans une auberge nouvelle; où l'on assigne, d'une main libérale, des terres à l'étranger, nous fixerons notre demeure avec d'autres colons. Hâtez-vous, hâtez-vous d'entrer dans la fidèle patrie! Béni soit le guide! bénie, l'Union! »

CHAPITRE XIII.

Une tranquillité complète succéda au mouvement animé des jours précédents. Les trois amis restaient seuls en présence, et il fut bientôt visible que deux d'entre eux, Lénardo et Frédéric, étaient agités d'une singulière inquiétude; ils ne cachaient ni l'un ni l'autre leur impatience, de se voir, pour ce qui les concernait, empêchés de quitter ce lieu. Ils attendaient, assuraient-ils, un messager, et cependant il ne se disait plus rien de raisonnable, plus rien de décisif.

Enfin arrive un messager, qui apporte un énorme paquet, sur lequel Frédéric se jette pour l'ouvrir. Lénardo le retient et lui dit:

« N'y touche pas! Qu'il reste devant nous sur la table. Il nous faut considérer, réfléchir, deviner ce qu'il peut contenir. Notre sort va se décider, et, puisque nous n'en sommes pas les maîtres; qu'il dépend de la raison et des sentiments d'autres personnes; que nous devons attendre un oui ou un non, ceci ou cela : il est de la bienséance de demeurer calmes, de se posséder, de se demander si on sera capable de le supporter, comme on ferait un jugement de Dieu, devant lequel il nous est commandé de tenir la raison captive.

— Tu n'es pas aussi maître de toi que tu veux le paraître, répliqua Frédéric. Reste donc seul avec tes secrets, et fais-en ce qu'il te plaira. En tout cas, ils ne me concernent point. Mais laisse-moi en découvrir le fond à cet ami éprouvé, et lui révéler les circonstances critiques dont nous lui avons fait si longtemps mystère. »

En disant ces mots, Frédéric entraîna Wilhelm; et, quand ils eurent fait quelques pas :

« Elle est retrouvée, s'écria-t-il, depuis longtemps retrouvée, et il ne s'agit plus que de savoir ce qu'elle deviendra.

— Je le savais, répondit Wilhelm, car les amis ne se révèlent rien plus clairement les uns aux autres que ce qu'ils se taisent réciproquement. Les dernières phrases du journal où Lénardo se rappelle, justement au milieu des montagnes, la lettre que je lui écrivis, ont rendu présente à mon imagination, avec tout son esprit et tout son cœur, cette excellente jeune femme. Je le voyais, dès le lendemain, s'approcher d'elle, la reconnaître et tout ce qui pouvait s'ensuivre. Mais j'avouerai sincèrement que ce n'est pas la curiosité, c'est la sincère affection que je lui ai vouée, qui causait mon inquiétude, en présence de votre silence et de votre réserve.

— Par conséquent, dit Frédéric, le paquet que nous venons de recevoir t'intéresse d'une façon toute particulière. On avait envoyé la suite du journal à Macarie, et l'on ne voulait pas te gâter par un récit cette grave et charmante aventure. Mais il faut qu'il te soit remis sur-le-champ. Lénardo a sans doute ouvert le paquet, et il n'a pas besoin du journal pour être éclairci de ce qui le regarde. »

Là-dessus Frédéric courut comme autrefois; il revint en courant, et apporta le cahier promis.

« Maintenant, dit-il, il faut aussi que j'apprenne ce que nous allons devenir. »

En disant ces mots, il s'éloigna lestement, et Wilhelm entreprit sa lecture.

Journal de Lénardo (suite).

Vendredi, 19.

Comme nous devions, ce jour-là, faire diligence pour arriver de bonne heure chez Mme Susanne, nous déjeunâmes à la hâte avec toute la famille; nous la remerciâmes, en la félicitant à mots couverts; nous laissâmes au rhabilleur, qui restait, les cadeaux destinés aux jeunes filles, quelque chose de plus riche et de plus nuptial que ceux de l'avant-veille; et, les glissant dans ses mains à la dérobée, nous rendîmes le bon jeune homme bien joyeux.

Cette fois, nous eûmes achevé tôt notre course; au bout de quelques heures nous vîmes, dans une vallée paisible, unie, peu étendue, dont une pente rocheuse se reflétait dans les ondes caressantes d'un lac limpide, des maisons bien bâties, autour desquelles un sol meilleur, soigneusement cultivé, favorisait, dans sa position abritée, quelques travaux de jardinage. Introduit dans la maison principale par le marchand, et présenté à Mme Susanne, je sentis quelque chose de tout particulier, quand elle nous adressa la parole avec grâce, et nous dit qu'elle était charmée que nous fussions venus un vendredi, le jour de la semaine le moins occupé, parce que les marchandises prêtes à livrer étaient expédiées le jeudi soir, par le lac, dans la ville voisine; et là-dessus le marchand lui ayant dit :

« Et sans doute c'est toujours Daniel qui est chargé du transport?

— Oui, répondit-elle, et il remplit sa commission aussi bien, aussi fidèlement que si c'était son affaire propre.

— La différence n'est pas si grande, » répliqua le marchand.

Puis, après s'être chargé de quelques commissions pour la gracieuse hôtesse, il partit à la hâte pour vaquer à ses affaires dans quelques vallées latérales, promettant de revenir me chercher dans quelques jours.

Cependant j'éprouvais un sentiment indéfinissable. Dès mon entrée dans la maison, un pressentiment m'avait dit que j'étais en présence de la femme que j'avais tant souhaitée; quand je l'observai plus à loisir, ce n'était plus elle, ce ne pouvait l'être; et pourtant, si je détournais les yeux, ou si elle tournait la tête, je la retrouvais encore : absolument comme, dans un songe, la mémoire et l'imagination se combattent l'une l'autre.

Quelques fileuses, qui avaient tardé à livrer leur travail de la semaine, vinrent l'apporter. La maîtresse, après les avoir doucement exhortées à la diligence, marchandait avec elles; mais, pour s'entretenir avec son hôte, elle remit la chose à deux jeunes filles, qu'elle appela Marguerite et Lise, et que j'observai avec d'autant plus d'attention, que je voulais chercher à découvrir si elles s'accordaient avec la description du rhabilleur. Ces deux figures me troublaient tout à fait, et achevaient de détruire toute ressemblance entre la maîtresse de la maison et la femme que je cherchais.

Je ne l'en observais que plus attentivement, et me semblait la plus intéressante, la plus aimable personne que j'eusse rencontrée dans mon voyage de montagne. J'étais assez au fait de cette industrie, pour lui parler Susanne avec connaissance de cause des travaux qu'elle entendait si bien. L'intérêt éclairé que j'y prenais lui était fort agréable; et, quand je lui demandai d'où elle tirait ses cotons, dont j'avais vu, quelques jours auparavant, un grand convoi traverser les montagnes, elle me répondit que ce même convoi lui en avait amené une provision considérable; la situation de sa demeure était aussi très-avantageuse, sous ce rapport, parce que la grand'route qui conduisait au lac passait tout au plus à un quart de lieue au-dessous de la vallée, et qu'elle pouvait y recevoir, en personne ou par un facteur, les balles qui lui étaient destinées et adressées de Trieste, comme cela était arrivé avant-hier.

Elle invita ensuite son hôte à visiter une grande cave aérée, où la provision est gardée, afin que le coton ne sèche pas trop, ne perde pas de son poids et de sa souplesse. Puis, je trouvai réuni chez Susanne presque tout ce que j'avais déjà vu en détail; elle me faisait remarquer successivement ces divers objets, auxquels je m'intéressais en connaisseur.

Cependant elle devint plus silencieuse. A ses questions, je pus deviner qu'elle me croyait du métier. Elle me dit en effet qu'aussitôt après l'arrivée du coton, elle attendait un commis ou un associé de la maison de Trieste, qui, après avoir discrètement visité son établissement, toucherait l'argent qu'elle devait: cet argent était prêt, pour être livré à la personne qui se ferait connaître. Un peu embarrassé, je répondis d'une manière évasive, et la suivis des yeux, tandis qu'elle mettait quelques objets en ordre dans la chambre. Il me semblait voir Pénélope au milieu de ses femmes. Elle revint, et il me parut qu'il s'était passé en elle quelque chose de particulier.

« Vous n'êtes donc pas un marchand? me dit-elle. Je ne sais d'où vient la confiance que vous m'inspirez, ni comment j'ose me permettre de vous demander la vôtre. Je ne veux pas être importune, mais accordez-la-moi comme votre cœur le voudra. »

A ces mots, cette physionomie étrangère fixa sur moi un regard si connu, si pénétrant, que je me sentis tout à fait troublé, et que j'eus assez de peine à me remettre. Mes genoux fléchissaient sous moi, je n'avais plus ma présence d'esprit, lorsque heureusement on vint demander Susanne à la hâte. Je pus reprendre mes sens, et m'affermir dans la résolution de me contenir le plus longtemps possible : car il me semblait que je fusse menacé une seconde fois d'une malheureuse aventure.

Marguerite, aimable et paisible enfant, m'emmena pour me faire voir les élégants tissus : elle le fit avec calme et intelligence. Pour lui témoigner mon attention, je notais ses explications dans mes tablettes, où ces détails se trouvent encore, comme souvenir d'une action purement mécanique, car j'avais tout autre chose dans l'esprit. Voici ces indications :

« La trame d'un tissu *marché*, aussi bien que *tiré*, se fait selon que l'exige le modèle, avec du fil blanc peu tordu, appelé *fil de mouche*, quelquefois aussi coloré en rouge, ou avec des fils bleus, qui sont employés également pour les rayures et les fleurs. Pour tondre l'étoffe, on la roule sur des cylindres, qui représentent un cadre en forme de table, autour duquel sont assises plusieurs ouvrières. »

Lise, qui était au nombre des tondeuses, se leva, se joignit à nous, entremêlant ses discours à ceux de Marguerite, de manière à la contredire, afin de l'embrouiller ; et, comme je n'en montrais que plus d'attention à Marguerite, Lise tourna de côté et d'autre pour chercher, pour apporter quelque chose, et, sans y être obligée par le défaut de place, elle effleura deux fois très-sensiblement mon bras de son coude délicat, ce qui ne me plut guère.

Bonne et Belle (elle mérite bien ce nom, surtout en comparaison avec les autres femmes) me conduisit dans le jardin pour jouir des derniers rayons du soleil, qui allait disparaître derrière la montagne. Le sourire était sur ses lèvres, comme il arrive quand on hésite à laisser échapper quelque agréable pensée. J'éprouvais moi-même un doux embarras. Je marchais à ses côtés, et je n'osais lui présenter la main, malgré toute mon envie. Il semblait que nous eussions peur l'un et l'autre des paroles et des signes, qui auraient pu nous éclaircir trop tôt cette heureuse rencontre. Elle me montra quelques caisses à fleurs, où je reconnus des cotonniers, qui avaient poussé hardiment.

« Vous le voyez, dit-elle, nous élevons et nourrissons ces graines inutiles, et même gênantes pour notre travail, et qui font, avec leur enveloppe cotonneuse, un si long voyage pour venir jusqu'à nous. C'est de la reconnaissance, et nous aimons à voir vivante sous nos yeux la plante dont les débris morts animent notre existence. Vous voyez ici le commencement, le milieu vous est connu, et ce soir, je l'espère, vous verrez une heureuse conclusion.

« Le fabricant lui-même, ou un facteur à sa place, embarque, le jeudi soir, dans le coche les marchandises qui nous sont rentrées pendant la semaine, et, en compagnie d'autres personnes, qui se livrent à la même industrie, il arrive à la ville le vendredi de grand matin. Là, chacun porte ses tissus aux marchands en gros, cherche à les placer de son mieux, et prend quelquefois en payement le coton brut dont il a besoin.

« Mais les gens qui vont au marché ne rapportent pas seulement des matières premières pour la fabrication : avec l'argent comptant, salaire du travail, ils se pourvoient aussi de cent autres choses nécessaires ou agréables. Quand un des membres de la famille s'est rendu à la ville pour le marché, il excite vivement l'attente, l'espérance et les vœux, souvent même l'angoisse. Il éclate un orage et l'on craint pour le bateau. Les gens âpres au gain sont impatients d'apprendre si la vente a été favorable, et calculent d'avance le produit net ; les curieux attendent les nouvelles de la ville, et ceux qui ont le goût de la parure, les habillements ou les objets de mode que le voyageur avait commission d'acheter ; enfin les gens sujets à leur bouche, et surtout les enfants, espèrent des friandises, ne fût-ce que de petits pains blancs.

« Le départ de la ville est le plus souvent retardé jusqu'au soir ; alors le lac s'anime peu à peu, et les bateaux glissent à la voile ou à force de rames sur la plaine liquide ; chacun s'attache à devancer les autres, et les vainqueurs adressent des railleries à ceux qui se voient forcés de rester en arrière.

« C'est un agréable et joyeux spectacle que la navigation sur le lac, quand son miroir et les montagnes d'alentour s'enflamment de la pourpre du soir, et prennent par degrés des teintes plus sombres; que les étoiles paraissent; que les cloches annoncent la prière du soir; que les lumières s'allument dans les villages de la rive et se réfléchissent dans l'eau; qu'ensuite la lune se lève et répand sa clarté sur l'onde à peine agitée; le riche paysage fuit devant les barques; on laisse derrière soi village après village, métairie après métairie; enfin, sur le point d'arriver, on sonne du cor, et soudain l'on voit paraître çà et là, dans la montagne, des lumières qui descendent vers le rivage; chaque famille qui a l'un des siens dans le bateau envoie quelqu'un chercher le bagage. Nous demeurons plus haut, mais chacun de nous a fait assez souvent cette navigation, et, pour ce qui regarde les affaires, nous avons tous le même intérêt. »

J'avais écouté avec surprise comme elle disait bien, et en termes choisis, toutes ces choses, et ne pus m'empêcher de lui demander comment, dans une contrée si sauvage, avec des occupations toutes mécaniques, elle était parvenue à une pareille culture.

Elle répondit, les yeux baissés, avec un sourire aimable et presque malin :

« Je suis née dans une plus belle et plus aimable contrée, où demeurent et commandent des personnes de grand mérite, et, bien que, dans mon enfance, ma conduite fût sauvage et indépendante, on ne pouvait méconnaître l'influence que des maîtres éclairés exerçaient sur leur entourage. Mais ce qui produisit le plus grand effet sur mon jeune cœur fut une éducation pieuse, qui développa chez moi le sentiment du juste et de l'honnête, comme inspiré par la toute-présence de l'amour divin.

« Nous quittâmes le pays, poursuivit-elle (et le fin sourire disparut de ses lèvres, une larme furtive mouilla sa paupière), nous allâmes bien loin, bien loin, d'un pays dans un autre, conduits par des indications pieuses et des recommandations; enfin nous arrivâmes dans cette industrieuse contrée. La maison où vous me trouvez était habitée par des personnes qui partageaient nos sentiments; mon père parlait le même langage, dans le même esprit; nous fûmes bientôt de la famille.

« Je m'appliquai avec ardeur à toutes les affaires de la maison et de la fabrique, et j'appris, j'essayai, je pratiquai, par degrés, toutes les choses auxquelles vous voyez aujourd'hui que je préside. Le fils de la maison, qui avait quelques années de plus que moi, était bien fait et d'une belle figure; il gagna mon affection et me donna sa confiance. Il avait à la fois la franchise et la finesse; la piété, telle qu'on la pratiquait dans la maison, ne trouvait chez lui nul accès, ne le satisfaisait point; il lisait en secret des livres, qu'il savait se procurer à la ville : c'étaient de ces ouvrages qui donnent à l'esprit plus d'étendue et d'indépendance, et, comme il remarquait chez moi les mêmes besoins, les mêmes dispositions naturelles, il s'efforça peu à peu de me communiquer ce qui l'occupait si sérieusement. Enfin, comme j'entrais dans toutes ses idées, il ne tarda pas plus longtemps à me découvrir son secret tout entier. Et dès lors nous fûmes réellement un couple fort singulier, ne nous entretenant, dans nos promenades solitaires, que des principes qui rendent l'homme indépendant, et dont l'inclination mutuelle ne semblait avoir pour objet que de nous fortifier l'un l'autre dans des sentiments par lesquels les hommes s'éloignent d'ordinaire complétement les uns des autres. »

Tandis qu'elle parlait ainsi, je n'avais point les yeux fixés sur elle; seulement je lui jetais de temps en temps un regard, comme à la dérobée; mais j'observais pourtant, avec une tendre admiration, que sa physionomie était en parfaite harmonie avec ses paroles. Après un instant de silence, sa figure s'éclaircit de nouveau.

« La question que vous m'avez adressée, poursuivit-elle, m'oblige à vous faire un aveu, et, par là, vous pourrez mieux vous expliquer mon beau langage, qui a pu quelquefois vous paraître peu naturel. Nous étions, par malheur, obligés tous les deux de dissimuler avec les autres, et tout en nous gardant bien de mentir et d'être faux, dans le sens grossier du mot, nous l'étions, dans un sens plus délicat, en ce que nous ne pouvions jamais trouver d'excuses pour éviter de paraître aux réunions, très-fréquentées, des frères et des sœurs. Mais, comme nous étions forcés d'y entendre beaucoup de choses contraires à nos convictions, il me fit bientôt comprendre et reconnaître que tout ne venait pas du cœur, et que c'était le plus souvent du verbiage, des figures, des symboles, une phraséologie traditionnelle et des refrains sonores, tournant sans cesse comme autour d'un axe commun. J'en devins plus attentive, et me rendis cette langue si familière, que j'aurais pu, au besoin, prononcer un discours aussi bien qu'un des chefs. D'abord mon ami s'en amusa, enfin le dégoût le rendit impatient, en sorte que, pour l'apaiser, je suivis la route opposée, je l'écoutai lui-même avec plus d'attention que jamais, et lui répétai, huit jours après, ses paroles cordiales et sincères, avec une liberté assez égale à la sienne, et dans un esprit peu différent.

« Par là, notre liaison devint toujours plus intime, et ce qui nous unissait, c'était proprement la passion du vrai et du bon, sous quelque forme qu'il se pût reconnaître, et le vif désir de le mettre en pratique.

« En recherchant ce qui a pu vous conduire à provoquer un pareil récit, je vois que c'est la vive description que j'ai faite d'un jour de marché heureusement rempli ; mais qu'elle ne vous surprenne point, car c'était justement la joyeuse et sympathique observation des douces et sublimes scènes de la nature qui faisait, dans nos heures de repos et de loisir, notre plus agréable délassement. D'excellents poëtes nationaux avaient éveillé et nourri ce sentiment dans nos âmes; nous relisions souvent les Alpes de Haller, les Idylles de Gessner, le Printemps de Kleist, et nous aimions à considérer tour à tour, dans la contrée qui nous entourait, ses beautés agréables et ses beautés sublimes.

« J'aime encore à me rappeler avec quelle émulation, et souvent quelle ardeur passionnée, doués tous les deux d'une vue perçante, nous cherchions à nous rendre l'un l'autre attentifs aux grands phénomènes de la terre et du ciel, à nous devancer, à nous surpasser tour à tour. C'était la plus agréable diversion, d'abord aux occupations journalières, puis à ces graves entretiens, qui souvent ne nous faisaient que trop descendre dans le fond de notre âme, et menaçaient d'en troubler la paix.

« Dans ce temps-là, nous reçûmes la visite d'un étranger, qui voyageait vraisemblablement sous un nom emprunté. Nous ne le pressâmes pas de s'expliquer, car il gagna d'abord notre confiance par ses manières. Il montrait en toutes choses une grande pureté morale, et dans nos assemblées une attention respectueuse. Mon fiancé le promena dans les montagnes; il paraissait sérieux, plein de savoir et d'intelligence. Je pris part à leurs conversations sur la morale, dans lesquelles on passa successivement en revue tout ce qui mérite d'occuper l'homme intérieur. Il remarqua bientôt quelque chose d'incertain dans notre manière de penser en matière de religion. Le langage de la piété était devenu pour nous trivial; le sens qu'il enveloppe nous avait échappé. Il nous fit remarquer le danger de notre état; combien il y avait de péril à s'éloigner de la tradition, à laquelle tant de choses se rattachent dès l'enfance; le danger était extrême, surtout avec un développement intérieur incomplet. A la vérité, des exercices de piété à jours, à heures fixes, finissent par n'être qu'un passe-temps, et agissent, comme une sorte de police, sur la décence extérieure, mais non plus sur le fond du cœur : le seul remède était de puiser en soi-même des sentiments de la même valeur morale, aussi efficaces, aussi consolants.

« Nos parents avaient arrêté entre eux notre mariage, et je ne sais comment il arriva que la présence de ce nouvel hôte avança nos fiançailles. Il semblait désireux d'assister, dans le cercle de la famille, à la confirmation de notre bonheur; il dut entendre avec nous comme notre chef spirituel en prit occasion de nous rappeler l'évêque de Laodicée[1] et le grand danger de la tiédeur, que l'on prétendait avoir observée chez nous. Nous discourûmes encore quelquefois de ces matières, sur lesquelles il nous laissa un écrit que j'ai eu souvent sujet de relire dans la suite.

« Il partit, et tous les bons génies semblèrent s'être éloignés avec lui. Ce n'est pas une observation nouvelle, que l'apparition d'un homme distingué dans une société y fait époque, et que sa retraite produit une lacune, dans laquelle pénètre souvent quelque malheur fortuit. Laissez-moi jeter un voile sur la suite; un accident trancha soudainement, dans la fleur de sa jeunesse, la précieuse vie de mon fiancé; il employa avec fermeté sa dernière heure à faire bénir son union avec son inconsolable amie, et à m'assurer son héritage. Ce coup fut d'autant plus

---

1. *Apocalypse*, chap. III, v. 14-15.

douloureux pour les parents, qu'ils avaient perdu une fille peu de temps auparavant, et se trouvaient dans le plus triste abandon : ces tendres cœurs en furent si blessés, que leur vie en fut abrégée. Ils suivirent de près leurs enfants, et un nouveau malheur me surprit bientôt : mon père, atteint de paralysie, n'a fait dès lors que languir, sans aucune activité de corps et d'esprit. C'est ainsi que j'ai dû déployer, dans le malheur et l'isolement, cette fermeté de caractère à laquelle je m'étais exercée de bonne heure, avec l'espoir d'une heureuse union, d'une félicité partagée, et qui s'était encore fortifiée naguère par les discours vivifiants du mystérieux voyageur.

« Mais je ne dois pas être ingrate : car, en ces circonstances, il m'est resté un aide excellent, qui soigne, en qualité de facteur, tout ce qui exige, dans ces affaires, l'activité d'un homme. S'il revient ce soir de la ville, je vous dirai, quand vous aurez appris à le connaître, dans quels rapports bizarres je me trouve avec lui. »

J'avais mêlé çà et là des réflexions au récit de Susanne, et, par quelques témoignages de tendre intérêt, j'avais eu soin d'ouvrir toujours plus son cœur, d'encourager ses épanchements. Je ne manquais pas de m'attacher à ce qui n'était pas encore complétement exprimé; elle s'en approchait toujours davantage, et nous avions fait tant de chemin, qu'à la moindre occasion, le secret, dévoilé, allait s'échapper de ses lèvres. Elle se leva et me dit :

« Allons vers mon père ! »

Elle marchait vivement la première; je la suivais lentement; je secouais la tête, en réfléchissant à la singulière situation où je me trouvais. Elle me fit entrer dans une chambre de derrière, d'un aspect agréable, où le bon vieillard était assis immobile dans un fauteuil. Il était peu changé. Je m'avançai vers lui : il me regarda fixement, puis ses yeux s'animèrent, sa physionomie s'éclaircit; il essayait de remuer les lèvres, et, quand j'avançai la main, pour prendre la sienne, qui était immobile, il saisit la mienne lui-même, la serra, et s'élança vers moi en me tendant les bras.

« O Dieu ! s'écria-t-il, monsieur Lénardo ! c'est lui, c'est lui-même ! »

Entraîné par l'émotion, je le pressai sur mon cœur; il retomba dans son fauteuil, sa fille courut à son aide, en s'écriant à son tour :

« C'est lui! Vous êtes Lénardo! »

La jeune nièce était accourue; elles conduisirent dans la chambre voisine le vieillard, qui avait retrouvé soudain l'usage de ses pieds, et qui, se tournant de mon côté, me dit fort distinctement :

« Que je suis heureux! heureux !... Nous nous reverrons bientôt. »

J'étais immobile et rêveur : la petite Marguerite revint, et me présenta une feuille, en me disant, de la part de Susanne, que c'était l'écrit dont elle m'avait parlé. Je reconnus aussitôt la main de Wilhelm, tout comme je l'avais reconnu lui-même auparavant, à la description qu'on m'avait faite de sa personne. Plusieurs figures étrangères tourbillonnaient autour de moi; il y avait un singulier mouvement dans le vestibule. Il est pénible, lorsqu'on s'abandonne à l'enthousiasme d'une reconnaissance imprévue, à la persuasion d'un affectueux souvenir, à la contemplation d'une merveilleuse destinée, à toute la chaleur, toute l'admiration, que cet événement développe dans notre cœur, d'être brusquement ramené à la choquante réalité, aux vaines distractions de la vie ordinaire.

Cette fois la soirée du vendredi ne fut pas aussi riante, aussi gaie que de coutume : le facteur n'était pas revenu de la ville avec le coche; il faisait seulement savoir par une lettre que les affaires ne lui permettraient pas de revenir avant demain ou après-demain; il profiterait d'une autre occasion, et il apporterait tout ce qu'on lui avait commandé, tout ce qu'il avait promis. Les voisins, jeunes et vieux, qui s'étaient réunis comme à l'ordinaire, pour l'attendre, faisaient de tristes figures; Lise surtout, qui était allée à sa rencontre, paraissait de très-mauvaise humeur.

Je m'étais réfugié dans ma chambre, tenant le papier à la main sans le lire, car j'avais éprouvé déjà un secret dépit en apprenant, par le récit de Susanne, que Wilhelm avait pressé les fiançailles. Je me disais :

« Tous les amis sont comme cela; ils sont tous diplomates,

au lieu de répondre loyalement à notre confiance, ils suivent leurs vues; ils contrarient nos vœux et gâtent notre avenir. »

Mais je revins bientôt de mon injustice; je donnai raison à mon ami, considérant surtout la situation présente, et je ne pus m'empêcher de lire les réflexions suivantes :

« Dans les premiers instants de sa vie, l'homme ne se connaît point, puis il se connaît à demi et enfin tout à fait. Il se trouve continuellement gêné, resserré dans sa position; mais, comme il ne connaît jamais le but et l'objet de son existence, et que le mystère en est caché par une main souveraine, il va tâtonnant, il saisit, laisse échapper, s'arrête, se met en mouvement, balance et se précipite, tombant, de mille manières, dans toutes les erreurs qui nous égarent. »

. . . .

« Le plus sage est lui-même forcé, dans la vie journalière, d'être sage pour le moment présent, et ne parvient, par conséquent, à aucune vérité générale. Rarement sait-il d'une manière certaine de quel côté il devra se diriger plus tard, et ce qu'il devra proprement faire ou éviter. »

. . . .

« Heureusement la réponse à toutes ces questions bizarres et à cent autres encore est dans votre vie incessamment active. Persévérez dans l'observation immédiate des devoirs du jour, et sondez en même temps la pureté de votre cœur et la sûreté de votre esprit. Puis, lorsque vous reprendrez haleine, dans une heure de liberté, et que vous trouverez le loisir d'élever vos pensées, vous y gagnerez assurément une bonne situation vis-à-vis du Très-Haut, auquel nous devons nous abandonner humblement sans réserve, considérant chaque événement avec respect, et y reconnaissant une direction suprême. »

. . . .

Samedi, 20.

Plongé dans des pensées au milieu desquelles une âme affectueuse ne refusera point de s'égarer avec moi, j'allais et je venais, au point du jour, sur la rive du lac : la maîtresse de la maison (je me sentais heureux de n'être pas obligé de voir en elle une veuve) se montra d'abord à la fenêtre, puis sur le seuil de la porte. Elle m'apprit que son père avait passé une bonne nuit, qu'il s'était réveillé joyeux, et avait exprimé, en termes distincts, son désir de rester au lit et de me voir, non pas aujourd'hui, mais demain, après l'office ; que sans doute il se sentirait alors fortifié. Là-dessus, elle me dit qu'elle me laisserait souvent seul ce jour-là, qui était pour elle un jour très-occupé : elle descendit et m'en fit le détail.

Je l'écoutais seulement pour le plaisir de l'écouter ; je reconnus en même temps qu'elle était pénétrée de sa tâche, qui l'attirait comme un devoir héréditaire, et qu'elle travaillait avec volonté.

« C'est un usage établi, poursuivit-elle, que le tissu soit achevé vers la fin de la semaine, et qu'on le porte le samedi après-midi chez le maître du magasin, qui l'examine, le mesure et le pèse, pour juger si l'ouvrage est livré en bon état, sans défauts, et si on lui remet ce qu'il faut pour le poids et la mesure : si tout se trouve en règle, il paye le salaire convenu. De son côté, il s'applique à nettoyer le tissu de tous les nœuds, de tous les fils qui le dépassent ; à le disposer de la manière la plus élégante, offrant aux yeux le plus beau côté, qui a le moins de fautes, afin de rendre la marchandise d'un aspect plus agréable. »

Dans l'entrefaite, il arriva de la montagne beaucoup de tisseuses, qui apportaient leur ouvrage à la maison ; je reconnus, dans le nombre, celle qui avait fixé l'attention du rhabilleur. Elle me remercia fort gracieusement des cadeaux que j'avais laissés, et m'apprit que monsieur le rhabilleur était chez eux, occupé à raccommoder son métier qui chômait, et lui avait assuré que Mme Susanne devait reconnaître d'abord, au travail, la réparation qu'il faisait à l'instrument.

Là-dessus, elle entra avec les autres, et je ne pus m'empêcher de dire à ma chère hôtesse :

« Au nom du ciel, d'où vous vient ce singulier nom ?

— C'est le troisième qu'on m'impose, répondit-elle ; je l'ai accepté volontiers, parce que mon beau-père et ma belle-mère le désiraient. C'était le nom de leur fille défunte, dont j'allais prendre la place ; et le nom est toujours le plus vivant et le plus beau représentant de la personne.

— Le quatrième est déjà trouvé, m'écriai-je ; je vous appellerais Bonne et Belle, si cela dépendait de moi. »

Elle fit une gracieuse et modeste révérence, et sut mêler si bien le ravissement que lui causait la guérison de son père avec la joie de me revoir; elle en parla avec tant de chaleur, que je ne croyais pas avoir entendu ni éprouvé de ma vie rien de plus flatteur et de plus doux.

Bonne et Belle, appelée deux ou trois fois dans la maison, me remit à un guide intelligent, qui devait me montrer les lieux les plus remarquables de la montagne. Nous parcourûmes ensemble, par le plus beau temps, des sites d'une grande variété; mais on pense bien que les rochers, les bois et les cascades, bien moins encore les moulins et les forges, et pas même les familles qui sculptaient le bois assez artistement, ne purent, le moins du monde, fixer mon attention. Cependant la promenade avait été disposée pour tout le jour; le guide portait un fin déjeuner dans son sac; à midi, nous trouvâmes un bon dîner dans la maison de réunion d'une compagnie de mineurs, où nul ne savait que penser de moi, car il n'est rien de plus pénible pour de braves gens que de vains témoignages d'intérêt qui n'ont rien de sincère.

Le guide me comprenait moins que tous les autres : le marchand lui avait parlé avec de grands éloges de mes connaissances techniques, et de l'intérêt particulier que je prenais à ces choses. Le bonhomme avait aussi parlé de mes observations, des nombreuses notes que je prenais, et le chef des mineurs s'était préparé en conséquence. Mon guide s'attendit longtemps à me voir prendre mes tablettes, et il finit, avec une sorte d'impatience, par m'en faire souvenir.

Dimanche, 21.

Il était près de midi, et je n'avais pas encore pu voir Susanne. Dans l'intervalle, on avait célébré l'office divin, auquel elle avait préféré ne pas me voir paraître. Le père y avait assisté, et, par les discours les plus édifiants, prononcés d'une manière distincte et intelligible, il avait ému jusqu'aux larmes tous les assistants, et particulièrement sa fille.

« C'étaient, disait-elle, des sentences connues, des vers, des expressions et des formules que j'avais cent fois entendues, et dont le vain retentissement m'avait choqué : mais, cette fois, elles se produisaient avec une effusion touchante, une chaleur paisible, sans alliage impur, comme on voit le métal en fusion courir dans la coulée. Je tremblais qu'il ne s'épuisât dans ces épanchements, mais il se fit gaiement ramener au lit. Il voulait se recueillir doucement, et, aussitôt qu'il se sentirait assez de forces, faire prier son hôte de se rendre auprès de lui. »

Après dîner, notre conversation fut plus intime et plus vive : il ne m'en fut que plus facile de sentir et d'observer qu'elle me taisait quelque chose, qu'elle luttait avec des pensées inquiétantes; aussi ne pouvait-elle réussir tout à fait à montrer un visage serein. Après avoir essayé de plusieurs manières d'obtenir qu'elle s'expliquât, je lui dis avec franchise que je croyais remarquer chez elle une certaine mélancolie, un air soucieux. Si elle éprouvait quelque gêne dans ses affaires domestiques ou commerciales, elle devait s'en ouvrir à moi : j'étais dans une situation assez heureuse pour m'acquitter de toute manière, envers elle, d'une ancienne dette.

Elle sourit et m'assura qu'il ne s'agissait point de cela.

« Aussitôt que je vous ai vu paraître, poursuivit-elle, j'ai cru voir un de mes correspondants de Trieste, avec lesquels je suis en affaires, et j'éprouvais une satisfaction secrète de savoir mon argent prêt, que l'on voulût me demander toute la somme, ou seulement une partie. Ce qui m'inquiète est pourtant un intérêt de commerce, et, par malheur, ce n'est pas un souci du moment, non, il regarde tout l'avenir. C'est le progrès général de la mécanique qui m'inquiète et me tourmente; elle s'approche lentement, lentement, comme un orage; mais elle a pris son cours, elle viendra, elle nous atteindra. Mon mari en avait déjà le triste pressentiment. On y pense, on en parle : par malheur, les pensées et les paroles ne sont d'aucun secours. Et qui pourrait se représenter de sang-froid de telles calamités? Figurez-vous que beaucoup de vallées pareilles à celle par laquelle vous êtes venu sillonnent ces montagnes; qu'elles sont encore animées de la belle et joyeuse vie que vous avez remarquée ces derniers jours, et dont la foule parée, qui accourait hier de toutes parts, vous a donné le plus gracieux témoignage : songez que tout cela va déchoir, dépérir peu à peu, et que ces retraites, animées et peuplées par le travail des siècles, retomberont dans leur antique solitude.

« Il ne reste plus qu'à choisir entre deux partis, l'un aussi triste que l'autre : ou bien adopter soi-même les inventions nouvelles et hâter la ruine de ces gens, ou partir d'ici, emmener avec soi les meilleurs et les plus dignes, et chercher outre-mer un sort plus heureux. L'un et l'autre de ces moyens a ses dangers : quel ami nous aidera à peser les motifs qui doivent nous déterminer? Je sais fort bien que l'on songe dans le voisinage à établir des machines qui absorberont la nourriture du peuple. Je ne puis trouver mauvais que chacun pense d'abord à son intérêt; mais je me croirais méprisable de dépouiller ces bonnes gens, pour les voir enfin émigrer, pauvres et sans ressources; et cependant ils devront émigrer tôt ou tard. Ils le pressentent, ils le savent, ils le disent, et nul ne se détermine à quelque démarche salutaire. D'où viendra cette résolution? Ne sera-t-elle pas aussi pénible pour chacun que pour moi?

« Mon fiancé avait résolu d'émigrer avec moi; il discourait souvent sur les voies et les moyens de s'éloigner d'ici; il jetait les yeux sur les meilleurs ouvriers qu'on pourrait rassembler autour de soi, avec lesquels on pourrait faire cause commune, que l'on pourrait appeler à soi, emmener avec soi; trop séduits peut-être par nos jeunes espérances, nous soupirions après ces contrées où l'on regarderait peut-être comme des droits et des devoirs ce que l'on considère ici comme des crimes. Maintenant ma position est tout à fait changée : l'aide excellent qui m'est resté après la mort de mon mari, parfait à tous égards, et qui m'est attaché avec l'amitié la plus vive, est d'un avis tout opposé.

« Je suis amenée à vous parler de lui avant que vous l'ayez vu. J'aurais mieux aimé le faire après, parce que la présence de la personne résout bien des énigmes. A peu près du même âge que mon mari, il s'attacha, pauvre petit garçon, à ce riche et bon camarade, à la famille, à la maison, à l'industrie; ils grandirent ensemble et ils restèrent unis. C'étaient pourtant deux caractères tout à fait différents : l'un ouvert, expansif; l'autre, dans sa première jeunesse, renfermé en lui-même, mystérieux, gardant avec ténacité le plus petit avantage acquis, animé de sentiments pieux, et toutefois songeant plus à lui qu'aux autres.

« Je sais fort bien que, dès les premiers temps, il jeta les yeux sur moi. Il n'y avait rien de téméraire, car j'étais plus pauvre que lui; mais il se retira, dès qu'il eut remarqué le penchant de son ami pour moi. Par son application soutenue, son travail et sa fidélité, il devint bientôt associé. Mon mari avait la secrète pensée de l'établir ici, lors de notre émigration, et de lui confier le reste de nos affaires. Bientôt après la mort de cet excellent ami, il se rapprocha de moi, et, depuis quelque temps, il laisse voir clairement qu'il prétend à ma main. Deux singuliers obstacles s'élèvent entre nous : d'un côté, il s'est constamment déclaré contre l'émigration; de l'autre, il insiste vivement pour que nous établissions des machines. Ses motifs sont pressants : il se trouve dans nos montagnes un homme qui, s'il voulait abandonner nos métiers plus simples et en construire de plus compliqués, pourrait nous ruiner. Cet homme, très-habile dans son industrie (nous l'appelons le rhabilleur), est attaché à une riche famille du voisinage, et l'on a lieu de croire qu'il songe à faire usage de ces machines perfectionnées pour lui et ses amis. On ne peut rien objecter aux raisonnements de mon associé, car on a peut-être déjà perdu trop de temps; si les autres prennent les devants, nous serons obligés de les suivre dans la même voie, et avec désavantage. Voilà le sujet de mes angoisses; voilà, excellent ami, ce qui vous fait paraître à mes yeux comme un ange du ciel. »

J'avais peu de choses consolantes à lui répondre; le cas me paraissait si difficile que je demandai le temps d'y réfléchir.

« J'ai encore bien des révélations à vous faire, poursuivit-elle, et ma situation vous paraîtra bien plus singulière encore. Je n'ai aucune aversion pour ce jeune homme, mais il ne remplacerait jamais mon époux, et ne saurait m'inspirer un véritable amour. (En parlant ainsi, Susanne soupira.) Cependant, depuis quelque temps, il me presse davantage; ses propositions sont aussi amicales que sensées. La nécessité où je suis de lui donner ma main et l'imprudence d'une émigration, pour laquelle je sacrifierais l'unique et véritable moyen de salut, sont des choses incontestables; et ma résistance, ma fantaisie d'émigration lui semblent s'accorder si peu avec mes autres idées en matière d'économie, que, dans une dernière conversation un peu vive, il m'a fait entendre qu'il me soupçonnait de nourrir quelque inclination secrète. »

Susanne laissa échapper ces derniers mots avec un peu d'hésitation et en baissant les yeux. A ce moment, quelles pensées me traversèrent l'esprit, chacun peut le comprendre; et cependant une réflexion aussi prompte que l'éclair m'avertit que chaque mot ne ferait qu'augmenter notre embarras. Debout devant elle, je sentais au fond de l'âme que je l'aimais passionnément, et je dus employer tout ce qui me restait de raison et de sagesse pour ne pas lui offrir ma main sur-le-champ. « Qu'elle laisse tout derrière elle, me disais-je, et qu'elle me suive ! » Mais les souffrances du temps passé m'arrêtèrent. Irais-je nourrir encore une trompeuse espérance, pour l'expier toute ma vie ?

Nous gardions le silence depuis quelques moments, lorsque Lise, que je n'avais pas vue s'approcher, parut devant nous à l'improviste, et demanda la permission de passer la soirée dans la forge voisine. Elle lui fut accordée sans difficulté.

Pendant ce temps je m'étais remis, et je commençai à dire, en termes généraux, comme j'avais vu dans mes voyages toutes ces choses se préparer depuis longtemps; comme le goût et la nécessité de l'émigration augmentaient de jour en jour; mais que cette résolution était toujours la plus dangereuse; qu'un départ précipité était suivi d'un retour malheureux; que nulle entreprise n'exigeait autant de prévoyance et de conduite.

Cette réflexion ne lui était pas nouvelle; elle avait beaucoup médité sur toute cette affaire; elle dit enfin avec un profond soupir :

« J'avais espéré, pendant votre séjour, que je trouverais du courage dans un intime épanchement, et je me sens dans une plus fâcheuse situation qu'auparavant; je sens profondément combien je suis malheureuse. »

Elle leva son regard vers moi, puis elle détourna la tête, pour me cacher les pleurs qui s'échappaient de ses yeux si beaux et si doux, et elle s'éloigna de quelques pas.

Je dois l'avouer, le désir de consoler, ou du moins de distraire cette belle âme, m'inspira la pensée de lui faire connaître l'association singulière de nombreux émigrants et voyageurs, dans laquelle j'étais entré depuis quelque temps. Je m'étais déjà laissé entraîner si loin sans y songer, qu'il m'eût été difficile de m'arrêter, quand je m'aperçus combien ma confiance pouvait être imprudente. Elle se calma, elle fut surprise, sa figure devint sereine, tout son être s'épanouit; elle me questionna avec tant d'intérêt et d'intelligence, qu'il me devint impossible de lui échapper et qu'il me fallut tout lui dire.

Marguerite survint et nous avertit que nous pouvions nous rendre auprès du père. La jeune fille paraissait rêveuse et mécontente. Comme elle se retirait, Bonne et Belle lui dit :

« J'ai donné congé à Lise pour ce soir; prends soin de tout.

— Vous n'auriez pas dû lui donner congé, repartit Marguerite; elle ne médite rien de bon : vous avez trop de complaisance pour la friponne, et vous lui accordez plus de confiance qu'elle ne mérite. Je viens d'apprendre qu'elle a écrit hier une lettre au facteur; elle a écouté votre conversation à la dérobée : à présent, elle va au-devant de lui. »

Un enfant, qui était resté auprès du père, vint me prier de me hâter; le bonhomme était inquiet. Nous entrâmes : il était assis sur son lit; son visage était serein et même radieux.

« Mes enfants, dit-il, j'ai passé ces heures dans une prière continuelle; pas un des psaumes d'actions de grâces et de louanges n'a été oublié, et j'ajoute avec une foi plus forte : pourquoi l'homme n'espère-t-il que dans les choses prochaines? Là est la part de l'action et du travail : c'est dans ce qui est lointain qu'il doit espérer et se confier en Dieu. »

Le vieillard prit la main de Lénardo, puis la main de sa fille, et, les plaçant l'une dans l'autre, il dit :

« Ceci ne doit pas être un lien terrestre, mais un lien céleste : aimez-vous, confiez-vous l'un à l'autre, aidez-vous comme frère et sœur, avec autant de désintéressement que Dieu vous aide! »

Quand il eut prononcé ces paroles, il retomba en arrière avec un sourire céleste et il expira. Sa fille se prosterna devant le lit, et Lénardo près d'elle : leurs joues se touchèrent, leurs larmes se confondirent sur la main du vieillard.

Le facteur accourt dans ce moment; il est saisi de stupeur à ce spectacle. L'œil égaré, secouant sa noire chevelure, le beau jeune homme s'écrie :

« Il est mort! au moment où je voulais faire appel à sa parole retrouvée, pour prononcer sur mon sort, sur le sort de sa fille, de sa fille, qui occupe, après Dieu, la première place dans mon âme; à qui je souhaitais un cœur sage, un cœur capable de sentir le prix de mon amour! Elle est perdue pour moi; elle est à genoux à côté d'un autre! Vous a-t-il bénis? Osez l'avouer! »

L'excellente Susanne s'était relevée; Lénardo était debout et plus calme. Elle prit la parole :

« Je ne vous reconnais plus. Vous, si pieux et si doux, tout à coup furieux! Vous savez pourtant ma reconnaissance, vous savez mon estime pour vous.

— Il ne s'agit pas de reconnaissance et d'estime, répondit-il; il s'agit ici du bonheur ou du malheur de ma vie. Cet étranger m'inquiète : tel que je le vois, je ne me flatte point de l'emporter sur lui; je ne puis faire oublier des droits, briser des engagements antérieurs.

— Aussitôt que tu seras revenu à toi-même, dit Bonne et Belle, plus belle que jamais; quand on pourra te parler comme à l'ordinaire, comme toujours, je te dirai, je t'affirmerai, par cette dépouille mortelle de mon bienheureux père, que je n'ai d'autre liaison avec ce monsieur, cet ami, que celle que tu peux connaître, approuver et partager, et qui doit même te causer de la joie. »

Lénardo frémissait jusqu'au fond de l'âme. Tous trois restèrent quelques moments silencieux et rêveurs. Le facteur prit, le premier, la parole :

« Le moment est trop sérieux, dit-il, pour n'être pas décisif. Je ne parle pas à l'improviste, j'ai eu le temps d'y songer. Écoutez donc. Ton motif pour me refuser ta main était mon refus de te suivre, si jamais, par nécessité ou par fantaisie, tu voulais émigrer; eh bien, je déclare ici solennellement, devant ce respectable témoin, que je ne veux opposer aucun obstacle à ton émigration; que je veux, au contraire, la seconder et te suivre partout. Mais, en échange de cette déclaration, qui ne m'est point arrachée, et que les plus étranges circonstances ont seulement hâtée, je demande ta main à l'instant même. »

Il lui tendit la sienne avec décision et fermeté : Susanne et Lénardo, surpris, reculèrent involontairement.

« C'en est fait! dit tranquillement le jeune homme, avec une certaine élévation pieuse. Cela devait être; c'est pour notre bonheur à tous; Dieu l'a voulu. Mais, pour que tu ne croies point que ce fût précipitation et fantaisie, apprends que, pour l'amour de toi, j'avais renoncé à nos rochers et à nos montagnes, et tout arrangé à la ville aujourd'hui même, pour vivre selon ta volonté. Maintenant je partirai seul; tu ne m'en refuseras pas les moyens; il t'en restera bien assez encore pour le perdre ici, comme tu le crains, et comme tu as raison de le craindre; car je me suis enfin assuré moi-même que l'industrieux, l'habile drôle a tourné ses vues vers la vallée supérieure. Il y établit des machines. Tu le verras attirer à lui toute la substance; tu rappelleras peut-être, et ce ne sera que trop tôt, un ami fidèle que tu chasses. »

Rarement trois personnes se sont trouvées en présence avec des sentiments plus pénibles : tous trois craignaient de se repousser l'un l'autre, et ne savaient pas, dans ce moment, comment ils pourraient se retenir.

Avec une résolution impétueuse, le jeune homme s'élança hors de la maison. Bonne et Belle avait posé la main sur la poitrine glacée de son père.

« Ce n'est pas dans ce qui est proche qu'il faut espérer, dit-elle, mais dans ce qui est éloigné. Ce fut sa dernière bénédiction. Confions-nous en Dieu; que chacun se confie en soi-même et dans les autres, et tout ira bien! »

CHAPITRE XIV.

La lecture de ce journal intéressa vivement notre ami, mais il dut avouer qu'il avait deviné dès la fin du cahier précédent que la femme excellente était retrouvée. La description de ces sauvages montagnes avait fait revivre d'abord ses souvenirs, et, plus que tout le reste, les pressentiments de Lénardo, pendant le clair de lune, tout comme la répétition des termes de sa lettre l'avaient mis sur la trace. Frédéric, qu'il entretint de ces choses avec détail, l'écouta sans le contredire.

Mais l'obligation qui nous est imposée de raconter, de décrire, d'achever et d'abréger, devient toujours plus difficile. Qui ne sent pas que nous approchons de la fin, et que nous sommes partagé entre la crainte de nous arrêter à de longs détails et le désir de ne rien laisser sans explication complète? La dépêche récemment arrivée nous informe, il est vrai, de plusieurs choses; mais les lettres et les nombreuses pièces qui les accompagnaient renfermaient divers détails qui n'étaient pas d'un intérêt général : aussi avons-nous pris le parti de réunir ce que nous avons appris dès lors avec ce qui est arrivé plus tard à notre connaissance, et, dans cette pensée, de remplir franchement jusqu'au bout le sérieux devoir de narrateur fidèle.

Avant tout, nous avons à faire connaître que Lothaire, ainsi que Thérèse, sa femme, et Nathalie, qui n'avait pas voulu se séparer de son frère, se sont déjà embarqués avec l'abbé. Ils sont partis avec d'heureux présages, et nous espérons qu'un vent favorable enfle leurs voiles. Ils n'emportent avec eux qu'un seul sentiment pénible, un véritable deuil moral, le regret de n'avoir pu rendre auparavant visite à Macarie. Le détour était trop grand, l'entreprise trop importante. On se reprochait déjà quelque retard, et l'on dut sacrifier même un saint devoir à la nécessité.

Notre rôle d'historien semblerait nous imposer la tâche de ne pas laisser des personnes si chères, à qui nous avons voué tant d'affection, passer en des pays si lointains, sans rapporter avec détail ce qu'elles avaient entrepris et accompli jusqu'alors, d'autant plus que, depuis longtemps, nous n'avons rien appris de circonstancié sur leur compte. Cependant nous passerons ces choses sous silence, parce que leurs travaux ont eu pour objet de préparer la grande entreprise pour laquelle nous les voyons embarqués. Mais nous vivons dans l'espérance de les retrouver un jour heureusement, dans une pleine et régulière activité, et déployant la véritable valeur de leurs divers caractères.

La bonne et sensée Juliette, que nous n'avons pas oubliée, avait épousé un homme selon le cœur de son oncle, travaillant avec lui et poursuivant son œuvre, d'une manière parfaitement conforme à ses vues. Dans les derniers temps, Juliette avait beaucoup vécu auprès de sa tante, où se rencontraient plusieurs des membres de l'association, sur qui elle avait exercé une heureuse influence, soit de ceux qui demeurent fixés en Europe, soit aussi de ceux qui songent à passer la mer. Lénardo, de son côté, avait déjà pris congé avec Frédéric : les communications par messagers en étaient devenues plus actives.

Si donc on avait à regretter, dans le nombre des hôtes, les nobles amis que nous avons désignés, il se trouva ensuite chez Macarie bien des personnes intéressantes, qui nous sont déjà connues. Hilarie vint avec son mari, que nous retrouvons capitaine et riche propriétaire. Là, comme partout, sa grâce et son amabilité lui faisaient aisément pardonner la trop grande légèreté avec laquelle elle passait d'amour en amour, et que nous avons pu lui reprocher dans le cours de cette histoire. Les hommes surtout ne lui en faisaient pas un crime. Ce défaut, si c'en est un, ne les choque point, parce que chacun peut nourrir le vœu et l'espérance d'avoir son tour.

Flavio, son mari, vif, aimable et gai, semblait posséder toute son affection; elle s'était peut-être pardonné à elle-même le passé, et Macarie ne trouva pas l'occasion de le lui rappeler. Pour Flavio, toujours passionné de poésie, il demanda, avant son départ, la permission de lire un poëme qu'il avait composé, pendant les courts moments de son séjour, en l'honneur de Macarie et de ses amis. On le voyait souvent se promener dans la campagne, s'arrêter par moments, puis reprendre sa marche avec des gestes animés, écrire dans ses tablettes, rêver, écrire encore. Enfin, jugeant son poëme achevé, il fit exprimer par Angéla son désir.

La bonne dame consentit, quoique avec regret, à cette lecture. Cela se faisait écouter sans apprendre rien de nouveau, ni rien faire sentir que l'on n'eût déjà senti auparavant. Cependant le débit était agréable et facile; les tournures et les rimes neuves quelquefois; on aurait seulement désiré que tout fût un peu plus bref. Le poëte offrit ensuite son ouvrage à Macarie, écrit magnifiquement sur du papier à bordure, et l'on se sépara parfaitement satisfaits les uns des autres.

Ce jeune couple, qui venait de faire dans le Midi un grand et intéressant voyage, s'en retourna, pour remplacer au château le père, le major, qui était devenu l'époux de la veuve irrésistible, et qui désirait, à son tour, respirer quelque temps et se reposer dans ce paradis terrestre.

Les deux époux vinrent donc remplacer Flavio et Hilarie; et, comme partout, l'admirable femme trouva chez Macarie le plus favorable accueil, ce qui parut surtout en ce que la dame fut reçue seule et dans les appartements secrets, faveur qui fut aussi accordée plus tard au major. Il se fit remarquer comme un officier d'excellentes manières, versé dans la science économique et l'agronomie, ami des lettres, et même comme estimable poëte didactique; il reçut un très-bon accueil de l'astronome et des autres amis de la maison.

Il fut particulièrement remarqué de notre vieil ami, le digne oncle, qui, demeurant assez près de là, fut engagé à venir plus souvent que de coutume; mais il ne restait que quelques heures, et ne voulait jamais passer la nuit, malgré les offres de la plus facile hospitalité.

Dans ces courtes visites, sa présence faisait toutefois le plus grand plaisir, parce qu'il voulait, en homme du monde et en homme de cour, se montrer indulgent et communicatif, mêlant à ses manières un peu de morgue aristocratique, qui n'était pas d'un effet désagréable. D'ailleurs il éprouvait cette fois une satisfaction véritable : il était heureux, comme nous le sommes toujours, quand nous avons à traiter d'objets importants avec des personnes habiles et sages. La grande affaire était en pleine exécution; elle marchait d'un pas ferme, grâce aux négociations que l'on poursuivait.

Arrêtons-nous ici à l'essentiel. Il avait hérité de ses ancêtres des possessions en Amérique. Quant à savoir quelle était la valeur de ce droit, nous laisserons les personnes qui connaissent les affaires du pays l'expliquer exactement à leurs amis, car cela nous mènerait trop loin. Ces domaines considérables avaient été jusqu'alors affermés, et, avec mille embarras, on en tirait fort peu de chose. La société que nous connaissons suffisamment est maintenant autorisée à en prendre possession, au sein de l'organisation civile la plus parfaite : de là elle peut agir selon son intérêt, comme membre influent de l'État, et s'étendre au loin dans le désert encore sans culture. C'est là surtout que Frédéric et Lénardo veulent déployer leur action, pour montrer comme on peut reprendre les choses à leur première origine et suivre les voies de la nature.

A peine les personnes dont nous venons de parler se furent-elles éloignées, dans une grande joie, du château de Macarie, qu'il s'y présenta des hôtes tout différents, qui furent néanmoins bien reçus à leur tour. Nous ne devions guère nous attendre à voir Philine et Lydie paraître dans ce saint asile, et cependant elles s'y montrèrent. Montan, encore occupé dans les montagnes du voisinage, devait les y rejoindre et les conduire au lieu de l'embarquement par le plus court chemin. Elles furent très-bien reçues par les femmes de la maison. Philine était accompagnée de deux jolis enfants; simplement vêtue, mais avec un goût ravissant, elle se faisait remarquer par la coutume bizarre de porter suspendue, par une longue chaîne d'argent, à sa ceinture brodée, une paire de ciseaux anglais, avec lesquels elle taillait quelquefois et coupait en l'air, comme pour donner de l'expression à ses paroles, amusant par ce geste tous les assistants. Elle ne tarda pas à demander si, dans cette maison nombreuse, il n'y avait pas quelques habits à couper. Et il se trouva, comme à souhait, pour sa merveilleuse activité, qu'on avait à faire le trousseau de deux fiancées. Là-dessus Philine observe le costume du pays; elle fait passer et repasser les jeunes filles devant elle, et se met à l'œuvre en même temps; mais, agissant avec goût et intelligence, sans rien ôter au caractère du costume, elle sait donner de la grâce à sa roideur barbare, avec tant de délicatesse, que les fiancées s'en trouvent elles-mêmes et en sont trouvées beaucoup mieux, et qu'elle dissipe la crainte qu'on avait eue de la voir s'écarter du costume héréditaire.

Lydie, l'habile, élégante et prompte couturière, vint à son

aide, et l'on put espérer qu'avec le secours des autres femmes, les fiancées seraient habillées plus tôt qu'on n'avait supposé. Au reste, les jeunes filles ne pouvaient s'éloigner longtemps : Philine s'occupait d'elles dans les plus petits détails, et les traitait comme des poupées ou des figurantes. Des rubans et d'autres ornements de fête, dans le goût du voisinage, furent mis à profit habilement, et l'on fit si bien que ces belles formes et ces jolis visages, couverts d'ordinaire avec une barbare pruderie, se trouvèrent un peu plus en évidence, et la vigueur parut relevée chez elles de quelque grâce.

Mais les personnes trop actives deviennent importunes dans une maison bien réglée : Philine, avec ses ciseaux avides, avait pénétré dans les chambres où se trouvaient les magasins d'étoffes destinées à l'usage de la grande famille. Elle souriait avec bonheur à la perspective de couper tout cela. Il fallut véritablement l'écarter et fermer soigneusement les portes, car elle ne savait pas s'arrêter. Angéla ne voulut pas être traitée en fiancée, parce qu'elle redoutait une pareille coupeuse. En général, il ne se forma pas entre ces deux personnes d'heureuses relations : nous pourrons en parler plus tard.

Montan tarda plus longtemps à venir qu'on ne l'avait supposé, et Philine sollicita la faveur d'être présentée à Macarie. On y consentit, dans l'espérance d'être plus tôt délivré d'elle. Ce fut une chose assez remarquable de voir les deux pécheresses aux pieds de la sainte. Elles étaient à genoux de part et d'autre : Philine, entre ses deux enfants, qu'avec une gracieuse vivacité, elle obligeait à se prosterner. Toujours gaie et légère, elle dit :

« J'aime mon mari, mes enfants ; je travaille volontiers pour eux et aussi pour les autres : le reste, tu le pardonnes ! »

Macarie la salua et la bénit, et Philine se retira en faisant une modeste révérence.

Lydie était à la gauche de Macarie, le visage appuyé sur ses genoux ; elle pleurait amèrement et ne pouvait prononcer une parole. Macarie, devinant ses pleurs, lui frappa doucement sur l'épaule, comme pour l'apaiser, puis elle lui baisa la tête. Elle y revint à plusieurs reprises, avec ferveur, dans une intention pieuse. Lydie se releva, d'abord sur ses genoux, puis sur ses pieds, et regarda sa bienfaitrice avec une joie pure :

« Qu'est-ce que j'éprouve? s'écria-t-elle. Que se passe-t-il en moi? Le pesant, l'insupportable fardeau qui m'ôtait, sinon tout sentiment, du moins toute réflexion, est enlevé tout à coup de dessus ma tête; je puis lever les yeux librement, diriger mes pensées vers le ciel, et (ajouta-t-elle avec un profond soupir) je crois que mon cœur veut les suivre. »

A ce moment, la porte s'ouvrit et Montan parut, comme il arrive souvent que la personne attendue survient tout à coup à l'improviste. Lydie court vivement à lui, l'embrasse avec joie, et dit, en le conduisant à Macarie :

« Apprenez ce que vous devez à cette femme divine, et prosternez-vous avec moi pour lui rendre grâces. »

Montan, saisi de surprise et un peu embarrassé, contre sa coutume, dit, en saluant la vénérable dame avec dignité :

« Je lui dois beaucoup, ce me semble, car c'est toi-même que je lui devrai. C'est la première fois que tu viens à ma rencontre avec amour et franchise; c'est la première fois que tu me presses sur ton cœur, quoique je l'aie mérité depuis longtemps. »

C'est le moment d'apprendre en confidence à nos lecteurs que Lydie, dès sa première jeunesse, lui avait inspiré de l'amour; que Lothaire, plus séduisant, l'avait captivée, mais que Montan, resté fidèle à son ami et à Lydie, avait fini par l'épouser, ce qui pourra surprendre nos lecteurs.

Ces trois personnes, qui ne pouvaient se sentir à leur aise dans la société européenne, avaient de la peine à modérer l'expression de leur joie, quand elles parlaient du sort qui les attendait en Amérique. Déjà Philine agitait ses ciseaux, car on songeait à se réserver le monopole de la confection des habits pour ces nouvelles colonies. Elle décrivait d'une manière fort agréable les grands magasins de toile et de drap, et coupait dans l'air, voyant déjà devant ses yeux, disait-elle, la récolte prête pour la faucille.

Lydie, de son côté, chez qui l'heureuse bénédiction de Macarie avait enfin réveillé les sentiments affectueux, voyait déjà, en esprit, ses élèves se multiplier par centaines, et tout un peuple de ménagères, instruites et encouragées à l'exactitude et à l'élégance.

Le grave Montan avait tellement devant les yeux les riches mines de plomb, de cuivre, de fer et de charbon de terre, qu'il était quelquefois tenté de déclarer tout son talent et son savoir un simple tâtonnement, un essai timide, pour entrer enfin là-bas, avec courage, dans une riche et fructueuse moisson.

Montan fut bientôt d'accord avec l'astronome, et l'on pouvait le prévoir. Les entretiens qu'ils eurent en présence de Macarie furent du plus haut intérêt. Mais nous ne trouvons que peu de notes à ce sujet, parce qu'Angéla était devenue, depuis quelque temps, un auditeur moins attentif et un secrétaire moins diligent. Peut-être aussi, plusieurs idées lui semblaient-elles trop générales et peu saisissables pour une femme. On se bornera donc à citer en passant quelques-unes des pensées émises dans ces entretiens; encore ne nous sont-elles point parvenues écrites de sa main.

. . . .

« Dans l'étude des sciences, surtout de celles qui ont pour objet la nature, il est aussi nécessaire que difficile d'examiner si ce qui nous est transmis par les temps passés, et ce que nos ancêtres ont tenu pour exact, est réellement digne de foi, tellement que l'on puisse continuer de bâtir avec sécurité sur ce fondement, ou si une croyance traditionnelle n'est pas devenue purement stationnaire, et n'a pas occasionné une halte plutôt qu'un progrès. Un indice facilite cet examen : il faut voir si l'opinion reçue a été vivante, si elle l'est demeurée, si elle a favorisé, encouragé les efforts de l'activité humaine.

« Il en est tout autrement de l'examen des idées nouvelles, au sujet desquelles il faut considérer si elles sont un véritable gain, ou seulement un engouement de la mode. Car une opinion émanée d'hommes énergiques se répand d'une manière contagieuse parmi la foule, et puis on la proclame dominante.... prétention qui, pour le fidèle explorateur, n'offre aucun sens. L'État et l'Église peuvent avoir sujet de se déclarer dominants, car ils ont affaire à une masse rebelle; et, pourvu que l'ordre soit maintenu, peu importe le moyen : mais, dans les sciences, la liberté la plus absolue est nécessaire; car, dans cet ordre de choses, ce n'est pas seulement pour aujourd'hui et pour demain qu'on travaille, c'est pour la suite infinie des temps.

« Au reste, si l'erreur vient à dominer dans la science, il restera toujours une minorité fidèle à la vérité; et, quand la vérité se réfugierait dans un seul esprit, cela serait égal encore : il agira incessamment en secret, en silence, et un temps viendra que l'on s'informera de lui et de ses opinions, ou bien qu'elles oseront se produire de nouveau à la lumière généralement répandue. »

Un sujet de discussion moins général, mais incompréhensible et merveilleux, fut la découverte accidentelle que Montan avait faite, dans ses recherches minéralogiques, d'une personne qui l'accompagnait, et qui avait des facultés tout à fait surprenantes, un rapport tout particulier avec tout ce qui était pierre, minéral, même avec tout ce qu'on peut appeler élément. Cette personne n'éprouvait pas seulement un grand effet des cours d'eaux souterraines, des gisements métalliques et des filons, comme des charbons de terre et de tout ce qui pouvait former de grandes masses, mais, ce qui est plus étrange, elle éprouvait des sensations diverses chaque fois qu'elle changeait de sol. Les différentes natures de montagnes exerçaient sur elle une influence particulière. Sur tout cela, Montan pouvait fort bien s'expliquer avec elle, depuis qu'il était parvenu à établir entre eux un langage, bizarre sans doute, mais suffisant; qu'il pouvait aussi l'éprouver dans les cas particuliers, attendu qu'elle soutenait l'épreuve d'une façon remarquable, car elle savait très-bien distinguer par le toucher les propriétés chimiques ou physiques, et même elle distinguait à la simple vue les corps pesants des corps légers. Cette personne, sur le sexe de laquelle il ne voulait pas s'expliquer, il l'avait, disait-il, fait partir avant lui avec ses amis émigrants, et il en espérait beaucoup pour ses travaux dans les contrées inexplorées.

Sensible à cette confiance, le mystérieux astronome, après avoir demandé l'agrément de Macarie, révéla de son côté à Montan les rapports de cette dame avec le système du monde. Par ses nouvelles communications, nous sommes en état d'exposer, sinon tout ce qu'on pourrait souhaiter, du moins la substance principale de leurs entretiens.

Cependant admirons ici quelle était, avec la plus grande diversité, la ressemblance de l'un et de l'autre cas. L'un de ces deux amis, pour ne pas devenir un Timon, s'était enseveli dans les plus profonds abîmes de la terre, et là, il s'était encore aperçu qu'il y a dans la nature humaine quelque chose d'analogue aux corps les plus bruts et les plus durs; l'autre, en revanche, trouvait dans l'esprit de Macarie la preuve que, tout comme ailleurs les objets prochains, ici, les objets éloignés étaient accessibles aux natures bien douées; qu'on n'avait nullement besoin de pénétrer jusqu'au centre de la terre, ni de se transporter au delà des bornes de notre système solaire, mais qu'on était déjà suffisamment occupé et rendu particulièrement attentif à l'action, et appelé vers elle. Sur le sol et dans le sol, on trouve ce qui est nécessaire aux plus indispensables besoins terrestres, un monde de matériaux offert aux plus hautes facultés de l'homme pour être exploités; mais, sur l'autre voie, la voie spirituelle, se trouvent constamment la sympathie, l'amour, l'activité libre et réglée : faire agir ces deux mondes l'un sur l'autre, manifester, dans le court passage de la vie, leurs qualités réciproques, c'est le plus haut degré de perfection auquel la créature humaine puisse atteindre.

Après ces confidences mutuelles, les deux amis conclurent une alliance, et, à tout événement, formèrent le projet de ne pas tenir leurs expériences secrètes, parce que l'homme que peut-être elles feraient sourire, comme une fable bien placée dans un roman, devrait du moins les considérer comme un emblème du souverain bien.

Montan partit bientôt après avec Lydie et Philine. On aurait voulu pouvoir le retenir encore, ainsi que Lydie; mais la pétulante Philine fatiguait des femmes accoutumées à l'ordre et au repos, et surtout la noble Angéla, dont l'inquiétude tenait d'ailleurs à d'autres causes.

Nous avons déjà fait observer qu'elle n'était plus, comme autrefois, attentive et soigneuse de prendre des notes, mais qu'elle paraissait occupée d'autre chose. Pour expliquer cette anomalie chez une personne si dévouée à l'ordre, et qui déployait son activité dans une sphère si pure, nous sommes obligé d'introduire un nouveau personnage dans ce drame déjà si complexe.

Notre ancien et fidèle associé Werner, dont les affaires s'accroissaient et se multipliaient comme à l'infini, avait besoin d'hommes actifs pour le seconder, mais il ne se les attachait pas avant de les avoir bien éprouvés. Il avait envoyé un de ces agents à Macarie, pour négocier avec elle au sujet des sommes considérables qu'elle avait résolu et promis de consacrer à la nouvelle entreprise, surtout en considération de Lénardo, son favori. Ce jeune homme, devenu l'aide et l'associé de Werner, simple et charmant, véritable apparition, se fait remarquer par un talent particulier, une merveilleuse habileté dans le calcul de tête, avantage toujours précieux, mais particulièrement dans l'entreprise que l'on formait alors, puisque l'on devait régler et arrêter ensemble les articles infiniment divers d'un compte de société. Même dans les relations ordinaires dela vie, où, en discourant sur ce qui se passe dans le monde, on parle souvent de chiffres, de sommes et de balances, un homme pareil est d'un très-heureux secours. D'ailleurs il joue du piano très-agréablement, en quoi son talent de calcul et un aimable naturel, unis et associés, le secondent admirablement. Sous sa main, les sons s'accordent d'une manière facile et harmonieuse ; quelquefois aussi il fait sentir qu'il n'est pas étranger aux plus hautes sphères, et, par là, sa personne est pleine d'attrait, bien qu'il parle fort peu et qu'il laisse à peine échapper dans la conversation quelque trait de sentiment. Il paraît plus jeune que son âge ; on pourrait presque lui trouver quelque chose d'enfantin. Quoi qu'il en soit, il a gagné l'affection d'Angéla et Angéla la sienne, à la grande joie de Macarie, car elle souhaitait depuis longtemps de voir mariée cette noble jeune fille.

Cependant, toujours circonspecte, et persuadée qu'il serait bien difficile de la remplacer, Angéla avait déjà écarté de tendres avances ; peut-être même avait-elle fait violence à une inclination secrète : mais, depuis qu'on pouvait songer à mettre une personne à sa place, une personne qui même était déjà désignée, elle paraissait s'abandonner avec complaisance, et même avec passion, à une impression soudaine.

Mais nous sommes conduits maintenant à faire la révélation la plus importante : car toutes les choses dont nous avons discouru depuis longtemps se sont peu à peu combinées, puis dénouées, et ont repris une face nouvelle. Il est désormais résolu que Bonne et Belle, autrefois la jeune brunette, entrera chez Macarie. Le plan, projeté d'une manière générale, et déjà approuvé de Lénardo, touche à l'exécution; tous les intéressés sont d'accord; Bonne et Belle remet tous ses biens à son associé; il épouse la fille cadette de la famille laborieuse, et devient le beau-frère du rhabilleur. Par là, le local et l'association permettent l'établissement complet d'une nouvelle fabrique, et les habitants de l'industrieuse vallée sont occupés d'une autre façon. Ainsi Bonne et Belle devient libre; elle remplace, auprès de Macarie, Angéla, qui est déjà fiancée avec le jeune associé de Werner. Tout serait donc arrangé pour le moment; ce qui ne peut être encore décidé demeure en suspens.

Mais Bonne et Belle demande que Wilhelm vienne la chercher; il reste certaines choses à régler; elle attache un grand prix à ce qu'il termine ce qu'il a véritablement commencé. C'est lui qui l'a découverte, et un étrange hasard a conduit Lénardo sur la trace de son ami. Il faut maintenant (tel est le désir de Bonne et Belle) que Wilhelm lui rende le départ plus facile, et qu'il ait ainsi la satisfaction, la joie de ressaisir et de renouer lui-même une partie des fils entrelacés de la destinée.

Cependant, pour nous expliquer d'une manière un peu complète sur ce qui touche les esprits et les cœurs, nous devons révéler encore un plus intime secret. Lénardo n'avait jamais exprimé le moins du monde la pensée d'épouser Bonne et Belle; mais, dans le cours des négociations, dans la longue correspondance qu'elles avaient nécessitée, on la consultait d'une manière délicate, pour savoir comment elle envisagerait cette liaison, et comment elle accueillerait les propositions qui lui seraient faites. On put conclure de ses lettres qu'elle ne se sentait pas digne de répondre à l'attachement de son noble ami en lui abandonnant un cœur partagé : tant de bienveillance méritait une âme tout entière, une femme qui fût toute à lui; le souvenir de son fiancé, de son époux et de leur intime union, était encore si vivant chez elle, la possédait encore si pleinement, qu'il n'y restait plus de place pour l'amour et la passion; elle ne pouvait plus sentir que l'affection la plus pure, et, dans cette occasion, la plus parfaite reconnaissance. Là-dessus on n'insista pas davantage, et, comme Lénardo n'avait pas touché ce point, il ne fut pas nécessaire de donner une réponse et des éclaircissements.

Nous espérons qu'on trouvera bien placées ici quelques réflexions générales. Toutes les personnes qui parurent successivement au château de Macarie furent pénétrées pour elle de confiance et de respect; toutes ressentaient la présence d'une nature supérieure, et cependant cette présence laissait à chacun la liberté de se produire avec son propre caractère. Chacun se montrait tel qu'il était, avec une certaine confiance, plus qu'il n'avait jamais fait devant ses parents et ses amis : car on était invité et engagé à ne faire paraître que ce qu'il y avait de bon, de meilleur en soi : de là naissait un contentement presque général.

Cependant nous ne pouvons taire qu'au milieu de ces circonstances, assez propres à la distraire, Macarie songea toujours à la situation de Lénardo; elle s'en expliqua avec ses intimes, savoir Angéla et l'astronome. Ils croyaient lire parfaitement dans le cœur du jeune baron. Il était tranquille pour le moment; la femme, objet de sa sollicitude, était alors aussi heureuse que possible; Macarie avait d'ailleurs pourvu à l'avenir. Lénardo devait désormais commencer courageusement la grande entreprise, et laisser tout le reste aux événements et à la destinée. Cependant on pouvait soupçonner qu'il était principalement soutenu dans ces entreprises par la pensée d'appeler à lui Bonne et Belle, ou même de venir la chercher quand il serait établi.

On ne pouvait s'abstenir ici de réflexions générales; on observait de près une chose rare : l'amour naissant du repentir; on se rappelait en même temps d'autres exemples de la singulière métamorphose d'impressions une fois reçues, du mystérieux développement d'inclinations natives; on remarquait avec chagrin que, dans ces événements, les conseils ont peu de pouvoir, mais qu'il serait d'une haute prudence de s'éclairer autant que possible sur ses propres sentiments, et de ne pas s'abandonner d'une manière absolue à tel ou tel penchant.

Arrivés à ce point, nous ne pouvons résister à la tentation de transcrire une feuille de nos archives, qui concerne Macarie et le caractère particulier de son esprit. Par malheur, ce document fut écrit de mémoire, longtemps après que le fond nous eût été communiqué, et il n'est pas, comme on devrait le souhaiter dans un cas si remarquable, d'une complète authenticité. Quoi qu'il en soit, nous ne présenterons ici que ce qu'il en faut pour éveiller la réflexion et recommander à l'attention un fait dont on a peut-être déjà observé et décrit l'analogue ou quelque chose d'approchant.

CHAPITRE XV.

Macarie se trouve avec notre système solaire dans un rapport qu'on ose à peine exprimer. Elle le porte, elle le voit dans son esprit, dans son âme, dans son imagination, ou, pour mieux dire, elle en fait en quelque sorte partie : elle se voit emportée dans ces orbites célestes, mais d'une façon toute particulière ; elle circule dès son enfance autour du soleil, et, comme on l'a constaté, en ligne spirale, s'éloignant toujours plus du centre, et s'avançant vers les régions extérieures.

Si l'on doit admettre que les êtres, en tant qu'ils sont corporels, tendent vers le centre, et, en tant qu'ils sont spirituels, vers la circonférence, notre amie appartient aux plus spirituels ; elle semble n'avoir été créée que pour se dégager de l'élément terrestre, pour pénétrer dans les sphères les plus proches comme les plus lointaines de l'existence. Cette faculté, si magnifique qu'elle soit, devint cependant pour elle, dès ses plus jeunes années, un pénible fardeau. Elle se rappelle avoir vu, depuis sa première enfance, l'intérieur de son être pénétré par des substances lumineuses, éclairé par une flamme sur laquelle la plus brillante lumière du soleil ne l'emportait point. Souvent elle voyait deux soleils, l'un en elle-même et l'autre au ciel ; deux lunes, dont l'extérieure restait toujours égale à elle-même dans toutes ses phases, tandis que l'intérieure diminuait de plus en plus.

Cette faculté la rendait indifférente aux choses de la vie, mais ses vertueux parents n'épargnèrent aucun soin pour son éducation ; toutes ses facultés s'animèrent, toutes ses forces agirent, en sorte qu'elle suffisait à toutes les occupations extérieures ; et, tandis que son esprit, que son cœur, étaient pleins de visions célestes, ses actions, sa conduite, restaient toujours conformes aux inspirations les plus nobles et les plus pures. Arrivée à la fleur de l'âge, toujours secourable, infatigable à rendre de grands et de petits services, elle passait comme un ange sur la terre, tandis que son être spirituel se mouvait, il est vrai, autour du soleil de ce monde, mais s'élevait vers le monde intellectuel en orbes toujours croissants.

L'ivresse de cet état était en quelque sorte tempérée par cette circonstance qu'en elle aussi la nuit semblait succéder au jour : en effet, quand la lumière intérieure s'éteignait, elle s'appliquait à remplir fidèlement les devoirs extérieurs ; quand l'intérieur de son être s'illuminait de nouveau, elle s'abandonnait au plus délicieux repos. Elle assure même avoir observé qu'une sorte de nuages voltigent parfois autour d'elle, et lui voilent, pour quelque temps, l'aspect de ses compagnes célestes, intervalle qu'elle sait toujours mettre à profit pour le bien et la joie de ses alentours.

Aussi longtemps qu'elle tint ces visions secrètes, elle eut besoin de grands efforts pour les supporter ; ce qu'elle en révélait était méconnu ou mal interprété ; elle le présenta donc, dans le cours de sa longue carrière, comme une maladie, et c'est ainsi qu'on en parle encore dans la famille. Enfin sa bonne fortune conduisit auprès d'elle l'homme que vous voyez chez nous, également estimable, comme médecin, comme mathématicien et comme astronome, noble caractère qui fut cependant attiré d'abord auprès de Macarie par la curiosité. Mais, lorsqu'elle eut pris confiance en lui, qu'elle lui eut décrit peu à peu son état, qu'elle eut relié le présent avec le passé, et formé un ensemble des événements, il fut tellement intéressé par ce phénomène, qu'il ne put se séparer d'elle désormais, et chercha de jour en jour à pénétrer plus avant dans ce mystère.

Dans l'origine, comme il le donnait à entendre assez clairement, il prenait la chose pour une illusion; car Macarie ne cachait point que, dès sa première jeunesse, elle s'était occupée avec ardeur de sphère et d'astronomie, qu'elle avait reçu de bonnes leçons sur cette science, et n'avait négligé aucune occasion de se représenter toujours davantage la structure du monde, avec le secours des livres et des machines; aussi l'astronome persistait-il à soutenir que c'étaient des choses apprises; qu'il fallait y voir l'effet d'une imagination admirablement réglée, l'influence de la mémoire, une coopération du jugement, mais surtout d'un calcul secret.

Il est mathématicien, et par conséquent opiniâtre; c'est un esprit éclairé, et par conséquent incrédule : il résista longtemps, observa cependant avec soin ce qu'elle affirmait; s'efforça de saisir la suite de plusieurs années; s'attacha particulièrement aux plus nouvelles indications, qui s'accordaient avec la situation réciproque des astres, et finit par s'écrier :

« Eh! pourquoi Dieu et la nature n'auraient-ils pas aussi produit et agencé une sphère armillaire vivante, un rouage spirituel, qui fût en état de suivre par lui-même, d'une façon particulière, le cours des astres, comme les horloges nous marquent les jours et les heures? »

Nous n'essayerons pas d'aller plus avant; car l'incroyable perd tout son prix, quand on veut l'observer de près en détail. Nous dirons seulement quelle était la base sur laquelle se fondaient les calculs à établir; la visionnaire, dans son intuition, voyait le soleil beaucoup plus petit que, de jour, dans le ciel; une place inusitée de ce grand luminaire dans le zodiaque donnait lieu à des inductions.

En revanche, la visionnaire provoquait des doutes et des erreurs, parce qu'elle indiquait tel ou tel astre comme paraissant aussi dans le zodiaque, et qu'on ne pouvait le découvrir dans le ciel. C'étaient peut-être les petites planètes, qui n'étaient pas encore découvertes; car on pouvait conclure d'autres indications, qu'elle avait depuis longtemps dépassé l'orbite de Mars et qu'elle approchait de celui de Jupiter. Elle avait manifestement contemplé quelque temps cette planète, à quelle distance, la chose serait difficile à dire; elle l'avait observée avec étonnement dans sa vaste magnificence, et avait suivi autour d'elle la marche de ses satellites; mais ensuite elle l'avait vue, de la manière la plus merveilleusement rare, sous l'aspect de lune décroissante, puis sous un autre aspect, comme nous paraît la nouvelle lune.

On en conclut qu'elle la voyait de côté, et qu'elle était sur le point de dépasser son orbite, pour s'élancer, dans l'espace infini, au-devant de Saturne. L'effort de l'imagination ne saurait la suivre jusque-là, mais nous espérons qu'une pareille entéléchie ne s'éloignera pas tout à fait de notre système solaire, et qu'une fois parvenue à ses limites, elle voudra revenir sur ses pas, afin de revivre pour le bonheur de nos arrière-neveux, et de pratiquer chez eux la bienfaisance.

Sans nous étendre davantage sur cette fiction éthérée, à laquelle nous espérons qu'on fera grâce, nous revenons à la fable terrestre dont nous avons déjà dit quelques mots en passant.

Montan avait assuré, avec le plus grand air de sincérité, que cette merveilleuse personne dont les sens indiquaient si bien la différence des terrains, était déjà partie avec les premiers émigrants, ce qui aurait dû cependant paraître absolument invraisemblable à un homme attentif. Comment, en effet, Montan, et tout autre à sa place, aurait-il éloigné de lui une pareille baguette divinatoire? Peu de temps après son départ, divers propos et de singuliers récits des domestiques éveillèrent peu à peu un soupçon. Philine et Lydie avaient en effet amené avec elles une troisième femme, la présentant comme une servante, dont elle ne semblait point remplir l'office; car elle n'était jamais demandée pour habiller ni déshabiller ses maîtresses. Son simple costume, qui allait parfaitement à son corps robuste et bien fait, avait, comme toute la personne, un air étranger. Les manières de cette femme étaient sans rudesse, mais n'annonçaient point cette politesse dont les femmes de chambre offrent toujours la caricature. Aussi trouva-t-elle bientôt sa place parmi les domestiques : elle se joignit aux jardiniers et aux laboureurs, prit la bêche et travailla comme deux. Dans ses mains agiles, le râteau volait lestement sur la terre labourée, et la plus large surface devenait unie comme une planche de jardin. Au reste elle était d'humeur fort paisible, et ne tarda pas à gagner l'affection de chacun. Les gens disaient entre eux qu'on l'avait vue souvent quitter son outil et courir à travers champs, par-dessus les pierres et les broussailles, droit à une source cachée, où elle étanchait sa soif. Elle avait répété cela journellement, et, dans quelque lieu qu'elle se trouvât, elle avait su découvrir, lorsqu'elle en avait eu besoin, quelque source pure.

Il était donc resté un témoignage en faveur de l'assertion de Montan, et c'est vraisemblablement pour éviter des essais fatigants et des épreuves insuffisantes, qu'il résolut de cacher la présence d'une si remarquable personne à sa noble hôtesse, qui aurait cependant bien mérité une pareille confiance. Pour nous, il nous a paru convenable de faire connaître, tout incomplets qu'ils sont, les faits parvenus à notre connaissance, afin d'attirer l'attention des observateurs sur des cas de ce genre, qui se produisent, plus souvent qu'on ne pense, par telle ou telle indication

CHAPITRE XVI.

Le bailli du château que nous avons vu naguère animé par nos émigrants, homme naturellement actif et habile, ayant sans cesse devant les yeux l'intérêt de son seigneur et le sien, était assis à son bureau, occupé, avec une satisfaction secrète, à mettre au net des comptes et un mémoire, par lequel il s'efforçait d'exposer et de détailler, avec un certain orgueil, les grands avantages que la présence de ces hôtes avait procurés au bailliage. Toutefois, dans sa pensée, c'était là le moins important; il avait remarqué les grands résultats que produit le travail d'hommes actifs, habiles, éclairés et hardis. Les uns avaient pris congé pour passer la mer; les autres pour chercher fortune en Europe : mais il s'aperçut que d'autres encore avaient des liaisons secrètes, dont il résolut sur-le-champ de faire son profit.

Au moment du départ, il se trouva, ce qu'on aurait pu savoir et prédire, que plusieurs de ces robustes jeunes hommes s'étaient plus ou moins engagés avec les jolies filles du village et du pays. Quelques-uns seulement osèrent, lorsque Odoardo partit avec les siens, se déclarer résolus à rester. Aucun des émigrants de Lénardo n'était demeuré, mais plusieurs avaient assuré qu'ils reviendraient dans peu de temps et s'établiraient, si l'on pouvait leur garantir, dans une certaine mesure, la subsistance et la sécurité pour l'avenir.

Le bailli, qui connaissait parfaitement tout le personnel et les affaires domestiques de la petite peuplade soumise à son autorité, riait dans sa barbe, en véritable égoïste, de voir qu'on faisait de grands préparatifs et de grands frais, pour déployer une libre activité au delà des mers et sur le continent, et qu'avec cela on lui procurait, à lui, qui était demeuré tranquillement dans ses terres, les plus grands avantages pour son domaine, et on lui donnait l'occasion de retenir et de rassembler autour de lui quelques-uns des meilleurs ouvriers. Sa pensée, agrandie par ce qu'il avait vu, trouvait tout naturel qu'une libéralité bien placée eût les suites les plus heureuses et les plus utiles. Il prit sur-le-champ la résolution d'entreprendre quelque chose de pareil dans son petit bailliage. Heureusement, des habitants qui avaient du bien s'étaient vus en quelque sorte contraints d'unir légitimement leurs filles avec ces époux prématurés. Le bailli leur fit comprendre que cet accident était un véritable bonheur, et, comme c'était réellement un bonheur que le sort fût tombé précisément sur les ouvriers les plus utiles à ses vues, il ne lui fut pas difficile d'établir une manufacture de meubles, qui n'exige ni beaucoup de place, ni de grands embarras, mais seulement de l'habileté et des matériaux suffisants. Le bailli promit les matériaux, les habitants donnèrent des femmes, de la place et des magasins, et les ouvriers apportèrent l'habileté.

Le rusé intendant avait déjà médité mûrement sur toutes ces choses à part lui, au milieu du tumulte de la foule, et il put se mettre à l'œuvre aussitôt qu'il vit la tranquillité rétablie.

Le repos, mais un véritable repos de mort, s'était répandu

dans les rues du village, dans la cour du château, après que ce torrent se fut écoulé, quand un cavalier, accourant au galop et poussant des cris, fit lever de son siége notre bailli, enfoncé dans ses calculs, et le tira de sa tranquillité. A la vérité, le sabot du cheval ne sonnait pas, car il n'était pas ferré; mais le cavalier, s'étant élancé du caparaçon (il chevauchait sans selle et sans étriers, et il ne conduisait le cheval qu'avec un filet), poussa des cris d'impatience contre les habitants, contre les hôtes, étant furieux et surpris de trouver tout mort et silencieux.

Le domestique du bailli ne savait que faire de cet étranger. Au bruit de leurs explications, le bailli survint et ne sut dire autre chose, sinon que tout le monde était parti.

« Où sont-ils allés? » demanda le jeune et vif cavalier.

Le bailli indiqua tranquillement le chemin que Lénardo et Odoardo avaient pris, ainsi qu'un troisième, un homme problématique, qu'ils appelaient tantôt Wilhelm, tantôt Meister. Celui-ci devait s'être embarqué sur la rivière, éloignée de quelques milles; il la descendait pour aller d'abord visiter son fils, et poursuivre, après cela, l'exécution d'une importante affaire.

Le jeune homme était déjà remonté d'un bond sur son cheval, et s'était fait indiquer le plus court chemin pour aller à la rivière; puis il s'élança hors de la cour, et s'éloigna, d'une course si précipitée, que le bailli, qui le suivait des yeux, de ses fenêtres, eut assez de peine à reconnaître, par un nuage de poussière fugitive, que le turbulent cavalier avait pris le bon chemin.

Le nuage lointain s'était envolé, et notre bailli allait reprendre son siége et son travail, lorsqu'un messager à pied accourut par la porte d'en haut, et demanda pareillement la société de l'Union, à laquelle on l'avait expédié en toute hâte pour lui remettre une dernière dépêche. Il avait pour elle un gros paquet, et de plus une lettre adressée à Wilhelm, appelé Meister. Une jeune dame l'avait particulièrement recommandée au porteur et lui avait enjoint expressément de la remettre sans délai. Par malheur, il fut encore impossible de répondre autre chose à ce messager, sinon que le nid était vide, et qu'il devait poursuivre sa route au plus vite, pour gagner un endroit où il pouvait espérer de trouver ces personnes ensemble, ou d'en savoir des nouvelles.

La lettre, que nous trouvons parmi les nombreux papiers confiés à nos mains, est d'une si grande importance, que nous ne devons pas la tenir secrète. Elle était d'Hersilie, de cette femme aussi étonnante qu'aimable, qui ne paraît que rarement dans nos récits, mais qui, chaque fois qu'elle se montre, attire certainement, par un charme irrésistible, tous les esprits fins et les cœurs délicats

CHAPITRE XVII.

Hersilie à Wilhelm.

J'étais chez moi pensive et ne saurais dire à quoi je pensais. Mais je me surprends quelquefois à penser sans pensée : c'est une sorte d'indifférence sentie. Un cheval s'élance dans la cour et me tire de mon repos; ma porte s'ouvre, et Félix paraît dans tout l'éclat de la jeunesse, comme un petit dieu. Il court à moi, il veut m'embrasser; je le repousse. Il affecte l'indifférence, s'arrête à quelques pas, et, avec une tranquille sérénité, il me vante le cheval qui l'a amené, me parle de ses exercices, de ses plaisirs, avec détail et abandon. Le souvenir des anciennes histoires nous amène à la précieuse cassette; il sait qu'elle est dans mes mains et demande à la voir. Je cède; il était impossible de refuser. Il la considère, il raconte en détail comment il l'a trouvée : je me trouble et lui révèle que j'en ai la clef. Alors sa curiosité est au comble. Il veut la voir aussi, de loin seulement. On ne sut jamais demander avec plus d'instance et de grâce : il demande comme en priant; il tombe à genoux et sollicite avec des regards si brûlants et si doux, avec des paroles si flatteuses et si caressantes... Je fus encore séduite. Je lui montrai de loin le merveilleux secret : mais aussitôt il me prend la main et m'arrache la clef, et court gaiement autour de la table.

« Que me font la cassette et la clef? s'écrie-t-il. C'est ton cœur que je voudrais ouvrir; je voudrais qu'il s'ouvrît pour moi, qu'il vînt au-devant de moi, qu'il me pressât contre lui, qu'il me permît de le presser contre mon sein. »

Il était beau, il était aimable, au delà de toute expression, et, comme je voulus courir à lui, il poussait toujours devant lui la cassette sur la table; déjà la clef était dans la serrure; il menaça de tourner et il tourna en effet : la petite clef était brisée; la moitié extérieure tomba sur la table.

J'étais plus troublée qu'il n'est possible et permis. Il profite de mon inattention, laisse la cassette, s'élance vers moi et me prend dans ses bras. Je luttais en vain; ses yeux s'approchaient des miens, et c'est une belle chose de voir son image dans un œil amoureux. Je l'ai vue pour la première fois quand sa bouche a pressé la mienne vivement. Je l'avoue, je lui ai rendu ses baisers : c'est si beau de faire un heureux! Je me suis arrachée de ses bras : l'abîme qui nous sépare ne m'apparaissait que trop clairement. Au lieu de me contenir, j'ai passé la mesure; je l'ai repoussé avec colère; mon trouble me donnait du courage et de la raison : j'ai menacé, je l'ai grondé, je lui ai commandé de ne jamais reparaître devant moi. Il a cru que je parlais sérieusement.

« C'est bien, m'a-t-il dit; je vais courir le monde, jusqu'à ce que j'y trouve la mort. »

Puis, il s'est élancé sur son cheval et il est parti au galop. Je rêvais encore, et je voulus serrer la cassette; la moitié de la clef était là brisée : je me suis trouvée dans une double et triple perplexité.

. . . .

O hommes, ne transmettrez-vous donc jamais la raison à vos descendants? N'était-ce pas assez que le père eût fait déjà tant de mal? Fallait-il que le fils vînt encore nous égarer sans remède?

Ces aveux dorment sur ma table depuis quelque temps, mais voici une circonstance singulière, qu'il faut que je vous mande : elle rend ce qui précède plus clair et plus obscur.

. . . .

Un vieil orfévre et marchand de bijoux, homme estimé de mon oncle, se présente au château, et nous montre de précieuses antiquités. Cela m'engage à lui montrer la cassette. Il observe la clef brisée, et nous fait voir, ce qu'on n'avait pas remarqué jusqu'alors, que la cassure n'est pas inégale, mais tout unie. Par l'attouchement, les deux parts se réunissent : il retire la clef tout entière ; les deux morceaux sont aimantés ; ils tiennent ensemble solidement, mais ils n'ouvrent que pour les initiés. L'homme se retire à quelque distance : la cassette s'ouvre et il la referme soudain.

« Il n'est pas bon, dit-il, de toucher à de semblables secrets. »

. . . .

Vous ne pouvez, Dieu merci, vous représenter mon inexplicable situation : en effet, hors de l'égarement, l'égarement peut-il se comprendre ? La mystérieuse cassette est devant moi ; j'ai dans ma main la clef, qui n'ouvre pas : je laisserais volontiers la cassette fermée, si la clef m'ouvrait seulement le plus proche avenir !

Ne vous inquiétez pas un moment de moi, mais je vous en prie, je vous en conjure avec instance, je vous le recommande de toutes mes forces, courez à la recherche de Félix. J'ai vainement envoyé du monde de tous côtés pour découvrir sa trace. Je ne sais si je dois désirer ou craindre le jour qui nous réunira.

. . . .

Le messager me presse ; il veut partir : on l'a retenu au château assez longtemps. Il est chargé d'importantes dépêches pour les émigrants. Il vous trouvera, j'espère, avec eux, ou bien on lui dira où vous êtes. En attendant votre réponse, je n'aurai point de repos.

CHAPITRE XVIII.

La barque, éclairée par un ardent soleil de midi, descendait doucement la rivière; un vent léger répandait quelque fraîcheur dans l'atmosphère embrasée; de doux rivages offraient de part et d'autre un aspect très-simple, mais agréable. Les champs de blé côtoyaient la rivière, et le sol fertile arrivait si proche, qu'à certaines places, où s'était jetée l'eau murmurante, elle avait attaqué la terre ameublie, l'avait entraînée, et il s'était formé des escarpements assez élevés.

Tout au bord de ces pentes rapides, à la place où peut-être avait passé le chemin de halage, notre ami voyait courir au galop un jeune cavalier de bonne mine et de taille robuste. Mais à peine on voulut l'observer plus attentivement, que la pelouse, qui surplombait, manqua sous lui, et le malheureux fut précipité dans l'eau, le cheval sur le cavalier. Sans perdre un instant, les bateliers voguèrent, aussi prompts que la flèche, droit au tourbillon, et ils eurent bientôt arraché à la rivière sa belle proie. Le jeune homme était gisant dans la barque, et paraissait sans vie : après un instant de réflexion, les mariniers gouvernèrent sur une saussaie graveleuse, qui s'était formée au milieu de la rivière. Aborder, porter le corps sur la rive, le déshabiller et l'essuyer, fut l'affaire d'un moment : mais la gracieuse fleur penchée sur leurs bras ne donnait encore aucun signe de vie.

Wilhelm prit sa lancette, il ouvrit la veine du bras : le sang jaillit en abondance, et, mêlé avec la vague, qui jouait en courant le long de la grève, il suivit la rivière tournoyante. La vie reparut. A peine le charitable chirurgien a-t-il attaché la bande, que le jeune homme se dresse hardiment sur ses pieds, jette sur Wilhelm un regard pénétrant et s'écrie :

« Si je dois vivre, que ce soit avec toi! »

A ces mots il se jette au cou de son sauveur, avec des pleurs amers. Ils s'étaient reconnus tous deux. Ils se tenaient fermement embrassés, comme Castor et Pollux, qui se rencontrent sur le chemin des ténèbres à la lumière.

On pria Félix de se calmer. Les diligents bateliers avaient déjà préparé, sous de légers buissons, une couche commode, ombragée, éclairée à demi. Le beau jeune homme y reposait sur le manteau paternel; ses boucles brunes, séchées promptement, commençaient à se reformer; il s'endormit avec un sourire paisible. Notre ami le contemplait avec bonheur et le couvrait du manteau.

« Admirable image de Dieu, disait-il, seras-tu donc reproduite sans cesse, pour subir aussitôt les atteintes, les blessures du dedans ou du dehors? »

Le manteau couvrait l'enfant; les rayons du soleil, bien ménagés, firent pénétrer dans ses membres une douce chaleur; ses joues reprirent le coloris de la santé : il semblait déjà complétement rétabli.

Les diligents bateliers, s'applaudissant d'avoir fait une bonne action qui avait une si heureuse issue, et dont ils se promettaient une riche récompense, avaient déjà fait sécher presque entièrement, sur la grève brûlante, les habits du jeune homme, pour le mettre, dès son réveil, en état de se présenter décemment[1].

---

1. On a dit que Goethe avait eu l'intention de compléter les Années de Voyage par un troisième récit, dans lequel on aurait vu s'accomplir les destinées de Wilhelm Meister et de ses amis : mais les critiques estiment que, par cette brusque conclusion, il a voulu donner carrière à l'imagination du lecteur, et ils lui ont fait un mérite d'avoir ainsi conservé à son œuvre le caractère poétique.

ENTRETIENS

D'ÉMIGRÉS ALLEMANDS

(1794 — 1795)

ENTRETIENS

D'ÉMIGRÉS ALLEMANDS.

(1794 — 1795.)

Dans ces jours malheureux qui eurent pour l'Allemagne, pour l'Europe, et même pour le monde entier, les plus tristes conséquences ; quand l'armée des Français pénétra dans notre patrie par un passage mal gardé, une famille noble quitta les domaines qu'elle avait dans ces contrées, et s'enfuit au delà du Rhin, pour échapper aux persécutions qui menaçaient toutes les personnes de qualité, auxquelles on faisait un crime de garder avec joie et respect le souvenir de leurs ancêtres, et de posséder divers avantages qu'un sage père de famille était heureux de procurer à ses enfants et à ses descendants.

La baronne de C..., veuve de moyen âge, se montra dans cette fuite telle qu'on l'avait vue dans sa maison, active et résolue, pour soutenir le courage de ses enfants, de ses proches et de ses amis. Élevée sur un grand théâtre, et formée par diverses épreuves, elle était connue pour une excellente mère de famille, et toute espèce d'occupations convenait à son esprit pénétrant. Son désir était de se rendre utile à beaucoup de monde, et ses relations étendues la mettaient en état de le faire. Elle dut alors inopinément se placer à la tête d'une petite caravane, et sut la guider, veiller pour elle, et entretenir la bonne humeur qui se

montrait dans son entourage, au milieu même de l'angoisse et
du péril. En effet, l'enjouement sut assez souvent se produire
parmi nos fugitifs : des incidents inattendus, des situations nouvelles, donnèrent à ces esprits émus maints sujets de rire et de
plaisanter.

Dans cette fuite précipitée, la conduite de chacun fut singulière et caractéristique. L'un se laissait emporter par une frayeur
vaine, une crainte déplacée ; l'autre s'arrêtait à des soins inutiles ;
et l'excès ou le défaut de précautions, tout incident où la faiblesse se trahissait par la négligence ou la précipitation, donnèrent sujet, dans la suite, à des railleries et des moqueries mutuelles, si bien que ces tristes aventures en devinrent plus gaies
que n'aurait pu l'être auparavant un voyage de plaisir.

En effet, de même que l'on peut quelquefois assister d'un
visage sérieux à une comédie, sans rire de plaisanteries destinées à nous égayer, tandis qu'on voit éclater une gaieté bruyante,
s'il arrive dans la tragédie quelque incongruité; ainsi, dans le
monde réel, un malheur qui met les gens hors d'eux-mêmes
peut être accompagné souvent de circonstances qui provoquent
le rire, ou sur-le-champ, ou du moins par la suite.

Plus que tous les autres, Mlle Louise, fille aînée de la baronne,
jeune personne vive, passionnée, impérieuse dans les jours pros-
pères, dut essuyer beaucoup de railleries, parce qu'on assurait
que, dans la première frayeur, elle avait perdu toute présence
d'esprit; que, dans sa distraction, ou plutôt dans une sorte d'absence d'esprit, elle avait, de l'air le plus sérieux du monde,
apporté, pour être emballées, les choses les plus inutiles, et
même avait pris un vieux domestique pour son fiancé.

Elle se défendait de son mieux; seulement, elle ne voulait
souffrir aucune plaisanterie qui eût rapport à son fiancé, étant
assez affligée de le savoir dans l'armée des alliés, au milieu de
périls continuels, et de voir l'union, objet de ses vœux, différée,
et peut-être même anéantie, par la conflagration générale.

Frédéric, son frère aîné, jeune homme résolu, exécutait avec
ordre et précision toutes les volontés de la mère, accompagnait
à cheval le cortége, était à la fois courrier, vaguemestre et guide.
Le précepteur du fils cadet, enfant de grande espérance, était un
homme savant; il voyageait dans la voiture de la baronne et lui

tenait compagnie. Le cousin Charles, avec un vieil ecclésiastique, ami de la famille, et qui lui était devenu dès longtemps indispensable, occupait une autre voiture, où se trouvaient encore une jeune et une vieille parentes. Les valets et les femmes de chambre suivaient dans un cabriolet, et quelques fourgons pesamment chargés, qu'il fallut laisser en arrière à plus d'un relais, fermaient la marche.

Toute la société avait, on le comprend, quitté à regret son domicile; mais le cousin Charles abandonnait surtout à contre-cœur la rive droite du Rhin : non pas qu'il y eût laissé une amante, comme on aurait pu le supposer, à voir sa jeunesse, sa bonne mine et son caractère passionné; mais il s'était laissé séduire par la beauté éblouissante qui, sous le nom de liberté, avait su se faire tant d'adorateurs, d'abord secrets, puis déclarés, et qui, si mal qu'elle traitât les uns, était vivement honorée par les autres.

Comme les amants sont d'ordinaire aveuglés par leur passion, il en fut de même du cousin Charles. Ils désirent la possession d'un bien unique, et s'imaginent qu'ils peuvent se passer de tout le reste; le rang, la fortune, tous les avantages semblent se réduire à rien, tandis que le bien souhaité devient la chose unique, devient tout; parents, proches, amis, sont oubliés, parce qu'on s'approprie une chose qui comble le désir et rend tout le reste étranger.

Le cousin Charles s'abandonnait à l'ardeur de sa passion, et n'en faisait pas mystère dans ses discours. Il croyait pouvoir se livrer à ces sentiments avec d'autant plus de liberté qu'il était lui-même gentilhomme, et, quoique deuxième fils, avait l'expectative d'une fortune considérable. Ces mêmes biens, qui lui devaient échoir un jour, étaient alors dans les mains de l'ennemi, qui ne les ménageait guère. Néanmoins Charles ne pouvait considérer en ennemie une nation qui promettait au monde tant d'avantages, et dont il jugeait les sentiments par les discours et les déclarations de quelques citoyens. Il troublait d'ordinaire la joie que la société pouvait goûter encore, par l'éloge sans mesure de ce qui se faisait de mauvais ou de bon chez les Français, par le plaisir qu'il témoignait hautement de leurs progrès, ce qui choquait d'autant plus les exilés, que leurs souffrances étaient redoublées et rendues plus sensibles par la maligne joie d'un ami et d'un parent.

Déjà Frédéric avait eu plusieurs querelles avec lui, et avait fini par éviter sa conversation. La prudente baronne savait l'amener du moins à se modérer un moment. Mlle Louise lui donnait à faire plus que personne, parce qu'elle cherchait, mais souvent avec injustice, à rendre suspects son caractère et son esprit. Le gouverneur l'approuvait en secret, et l'ecclésiastique le désapprouvait; les femmes de chambre, que sa beauté et sa libéralité avaient charmées, l'écoutaient volontiers discourir, parce qu'elles se croyaient autorisées par ses sentiments à lever sur lui, avec honneur, leurs yeux caressants, qu'elles avaient jusqu'alors baissés avec modestie.

Les besoins journaliers, les difficultés du voyage, les mauvais logements, ramenaient d'ordinaire la société à l'intérêt du moment, et le grand nombre d'émigrés, français et allemands, que l'on rencontrait partout, et dont la conduite et la situation étaient fort différentes, lui donnait lieu de remarquer souvent combien l'on avait sujet, dans ces temps-là, d'exercer toutes les vertus, mais particulièrement l'impartialité et l'indulgence.

Un jour, la baronne fit observer qu'on ne pouvait voir plus clairement qu'en de pareils moments de trouble et de péril universel, combien les hommes étaient, à tous égards, peu civilisés. La constitution civile, disait-elle, est comme un navire, qui transporte, même en temps d'orage, un grand nombre d'hommes, jeunes et vieux, sains et malades, à travers une mer dangereuse : ce n'est qu'au moment où le vaisseau fait naufrage, qu'on voit ceux qui savent nager, et même de bons nageurs sont alors engloutis. Nous voyons la plupart des émigrés porter en tous lieux à la ronde leurs défauts, leurs sottes habitudes, et cela nous étonne : mais, comme la bouilloire à thé suit le voyageur anglais dans les quatre parties du monde, le reste des hommes est partout accompagné de ses orgueilleuses prétentions, de sa vanité, son intempérance, son impatience, ses caprices, ses faux jugements, son penchant à jouer de malins tours à ses semblables. L'homme léger s'amuse de sa fuite comme d'une promenade ; l'insatiable, tout mendiant qu'il est, voudrait que tout fût à son service. Qu'il est rare de rencontrer un homme dont la vertu soit pure, qui soit porté à vivre, à se sacrifier pour autrui!

Tandis que l'on faisait diverses connaissances, qui donnaient lieu à de pareilles réflexions, l'hiver s'était écoulé. La fortune s'était de nouveau déclarée en faveur des armes allemandes; on avait repoussé les Français au delà du Rhin, délivré Francfort et bloqué Mayence.

L'espérance que nos armées poursuivraient leurs avantages, et le désir de rentrer en possession d'une partie de ses biens, ramenèrent à la hâte la famille dans un domaine qu'elle possédait sur la rive droite du Rhin, dans la plus belle situation. Quel plaisir de revoir le beau fleuve couler devant leurs fenêtres! Avec quelle joie ils reprirent possession de chaque partie de la maison! Comme ils saluèrent affectueusement les meubles connus, les vieux tableaux et chaque ustensile! Quel prix avait pour eux la moindre chose qu'ils avaient jugée perdue! Et quelles espérances ne conçurent-ils pas de voir un jour tout rétabli dans le premier état, même sur l'autre rive du Rhin!

A peine l'arrivée de la baronne fut-elle annoncée dans le voisinage, que les anciennes connaissances, les amis et les serviteurs accoururent pour la saluer, pour répéter les histoires des derniers mois, et lui demander sur divers sujets conseil et assistance.

Entourée de ces visites, elle fut très-agréablement surprise de voir paraître le conseiller intime de S.... avec sa famille. C'était un homme pour qui les affaires avaient été un besoin dès sa jeunesse, un homme qui méritait et possédait la confiance de son prince. Il était fermement attaché aux principes, et il avait, sur plusieurs sujets, des manières de voir particulières. Il était exact dans ses discours et ses procédés, et il voulait trouver la même qualité chez les autres. Une conduite conséquente lui semblait la suprême vertu.

Son prince, le pays et lui-même avaient beaucoup souffert de l'invasion française; il avait appris à connaître la tyrannie de la nation qui ne parlait que de la loi, et l'esprit despotique de ceux qui avaient toujours à la bouche le mot de liberté; il avait vu que, dans ce cas encore, la multitude était toujours la même, et qu'elle acceptait, avec une grande vivacité, le mot pour la chose, l'apparence pour la réalité. Les suites d'une campagne malheureuse, tout comme les conséquences des sentiments et des opinions qui se répandaient, n'échappaient point à son regard pénétrant, quoiqu'on ne pût nier qu'il observait bien des choses avec une humeur chagrine, et les jugeait avec passion.

Sa femme, compagne d'enfance de la baronne, après tant de souffrances, retrouvait le ciel dans les bras de son amie. Elles avaient grandi, elles s'étaient développées ensemble ; elles n'avaient l'une pour l'autre aucuns secrets. Les premières inclinations de leurs jeunes années, les graves circonstances du mariage, les joies, les soucis et les peines de la maternité, elles s'étaient tout confié, soit de bouche, soit par lettres, et leur liaison n'avait jamais été interrompue. Les troubles des derniers temps les avaient seuls empêchées de communiquer entre elles comme d'ordinaire. Leurs conversations actuelles n'en furent que plus vives ; elles n'en avaient que plus de choses à se dire ; tandis que les filles de la conseillère passaient leur temps avec Mlle Louise dans une intimité toujours plus grande.

Malheureusement, les vives jouissances que leur procurait cette ravissante contrée furent souvent troublées par le tonnerre de l'artillerie. Selon la direction du vent, on l'entendait de loin plus ou moins distinctement. Il n'était pas moins impossible, avec le flot des nouvelles journalières, d'éviter les conversations politiques, qui troublaient d'ordinaire la tranquillité momentanée de la société, car les diverses opinions et manières de voir étaient, de part et d'autre, exprimées avec une grande vivacité. Et, comme les personnes intempérantes ne s'abstiennent pas de vin et de mets indigestes, quoiqu'elles sachent par expérience qu'elles en éprouveront un malaise immédiat, la plupart des membres de la société ne pouvaient non plus se modérer dans cette occasion ; ils cédaient au contraire à l'irrésistible séduction de blesser les autres, et, par là, de se préparer à eux-mêmes de pénibles moments.

On juge aisément que le conseiller intime était le chef du parti attaché à l'ancien système, et que Charles portait la parole pour le parti opposé, qui attendait de la révolution prochaine la guérison et le rajeunissement de la vieille société malade.

Il régna d'abord dans les entretiens une assez grande modération, d'autant que la baronne savait, en plaçant à propos quelques mots agréables, maintenir les deux partis en équilibre; mais, lorsque approcha le moment décisif où le blocus de Mayence allait être changé en siége, et lorsque l'on commença à concevoir des craintes plus vives pour cette belle ville et ses habitants abandonnés, chacun exprima ses opinions avec une passion sans retenue.

Les clubistes restés dans les murs de Mayence étaient surtout l'objet des entretiens de tout le monde, et chacun attendait leur châtiment ou leur délivrance, selon qu'il blâmait ou qu'il approuvait leur conduite.

Au nombre des premiers se trouvait le conseiller, dont les arguments blessaient Charles de la manière la plus vive, quand il attaquait le bon sens de ces hommes, et les accusait d'ignorer complétement et le monde et eux-mêmes.

« Qu'ils sont aveugles, disait le conseiller, une après-midi, que la conversation commençait à devenir très-animée; qu'ils sont aveugles d'imaginer qu'un grand peuple, en lutte avec lui-même, au milieu de troubles affreux, et qui, dans ses moments paisibles, ne sait rien estimer que lui-même, daignera jeter les yeux sur eux avec quelque intérêt! On les regardera comme des instruments, on se servira d'eux quelque temps, et enfin on les jettera de côté, ou du moins on les négligera. Combien ils s'abusent, s'ils croient être jamais reçus au nombre des Français!

« Rien ne paraît plus risible aux grands et aux puissants que les faibles et les petits, qui, dans leur aveugle illusion, dans l'ignorance d'eux-mêmes, de leur force et de leur position, se flattent de les égaler. Et croyez-vous donc que la grande nation, après avoir trouvé jusqu'à ce jour la fortune favorable, sera moins fière et moins insolente que tout monarque victorieux?

« Combien d'officiers municipaux, qui circulent maintenant avec l'écharpe, maudiront cette mascarade, lorsqu'un jour, après avoir aidé à soumettre leurs compatriotes à des formes nouvelles, qui leur sont odieuses, ils se verront traités avec mépris, dans cette forme nouvelle, par ceux en qui ils avaient mis toute leur confiance! Oui, il est à mes yeux très-vraisemblable qu'après la reddition de la place, qui ne peut guère tarder longtemps, ces gens seront livrés ou abandonnés aux nôtres. Puissent-ils recevoir alors leur récompense! Puissent-ils subir le châtiment qu'ils méritent, à les juger avec toute l'impartialité dont je suis capable!

— L'impartialité! s'écria Charles avec véhémence. Si je pouvais ne plus entendre prononcer ce mot! Comment peut-on condamner ainsi ces gens sans autre forme? Ils n'ont pas sans doute passé leur jeunesse, leur vie, à servir, dans la forme traditionnelle, leurs propres intérêts et ceux d'autres hommes privilégiés; sans doute ils n'ont pas occupé les quelques chambres habitables du vieil édifice pour s'y bien traiter; ils ont, au contraire, vivement senti l'incommodité des parties négligées de votre palais d'État, parce qu'ils ont dû y passer leurs jours dans la souffrance et la gêne; on ne les a point vus, séduits par une activité facile et routinière, considérer comme bon ce qu'ils avaient une fois accoutumé de faire. Sans doute ils auraient pu se contenter d'observer en silence la partialité, le désordre, la négligence, l'ineptie, avec lesquels vos hommes d'État croient encore mériter le respect; sans doute ils auraient pu se borner à faire des vœux secrets pour voir plus également répartir le travail et la jouissance! Et qui peut nier que, dans leur nombre, il ne se trouve pas au moins quelques hommes habiles et bien pensants, qui, s'ils ne sont pas actuellement en état de faire le bien, ont du moins le bonheur d'adoucir le mal par leur entremise, et de préparer l'avènement du bien? Et, puisque l'on compte dans leur rangs de pareils hommes, qui ne les plaindra pas, si le moment approche qui doit peut-être les frustrer à jamais de leurs espérances? »

Le conseiller se moqua là-dessus, avec quelque amertume, des jeunes gens, qui sont enclins à idéaliser un objet; Charles, de son côté, ne ménagea point les hommes qui ne sauraient penser que selon d'anciennes formes, et qui doivent rejeter nécessairement ce qui ne peut cadrer avec elles.

De réponse en réplique, la conversation s'échauffa, et, de part et d'autre, on fit entendre tout ce qui, dans ces temps-là, avait brouillé tant d'honnêtes gens! Vainement la baronne voulut-elle ménager, sinon une paix, du moins une trêve; la conscillère elle-même, aimable femme, qui avait su prendre quelque empire sur l'esprit de Charles, ne réussit pas à s'en faire écouter, d'autant moins que son mari continuait à lancer des traits acérés contre la jeunesse et l'inexpérience, et à railler la fantaisie des enfants de jouer avec le feu, qu'ils ne savent pourtant pas gouverner.

Charles, que la colère égarait, n'hésita pas à déclarer qu'il souhaitait le succès des armes françaises, et qu'il appelait tout Allemand à faire cesser le vieil esclavage; qu'il était persuadé que la nation française saurait estimer les généreux Allemands qui se déclareraient pour elle; qu'elle les regarderait et les traiterait comme des frères, sans les sacrifier ni les abandonner à leur sort; mais qu'au contraire elle les comblerait d'honneurs, de biens et de confiance.

Le conseiller soutint qu'il était ridicule de penser que les Français eussent un moment l'idée de protéger ces gens-là, par une capitulation ou de quelque autre manière; les clubistes tomberaient assurément dans les mains des alliés, et il espérait les voir tous pendus.

Charles ne put souffrir cette menace, et s'écria qu'il espérait bien que la guillotine trouverait aussi en Allemagne une abondante moisson, et n'épargnerait aucune tête coupable. Il ajouta quelques reproches très-forts, qui touchaient le conseiller personnellement, et qui, de toute manière, étaient de nature à l'offenser.

« Il faut donc, reprit le conseiller, que je m'éloigne d'une société où l'on ne respecte plus ce qui semblait jusqu'à ce jour digne d'estime. Je suis peiné d'être chassé pour la seconde fois, et par un compatriote. Mais je vois bien que je dois en attendre moins de ménagements que des Français, et je trouve ici confirmée la vieille maxime, qu'il vaut mieux tomber dans les mains des Turcs que dans celles des renégats. »

En disant ces mots, il se leva et sortit de la chambre; sa femme le suivit; tout le monde gardait le silence; la baronne exprima son mécontentement en quelques mots très-vifs; Charles allait et venait dans la salle. La conseillère revint, tout éplorée, et rapporta que son mari préparait tout pour le départ et avait déjà commandé les chevaux. La baronne se rendit auprès de lui pour le fléchir; cependant les dames pleuraient, s'embrassaient, extrêmement troublées d'être obligées de se séparer sitôt et d'une manière si imprévue. La baronne revint; elle n'avait rien obtenu. Déjà l'on emportait peu à peu les effets des hôtes. Les tristes moments de la séparation et des adieux furent très-vivement sentis. Avec les dernières cassettes et les dernières boîtes, toute espérance disparut. On amena les chevaux, et les pleurs coulèrent plus abondants.

La voiture partit; la baronne la suivait, les larmes aux yeux. Elle quitta la fenêtre et reprit son métier à broder. Tout le monde était muet et embarrassé. Charles, surtout, témoignait son inquiétude; assis dans un coin, il feuilletait un livre, et, par moments, il observait sa tante. Enfin il se leva et prit son chapeau, comme pour sortir; mais il était à peine sur le seuil de la porte, qu'il revint sur ses pas, s'approcha de la baronne, et dit avec une noble fermeté :

« Je vous ai offensée, ma chère tante, je vous ai affligée : pardonnez-moi ma précipitation; je reconnais ma faute et je la sens profondément.

— Je puis pardonner, répondit la baronne; je ne garderai contre toi aucun ressentiment, parce que tu es un homme généreux et bon; mais tu ne peux réparer le mal que tu as fait. Je perds aujourd'hui, par ta faute, la société d'une amie, que je revoyais pour la première fois, après une longue séparation; une amie que le malheur même ramenait près de moi, et dans l'intimité de laquelle j'oubliais souvent les maux qui nous ont atteints et ceux qui nous menacent. Elle, depuis longtemps errante, dans une fuite inquiète, et qui se reposait à peine depuis quelques jours, auprès d'anciens et chers amis, dans une demeure commode, dans un lieu agréable, la voilà de nouveau fugitive; et nous perdons, en outre, la conversation de son mari, qui, s'il a peut-être quelques idées bizarres, n'en est pas moins un loyal et excellent homme; un répertoire inépuisable pour la connaissance des hommes et des choses, des événements et des circonstances, qu'il sait exposer d'une manière agréable, heureuse et facile. Toutes ces jouissances, ta vivacité nous les fait perdre : comment pourras-tu nous dédommager?

CHARLES.

Pardonnez-moi, chère tante! Je sens ma faute assez vivement : ne m'en faites pas voir si clairement les conséquences.

LA BARONNE.

Il faut, au contraire, que tu les voies aussi clairement que possible. Il ne peut être ici question de ménagements; il s'agit uniquement de savoir si tu pourras être convaincu de tes torts, car ce n'est pas la première fois que tu commets cette faute, et ce ne sera pas la dernière. O hommes, la nécessité qui vous resserre sous le même toit, dans une étroite cabane, ne saura-t-elle vous rendre tolérants les uns pour les autres? N'est-ce pas assez des calamités inévitables qui fondent sur vous et vos familles? Ne pouvez-vous donc travailler sur vous-mêmes, et vous conduire modérément et raisonnablement avec ceux qui, dans le fond, ne veulent rien vous ôter, rien vous ravir? Faut-il que vos cœurs agissent et se déchaînent aveuglément et sans frein, comme les événements, comme un orage ou tout autre phénomène de la nature? »

Charles ne répondait rien, et le gouverneur, quittant la fenêtre, où il s'était tenu jusqu'alors, s'approcha de la baronne en disant :

« Il se corrigera; cet incident lui servira, nous servira de leçon à tous; nous saurons nous éprouver chaque jour, nous représenter la douleur que vous avez sentie; nous montrerons aussi que nous avons de l'empire sur nous-mêmes.

LA BARONNE.

Que les hommes se flattent aisément, et surtout en ce point! La domination est pour eux un mot si agréable, et cela sonne si bien de se dominer soi-même! Ils en parlent trop volontiers, et voudraient nous faire croire qu'ils y songent sérieusement dans la pratique. Si du moins j'avais vu, de ma vie, un seul homme capable de se maîtriser dans la moindre chose! S'il en est une qui leur soit indifférente, d'ordinaire ils affectent gravement d'en sentir la privation avec peine, et, ce qu'ils désirent passionnément, ils savent le représenter à eux-mêmes et aux autres comme excellent, nécessaire, inévitable et indispensable. Je n'en sache aucun qui soit capable du moindre renoncement.

LE GOUVERNEUR.

Vous êtes rarement injuste, et je ne vous ai jamais vue encore dominée par l'humeur et la passion comme en ce moment.

LA BARONNE.

Du moins cette passion n'a pas de quoi me faire rougir. Quand je me figure mon amie dans sa voiture de voyage, par de mauvais chemins, pleurant sur l'hospitalité violée, je pourrais vous maudire tous de bon cœur.

LE GOUVERNEUR.

Je ne vous ai pas vue, dans les plus grands maux, aussi émue, aussi courroucée.

LA BARONNE.

Un petit mal, à la suite des grands, comble la mesure; et puis, ce n'est pas un petit mal, d'être privée d'une amie.

LE GOUVERNEUR.

Calmez-vous, madame; ayez assez de confiance en nous pour croire que nous voulons nous corriger, que nous voulons faire notre possible pour vous contenter.

LA BARONNE.

Non, aucun de vous ne surprendra ma confiance; mais, à l'avenir, j'exigerai de vous ce qui m'est dû, je commanderai dans ma maison.

— Exigez, commandez, s'écria Charles; vous n'aurez pas à vous plaindre de notre désobéissance.

— Ma sévérité ne sera pas si fâcheuse, reprit avec un sourire la baronne en se surmontant : je n'aime guère à commander, surtout à des esprits si indépendants; je donnerai seulement un conseil et j'y ajouterai une prière.

LE GOUVERNEUR.

Et l'un et l'autre seront pour nous une loi inviolable.

LA BARONNE.

Ce serait, de ma part, une folie, si je prétendais écarter l'intérêt que chacun prend aux grands événements dont nous-mêmes avons été déjà les malheureuses victimes. Je ne puis changer les sentiments qui se développent dans le cœur de chacun selon sa manière de voir, qui se fortifient, travaillent, agissent, et il serait aussi cruel qu'insensé d'exiger que l'on s'abstînt de les communiquer : mais je puis attendre de la société dans laquelle je vis, que ceux qui ont les mêmes sentiments se rapprochent sans bruit et s'entretiennent agréablement, l'un exprimant ce que l'autre a déjà dans la pensée. Dans vos chambres, à la promenade, où que les hommes qui pensent de même se rencontrent, que l'on épanche son cœur à plaisir ; que l'on s'appuie sur telle ou telle opinion ; que l'on goûte vivement la joie d'une ardente conviction ! Cependant n'oublions pas, mes enfants, dans notre société, combien, avant qu'il fût question de toutes ces choses, nous avons dû sacrifier de nos idées particulières pour être sociables, et qu'aussi longtemps que le monde subsistera, pour être sociable, il faut se maîtriser du moins au dehors. Ainsi donc, je le demande, non pas au nom de la vertu, mais au nom de la plus simple politesse, faites maintenant pour moi et pour les autres ce que vous avez observé, je pourrais dire dès votre enfance, envers toute personne que vous avez rencontrée sur votre chemin.

« En vérité, poursuivit la baronne, je ne sais ce que nous sommes devenus, où s'est envolé soudain tout savoir-vivre. Comme on se gardait autrefois de toucher, dans le monde, à ce qui pouvait faire sur un autre une impression désagréable ! En présence du catholique, le protestant évitait de proclamer ridicule telle ou telle cérémonie ; le catholique zélé ne faisait pas sentir au protestant que l'ancienne religion assurait mieux le salut éternel ; sous les yeux d'une mère qui avait perdu son fils, on évitait de témoigner vivement la joie maternelle ; et chacun se sentait troublé, s'il lui était échappé de la sorte une parole irréfléchie. Tous les témoins cherchaient à réparer l'inadvertance. Et maintenant ne faisons-nous pas justement le contraire ? Nous cherchons avec ardeur toute occasion de mettre en avant ce qui blesse les autres et les trouble. Mes enfants, mes amis, revenons à ces anciennes habitudes. Nous avons déjà beaucoup souffert, et bientôt peut-être la fumée pendant le jour et la flamme pendant la nuit nous annonceront la destruction des demeures et des possessions qui nous restent. N'apportons pas violemment ces nouvelles au milieu de nous ; en revenant trop souvent sur ces choses, ne gravons pas plus avant dans nos âmes ce qui réveille chez nous assez de secrètes douleurs.

« Quand votre père mourut, vos actions et vos paroles ont-elles, à chaque occasion, renouvelé chez moi cette perte irréparable? N'avez-vous pas évité tout ce qui pouvait rappeler à contre-temps sa mémoire? et, par votre amour, vos secrets efforts et votre complaisance, n'avez-vous pas tâché d'adoucir a douleur de cette séparation et de guérir ma blessure? N'est-il pas maintenant plus nécessaire que chacun mette en usage ces ménagements mutuels, qui ont souvent plus d'effet que des secours bienveillants, mais sévères, maintenant qu'il ne s'agit plus de quelques rares accidents qui frappent, au milieu de la foule des heureux, telle ou telle personne, dont le malheur disparaît bientôt dans la félicité générale, mais qu'au milieu d'un nombre infini de malheureux, quelques-uns à peine jouissent, par leur caractère ou leur éducation, d'un contentement fortuit ou factice?

CHARLES.

Vous nous avez assez humiliés, ma chère tante : ne voulez-vous pas nous tendre de nouveau la main?

LA BARONNE.

La voici, à condition que vous ayez le désir de vous laisser guider par elle. Proclamons une amnistie; on ne peut trop tôt s'y résoudre. »

A ce moment, entrèrent les autres dames, qui, depuis le départ, avaient encore pleuré de bon cœur. Elles ne pouvaient se résoudre à regarder gracieusement le cousin Charles.

« Approchez, mes enfants, dit la baronne. Nous avons eu un sérieux entretien, qui, je l'espère, rétablira parmi nous la paix et l'union, et nous ramènera le bon ton, qui nous manque depuis quelque temps. Peut-être n'avons-nous jamais eu un plus grand besoin de nous rapprocher et de nous distraire, du moins quelques heures par jour. Convenons de nous interdire absolument, quand nous serons réunis, tout entretien sur les intérêts du jour. Il y a bien longtemps que nous n'avons plus de conversations instructives et fortifiantes; il y a bien longtemps, mon Charles, que tu ne nous as rien dit des États et des pays étrangers, dont tu connais si bien la nature, les habitants, les mœurs et les usages. Et vous, dit-elle au gouverneur, combien de temps n'avez-vous pas laissé dans l'oubli l'histoire ancienne et moderne, la comparaison des siècles et des hommes? Où sont les vers charmants qui, si souvent, à la joie de la société, s'échappaient des portefeuilles de nos jeunes personnes? Où se sont perdues les libres méditations philosophiques? Est-il évanoui, le plaisir avec lequel vous rapportiez de vos promenades une pierre remarquable, une plante nouvelle pour nous, un insecte rare, nous donnant par là sujet de rêver du moins agréablement à la grande chaîne des êtres? Que tous ces entretiens, qui s'offraient autrefois d'eux-mêmes, soient rétablis au milieu de nous par une convention, par une résolution, par une loi. Faites tous vos efforts pour être intéressants, utiles, et surtout sociables. Et tout cela, nous en aurons besoin, et bien plus encore que maintenant, quand même tout tomberait dans la dernière confusion. Enfants, le promettez-vous? »

Ils le promirent avec chaleur.

« Eh bien, allez! La soirée est belle : que chacun en jouisse à sa manière, et, à souper, sachons, pour la première fois depuis longtemps, goûter les douceurs d'une conversation amicale. »

La société se dispersa; Louise resta seule auprès de sa mère. Elle ne pouvait oublier sitôt le chagrin d'avoir perdu ses compagnes, et elle répondit par un refus, d'une manière fort piquante, à Charles, qui lui proposait une promenade. La mère et la fille étaient restées quelque temps en silence, quand l'ecclésiastique survint. Il arrivait d'une longue course, et n'avait rien appris de ce qui s'était passé dans la maison. Il posa son chapeau et sa canne, prit une chaise, et se disposait à faire quelque récit, quand Louise lui coupa la parole, en disant, comme si elle avait poursuivi un entretien commencé avec sa mère :

« La loi que l'on vient d'établir sera assez incommode pour bien des gens. Autrefois, quand nous étions à la campagne, les sujets de conversation nous ont déjà manqué plus d'une fois : en effet, on n'y entendait pas journellement, comme à la ville, calomnier une pauvre fille, répandre de mauvais bruits sur un jeune homme; mais, jusqu'à ce jour, on avait du moins la ressource de faire des contes insipides sur deux grandes nations, de trouver ridicules les Allemands et les Français, et de proclamer tel ou tel un clubiste et un jacobin. Si l'on nous interdit encore ce chapitre, nous verrons parmi nous plus d'une personne muette.

— Est-ce là peut-être une attaque dirigée contre moi, mademoiselle? dit en souriant le vieillard. Vous savez que je m'estime heureux de servir quelquefois de plastron à la société. Car, assurément, tout en faisant honneur, dans chaque conversation, à votre excellente institutrice, et en vous montrant à chacun agréable, aimable et gracieuse, vous semblez d'ordinaire vous dédommager un peu à mes dépens de la contrainte que vous imposez parfois à un petit esprit malin, qui habite en vous, et dont vous n'êtes pas tout à fait maîtresse. Apprenez-moi, madame, poursuivit-il en s'adressant à la baronne, ce qui s'est passé en mon absence, et quels entretiens sont bannis de notre compagnie. »

La baronne l'instruisit de tout ce qui était arrivé. Il écouta attentivement, et, reprenant la parole, il dit :

« Même après cet arrangement, il ne serait pas impossible à certaines personnes d'intéresser la société, et peut-être d'une manière plus utile et plus sûre que d'autres ne pourraient le faire.

— C'est ce que nous verrons, dit Louise.

— Cette loi, poursuivit-il, n'a rien de fâcheux pour tout homme qui sait s'occuper dans la solitude : elle lui sera au contraire agréable, puisqu'il lui sera permis de produire dans la société les choses auxquelles il s'appliquait, en quelque sorte, à la dérobée. Excusez-moi, mademoiselle, si je demande qui donc fait les nouvellistes, les espions, les calomniateurs, sinon la société. J'ai rarement vu, à quelque lecture, à l'exposition d'une matière intéressante, propre à nourrir l'esprit et le cœur, une assemblée aussi attentive, et les facultés de l'âme dans une aussi grande activité, que si l'on apportait quelque nouvelle, et surtout quelque chose de nature à rabaisser un homme ou une femme de la ville. Demandez-vous à vous-même, et demandez à beaucoup de gens, ce qui donne de l'attrait à un événement. Ce n'est pas son importance, ce n'est pas l'influence qu'il peut avoir, c'est la nouveauté. D'ordinaire la nouveauté parait seule importante, parce que, sans liaison, elle excite la surprise, et occupe un moment notre imagination, effleure à peine notre sensibilité, et laisse dans un parfait repos notre intelligence. Tout homme peut, sans faire le moindre retour sur lui-même, prendre un vif intérêt à ce qui est nouveau; et, comme une suite de nouveautés entraîne toujours d'un objet à un autre, rien ne peut être plus agréable au grand nombre qu'un pareil sujet de distraction perpétuelle, et une pareille occasion de se permettre la moquerie et la maligne joie, d'une manière commode et toujours nouvelle.

— Fort bien, dit Louise, vous ne semblez pas être embarrassé; jusqu'ici, on était sur le compte des individus, maintenant c'est tout le genre humain qui paye.

— Je ne demande pas, répondit le vieillard, que vous soyez jamais équitable envers moi; je me bornerai à vous dire que nous autres, qui sommes dépendants de la société, nous devons nous former et nous régler sur elle; que même nous pouvons mieux nous permettre de faire une chose qui l'offense qu'une chose qui l'importune; et il n'est rien au monde qui l'importune plus que de lui demander de réfléchir et de méditer. Tout ce qui tend à ce but, il faut l'éviter, et, tout au plus, faire pour soi, en secret, ce qui est interdit dans toute assemblée.

— Pour vous, en secret, répliqua Louise, vous avez, je pense, vidé mainte bouteille et passé à dormir maintes belles heures du jour.

— Je n'ai jamais attaché beaucoup d'importance à ce que je fais, poursuivit le vieillard, car je sais qu'auprès d'autres hommes, je suis un grand paresseux; cependant j'ai fait un recueil qui, maintenant peut-être, procurerait à notre société, disposée comme elle est, quelques heures agréables.

— Quel est ce recueil? dit la baronne.

— Pas autre chose, sans doute, qu'une chronique scandaleuse! reprit Louise.

— Vous êtes dans l'erreur.

— Nous verrons.

— Laisse monsieur s'expliquer, dit la baronne, et, en général, ne t'accoutume pas à maltraiter et rudoyer les personnes même qui peuvent le souffrir comme plaisanterie. Nous ne devons pas nourrir, même sous forme de badinage, les mauvais penchants de notre cœur. Dites-moi, mon ami, en quoi consiste votre recueil? Nous sera-t-il un amusement utile et convenable? Est-il commencé depuis longtemps? Pourquoi n'en avons-nous eu jusqu'à ce jour aucune nouvelle?

— Je vais m'expliquer, reprit le vieillard. Il y a longtemps que je vis au milieu du monde, et j'ai toujours observé avec intérêt ce qui arrive à tel ou tel. Je ne me sens ni le courage ni la force de parcourir le vaste champ de l'histoire, et les événements isolés me jettent dans la confusion; mais, parmi le grand nombre de vies privées, vraies et fausses, que l'on colporte dans le public, que l'on se transmet secrètement de bouche en bouche, il en est plusieurs qui ont un attrait plus noble et plus pur que l'attrait de la nouveauté; plusieurs, qui, par un tour spirituel, peuvent prétendre à nous récréer; plusieurs, qui nous révèlent en un moment la nature humaine et ses secrets mystères; d'autres, dont les sottises bizarres nous divertissent : parmi cette multitude d'histoires, qui occupent dans la vie ordinaire notre attention et notre malignité, et qui sont aussi communes que les hommes à qui elles arrivent ou qui les racontent, j'ai recueilli celles qui me paraissaient avoir un caractère; qui touchaient, qui occupaient ma raison et mon cœur, et, lorsque ma pensée se reportait sur elles, me donnaient un moment de paisible et pure gaieté.

— Je suis très-curieuse, dit la baronne, d'apprendre de quel genre sont vos histoires et quel en est le fond.

— Vous pensez bien, dit le vieillard, qu'il ne sera pas souvent question de procès et d'affaires de famille : ces choses n'ont le plus souvent d'intérêt que pour les personnes dont elles sont le tourment.

LOUISE.

Que renferment donc vos histoires?

LE VIEILLARD.

Elles s'occupent d'ordinaire, il faut que je l'avoue, des sentiments par lesquels hommes et femmes sont unis ou divisés, heureux ou malheureux, mais égarés plus souvent qu'éclairés.

LOUISE.

Vraiment! Vous nous donnez donc probablement un recueil de plaisanteries licencieuses pour un fin divertissement? Excusez-moi, chère maman, de faire cette observation. Elle se présente d'elle-même, et il doit être permis de dire la vérité.

LE VIEILLARD.

Vous ne trouverez, je l'espère, dans tout le recueil, rien que je doive nommer licencieux.

LOUISE.

Et que nommez-vous ainsi?

LE VIEILLARD.

Un entretien licencieux, une histoire licencieuse, me sont insupportables, car ils nous présentent une chose vulgaire, une chose qui ne mérite ni le discours, ni l'attention, comme originale et charmante; ils éveillent un aveugle désir, au lieu d'occuper agréablement l'esprit; ils enveloppent ce qu'il faudrait ou considérer sans voile ou laisser loin du regard.

LOUISE.

Je ne vous comprends pas. J'espère que vous nous présenterez du moins vos histoires avec quelque agrément. Faudrait-il peut-être nous laisser battre les oreilles de lourdes plaisanteries? Voici, je pense, une école pour les jeunes filles, et vous prétendrez encore à notre reconnaissance?

LE VIEILLARD.

Rien de tout cela. D'abord vous n'apprendrez rien de nouveau : j'observe en effet, depuis quelque temps, que vous ne passez jamais certains comptes rendus dans les journaux scientifiques.

LOUISE.

Vous devenez mordant.

LE VIEILLARD.

Vous êtes fiancée, et je vous excuse volontiers. J'ai voulu seulement vous montrer que j'ai aussi des traits à décocher au besoin contre vous.

LA BARONNE.

Je vois où vous voulez en venir, faites-le aussi comprendre à Louise.

LE VIEILLARD.

Je n'aurais qu'à répéter ce que j'ai dit en commençant, mais il ne semble pas qu'il plaise à mademoiselle d'être attentive.

LOUISE.

Qu'importe ce qui me plaît? et à quoi bon tant de paroles? Que l'on prenne la chose comme on voudra, ce seront des histoires scandaleuses, d'une manière ou d'une autre, scandaleuses et voilà tout.

LE VIEILLARD.

Dois-je le répéter, mademoiselle? une personne sage ne voit le scandale que dans la méchanceté, l'orgueil, l'envie de nuire, la répugnance à prêter secours; elle en détourne les yeux, mais, en revanche, elle trouve amusants les petits défauts, les petites imperfections, et s'arrête surtout volontiers aux histoires où elle trouve l'honnête homme dans une légère contradiction avec lui-même, avec ses désirs et ses projets; où des sots imbéciles, entichés de leur mérite, sont redressés ou trompés; où toute prétention est punie d'une manière naturelle ou même accidentelle; où des projets, des vœux et des espérances, sont tantôt renversés, arrêtés et anéantis, tantôt avancés, accomplis et confirmés soudain; elle aime surtout à méditer en silence sur les événements où le hasard se joue de la faiblesse et de l'impuissance humaines; aucun des héros dont elle recueille l'histoire ne doit craindre de sa part le blâme, ni attendre la louange.

LA BARONNE.

Votre préambule éveille le désir d'entendre bientôt un essai. Je ne sache pas néanmoins que, parmi nous (et nous avons pourtant vécu presque toujours ensemble), il soit arrivé beaucoup de choses susceptibles de figurer dans un pareil recueil.

LE VIEILLARD.

Cela dépend beaucoup de l'observateur et du tour que l'on sait donner aux choses; au reste, je ne veux pas dissimuler que j'ai fait aussi mainte récolte dans les vieux livres et les traditions. Vous rencontrerez parfois, et peut-être sans déplaisir, d'anciennes connaissances sous une forme nouvelle. Mais cela même m'assure un avantage dont je ne veux pas me dessaisir : aucune de mes histoires ne doit être interprétée.

LOUISE.

Vous ne pourrez cependant nous défendre de reconnaître nos amis et nos voisins, s'il nous plaît de déchiffrer l'énigme.

LE VIEILLARD.

En aucune façon : mais vous me permettrez aussi de produire alors quelque vieux in-folio, pour démontrer que cette histoire est arrivée ou bien a été inventée, il y a plusieurs siècles ; vous me permettrez encore de sourire à part moi, lorsqu'on taxera de vieille fable une histoire arrivée récemment au milieu de nous, sans que nous la reconnaissions sous cette forme.

LOUISE.

On n'en finit pas avec vous : le mieux est que nous fassions la paix pour ce soir, et que vous nous racontiez bien vite une de vos historiettes, par forme d'essai.

LE VIEILLARD.

Souffrez que j'ose vous désobéir : cet amusement est réservé pour notre société tout entière ; nous ne devons rien lui dérober, et, je vous en préviens, tout ce que j'ai à rapporter n'a aucune valeur en soi ; mais, quand la société, après une conversation sérieuse, voudra se reposer quelques moments ; quand, rassasiée de mets savoureux, elle demandera un léger dessert, alors je serai prêt, et je m'estimerai fort heureux, si celui que je prépare n'est pas trouvé insipide.

LA BARONNE.

Eh bien, il nous faut prendre patience jusqu'à demain.

LOUISE.

Je suis bien curieuse d'entendre ce qu'il va nous conter.

LE VIEILLARD.

Ne le soyez pas, mademoiselle, car une vive attente est rarement satisfaite. »

Le soir, après souper, la baronne s'étant retirée de bonne heure, le reste de la société demeura réuni, et l'on parla de diverses nouvelles qui couraient, de bruits qui se répandaient, et, comme il arrive d'ordinaire, on hésitait sur ce qu'il fallait croire et rejeter.

« A mon avis, dit le vieil ami de la maison, le mieux est de croire ce qui nous plaît, de rejeter tout uniment ce qui nous déplaît, sans nous soucier de ce qu'il en peut être. »

On fit observer que c'est aussi l'usage ordinaire des hommes, et, de proche en proche, on parla du penchant décidé que nous avons par nature à croire le merveilleux. On discourut d'aventures romanesques, d'apparitions, et, le vieillard ayant promis de raconter plus tard quelques bonnes histoires de ce genre, Louise prit la parole et lui dit :

« Vous seriez bien aimable et nous vous serions fort obligés, si, dans cet instant même, où nous sommes réunis et convenablement disposés, vous nous faisiez une de ces histoires; vous pourriez compter sur notre attention et notre reconnaissance. »

Sans se faire longtemps prier, l'ecclésiastique commença en ces termes :

Pendant mon séjour à Naples, il se passa dans cette ville une aventure qui fit une grande sensation, et sur laquelle les opinions furent très-partagées. Les uns assuraient qu'elle était de pure invention, les autres qu'elle était véritable, mais qu'elle recélait une tromperie. Ceux qui partageaient ce dernier avis n'étaient pas non plus d'accord entre eux : ils débattaient ensemble qui pouvait être le trompeur. D'autres encore soutenaient qu'il n'est point démontré que les substances spirituelles ne puissent agir sur les éléments et les corps, et qu'il ne faut pas taxer absolument de mensonge ou de tromperie tout événement merveilleux. Mais venons à notre histoire.

Une chanteuse, nommée Antonelli, était, de mon temps, la favorite du public napolitain. Dans la fleur de la jeunesse, de la beauté et du talent, il ne lui manquait aucun des avantages par lesquels une femme charme et attire la foule, enchante et rend heureux un petit nombre d'amis. Elle n'était pas insensible à l'amour et à la louange; mais, naturellement sage et modérée, elle savait goûter les plaisirs que l'un et l'autre procurent, tout en restant maîtresse d'elle-même, comme sa position l'exigeait. Tous les jeunes hommes, nobles et riches, l'entouraient de leurs hommages; elle n'en recevait qu'un petit nombre, et si, dans le choix de ses amants, elle consultait surtout ses yeux et son cœur, elle montrait néanmoins, dans toutes ses petites aventures, un caractère ferme et décidé, qui devait lui gagner chaque observateur attentif. J'eus l'occasion de la voir quelque temps, parce que j'étais fort lié avec un de ses amants.

Plusieurs années s'écoulèrent : elle avait assez appris à connaître les hommes, et, dans le nombre, beaucoup de sots, de caractères faibles et suspects. Elle croyait avoir observé que, d'ordinaire, un amant qui, dans un certain sens, est tout pour une femme, n'est plus rien, précisément quand elle aurait le plus pressant besoin de secours, dans les accidents de la vie, dans les affaires domestiques, et lorsqu'il s'agit de prendre une résolution soudaine, si même il ne nuit pas à son amante, en ne songeant qu'à lui, et, par égoïsme, n'est pas entraîné à lui conseiller le plus mauvais parti et à l'engager dans les plus dangereuses démarches.

Jusqu'à ce jour, ses liaisons avaient laissé le plus souvent son esprit désoccupé, et il demandait aussi un aliment. Elle voulut enfin avoir un ami, et, à peine eut-elle éprouvé ce besoin, qu'il se trouva, parmi ceux qui cherchaient à s'approcher d'elle, un jeune homme, à qui elle donna sa confiance, et qui semblait la mériter à tous égards.

C'était un Génois, que des affaires importantes retenaient à Naples en ce temps-là. Doué d'un très-heureux naturel, il avait reçu d'ailleurs l'éducation la plus soignée. Il avait des connaissances étendues ; son esprit, comme sa personne, était parvenu au plus heureux développement; sa conduite était le parfait modèle d'un homme qui ne s'oublie pas un seul moment, et semble toujours s'oublier pour les autres. L'esprit commercial de sa ville natale vivait en lui : il voyait en grand ce qu'il y avait à faire. Cependant sa situation n'était pas des plus heureuses : sa maison s'était engagée dans une spéculation très-hasardée, et se trouvait embarrassée de procès dangereux. Avec le temps, les affaires s'embrouillèrent encore davantage, et le souci qu'il en prenait lui donnait un air de tristesse qui lui allait fort bien, et qui encouragea plus encore notre jeune femme à rechercher son amitié, parce qu'elle croyait sentir qu'il avait lui-même besoin d'une amie.

Il ne l'avait rencontrée jusqu'alors que dans les lieux publics et par occasion : sur sa première demande, elle lui ouvrit sa maison ; elle l'invita même d'une manière pressante, et il ne manqua pas d'en profiter.

Elle ne tarda pas à lui manifester sa confiance et son désir :

il fut surpris et charmé de sa proposition. Elle le pria instamment de rester son ami, et de n'élever aucune des prétentions d'un amant. Elle lui fit part d'un embarras où elle se trouvait alors, et dans lequel il pouvait, avec ses relations diverses, lui donner le meilleur conseil, lui tracer la marche la plus prompte et la plus avantageuse. De son côté, il lui confia sa position, et, comme elle sut le rassurer et le réconforter, comme, en présence de la jeune femme, bien des idées se développèrent, auxquelles il n'aurait pas songé sitôt, elle parut, à son tour, être sa conseillère, et une amitié mutuelle, fondée sur la plus noble estime, sur les plus chers intérêts, ne tarda pas à s'établir entre eux.

Malheureusement, quand on accepte des conditions, on n'examine pas toujours si elles sont exécutables. Le Génois avait promis de s'en tenir à l'amitié, de ne point prétendre aux droits d'un amant; et cependant il était forcé de reconnaître que les amants favorisés se trouvaient partout sur son chemin, qu'ils lui étaient extrêmement odieux, et même tout à fait insupportables. Sa douleur était au comble, quand son amie l'entretenait, souvent d'un ton enjoué, des bonnes et mauvaises qualités de quelqu'un d'eux, semblait connaître parfaitement tous les défauts de l'amant favorisé, et, le même soir peut-être, comme en dérision de son digne et cher ami, reposait dans les bras de l'homme sans mérite.

Par bonheur, ou par malheur peut-être, il arriva bientôt que le cœur de la belle se trouva libre. Son ami s'en aperçut avec joie, et tâcha de lui représenter que la place vacante lui appartenait de préférence à tout autre. Ce ne fut pas sans combat et sans répugnance qu'elle prêta l'oreille à ses vœux.

« Je crains, disait-elle, de perdre par cette complaisance ce qu'il y a de plus précieux au monde, c'est-à-dire un ami. »

Elle avait bien prophétisé : car, à peine eut-il vécu quelque temps auprès d'elle en sa double qualité, que ses caprices commencèrent à devenir plus pénibles. Comme ami, il exigeait toute l'estime de la belle; comme amant, toute sa tendresse, et, en sa qualité d'homme agréable et sage, une conversation assidue. Mais ce n'était point l'humeur de la vive jeune fille; elle ne pouvait se résoudre à aucun sacrifice, et n'avait nulle envie d'accorder à personne des droits exclusifs. Elle chercha donc tout doucement à réduire peu à peu les visites du Génois, à le voir plus rarement, et à lui faire entendre que, pour aucun prix, elle ne renoncerait à sa liberté.

Aussitôt qu'il s'en aperçut, il se sentit cruellement blessé; et ce ne fut pas son unique chagrin. ses affaires d'intérêt commençaient à prendre une très-fâcheuse tournure. Il avait à se reprocher d'avoir considéré, dès sa première jeunesse, son patrimoine comme une source inépuisable; d'avoir négligé ses affaires de commerce, afin de paraître, dans ses voyages et dans le grand monde, un personnage plus riche et plus considérable, que ne le permettaient sa naissance et ses revenus. Les procès sur lesquels il fondait son espérance allaient lentement et coûtaient beaucoup. Ils l'obligèrent d'aller quelquefois à Palerme, et, pendant son dernier voyage, l'habile comédienne prit divers arrangements, pour mettre sa maison sur un autre pied et pour écarter peu à peu le Génois. Il revint, et trouva la belle dans une nouvelle demeure, éloignée de la sienne; il vit le marquis de S., qui avait alors sur les divertissements et les théâtres publics une grande influence, aller et venir chez l'actrice familièrement. Accablé de chagrin, il tomba gravement malade. Quand la nouvelle en parvint à son amie, elle accourut auprès de lui, le soigna, pourvut à son service, et, venant à savoir que sa caisse n'était pas fort bien garnie, elle lui laissa une somme considérable, qui suffisait pour le tranquilliser quelque temps.

Par la prétention qu'il avait eue de gêner sa liberté, son ami avait déjà perdu beaucoup à ses yeux; à mesure que son inclination pour lui diminuait, elle l'observait avec plus d'attention; enfin la découverte qu'elle fit, qu'il avait si mal gouverné ses affaires particulières, ne lui avait pas donné une idée bien favorable de son esprit et de son caractère. Cependant il ne remarquait pas le grand changement qui s'était fait en elle; au contraire, les soins qu'elle prenait pour sa guérison, la constance avec laquelle elle passait à son chevet la moitié du jour, lui semblaient une marque d'amitié et d'amour, plus que de pitié, et il espérait, après son rétablissement, rentrer dans tous ses droits.

Combien il se trompait! A mesure que sa santé revenait et qu'il prenait de nouvelles forces, disparaissait chez la belle toute espèce d'inclination et de confiance; son amant lui paraissait même aussi importun qu'il lui avait été agréable autrefois. D'ailleurs, pendant ces événements, l'humeur du Génois était devenue, sans qu'il y prît garde, extrêmement amère et chagrine; il rejetait sur les autres tout ce qu'il pouvait avoir fait pour gâter son sort; il savait se justifier complétement à tous égards; il ne voyait en lui qu'un homme injustement persécuté, offensé, affligé, et il espérait trouver l'entier dédommagement de ses maux et de ses douleurs dans le dévouement absolu de son amante.

C'est avec ces prétentions qu'il se présenta, dès les premiers jours où il put sortir de chez lui et visiter sa maîtresse. Il ne demanda rien moins que de la voir se donner à lui tout entière, congédier ses autres amis et ses connaissances, quitter le théâtre, et ne vivre qu'avec lui et pour lui. Elle lui fit voir, en prenant d'abord un ton badin, puis un langage sérieux, qu'elle ne pouvait consentir à ses demandes et se vit enfin obligée de lui avouer la triste vérité, et que leur liaison était entièrement rompue. Il la quitta pour ne plus la revoir.

Il vécut encore quelques années, voyant fort peu de monde, ou plutôt n'ayant d'autre société qu'une vieille dame pieuse, qui habitait la même maison et vivait de quelques petites rentes. Dans ce temps-là, il gagna un de ses procès, puis un autre; mais sa santé était détruite et le bonheur de sa vie anéanti. Un léger accident le fit retomber dans une grave maladie; le médecin lui annonça la mort. Il entendit son arrêt sans répugnance; il désirait seulement revoir encore une fois sa belle amie. Il lui envoya son domestique, qui, en des temps plus heureux, lui avait rapporté plus d'une réponse favorable. Il lui fit donc adresser sa prière : elle refusa. Il dépêcha un second message et la fit conjurer de venir : elle persista dans sa volonté. Enfin, la nuit étant déjà très-avancée, il envoya une troisième fois. Elle fut émue et me confia son embarras; car je soupais justement chez elle avec le marquis et quelques autres amis. Je lui conseillai et la priai de rendre à son ancien amant ce dernier service; elle parut indécise, mais enfin, après quelque réflexion, elle fit un effort sur elle-même, renvoya le domestique avec un refus, et il ne revint pas.

Après souper, nous causions familièrement, tous joyeux et de bonne humeur : tout à coup, vers minuit, une voix plaintive, perçante, angoissée, fait entendre de longs gémissements. On tressaille, on se regarde l'un l'autre, on cherche autour de soi la cause de ce bruit étrange. La voix, partie du milieu de la chambre, paraissait expirer aux cloisons. Le marquis se leva et courut à la fenêtre, tandis que nous donnions des soins à la belle, qui s'était évanouie. Elle fut longtemps à reprendre connaissance. L'Italien, jaloux et emporté, la vit à peine rouvrir les yeux, qu'il lui adressa des reproches amers.

« Si vous avez des signes d'intelligence avec vos amis, lui dit-il, faites qu'ils soient moins étranges et moins violents. »

Elle lui répondit, avec sa présence d'esprit accoutumée, que, comme elle avait le droit de recevoir chacun chez elle, et à toute heure, elle ne choisirait guère des accents si effroyables et si tristes, comme prélude d'agréables moments.

Et certes la voix avait quelque chose de singulièrement sinistre. Ses vibrations longues et retentissantes étaient restées dans nos oreilles, nous en étions même tout saisis. La belle était pâle, sa figure altérée; elle semblait toujours près de s'évanouir. Nous dûmes passer avec elle la moitié de la nuit. La voix ne se fit plus entendre. La nuit d'après, la même société, moins gaie que la veille, mais faisant encore assez bonne contenance, était réunie, et, à la même heure, la même voix terrible et violente....

Dans l'intervalle, nous avions exprimé mille opinions sur la nature du cri et le lieu d'où il pouvait sortir; nous avions épuisé toutes les suppositions. Que dirai-je encore? Chaque fois qu'elle soupait chez elle, la voix se faisait entendre à la même heure, et l'on crut remarquer qu'elle était tantôt plus forte, tantôt plus faible. Tout Naples s'occupa de cette aventure; toutes les personnes de la maison, les amis et les connaissances y prirent le plus vif intérêt; la police même fut appelée. On plaça des espions et des gardes : à ceux qui étaient dans la rue, le bruit semblait éclater en plein air, et, dans la chambre, on croyait aussi l'entendre tout près de soi. Chaque fois qu'Antonelli soupait en ville, on n'apercevait rien ; aussi souvent qu'elle restait à la maison, la voix se faisait entendre.

Mais hors de chez elle, la chanteuse n'était pas non plus tout à fait délivrée de ce fâcheux suivant. Elle s'était ouvert par ses grâces l'entrée des premières maisons ; elle était partout bienvenue, et, pour échapper à l'hôte importun, elle avait pris l'habitude de passer la soirée hors de son logis. Un homme, respectable par son âge et sa position, la reconduisait un soir chez elle dans sa propre voiture. Comme il prenait congé d'Antonelli, devant sa porte, la voix éclate entre eux, et l'on ramène chez lui, plus mort que vif, cet homme, qui savait l'histoire, aussi bien que mille autres personnes.

Une autre fois, un jeune ténor, qu'elle voulait bien souffrir, parcourait avec elle la ville en voiture, pour aller rendre visite à une amie. Il avait ouï parler de l'étrange phénomène, et, comme un joyeux garçon qu'il était, il doutait de ce prodige. Ils parlèrent de l'aventure. « Je voudrais bien, dit-il, entendre la voix de votre invisible compagnon : appelez-le donc ! Nous sommes deux ; nous n'aurons pas peur. » Audace ou légèreté, je ne sais ce qui put la déterminer, mais elle appela l'esprit, et, à l'instant même, la voix éclatante retentit au milieu de la voiture ; elle se fit entendre vivement trois fois de suite, et s'exhala en un triste gémissement. On les trouva tous deux évanouis dans l'équipage devant la maison de l'amie. On eut beaucoup de peine à leur faire reprendre connaissance, après quoi l'on apprit ce qui leur était arrivé.

Il fallut quelque temps à la belle pour se remettre. Cette frayeur, sans cesse renouvelée, altéra sa santé, et le fantôme bruyant parut lui laisser quelque trêve. Comme il fut longtemps sans se faire entendre, elle espéra même être enfin délivrée de lui entièrement : mais cette espérance était prématurée.

Après le carnaval, elle entreprit, avec une amie et une femme de chambre, un voyage de plaisir. Elle se proposait de faire une visite à la campagne. La nuit tomba avant qu'elles fussent arrivées au terme de leur course, et, quelque chose s'étant d'ailleurs brisé à la voiture, elles durent passer la nuit dans une méchante auberge, où elles s'arrangèrent de leur mieux.

Déjà l'amie s'était couchée, et la femme de chambre, après avoir allumé la veilleuse, allait se mettre dans l'autre lit auprès de sa maîtresse, quand celle-ci lui dit en riant :

« Nous sommes ici au bout du monde, et le temps est affreux : pourrait-il bien nous trouver ici ? »

A l'instant même, il se fit entendre plus fort et plus effroyable que jamais. L'amie crut que l'enfer était dans la chambre. Elle saute à bas du lit, elle court, dans l'état où elle se trouve ; elle descend l'escalier et appelle toute la maison. Personne ne ferma l'œil de la nuit. Mais ce fut aussi la dernière fois que la voix se fit entendre. Par malheur l'hôte fâcheux eut bientôt une nouvelle manière, plus importune, d'annoncer sa présence.

Il était demeuré quelque temps en repos, lorsqu'un soir, à l'heure accoutumée, comme Antonelli était à table avec sa société, une explosion, pareille à celle d'un fusil ou d'un pistolet fortement chargé, partit de la fenêtre dans la chambre. Tout le monde entendit le coup ; tout le monde vit le feu : mais, après un examen attentif, on trouva que le carreau n'avait pas la moindre atteinte. Cependant la société considéra l'incident comme très-grave, et tout le monde fut persuadé qu'on en voulait à la vie de la belle. On court à la police, on visite les maisons voisines, où l'on ne trouve rien de suspect ; on y place le lendemain des gardes du bas en haut ; on visite exactement la maison où demeure la chanteuse ; on distribue des espions dans la rue.

Toutes ces précautions furent vaines. Trois mois de suite, à la même heure, l'explosion se fit par la même fenêtre, sans endommager le carreau, et, ce qui était plus remarquable, toujours exactement une heure avant minuit : car, d'ordinaire, on compte à Naples d'après l'horloge italienne, dans laquelle minuit ne fait pas une époque particulière [1].

On finit par s'accoutumer à ce bruit, comme à l'autre, et l'on passa aisément à l'esprit son innocente malice. Le coup partait quelquefois sans effrayer la société, ou sans interrompre la conversation.

Un soir, après une journée très-chaude, la belle, sans songer

---

1. Parce que le cadran est divisé en vingt-quatre heures, à partir de six heures du soir, qui commence la journée.

à l'heure, ouvrit la fenêtre suspecte, et s'avança sur le balcon avec le marquis. Ils s'y trouvaient à peine depuis quelques minutes, que l'explosion se fit entre eux, et les repoussa violemment dans la salle, où ils tombèrent sans connaissance, étourdis du coup. Quand ils revinrent à eux, le marquis sentit, sur la joue gauche, et la belle, sur la joue droite, la douleur d'un violent soufflet, et, comme ils n'avaient pas d'autre mal, l'incident donna lieu à maintes remarques badines.

Dès lors ce bruit ne se fit plus entendre dans la maison, et Antonelli se croyait tout à fait délivrée de son invisible persécuteur, lorsque, dans une course qu'elle faisait, un soir, avec une amie, une aventure inopinée lui causa de nouveau la plus violente frayeur. Elles devaient traverser Chiaja, où le Génois avait autrefois demeuré. Il faisait un beau clair de lune. La dame qui était assise auprès d'elle lui dit : « N'est-ce pas ici la maison dans laquelle M. *** est mort? — C'est l'une de ces deux, autant que je puis le savoir, » répondit la belle. Dans ce moment, le coup partit de l'une d'elles et traversa le carrosse. Le cocher crut être attaqué, et poursuivit sa route avec toute la célérité possible. Arrivées au lieu de leur destination, les deux dames furent tirées comme mortes de la voiture.

Cette frayeur fut la dernière. L'invisible persécuteur de la belle changea de méthode, et, quelques soirs après, de bruyants claquements de mains éclatèrent devant ses fenêtres. Comme chanteuse et comédienne aimée du public, elle était accoutumée à ce bruit; il n'avait en soi rien d'effrayant, et l'on pouvait l'attribuer plutôt à quelqu'un de ses admirateurs. Elle y faisait peu d'attention; ses amis étaient plus vigilants, et, comme auparavant, ils postèrent des sentinelles : elles entendirent le bruit, toutefois, avant comme après, elles ne virent personne, et l'on espéra que ces apparitions ne tarderaient pas à cesser complétement.

Au bout de quelque temps, ce bruit s'évanouit à son tour, et se transforma en sons plus agréables. Ils n'étaient pas proprement mélodieux, mais charmants et suaves au delà de toute expression; ils paraissaient aux observateurs les plus attentifs partir de l'angle d'une rue de traverse, flotter dans le vague de l'air jusque sous la fenêtre, et là, s'exhaler avec une douceur infinie ; il semblait qu'un esprit céleste voulût, par un beau prélude, fixer l'attention sur une mélodie qu'il se disposait à faire entendre. Ces accents s'évanouirent enfin et ne se firent plus entendre, au bout de dix-huit mois que toute cette merveilleuse aventure avait duré.

Le conteur ayant fait silence un moment, les auditeurs commencèrent à exprimer leurs idées et leurs doutes au sujet de cette histoire. Était-elle vraie ? Pouvait-elle être vraie ?

Le vieillard soutint qu'il fallait qu'elle fût vraie pour être intéressante ; à son avis, comme histoire inventée, elle avait peu de mérite.

Quelqu'un fit observer là-dessus qu'il semblait singulier qu'on n'eût pas pris d'informations sur l'ami défunt et sur les circonstances de sa mort : cela aurait fourni peut-être quelques éclaircissements.

« On l'a fait, répondit le vieillard ; j'eus moi-même la curiosité d'aller chez lui, aussitôt après la première apparition, et de prendre un prétexte pour faire une visite à la dame qui lui avait prodigué, dans ses derniers jours, des soins vraiment maternels. Elle me dit que son ami avait nourri pour la chanteuse une passion incroyable ; que, dans les derniers temps de sa vie, il parlait d'elle presque uniquement, et l'avait représentée tour à tour comme un ange et comme un démon. Quand son mal eut empiré, il n'avait eu d'autre désir que de la voir encore une fois avant sa fin : apparemment, dans l'espérance de lui arracher encore une tendre parole, un mot de repentir, ou quelque marque d'amour et d'amitié. Qu'on juge de l'horreur que lui causa cette résistance obstinée. Le dernier refus avait visiblement hâté sa fin. Il s'était écrié, avec désespoir : « Non, elle n'y gagnera « rien. Elle me fuit ; eh bien, après ma mort, je ne lui laisserai « aucun repos. » C'est au milieu de ces transports qu'il expira, et nous ne devions éprouver que trop bien qu'on peut tenir parole même au delà du tombeau. »

La société ayant recommencé à discourir et à raisonner sur cette histoire, Frédéric dit enfin :

« J'ai un soupçon, mais je ne veux pas l'exprimer avant d'avoir repassé dans mon esprit toutes les circonstances, et pesé plus attentivement mes combinaisons. »

Comme on le pressait plus vivement, il éluda une réponse, en offrant de raconter à son tour une histoire, moins intéressante, il est vrai, et cependant de nature à ne pouvoir non plus jamais être expliquée avec une parfaite certitude.

« Chez un brave gentilhomme de mes amis, qui habitait un vieux château avec sa nombreuse famille, on élevait une orpheline, qui, parvenue à l'âge de quatorze ans, fut principalement attachée au service de la châtelaine. On était fort content d'elle; elle semblait ne désirer autre chose que de témoigner, par son attention et sa fidélité, sa reconnaissance à ses bienfaiteurs. Elle était jolie, et quelques épouseurs se présentèrent. On ne jugea pas qu'aucun d'eux pût faire son bonheur ; elle-même ne témoigna pas le moindre désir de se marier.

« Tout à coup il arriva que, si la jeune fille allait et venait dans la maison pour faire son service, on entendit çà et là heurter sous elle. D'abord cela parut accidentel ; mais, comme le bruit ne cessait point, et marquait, peu s'en faut, chacun de ses pas, elle en fut effrayée, et n'osait presque plus quitter la chambre de la châtelaine, la seule où elle trouvât du repos.

« Ces coups, toute personne qui marchait avec elle, ou qui se trouvait à peu de distance, les entendait. D'abord on en rit, puis on finit par trouver la chose désagréable. Le maître du château, qui était d'un esprit vif, observa lui-même les circonstances. On n'entendait pas heurter avant que la jeune fille marchât, et moins quand elle posait le pied qu'au moment où elle le levait pour continuer sa marche. Cependant les coups étaient quelquefois irréguliers, et ils étaient surtout très-forts quand elle traversait une grande salle.

« Un jour que le seigneur châtelain avait des ouvriers dans le voisinage, le bruit ayant redoublé, il fit enlever quelques planches derrière l'orpheline : il ne se trouva rien qu'une couple de gros rats, qui parurent au jour à cette occasion, et dont la chasse causa beaucoup de vacarme dans la maison.

« Irrité de cette aventure et de ce désordre, le maître eut recours à un moyen rigoureux : il prit son plus grand fouet de chasse à la muraille, et jura de fouetter la jeune fille jusqu'à la mort, si le bruit se faisait encore entendre une seule fois. Dès lors elle parcourut sans trouble toute la maison, et l'on n'entendit plus heurter jamais.

— Ce qui prouve clairement, dit vivement Louise, que la belle enfant était son propre fantôme, et, pour quelque raison, s'était donné cet amusement et se moquait de ses maîtres.

— Point du tout, reprit Frédéric, car ceux qui attribuaient le phénomène à un esprit croyaient qu'un bon génie voulait, à la vérité, que la jeune fille sortît de la maison, mais ne voulait pas qu'on lui fît aucun mal. D'autres considéraient la chose de plus près, et soutenaient qu'un des amants avait eu le talent ou l'adresse de produire ce bruit, afin d'obliger la jeune fille à quitter le château pour se jeter dans ses bras. Quoi qu'il en soit, la pauvre enfant dépérit presque entièrement, à la suite de cette aventure, et parut semblable à un spectre, elle qui avait été auparavant fraîche et vive, et la plus joyeuse de toute la maison. Mais ce dépérissement peut s'expliquer aussi de plus d'une manière.

— C'est dommage, dit Charles, qu'on n'approfondisse pas avec soin de pareils incidents, et que, dans l'appréciation d'événements qui nous intéressent si fort, il faille toujours flotter entre diverses vraisemblances, parce qu'on n'a pas observé toutes les circonstances au milieu desquelles arrivent ces prodiges.

— Par malheur, dit le vieillard, il est, en général, très-difficile de faire cet examen et de noter, dans le moment où il arrive quelque chose de pareil, tous les points, toutes les circonstances considérables, afin qu'on ne laisse rien échapper, où l'erreur et la tromperie se puissent cacher. Est-il bien facile de découvrir les ruses d'un escamoteur, quand même nous savons qu'il veut se jouer de nous? »

A peine le vieillard avait-il cessé de parler, qu'on entendit un fort craquement dans l'angle de la salle. Tout le monde tressaillit, et Charles dit en riant :

« Ce n'est pourtant pas un amant qui trépasse, et qui veut se faire entendre! »

Il aurait bien voulu reprendre ces paroles, car Louise devint pâle, et avoua qu'elle tremblait pour la vie de son fiancé.

Frédéric, pour la distraire, prit la lumière et s'approcha du secrétaire placé dans l'angle. L'abattant, qui était bombé, se trouvait fendu tout en travers ; on connaissait donc la cause du bruit : toutefois on trouva singulier que ce secrétaire, chef-d'œuvre de Roentgen[1], qui, depuis plusieurs années, était à cette place, se fût, par hasard, fendu dans ce moment. On l'avait signalé souvent comme le modèle d'un excellent et durable ouvrage d'ébénisterie, et maintenant il éclatait soudain, sans qu'on pût remarquer dans l'atmosphère le moindre changement.

« Vite! dit Charles, notons d'abord cette circonstance et observons le baromètre. »

Le mercure était parfaitement au même point que les jours précédents ; le thermomètre n'avait pas baissé plus que ne comportait naturellement le passage du jour à la nuit.

« C'est dommage, s'écria-t-il, que nous n'ayons pas un hygromètre sous la main : juste l'instrument qui serait le plus nécessaire.

— Il semble, dit le vieillard, que les instruments les plus nécessaires nous manquent toujours, quand nous voulons faire des expériences sur les esprits. »

Ils furent interrompus dans leurs réflexions par un domestique, qui vint à la hâte annoncer qu'on voyait au ciel une vive lueur, mais qu'on ne savait si le feu était à la ville ou dans la campagne.

Ce qui venait de se passer ayant déjà rendu les esprits plus accessibles à la frayeur, tout le monde fut plus frappé de cette nouvelle qu'on ne l'eût été peut-être dans un autre moment. Frédéric courut au belvédère de la maison, où se trouvait tracée avec détail, sur un grand disque horizontal, la carte du pays, au moyen de laquelle on pouvait déterminer assez exactement, même pendant la nuit, la situation des diverses localités. Le reste de la société attendit son retour avec assez de trouble et d'inquiétude. Frédéric revint et dit :

« Je n'apporte pas de bonnes nouvelles ; selon toute vraisemblance, le feu n'est pas à la ville, il est au château de notre

---

1. David Roentgen, mécanicien et ébéniste habile, membre du conseil de commerce à Neuwied.

tante. J'en connais très-bien la direction, et je crains de ne pas me tromper. »

On déplora la destruction de ces beaux bâtiments, et l'on calculait la perte.

« Cependant, ajouta Frédéric, il m'est venu une bizarre pensée, qui peut du moins nous rassurer sur le singulier signal du secrétaire. Avant tout, remarquons bien la minute à laquelle nous avons entendu le craquement. »

On calcula et l'on reconnut que ce pouvait être à onze heures et demie.

« Eh bien! riez tant qu'il vous plaira, poursuivit Frédéric, mais je vous dirai ma supposition. Vous savez que notre mère donna, il y a quelques années, à notre tante un secrétaire semblable, on pourrait dire tout pareil à celui-ci. Tous deux ont été fabriqués dans le même temps, du même bois, avec le plus grand soin, par le même maître, et je gagerais que, dans ce moment, l'autre secrétaire est la proie des flammes avec la maison de notre tante, et que son frère jumeau en est affecté. J'irai ce matin moi-même, et je tâcherai d'éclaircir, aussi bien que possible, ce fait extraordinaire. »

Frédéric avait-il réellement cette opinion, ou le désir de calmer sa sœur n'était-il pas pour quelque chose dans cette saillie? c'est ce que nous ne voulons pas décider. Quoi qu'il en soit, on en prit occasion de discourir sur quelques sympathies incontestables, et l'on finit par trouver assez vraisemblable celle qui existerait entre deux bois produits par une même tige, entre des ouvrages fabriqués par le même ouvrier. On convint que de pareils phénomènes pouvaient aussi bien passer pour des phénomènes naturels, que d'autres, qui se répètent plus souvent, que nous touchons de nos mains, et que pourtant nous ne pouvons expliquer.

« En général, dit Charles, il me semble que chaque phénomène, comme chaque fait en soi, est proprement ce qui intéresse. Celui qui l'explique, ou qui l'enchaîne avec d'autres événements, ne fait d'ordinaire que s'amuser lui-même et se moquer de nous, comme, par exemple, le naturaliste et l'historien. Un fait ou un événement isolé est intéressant, non parce qu'il est explicable ou vraisemblable, mais parce qu'il est vrai. Si, vers minuit, la flamme a dévoré le secrétaire de notre tante, le singulier craquement du nôtre dans le même temps est pour nous un événement vrai, qu'il soit d'ailleurs explicable, et s'enchaîne avec ce qu'il voudra. »

Bien que la nuit fût déjà très-avancée, nul ne sentait l'envie de dormir, et Charles offrit de raconter à son tour une histoire qui n'était pas moins intéressante, quoique plus facile peut-être à expliquer et à comprendre que les précédentes.

« Le maréchal de Bassompierre, dit-il, la raconte dans ses Mémoires. Qu'il me soit permis de le faire parler lui-même[1] :

« Il y avoit cinq ou six mois que, toutes les fois que je passois sur le Petit-Pont (car, en ce temps-là, le Pont-Neuf n'étoit point bâti), une belle femme lingère, à l'enseigne des Deux Anges, me faisoit de grandes révérences, ou m'accompagnoit de la vue, tant qu'elle pouvoit. Et, comme j'eus pris garde à son action, je la regardois aussi et la saluois avec plus de soin. Il avint que, lorsque j'arrivai de Fontainebleau à Paris, passant sur le Petit-Pont, dès qu'elle m'aperçut venir, elle se mit sur l'entrée de sa boutique et me dit, comme je passois : « Mon« sieur, je suis votre servante. » Je lui rendis son salut, et, me retournant de temps en temps, je vis qu'elle me suivoit de la vue aussi longtemps qu'elle pouvoit.

« J'avois mené un de mes laquais en poste, pour le renvoyer le soir même avec des lettres pour quelques dames. Je le fis lors descendre et donner son cheval au postillon, et l'envoyai dire à la jeune femme, que, voyant la curiosité qu'elle avoit de me voir et me saluer, si elle désiroit une plus particulière vue, j'offrois de la voir là où elle voudroit.

« Elle dit à ce laquais que c'étoit la meilleure nouvelle que l'on lui eût sçu apporter, et qu'elle iroit où je voudrois, pourvu que ce fût à condition de coucher entre deux draps avec moi.

« J'acceptai le parti, et dis à ce laquais s'il connoissoit quelque lieu où la mener. Il me dit qu'il connoissoit une m......... chez qui il la mèneroit; mais que, si je voulois, comme la peste

---

1. *Mémoires* de Bassompierre, t. I, p. 189 de l'éd. in-12. Amsterdam, 1723. — Goethe a suivi exactement l'original, que nous reproduisons, en ne lui faisant subir, comme notre auteur, que de légères modifications.

se montroit çà et là, il porteroit des draps, matelas et couvertes de mon logis; il m'y apprêteroit un bon lit.

« Je le trouvai bon, et, le soir, y allai et y trouvai une très-belle femme, âgée de vingt ans, qui étoit coëffée de nuit, n'ayant qu'une très-fine chemise sur elle, et une petite jupe de revêche verte, et des mules aux pieds, avec un peignoir, et me plut bien fort, et, me voulant jouer avec elle, je ne lui sçus faire résoudre, si je ne me mettois dans le lit avec elle, ce que je fis.... Le lendemain, je lui demandai si je ne la pourrois pas voir encore une autre fois; que je ne partirois que dimanche, dont cette nuit-là avoit été celle du jeudi au vendredi.

« Elle me répondit qu'elle le souhaitoit plus ardemment que moi, mais qu'il lui étoit impossible, si je ne demeurois tout dimanche, et que, la nuit du dimanche au lundi, elle me verroit. Et, comme je lui en faisois difficulté, elle me dit : « Je crois « que maintenant vous avez dessein de partir dimanche, mais « quand vous songerez à moi, vous serez bien aise de rester « un jour davantage pour me voir une nuit. »

« Enfin je fus aisé à persuader, et lui dis que je lui donnerois « cette journée, pour la voir, la nuit, au même lieu. Alors « elle me repartit : « Monsieur, je sçai bien que je suis en « un b..... infâme, où je suis venue de bon cœur pour vous « voir, de qui je suis amoureuse.... Or une fois n'est pas cou-« tume; et, forcée d'une passion, on peut venir une fois dans « le b.....; mais ce seroit être une g.... publique, d'y retourner « la deuxième fois. Je n'ai jamais connu que mon mari et vous, « ou que je meure misérable, et n'ai pas dessein d'en connoître « jamais d'autre. Mais que ne feroit-on pas pour une personne « que l'on aime et pour un Bassompierre? C'est pourquoi je « suis venue au b....., mais ç'a été avec un homme qui a rendu « ce b..... honorable par sa présence. Si vous voulez me voir « une seconde fois, ce sera chez une de mes tantes. »

« Elle m'indiqua la maison avec la plus grande exactitude, et ajouta : « Je vous y attendrai, depuis dix heures jusques à mi-« nuit, et plus tard encore laisserai la porte ouverte. A l'entrée, « il y a une petite allée, que vous passerez vite, car la porte « de la chambre de ma tante y répond, et trouverez un degré « qui vous mènera à ce second étage. »

« Ayant fait partir le reste de mon train, j'attendis le dimanche, pour voir cette jeune femme. Je vins à dix heures, et trouvai la porte qu'elle m'avoit marquée, et de la lumière bien grande, non-seulement au second étage, mais au troisième et au premier encore, mais la porte étoit fermée : je frappai, pour avertir de ma venue, mais j'ouïs une voix d'homme, qui me demanda qui j'étois.

« Je me retirai, et, étant retourné pour la deuxième fois, ayant trouvé la porte ouverte, j'entrai jusques à ce second étage, où je trouvai que cette lumière étoit la paille du lit, que l'on y brûloit, et deux corps nuds, étendus sur la table de la chambre. Alors je me retirai bien étonné, et, en sortant, je rencontrai des corbeaux[1], qui me demandèrent ce que je cherchois, et, moi, pour les faire écarter, mis l'épée à la main, et passai outre, m'en revenant à mon logis, un peu ému de ce spectacle inopiné. Je bus trois ou quatre verres de vin pur, qui est un remède en Allemagne contre la peste, et m'endormis pour m'en aller en Lorraine le lendemain matin, comme je fis.

« Et quelque diligence que j'aie sçu faire depuis, pour apprendre ce qu'étoit devenue cette femme, je n'en ai jamais rien sçu. J'ai été même aux Deux Anges, où elle logeoit, m'enquérir qui elle étoit, mais les locataires ne m'ont dit autre chose sinon qu'ils ne savoient point qui étoit l'ancien locataire.

« Je vous ai voulu dire cette aventure, bien qu'elle soit de personne de peu ; mais elle étoit si jolie, que je l'ai regrettée, et eusse désiré pour beaucoup de la revoir. »

— Cette énigme, dit Frédéric, n'est pas non plus très-facile à deviner, car il est toujours douteux de savoir si la gentille femme est morte de la peste dans la maison, ou si elle l'a seulement évitée par cette circonstance.

— Si elle avait vécu, répliqua Charles, elle aurait sans doute attendu son amant dans la rue, et nul péril ne l'aurait détournée de le chercher encore. Je crains toujours qu'elle ne fût couchée sur la table.

— Taisez-vous ! dit Louise, l'histoire est trop affreuse. Quelle

---

1. Nom que l'on donnait, surtout en temps de peste, à ceux qui étaient chargés d'enterrer les morts.

nuit passerons-nous, si nous allons nous coucher avec de pareilles images!

— Il me revient, dit Charles, une histoire plus agréable, et que Bassompierre raconte d'un de ses ancêtres.

« Une belle dame, qui aimait extraordinairement ce noble seigneur, allait le voir tous les lundis dans sa maison d'été, où il passait la nuit avec elle, faisant croire à sa femme qu'il avait consacré ce temps à une partie de chasse.

« Les amants s'étaient vus de la sorte deux ans de suite, quand la femme eut quelque soupçon, se glissa, un matin, dans la maison d'été, et trouva son mari et la belle dans un profond sommeil. Elle ne se sentit ni le courage ni la volonté de les éveiller, mais elle ôta son voile et l'étendit sur les pieds des amants endormis.... Quand la dame se réveilla, et qu'elle aperçut le voile, elle poussa un grand cri, elle éclata en plaintes bruyantes, et dit, en gémissant, qu'elle ne reverrait plus son amant, qu'elle n'oserait plus approcher de lui de cent lieues. Elle le quitta, après lui avoir fait trois présents pour ses filles légitimes, savoir une petite mesure pour le fruit, un anneau et une coupe, lui recommandant d'avoir le plus grand soin de ces trois cadeaux. On les garda soigneusement, et les descendants des trois filles attribuèrent à la possession de ces objets plus d'un événement heureux.

— Voilà, dit Louise, qui ressemble fort au conte de la belle Mélusine et à d'autres histoires de fées du même genre.

— Et pourtant, répliqua Frédéric, une tradition semblable et un pareil talisman se sont aussi conservés dans notre famille.

— Comment cela? dit Charles.

— C'est un secret : le père le transmet de son vivant au fils aîné, qui reste après lui possesseur du joyau.

— Tu l'as donc sous ta garde? demanda Louise.

— J'en ai déjà trop dit, » reprit Frédéric, en allumant la bougie pour se retirer.

La famille s'était réunie, comme à l'ordinaire, pour le déjeuner, et la baronne avait repris sa broderie. Après un moment de silence général, l'ecclésiastique dit en souriant :

« Il est rare que les chanteurs, les poëtes et les conteurs qui promettent d'amuser une compagnie, le fassent à propos; quand ils devraient montrer de la bonne volonté, ils se font d'ordinaire prier avec instance, et ils sont importuns quand on se passerait bien de les entendre. J'espère donc faire exception, en vous demandant si vous êtes disposés dans ce moment à entendre une histoire.

— Volontiers, dit la baronne, et je crois que tout le monde sera de mon avis. Mais, si vous voulez nous raconter une histoire par forme d'essai, je vous dirai quelle espèce je n'aime pas. Je ne prends aucun plaisir à ces récits dans lesquels, à la manière des *Mille et une Nuits*, un événement s'enchevêtre dans l'autre, un intérêt est effacé par l'autre; où le narrateur se voit contraint d'exciter par une interruption la curiosité, qu'il a éveillée étourdiment, et, au lieu de satisfaire l'attention par un enchaînement raisonnable, est obligé de l'irriter par des artifices bizarres, qui n'ont rien de louable. Je ne puis souffrir que l'on s'efforce de faire des rapsodies embrouillées d'histoires qui doivent se rapprocher de l'unité poétique, et que l'on corrompe le goût de plus en plus. Les sujets de vos récits, je vous en laisse le libre choix; seulement faites-nous voir, à la forme, que nous sommes en bonne société. Donnez-nous, pour commencer, une histoire où l'on trouve peu de personnages et peu d'événements, bien conçue et bien pensée, vraie, naturelle, sans être vulgaire; autant d'action qu'il est indispensable, autant de sentiment qu'il est nécessaire; qui ne languisse pas, qui ne se meuve pas trop lentement, toujours dans le même cercle, et qui, d'un autre côté, ne précipite point sa marche; où les hommes se montrent comme on aime à les voir, non point parfaits, mais bons, non point extraordinaires, mais aimables et intéressants. Que votre histoire nous amuse d'un bout à l'autre, que la conclusion nous satisfasse et nous laisse un secret désir d'y rêver encore.

— Si je vous connaissais moins bien, madame, reprit l'ecclésiastique, je croirais que, par ces hautes et sévères exigences, votre intention est de discréditer entièrement mon magasin, avant que j'en aie produit le moindre échantillon. Sur ce pied-là, on pourrait bien rarement vous satisfaire. Même en ce moment, poursuivit-il, après quelque réflexion, vous m'obligez à laisser de côté l'histoire que j'avais dans l'esprit et à la réserver pour une autre fois: et je ne sais pas si, dans ma précipitation, je ne fais pas un choix malheureux en vous racontant, à l'improviste, une vieille histoire, pour laquelle j'ai toujours senti quelque préférence. »

Dans une ville maritime d'Italie vivait autrefois un marchand, qui s'était distingué, dès sa jeunesse, par sa prudence et son activité. Il était d'ailleurs bon marin, et avait amassé de grandes richesses en faisant lui-même plusieurs voyages à Alexandrie, pour acheter ou échanger de précieuses marchandises, qu'il revenait débiter chez lui ou qu'il expédiait dans le nord de l'Europe. Sa fortune augmentait d'année en année, d'autant qu'il trouvait dans son travail même le plus grand plaisir, et qu'il ne lui restait aucun moment à perdre en amusements coûteux. Il avait poursuivi jusqu'à sa cinquantième année ces travaux assidus, et il connaissait peu les plaisirs de société, dont les tranquilles bourgeois savent assaisonner leur vie; les dames, quels que fussent les charmes de celles du pays, n'avaient fixé son attention qu'en ce sens, qu'il connaissait fort bien leur goût pour la toilette et la parure, et savait dans l'occasion le mettre à profit.

Aussi s'attendait-il bien peu au changement qui allait se faire en lui, lorsque son navire, portant une riche cargaison, entra dans le port de sa ville natale un jour de fête, que l'on célébrait surtout en faveur des enfants. Jeunes garçons et jeunes filles avaient coutume de se produire, après le service divin, sous toute sorte de déguisements; de se divertir, par la ville, en troupes ou en processions; puis de se livrer, en plein champ, dans une grande plaine, à mille jeux divers, à des exercices et des tours d'adresse, pour gagner, dans une lutte agréable, de petits prix étalés.

Notre marin assista d'abord avec plaisir à cette fête; mais lorsqu'il eut observé longtemps l'allégresse des enfants et la joie des parents, et vu tant de créatures humaines livrées à la jouissance d'un bonheur présent et des plus délicieuses espérances, il dut, en faisant un retour sur lui-même, être singulièrement frappé de sa solitude. Pour la première fois, sa maison déserte lui fut à charge et il dit avec tristesse :

« Malheureux que je suis! Pourquoi mes yeux s'ouvrent-ils

si tard? Pourquoi n'ai-je apprécié que dans un âge avancé les seuls biens qui puissent rendre l'homme heureux? Tant de fatigues, tant de périls, que m'ont-ils valu? Mes magasins sont pleins de marchandises; mes coffres, d'or et d'argent; mes armoires, de joyaux et de bijoux; mais ces biens ne peuvent réjouir ni satisfaire mon cœur. Plus je les entasse, plus ils semblent demander des compagnons : un bijou en appelle un autre, une pièce d'or une autre. Ils ne me reconnaissent point pour le maître; ils me crient avec menace : « Va, cours, amènes-en d'autres encore pareils à nous. » L'or n'aime que l'or, le joyau que le joyau. Ils m'ont ainsi gouverné tout le temps de ma vie, et je sens trop tard que tout cela ne me procure aucune jouissance. Hélas! à présent que les années arrivent, je commence à réfléchir et je me dis : « Tu ne jouis pas de ces « trésors et nul n'en jouira après toi. En as-tu jamais paré « une femme chérie? Ont-ils servi à l'établissement d'une fille? « As-tu mis un fils en état d'obtenir et de fixer l'affection d'une « tendre amante? Jamais ni toi-même, ni aucun des tiens, vous « n'avez joui de tes richesses, et ce que tu as amassé pénible- « ment, après ta mort, un étranger le dissipera dans les plai- « sirs. »

« Quelle différence de moi à ces heureux parents qui rassembleront ce soir leurs enfants autour de leur table, loueront leur adresse, les animeront à bien faire! Quelle joie brillait dans leurs yeux, et quel espoir semblait naître du présent! Ne pourrais-tu embrasser toi-même aucune espérance? Es-tu déjà un vieillard? Ne suffit-il pas que tu reconnaisses ta négligence avant le déclin de tes jours? Non, à ton âge, ce n'est pas encore une folie de songer au mariage. Avec ta richesse, tu peux trouver une aimable femme et la rendre heureuse; et, si tu vois encore des enfants dans ta maison, ces fruits tardifs te causeront les plus grandes jouissances, tandis qu'ils deviennent souvent, pour ceux à qui le ciel les envoie trop tôt, un fardeau et un tourment. »

Après s'être affermi dans sa résolution par ce monologue, il appela deux de ses matelots, et leur découvrit son dessein. Accoutumés à se montrer constamment empressés et prêts à le servir, ils n'y manquèrent pas non plus cette fois, et coururent la ville, pour aller à la recherche des plus jeunes et plus belles filles ; car leur maître, une fois désireux de cette marchandise, voulait aussi la trouver et la posséder du premier choix.

Il ne chôma pas plus que ses délégués ; il se donna du mouvement, il prit des informations, regarda, écouta, et trouva bientôt ce qu'il cherchait, dans une demoiselle qui méritait d'être proclamée la plus belle de la ville. Elle était âgée de seize ans, bien faite et bien élevée ; sa figure et ses manières offraient mille charmes et promettaient mille vertus.

Après de courtes négociations, qui assurèrent à la belle la position la plus avantageuse, soit pendant la vie soit après la mort de son mari, on célébra le mariage avec beaucoup d'appareil et de grandes fêtes, et, depuis ce jour, notre marchand sentit enfin qu'il possédait réellement ses richesses et qu'il en jouissait. Alors il fit avec joie la dépense des plus élégantes et plus riches étoffes, afin de parer cette belle personne ; les bijoux brillaient tout autrement sur le sein et dans les cheveux de sa bien-aimée qu'autrefois dans l'écrin, et les anneaux empruntaient une valeur infinie de la main qui les portait.

Il se sentait donc aussi riche ou, pour mieux dire, plus riche qu'auparavant, parce que ses biens semblaient recevoir du partage et de l'emploi un nouveau prix. Le couple vécut de la sorte une année presque entière dans le plus grand contentement, et le marchand semblait avoir oublié tout à fait son amour de la vie active et vagabonde, pour le sentiment du bonheur domestique. Mais une ancienne habitude ne se quitte pas si aisément ; une direction qu'on a prise de bonne heure peut bien être changée quelque temps, mais non entièrement interrompue.

Aussi, quand notre marchand en voyait d'autres s'embarquer ou rentrer heureusement dans le port, il ressentait souvent les mouvements de son ancienne passion, et, même dans sa maison, à côté de sa femme, il avait éprouvé quelquefois de l'inquiétude et du mécontentement. Son impatience s'accrut avec le temps ; elle devint une ardeur si vive, qu'il se trouvait extrêmement malheureux et finit par tomber sérieusement malade.

« Que vas-tu devenir ? se disait-il à lui-même. Tu reconnais maintenant combien il est insensé de quitter, dans un âge avancé, un ancien genre de vie pour un nouveau. Comment pourrions-nous chasser de notre esprit, et même de nos membres, ce que nous avons constamment poursuivi et recherché? Et qu'est-ce que j'éprouve, moi qui, jusqu'à ce jour, aimai l'eau comme le poisson et l'air comme l'oiseau, et qui me suis claquemuré dans une maison avec toutes mes richesses et la fleur de tous les trésors, une jeune et belle femme? J'espérais y gagner le contentement et jouir de ma fortune, et, au lieu de cela, il me semble que je perds tout, parce que je ne gagne rien de plus. On a tort de tenir pour insensés les hommes qui, avec une activité sans relâche, entassent trésors sur trésors; car l'activité est le bonheur, et, pour celui qui peut goûter les plaisirs d'une poursuite continuelle, la richesse acquise est insignifiante. Le défaut d'occupation me rend malheureux, le défaut de mouvement me rend malade; si je ne prends un parti, dans peu de temps je serai aux portes du tombeau.

« Mais on risque beaucoup à s'éloigner d'une aimable et jeune femme. Est-il raisonnable de rechercher en mariage une belle, faite pour inspirer et ressentir l'amour, et de l'abandonner, peu de temps après, à elle-même, à l'ennui, à ses impressions et à ses désirs? Déjà ne vois-je pas ces beaux jeunes gens vêtus de soie passer et repasser devant mes fenêtres? Déjà ne cherchent-ils pas à fixer sur eux, à l'église et dans les jardins, l'attention de ma chère moitié? Et que va-t-il arriver, quand je serai parti? croirai-je que ma femme puisse être sauvée par un miracle? Non, à son âge, avec sa complexion, il serait insensé d'espérer qu'elle se passât des plaisirs. Si je m'éloigne, à mon retour, j'aurai perdu l'amour de ma femme et sa fidélité, avec l'honneur de ma maison. »

Ces réflexions et ces doutes, qui le mirent quelque temps au supplice, aggravèrent son état au dernier point. Sa femme, ses parents et ses amis s'affligeaient de sa maladie, sans pouvoir en découvrir la cause. Enfin il se consulta une dernière fois, et, après quelque réflexion, il s'écria : « Homme insensé! tu te tourmentes pour garder une femme, que bientôt, si ton mal continue, tu laisseras veuve et pour un autre! N'est-il pas plus sage et meilleur de chercher à sauver du moins ta vie, bien que tu coures le danger de voir ta compagne perdre le trésor qu'on estime le plus précieux pour son sexe? Combien de maris ne peuvent empêcher par leur présence la perte de ce trésor, et renoncent patiemment à ce qu'ils ne peuvent conserver! Pourquoi n'aurais-tu pas le courage de laisser là ce joyau, puisque ta vie dépend de cette résolution? »

Après s'être ainsi encouragé lui-même, il manda ses matelots; il leur ordonna d'équiper un vaisseau comme de coutume, et de tenir tout prêt pour mettre à la voile au premier vent favorable. Ensuite il s'ouvrit à sa femme dans les termes suivants :

« Ne sois pas surprise de voir dans la maison un mouvement d'où tu peux conclure que je me dispose à partir; ne t'afflige pas, si je t'avoue que je songe à entreprendre un nouveau voyage sur mer. Mon amour pour toi est toujours le même, et il le sera certainement toute ma vie. Je sais apprécier le bonheur que j'ai goûté près de toi jusqu'aujourd'hui, et je le sentirais encore plus complétement, si je ne devais pas me faire souvent le secret reproche d'inactivité et de nonchalance. Mon ancienne passion se réveille, et mon ancienne habitude m'entraîne; permets-moi de revoir le marché d'Alexandrie, que je visiterai maintenant avec un plus vif intérêt, parce que j'espère y gagner pour toi les plus riches étoffes et les plus nobles joyaux. Je te laisse en possession de toute ma fortune; use et jouis de mes biens avec tes parents et tes proches. Le temps de l'absence arrive aussi à son terme, et nous aurons une joie nouvelle à nous revoir. »

L'aimable femme lui fit, en pleurant, les plus tendres reproches; elle assura que, sans lui, elle n'aurait pas une heure de joie; et, ne pouvant le retenir, ne voulant pas le gêner, elle le pria seulement de vouloir bien, même pendant l'absence, lui garder le meilleur souvenir.

Après l'avoir entretenue de quelques affaires domestiques, il garda un moment le silence, et, reprenant la parole :

« J'ai encore sur le cœur, lui dit-il, une chose dont tu souffriras que je parle avec franchise; mais je te conjure très-affectueusement de ne pas te méprendre sur mes paroles, et de voir même, dans cette inquiétude, l'amour que j'ai pour toi.

— Je devine, répondit la belle : tu t'inquiètes à mon sujet, parce que, suivant l'usage des hommes, tu ne vois dans notre sexe que faiblesse. Tu as observé chez moi, jusqu'à ce jour, la gaieté de mon âge, et tu crois qu'en ton absence, je serai légère et fragile. Je ne condamne pas ce sentiment; il est ordinaire chez vous autres hommes; mais, comme je connais mon cœur, je puis t'assurer que rien n'est capable de faire si aisément impression sur moi, et que nulle impression ne saurait être assez profonde pour me détourner du chemin où j'ai marché jusqu'à ce jour, guidée par l'amour et le devoir. Sois tranquille : tu retrouveras, à ton retour, ta femme aussi tendre et aussi fidèle que tu la trouvais le soir, lorsqu'après une courte absence tu revenais dans mes bras.

— Je sais que ce sont là tes sentiments, reprit le mari, et je te prie d'y rester fidèle. Cependant, supposons le cas le plus extraordinaire.... Pourquoi ne devrait-on pas le prévoir aussi? Tu sais comme ta belle et charmante figure attire les regards de nos jeunes gens : en mon absence tu les verras encore plus empressés; ils chercheront tous les moyens de t'approcher et même de te plaire. L'image de ton mari, comme aujourd'hui sa présence, ne les écartera pas toujours de ta porte et de ton cœur. Tu es une bonne et généreuse enfant, mais les vœux de la nature sont légitimes et pressants; ils sont toujours en lutte avec notre raison, et, d'ordinaire, ils remportent la victoire.... Ne m'interromps pas! Assurément, pendant mon absence, et même en pensant à moi, selon ton devoir, tu éprouveras de tendres désirs. Je serai quelque temps l'objet de tes vœux; mais qui sait quelles circonstances pourront se rencontrer, quelles occasions se présenter? Un autre moissonnera en réalité ce que l'imagination m'avait réservé. Pas d'impatience, je te prie, écoute-moi jusqu'au bout.

« S'il arrivait, cet événement, que tu déclares impossible, et que je ne souhaite pas non plus de hâter; si tu ne pouvais vivre plus longtemps dans la solitude et le veuvage, promets-moi de ne pas choisir à ma place un de ces jeunes étourdis, qui, avec tous les agréments de leur figure, sont plus dangereux encore pour la réputation d'une femme que pour sa vertu. Esclaves de la vanité plus que de la passion, ils font la cour à toutes les femmes, et ne trouvent rien de plus naturel que de sacrifier l'une à l'autre. Si tu te sens disposée à faire choix d'un ami, cherches-en un qui soit digne de ce nom; qui sache, discret et réservé, relever par le bienfait du mystère les joies de l'amour. »

La belle dame ne put cacher plus longtemps sa douleur; et ses larmes, qu'elle avait retenues jusqu'alors, jaillirent en abondance

« Quoi que tu penses de ta femme, s'écria-t-elle après les embrassements les plus tendres, rien n'est plus éloigné de moi que le crime qui te semble, en quelque sorte, inévitable. Si jamais j'en ai seulement la pensée, que la terre s'entr'ouvre et m'engloutisse; que je perde tout espoir de la félicité qui nous promet une si ravissante perspective de beaux jours! Chasse de ton cœur la défiance, et laisse-moi, dans toute sa pureté, l'espérance de te revoir bientôt dans mes bras. »

Après s'être efforcé, par tous les moyens, de tranquilliser sa femme, il s'embarqua le lendemain; son voyage fut heureux, et il aborda bientôt à Alexandrie.

Cependant la jeune beauté passait, dans la tranquille possession d'une grande fortune, une vie agréable et commode, mais retirée; elle ne voyait d'ordinaire personne que ses parents et sa famille; et, tandis que de fidèles serviteurs continuaient à gérer les affaires de son mari, elle habitait une grande maison, et, dans ces riches appartements, elle se plaisait à nourrir chaque jour le souvenir de son époux.

Mais, si grande que fût la solitude et la retraite où elle vivait, les jeunes gens de la ville n'étaient pas demeurés dans l'inaction. Ils ne tardèrent pas à passer fréquemment devant ses fenêtres, et, le soir, ils cherchèrent à fixer son attention par la musique et le chant. La belle solitaire trouva d'abord ces empressements incommodes et fatigants, puis elle s'y accoutuma bientôt; durant les longues soirées, elle accepta, sans rechercher d'où elles venaient, les sérénades, comme un agréable amusement, et laissait échapper malgré elle plus d'un soupir, à la pensée de l'absent.

Ses adorateurs inconnus, loin de se lasser peu à peu, comme elle l'avait espéré, parurent de plus en plus empressés et ne firent plus trêve à leurs poursuites. Elle pouvait distinguer les instruments et les voix qui revenaient, les mélodies qui se répétaient, et bientôt elle ne se refusa point la curiosité de savoir qui pouvaient être ces inconnus, et surtout les plus persévérants. Elle pouvait bien se permettre ces observations comme passe-temps.

Elle commença donc à regarder quelquefois dans la rue, à travers ses rideaux et ses persiennes, à observer les passants, et particulièrement à distinguer les cavaliers qui arrêtaient le plus longtemps les yeux sur ses fenêtres. C'étaient presque toujours de jeunes élégants, qui, il faut le dire, faisaient paraître dans leur maintien, comme dans leur extérieur, autant d'étourderie que de vanité. Ils voulaient plutôt, semblait-il, se faire remarquer, en observant avec attention le logis, que rendre une sorte d'hommage à la belle.

« En vérité, se disait quelquefois la dame en souriant, mon mari s'est avisé d'une heureuse idée! Par la condition sous laquelle il me permet un amant, il exclut tous ceux qui me témoignent de l'empressement et qui peut-être sauraient me plaire. Il n'ignore pas que la sagesse, la modestie et la discrétion sont les qualités d'un âge tranquille, des qualités que notre raison apprécie, mais qui n'excitent nullement notre imagination, et ne sauraient éveiller notre sympathie. Ceux qui assiégent ma maison de leurs gentillesses, je n'en ai rien à craindre, car ils n'inspirent aucune confiance, et ceux auxquels je pourrais donner ma confiance, je ne les trouve pas aimables du tout. »

Dans la sécurité que lui donnaient ces pensées, elle se permettait toujours plus de s'intéresser à la musique et à la figure des jeunes gens qui passaient devant chez elle, et, insensiblement, il se développa dans son cœur un inquiet désir qu'elle songea trop tard à combattre. La solitude et l'oisiveté, la vie heureuse, opulente et facile, étaient un élément dans lequel un désir déréglé devait s'éveiller plus tôt que l'aimable enfant ne pensait.

Alors elle se prit à admirer, avec de secrets soupirs, entre autres mérites de son époux, sa connaissance du monde et des hommes, et particulièrement du cœur des femmes.

« Ainsi donc, se disait-elle, ce que je lui contestais si vivement était possible! Il était donc nécessaire de me conseiller, en pareil cas, les précautions et la prévoyance! Mais que peuvent les précautions et la prévoyance, quand le hasard impitoyable semble se jouer d'un vague désir? Comment choisir celui que je ne connais pas, et, quand la connaissance est faite, est-on libre de choisir encore? »

Avec ces pensées et mille autres pareilles, la belle dame aggravait le mal, qui avait déjà fait chez elle assez de progrès. Vainement elle essaya de se distraire; chaque objet agréable excitait sa sensibilité, et celle-ci faisait surgir, au milieu même de sa profonde solitude, des visions agréables dans son imagination.

Elle se trouvait dans cette situation, lorsque, entre autres nouvelles de la ville, elle apprit de ses parents qu'un jeune jurisconsulte, qui avait étudié à Bologne, venait de rentrer dans sa ville natale. On ne pouvait assez dire de choses à sa louange. Avec un savoir extraordinaire, il montrait une sagesse et une habileté qui n'étaient guère de son âge, et, avec une charmante figure, la plus grande modestie. Il eut bientôt gagné, comme avoué, la confiance des particuliers et l'estime des juges. Il se rendait chaque jour à l'hôtel de ville, pour y soigner et suivre ses affaires.

La belle n'entendit pas l'éloge d'un homme si accompli, sans désirer de faire sa connaissance et sans former le vœu secret de trouver en lui l'homme auquel, d'après les instructions mêmes de son mari, elle pourrait abandonner son cœur. Aussi, quelle ne fut pas son attention, lorsqu'elle apprit qu'il passait chaque jour devant chez elle! Avec quel soin n'observa-t-elle pas l'heure à laquelle on avait coutume de se rendre à l'hôtel de ville! Ce ne fut pas sans émotion qu'elle le vit enfin passer, et, si sa bonne mine et sa jeunesse durent nécessairement avoir de l'attrait pour elle, d'un autre côté, sa modestie lui donna du souci.

Pendant quelques jours, elle l'avait observé secrètement : enfin elle ne put résister plus longtemps au désir d'attirer son attention. Elle s'habille avec élégance, elle s'avance au balcon, et le cœur lui bat, en le voyant s'avancer dans la rue. Mais qui pourra dire son trouble, sa confusion, quand le jurisconsulte, avec une démarche posée, comme à l'ordinaire, l'air pensif et les yeux baissés, passa son chemin avec grâce, sans même la remarquer ?

Vainement elle essaya, de la même manière, plusieurs jours de suite, de fixer son attention. Il allait toujours du même pas, sans lever les yeux ou les porter à droite et à gauche. Cependant, plus elle l'observait, plus il lui semblait être l'homme qui lui était si nécessaire. Son inclination devenait de jour en jour plus vive, et, n'étant point combattue, elle finit par dominer absolument.

« Eh! quoi! se disait la belle dame, après que ton noble et sage époux a prévu la situation dans laquelle tu te trouverais en son absence; quand sa prédiction se vérifie, que tu ne pourrais vivre sans ami, sans favori, dois-tu te consumer de langueur, dans le temps même où la fortune te montre un jeune homme parfaitement à ton gré, au gré de ton mari, un jeune homme avec lequel tu peux goûter les plaisirs de l'amour dans un secret impénétrable ? Insensé qui laisse échapper l'occasion ! insensé qui veut résister à l'indomptable amour ! »

Par ces réflexions et d'autres pareilles, la belle cherchait à se fortifier dans sa résolution. Elle ne fut pas longtemps encore agitée par l'incertitude; et, comme il arrive qu'une passion, à laquelle nous résistons longtemps, finit par nous entraîner tout à coup, et transporte tellement notre cœur, que nous considérons avec mépris, comme de faibles obstacles, l'inquiétude et la peur, la retenue et la honte, la position et les devoirs, elle prit soudain la brusque résolution d'envoyer à cet homme chéri une jeune fille qui la servait, et, quoi qu'il en pût coûter, de parvenir à sa possession.

La jeune fille courut chez le jurisconsulte, qui se trouvait dans ce moment à table avec de nombreux amis; elle le salua de la part de sa maîtresse, et lui fit son message ponctuellement. Le jeune avoué n'en fut point surpris : il avait connu le marchand dans sa jeunesse; il savait son absence, et, quoiqu'il n'eût ouï parler que vaguement de son mariage, il supposa que la femme, isolée pendant le voyage de son mari, avait probablement besoin des conseils de l'avoué dans une affaire importante.

Il répondit par conséquent à la jeune fille de la manière la plus empressée, et il assura qu'il ne manquerait pas, aussitôt qu'on serait sorti de table, d'aller rendre ses devoirs à sa maîtresse. La belle apprit avec une joie inexprimable qu'elle allait voir et entretenir l'homme qu'elle aimait. Elle se hâta de mettre ses plus beaux habits, de faire nettoyer parfaitement sa maison et sa chambre ; elles furent jonchées de feuilles et de fleurs d'oranger, et le sofa, couvert des plus précieux tapis. La belle passa dans ces occupations les courts moments qui s'écoulèrent avant l'arrivée du jeune homme, et qui lui auraient paru sans cela d'une longueur insupportable.

Avec quelle émotion elle s'avança à sa rencontre, lorsqu'enfin il parut ! Avec quel trouble, en s'asseyant elle-même sur le sofa, elle l'invita à prendre place sur un tabouret, qui se trouvait tout auprès ! En sa présence tant désirée, elle demeurait interdite ; elle n'avait pas réfléchi à ce qu'elle voulait lui dire : lui-même il restait muet devant elle, dans une attitude modeste. Enfin elle prit courage, et dit, non sans inquiétude et sans saisissement :

« Il y a bien peu de temps, monsieur, que vous êtes revenu dans votre ville natale, et déjà vous êtes connu de tout le monde pour un homme plein de talent et de probité : à mon tour, je mets en vous ma confiance pour une affaire importante et singulière, qui, à la bien considérer, regarde plutôt le confesseur que l'avoué. Depuis une année je suis la femme d'un riche et excellent homme, qui, aussi longtemps que nous avons vécu ensemble, a témoigné les plus grandes attentions pour moi, et dont je n'aurais pas à me plaindre, si, depuis quelque temps, un désir inquiet de voyager et de trafiquer ne l'avait pas arraché de mes bras.

« En homme juste et éclairé, il sentait bien le tort qu'il me faisait en s'éloignant ; il comprenait qu'une jeune femme ne peut être gardée sous clef comme des joyaux et des perles ; il savait qu'elle ressemble plutôt à un jardin plein de beaux fruits, qui seraient perdus pour chacun, comme pour le maître, si, par caprice, il en voulait fermer la porte quelques années : il me parla donc très-sérieusement avant son départ ; il m'assura que je ne pourrais vivre sans ami ; il ne se borna pas à me donner la permission, il me pressa même et m'arracha, en quelque sorte, la promesse de m'abandonner librement et sans scrupule au penchant qui se développerait dans mon cœur. »

La belle fit silence un moment, mais bientôt un regard fort expressif du jeune homme lui donna le courage de continuer ses aveux :

« Mon mari mit une seule condition à une permission d'ailleurs si indulgente. Il me recommanda la plus grande prudence, et me demanda expressément de choisir un ami sage, posé, sûr et discret. Épargnez-moi le reste, monsieur ; épargnez-moi l'embarras que j'aurais à vous dire combien je suis éprise de vous, et devinez par cette marque de confiance mon espoir et mes vœux. »

Après un court silence, l'aimable jeune homme répondit fort posément :

« Combien je vous suis obligé d'une confiance qui me comble d'honneur et de joie! Je souhaiterais vivement vous convaincre que vous n'avez pas jeté les yeux sur un homme indigne d'une telle faveur. Laissez-moi d'abord vous répondre comme jurisconsulte. En cette qualité, j'avoue que j'admire votre mari d'avoir senti, d'avoir vu si clairement son injustice : car il est certain que l'homme qui abandonne une jeune femme, pour visiter des pays lointains, doit être considéré comme celui qui délaisse absolument une autre propriété, et, par cet acte d'une parfaite évidence, renonce à tout droit sur elle. Or, comme il est permis au premier venu d'occuper une chose devenue ainsi vacante, je dois, à plus forte raison, juger équitable et naturel qu'une dame, qui se trouve en cet état donne une seconde fois son cœur, et se livre sans scrupule à un ami qui lui semble aimable et sûr. Arrive-t-il, comme ici, par surcroît, que le mari lui-même, dans le sentiment de son injustice, permette en termes formels à sa femme abandonnée ce qu'il ne peut lui défendre, il ne reste pas le moindre doute, d'autant qu'on ne fait pas injure à celui qui a déclaré souffrir la chose volontairement.

« Maintenant, poursuivit le jeune homme, avec de tout autres regards, avec une expression passionnée, en prenant la main de sa belle amie, si vous me choisissez pour votre serviteur, vous me faites connaître une félicité dont je n'eus jusqu'à ce jour aucune idée. Soyez assurée, s'écria-t-il en lui baisant la main, que vous n'auriez pu trouver un ami plus dévoué, plus tendre, plus fidèle et plus discret. »

Que la belle femme se sentit rassurée après cette déclaration! Elle ne craignit pas de laisser voir au jeune jurisconsulte sa tendresse de la manière la plus vive; elle lui serra les mains, se pressa contre lui, appuya la tête sur son épaule. Ils n'étaient pas restés longtemps dans cette position, quand le jeune homme chercha doucement à s'écarter de la belle, et se mit à lui dire non sans douleur :

« Un homme peut-il bien se trouver dans une situation plus singulière? Je suis forcé de m'éloigner de vous et de me faire la plus cruelle violence, dans un moment où je devrais m'abandonner aux sentiments les plus doux. Il m'est défendu de goûter maintenant le bonheur qui m'attend dans vos bras. Ah! puisse du moins ce délai ne pas me frustrer de mes plus belles espérances! »

La belle demanda avec anxiété la cause de cette singulière confidence.

« Comme j'achevais mes études à Bologne, poursuivit-il, et faisais les derniers efforts pour me préparer à ma profession future, je tombai dans une grave maladie, qui, sans être mortelle, menaça de détruire les forces de mon corps et de mon esprit. Dans cette extrémité, et au milieu des plus violentes douleurs, je promis à la Mère de Dieu que, si elle m'accordait la guérison, je passerais toute une année dans un jeûne austère, et m'abstiendrais de toute jouissance quelconque. Voilà dix mois que j'ai observé mon vœu avec la plus grande fidélité, et, en considération du grand bienfait que j'ai reçu, le temps ne m'a point semblé long, car je n'ai point trouvé pénible de renoncer à bien des jouissances ordinaires et connues; mais quelle éternité deviennent pour moi les deux mois qui restent, puisqu'il ne m'est permis de goûter qu'après ce terme écoulé, un bonheur qui surpasse toute idée! Que ce temps ne vous semble pas trop long, et ne me retirez pas votre faveur, que vous m'avez de si bon gré réservée. »

La belle, qui n'était guère satisfaite de cette déclaration, fut cependant un peu réconfortée, quand son ami poursuivit en ces termes :

« J'ose à peine vous faire une proposition, et vous indiquer le moyen par lequel je puis être plus tôt délié de mon vœu. Si je trouvais une personne qui entreprît de l'observer aussi sévèrement et aussi constamment que moi, et qui voulût partager avec moi le temps qui reste encore, je serais libre d'autant plus vite, et rien ne s'opposerait à nos désirs. Ma douce amie, pour avancer notre bonheur, ne seriez-vous point disposée à écarter une partie de l'obstacle qui nous arrête? Ce n'est qu'une personne de toute confiance que je puis charger d'une part de mon vœu. Il est sévère : réduit au pain et à l'eau, je ne dois faire par jour que deux repas ; je dois abréger mon sommeil et dormir sur une couche dure, et, malgré mes occupations multipliées, réciter un grand nombre de prières. Si je ne peux, comme cela m'est arrivé aujourd'hui, éviter de paraître à un festin, je ne dois pas néanmoins négliger mon devoir ; il faut, au contraire, que je m'efforce de résister aux séductions de tous les bons morceaux qui passent devant moi. Si vous pouvez vous résoudre à observer, un mois durant, toutes ces conditions, vous jouirez d'autant plus de posséder un ami que vous l'aurez, en quelque sorte, conquis vous-même par cette louable entreprise. »

La belle dame apprit avec chagrin les obstacles qui s'opposaient à son amour ; mais sa passion pour le jeune homme s'était si fort augmentée par sa présence, que nulle épreuve ne lui sembla trop rigoureuse pour s'assurer la possession d'un bien si précieux. Aussi lui dit-elle de la façon la plus obligeante :

« Mon doux ami, le miracle par lequel vous avez recouvré la santé est pour moi-même si précieux et si respectable, que je me fais un plaisir et un devoir de m'associer au vœu que vous avez promis de remplir par reconnaissance. Je suis heureuse de vous donner une preuve si certaine de mon amour ; je me réglerai ponctuellement sur votre prescription, et, tant que vous ne m'en aurez pas dispensée, rien ne m'écartera de la voie dans laquelle vous me faites entrer. »

Quand le jeune homme eut parfaitement réglé avec la belle les conditions auxquelles elle pouvait lui épargner la moitié de de sa pénitence, il s'éloigna, en assurant qu'il reviendrait bientôt la voir, et s'informer si elle persistait heureusement dans sa résolution. Ainsi donc elle dut le laisser partir et prendre congé d'elle, sans un serrement de main, sans un baiser, avec un regard qui disait à peine quelque chose. Heureusement pour elle, son étrange entreprise lui donna de l'occupation : elle avait en effet bien des choses à faire pour changer entièrement son genre de vie. D'abord on balaya les feuilles et les fleurs qu'elle avait fait répandre pour fêter l'arrivée du jeune homme; le moelleux sofa fut remplacé par une couche dure, où elle chercha le sommeil, après avoir, pour la première fois de sa vie, soupé maigrement de pain et d'eau. Elle s'occupa le lendemain à couper et à coudre des chemises, dont elle avait promis de faire un certain nombre pour une maison de pauvres et de malades. Pendant ce travail pénible et nouveau, elle ne cessa de rêver à son doux ami et à l'espérance de son bonheur prochain, et ces idées lui firent trouver dans ses maigres aliments une nourriture propre à fortifier le cœur.

Ainsi s'écoula une semaine, à la fin de laquelle les roses de ses joues commencèrent un peu à pâlir. Les habits qui auparavant allaient bien à sa taille se trouvèrent trop larges, et ses membres, jusqu'alors agiles et lestes, étaient devenus faibles et mous, quand l'ami reparut, et, par sa visite, lui donna de nouvelles forces et une nouvelle vie. Il l'exhorta à persévérer dans son dessein, l'encouragea par son exemple, lui fit entrevoir de loin l'espérance d'un bonheur sans mélange. Il s'arrêta peu, et promit de revenir bientôt.

La belle poursuivit, avec une ardeur nouvelle, son salutaire travail; elle ne se relâcha aucunement de sa diète austère; mais, hélas! une grande maladie n'aurait pu l'épuiser davantage. Son ami, qui revint la visiter à la fin de la semaine, ne put la voir sans la plus grande pitié, et la fortifia, en lui faisant considérer que la moitié de l'épreuve était déjà subie.

Le jeûne, la prière et le travail inaccoutumé lui devinrent chaque jour plus pénibles, et cette abstinence excessive parut détruire entièrement la santé d'une personne accoutumée au repos et à une succulente nourriture. La belle finit par ne pouvoir plus se tenir debout, et, malgré la chaleur de la saison, elle devait s'envelopper de doubles et triples vêtements, afin de conserver un peu la chaleur naturelle, presque entièrement dissipée. Elle n'était plus en état de rester levée, et, dans les derniers jours, elle fut même forcée de garder le lit.

Quelles réflexions ne dut-elle pas faire sur son état! Que de fois cette singulière aventure occupa son âme, et quelle fut sa douleur, quand elle vit dix jours s'écouler sans aucune visite de l'ami qui lui coûtait ces pénibles sacrifices! Mais dans ces tristes heures se préparait, au contraire, son entière guérison, sa guérison décisive. En effet, son ami ayant paru bientôt après, et s'étant assis à son chevet, sur le même tabouret où il avait entendu son premier aveu, comme il l'exhortait avec douceur, même avec tendresse, à persévérer fermement pendant le peu de temps qui restait, elle l'interrompit et lui dit avec un sourire :

« Il n'est plus nécessaire de m'exhorter, mon digne ami, et j'accomplirai mon vœu, pendant ce peu de jours, avec patience et avec la persuasion que vous me l'avez imposé pour mon plus grand bien. Je suis trop faible aujourd'hui pour vous exprimer ma reconnaissance comme je l'éprouve; vous m'avez préservée, vous m'avez rendue à moi-même, et je reconnais que je vous suis dès à présent redevable de tout mon être. En vérité, mon mari était habile et sage, et il connaissait le cœur des femmes : il fut assez juste pour ne pas se fâcher d'une inclination qui pouvait naître dans mon cœur par sa faute ; il fut même assez généreux pour subordonner ses droits au vœu de la nature; vous aussi, monsieur, vous êtes sage et bon; vous m'avez fait sentir qu'il est en nous, à côté de la passion, quelque chose qui peut lui faire équilibre; que nous sommes capables de renoncer à tous les biens accoutumés et d'imposer silence à nos plus ardents désirs. Vous m'avez introduite dans cette école par l'erreur et l'espérance; mais elles ne sont plus nécessaires, une fois que nous avons appris à connaître ce moi puissant et bon, qui habite en nous, secret et paisible, et, jusqu'au moment où il se rend maître du logis, nous fait du moins sentir continuellement sa présence par de tendres avertissements. Adieu! votre amie vous reverra désormais avec plaisir. Agissez sur vos concitoyens comme sur moi ; qu'il ne vous suffise pas de débrouiller les difficultés qui ne s'élèvent entre eux que trop aisément, au sujet des biens de fortune ; montrez-leur aussi, par une direction insinuante et par votre exemple, que chez tout homme germe en secret la force de la vertu ; l'estime générale sera votre récompense, et, mieux que le premier homme d'État et le plus grand héros, vous mériterez qu'on vous proclame LE PÈRE DE LA PATRIE. »

« Votre avoué mérite nos éloges, dit la baronne ; il est charmant, sage, amusant et instructif. Tels devraient être tous ceux qui veulent nous détourner ou nous faire revenir d'une erreur. En vérité, votre conte mérite, plus que beaucoup d'autres, le titre honorable de conte moral. Donnez-nous-en beaucoup de pareils, et notre société y prendra certainement plaisir.

LE VIEILLARD.

Si cette histoire obtient votre suffrage, j'en suis charmé ; mais, si vous demandez d'autres contes moraux, j'ai le regret de vous dire que celui-là est le premier et le dernier.

LOUISE.

Il n'est pas fort honorable pour vous de n'avoir justement dans votre collection qu'une seule histoire de la meilleure espèce.

LE VIEILLARD.

Vous me comprenez mal : ce n'est pas la seule histoire morale que je puisse raconter, mais elles se ressemblent toutes, au point que l'on semble raconter toujours la même.

LOUISE.

Vous devriez enfin vous désaccoutumer de ces paradoxes, qui ne font qu'embrouiller la conversation. Expliquez-vous plus clairement.

LE VIEILLARD.

Très-volontiers. Pour qu'un récit mérite d'être appelé moral, il doit montrer que l'homme possède en lui la force d'agir même contre son inclination, par le sentiment de quelque chose de meilleur.

LOUISE.

Il faut donc, pour agir moralement, agir contre son inclination ?

LE VIEILLARD.

Oui.

LOUISE.

Même quand elle est bonne?

LE VIEILLARD.

Aucune inclination n'est bonne en soi : elle l'est seulement en tant qu'elle produit quelque bien.

LOUISE.

Et si l'on avait de l'inclination pour la bienfaisance?

LE VIEILLARD.

Il faut s'interdire d'être bienfaisant, aussitôt que l'on ruine par là ses affaires domestiques.

LOUISE.

Et si l'on avait une irrésistible inclination pour la reconnaissance?

LE VIEILLARD.

On a déjà pourvu à ce que jamais chez les hommes la reconnaissance ne puisse devenir une inclination. Toutefois, le cas supposé, il serait digne d'estime, l'homme qui aimerait mieux se montrer ingrat que d'entreprendre pour l'amour de son bienfaiteur quelque chose de honteux.

LOUISE.

Il pourrait donc exister une foule d'histoires morales?

LE VIEILLARD.

Oui, dans ce sens; cependant toutes ces histoires ne diraient rien de plus que mon avoué : c'est pourquoi l'on peut, dans le fond, l'appeler unique; néanmoins, vous avez raison de le dire, la matière peut être diverse.

LOUISE.

Il fallait vous expliquer plus précisément, nous n'aurions pas disputé.

LE VIEILLARD.

Mais aussi nous n'aurions pas discouru. Les confusions et les malentendus sont les sources de la vie active et des conversations.

LOUISE.

Je ne puis encore être tout à fait de votre avis. Quand un brave homme en sauve d'autres au péril de sa vie, ne fait-il pas une action morale?

LE VIEILLARD.

Non pas dans le sens que j'ai attaché à cette expression;

mais lorsqu'un homme craintif surmonte sa crainte, et fait la même chose, c'est une action morale.

LA BARONNE.

Donnez-nous, cher ami, encore quelques exemples, et, à cette occasion, accordez-vous avec Louise sur la théorie. Assurément un cœur incliné au bien nous offre un spectacle qui nous charme; cependant il n'est rien au monde de plus beau qu'une inclination dirigée par la raison et la conscience. Si vous avez encore une histoire de ce genre, nous l'écouterons volontiers. J'aime beaucoup les histoires parallèles; l'une rappelle l'autre, et en explique le sens mieux que beaucoup de sèches paroles.

LE VIEILLARD.

Je puis en rapporter quelques-unes encore qui ont le même objet, car ces qualités du cœur humain ont fixé particulièrement mon attention.

LOUISE.

Je vous ferai une seule prière. Je n'aime pas, je l'avoue, les histoires qui entraînent toujours notre imagination dans les pays étrangers. Faut-il donc que tout se passe en Italie, en Sicile, en Orient? Naples, Palerme et Smyrne sont-elles les seules villes où il puisse arriver quelque chose d'intéressant? On pourra transporter la scène d'un conte de fées à Ormuz et à Samarcande, pour dérouter notre imagination; mais votre intention est-elle de cultiver notre esprit et notre sentiment, donnez-nous des scènes nationales, des tableaux de famille, nous saurons bien plus tôt nous y reconnaître, et, quand nous serons touchés, nous porterons, avec bien plus d'émotion, la main sur notre cœur.

LE VIEILLARD.

Vous serez encore satisfaite en ce point : par malheur, les tableaux de famille ont ceci de particulier, qu'ils se ressemblent tous, et nous avons déjà vu presque tous ces sujets traités avec talent sur nos théâtres. Cependant j'essayerai de vous raconter une histoire dont l'analogue vous est déjà connu, et qui ne pourrait vous sembler nouvelle et intéressante que par une exacte peinture des mouvements du cœur.

On peut remarquer souvent dans les familles que, soit pour

l'esprit, soit pour le corps, les enfants tiennent tantôt du père, tantôt de la mère; et quelquefois il arrive aussi qu'un enfant réunit, d'une manière étonnante, les caractères de l'un et de l'autre.

Un jeune homme, que j'appellerai Ferdinand, en offrait un exemple singulier. Sa conformation rappelait son père et sa mère, et l'on pouvait discerner parfaitement leur caractère dans le sien. Il avait la légèreté et la gaieté de son père, son inclination à jouir du moment, et, dans quelques occasions, une pente assez forte à ne considérer que lui. Mais il semblait tenir de sa mère une réflexion calme, le sentiment de la justice et de l'équité, et une disposition généreuse à se sacrifier pour les autres. Par là, on juge aisément que ceux qui vivaient avec lui étaient souvent réduits, pour expliquer sa conduite, à supposer qu'il avait peut-être deux âmes.

Je passe maintes scènes de sa jeunesse pour ne rapporter qu'une aventure, qui met en lumière son caractère tout entier, et qui marqua dans sa vie d'une manière décisive.

Il avait toujours vécu dans l'aisance, dès son jeune âge, car ses parents étaient riches; ils vivaient et ils élevaient leurs enfants comme il convient à leurs pareils, et si, dans le monde, le père dépensait plus que de raison au jeu et en ajustements, la mère savait, en bonne ménagère, réduire les dépenses ordinaires à de telles limites, qu'en somme l'équilibre se maintenait, et qu'on ne s'apercevait jamais d'aucune gêne. D'ailleurs le père était heureux dans le commerce; plusieurs spéculations hardies lui réussirent, et, comme il recherchait la société des hommes, il était secondé dans ses affaires par de nombreuses relations et par le concours de divers amis.

Les enfants, avec l'ardeur de leur âge, prennent d'ordinaire pour modèle, dans la maison, celui qui semble vivre et jouir davantage. Ils voient dans un père qui s'adonne au plaisir la règle décisive à laquelle ils doivent conformer leur vie, et, comme ils se font cette idée de très-bonne heure, leurs vœux et leurs désirs vont, le plus souvent, fort au delà des ressources de leur famille. Ils se trouvent bientôt gênés en toute chose, d'autant plus que chaque nouvelle génération a des prétentions nouvelles et plus précoces, et que les parents, de leur côté, ne voudraient presque jamais accorder aux enfants que les jouissances qu'ils avaient eux-mêmes dans le temps passé, où chacun s'accommodait encore d'une vie plus modeste et plus simple.

Ferdinand grandissait avec le sentiment désagréable qu'il manquait souvent des choses dont ses camarades étaient pourvus. Il ne voulait le céder à personne pour l'habillement, pour une certaine ampleur de vie et de conduite; il voulait ressembler à son père, dont il avait tous les jours l'exemple devant les yeux, et qui lui paraissait, à double titre, un modèle, d'abord comme père, qualité qui inspire d'ordinaire au fils un préjugé favorable; ensuite, parce que l'enfant voyait que l'homme fait passait de la sorte une vie heureuse et pleine de jouissances, en même temps qu'il se conciliait l'estime et l'affection de tout le monde.

On peut juger que Ferdinand avait là-dessus, avec sa mère, plus d'une discussion, quand il refusait de porter la défroque de son père, et voulait toujours s'habiller lui-même à la mode. Il grandissait, et ses prétentions grandissaient plus vite encore, en sorte qu'à la fin, lorsqu'il fut arrivé à l'âge de dix-huit ans, il dut se trouver sans rapport avec sa situation.

Jusqu'alors il n'avait pas fait de dettes, parce que sa mère lui en avait inspiré l'horreur, qu'elle avait cherché à conserver sa confiance, et, dans plusieurs occasions, avait fait les derniers efforts pour remplir ses vœux ou pour le tirer de petits embarras. Malheureusement, dans le temps où, devenu un jeune homme, il portait toujours plus ses regards autour de lui; où, s'étant épris d'une fort belle personne, il fut mêlé dans le grand monde, et désira d'égaler les autres, et même de se distinguer et de plaire, la mère fut obligée de restreindre plus que jamais la dépense de la maison : ainsi donc, au lieu de satisfaire, comme auparavant, à ses demandes, elle fit appel à sa raison, à son bon cœur, à son affection pour elle, et, en le persuadant, mais sans le corriger, elle le réduisit au désespoir.

Il ne pouvait, sans perdre tout ce qui lui était aussi cher que la vie, renoncer aux relations dans lesquelles il se trouvait engagé; dès son plus jeune âge il s'était acheminé à cette position; il avait grandi avec tout ce qui l'entourait; il ne pouvait se dérober à aucune de ses liaisons, de ses sociétés, de ses promenades et ses parties de plaisir, sans offenser en même temps un ancien condisciple, un camarade, une nouvelle et honorable connaissance, et, ce qui était plus fâcheux encore, sa bien-aimée.

On jugera aisément combien sa passion lui devait être précieuse et chère, quand on saura qu'elle flattait à la fois ses sens, son esprit, sa vanité et ses vives espérances. Une des plus belles, des plus agréables et des plus riches demoiselles de la ville lui donnait, du moins pour le moment, la préférence sur ses nombreux rivaux; elle lui permettait, en quelque sorte, de faire parade des hommages qu'il lui rendait, et, l'un et l'autre, ils paraissaient s'enorgueillir des chaînes qu'ils s'étaient mutuellement imposées. C'était donc un devoir pour lui de la suivre partout, de dépenser au service de la belle son temps et son argent, et de montrer de toute manière combien son amour lui était cher et sa possession nécessaire.

Ces soins et cette poursuite entraînèrent Ferdinand dans une dépense plus forte qu'elle n'eût été en d'autres circonstances. En leur absence, les parents de la jeune fille l'avaient confiée à une tante fort bizarre, et il fallait employer toute sorte d'artifices et de moyens singuliers pour attirer dans le monde Ottilie, la ravissante Ottilie. Ferdinand s'épuisait en inventions pour lui procurer les divertissements qu'elle aimait, et dont elle savait rehausser le prix pour tous ceux qui l'entouraient.

Et s'entendre appeler, dans le même temps, à de tout autres devoirs par une mère chérie et vénérée; ne trouver de ce côté aucun secours; sentir une si vive horreur pour les dettes, qui d'ailleurs n'auraient pas été dans sa situation une ressource de longue durée et, tout en se voyant considéré dans le monde comme riche et libéral, éprouver chaque jour un pressant besoin d'argent, était assurément une des positions les plus pénibles dans lesquelles puisse se trouver un jeune cœur que les passions agitent.

Certaines idées, qui n'avaient fait jusqu'alors qu'effleurer son âme, l'occupèrent désormais plus fortement; certaines réflexions, qui ne lui avaient causé auparavant que des inquiétudes momentanées, roulèrent plus longtemps dans son esprit; et certains sentiments pénibles devinrent plus durables et plus amers. S'il avait autrefois considéré son père comme son modèle, il l'enviait maintenant comme son rival : tout ce que l'un désirait, l'autre le possédait; tout ce qui donnait à l'un tant de peine était facile à l'autre; et il ne s'agissait point du nécessaire, mais des choses dont le père aurait pu se passer. Or le fils estimait que le père aurait dû s'imposer quelques privations pour le laisser jouir. Le père, de son côté, pensait tout autrement : il était de ces gens qui se permettent beaucoup et qui, par conséquent, sont conduits à refuser beaucoup à ceux qui sont sous leur dépendance. Il faisait à son fils une rente fixe, et il en exigeait un compte exact et régulier.

Il n'est rien qui rende la vue plus perçante que de la limiter : c'est pourquoi les femmes sont beaucoup plus clairvoyantes que les hommes; et les subordonnés n'observent personne plus attentivement que celui qui commande sans donner lui-même l'exemple. Le fils devint attentif à toutes les actions de son père, surtout à celles qui concernaient les dépenses d'argent. Il prêtait l'oreille plus curieusement, lorsqu'il entendait dire que le père avait perdu ou avait gagné au jeu; il le jugeait avec plus de sévérité, lorsqu'il se permettait quelque fantaisie coûteuse.

« N'est-il pas étrange, se disait-il, que des parents s'accordent avec profusion des jouissances de tout genre, qu'ils usent à leur gré d'une fortune que le hasard leur a donnée, et qu'ils excluent leurs enfants de tout honnête plaisir, dans le temps même où la jeunesse en est le plus capable? Et de quel droit le font-ils? Et ce droit, comment y sont-ils parvenus? Le hasard doit-il seul décider, et l'œuvre du hasard peut-elle devenir un droit? Si mon grand-père vivait encore, lui qui traitait ses petits-fils comme ses enfants, les choses en iraient beaucoup mieux pour moi; il ne me laisserait pas manquer du nécessaire. N'est-ce pas en effet le nécessaire, ce qu'exigent les relations auxquelles nous destinent notre naissance et notre éducation? Mon grand-père ne me laisserait pas dans le dénûment, pas plus qu'il ne souffrirait la prodigalité de mon père. S'il avait vécu plus longtemps, s'il avait vu clairement que son petit-fils mérite aussi d'user de nos biens, peut-être aurait-il avancé par son testament l'époque de ma jouissance. J'ai même ouï dire que ce bon vieillard fut surpris par la mort, comme il se proposait de rédiger un acte de dernière volonté, et c'est peut-être le simple hasard qui m'a empêché de recevoir plus tôt ma part de fortune, que je pourrais bien perdre pour toujours, si mon père continue à l'administrer comme il fait. »

Ces sophismes, et d'autres semblables, sur la possession et le droit, sur la question de savoir si l'on est obligé de respecter une loi, un arrangement, auxquels on n'a pas consenti, et jusqu'à quel point il est permis à l'homme de s'écarter en secret des lois civiles, ces raisonnements, l'occupaient souvent dans ses heures de solitude et de chagrin, quand le défaut d'argent l'obligeait de renoncer à quelque partie de plaisir ou à quelque fête; car il avait déjà vendu certaines bagatelles de prix, qu'il possédait, et ses ressources ordinaires ne pouvaient nullement lui suffire. Son cœur se fermait, et l'on peut dire que, dans ces moments, il ne respectait point sa mère, qui ne pouvait l'aider, et haïssait son père, qui, à son avis, lui faisait obstacle partout.

Dans le même temps, il fit une découverte qui augmenta son mécontentement. Il observa que, non-seulement son père manquait d'économie, mais qu'il n'avait point d'ordre; car il prenait souvent à la hâte de l'argent dans son bureau, sans en tenir note; qu'ensuite il se mettait quelquefois à supputer et calculer, et paraissait fâché de ne pas trouver son compte. Le fils répéta plusieurs fois cette observation, qui lui était surtout pénible, si, dans le temps où son père puisait l'argent à pleines mains, il éprouvait lui-même une étroite pénurie.

Comme il était dans ces dispositions d'esprit, un singulier hasard vint lui offrir une occasion séduisante de faire une chose qui ne lui avait inspiré jusqu'alors qu'une tentation vague et incertaine.

Son père le chargea d'examiner et de mettre en ordre un coffre de vieilles lettres. Un dimanche que Ferdinand était seul, il prit le coffre et traversa la chambre où se trouvait le bureau qui renfermait la caisse de son père. Le coffre était lourd; il l'avait pris maladroitement, et il voulut le poser un instant ou plutôt l'appuyer. Ne pouvant le retenir, il heurta violemment l'angle du bureau et l'abattant s'ouvrit. Alors il voit étalés devant lui les rouleaux, qu'il s'était permis seulement de lorgner quelquefois; il pose son coffre, et, sans y songer, sans réfléchir, il enlève un rouleau, à la place où il avait cru voir que son père avait coutume de prendre l'argent destiné à ses plaisirs. Ensuite il referma le bureau, puis il essaya de le heurter encore : chaque fois le meuble s'ouvrit : c'était comme s'il avait eu la clef du secrétaire.

« Dès lors il rechercha de nouveau, avec ardeur, tous les plaisirs dont il avait dû se priver jusqu'à ce jour. Il fut plus empressé auprès de son amante; toutes ses actions, ses entreprises, avaient quelque chose de plus impétueux; sa vivacité et sa grâce étaient devenues une véhémence, et, l'on pourrait dire, un emportement, qui, à la vérité, ne lui allaient pas mal, mais qui n'étaient bons à personne.

L'occasion est pour le désir comme l'étincelle pour une arme à feu, et chaque désir que nous satisfaisons contre notre conscience nous oblige d'employer un excès de force physique; notre conduite redevient celle des sauvages, et nous avons de la peine à dissimuler ces efforts.

Plus ses secrets sentiments s'élevaient contre lui, plus Ferdinand entassait de raisonnements subtils, et la hardiesse, la liberté de sa conduite semblaient s'accroître, à mesure qu'il se sentait plus enchaîné d'un certain côté.

Dans ce temps, la mode était venue de porter toute espèce de bijoux de fantaisie; Ottilie aimait ces parures, il chercha le moyen de les lui procurer, sans qu'elle pût savoir d'où lui venaient ces cadeaux. Les soupçons furent dirigés sur un vieil oncle, et Ferdinand fut doublement satisfait quand son amante lui confia le plaisir que lui faisaient ces cadeaux et les soupçons qu'elle avait sur son oncle.

Mais, pour faire ce plaisir à sa belle et à lui-même, il dut ouvrir quelquefois encore le bureau, et il le faisait avec d'autant plus de sécurité, que le père y avait déposé et en avait retiré, en divers temps, de l'argent sans l'inscrire.

Bientôt après, Ottilie dut se rendre pour quelques mois chez ses parents. La séparation des jeunes amants fut très-douloureuse, et une circonstance la rendit encore plus significative. Ottilie apprit par hasard que les cadeaux venaient de Ferdinand; elle le pressa de s'expliquer, et, lorsqu'il eut avoué, elle parut très-fâchée. Elle le pressait de les reprendre, et ces instances le désolaient. Il lui déclara qu'il ne pouvait et ne voulait pas vivre sans elle; il la pria de lui conserver son amour, et la conjura de ne pas lui refuser sa main, aussitôt qu'il aurait une position et un établissement. Elle l'aimait, elle fut touchée, elle promit ce qu'il souhaitait, et, dans cet heureux moment, ils scellèrent leur promesse par les plus vifs embrassements et mille tendres baisers.

Après son départ, Ferdinand se trouva bien isolé. Les sociétés dans lesquelles il avait coutume de la voir ne l'attiraient plus, depuis qu'elle y manquait. Il ne fréquentait plus que par habitude ses amis et les lieux de plaisir, et ne puisa plus qu'avec répugnance, quelquefois encore, dans la caisse de son père, pour suffire à des dépenses auxquelles nulle passion ne l'entraînait. Il était souvent seul, et les bons sentiments semblaient reprendre le dessus. Dans le calme de la réflexion, il s'étonnait de lui-même, et admirait comment il avait pu soutenir à part lui, si froidement, si tortueusement, ces sophismes sur le droit et la possession, sur la prétention au bien d'autrui, ou de quelque nom qu'on veuille les appeler; comment il avait pu colorer ainsi un acte défendu. Il reconnut par degrés, avec évidence, que la bonne foi rend seule les hommes estimables; que l'homme de bien doit vivre de manière à montrer l'insuffisance des lois qu'un autre peut éluder ou tourner à son avantage.

Avant que ces vraies et saines idées se fussent parfaitement éclaircies dans son esprit, et le conduisissent à des résolutions décisives, il céda quelquefois encore à la tentation de puiser à la source défendue dans les cas pressants; mais il ne le fit plus qu'à contre-cœur, et comme entraîné par un mauvais génie qui le prenait aux cheveux.

Enfin il fit un effort sur lui-même et prit la résolution de se rendre avant tout la chose impossible, et de faire connaître à son père l'état de la serrrure. Il s'y prit adroitement : en présence de son père, il traversa la chambre en portant la caisse des lettres qu'il avait mises en ordre; et, de propos délibéré, il commit la maladresse de heurter le secrétaire avec la caisse. Le père fut bien surpris de voir l'abattant s'ouvrir. Ils examinèrent ensemble la serrure, et trouvèrent que le temps avait usé le moraillon et ébranlé la gâche.

Tout fut réparé sur l'heure, et Ferdinand n'avait pas eu depuis longtemps de moment plus heureux que celui où il put voir l'argent si bien gardé.

Mais cela ne lui suffisait pas : il résolut aussitôt d'amasser et de restituer, d'une manière ou d'une autre, à son père la somme qu'il avait détournée et dont il savait encore la valeur. Il se mit à vivre de la manière la plus rangée, épargnant sur son argent de poche tout ce qu'il pouvait. Ce qu'il parvenait à mettre en réserve était peu de chose sans doute, auprès de ce qu'il avait prodigué; cependant la somme lui paraissait déjà grande, en ce qu'elle commençait la réparation de son injustice : et certes la différence est énorme entre le dernier écu qu'on emprunte et le premier qu'on rembourse.

Il n'était pas encore depuis longtemps dans cette bonne voie, quand son père résolut de lui faire entreprendre un voyage de commerce. Il irait étudier une fabrique éloignée. On avait même le projet d'établir un comptoir dans une localité où les choses de première nécessité et la main-d'œuvre étaient à bon marché, d'y placer un commis, de faire soi-même les bénéfices qu'on devait actuellement céder à d'autres, et d'opérer en grand, au moyen des capitaux et du crédit. Ferdinand devait examiner la chose de près et en faire un rapport détaillé. Le père lui avait alloué une somme d'argent pour son voyage, en lui prescrivant de ne pas la dépasser. Elle était assez forte, et il n'avait pas lieu de se plaindre.

Dans son voyage, Ferdinand continua de vivre avec une grande économie; il compta et recompta, et trouva qu'il pourrait épargner le tiers de son argent, s'il ne cessait pas de se réduire en tout au nécessaire. Il comptait aussi sur l'occasion pour arriver au reste par degrés, et il la trouva, car l'occasion est une déesse indifférente, qui favorise le bien comme le mal.

Dans la contrée qu'il dut visiter, il trouva les chances beaucoup plus favorables qu'on ne l'avait cru. Tout le monde suivait mécaniquement la vieille routine; on n'avait aucune idée des nouveaux perfectionnements, ou l'on n'en avait fait aucun usage. On n'employait que de faibles sommes, et l'on se contentait d'un léger profit. Ferdinand reconnut bientôt que, si l'on pouvait faire des avances, acheter en grand les matières premières, l'emploi des machines et le secours de bons ouvriers permettaient de fonder un grand et solide établissement.

L'idée de pouvoir déployer une pareille activité éleva beaucoup son courage; la beauté du pays, dans lequel sa chère Ottilie lui revenait sans cesse à la pensée, lui fit souhaiter que son père le chargeât de cet office, lui confiât la nouvelle entreprise, et l'établît de cette manière aussi avantageuse qu'inattendue.

Il observa tout avec une nouvelle attention, parce qu'il regardait déjà l'affaire comme étant la sienne. Pour la première fois, il avait l'occasion d'employer ses connaissances, ses facultés, son jugement. Le pays et tout ce qui s'offrait à lui l'intéressait au plus haut degré. C'était un rafraîchissement, un baume pour son cœur blessé : car il ne pouvait songer sans douleur à la maison paternelle, où il avait pu commettre, comme dans une espèce de folie, un acte qui lui paraissait maintenant le plus grand crime.

Un ami de sa famille, homme actif mais valétudinaire, qui avait donné lui-même, d'abord par lettres, la première idée de l'établissement, accompagnait partout Ferdinand, lui faisait tout voir, lui communiquait ses idées, et paraissait charmé, quand le jeune homme entrait dans ses conceptions ou même les devançait. Cet homme menait une vie fort simple, soit par goût, soit parce que sa santé l'exigeait ainsi. Il n'avait point d'enfants, et recevait les soins d'une nièce, à qui il destinait sa fortune et souhaitait un bon et laborieux mari, afin de voir exécuté, avec le secours d'un capital étranger et de forces entières, un projet dont il avait l'idée, mais que lui interdisait l'état de sa santé et de sa fortune.

Bientôt Ferdinand lui parut être l'homme qu'il cherchait, et son espérance augmenta, quand il trouva chez lui autant de goût pour l'entreprise que pour le pays. Il communiqua ses idées à sa nièce, qui ne témoigna aucun éloignement. C'était une jeune fille bien faite, d'une belle santé et fort bien élevée. Chargée de gouverner la maison de son oncle, elle était constamment alerte et agissante, et, comme sa garde-malade, elle se montrait toujours pleine de douceur et de prévenance. On ne pouvait désirer une compagne plus accomplie.

Ferdinand, qui n'avait devant les yeux que les charmes et l'amour d'Ottilie, ne fit nulle attention à l'aimable villageoise, ou souhaita seulement que, si jamais Ottilie devenait sa femme, et le suivait dans ce pays, elle pût avoir une ménagère comme cette jeune fille. Il répondit avec beaucoup d'abandon à ses prévenances et à son affabilité. Il apprit à la connaître et à l'estimer ; il lui témoigna bientôt plus de considération, et la nièce et l'oncle expliquèrent selon leurs vœux la conduite de Ferdinand.

Il s'était donc informé et instruit de tout exactement; avec le secours de l'oncle, il avait tracé un plan, et, avec sa facilité accoutumée, il n'avait pas dissimulé qu'il comptait l'exécuter lui-même; il avait dit en même temps mille choses aimables à la nièce, et avait proclamé heureuse toute maison qui serait remise à une si soigneuse ménagère. Aussi fut-elle, comme son oncle, persuadée qu'il avait des vues sérieuses, et ils n'en furent, en toutes choses, que plus gracieux avec lui.

Ferdinand, dans le cours de ses recherches, avait découvert, à sa grande satisfaction, qu'il pouvait non-seulement espérer beaucoup de cette localité pour l'avenir, mais encore conclure présentement une affaire avantageuse, restituer à son père la somme détournée et se délivrer tout d'un coup de ce poids accablant. Il communiqua l'idée de sa spéculation à son hôte, qui en eut une joie extraordinaire, et lui prêta tous les secours possibles; il offrait même de tout fournir à crédit à son jeune ami; mais Ferdinand voulut payer sur-le-champ une partie avec ses économies de voyage, et il promit de solder le reste dans un délai convenable.

Il fit emballer et charger les marchandises avec une joie inexprimable. On juge avec quelle satisfaction il reprit le chemin de la maison. Il n'est point chez l'homme de plus noble sentiment que celui qu'il éprouve, lorsqu'il se relève et se délivre, par ses propres forces, d'une faute grave ou même d'un crime. L'honnête homme, qui suit bonnement le droit chemin, sans écart qui nous étonne, ressemble au tranquille et louable bourgeois; l'autre, comme un héros et un vainqueur, mérite l'admiration et le prix, et c'est dans ce sens que paraît avoir été prononcée la sentence paradoxale que Dieu lui-même éprouve plus de joie pour un pécheur converti que pour quatre-vingt-dix-neuf justes.

Mais, hélas! les bonnes résolutions de Ferdinand, son amendement et la réparation qu'il méditait ne purent empêcher les tristes conséquences de son action; elles l'attendaient et allaient encore affliger cruellement son cœur apaisé. Pendant son absence s'était amassé l'orage qui, dès son arrivée, devait éclater dans la maison paternelle.

Le père de Ferdinand, nous le savons, ne tenait pas fort exactement sa caisse particulière; mais les affaires de commerce étaient soignées parfaitement par un associé habile et ponctuel. Le père ne s'était pas d'abord aperçu qu'on lui avait soustrait de l'argent, sauf qu'il s'y était trouvé par malheur un paquet d'espèces nouvelles dans le pays, qu'il avait gagnées au jeu à un étranger. Ces espèces lui manquaient, et cette circonstance lui parut suspecte. Cependant ce qui l'inquiétait au plus haut point, c'est qu'il lui manquait certains rouleaux, chacun de cent ducats, qu'il avait prêtés quelque temps auparavant, et qu'on lui avait certainement rendus. Il savait qu'un choc avait pu ouvrir le bureau; il regarda comme certain qu'il était volé, et là-dessus il entra dans une violente colère. Ses soupçons se portèrent de tous côtés. Il rapporta le cas à sa femme, en faisant les menaces et les imprécations les plus effroyables; il voulait mettre sens dessus dessous toute la maison, faire interroger enfants, valets et servantes; nul n'échappait à ses soupçons. Sa bonne femme fit tout son possible pour le calmer; elle lui représenta dans quel embarras et quel discrédit cette histoire, une fois ébruitée, pourrait le mettre lui et sa maison; les gens, lui disait-elle, ne prennent part au malheur qui nous atteint, que pour nous humilier par leur compassion; dans une pareille occasion, ils ne seraient épargnés ni l'un ni l'autre; on pourrait faire encore des réflexions plus étranges, si rien n'était éclairci; on parviendrait peut-être à découvrir le coupable, et, sans le rendre malheureux pour la vie, à recouvrer l'argent.

Par ces représentations et d'autres encore, elle décida enfin son mari à demeurer tranquille et à s'enquérir de la vérité par des recherches secrètes.

Et malheureusement on était assez près de la découvrir. La tante d'Ottilie eut connaissance des promesses que les jeunes amants s'étaient faites; elle fut informée des cadeaux que sa nièce avait reçus. Toute l'affaire lui déplaisait, et l'absence d'Ottilie l'avait seule décidée à garder le silence. Une solide union avec Ferdinand lui paraissait avantageuse, une amourette légère lui était insupportable. Aussi, lorsqu'elle apprit que le jeune homme allait revenir, comme, de son côté, elle attendait sa nièce de jour en jour, elle se hâta d'apprendre à la mère de Ferdinand ce qui s'était passé, pour savoir là-dessus la pensée des parents, si le fils pouvait espérer un prochain établissement, et si l'on approuverait qu'il épousât Ottilie.

La mère fut bien surprise, à la nouvelle de cette liaison; elle trembla, quand elle apprit quels présents Ferdinand avait faits à la jeune fille. Elle cacha son étonnement; elle pria la tante de lui laisser un peu de temps pour s'entretenir à loisir de l'affaire avec son mari; elle assura qu'elle considérait Ottilie comme un très-bon parti, et qu'il ne serait pas impossible d'établir bientôt Ferdinand d'une manière convenable.

Quand la tante se fut retirée, la mère ne crut pas devoir confier à son mari cette découverte. Son premier souci était d'éclaircir le malheureux secret, et de savoir si, comme elle le craignait, Ferdinand avait fait les cadeaux au moyen de l'argent détourné. Elle courut chez le joaillier qui vendait principalement cette espèce de bijoux; elle en marchanda de pareils, et finit par lui dire qu'il ne devait pas surfaire; qu'il avait vendu moins cher à son fils, qui avait eu une commission du même genre. Le marchand assura qu'il n'avait pas vendu meilleur marché, il produisit les prix exactement, et ajouta qu'il fallait aussi tenir compte de l'agio des espèces avec lesquelles Ferdinand avait payé une partie du prix; il lui nomma ces espèces, et, à la vive douleur de la mère, c'étaient de celles qui manquaient.

Elle se retira le cœur oppressé, après s'être fait donner, pour la forme, la note des plus justes prix. L'égarement de son fils était trop évident; la valeur de la somme qui manquait au père était considérable, et, avec son caractère soucieux, elle voyait l'affaire sous les plus noires couleurs et prévoyait les plus affreuses conséquences. Elle eut la sagesse de cacher sa découverte à son mari ; elle attendit le retour de son fils avec crainte et impatience ; elle désirait s'expliquer et craignait d'apprendre le pire.

Enfin il arriva bien joyeux : il pouvait s'attendre à des éloges pour ses travaux, et, en même temps, il apportait secrètement dans ses marchandises la rançon de son crime caché.

Le père accueillit sa relation favorablement, mais non avec tous les éloges qu'il avait espérés ; l'aventure de l'argent le rendait distrait et chagrin, d'autant qu'il avait à payer dans ce moment quelques sommes considérables. Ce caprice du père fut très-pénible à Ferdinand, et plus encore l'aspect des murs, des meubles, du secrétaire, témoins de son crime. Toute sa joie, ses espérances, ses prétentions étaient évanouies ; il se sentait un homme vulgaire et, pour tout dire, un méchant.

Il allait débiter secrètement ses marchandises, dont l'arrivée était prochaine, et s'arracher à son angoisse par l'activité, quand sa mère le prit en particulier, et, d'un ton sérieux et tendre, lui représenta sa faute, sans lui laisser la moindre issue pour la nier. Son cœur sensible fut brisé : il tomba à ses pieds en versant des flots de larmes, avoua, demanda pardon, protesta que son amour pour Ottilie avait pu seul l'égarer, et qu'il n'avait jamais commis d'autre faute ; puis il raconta l'histoire de son repentir ; qu'il avait à dessein découvert à son père comme on pouvait ouvrir son bureau, et que, par son économie dans son voyage et par une heureuse spéculation, il se voyait en état de tout réparer.

La mère, qui ne pouvait céder sur-le-champ, insista pour savoir ce qu'il avait fait de ces fortes sommes ; car les cadeaux n'en faisaient que la moindre partie. Elle lui produisit, à son grand effroi, le compte de ce qui manquait à son père. Ferdinand pouvait à peine prendre à sa charge le détournement de toutes les espèces d'argent, et il jura qu'il n'avait pas touché à l'or. Là-dessus la mère entra dans une colère extrême ; elle lui reprocha de vouloir tromper par des mensonges, des dénégations et des fables une mère dévouée, dans le moment où il devrait rendre vraisemblable, par un repentir sincère, son amendement et son retour à la vertu ; elle savait fort bien que celui qui était capable d'une chose pareille l'était aussi de tout le reste. Selon toute apparence, il avait, parmi ses camarades libertins, des complices, et la spéculation avait été faite au moyen de l'argent détourné ; il était difficile de croire qu'il eût parlé de la chose, si le méfait ne se fût découvert par hasard. Elle le menaça du courroux de son père, de peines civiles, d'un entier abandon : mais rien ne lui causa plus de regrets que la nouvelle qu'il avait été question de le marier avec Ottilie. Le cœur troublé, la mère le laissa dans l'état le plus triste. Il voyait sa faute découverte, il se voyait sous le poids d'un soupçon qui aggravait son crime. Comment persuaderait-il à ses parents qu'il n'avait pas touché à l'or? Avec le caractère violent de son père, il devait craindre un éclat ; il se trouvait dans une situation tout opposée à celle qu'il avait pu espérer : la perspective d'une vie industrieuse, d'un mariage avec Ottilie, avait disparu ; il se voyait repoussé, fugitif, en butte, dans les pays étrangers, à tous les outrages.

Mais tout ce qui troublait son imagination, blessait son orgueil, affligeait son amour, n'était pas pour lui le plus douloureux : ce qui le navrait jusqu'au fond de l'âme, c'était la pensée que son vertueux dessein, sa courageuse résolution, le plan qu'il avait suivi pour réparer sa faute, étaient absolument niés, absolument méconnus, expliqués tout au rebours. Si ces idées le plongeaient dans un sombre désespoir, en ce qu'il devait reconnaître qu'il avait mérité son sort, elles faisaient aussi sur lui une impression profonde, parce qu'elles lui rendaient manifeste cette triste vérité, qu'un crime peut réduire au néant même de vertueux efforts. Ce retour sur lui-même, cette considération, que la plus noble ardeur serait inutile, le décourageaient : il prenait la vie en dégoût.

Dans ces circonstances, son âme sentit le besoin d'une assistance supérieure. Il tombe à genoux devant son siége, qu'il baigne de ses larmes ; il implore le secours de l'Être suprême. Sa prière méritait d'être exaucée : l'homme qui se relève par lui-même du péché peut espérer un secours immédiat ; celui qui ne laisse aucune de ses forces sans emploi peut, lorsqu'elles défaillent, lorsqu'elles sont insuffisantes, invoquer l'assistance du Père céleste.

Dans cette conviction, il poursuivit quelque temps sa fervente prière, et ce fut à peine s'il prit garde que la porte s'ouvrait et que l'on entrait. C'était sa mère qui venait à lui, le visage serein. Elle vit son trouble et lui adressa des paroles consolantes.

« Que je suis heureuse, lui dit-elle, de reconnaître du moins que tu n'es pas un menteur, et que je puis croire ton repentir sincère ! L'or est retrouvé : ton père, après l'avoir reçu d'un ami en payement, l'avait remis au caissier, et, distrait par les nombreuses occupations de la journée, il l'avait oublié. Ta déclaration s'accorde assez bien avec la somme d'argent : cette somme est beaucoup moins forte. Je n'ai pu contenir la joie de mon cœur, et j'ai promis à ton père de retrouver ce qui manque, s'il promettait lui-même de se calmer et de ne plus s'enquérir de l'affaire. »

Ferdinand fut transporté de joie. Il courut terminer sa spéculation; il remit bientôt l'argent à sa mère; il remplaça même ce qu'il n'avait pas pris, et ce qu'il savait que son père avait perdu par le seul désordre de ses dépenses. Il était joyeux et content; mais toute cette affaire lui avait laissé la plus sérieuse impression : il s'était convaincu que l'homme a la force de vouloir et d'accomplir le bien; il croyait aussi que par là l'homme pouvait intéresser à lui la Divinité, et se promettre son secours, qu'il avait senti d'une manière si immédiate. Alors il découvrit avec joie à son père son dessein de se fixer dans le pays qu'il avait visité; il développa le plan de l'établissement dans toute sa valeur et son étendue; le père ne parut point mal disposé, et la mère lui fit confidence des vues de Ferdinand sur Ottilie. Il fut charmé d'avoir une si brillante belle-fille, et la perspective d'établir son fils sans se mettre en frais lui fut très-agréable.

« Cette histoire me plaît, dit Louise, et, bien qu'elle soit tirée de la vie ordinaire, elle ne me semble point commune : car, si nous voulons nous interroger nous-mêmes, et si nous observons les autres, nous trouverons que nous sommes rarement déterminés par notre impulsion naturelle à renoncer à tel ou tel désir; ce sont, le plus souvent, les circonstances extérieures qui nous y contraignent.

— Je voudrais, dit Charles, que l'on ne fût pas obligé de se refuser quelque chose, mais que l'on ne connût pas ce qu'on ne doit pas posséder. Par malheur, dans notre état social, tout se trouve resserré, tout est planté, tous les arbres sont chargés de fruits, et nous sommes toujours réduits à passer dessous, à nous contenter de l'ombre et à renoncer aux plus belles jouissances.

— Maintenant, dit Louise au vieillard, nous attendons la suite de votre histoire.

LE VIEILLARD.

Elle est véritablement finie.

LOUISE.

Nous avons, il est vrai, entendu le développement, mais nous aimerions à connaître aussi la conclusion.

LE VIEILLARD.

Votre distinction est juste, et, puisque vous prenez intérêt au sort de mon ami, je vous dirai en peu de mots ce qui lui arriva.

Délivré du poids accablant d'une faute si odieuse, avec une modeste satisfaction de lui-même, il songeait à son bonheur futur, et il attendait avec une vive impatience le retour d'Ottilie, pour se déclarer et lui demander de tenir sa parole. Elle arriva avec ses parents; il accourut et la trouva plus belle et plus gracieuse que jamais. Il soupirait après le moment où il pourrait lui parler sans témoins et lui exposer ses projets. Ce moment arriva, et, avec toute la tendresse et la joie de l'amour, il lui développa ses espérances, l'approche de son bonheur et son désir de le partager avec elle. Mais quelle ne fut pas sa surprise, sa consternation, quand elle accueillit toute l'affaire d'un air fort léger, on pourrait même dire moqueur! Elle fit des plaisanteries assez fades sur la solitude qu'il avait choisie, sur la figure qu'ils feraient tous deux, en se réfugiant, comme un berger et une bergère, sous un toit de chaume, et autres badinages pareils.

Interdit et furieux, il rentra en lui-même; la conduite d'Ottilie l'avait choqué, et il se refroidit un moment. Elle avait eu des torts envers lui, et dès lors il remarqua chez elle des défauts qui lui étaient demeurés cachés jusqu'à ce jour. Il n'avait pas besoin d'une grande clairvoyance pour découvrir qu'un soi-disant cousin, arrivé avec elle, avait fixé son attention, et s'était fort avancé dans ses bonnes grâces.

Malgré la douleur extrême qu'il ressentait, Ferdinand recueillit ses forces ; la victoire qu'il avait déjà remportée sur lui-même, lui sembla possible une seconde fois. Il vit souvent Ottilie, et prit sur lui de l'observer ; il lui témoignait de l'amitié et même de la tendresse ; elle n'en faisait pas moins ; mais ses charmes avaient perdu beaucoup de leur pouvoir, et il ne tarda pas à sentir que rarement son langage partait du cœur ; qu'elle pouvait être à son gré froide et tendre, dédaigneuse et charmante, agréable et moqueuse. Le cœur de Ferdinand se dégagea peu à peu, et il résolut de rompre les derniers liens.

La chose fut plus douloureuse qu'il ne se l'était figuré. Il trouva Ottilie seule un jour, et il eut enfin le courage de lui rappeler sa parole donnée et ces moments dans lesquels, obéissant l'un et l'autre au plus tendre sentiment, ils avaient concerté ensemble le plan de leur avenir. Ottilie fut gracieuse et même tendre ; il fut touché, et, dans ce moment, il souhaita que les choses fussent autrement qu'il ne se l'était figuré ; mais il rassembla ses forces, et il exposa avec calme, avec amour, l'histoire de son établissement prochain. Elle parut y prendre intérêt ; elle regrettait seulement que leur union en dût être différée ; elle fit entendre qu'elle n'avait pas la moindre envie de quitter la ville ; elle laissa voir l'espérance que quelques années de travail dans ces lieux écartés le mettraient en état de faire une grande figure parmi ses concitoyens ; elle lui dit assez clairement qu'elle attendait de lui qu'il irait encore plus loin que son père, et se montrerait en tout plus remarquable et plus magnifique.

Ferdinand sentit trop bien qu'il ne pouvait attendre d'une pareille union aucun bonheur, et cependant il était difficile de renoncer à tant de charmes. Peut-être même se serait-il retiré tout à fait irrésolu, si le cousin n'était pas survenu et ne s'était pas montré, dans ses manières, trop familier avec Ottilie. Là-dessus Ferdinand lui écrivit pour lui assurer encore une fois qu'elle pouvait faire son bonheur, si elle voulait le suivre dans sa nouvelle carrière, mais qu'il ne croyait pas sage, pour elle et pour lui, de nourrir une espérance lointaine, et de se lier par une promesse pour un avenir incertain.

Il espérait encore une réponse favorable : elle ne fut pas de nature à satisfaire son cœur, mais bien sa raison. Ottilie lui rendait très-gracieusement sa parole, sans renoncer tout à fait à son cœur; elle parlait aussi de ses propres sentiments; d'après le sens, elle était liée : elle était libre, à s'en tenir aux expressions.

Est-il besoin que j'en dise davantage? Ferdinand se hâta de retourner dans ses paisibles solitudes. Ses arrangements furent bientôt pris : il avait de l'ordre et de l'application, et il en eut bien plus encore, quand la simple et bonne jeune fille que nous connaissons le rendit heureux époux, et que le vieil oncle fit tout son possible pour consolider sa position domestique et la rendre agréable.

Je l'ai connu dans son âge avancé, entouré d'une belle et nombreuse famille. Il me raconta son histoire lui-même. Comme il arrive aux hommes qui ont eu dans leur jeunesse quelque remarquable aventure, cette histoire s'était gravée si profondément dans son esprit, qu'elle avait eu sur sa vie une grande influence. Homme et père de famille, il se refusait parfois encore une chose qui lui aurait fait plaisir, uniquement pour ne pas perdre l'habitude d'une si belle vertu, et toute l'éducation qu'il donnait à ses enfants consistait, en quelque sorte, à les rendre capables de se refuser quelque chose à l'improviste.

A table, par exemple, il interdisait à un petit garçon, d'une manière que je ne pouvais d'abord approuver, tel ou tel mets favori. A ma grande surprise, l'enfant n'en perdait point sa bonne humeur, et c'était comme s'il ne fût rien arrivé. Quelquefois, de leur propre mouvement, les aînés laissaient passer devant eux un beau fruit ou quelque friandise. En revanche, il leur permettait tout, je puis dire, et les bonnes et les mauvaises manières étaient assez communes dans sa maison. Il semblait être indifférent à tout, et laissait à ses enfants une liberté presque illimitée; seulement, il lui prenait fantaisie une fois la semaine que tout se fît à la minute : alors les montres étaient réglées dès le matin ; chacun recevait ses ordres pour la journée, affaires et plaisirs se suivaient de près, et nul ne devait se faire attendre une seconde. Je pourrais passer des heures à vous rapporter ses discours et ses réflexions sur cette éducation singulière. Il badinait avec moi, prêtre catholique, au sujet de mes vœux ; il soutenait que chaque homme devait faire envers lui-même le vœu d'abstinence, et celui d'obéissance envers les autres, pour l'exercer, non pas toujours, mais à propos.

La baronne présenta quelques observations, et convint qu'à tout prendre, cet ami avait eu peut-être raison. C'était ainsi que, dans un État, tout tenait au pouvoir exécutif : si sage que pût être l'autorité législative, elle n'était d'aucun secours pour l'État, si le pouvoir exécutif n'était pas fort.

Louise courut à la fenêtre, car elle entendait Frédéric arriver à cheval. Elle alla au-devant de lui, et le ramena dans la salle. Il paraissait de joyeuse humeur, quoiqu'il vînt d'assister à des scènes de désolation et de ruine. Au lieu de s'engager dans une description circonstanciée de l'incendie qui avait dévoré la maison de sa tante, il assura, comme une chose constatée, que le secrétaire de là-bas avait été la proie des flammes à la même heure où celui de la baronne s'était fendu violemment.

« Au moment où l'incendie approchait de la chambre, dit Frédéric, l'intendant sauva une pendule placée sur le secrétaire. En la transportant, quelque chose avait pu s'y déranger et elle était restée sur onze heures et demie. Nous avons donc, du moins pour ce qui concerne le temps, une parfaite concordance. »

La baronne sourit ; le gouverneur soutint que, si deux événements se rencontraient, on ne pouvait pas encore en conclure leur liaison. De son côté, Louise se plaisait à enchaîner ces deux incidents, d'autant plus qu'elle avait reçu de bonnes nouvelles de son fiancé, et on laissa de nouveau le champ libre à l'imagination.

« Ne sauriez-vous, dit Charles au vieillard, nous faire un conte ? L'imagination est une belle faculté, mais je n'aime pas qu'elle se mêle de remanier ce qui est réellement arrivé. Les figures aériennes qu'elle produit nous charment comme des créatures d'une espèce particulière ; unie à la vérité, elle n'enfante le plus souvent que des monstres, et me paraît alors en contradiction habituelle avec l'esprit et la raison. Elle ne doit, ce me semble, tenir à aucun objet; elle ne doit nous imposer aucun objet; lorsqu'elle produit une œuvre d'art, elle doit, comme une musique, ne jouer qu'avec nous-mêmes, nous émouvoir en nous-mêmes, et de telle sorte que nous oubliions qu'il y ait quelque chose hors de nous qui excite cette émotion.

— Cessez, dit le vieillard, de développer avec de nouveaux détails ce que vous demandez dans une œuvre d'imagination. Un caractère de la jouissance que nous causent ces ouvrages, c'est que l'on jouisse sans demander rien. Car l'imagination elle-même ne peut demander, elle doit attendre ce qui lui est dispensé; elle ne fait aucuns plans, elle ne se propose aucune direction; elle est emportée et conduite par ses propres ailes, et, en se berçant çà et là, elle trace les plus merveilleux sentiers, dans une direction toujours changeante et nouvelle. Laissez d'abord ces singulières images se réveiller dans mon âme, pendant ma promenade accoutumée : ce soir, je vous promets un conte qui ne vous rappellera rien et vous rappellera tout. »

On donna congé au vieillard, d'autant plus volontiers que chacun espérait apprendre par Frédéric des détails et des nouvelles de l'incendie.

Conte.

Au bord de la grande rivière, qu'une forte pluie avait enflée et fait déborder, le vieux passeur était couché dans sa petite cabane, fatigué des travaux de la journée, et il dormait. Au milieu de la nuit, quelques voix retentissantes l'éveillèrent : des voyageurs demandaient à passer l'eau.

Lorsqu'il fut sorti devant sa porte, il vit se balancer sur sa nacelle amarrée deux grands feux follets, qui lui assurèrent qu'ils étaient fort pressés et qu'ils voudraient être déjà sur l'autre bord. Le vieillard n'hésita point; il démarra, et, avec son habileté accoutumée, il traversa le fleuve, tandis que les étrangers chuchotaient ensemble dans une langue inconnue et très-rapide, et poussaient, par intervalles, des éclats de rire, en sautant çà et là, tantôt sur les bords et les bancs, tantôt sur le fond de la barque.

« La barque chancelle, cria le vieillard, et, si vous ne restez tranquilles, elle peut chavirer. Asseyez-vous, feux follets! »

A cette invitation, ils partirent d'un grand éclat de rire, se moquèrent du vieillard et s'agitèrent plus encore qu'auparavant. Il souffrit patiemment leur impertinence et ne tarda pas à toucher l'autre bord.

« Voilà pour votre peine! crièrent les voyageurs; et, tandis qu'ils se secouaient, beaucoup de brillantes pièces d'or tombèrent dans l'humide nacelle.

— Au nom du ciel, que faites-vous? dit le vieillard; vous serez pour moi la cause du plus grand malheur. Si une pièce d'or était tombée dans l'eau, le fleuve, qui ne peut souffrir ce métal, se serait soulevé en vagues épouvantables, qui auraient englouti et la barque et moi. Et qui sait ce qui serait arrivé? Reprenez votre or.

— Nous ne pouvons rien reprendre de ce que nous avons semé en nous secouant.

— Ainsi vous me donnez encore la peine de les ramasser, de les porter à terre et de les enfouir, » dit le vieillard en se baissant et recueillant les pièces d'or dans son bonnet.

Les feux follets s'étaient élancés hors de la barque, et le vieillard s'écria :

« Et mon salaire?

— Celui qui n'accepte pas l'or peut travailler gratis, répondirent les feux follets.

— Vous devez savoir qu'on ne peut me payer qu'avec les fruits de la terre.

— Avec les fruits de la terre? Nous les dédaignons et n'en avons jamais mangé.

— Cependant je ne puis vous laisser aller que vous ne m'ayez promis de m'apporter trois choux, trois artichauts et trois gros oignons. »

Les feux follets voulurent s'esquiver en badinant, mais ils se sentirent enchaînés au sol d'une manière incompréhensible. C'était la plus désagréable sensation qu'ils eussent jamais éprouvée. Ils promirent de satisfaire bientôt à la demande du passeur : il les laissa partir et quitta le bord.

Il était déjà bien loin, quand les feux follets lui crièrent :

« Vieillard, vieillard, écoute! nous avons oublié le plus important. »

Il ne les entendit point. Il s'était laissé emporter plus bas par le courant, sur la même rive, où il voulait cacher cet or dangereux dans une place montueuse, que l'eau ne pût jamais atteindre. Il trouva, entre deux grands rochers, une vaste crevasse : il y versa l'or et repassa la rivière.

Dans cette crevasse se trouvait le beau serpent vert, qui fut tiré de son sommeil par le tintement de l'or qui tombait. Il vit à peine les pièces brillantes qu'il les avala sur-le-champ de grand appétit, cherchant soigneusement toutes celles qui s'étaient dispersées dans les buissons et dans les fentes du rocher.

A peine les eut-il avalées qu'il sentit, avec l'impression la plus agréable, l'or se fondre dans ses entrailles et se répandre dans tout son corps, et, à sa grande joie, il s'aperçut qu'il était devenu lumineux et transparent. On lui avait longtemps assuré que ce phénomène était possible; toutefois, comme il doutait que cette lumière durât longtemps, la curiosité et le désir de prendre ses précautions pour l'avenir le poussèrent hors du rocher pour découvrir qui pouvait avoir versé ce bel or dans la crevasse. Il ne trouva personne, mais il prit beaucoup de plaisir à s'admirer lui-même, comme il rampait à travers le gazon et les broussailles, et à voir l'agréable lumière qu'il répandait parmi la fraîche verdure. Toutes les feuilles semblaient être d'émeraude, toutes les fleurs magnifiquement illuminées. Il traversa inutilement la sauvage solitude; mais son espoir augmenta, lorsqu'il arriva dans la plaine et qu'il vit de loin une clarté qui était semblable à la sienne. « Je trouve enfin mon pareil! » s'écria-t-il, et il courut de ce côté. Il ne s'arrêta pas à la difficulté de ramper à travers le marais et les roseaux; en effet, bien qu'il vécût de préférence dans les sèches prairies des montagnes et les profondes crevasses des rochers; qu'il aimât à se nourrir de plantes aromatiques, et qu'il apaisât d'ordinaire sa soif avec la douce rosée et les eaux des sources fraîches : pour l'amour de cet or chéri, et dans l'espoir de la magnifique lumière, il aurait entrepris tout ce qu'on lui aurait demandé.

Enfin il arriva très-fatigué dans un marécage où nos deux feux follets jouaient de place en place. Il marcha droit à eux, les salua, en se félicitant de trouver de si agréables seigneurs de sa parenté. Les feux follets glissèrent auprès de lui et sautèrent par-dessus, en riant à leur manière.

« Notre cousin, lui dirent-ils, bien que vous soyez de la ligne horizontale, cela n'y fait rien : nous ne sommes cousins qu'en apparence; voyez en effet (ici les deux flammes s'allongèrent en pointe, aux dépens de la largeur, autant qu'il leur fut possible), voyez comme cette longueur svelte nous va bien, à nous autres seigneurs de la ligne verticale. Sans vous offenser, mon ami, dites-nous quelle famille peut se vanter de cet avantage.... Depuis qu'il existe des feux follets, aucun ne s'est encore assis ni couché. »

Le serpent se sentait fort mal à son aise en présence de ces parents : car, si haut qu'il levât la tête, il se sentait obligé de la recourber vers la terre pour avancer, et si, auparavant, il avait pris, à se voir dans la forêt sombre, un plaisir extraordinaire, en présence de ses cousins, son éclat lui semblait diminuer à chaque moment; il craignait même qu'il ne finît par s'effacer.

Dans cet embarras, il demanda bien vite si Leurs Seigneuries ne pourraient lui apprendre d'où provenait cet or brillant qui était tombé récemment dans la fente du rocher : il soupçonnait que c'était une pluie d'or qui tombait directement du ciel. Les feux follets se secouèrent en riant, et firent pleuvoir autour d'eux une quantité de pièces d'or. Le serpent se jeta dessus pour les avaler.

« Régalez-vous, notre cousin, lui dirent les gentils seigneurs, nous pouvons vous en servir davantage. »

Ils se secouèrent quelques fois encore, avec une grande vivacité, en sorte que le serpent ne pouvait qu'à peine avaler assez vite la précieuse nourriture. Son éclat augmentait visiblement; il brillait d'une manière vraiment admirable, tandis que les feux follets étaient devenus assez maigres et petits, sans perdre toutefois le moins du monde leur joyeuse humeur.

« Je vous suis éternellement obligé, dit le serpent, en reprenant haleine après son repas; demandez-moi ce que vous voudrez, je ferai pour vous tout ce qui sera en mon pouvoir.

— Fort bien! s'écrièrent les feux follets. Dis-nous où demeure le Beau lis. Conduis-nous aussi vite que possible au palais et au jardin du Beau lis. Nous mourons d'impatience de nous jeter à ses pieds.

— Je ne puis vous rendre ce service sur-le-champ, dit le serpent, en poussant un soupir. Le Beau lis demeure, par malheur, de l'autre côté de l'eau.

— De l'autre côté! Et nous nous faisons passer dans cette nuit orageuse! Maudite rivière, qui nous sépare! Ne pourrait-on rappeler le vieux batelier?

— Ce serait prendre une peine inutile, répondit le serpent : en effet, quand même vous le trouveriez sur cette rive, il ne pourrait vous prendre dans sa barque : il doit passer les gens de ce côté-ci et jamais de l'autre.

— Nous voilà dans de beaux draps! N'y a-t-il donc pas d'autre moyen de traverser la rivière?

— Quelques-uns encore, mais non dans ce moment : moi-même, je puis passer Vos Seigneuries, mais seulement à midi.

— C'est une heure où nous ne voyageons guère.

— Eh bien, vous pourrez passer, le soir, sur l'ombre du géant.

— Comment cela?

— Le grand géant, qui ne demeure pas loin d'ici, ne peut rien faire avec son corps; ses mains ne sauraient soulever un brin de paille, ses épaules, porter un fagot de ramilles; mais son ombre peut beaucoup; elle peut tout. C'est pourquoi il n'est jamais plus puissant qu'au lever et au coucher du soleil. On peut donc se mettre, le soir seulement, sur le cou de son ombre; alors le géant s'approche doucement de la rive, et l'ombre porte le voyageur sur l'autre bord. S'il vous plaît de vous rencontrer à midi à ce coin du bois, où les buissons épais descendent jusqu'à la rive, je pourrai vous passer et vous présenter au Beau lis; si vous craignez la chaleur de midi, vous n'avez qu'à chercher, vers le soir, le géant dans ce creux de rocher : il se montrera sans doute complaisant. »

Les jeunes seigneurs s'éloignèrent en faisant un léger salut, et le serpent fut charmé d'en être délivré, soit pour jouir de sa lumière, soit pour satisfaire un désir curieux, qui le tourmentait depuis longtemps d'une façon singulière.

Dans les fentes des rochers, où il rampait souvent çà et là, il avait fait quelque part une singulière découverte : car, bien qu'il fût obligé de ramper sans lumière à travers ces abîmes, il pouvait fort bien distinguer les objets au moyen du tact. Il était accoutumé à ne trouver partout que des produits irréguliers de la nature; tantôt il se glissait à travers les pointes des grands cristaux, tantôt il sentait les angles et les filets de l'argent natif, et apportait au jour telle ou telle pierrerie; mais, à sa grande surprise, il avait aperçu, dans un rocher fermé de toutes parts, des objets qui trahissaient la main industrieuse de l'homme, des parois polies auxquelles il ne pouvait grimper, des arêtes aiguës et régulières, des colonnes élégantes, et, ce qui lui paraissait le plus étrange, des figures humaines, autour desquelles il s'était enroulé plus d'une fois, et qu'il croyait être du bronze ou du marbre extrêmement poli. Toutes ces découvertes, il désirait les observer enfin avec le sens de la vue, et constater ce qu'il ne faisait encore que soupçonner. Il se crut en état d'éclairer par sa propre lumière cette merveilleuse voûte souterraine, et se flattait de parvenir à connaître parfaitement ces objets singuliers. Il courut et découvrit bientôt, en suivant la route ordinaire, la fente par laquelle il avait coutume de se glisser dans le sanctuaire.

Quand il se trouva dans ce lieu, il regarda autour de lui avec curiosité, et, bien que sa lumière ne pût éclairer tous les objets de la rotonde, les plus proches devinrent assez distincts pour lui. Il leva les yeux avec étonnement et respect vers une niche brillante, dans laquelle était érigée la statue d'or pur d'un roi vénérable. Par la dimension, la statue surpassait la taille humaine, mais la forme annonçait un homme petit plutôt que grand. Son corps bien fait était enveloppé d'un simple manteau, et une couronne de chêne ceignait sa chevelure.

A peine le serpent avait-il considéré cette vénérable image, que le roi se mit à parler et dit :

« D'où viens-tu ?

— Des cavernes où l'or demeure, répondit le serpent.

— Qu'y a-t-il de plus beau que l'or ? dit le roi.

— La lumière.

— Qu'y a-t-il de plus agréable que la lumière ?

— La parole. »

Pendant cet entretien, le serpent avait lorgné de côté, et avait vu, dans la niche voisine, une autre statue magnifique. Dans cette niche était assis un roi d'argent, de taille haute et assez menue; son corps était couvert d'un riche vêtement; il portait la couronne, la ceinture et le sceptre orné de pierreries; sur son visage paraissait la sérénité de l'orgueil, et il se disposait à parler, lorsqu'une veine sombre, qui s'étendait sur la muraille de marbre, devint tout à coup brillante, et répandit dans tout le temple une agréable lumière. A cette clarté, le serpent vit le troisième roi, qui était de bronze et d'une taille puissante; il était assis et s'appuyait sur une massue; il était couronné de lauriers, et semblait moins un homme qu'un rocher. Le serpent voulait en observer un quatrième, qui était le plus éloigné de lui, mais la muraille s'ouvrit, et la veine lumineuse vibra comme un éclair et disparut.

Un homme de moyenne taille, qui s'avança, attira sur lui l'attention du serpent. Il était habillé à la paysanne et portait à la main une petite lampe, dont la flamme paisible faisait plaisir à voir, et qui éclairait tout le dôme merveilleusement, sans projeter aucune ombre.

« Pourquoi viens-tu quand nous avons de la lumière? dit le roi d'or.

— Vous savez que je ne dois pas éclairer l'obscurité.

— Mon règne finira-t-il? demanda le roi d'argent.

— Tard ou jamais, » repartit le vieillard.

Le roi d'airain prit la parole d'une voix forte :

« Quand me lèverai-je?

— Bientôt.

— Avec qui dois-je faire alliance?

— Avec tes frères aînés.

— Que deviendra le plus jeune?

— Il s'assiéra.

— Je ne suis pas fatigué, » cria le quatrième roi, d'une voix rude et saccadée.

Pendant cet entretien, le serpent s'était promené doucement dans le temple; il avait tout observé, et il put voir de près le quatrième roi. Il était debout, appuyé contre une colonne, et sa taille remarquable était plutôt lourde que belle. Le métal dont il était formé ne se pouvait distinguer. Considéré attentivement, c'était un mélange des trois métaux dont ses frères étaient faits. Mais ces matières semblaient ne s'être pas bien mêlées dans la fonte; des veines d'or et d'argent couraient irrégulièrement à travers la masse de bronze et donnaient à la statue un aspect désagréable.

Cependant le roi d'or dit au vieillard :

« Combien sais-tu de secrets?

— Trois.

— Quel est le plus important? dit le roi d'argent.

— Celui qui est manifeste.

— Veux-tu nous le révéler? demanda le roi de bronze.

— Aussitôt que je saurai le quatrième.

— Que m'importe? murmura à part soi le roi mélangé.

— Je sais le quatrième, dit le serpent, qui s'approcha du vieillard, et lui chuchota quelques mots à l'oreille.

— Le moment est venu! » s'écria le vieillard d'une voix forte.

Le temple retentit, les statues de métal résonnèrent, et; à l'instant même, le vieillard s'enfonça vers l'occident, le reptile vers l'orient, et chacun d'eux traversa avec une grande vitesse les fentes des rochers.

Toutes les avenues par lesquelles le vieillard passa se remplirent d'or sur sa trace, car sa lampe avait la merveilleuse propriété de changer toutes les pierres en or, tout le bois en argent, les bêtes mortes en pierres précieuses, et d'anéantir tous les métaux. Mais, pour produire cet effet, il fallait qu'elle éclairât toute seule; s'il se trouvait auprès d'elle une autre lumière, la lampe répandait seulement une belle clarté, qui réjouissait tous les êtres vivants.

Le vieillard arriva dans sa cabane, bâtie au pied de la montagne, et il trouva sa femme dans la plus grande affliction. Elle était assise près du feu, et pleurait et ne pouvait se consoler.

« Que je suis malheureuse! s'écria-t-elle. Ah! je ne voulais pas te laisser sortir aujourd'hui.

— Qu'est-il arrivé? dit le vieillard fort tranquillement.

— Je venais de partir, dit-elle en sanglotant, quand deux turbulents voyageurs ont paru devant la porte. Je les laisse entrer imprudemment. Ils semblaient des gens honnêtes et polis. Ils étaient vêtus de flammes légères : on les aurait pris pour des feux follets. A peine sont-ils dans la maison, qu'ils commencent à m'adresser effrontément mille cajoleries, et deviennent si pressants que j'ai honte d'y penser.

— Bon ! Ces messieurs ont plaisanté sans doute, dit le vieillard en souriant : vu ton âge, ils ont dû s'en tenir à la simple politesse.

— Mon âge ! mon âge ! reprit la femme. Faudra-t-il que j'entende toujours parler de mon âge ? Quel est donc mon âge ?... Simple politesse !... Je sais ce que je sais. Regarde autour de toi l'aspect de ces murs ; regarde ces vieilles pierres, que je n'avais pas vues depuis cent ans ! Ils ont léché tout l'or du haut en bas, tu ne saurais croire avec quelle célérité, assurant toujours qu'il avait beaucoup meilleur goût que de l'or commun. Quand ils eurent bien nettoyé les murs, ils parurent de très-bonne humeur, et certes ils étaient devenus en peu de temps beaucoup plus grands, plus gros et plus brillants. Alors ils recommencèrent leurs agaceries, ils me caressèrent de nouveau, m'appelaient leur reine ; ils se secouèrent, et une quantité de pièces d'or tombèrent autour d'eux. Vois comme elles brillent encore sous le banc. Mais quel malheur ! Notre Mops en a mangé quelques-unes, et le voilà mort vers la cheminée, le pauvre animal. Je ne puis m'en consoler. Je ne m'en suis aperçue qu'après leur départ : autrement je n'aurais pas promis de payer leur dette chez le passeur.

— Quelle dette ?

— Trois têtes de choux, trois artichauts et trois oignons. J'ai promis de les porter à la rivière dès qu'il fera jour.

— Tu peux bien leur faire ce plaisir : dans l'occasion, ils nous serviront à leur tour.

— S'ils nous serviront, je l'ignore, mais ils l'ont promis et juré. »

Cependant le feu de la cheminée avait fini de brûler ; le vieillard couvrit les charbons d'une épaisse couche de cendres ; il mit de côté les pièces d'or étincelantes, et dès lors sa petite lampe brilla seule de tout son éclat : les murs se revêtirent d'or, et Mops était devenu le plus bel onyx que l'on pût imaginer. Les nuances de noir et de brun de la pierre précieuse en faisaient l'œuvre d'art la plus remarquable.

« Prends ta corbeille, dit le vieillard, et places-y l'onyx; prends ensuite trois têtes de choux, trois artichauts et trois oignons, place-les alentour et porte-les à la rivière. Vers midi, fais-toi passer par le serpent et va rendre visite au Beau lis; porte lui l'onyx; le Lis lui rendra la vie par son attouchement, comme par son attouchement il tue toute chose vivante. Il aura dans le chien un fidèle compagnon. Dis-lui de ne pas s'affliger; sa délivrance approche. Il peut considérer le plus grand malheur comme le plus grand bonheur, car le moment est venu. »

La vieille prépara sa corbeille, et, quand le jour parut, elle se mit en chemin. Le soleil levant projetait ses rayons par-dessus la rivière, qui brillait dans le lointain; la femme cheminait à pas lents, car la corbeille pesait sur sa tête, et ce n'était pas l'onyx qui la fatiguait ainsi; toute chose morte qu'elle portait, elle ne la sentait pas, et même la corbeille tendait alors à s'élever et flottait sur sa tête : mais des légumes frais ou un petit animal vivant étaient pour elle une charge extrêmement pesante. Elle avait cheminé quelque temps avec fatigue, lorsqu'elle s'arrêta soudain tout effrayée : elle avait failli marcher sur l'ombre du géant, qui s'étendait, par-dessus la plaine, presque jusqu'à ses pieds. A ce moment, elle vit sortir de l'eau l'énorme géant, qui s'était baigné dans la rivière, et elle ne savait comment l'éviter. Aussitôt qu'il aperçut la vieille, il se mit à la saluer en badinant, et les mains de son ombre se portèrent sur la corbeille. Avec adresse et légèreté, elles enlevèrent un chou, un artichaut et un oignon, et les présentèrent à la bouche du géant, qui remonta ensuite le long de la rivière et laissa à la femme le passage libre.

Elle se demanda si elle ne devrait pas retourner chez elle et prendre dans son jardin de quoi remplacer les légumes qui manquaient, et, toujours indécise, elle poursuivait son chemin, en sorte qu'elle arriva bientôt sur la rive du fleuve. Elle resta longtemps assise, attendant le batelier, qu'elle vit enfin approcher, traversant la rivière avec un singulier voyageur. Un noble et beau jeune homme, qu'elle ne pouvait assez regarder, descendit de la barque.

« Qu'apportez-vous? dit le vieillard.

— Ce sont les légumes que vous doivent les feux follets, » dit-elle, en produisant sa marchandise.

Quand le batelier n'en trouva que deux de chaque espèce, il se fâcha, et assura qu'il ne pouvait les recevoir. La femme le supplia, lui représenta qu'elle ne pouvait alors se rendre chez elle, et que le fardeau l'incommoderait dans le chemin qu'elle avait à faire. Il persista dans son refus, assurant même que la chose ne dépendait pas de lui.

« Ce qui me revient, je dois le laisser sans y toucher pendant neuf heures, et je ne dois rien accepter sans en donner le tiers à la rivière. »

Après bien des paroles échangées, le vieillard dit enfin :

« Il reste un moyen : engagez-vous envers la rivière, consentez à vous reconnaître sa débitrice, et je prendrai les six pièces pour moi; mais la chose offre quelque danger.

— Si je tiens ma parole, je ne cours cependant aucun danger?

— Pas le moindre. Plongez votre main dans la rivière, et promettez de payer votre dette dans les vingt-quatre heures. »

La vieille fit ce qu'on lui disait, mais quel ne fut pas son effroi, quand elle retira de l'eau sa main noire comme le charbon! Elle fit au vieillard les plus vifs reproches, assura que ses mains avaient toujours été ce qu'elle avait de plus beau dans sa personne, et que, malgré un travail pénible, elle avait su conserver à ces nobles membres leur blancheur et leur grâce. Elle regardait sa main avec une grande douleur, et s'écria, d'une voix désespérée :

« Voici qui est pire encore! Je vois qu'elle a beaucoup maigri : elle est beaucoup plus petite que l'autre.

— C'est encore une simple apparence, dit le vieillard; cependant, si vous ne tenez pas votre parole, cela peut devenir une réalité. La main diminuera peu à peu et finira par disparaître entièrement, sans que vous en perdiez l'usage; elle remplira toujours son office, seulement personne ne la verra.

— J'aimerais mieux, reprit la vieille, ne pouvoir pas m'en servir, et qu'on ne s'en aperçût pas. Mais peu importe : je tiendrai ma parole pour être bientôt délivrée de cette peau noire et de cette inquiétude, »

Là-dessus elle se hâta de prendre la corbeille, qui se plaça d'elle-même sur sa tête, et planait librement dans l'air, puis elle suivit, d'un pas leste, le jeune homme, qui, plongé dans ses rêveries, cheminait doucement sur la rive.

Sa belle tournure et son singulier costume avaient fait sur la vieille une profonde impression. Il avait la poitrine couverte d'une brillante cuirasse, sous laquelle sa taille se mouvait avec grâce; sur ses épaules se déployait un manteau de pourpre, et ses cheveux bruns flottaient en boucles élégantes autour de sa tête nue; son beau visage était exposé aux rayons du soleil, ainsi que ses pieds bien modelés. Il cheminait sans chaussure, d'un pas tranquille, sur le sable brûlant; une tristesse profonde semblait émousser chez lui toutes les impressions des sens.

La vieille bavarde tâcha d'engager avec lui la conversation; mais il ne lui fit que des réponses brèves, si bien qu'en dépit des beaux yeux du jeune homme, elle se lassa enfin de lui adresser la parole, et prit congé de lui en disant :

« Vous allez trop lentement pour moi, monsieur; il ne faut pas que je tarde un moment à traverser la rivière sur le serpent vert, et à porter au Beau lis le magnifique présent de mon mari. »

A ces mots, elle poursuivit son chemin à grands pas, et le jeune homme, prenant une allure aussi prompte, se hâta de suivre sa trace.

« Vous allez vers le Beau lis! s'écria-t-il; alors notre but est le même. Quel est ce présent que vous lui portez?

— Monsieur, répliqua la femme, il n'est pas convenable, après avoir éludé mes questions par vos monosyllabes, de me demander mes secrets avec tant de vivacité. S'il vous plaît de faire un échange et de me raconter vos aventures, je ne vous cacherai pas qui je suis et quel est mon présent. »

Ils furent bientôt d'accord; la femme lui raconta son histoire et celle du chien, et lui fit ensuite admirer ce merveilleux cadeau.

Il tira aussitôt de la corbeille ce chef-d'œuvre de la nature, et prit dans ses bras Mops, qui semblait dormir doucement.

« Heureux animal, dit-il, tu seras touché de ses mains; tu

seras animé par elle, tandis que les vivants doivent la fuir pour ne pas éprouver un triste sort. Mais que dis-je, triste! N'est-il pas beaucoup plus douloureux et plus pénible d'être paralysé par sa présence, qu'il ne le serait de mourir par ses mains? Regarde-moi, dit-il à la vieille, vois quelles extrémités je dois souffrir à l'âge où je suis! Cette cuirasse que j'ai portée avec honneur à la guerre, cette pourpre que je cherchais à mériter par un sage gouvernement, le sort me les a laissées, l'une, comme un poids inutile, l'autre, comme une parure insignifiante. La couronne, le sceptre et le glaive me sont ravis; je suis d'ailleurs aussi nu, aussi indigent que tout autre fils de la terre, car les yeux bleus du Beau lis ont une si malheureuse influence, qu'ils enlèvent leur force à tous les êtres vivants, et ceux que l'attouchement de sa main ne tue pas se sentent réduits à l'état d'ombres vivantes et vagabondes. »

Il poursuivit de la sorte ses plaintes, et ne satisfit nullement la curiosité de la vieille, qui désirait bien plus connaître son histoire que ses sentiments. Elle n'apprit ni le nom de son père ni celui de son royaume. Il caressait le rigide Mops, que les rayons du soleil et l'ardente poitrine du jeune homme avaient réchauffé, comme s'il eût été vivant. Il fit beaucoup de questions sur l'homme à la lampe, sur les effets de l'admirable lumière, et parut s'en promettre beaucoup de bien à l'avenir pour son malheureux état.

Pendant qu'ils discouraient ainsi, ils virent de loin l'arche majestueuse du pont, qui s'étendait d'une rive à l'autre, briller merveilleusement à la clarté du soleil. Ils furent surpris tous deux, car ils n'avaient pas encore vu ce monument si magnifique.

« Eh quoi? s'écria le prince, n'était-il pas assez beau, quand il s'offrait à nos yeux comme bâti de jaspe et d'agate? Ne doit-on pas craindre d'y poser le pied, lorsqu'il paraît construit, avec la plus agréable variété, d'émeraude, de chrysoprase et de chrysolithe? »

Ils ignoraient l'un et l'autre la métamorphose que le serpent avait subie; car c'était le serpent, qui, chaque jour, à midi, se dressait par-dessus le fleuve, et prenait la forme d'un pont hardi. Les voyageurs y mirent le pied avec respect, et le traversèrent en silence.

Ils étaient à peine sur l'autre bord, que le pont commença à se balancer et se mouvoir ; il ne tarda pas à toucher la surface de l'eau, et le serpent vert, dans sa véritable forme, rampa sur la terre à la suite des voyageurs. Comme ils venaient de le remercier d'avoir pu franchir la rivière sur son dos, ils observèrent qu'il devait se trouver avec eux dans la compagnie plusieurs personnes encore, mais qu'ils ne pouvaient voir de leurs yeux. Ils entendaient à leurs côtés un chuchotement, auquel le serpent répondait de son côté en chuchotant. Ils prêtèrent l'oreille, et finirent par saisir les paroles que voici :

« Nous commencerons, disaient deux voix tour à tour, par chercher incognito dans le parc le Beau lis, et nous vous prions de vouloir bien, à la tombée de la nuit, aussitôt que nous serons un peu présentables, nous produire devant cette beauté parfaite. Vous nous trouverez au bord du grand lac.

— C'est convenu, » répondit le serpent, et un sifflement se perdit dans l'air.

Alors nos trois voyageurs s'entendirent sur l'ordre dans lequel ils se présenteraient devant la belle : en effet un grand nombre de personnes pouvaient bien se trouver autour d'elle, mais elles devaient arriver et se retirer une à une ; sinon elles avaient à souffrir de sensibles douleurs.

La femme au chien métamorphosé s'approcha la première du jardin, et chercha sa protectrice, qu'elle trouva aisément, car elle chantait dans ce moment, en s'accompagnant de la harpe ; les doux sons se produisirent d'abord comme des anneaux, à la surface du lac tranquille, puis, comme un souffle léger, ils mirent le gazon et les bocages en mouvement. Dans l'enceinte d'une verte pelouse, à l'ombre d'un groupe magnifique d'arbres divers, elle était assise, et, dès l'abord, elle enchanta de nouveau les yeux, l'oreille et le cœur de la femme, qui s'approcha d'elle avec ravissement, et jura en elle-même que la belle était devenue plus belle encore en son absence. La bonne femme adressa de loin à l'aimable jeune fille ses salutations et ses hommages.

« Quel bonheur de vous voir ! Quelle félicité céleste répand autour de vous votre présence ! Que la harpe s'appuie avec grâce contre vos genoux ! Que vos bras l'entourent doucement ! Comme elle semble se pencher avec désir vers votre sein ! Et

quels tendres accords elle sait produire sous vos doigts délicats!
Trois fois heureux le jeune homme qui pourrait prendre sa
place! »

En parlant ainsi, elle s'était approchée; le Beau lis leva les
yeux; ses mains quittèrent les cordes de la harpe et elle répondit :

« Ne m'afflige pas par des louanges importunes! Elles ne font
que me rendre plus sensible à mon malheur. Vois, il est gisant
à mes pieds, le pauvre serin qui accompagnait mes chants avec
tant de grâce; il était accoutumé à percher sur ma harpe, et
soigneusement dressé à ne pas me toucher; aujourd'hui, en
m'éveillant d'un sommeil réparateur, comme je chantais un
hymne matinal, et que mon petit musicien faisait entendre des
accents harmonieux, avec plus de gaieté que jamais, un autour
fond sur ma tête; le pauvre petit oiseau effrayé se réfugie sur
mon sein, et, à l'instant même, je sens les dernières convulsions de sa vie expirante. Le brigand, atteint de mon regard, se
traîne, il est vrai, là-bas, sans force, au bord de l'eau; mais que
me fait son châtiment? Mon favori est mort, et sa tombe ne fera
qu'augmenter les tristes bocages de mon jardin.

— Beau lis, prenez courage! dit la femme en essuyant une
larme, que lui avait arrachée le récit de la malheureuse jeune
fille; prenez courage : mon vieux mari vous fait dire de modérer votre affliction, de considérer le plus grand malheur comme
le présage du plus grand bonheur, car le moment est venu. Et
véritablement, poursuivit la vieille, tout va dans le monde sens
dessus dessous! Voyez donc ma main, comme elle est devenue
noire! Elle est déjà bien plus petite : il faut me hâter avant
qu'elle disparaisse tout à fait. Pourquoi ai-je été complaisante
avec les feux follets! Pourquoi ai-je rencontré le géant et pourquoi plongé ma main dans la rivière! Ne pourriez-vous me
donner un chou, un artichaut et un oignon? Je les porterai à la
rivière et ma main redeviendra blanche comme auparavant, si
bien que je pourrai presque la montrer à côté de la vôtre.

— Des choux et des oignons, tu en trouveras peut-être; pour
des artichauts, tu en chercheras inutilement. Les plantes de mon
grand jardin ne portent ni fleurs, ni fruits, mais chaque rameau
que je cueille et que je plante sur la tombe d'un être aimé

verdit et se développe aussitôt. Tous ces groupes d'arbres, ces bosquets et ces bois, hélas! je les ai vus croître. Les dômes de ces pins, les obélisques de ces cyprès, ces colosses de chênes et de hêtres, tous furent de petits rameaux, plantés de ma main, comme un funèbre monument, dans un sol auparavant stérile. »

La vieille avait fait peu d'attention à ces paroles, étant toujours occupée de sa main, qui, en présence du Beau lis, lui semblait devenir de minute en minute plus noire et plus petite. Elle allait prendre sa corbeille et s'éloigner, lorsqu'elle s'avisa qu'elle avait oublié le meilleur. Elle tira le chien métamorphosé de la corbeille et le plaça sur le gazon non loin de la belle.

« Mon mari, dit-elle, vous envoie ce souvenir. Vous savez que vous pouvez animer par votre attouchement cette pierre précieuse. Le gentil et fidèle animal vous procurera certainement beaucoup de plaisir, et je ne pourrais me consoler de le perdre, si je n'avais pas l'idée que vous le possédez. »

Le Beau lis considéra la jolie bête avec plaisir et, à ce qu'il parut, avec étonnement.

« Bien des signes se rencontrent, dit-elle, qui font naître chez moi quelque espérance; mais, hélas! n'est-ce pas seulement une illusion de notre esprit, de nous figurer que nous touchons au plus grand bien quand beaucoup de maux nous assiégent? »

Après avoir dit ces mots, la belle se mit a chanter les strophes suivantes :

« De quel secours sont-ils pour moi, tous ces signes favorables, la mort de l'oiseau, la main noire de mon amie? Le chien d'onyx a-t-il son pareil? Et la lampe ne me l'a-t-elle pas envoyé?

« Éloignée des douceurs de la société humaine, je ne connais plus que la douleur. Ah! pourquoi le temple ne s'élève-t-il pas au bord de la rivière? Pourquoi le pont n'est-il pas construit? »

La bonne femme avait écouté avec impatience ce chant, que le Beau lis accompagnait des doux sons de sa harpe, et qui aurait ravi toute autre personne. Elle allait prendre congé, quand elle fut de nouveau retenue par l'arrivée du serpent vert. Il avait entendu les derniers mots de la chanson, et là-dessus il s'empressa de dire au Beau lis d'avoir bon courage.

« La prédiction du pont est accomplie, lui dit-il. Demandez à cette bonne femme comme l'arche en est maintenant magnifique! Ce qui n'était que jaspe sans transparence et simple agate, que la lumière pénétrait seulement aux arêtes, est devenu une pierre diaphane; le béryl est moins brillant, l'émeraude est moins belle.

— Je vous en félicite, dit le Lis, mais pardonnez-moi si je ne crois pas encore la prédiction accomplie. Les piétons peuvent seuls passer sur votre arche élevée, et il nous est promis que les chevaux et les voitures et les voyageurs de toute sorte pourront passer et repasser en même temps sur le pont. La prophétie ne dit-elle pas que de grands piliers s'élèveront du sein même de la rivière? »

La vieille, qui avait eu les yeux toujours fixés sur sa main, interrompit la conversation et prit congé.

« Attendez encore un moment, dit le Beau lis, et emportez mon pauvre petit serin. Priez la lampe de le changer en une belle topaze; je l'animerai par mon attouchement et il sera, avec votre bon Mops, mon plus agréable amusement. Mais hâtez-vous le plus que vous pourrez : car, au coucher du soleil, le pauvre animal tombera inévitablement dans la corruption, et sa beauté sera détruite pour jamais. »

La vieille posa dans la corbeille le petit corps enveloppé de tendre feuillage, et s'éloigna.

« Quoi qu'il en soit, dit le serpent, en reprenant la conversation interrompue, le temple est bâti.

— Mais il n'est pas encore au bord du fleuve, repartit la belle.

— Il est encore dans les profondeurs de la terre, dit le serpent : j'ai vu les rois et je leur ai parlé.

— Mais quand se lèveront-ils? demanda le Lis.

— J'ai entendu cette grande parole retentir dans le temple : « Le temps est venu! »

Une agréable sérénité se répandit sur le visage de la belle.

« Voici, dit-elle, la seconde fois que j'entends aujourd'hui ces mots heureux. Quand viendra le jour où je les entendrai trois fois? »

Elle se leva. Une charmante jeune fille sortit aussitôt du bocage et emporta la harpe; elle fut suivie d'une autre, qui plia la chaise de campagne, d'ivoire sculptée, sur laquelle la belle s'était assise, et prit sous le bras le coussin de brocart; une troisième parut, avec une grande ombrelle brodée de perles, aux ordres du Lis, si elle en avait besoin pour faire une promenade. Ces trois jeunes filles étaient belles et charmantes au delà de toute expression, et cependant elles ne faisaient que relever la beauté du Lis, car chacun devait avouer que ces jeunes filles ne lui pouvaient être comparées.

Cependant le Beau lis avait considéré le merveilleux Mops avec intérêt : elle se baissa; elle le toucha et, à l'instant même, il bondit. Il jeta autour de lui des regards joyeux, courut çà et là, et finit par saluer de la façon la plus amicale sa bienfaitrice. Elle le prit dans ses bras et le pressa contre elle.

« Tu es froid, lui dit-elle, et tu n'as qu'une moitié de vie; cependant tu es le bienvenu; je t'aimerai tendrement, je jouerai gentiment avec toi, je te caresserai d'une main amicale, et je te presserai sur mon cœur. »

Là-dessus elle le laissa courir, le chassa loin d'elle, le rappela, joua si joliment avec lui, et le poursuivit si gaiement et si innocemment sur le gazon, qu'il fallait admirer sa joie avec un nouveau ravissement et y prendre part, comme, peu de temps auparavant, sa tristesse avait ému de compassion tous les cœurs.

L'arrivée du jeune homme affligé troubla cette sérénité, ces agréables jeux. Il s'avança, tel que nous le connaissons : seulement, la chaleur du jour semblait l'avoir encore plus abattu, et, en présence de sa bien-aimée, il pâlissait davantage de moments en moments. Il portait sur sa main l'autour qui se tenait tranquille comme une colombe, et les ailes pendantes.

« Ce n'est pas aimable à toi, s'écria le Beau lis, à son approche, d'offrir à mes yeux le monstre qui aujourd'hui même a tué mon petit chanteur.

— Ne condamne pas cet oiseau malheureux, répondit le jeune homme; accuse plutôt le sort et toi-même, et pardonne-moi de m'associer à mon compagnon d'infortune. »

Cependant Mops ne cessait pas d'agacer la belle, qui répondait de la manière la plus caressante au transparent favori. Elle frappait des mains pour l'effrayer, puis elle courait pour l'attirer de nouveau après elle; elle cherchait à le saisir lorsqu'il fuyait, et le chassait lorsqu'il voulait s'élancer contre elle. Le jeune homme observait la chose en silence, avec un dépit croissant; mais enfin, lorsqu'elle prit dans ses bras l'odieux animal, qu'il trouvait affreux, le pressa contre son sein d'ivoire, et, de ses lèvres divines, baisa son noir museau, il perdit toute patience et s'écria désespéré :

« Faut-il, quand une malheureuse destinée me condamne à vivre en ta présence dans une séparation éternelle peut-être; quand j'ai tout perdu par toi et me suis perdu moi-même, faut-il que je voie devant mes yeux une monstrueuse créature t'exciter à la joie, fixer ta tendresse et jouir de tes embrassements! Dois-je plus longtemps encore aller et venir de la sorte et mesurer ce cercle de douleurs, en passant et repassant la rivière? Non, une étincelle de ma valeur première sommeille encore dans mon cœur ; qu'elle jette en ce moment une dernière flamme! Si les pierres peuvent reposer sur ton sein, puissé-je devenir une pierre! Si ton attouchement donne la mort, je veux mourir de tes mains. »

En disant ces mots, il fait un geste violent; l'autour s'envole, et lui-même il s'élance vers la belle. Elle tend les bras pour l'arrêter, et ne l'en touche que plus vite. Il perd connaissance et le Beau lis sent avec effroi ce charmant fardeau sur sa poitrine. Elle recule en poussant un cri, et le beau jeune homme tombe sans vie de ses bras sur la terre.

Le malheur était accompli. La douce fleur était immobile, et regardait fixement le corps inanimé. Le cœur de la jeune fille semblait avoir cessé de battre, et ses yeux étaient sans larmes.

Vainement Mops cherchait-il à obtenir d'elle une caresse : le monde entier était mort avec son ami; son muet désespoir ne cherchait aucun secours, elle n'en connaissait aucun.

En revanche, le serpent se donnait beaucoup de mouvement; il semblait chercher des moyens de salut, et du moins ses mouvements bizarres retardèrent quelque temps les premières horreurs qui devaient suivre cette catastrophe : de son corps souple, il forma un grand cercle autour du cadavre, prit avec ses dents le bout de sa queue, et resta immobile.

Bientôt parut une des belles suivantes du Lis; elle apportait la chaise d'ivoire, et, avec des gestes gracieux, elle obligea la belle de s'asseoir; puis la seconde apporta un voile couleur de feu, dont elle orna plutôt qu'elle ne couvrit la tête de sa maîtresse; la troisième lui présenta la harpe. A peine avait-elle appuyé contre ses genoux le magnifique instrument et tiré des cordes quelques sons, que la première revint, apportant un brillant miroir de forme ronde; elle se plaça vis-à-vis de la belle, surprit ses regards, et lui montra l'objet le plus admirable qui se pût trouver dans la nature. La douleur relevait sa beauté, le voile ses attraits, la harpe sa grâce, et, bien que l'on espérât de voir changée sa triste situation, on souhaitait de conserver à jamais son image telle qu'on la voyait alors.

Arrêtant sur le miroir un regard tranquille, tantôt elle tirait des cordes quelques notes suaves, tantôt sa douleur semblait s'animer, et les cordes puissantes répondaient à ses transports. Quelquefois sa bouche s'entr'ouvrait pour chanter, mais la voix lui manquait, et bientôt sa douleur se répandit en larmes; deux jeunes filles la recueillirent dans leurs bras, la harpe tombait de ses genoux : l'agile suivante eut à peine le temps de la saisir pour la mettre à l'écart.

« Qui nous amènera l'homme à la lampe, avant le coucher du soleil? » chuchota le serpent, mais de manière à être entendu.

Les jeunes filles se regardèrent l'une l'autre, et les larmes du Lis redoublèrent. A ce moment, la femme revint hors d'haleine avec sa corbeille.

« Je suis perdue et mutilée! s'écria-t-elle. Voyez, ma main a presque entièrement disparu. Ni le batelier ni le géant n'ont voulu me passer, parce que je suis encore débitrice de la rivière. Vainement j'ai offert cent choux et cent oignons, on ne veut que les trois pièces, et je ne puis trouver un artichaut dans les environs.

— Oubliez votre détresse, dit le serpent, et tâchez de nous secourir. Notre salut sera peut-être aussi le vôtre. Courez au plus vite chercher les feux follets; il fait encore trop clair pour les voir, mais peut-être les entendrez-vous rire et voltiger. S'ils se hâtent, le géant les passera; ils pourront trouver l'homme à la lampe et nous l'envoyer. »

La femme courut de toutes ses forces ; le serpent semblait attendre avec autant d'impatience que le Lis le retour des deux personnes. Malheureusement les rayons du soleil sur son déclin doraient déjà le faîte des arbres de la forêt, et des ombres allongées s'étendaient sur le lac et la prairie ; le serpent s'agitait avec impatience et le Lis fondait en larmes.

Dans cette extrémité, le serpent regardait de tous côtés ; il craignait, à chaque moment, que le soleil ne se couchât, que la corruption ne franchît le cercle magique, et n'attaquât le jeune homme irrésistiblement. Enfin il vit au haut des airs l'autour aux plumes empourprées, dont la gorge reflétait les derniers rayons du soleil. Le serpent tressaillit de joie à ce signe favorable, et il ne s'abusait point, car, bientôt après, on vit l'homme à la lampe avancer en glissant sur le lac, comme s'il venait en patins.

Le serpent ne quitta point sa position, mais le Lis se leva et s'écria :

« Quel bon génie t'envoie dans le moment où nous te désirons si fort, où nous avons un si pressant besoin de toi ?

— Le génie de ma lampe m'entraîne, répondit le vieillard, et l'autour m'amène en ce lieu. Cette flamme pétille quand on a besoin de moi, et je n'ai qu'à chercher un signe dans l'air : un oiseau, un météore m'indique la direction que je dois suivre. Sois tranquille, belle jeune fille. Pourrai-je te secourir, je l'ignore : un seul ne peut rien, il faut qu'il s'unisse à beaucoup d'autres dans le moment propice. Il nous faut différer et espérer.

« Tiens ton cercle fermé, poursuivit-il en se tournant vers le serpent ; puis il s'assit sur un tertre à côté de lui, et il éclaira le corps inanimé. Apportez aussi le gentil serin et placez-le dans le cercle. »

Les jeunes filles prirent le petit oiseau dans la corbeille, que la vieille avait laissée, et elles firent ce que l'homme avait dit.

Le soleil s'était couché, et, à mesure que l'obscurité augmentait, non-seulement le serpent et la lampe de l'homme commencèrent de briller à leur manière, mais le voile du Lis répandit même une douce lumière, qui, pareille à une aurore naissante, colorait, avec une grâce infinie, ses joues pâles et son vêtement blanc. Les assistants se regardaient les uns les autres, dans une attente muette; l'inquiétude et la tristesse étaient adoucies par une ferme espérance.

Aussi la compagnie fit-elle un gracieux accueil à la vieille femme, lorsqu'elle parut accompagnée des deux joyeuses flammes, qui sans doute avaient été fort prodigues depuis quelque temps, car elles étaient redevenues d'une maigreur extrême; mais elles n'en furent que plus aimables avec la princesse et les autres dames. Les feux follets débitèrent, avec beaucoup d'aplomb et une expression très-vive, des choses assez communes; ils furent particulièrement sensibles au charme que le voile lumineux répandait sur le Lis et ses compagnes. Les dames baissaient les yeux avec modestie, et les éloges donnés à leur beauté les embellissaient encore. Tout le monde, sauf la vieille, était satisfait et tranquille. Vainement son mari l'assura que sa main ne pouvait diminuer, aussi longtemps qu'elle serait éclairée par sa lampe, elle soutint plus d'une fois que, si cela continuait de la sorte, avant minuit ce noble membre aurait complétement disparu.

Le vieillard à la lampe avait prêté aux propos des feux follets une oreille attentive; il était charmé que cet entretien pût égayer et distraire le Beau lis, et, véritablement, minuit était arrivé sans que l'on sût comment. Le vieillard observa les étoiles et se prit à dire :

« Nous sommes réunis à l'heure propice. Que chacun remplisse sa tâche; que chacun fasse son devoir, et un bonheur général absorbera les douleurs particulières, comme un malheur général dévore les joies de chacun. »

A ces mots, il se fit un murmure étrange, parce que toutes les personnes présentes se parlaient à elles-mêmes, et disaient à haute voix ce qu'elles avaient à faire. Les trois jeunes filles gardaient seules le silence; l'une était endormie à côté de la harpe, l'autre à côté du parasol, la troisième à côté de la chaise d'ivoire, et l'on ne pouvait leur en faire un crime à une heure si tardive; les jeunes flamboyants, après quelques hommages passagers adressés aussi aux suivantes, avaient fini par s'attacher uniquement au Lis, comme à la belle des belles.

« Prends le miroir, dit le vieillard à l'autour, et fais briller sur les dormeuses les premiers rayons du soleil; éveille-les d'en haut avec la lumière réfléchie. »

Le serpent fit quelques mouvements, rompit le cercle et, avec de longs replis, rampa lentement vers le fleuve; les feux follets le suivaient d'un pas solennel : on les aurait pris pour les flammes les plus sérieuses du monde. La vieille et son mari prirent la corbeille, dont on avait à peine remarqué jusqu'alors la douce lumière; ils la tirèrent de part et d'autre, et la corbeille devenait toujours plus lumineuse et plus grande; ils y placèrent le corps du jeune homme; ils posèrent le serin sur sa poitrine; la corbeille s'éleva en l'air et se balança sur la tête de la vieille, qui s'avança à la suite des feux follets; le Beau lis prit Mops dans ses bras et suivit la vieille; le vieillard à la lampe fermait la marche. Toutes ces diverses lumières répandaient sur les environs la plus étrange clarté.

Mais la compagnie ne vit pas avec moins d'admiration, lorsqu'elle fut arrivée au bord du fleuve, une arche magnifique, qui s'élevait par-dessus, et sur laquelle le serpent bienfaisant leur offrait un brillant passage. Si l'on avait admiré pendant le jour les pierreries transparentes, dont il semblait que le pont fût construit, on s'émerveilla, pendant la nuit, de leur éblouissante magnificence. Par en haut, le cercle lumineux tranchait vivement sur le ciel sombre; mais, par en bas, de vifs rayons jaillissaient vers le centre et montraient la mobile solidité de l'édifice. Le cortége le traversa lentement; le batelier, qui regardait de sa cabane lointaine, contemplait avec étonnement le cercle lumineux et les singulières clartés qui passaient par-dessus.

A peine furent-ils arrivés sur l'autre bord, que, selon sa coutume, l'arche se mit à balancer et à s'approcher de l'eau avec des mouvements ondulatoires; bientôt le serpent s'avança vers la rive, la corbeille se posa par terre, et le reptile se roula de nouveau en cercle alentour. Le vieillard s'inclina devant le serpent et lui dit :

« Quelle résolution as-tu prise ?

— De me sacrifier avant qu'on me sacrifie. Promets-moi que tu ne laisseras aucune pierre sur le bord. »

Le vieillard le promit, et, là-dessus, il dit au Beau lis :

« Touche le serpent de ta main gauche et ton amant de la main droite. »

Le Lis se mit à genoux ; elle toucha le serpent et le corps inanimé. A l'instant même, le jeune homme parut revenir à la vie ; il remua dans la corbeille ; il se redressa même et s'assit. La belle voulut l'embrasser ; mais le vieillard la retint ; il aida le jeune homme à se lever, et le soutint, comme il sortait de la corbeille et du cercle.

Le prince était debout, le serin voltigeait sur ses épaules ; la vie leur était revenue à tous deux, mais pas encore l'esprit ; le bel ami avait les yeux ouverts et ne voyait pas, du moins il semblait regarder tout avec indifférence. A peine la surprise causée par cet événement fut-elle un peu apaisée, qu'on remarqua tout à coup la singulière métamorphose que le serpent avait subie. Son beau corps, à la forme élancée, s'était séparé en mille et mille brillantes pierreries ; la vieille, en voulant prendre sa corbeille, l'avait heurté par mégarde, et l'on ne voyait plus rien de la forme du serpent, mais seulement un beau cercle de pierres étincelantes, semées sur le gazon.

Aussitôt le vieillard se disposa à les recueillir dans la corbeille ; sa femme dut l'aider dans ce travail. Puis ils portèrent tous deux la corbeille au bord de l'eau dans un endroit élevé, et le vieillard, au grand chagrin de la belle et de sa femme, qui auraient fort désiré d'en choisir quelques-unes pour elles, jeta toute la charge dans la rivière. Comme des étoiles scintillantes, les pierres voguèrent avec les flots, et l'on ne put distinguer si elles se perdirent dans le lointain ou si elles enfoncèrent.

« Messieurs, dit là-dessus avec respect le vieillard aux feux follets, je vous montre maintenant le chemin, et je vous fraye le passage ; mais vous nous rendrez le plus grand service, en nous ouvrant la porte du sanctuaire, par où nous devons entrer cette fois, et que vous seuls pouvez ouvrir. »

Les feux follets firent une révérence polie et se tinrent en arrière. Le vieillard à la lampe avança le premier dans le rocher, qui s'ouvrait devant lui ; le jeune homme le suivit, comme par une impulsion machinale ; le Beau lis marchait à quelque distance derrière lui, incertaine et silencieuse ; la vieille ne voulut pas rester en arrière ; elle étendait la main, afin que la lumière de la lampe pût l'éclairer; les feux follets fermaient la marche, rapprochant les pointes de leurs flammes, et paraissant causer ensemble.

Ils n'avaient pas marché longtemps, que le cortége se trouva devant une grande porte d'airain, dont les battants étaient fermés avec une serrure d'or. Le vieillard appela les feux follets, qui ne se firent pas presser longtemps, et se mirent vivement à consumer de leurs flammes les plus aiguës la serrure et les verrous.

Le bronze retentit, lorsque soudain les portes s'ouvrirent avec fracas, et que les nobles images des rois apparurent dans le sanctuaire, éclairées par les lumières qui survenaient. Chacun s'inclina devant les vénérables monarques; les feux follets surtout n'épargnèrent pas les burlesques révérences. Après une pause :

« D'où venez-vous? dit le roi d'or.

— Du monde, dit le vieillard.

— Où allez-vous? demanda le roi d'argent.

— Dans le monde.

— Que venez-vous faire ici? demanda le roi de bronze.

— Vous accompagner, » dit le vieillard.

Le roi mélangé allait prendre la parole, quand le roi d'or dit aux feux follets, qui s'étaient approchés trop près de lui :

« Éloignez-vous de moi! mon or n'est pas pour votre bouche. »

Ils se tournèrent vers le roi d'argent et s'inclinèrent devant lui; sa robe brillait agréablement de leur reflet doré.

« Soyez les bienvenus, dit-il, mais je ne puis vous nourrir : prenez ailleurs votre pâture et apportez-moi votre lumière. »

Ils s'éloignèrent, et, passant devant le roi de bronze, qui ne sembla pas les remarquer, ils se glissèrent vers le roi mélangé.

« Qui régnera sur le monde? cria-t-il d'une voix saccadée.

— Celui qui se tiendra sur ses pieds, répondit le vieillard.

— C'est moi! dit le roi mélangé.

— On verra, dit le vieillard, car le temps est venu. »

Le Beau lis se jeta au cou du vieillard, et l'embrassa avec la plus vive tendresse.

« Père saint, lui dit-elle, je te rends mille actions de grâces : car je viens d'entendre, pour la troisième fois, la parole prophétique. »

Elle avait à peine dit ces mots, que ses bras s'attachèrent au vieillard plus fortement encore, car le sol s'ébranlait sous leurs pieds ; la vieille et le jeune homme se tinrent aussi l'un à l'autre ; les mobiles feux follets étaient les seuls qui ne s'apercevaient de rien.

On pouvait sentir distinctement que le temple tout entier se mouvait, comme un navire qui s'éloigne doucement du port, quand les ancres sont levées ; les profondeurs de la terre semblaient s'ouvrir devant lui, à mesure qu'il avançait ; il ne heurtait nulle part, aucun rocher ne s'opposait à sa marche.

Pendant quelques instants, une fine pluie sembla pénétrer par l'ouverture de la coupole. Le vieillard tint le Beau lis avec plus de force, et lui dit :

« Nous sommes sous la rivière et nous approchons du but. »

Peu de temps après, ils crurent être arrêtés, mais c'était une erreur, le temple montait. Alors il se fit sur leurs têtes un bruit étrange : des planches et des poutres, grossièrement assemblées, pénétraient, avec des craquements, par l'ouverture de la coupole. Le Lis et la vieille se jetèrent de côté ; l'homme à la lampe saisit le jeune homme et demeura immobile. C'était la petite cabane du passeur, que le temple, dans son ascension, avait séparée du sol et qu'il avait absorbée en lui. Elle descendit peu à peu et couvrit le jeune homme et le vieillard.

Les femmes criaient et le temple fut ébranlé, comme un vaisseau qui heurte la terre à l'improviste. Les femmes erraient avec angoisse dans l'obscurité autour de la cabane ; la porte en était fermée, et nul ne les entendait heurter. Elles heurtèrent plus fort, et furent bien surprises, lorsqu'à la fin le bois rendit un son métallique. La vertu de la lampe enfermée dans la cabane l'avait changée du dedans au dehors en argent. Bientôt elle changea même de figure ; le noble métal quitta les formes improvisées de planches, de poteaux et de poutres, et s'étendit en une admirable chapelle travaillée en bosse. Un magnifique petit temple s'élevait au milieu du grand, ou, si l'on veut, c'était un autel digne du temple.

Le jeune homme monta par un escalier intérieur; l'homme à la lampe l'éclairait, et un autre personnage semblait le soutenir, marchant devant lui, en court vêtement blanc, et portant à la main une rame d'argent. On reconnut d'abord en lui le passeur, l'ancien habitant de la cabane métamorphosée.

Le Beau lis monta les degrés extérieurs, qui menaient du temple à l'autel, mais elle dut se tenir encore éloignée de son bien-aimé. La vieille, dont la main était devenue toujours plus petite, aussi longtemps que la lampe avait été cachée, s'écria :

« Faut-il que je sois encore malheureuse? Parmi tant de prodiges, n'en est-il aucun qui puisse sauver ma main? »

Son mari lui montra la porte ouverte et lui dit :

« Tu vois que le jour commence à luire : cours te baigner dans la rivière.

— Quel conseil! Je deviendrai toute noire! Je disparaîtrai tout entière! N'ai-je donc pas encore payé ma dette?

— Va, dit le vieillard, et crois-moi. Toutes les dettes sont payées. »

La vieille courut, et, au même instant, les rayons du soleil levant éclairèrent la couronne de la coupole. Le vieillard s'avança entre le jeune homme et la vierge et s'écria :

« On en compte trois qui règnent sur la terre, la sagesse, l'apparence et la force. Au premier de ces mots, le roi d'or se leva; au second, le roi d'argent; et, au troisième, le roi de bronze s'était aussi levé lentement, quand tout à coup le roi mélangé s'assit avec maladresse. Tous ceux qui le virent furent sur le point de rire, malgré la solennité du moment; car il n'était pas assis, il n'était pas couché, il n'était pas appuyé, mais il s'était affaissé dans une disgracieuse posture.

Les feux follets, qui s'étaient occupés de lui jusqu'alors, se retirèrent à part; bien que l'aurore les fit pâlir, ils paraissaient de nouveau bien nourris et bien enflammés; avec leurs langues aiguës, ils avaient léché adroitement jusqu'au fond les veines d'or de la statue colossale. Les espaces vides irréguliers qui en étaient résultés, restèrent quelque temps ouverts, et la figure demeurait dans sa première forme; mais, lorsqu'enfin les plus fines veines furent absorbées, tout à coup la statue se brisa, et, par malheur, justement aux endroits du corps qui restent fixes quand l'homme s'assied; au contraire, les jointures qui auraient dû se plier conservèrent leur rigidité. Il fallait rire ou détourner les yeux; cet objet équivoque, moitié figure, moitié masse informe, était affreux à voir.

L'homme à la lampe fit descendre de l'autel et conduisit droit au roi de bronze le jeune homme, toujours engourdi et le regard fixe. Aux pieds du puissant prince était une épée dans un fourreau de bronze. Le jeune homme l'attacha à sa ceinture.

« L'épée à gauche, la droite libre! » s'écria le puissant roi.

De là ils s'avancèrent vers le roi d'argent, qui baissa son sceptre vers le jeune homme. Celui-ci le prit de la main gauche, et le roi lui dit d'une voix amicale:

« Paissez les brebis. »

Lorsqu'ils arrivèrent au roi d'or, il posa, de sa main paternelle, sur la tête du jeune homme, la couronne de chêne, et lui dit en le bénissant :

« Reconnais le bien suprême! »

Pendant cette promenade, le vieillard avait observé attentivement le jeune homme. Après qu'il eut ceint le glaive, sa poitrine s'était élevée, ses mains se mouvaient et ses pieds foulaient le sol avec plus de fermeté; lorsque le sceptre eût passé dans sa main, sa force avait paru prendre de la douceur, et, par un charme inexprimable, devenir encore plus puissante; mais, quand la couronne de chêne décora sa chevelure bouclée, ses traits s'animèrent, son œil brilla d'une ineffable intelligence, et le Lis fut le premier mot qui sortit de sa bouche.

« Beau lis! s'écria-t-il, en montant au-devant d'elle sur les degrés d'argent, car elle avait assisté à sa promenade du balcon de l'autel, Lis adoré, l'homme qui a reçu tout en partage, que peut-il souhaiter de plus précieux que l'innocence et la secrète affection que m'apporte ton cœur?

« O mon ami, poursuivit-il, en se tournant vers le vieillard et regardant les trois statues sacrées, il est magnifique et assuré, l'empire de nos pères; mais tu as oublié la quatrième puissance, dont l'empire sur le monde est plus ancien encore, plus général, plus certain : la puissance de l'amour. »

A ces mots, il prit la belle dans ses bras; elle avait rejeté son voile, et ses joues se couvrirent d'un plus bel et plus durable incarnat. Le vieillard dit en souriant :

« L'amour ne règne pas, il instruit, et cela vaut bien mieux. »

Au milieu de cette solennité, de ces joies, de ce ravissement, on n'avait pas observé que le jour était tout à fait venu; et tout à coup, à travers la porte ouverte, des objets tout nouveaux frappèrent les yeux de la compagnie. Une grande place entourée de colonnes formait l'avant-cour, à l'extrémité de laquelle on voyait un pont magnifique, dont les arches nombreuses s'étendaient à travers le fleuve; il était pourvu des deux côtés de commodes et superbes colonnades à l'usage des voyageurs, dont il s'était déjà trouvé des milliers, qui allaient et venaient diligemment. La grande avenue du milieu était animée par des troupeaux, des mules, des cavaliers et des voitures, qui, sans se faire obstacle, circulaient à longs flots; ils semblaient tous s'émerveiller d'un ouvrage si commode et si magnifique; et autant le nouveau roi et son épouse trouvaient de bonheur dans leur amour mutuel, autant le mouvement et la vie de ce grand peuple leur causaient de ravissement.

« Bénis la mémoire du serpent, dit le vieillard : tu lui dois la vie; tes peuples lui doivent le pont par lequel ces rives voisines sont animées et réunies. Ces pierreries nageantes et brillantes, restes de son corps sacrifié, sont les bases de ce pont superbe; c'est sur elles qu'il s'est bâti de lui-même, et qu'il se maintiendra. »

On allait lui demander l'explication de cet étrange mystère; soudain quatre jeunes filles se présentèrent à la porte du temple. A la harpe, au parasol, à la chaise d'ivoire, on reconnut d'abord les compagnes du Lis; mais la quatrième, la plus belle, était une inconnue, qui, jouant avec elles comme une sœur, traversa vivement le temple, et monta les degrés d'argent.

« Me croiras-tu désormais, ma chère femme? dit à la belle le maître de la lampe. Heureuse es-tu! heureuse toute créature qui se baignera ce matin dans le fleuve! »

La vieille, embellie et rajeunie, et qui n'avait pas conservé une trace de sa première figure, entourait de ses jeunes bras ranimés l'homme à la lampe, qui recevait ses caresses avec amitié.

« Si je suis trop vieux pour toi, dit-il en souriant, tu peux te choisir aujourd'hui un autre mari. Dès ce jour aucun mariage n'est valable, s'il n'est pas conclu de nouveau.

— Ne sais-tu donc pas, lui dit-elle, que tu es aussi rajeuni?

— Je suis charmé de paraître à tes jeunes regards un vaillant jeune homme. Je reçois de nouveau ta main, et je vivrai volontiers avec toi jusqu'au prochain millénaire. »

La reine souhaita la bienvenue à sa nouvelle amie, et descendit, avec ses autres compagnes, dans l'autel, tandis que le roi, avec les deux hommes, regardait du côté du pont et considérait avec attention le mouvement de la foule.

Mais sa joie ne fut pas de longue durée, car il vit un objet qui lui causa un moment de chagrin. Le grand géant, qui semblait n'être pas encore bien éveillé, chancelait sur le pont, et il y causait un grand désordre. Il s'était levé fort assoupi, comme à l'ordinaire, et avait voulu se baigner dans l'anse accoutumée. Il avait trouvé, à la place, la terre ferme, et il s'était avancé en tâtonnant sur le large pavé du pont. Là, quoiqu'il marchât très-lourdement au milieu des hommes et du bétail, sa présence, qui étonnait tout le monde, n'était cependant sentie de personne. Mais lorsque le soleil lui donna dans les yeux, et qu'il éleva les mains pour s'en préserver, l'ombre de ses poings énormes passa et repassa derrière lui si brusquement, si maladroitement, parmi la foule, que les gens et les bêtes étaient renversés en grandes troupes, blessés, et couraient le risque d'être précipités dans le fleuve.

Le roi, à la vue de ce désordre, porta par un mouvement involontaire la main sur son épée, et aussitôt il réfléchit, regarda tranquillement d'abord son sceptre, puis la lampe et la rame de ses compagnons.

« Je devine ta pensée, dit le maître de la lampe; mais nous et nos forces nous sommes sans puissance contre cet impuissant. Sois tranquille : il fait du mal pour la dernière fois. Heureusement son ombre ne tombe pas de notre côté. »

Cependant le géant s'était approché toujours davantage. En

présence de ce qu'il voyait de ses yeux, les bras lui tombèrent d'étonnement : il ne faisait plus de mal, et il entra dans l'avant-cour en regardant bouche béante.

Il marchait droit à la porte du temple, quand il fut arrêté soudain et fixé sur le sol au milieu de la cour. Il y demeura, puissante et colossale statue d'une pierre brillante et rougeâtre. Son ombre indique les heures, qui sont marquées en cercle sur le sol autour de lui, non pas en chiffres, mais en nobles et expressives images.

Le roi fut bien charmé de voir l'ombre du géant utilisée ; la reine fut bien surprise, lorsque, en venant de l'autel, magnifiquement parée, avec ses jeunes suivantes, elle vit l'étrange figure, qui lui masquait à peu près la vue du pont.

Le peuple se pressa près du géant, devenu immobile ; il l'entoura, admirant sa métamorphose. De là, il se dirigea vers le temple, qu'il semblait n'avoir observé qu'à ce moment, et il s'avançait en foule vers l'entrée.

En cet instant, l'autour, qui portait le miroir, vint planer au-dessus du dôme, et, recueillant la lumière du soleil, il la dirigea sur le groupe placé à l'autel. Le roi, la reine et ses dames d'honneur parurent, dans la voûte sombre du temple, éclairés d'une lumière céleste, et tout le peuple se prosterna la face contre terre. Quand la foule se fut remise et se releva, le roi, avec les siens, était descendu dans l'autel, afin de gagner son palais par des issues secrètes, et le peuple se répandit dans le temple pour satisfaire sa curiosité. Il considéra avec étonnement et respect les trois rois debout ; mais il était fort curieux de savoir quelle masse pouvait être cachée sous le tapis, dans la quatrième niche ; en effet, sans s'arrêter à son peu de mérite, une charitable bienséance avait étendu sur le roi tombé un magnifique tapis, que nul regard ne devait pénétrer et qu'aucune main ne devait soulever.

Le peuple n'aurait pas cessé de contempler et d'admirer, et la foule croissante se serait étouffée dans le temple, si son attention n'avait pas été attirée de nouveau vers la grande place.

Des pièces d'or tombèrent tout à coup comme du ciel, sonnant sur les dalles de marbre. Les passants les plus proches se jetèrent dessus pour s'en saisir ; le prodige se répétait isolément, de place en place. On comprend bien que les feux follets, en se retirant, avaient voulu se donner encore un plaisir, et qu'ils dissipaient joyeusement l'or qu'ils avaient tiré des membres du roi tombé. Le peuple, avide, courut çà et là quelque temps encore; il se pressait et se déchirait, même lorsqu'il ne tomba plus de pièces d'or. Enfin il s'écoula peu à peu, il poursuivit son chemin, et, de nos jours encore, le pont fourmille de passants et le temple est le plus fréquenté de la terre.

LES

BONNES FEMMES

(1800)

LES
BONNES FEMMES.

(1800.)

Henriette s'était déjà promenée quelque temps avec Armidore, dans le jardin où le club d'été avait coutume de se rassembler. Ils arrivaient souvent les premiers. Ils avaient l'un pour l'autre une affection que ne troublait aucun nuage, et ils nourrissaient, dans une honnête et pure intimité, l'agréable espérance d'une prochaine et indissoluble union.

La vive Henriette aperçut à peine Amélie, qui s'avançait de loin vers le pavillon, qu'elle courut saluer son amie. Amélie venait de s'asseoir dans le salon d'entrée, devant la table sur laquelle se trouvaient étalés des journaux, des gazettes et d'autres nouveautés.

C'est là qu'Amélie passait maintes soirées à lire, sans se laisser distraire par les allées et les venues des personnes de la société, par le claquement des fiches et la conversation toujours bruyante des joueurs. Elle parlait peu, si ce n'est pour opposer son opinion à une autre. Henriette, au contraire, était fort libérale de ses paroles, contente de tout, et toujours en humeur d'approuver.

Un ami de l'éditeur, que nous appellerons Sinclair, s'approcha de ces dames.

« Que dites-vous de nouveau ? lui demanda Henriette à son approche.

— Vous aurez de la peine à le deviner, répondit Sinclair en tirant son portefeuille. Et, quand même je vous dirais que j'apporte ici les gravures pour l'*Almanach des Dames* de cette année, vous ne devineriez pas encore les sujets; oui, quand j'irais même plus loin, et vous dirais que les douze divisions présentent des portraits de femmes.

— Il semble, dit Henriette en l'interrompant, que vous ne vouliez rien laisser à faire à notre perspicacité. Sauf erreur, vous le faites pour vous amuser à mes dépens, sachant que j'aime à deviner les charades et les énigmes, et à démêler, par mes questions, les pensées d'autrui. Ainsi, douze caractères de femmes, ou des aventures, ou des allusions, ou quelque chose enfin à l'honneur de notre sexe. »

Sinclair sourit sans mot dire. Amélie arrêta sur lui son regard tranquille, et dit, avec l'expression fine et moqueuse qui lui va si bien :

« Si je sais lire sur votre visage, vous avez dans votre poche quelque chose contre nous. Les hommes se savent très-bon gré, s'ils peuvent trouver matière à nous rabaisser, du moins en apparence.

SINCLAIR.

Vous voilà d'abord sérieuse, Amélie, et vous menacez de devenir amère. A peine oserai-je vous produire mes petites feuilles.

HENRIETTE.

Voyons ! voyons !

SINCLAIR.

Ce sont des caricatures.

HENRIETTE.

Je les aime singulièrement.

SINCLAIR.

Des portraits de méchantes femmes.

HENRIETTE.

Tant mieux ! cela ne nous regarde pas. Nous nous mettrons aussi peu en peine de nos méchantes sœurs en peinture que dans le monde.

SINCLAIR.

Faut-il?

HENRIETTE.

Allez toujours! »

Henriette prit des mains de Sinclair le portefeuille, en tira les images, étala devant elle, sur la table, les six petites feuilles, les parcourut rapidement du regard, les remuant deçà et delà, comme on fait quand on bat les cartes.

« Excellent! s'écria-t-elle : voilà ce que j'appelle d'après nature! Celle-ci, avec la prise de tabac sous le nez, ressemble parfaitement à Mme S....., que nous verrons ce soir; celle-ci, avec son chat, est assez le portrait de ma grand'tante; cette autre, qui tient un peloton, a quelque chose de notre vieille marchande de modes. Il se trouve aisément, pour chacune de ces vilaines figures, quelque original, et, pour les hommes, tout de même. J'ai vu quelque part un maître ès arts bossu comme cela, et une sorte de teneur d'écheveau comme ceci. Elles sont fort gaies, ces petites figures, et surtout joliment gravées.

— Comment pouvez-vous, dit tranquillement Amélie, qui jeta sur les images un froid regard, qu'elle détourna aussitôt, comment pouvez-vous chercher là des ressemblances? Le laid ressemble au laid, comme le beau à ce qui est beau : notre intelligence se détourne de l'un, et l'autre nous attire.

SINCLAIR.

Mais l'imagination et l'esprit trouvent mieux leur compte à s'occuper du laid que du beau. Du laid, on peut faire beaucoup de choses; du beau, l'on ne fait rien.

— Mais celui-ci fait quelque chose de nous, et celui-là nous tue, » dit Armidore, qui était à la fenêtre et avait écouté de loin.

Et, sans approcher de la table, il passa dans le cabinet voisin.

Tous les clubs ont leurs phases : l'intérêt que les membres prennent les uns aux autres, les bons rapports des personnes entre elles, sont sujets à la hausse et à la baisse. Notre club est arrivé, dans cette saison d'été, à sa belle période. Les membres sont, pour la plupart, des personnes cultivées, ou du moins modérées et supportables; elles apprécient mutuellement leurs bonnes qualités, et laissent dans l'ombre les mauvaises, chacun trouve son amusement, et la conversation générale est souvent de nature à captiver l'attention.

A ce moment, arrivèrent Seyton et sa femme. Cet homme avait beaucoup voyagé, d'abord pour affaires de commerce, puis pour affaires politiques; il était d'une société agréable. Toutefois, dans les cercles nombreux, c'était le plus souvent une partie d'hombre qu'il préférait; son aimable femme, bonne et fidèle compagne, avait toute la confiance de son mari. Elle se sentait heureuse de pouvoir occuper, sans trouble et sans obstacle, une vive sensibilité. Un ami de la maison lui était indispensable; les plaisirs et les distractions étaient pour elle le ressort nécessaire des vertus domestiques.

Nous traitons nos lecteurs comme des étrangers, des hôtes du club, et nous voudrions les aider à faire promptement connaissance avec la société. Le poëte doit nous présenter ses personnages en action; celui qui écrit des dialogues peut être plus bref, et, par une peinture générale, aider ses lecteurs et lui-même à franchir bien vite l'exposition.

Seyton s'approcha de la table et regarda les images.

« Il s'élève ici, dit Henriette, un débat pour et contre la caricature. De quel côté vous rangez-vous? Je me déclare pour, et je demande si toute charge n'a pas un attrait irrésistible?

AMÉLIE.

Toute médisance sur le compte d'un absent n'a-t-elle pas un charme incroyable?

HENRIETTE.

Une image de ce genre ne fait-elle pas une impression ineffaçable?

AMÉLIE.

C'est pourquoi je la déteste. N'est-ce pas l'impression ineffaçable de tout objet révoltant qui nous poursuit si souvent dans le monde, nous gâte des mets agréables et rend amer un doux breuvage?

HENRIETTE.

Eh bien, Seyton, votre avis?

SEYTON.

Je conseillerais un accommodement. Pourquoi les peintures seraient-elles meilleures que nous-mêmes? Notre esprit semble avoir deux faces, qui ne peuvent subsister l'une sans l'autre. La lumière et les ténèbres, le bien et le mal, le haut et le bas, le noble et le vulgaire, et tant d'autres oppositions, semblent être, à doses inégales, il est vrai, les ingrédients de la nature humaine : comment puis-je trouver mauvais qu'un peintre, après avoir représenté un ange blanc, lumineux et beau, s'avise de produire un diable noir, sombre et laid ?

AMÉLIE.

Il n'y aurait rien à répondre, si les amis de l'art d'enlaidir n'entraînaient pas dans leur domaine ce qui appartient à de meilleures sphères.

SEYTON.

En cela, je trouve qu'ils font ce qu'ils sont en droit de faire : car, de leur côté, les amis de l'art d'embellir attirent chez eux ce qui ne leur appartient guère.

AMÉLIE.

Cependant je ne pardonnerai jamais à la caricature de me défigurer si honteusement les figures d'hommes excellents. J'ai beau faire, il faut que je me représente le grand Pitt comme un manche à balai, au nez camard, et ce Fox, estimable à tant de titres, comme un pourceau ventru.

HENRIETTE.

C'est ce que je disais. Toutes ces figures grotesques se gravent d'une manière ineffaçable, et je ne nierai pas que je m'en divertis quelquefois en secret, que j'évoque ces fantômes et les défigure encore mieux.

SINCLAIR.

Veuillez, mesdames, redescendre de cette discussion générale à l'examen de nos pauvres petites gravures.

SEYTON.

Je vois qu'on ne présente pas ici la passion des chiens sous un jour très-avantageux.

AMÉLIE.

Passe pour cela : ces animaux me sont particulièrement odieux.

SINCLAIR.

Après le procès des caricatures, voici celui des chiens.

AMÉLIE.

Pourquoi pas? Les animaux ne sont que la caricature de l'homme.

SEYTON.

Vous savez ce qu'un voyageur nous raconte de la ville de Gratz, qu'il y trouva tant de chiens et tant d'hommes muets, presque idiots : ne se pourrait-il pas que la vue habituelle de tant de bêtes brutes, aboyantes, eût quelque influence sur les générations humaines?

SINCLAIR.

Assurément la société des animaux est un dérivatif de nos passions et de nos penchants.

AMÉLIE.

Et si la raison, comme on dit, a quelquefois des éclipses, assurément elle en doit avoir en présence des chiens.

SINCLAIR.

Heureusement, nous n'avons dans la société personne que Mme Seyton qui aime les chiens. Elle chérit son joli lévrier.

SEYTON.

Et, en qualité de mari, je dois prendre à cet animal un intérêt tout particulier. »

Mme Seyton fit de loin à son mari une menace badine.

SEYTON.

Ce lévrier prouve ce que Sinclair disait tout à l'heure, que ces créatures sont des dérivatifs pour les passions. Ma chère, dit-il à sa femme en élevant la voix, oserai-je raconter notre histoire? Elle nous fait honneur à tous deux.

Mme Seyton donna son consentement par un signe amical, et monsieur commença en ces termes :

« Nous étions épris l'un de l'autre et nous avions résolu de nous marier, avant que la perspective d'un établissement se fût présentée. Enfin il s'offrit une espérance fondée; mais j'avais à faire encore un voyage, qui menaçait de me retenir plus longtemps que je n'aurais voulu. A mon départ, je laissai à ma bien-aimée mon lévrier. Il m'avait souvent suivi chez elle; il était revenu avec moi; quelquefois aussi il était resté. Dès lors il lui appartint, il lui tenait joyeuse compagnie et présageait mon retour. A la maison, c'était un amusement; à la promenade, où nous avions été si souvent ensemble, il semblait me chercher et m'annoncer, lorsqu'il s'élançait des buissons. C'est ainsi que ma chère Méta[1] rêva quelque temps ma présence; mais, dans le temps même où j'espérais revenir, mon absence menaça de se prolonger du double, et le pauvre chien mourut.

MADAME SEYTON.

Maintenant, mon petit mari, un récit sincère, gentil et raisonnable.

SEYTON.

Ma chère, tu es libre de me contrôler. Mon amie trouvait la maison vide, la promenade sans intérêt; le chien, qui était d'ordinaire couché auprès d'elle, quand elle m'écrivait, lui était devenu nécessaire, comme l'animal dans l'image d'un Évangéliste; les lettres ne coulaient plus. Il se trouva, par hasard, un jeune homme qui offrit de remplacer, au logis et à la promenade, le compagnon quadrupède. Bref, si charitablement qu'on en juge, le cas était dangereux.

MADAME SEYTON.

Il faut te laisser dire : sans exagération, une histoire véritable est rarement digne d'être contée.

SEYTON.

J'avais laissé en partant un ami commun, chez qui nous savions apprécier la tranquille connaissance des hommes et du cœur humain. Il visitait quelquefois mon amie, et il avait remarqué ce changement. Il observait en silence la chère enfant, et, un jour, il entra chez elle avec un lévrier tout pareil à l'autre. Les charmantes et cordiales paroles dont mon ami accompagna son présent, la soudaine apparition d'un favori, qui semblait sortir du tombeau, le secret reproche que se fit, à cette vue, le sensible cœur de mon amie, rappelèrent tout à coup mon image avec une grande vivacité; le jeune remplaçant à figure humaine fut écarté poliment, et le nouveau favori ne cessa pas d'être un compagnon fidèle. Lorsqu'à mon retour, je pressai de nouveau ma bien-aimée dans mes bras, je crus retrouver l'ancien lévrier, et je fus bien surpris de m'entendre aboyer rudement,

---

1. Forme abrégée, pour Marguerite.

comme un étranger. « Les chiens modernes, m'écriai-je, n'ont pas, je le vois, aussi bonne mémoire que les chiens antiques. Après tant d'années, Ulysse fut reconnu par le sien, et celui-ci m'aurait si vite oublié! — Cependant il a gardé d'une singulière façon ta Pénélope, » répliqua-t-elle, en promettant de m'expliquer cette énigme. Cette explication ne se fit pas attendre, car une paisible confiance a fait, de tout temps, le bonheur de notre union.

MADAME SEYTON.

L'histoire est assez longue comme cela. Si tu le veux bien, mon ami, j'irai me promener une heure, car sans doute tu vas faire ta partie d'hombre.

Seyton fit un signe approbatif, et madame prit le bras de l'ami de la maison, en s'acheminant vers la porte.

« Chère amie, prends donc le chien! » lui cria-t-il.

Toute la société sourit, et il dut sourire lui-même, quand il s'aperçut combien cette parole naïve venait à propos, et chacun y trouva, pour sa gaieté maligne, une petite pâture.

SINCLAIR.

Vous avez conté l'histoire d'un chien qui affermit heureusement une alliance : je puis vous parler d'un autre, dont l'influence fut destructive. Moi aussi, j'ai aimé, j'ai voyagé, et laissé derrière moi une amie, avec cette différence, qu'elle ignorait encore mon désir de la posséder. Je revins enfin. Les mille choses que j'avais vues étaient toujours vivantes dans mon imagination; suivant l'usage de ceux qui reviennent de loin, j'aimais à raconter; j'espérais que mon amie prendrait à mes récits un intérêt particulier. Plus qu'à personne au monde, je désirais lui faire part de mes expériences et de mes plaisirs. Mais je la trouvai très-vivement occupée d'un chien. Était-ce chez elle cet esprit de contradiction, qui anime quelquefois le beau sexe, était-ce un hasard malheureux? Quoi qu'il en soit, les aimables qualités de l'animal, les agréables ébats que l'on prenait avec lui, son attachement, ses gentillesses, et le reste, étaient l'unique entretien dont elle régalait un homme qui avait passé bien des mois à recueillir un monde entier dans sa mémoire. J'hésitais, je restais muet, je racontais tantôt ceci, tantôt cela, que j'avais toujours destiné à la belle, pendant mon absence; je me sentis mal à mon aise, je m'éloignai, j'avais tort, et mon malaise augmenta. Bref, depuis ce temps, notre liaison se refroidit toujours davantage, et, si elle finit par se rompre, je dois en attribuer, du moins dans mon cœur, la première faute à ce chien.

Armidore, qui était venu rejoindre la société et avait écouté cette histoire, prit la parole à son tour :

« On ferait, dit-il, une curieuse collection, si l'on voulait exposer, dans une suite de récits, l'influence que les animaux domestiques exercent sur les hommes. En attendant que cette collection se fasse, je vous conterai comment un petit chien fut la cause d'une aventure tragique.

« Deux gentilshommes, Ferrand et Cardano, furent liés d'amitié dès leur jeunesse. Pages dans la même cour, officiers dans le même régiment, ils avaient eu ensemble maintes aventures, et avaient appris à se connaître parfaitement. Cardano était heureux auprès des femmes, Ferrand au jeu : le premier jouissait de son bonheur avec arrogance et légèreté, le second, avec réflexion et persévérance.

« Cardano laissa, par hasard, à une dame un joli petit chien-lion, au moment de la rupture d'une liaison intime; il s'en procura un second, et le donna à une autre, dans le temps même où il songeait à la quitter, et, dès lors, ce fut sa coutume de laisser, pour adieu, à chacune de ses maîtresses un petit chien de cette race. Ferrand eut connaissance de cette folie, sans y avoir jamais fait une attention particulière.

« Les deux amis furent longtemps séparés, et, quand ils se retrouvèrent, Ferrand était marié et vivait dans ses terres. Cardano passa quelque temps chez son camarade ou dans le voisinage, et il séjourna de la sorte plus d'une année dans ce pays, où il avait beaucoup d'amis et de parents.

« Un jour, Ferrand voit chez sa femme un charmant petit chien-lion; il le prend, le trouve fort à son gré, le vante, le caresse, et finit naturellement par demander de qui elle a reçu ce joli chien. « De Cardano, » répondit-elle. Tout à coup il se rappelle les aventures et les temps passés; il se rappelle le signe insolent dont son ami avait coutume d'accompagner son inconstance, l'emblème du mari outragé : il entre en fureur, il jette par terre violemment la gentille bête qu'il caressait, laisse le chien hurlant et sa femme effrayée. Un duel et bien des conséquences fâcheuses, non pas le divorce, il est vrai, mais une convention secrète de vivre séparés, enfin un ménage gâté, furent la conclusion de cette histoire. »

Ce récit n'était pas achevé, lorsque Eulalie parut dans l'assemblée; Eulalie était partout la bienvenue et l'un des plus beaux ornements de ce club; c'était un esprit cultivé et un heureux écrivain.

On mit sous ses yeux les méchantes femmes, péché d'un habile artiste envers le beau sexe; on la pressa de s'intéresser à ses sœurs plus dignes d'estime.

« Apparemment, dit Amélie, une explication de ces aimables figures doit embellir encore l'almanach; apparemment, tel ou tel écrivain ne manquera pas d'esprit pour expliquer et démêler parfaitement ce que l'artiste a enchevêtré dans ces figures. »

Sinclair, ami de l'éditeur, ne pouvait ni abandonner tout à fait les images, ni contester qu'une explication ne fût çà et là nécessaire; il reconnut qu'une caricature ne peut se passer d'un texte, et que c'est, en quelque sorte, ce qui lui donne la vie. Quelques efforts que l'artiste puisse faire pour montrer de l'esprit, il n'est jamais là sur son terrain. Une caricature sans légende, sans explication, est comme muette, et le langage lui donne seul quelque valeur.

AMÉLIE.

Eh bien, faites quelque chose, par la parole, de la petite figure que voici! Une dame s'est endormie dans un fauteuil, tout en écrivant, à ce qu'il semble; à ses côtés, une autre personne lui présente une tabatière ou quelque autre boîte, et elle pleure. Qu'est-ce que cela signifie?

SINCLAIR.

Il faut donc que je joue le rôle de commentateur, quoique les dames ne paraissent bien disposées ni pour les caricatures ni pour leurs interprètes. On a voulu, m'a-t-on dit, représenter ici une femme auteur, qui avait coutume d'écrire pendant la nuit, qui faisait tenir l'encrier par sa femme de chambre, et forçait la pauvre enfant de rester dans cette posture, même quand le sommeil avait gagné sa maîtresse et rendu ce service inutile. Elle voulait, à son réveil, retrouver sur-le-champ le fil de ses idées, comme sa plume et son encre.

Arbon, artiste sérieux, qui était arrivé avec Eulalie, fit la guerre à la composition de ce dessin. « Si l'on voulait, dit-il, exprimer cette situation (qu'on lui donne le nom qu'on voudra), il fallait s'y prendre autrement. »

HENRIETTE.

Eh bien, faites-en vite une nouvelle composition.

ARBON.

Commençons par étudier l'objet soigneusement. Que l'on se fasse tenir l'encrier, tandis que l'on écrit, la chose est toute naturelle, quand les circonstances sont telles qu'on ne puisse le poser nulle part. C'est ainsi que la grand'mère de Brantôme tenait l'encrier à la reine de Navarre, lorsque, assise dans sa litière, elle écrivait les contes que nous lisons encore avec tant de plaisir. Qu'une personne, écrivant dans son lit, se fasse tenir l'encrier, cela est convenable encore. Enfin, belle Henriette, vous qui aimez tant à questionner et à conseiller, que devait faire, avant toute chose, l'artiste qui se proposait de traiter ce sujet?

HENRIETTE.

Il devait supprimer la table; il devait placer de telle sorte la dame endormie, qu'il ne se trouvât rien près d'elle où poser l'encrier.

ARBON.

Fort bien! J'aurais représenté cette dame dans un fauteuil rembourré, ce qu'on appelait, je crois, une bergère[1]; je l'aurais placée auprès d'une cheminée, de sorte qu'on l'aurait vue par devant. On suppose qu'elle écrivait sur ses genoux, car d'ordinaire ceux qui imposent une gêne aux autres se gênent eux-mêmes. Le papier glisse de ses genoux, la plume de sa main; une jolie fille est auprès d'elle et tient l'encrier avec un air d'ennui.

HENRIETTE.

Fort bien! Ici nous avons déjà un encrier sur la table; aussi

---

[1]. C'est l'expression employée par Goethe. Elle pouvait être peu familière à l'artiste allemand.

ne devine-t-on pas ce que la jeune fille peut faire de la boîte qu'elle tient à la main. De savoir pourquoi elle paraît même essuyer des larmes, c'est ce qu'il est difficile d'expliquer dans une action si indifférente.

SINCLAIR.

J'excuse l'artiste : il a laissé le champ libre à l'interprète....

ARBON.

Qui devra, je pense, exercer aussi son esprit sur les deux hommes sans tête que je vois suspendus à la muraille. On reconnaît ici, ce me semble, dans quels écarts on tombe, quand on mêle des arts étrangers l'un à l'autre. S'il n'était jamais question de gravures expliquées, on n'en ferait point qui eussent besoin d'explication. Je ne m'oppose point à ce que l'artiste essaye de mettre de l'esprit dans ses compositions, quoique je trouve la chose d'une extrême difficulté ; mais, dans ce cas même, il doit s'efforcer de rendre son œuvre indépendante. Je veux bien qu'il mette des inscriptions et des légendes dans la bouche de ses personnages, mais qu'il tâche d'être son propre commentateur.

SINCLAIR.

Si vous permettez qu'un dessin vise à l'esprit, vous accorderez qu'il ne peut être amusant et agréable que pour les personnes au fait des circonstances et de la situation : pourquoi donc ne serons-nous pas obligés à l'interprète qui nous met en état de comprendre le spirituel badinage offert à nos yeux ?

ARBON.

Je ne m'oppose point à l'explication d'un dessin qui ne s'explique pas lui-même; mais elle devrait être aussi courte et aussi claire que possible. Un trait spirituel n'intéresse que les gens qui sont au fait : un ouvrage d'esprit n'est donc pas entendu de tout le monde. Ce qui nous est parvenu dans ce genre, de temps et de pays éloignés, nous pouvons à peine le déchiffrer. On le commentera, je le veux bien, comme Rabelais et Hudibras; mais que dirait-on d'un auteur qui voudrait faire un ouvrage d'esprit sur un ouvrage d'esprit? A son origine même, l'esprit court le risque de subtiliser : à la deuxième et troisième puissance, il doit dégénérer bien plus encore.

SINCLAIR.

Combien il vaudrait mieux, au lieu de disputer comme nous

faisons, venir au secours de notre ami, l'éditeur, qui désire pour ces gravures une explication telle que la demandent l'usage et le goût du public!

ARMIDORE, *sortant du cabinet voisin.*

A ce que j'entends, la société s'occupe encore de ces dessins, qu'elle condamne : s'ils étaient agréables, on les aurait, je gage, mis de côté depuis longtemps.

AMÉLIE.

Je suis d'avis qu'on le fasse sur-le-champ et pour toujours. Il faut inviter l'éditeur à n'en faire aucun usage. Une douzaine, et plus, de femmes haïssables et laides, dans un almanach de dames! Cet homme ne comprend-il pas qu'il va ruiner toute son entreprise? Quel amant oserait offrir à sa belle, quel mari à sa femme, et même quel père à sa fille, un pareil almanach, qu'elles ne pourront ouvrir sans voir, avec dégoût, ce qu'elles ne sont pas, ce qu'elles ne doivent pas être?

ARMIDORE.

Pour tout concilier, je ferai une proposition : ces représentations d'objets repoussants ne sont pas les premières que nous trouvons dans d'élégants almanachs; notre excellent Chodowiecki[1] a déjà représenté, avec talent, maintes scènes bizarres, licencieuses, barbares, absurdes, dans de petits almanachs : mais qu'a-t-il fait? A l'objet odieux, il opposait d'abord l'objet aimable, les tableaux d'une nature saine, doucement épanouie, d'une sage culture, d'une fidèle persévérance, d'une intime aspiration vers le mérite et la beauté. Faisons plus que l'éditeur ne désire, faisons le contraire. Si, cette fois, l'artiste a choisi le côté sombre, que celui, ou plutôt, si j'ose exprimer mon souhait, que celle qui prendra la plume s'attache au côté lumineux, et, de la sorte, nous aurons un tout. Je ne veux pas tarder davantage, Eulalie, à déclarer ce que je désire et ce que je vous propose. Entreprenez la peinture des bonnes femmes! Opposez à ces gravures des contrastes, et consacrez la magie de

---

1. Peintre et graveur célèbre, né à Dantzig en 1726, mort en 1801. On l'a surnommé le Hogarth de l'Allemagne. Il a enrichi d'estampes les ouvrages de Klopstock, de Gessner, de Basedow, de Lessing, de Lavater. Les gravures spirituelles qu'il fit pour l'Almanach de l'académie de Berlin commencèrent sa réputation.

votre style, non pas à expliquer ces petites figures, mais à les anéantir.

SINCLAIR.

A l'ouvrage, Eulalie! Faites-nous ce plaisir et promettez bien vite.

EULALIE.

Les auteurs promettent beaucoup trop aisément, parce qu'ils espèrent pouvoir exécuter ce qu'ils sont capables de faire : un peu d'expérience m'a rendue circonspecte. Mais, lors même que je verrais devant moi, dans ce court intervalle, tout le loisir nécessaire, j'hésiterais encore à me charger de cette tâche. Ce qu'on peut dire en notre faveur, c'est proprement à un homme de le dire, à un homme jeune, ardent, amoureux. Présenter le côté favorable est l'affaire de l'enthousiasme; et qui donc a de l'enthousiasme pour son sexe?

ARMIDORE.

La vérité de l'observation, la justice, la délicatesse, me charmeraient ici plus encore.

SINCLAIR.

Et entendrait-on plus volontiers faire l'éloge des bonnes femmes que l'auteur qui s'est montrée incomparable dans le conte dont nous fûmes charmés hier?

EULALIE.

Le conte n'est pas de moi.

SINCLAIR.

Il n'est pas de vous?

ARMIDORE.

Je puis l'attester.

SINCLAIR.

Il est pourtant d'une dame?

EULALIE.

De mes amies.

SINCLAIR.

Il y a donc deux Eulalies?

EULALIE.

Peut-être davantage et de meilleures.

ARMIDORE.

Vous plairait-il de raconter à la compagnie ce que vous m'avez confié? Chacun apprendrait avec surprise comment est née cette agréable production.

EULALIE.

Une dame, dont je fis la connaissance en voyage, et qui gagna mon estime, se trouvait dans une situation singulière, qu'il serait trop long d'exposer. Un jeune homme, qui avait beaucoup fait pour elle, et qui finit par lui proposer sa main, gagna toute sa tendresse, surprit sa prudence, et, avant le mariage, elle lui accorda les droits d'un époux : de nouveaux événements forcèrent le fiancé de s'éloigner, et, dans une demeure solitaire et champêtre, elle n'attendait pas sans inquiétude et sans alarme le bonheur d'être mère. Elle m'écrivait tous les jours, elle m'informait des moindres événements. Or il n'y avait plus d'événements à craindre, il ne fallait que de la patience. Cependant je remarquai, par ses lettres, que ce qui était arrivé, et ce qui pouvait arriver encore, l'occupait et l'agitait sans cesse. Je résolus de lui écrire pour lui rappeler sérieusement ses devoirs envers elle-même et envers la petite créature à qui elle devait, par la sérénité d'esprit, préparer, pour le début de son existence, une salutaire nourriture. Je l'exhortai à prendre courage, et je m'avisai de lui envoyer quelques volumes de contes qu'elle avait souhaité de lire. Sa résolution de s'arracher à ses tristes pensées et ces productions fantastiques se combinèrent de la plus singulière façon. Comme elle ne pouvait s'empêcher tout à fait de méditer sur son sort, elle habilla de formes étranges tout ce qui l'avait affligée dans le passé, ce qu'elle appréhendait de l'avenir ; ce qui était arrivé à elle et aux siens, inclinations, passions, égarements, aimable et soucieux instinct maternel, dans une position si délicate, tout se personnifia dans des figures incorporelles, qui défilaient devant elle dans une suite bigarrée d'apparitions bizarres. C'est ainsi qu'elle passait le jour, et même une partie de la nuit, la plume à la main.

AMÉLIE.

Et, selon toute vraisemblance, elle ne se faisait pas tenir l'encrier.

EULALIE.

De là une suite de lettres, les plus singulières que je reçus jamais; partout l'allégorie, le merveilleux et la fable. Je ne recevais plus d'elle aucune nouvelle positive, en sorte que parfois je craignais pour sa raison. Toute sa position, sa délivrance, les premiers mouvements de tendresse pour le nourrisson, la joie, l'espérance, la crainte de la mère, étaient des événements d'un autre monde, d'où elle ne fut tirée que par l'arrivée de son fiancé. Elle conduisit jusqu'au jour de la noce le conte qui, à peu de chose près, est tout entier de sa plume, tel que vous l'avez entendu, et qui doit son charme particulier à la situation unique et bizarre dans laquelle il fut produit. »

La société ne pouvait assez exprimer son étonnement de cette histoire, si bien que Seyton, qui avait cédé à une autre personne sa place à la table d'hommes, vint s'informer du sujet de la conversation.... On lui dit, en peu de mots, qu'il s'agissait d'un conte, auquel avaient donné naissance les confessions journalières, fantasques, mais, jusqu'à un certain point, méditées, d'un cœur souffrant.

« C'est vraiment dommage, dit Sinclair, que la mode soit passée, il me semble, d'écrire son journal. Il y a vingt ans, c'était fort l'usage, et les bonnes jeunes filles croyaient posséder un vrai trésor, lorsqu'elles avaient couché jour par jour leurs sentiments sur le papier. Je me rappelle une aimable personne à qui cette habitude manqua d'être funeste. Une gouvernante l'avait accoutumée dès son enfance à ces aveux écrits de chaque jour, qui étaient devenus à la fin pour elle une affaire presque indispensable. Elle ne la négligea point, quand elle fut devenue une grande personne, et cette coutume la suivit dans le mariage. Elle ne tenait pas ces papiers fort secrets, et n'en avait pas sujet ; elle en lisait quelquefois des passages à ses amies, quelquefois à son mari. Nul ne demandait à tout voir.

« Le temps marchait, et le moment vint aussi pour elle d'avoir un ami de la maison. Avec la même ponctualité qu'elle avait mise auparavant à faire chaque jour ses confessions au papier, elle développa l'histoire de cette liaison nouvelle. Depuis le premier éveil, et en suivant tout le progrès de l'inclination, jusqu'au temps où l'habitude en avait fait un besoin, tout le développement de cette passion était fidèlement retracé, et ce fut pour le mari une étrange lecture, lorsqu'un jour il fureta par hasard dans le secrétaire, et, sans soupçon comme sans dessein, lut d'un bout à l'autre une page ouverte du journal. On conçoit qu'il prit le temps de lire la suite et ce qui précédait; il se retira toutefois assez satisfait, ayant vu qu'il était justement temps encore d'éloigner poliment l'hôte dangereux.

HENRIETTE.

On devait, selon le vœu de mon ami, parler des bonnes femmes, et, sans y songer, on revient à discourir de celles qui, pour ne rien dire de plus, ne sont pas les meilleures.

SEYTON.

Pourquoi donc toujours bon ou mauvais? Ne devons-nous pas nous prendre bonnement nous-mêmes et prendre les autres comme la nature nous a produits, et comme chacun se perfectionne par une culture praticable?

ARMIDORE.

Je crois qu'il serait agréable et assez utile de rédiger et de recueillir des histoires pareilles à celles qu'on vient de raconter, et dont il se présente à nous un grand nombre dans la vie. Des traits légers, qui caractérisent l'homme, sans qu'il en résulte des événements bien remarquables, sont tout à fait dignes d'être conservés. Le romancier ne peut en faire usage, parce qu'ils n'ont pas assez d'importance; le collecteur d'anecdotes ne le peut pas non plus, parce qu'ils n'ont rien de piquant, et n'excitent pas vivement l'esprit; celui qui observe, d'un regard paisible, l'humanité accueillera seul ces esquisses avec intérêt.

SINCLAIR.

Assurément, si nous avions eu plus tôt l'idée d'un si louable travail, nous aurions pu rendre service à notre ami, l'éditeur de l'*Almanach des Dames*, et choisir une douzaine d'histoires de femmes excellentes, ou bonnes tout au moins, pour balancer ces mauvaises.

AMÉLIE.

Je voudrais surtout que l'on recueillît de ces exemples où une femme maintient la maison ou même la fonde; d'autant plus qu'au détriment de notre sexe, l'artiste a placé dans sa galerie une femme chère, je veux dire coûteuse.

SEYTON.

Je puis, belle Amélie, vous servir ce que vous désirez.

AMÉLIE.

Écoutons. Mais n'allez pas faire comme font d'ordinaire les hommes, quand ils entreprennent notre panégyrique : ils commencent par l'éloge et finissent par le blâme.

SEYTON.

Cette fois du moins je n'ai pas à craindre qu'un mauvais esprit renverse mon dessein.

« Un jeune campagnard loua une auberge considérable et fort bien située. Des qualités qui appartiennent à un hôte, il possédait surtout la bonne humeur ; il avait, dès sa jeunesse, pris du bon temps dans les chambres où l'on boit, et c'était peut-être la principale raison pour laquelle il avait choisi un métier qui l'obligeait d'y passer la plus grande partie du jour. Il était insouciant, sans mauvaise conduite, et sa bonne humeur se communiquait à tous les hôtes, qui bientôt se rassemblèrent chez lui en grand nombre.

« Il avait épousé une jeune personne d'humeur tranquille et sage ; elle vaquait à ses affaires avec soin et ponctualité ; elle était assidue à son ménage ; elle aimait son mari, mais elle le blâmait en secret de ne pas tenir l'argent avec assez de soin. Pour elle, l'argent comptant lui imposait une sorte de respect ; elle en sentait toute la valeur, tout comme, en général, la nécessité d'acquérir et de conserver. La sérénité naturelle de son caractère la préservait seule de tomber dans une étroite avarice. Mais un peu d'avarice ne nuit pas chez la femme, à qui la prodigalité sied si mal. La libéralité est une vertu qui convient à l'homme, et la parcimonie est la vertu d'une femme. Ainsi le voulut la nature, et, en général, nos jugements seront toujours d'accord avec elle.

« Marguerite (c'est ainsi que j'appellerai mon soucieux esprit familier) était fort mécontente de son mari, s'il laissait quelque temps étalées sur la table, une fois qu'elles étaient comptées, les grosses sommes qu'il recevait quelquefois des voituriers et des entrepreneurs, pour les fourrages qu'ils avaient achetés ; lorsqu'il ramassait ensuite l'argent dans une petite corbeille, et l'en retirait et payait, sans avoir fait des paquets, sans tenir de compte. Ses remontrances répétées furent vaines ; elle voyait que, sans être prodigue, il devait dissiper bien des deniers dans un tel désordre. Le désir de le mettre dans un meilleur chemin était si grand chez elle, et son chagrin si vif, de voir bien des épargnes amassées par elle et recueillies petit à petit, négligées en grand et dispersées, qu'elle se sentit portée à faire une dangereuse tentative, afin de lui ouvrir les yeux sur cette conduite. Elle se proposa de lui dérober autant d'argent que possible, et, dans ce dessein, elle usa d'un singulier artifice. Elle avait remarqué que, l'argent une fois compté sur la table, où il était resté quelque temps étalé, il ne le recomptait jamais avant de l'enlever. Elle frotta de suif le dessous d'un chandelier, et le posa, comme par négligence, sur la place où se trouvaient les ducats, espèces auxquelles elle avait voué une amitié particulière : elle attrapa une pièce, et, par surcroît, quelque petite monnaie, et fut très-satisfaite de sa première pêche. Elle répéta plusieurs fois cette opération, et, quoiqu'elle ne se fît aucun scrupule d'employer un pareil moyen dans un bon but, ce qui la tranquillisait principalement, c'est que cette espèce de soustraction ne pouvait être considérée comme un vol, parce qu'elle n'avait pas enlevé l'argent avec les mains. Peu à peu son trésor secret augmenta, d'autant plus qu'elle amassait, avec la plus rigoureuse économie, tout l'argent comptant que le ménage faisait passer dans ses mains.

« Il y avait près d'une année qu'elle demeurait fidèle à son plan, et, dans l'intervalle, elle avait observé soigneusement son mari, sans découvrir le moindre changement dans son humeur: enfin il devint tout à coup extrêmement morose. Elle chercha à savoir de lui, par ses caresses, la cause de ce changement, et bientôt elle apprit qu'il se trouvait dans un grand embarras. Après le dernier payement qu'il avait fait à des fournisseurs, il devait lui rester l'argent de ses fermages, et il en manquait complétement; il n'avait pu même satisfaire entièrement les fournisseurs. Comme il faisait tous ses comptes de tête et qu'il écrivait peu, il ne pouvait découvrir d'où provenait une pareille erreur.

« Là-dessus, Marguerite lui fit des représentations sur sa conduite, sur la manière dont il encaissait et déboursait, sur son défaut d'attention; elle n'oublia pas non plus sa facile libéralité, et, naturellement, les conséquences, qui le tourmentaient si fort, ne lui permirent d'alléguer aucune excuse.

« Marguerite ne put voir longtemps son mari dans cette perplexité, d'autant qu'elle allait se faire beaucoup d'honneur en le rendant joyeux. Il fut bien surpris, quand, le jour de sa fête, qui était justement arrivé, et dans lequel sa femme avait d'ailleurs coutume de lui offrir en cadeau quelque chose utile, elle parut avec une petite corbeille pleine de rouleaux d'argent. Les différentes espèces formaient des paquets séparés, et le contenu de chaque rouleau était marqué dessus, d'une mauvaise écriture, mais avec soin. Quel ne fut pas l'étonnement du mari, lorsqu'il vit devant ses yeux presque toute la somme qui lui manquait, et quand la femme lui assura que l'argent était à lui! Elle lui dit ensuite, avec détail, quand et comment elle avait amassé cet argent; ce qu'elle lui avait dérobé et ce qu'elle avait épargné par son travail. Le chagrin du mari se changea en ravissement; et la conséquence toute naturelle fut qu'il chargea entièrement sa femme de la recette et de la dépense; il continua ses affaires comme auparavant, et avec plus d'ardeur encore : mais, dès ce jour, il ne garda plus un denier dans ses mains. Sa femme remplit, avec beaucoup d'honneur, la charge de caissier; pas un écu faux, pas une pièce de monnaie décriée n'était reçue. Elle devint, comme de juste, maîtresse au logis, par suite de ses soins et de son activité, qui, au bout de dix ans, la mirent en état d'acheter et de conserver l'auberge avec toutes ses dépendances.

SINCLAIR.

Ainsi donc le résultat de tous ces soins, de cet amour et de cette fidélité, fut la domination. Je voudrais bien savoir jusqu'à quel point on est fondé à soutenir que les femmes sont, en général, si jalouses de dominer.

AMÉLIE.

Voici déjà le reproche, qui arrive d'un pied boiteux derrière la louange !

ARMIDORE.

Dites-nous là-dessus votre pensée, bonne Eulalie : j'ai cru remarquer dans vos écrits que vous ne faites pas de grands efforts pour justifier votre sexe de ce reproche.

EULALIE.

En tant que ce serait un reproche, je voudrais que notre sexe l'écartât par sa conduite; mais, en tant que nous avons aussi un droit à l'autorité, je n'aimerais pas à voir qu'il subît quelque atteinte. Si nous cherchons à dominer, c'est seulement comme créatures humaines : qu'est-ce en effet que dominer, dans le sens que nous donnons ici à ce mot, sinon déployer son activité à sa manière et sans obstacle, et jouir de son être autant qu'il est possible? C'est là ce que l'homme grossier demande avec caprice, l'homme civilisé, avec une liberté loyale; et peut-être cette tendance se montre-t-elle chez la femme avec plus de vivacité, uniquement parce que la nature, la tradition, les lois, semblent nous léser autant qu'elles favorisent les hommes. Ce qu'ils possèdent, il nous faut le conquérir, et les choses que l'on obtient par une lutte, on les garde avec plus d'opiniâtreté que celles dont on hérite.

SEYTON.

Cependant les femmes ne peuvent plus se plaindre : elles héritent, dans le monde actuel, autant et plus même que les hommes; et je soutiens qu'il est aujourd'hui beaucoup plus difficile d'être un homme accompli qu'une femme accomplie. La maxime : « Il sera ton seigneur, » est la formule d'un temps barbare, bien éloigné de nous. Les hommes ne pouvaient se développer complètement sans accorder aux femmes les mêmes droits : tandis que les femmes se développaient, la balance restait en équilibre, et, comme elles sont plus susceptibles de développement, dans la pratique, la balance incline en leur faveur.

ARMIDORE.

Il n'est pas douteux que, chez toutes les nations civilisées, les femmes doivent, en somme, arriver à la prépondérance. Car, par une influence réciproque, l'homme doit s'efféminer, et il perd, attendu que son avantage ne consiste pas dans une force modérée, mais dans une force domptée; si, au contraire, la femme emprunte quelque chose de l'homme, elle gagne; car, si elle peut relever ses autres avantages par l'énergie, il en résulte une nature aussi parfaite qu'on puisse l'imaginer.

SEYTON.

Je ne me suis pas engagé dans des réflexions si profondes; cependant j'admets, comme chose reconnue, qu'une femme commande et doit commander : aussi, quand je fais la connaissance de quelque dame, j'observe seulement où elle domine, car je suppose toujours qu'elle domine quelque part.

AMÉLIE.

Et vous trouvez ce que vous supposez?

SEYTON.

Pourquoi pas? Les physiciens et tous ceux qui s'occupent d'expériences ne sont pas d'ordinaire beaucoup plus heureux. Je trouve généralement que la femme active, née pour acquérir et conserver, est maîtresse au logis; que la belle, d'une culture légère ou superficielle, domine dans les grandes assemblées; que celle dont la culture est plus approfondie règne en petit comité.

AMÉLIE.

Ainsi nous serions divisées en trois classes.

SINCLAIR.

Toutes assez honorables, ce me semble, et qui d'ailleurs n'épuisent pas la matière. Il est, par exemple, une quatrième classe, dont il vaut mieux ne point parler, afin qu'on ne nous reproche pas encore que nos éloges finissent nécessairement par se tourner en blâme.

HENRIETTE.

Cette quatrième classe, il faudrait donc la deviner? Voyons!

SINCLAIR.

Bon! Nos trois premières classes étaient l'influence au logis, dans les grandes et les petites assemblées.

HENRIETTE.

Quel autre espace s'offrirait encore à notre activité?

SINCLAIR.

Un grand nombre : mais j'ai dans l'esprit le contraire.

HENRIETTE.

L'inactivité! Et comment cela? Une femme inactive pourrait-elle dominer?

SINCLAIR.

Pourquoi pas?

HENRIETTE.

Et comment?

SINCLAIR.

Par les refus. Quiconque, par caractère ou par principe, refuse obstinément, a plus d'autorité qu'on ne pense.

AMÉLIE.

Nous tombons, je le crains, dans le ton ordinaire sur lequel on entend parler les hommes, surtout quand ils ont la pipe à la bouche.

HENRIETTE.

Laisse, Amélie : il n'est rien de plus innocent que de pareilles opinions, et il est toujours bon d'apprendre ce que les autres pensent de nous. Eh bien, celles qui refusent, qu'avez-vous à en dire?

SINCLAIR.

Je puis parler ici à cœur ouvert : il y en a peu, je crois, dans notre chère patrie; il n'y en a point du tout en France, et cela, parce que, soit chez nous, soit chez nos galants voisins, les femmes jouissent d'une louable liberté; mais, dans certains pays, où elles sont très-gênées, où la bienséance extérieure est sévère, où les plaisirs publics sont rares, elles doivent se trouver en plus grand nombre. On a même, dans un pays voisin, un nom particulier, par lequel le peuple, les philosophes et même les médecins les désignent.

HENRIETTE.

Et ce nom, ne le faites pas attendre. Je ne puis deviner les noms.

SINCLAIR.

On les nomme, puisqu'il faut le dire, les *friponnes*.

HENRIETTE.

C'est assez singulier.

SINCLAIR.

Il fut un temps où vous avez pu lire, avec un grand intérêt, les fragments du physionomiste suisse; ne vous souvient-il pas d'y avoir trouvé quelque chose sur les friponnes?

HENRIETTE.

C'est possible, mais cela ne m'a pas frappée. Peut-être ai-je pris ce mot dans le sens ordinaire, et ne m'y suis-je pas arrêtée.

SINCLAIR.

Il est vrai que, dans le sens ordinaire, le mot *fripon* désigne une personne qui joue avec malice et gaieté de méchants tours à quelqu'un; mais là il désigne une dame qui, par une indifférence, une froideur, une retenue, qui a souvent l'apparence d'une sorte de maladie, rend la vie amère à une personne dont elle dépend. C'est une chose ordinaire en cette contrée. Il m'est arrivé quelquefois de me trouver avec des gens du pays qui, lorsque je faisais l'éloge de telle ou telle femme, me répondaient : « Mais c'est une friponne! » J'ai même entendu un médecin répondre à une dame, qui avait beaucoup à souffrir de sa femme de chambre : « C'est une friponne : il y a peu de remède. »

A ces mots, Amélie se leva de sa place et s'éloigna.

HENRIETTE.

Voilà qui me semble un peu extraordinaire.

SINCLAIR.

Je le trouvai comme vous; c'est pourquoi je recueillis alors les symptômes de cette maladie, moitié morale, moitié physique, dans un écrit que j'intitulai : *Le chapitre des friponnes*, et que je comptais joindre à d'autres observations anthropologiques; mais, depuis ce moment, je l'ai toujours tenu soigneusement caché.

HENRIETTE.

Il faudra nous le communiquer un jour, et, si vous avez quelques jolies histoires qui puissent nous faire comprendre clairement ce que c'est qu'une friponne, nous les admettrons dans le recueil de nos nouvelles nouvelles.

SINCLAIR.

Tout cela peut être bel et bon, mais mon but est manqué : je venais ici dans l'espérance d'engager quelque membre de notre ingénieuse société à rédiger un texte pour cet almanach, ou à nous recommander une personne que l'on pût charger de ce travail : au lieu de cela, vous me critiquez, vous me détruisez même ces petits dessins, et je m'en vais presque sans gravures, comme sans explication. Si j'avais du moins sur le papier ce qu'on a dit et conté ce soir, je posséderais presque un équivalent à ce que je cherchais et que je n'ai pas trouvé.

ARMIDORE, *sortant du cabinet où il était entré plusieurs fois.*

Je préviens votre désir. Les intérêts de notre ami l'éditeur ne me sont pas non plus étrangers. J'ai noté à la hâte sur ces feuilles notre conversation; je mettrai cela au net, et, si Eulalie voulait se charger de répandre sur l'ensemble le souffle de son gracieux esprit, nous pourrions, sinon par l'objet, du moins par le ton de cet écrit, réconcilier les femmes avec les choquantes images dans lesquelles notre artiste peut les avoir offensées.

HENRIETTE.

Je ne saurais, Armidore, blâmer votre active amitié, mais je voudrais que vous n'eussiez pas couché notre conversation par écrit. C'est un mauvais exemple. Il règne dans notre commerce beaucoup de gaieté et de confiance, et rien ne doit plus nous alarmer que de savoir dans la société une personne qui observe, qui prend des notes, et (comme aujourd'hui tout s'imprime d'abord) jette dans le public une conversation morcelée et défigurée.

On tranquillisa Henriette, on lui promit de ne publier tout au plus que les petites histoires qui viendraient à se produire.

On ne put décider Eulalie à revoir le procès-verbal du sténographe ; elle ne voulut pas se distraire du conte auquel elle travaillait. Le procès-verbal resta dans la main des hommes, qui le complétèrent de mémoire, aussi bien qu'ils purent, et le présentèrent ensuite, tel quel, aux méditations des bonnes femmes.

NOUVELLE

(1826)

NOUVELLE.

L'épais brouillard d'une matinée d'automne enveloppait encore la vaste cour du château du prince, mais déjà l'on commençait à voir, à travers le voile moins sombre, toute la chasse à pied et à cheval s'agiter pêle-mêle. On voyait distinctement les plus proches faire à la hâte leurs préparatifs, allonger ou raccourcir les étriers, se passer des fusils et des gibecières, endosser la carnassière de blaireau, tandis que les chiens impatients menaçaient d'entraîner les hommes qui les tenaient en laisse. Çà et là, un cheval se démenait plus vivement, poussé par son ardeur naturelle ou par l'éperon du cavalier, qui, même dans cette demi-obscurité, ne pouvait dissimuler quelque vaine fantaisie de se mettre en évidence. Cependant tous attendaient le prince, qui, prenant congé de sa jeune épouse, tardait longtemps à paraître.

Unis depuis peu de temps, ils goûtaient déjà le bonheur de s'entendre : tous deux étaient d'humeur vive et agissante; l'un s'intéressait volontiers aux goûts et aux désirs de l'autre. Le père du prince avait pu voir encore et mettre à profit l'époque où il devint manifeste que les membres de l'État devaient tous également passer leurs jours dans le travail, l'activité, l'industrie, et, chacun à sa manière, amasser d'abord et jouir.

A quel point la chose avait réussi, il fut aisé de s'en apercevoir en ces jours, où le grand marché, qu'on pouvait bien appeler une foire, venait justement de s'ouvrir. Le prince avait fait, la veille, une promenade à cheval avec son épouse parmi les flots des marchandises entassées, et lui avait fait observer comme la montagne faisait là d heureux échanges avec la plaine; il savait, sur les lieux mêmes, la rendre attentive à l'activité de ses domaines.

Ces jours-là, le prince ne s'entretint guère avec ses alentours que de ces objets, qui l'absorbaient, et il travailla surtout assidûment avec le ministre des finances. Cependant le grand veneur ne perdit pas ses droits, et, sur ses représentations, il fut impossible de résister à la tentation de mettre à profit ces jours d'automne, pour entreprendre une chasse déjà différée, et se donner à soi-même, et aux nombreux étrangers qui étaient arrivés, une fête rare et singulière.

La princesse fut très-fâchée de rester au logis. On avait résolu de pénétrer bien avant dans la montagne, et de troubler, par une expédition inattendue, les paisibles habitants de ces bois.

A son départ, le prince ne négligea point de proposer à la princesse une promenade à cheval, qu'elle devait faire en la compagnie de Frédéric, l'oncle du prince.

« Je te laisse encore, ajouta-t-il, comme écuyer et page, Honorio, qui aura soin de tout. »

En conséquence, il donna, en descendant l'escalier, les ordres nécessaires à un beau jeune homme, et disparut bientôt avec ses hôtes et sa suite.

La princesse, qui avait suivi des yeux son époux jusque dans la cour, et l'avait salué en agitant son mouchoir, se retira dans les chambres de derrière, d'où se découvrait, sur les montagnes, une perspective d'autant plus belle, que le château même, s'élevant du pied à quelque hauteur, présentait, soit par devant, soit par derrière, divers points de vue remarquables. La princesse trouva l'excellent télescope comme on l'avait laissé la veille, après s'être amusé à observer, par-dessus les montagnes et la cime des bois, les hautes ruines de l'antique manoir de famille, qui ressortaient admirablement aux derniers rayons du soleil, les grandes masses d'ombre et de lumière pouvant alors donner l'idée la plus claire de ce remarquable monument des vieux âges. Ce matin encore, l'instrument faisait paraître d'une manière frappante les teintes d'automne répandues sur les arbres de tout genre qui, durant de longues années, avaient poussé sans trouble et sans obstacles entre les murs. Cependant la belle dame dirigea la lunette un peu plus bas, vers une plaine déserte et rocailleuse, que la chasse devait traverser : elle attendit ce moment avec patience et ne s'abusa point, car la netteté et la force de l'instrument permirent à ses beaux yeux de reconnaître parfaitement le prince et le grand veneur; elle ne put même s'empêcher d'agiter encore son mouchoir, quand elle vit ou crut voir les chasseurs faire une courte halte et jeter un regard en arrière.

L'oncle Frédéric, s'étant fait annoncer, survint alors avec son dessinateur, qui portait sous le bras un grand portefeuille.

« Ma chère nièce, dit le vieux et robuste seigneur, nous vous apportons les vues du manoir de famille, que l'on a dessinées pour montrer, de divers côtés, comme ce puissant château fort a résisté, depuis des siècles, au temps et aux orages, et comme ses murailles ont dû toutefois céder çà et là, çà et là s'écrouler en affreuses ruines. Nous avons fait maints travaux pour rendre abordable ce lieu sauvage : il n'en faut pas davantage pour jeter dans l'étonnement, dans l'extase, tous les voyageurs et les touristes. »

Le prince poursuivit, en montrant les dessins l'un après l'autre :

« En cet endroit, où l'on monte par le chemin creux, entre les murs extérieurs d'enceinte, pour arriver devant le château proprement dit, s'élève devant nous un rocher des plus puissants de toute la montagne; sur ce rocher, une tour est bâtie, mais nul ne saurait dire où la nature finit, où l'art et le travail de l'homme commencent. Plus loin, on voit des murs qui flanquent le côté, et des remparts qui descendent en forme de terrasses. Mais je ne m'exprime pas exactement, car c'est proprement un bois qui environne cet antique sommet. Depuis cent cinquante ans, la hache n'a point retenti dans ce lieu, et des arbres puissants se sont élevés de toutes parts. Où que l'on veuille approcher des murs, l'érable poli, le chêne rude, le pin élancé, opposent leurs tiges et leurs racines; il faut serpenter alentour et suivre avec précaution le sentier. Voyez comme le crayon de notre maître a rendu parfaitement le caractère du paysage! comme se distinguent les différentes espèces de tiges et de racines, entremêlées avec la maçonnerie, et les fortes branches qui passent à travers les brèches! C'est un désert sans pareil, un site accidenté d'une manière unique, où les traces antiques de la force humaine, dès longtemps disparue, se montrent dans la lutte la plus sévère avec la nature vivante et agissante éternellement. »

Le prince, présentant une autre feuille, poursuivit en ces termes :

« Que dites-vous maintenant de la cour du château, que la chute de la porte et de sa vieille tour avait rendue inaccessible, et dans laquelle, de mémoire d'homme, personne n'avait pénétré? Nous l'avons prise de côté, nous avons percé des murs, fait sauter des voûtes, et pratiqué de la sorte un chemin commode, mais secret. Au dedans il n'a pas été nécessaire de déblayer : là se trouve une roche disposée par la nature en plateforme; toutefois de grands arbres ont réussi à prendre racine; ils ont crû lentement, mais hardiment; aujourd'hui ils étendent leurs branches jusque dans les galeries où le chevalier passait et repassait autrefois; elles ont même envahi, par les portes et les fenêtres, les salles voûtées, d'où nous ne prétendons point les chasser. Elles en ont pris possession et peuvent y demeurer. Après avoir enlevé d'épaisses couches de feuilles, nous avons trouvé le sol aplani de cette place remarquable, qui peut-être n'a pas au monde son égale.

« Un détail bien curieux encore, et qu'il faut voir sur les lieux, c'est un érable, qui a pris racine sur les degrés par lesquels on monte à la grande tour, où il est devenu un arbre si fort, que l'on ne peut sans beaucoup de peine passer auprès, pour arriver au sommet de la tour, d'où l'on découvre une immense perspective. Mais on s'y trouve aussi à l'ombre commodément, car c'est ce même arbre qui s'élève merveilleusement sur tout l'ensemble.

« Remercions l'artiste de talent qui, dans ses divers dessins, nous donne l'idée de tout, comme si nous étions en présence des objets; il a consacré à ce travail les plus belles heures du jour et de l'année, et, durant des semaines, il a tourné autour de ces ruines. Dans cet angle est disposé, pour lui et pour le garde que nous lui donnons, un agréable petit logement. Vous ne sauriez croire, ma chère nièce, quelles vues et quels aspects admirables il s'est ménagés sur le pays, sur la cour et les murailles. Mais à présent que tout se trouve esquissé d'une manière si pure et si caractéristique, il l'achèvera ici à son aise. Nous ornerons de ces tableaux le pavillon de notre jardin, et quiconque promènera ses regards sur nos parterres réguliers, nos berceaux et nos allées ombreuses, souhaitera d'aller se livrer là-haut à la méditation, et contempler en réalité le vieux et le nouveau, le rigide, l'indomptable, l'indestructible et le flexible, le vivant, l'irrésistible. »

Honorio vint annoncer que les chevaux étaient prêts, et la princesse, se tournant vers son oncle :

« Montons au manoir, dit-elle, et que je voie en réalité ce que vous m'avez ici montré en images. Depuis mon arrivée, j'entends parler de cette entreprise, et je suis enfin curieuse de voir de mes yeux ce qui me semblait impossible, à l'entendre conter, et que je trouve encore invraisemblable dans ces esquisses.

— Pas encore, ma chère, répondit le prince. Ce que vous avez vu est ce qui peut être, ce qui sera : bien des choses sont seulement commencées ; il faut que l'art achève d'abord son œuvre, pour n'être pas exposé à rougir devant la nature.

— Dirigeons du moins notre promenade vers les hauteurs, dussions-nous aller seulement jusqu'au pied. J'ai grande envie aujourd'hui de porter au loin mes regards.

— Comme il vous plaira.

— Mais passons par la ville et la grande place du marché, où des boutiques sans nombre ont formé comme une petite ville, un camp. On dirait que les besoins et les travaux de toutes les familles du pays d'alentour se sont déployés, assemblés, dans ce centre, et montrés au jour; car l'observateur attentif y voit tout ce que l'homme produit, tout ce qui lui est nécessaire : on peut se figurer, un moment, que l'argent est inutile, qu'ici chaque marchandise peut être écoulée par échange, et, dans le fond, c'est ainsi que les choses se passent. Depuis hier, que le prince m'a fourni l'occasion de ces remarques, j'aime à réfléchir comme en ce pays, où la montagne et la plaine confinent l'une à l'autre, elles expriment clairement leurs besoins et leurs vœux. Si le montagnard sait transformer de mille manières le bois de ses forêts, appliquer le fer à mille usages différents, de l'autre part, les gens viennent à lui avec les marchandises les plus diverses, dans lesquelles on peut reconnaître à peine la matière et le but.

— Je sais, repartit le prince, que mon neveu donne à cet objet la plus grande attention, car c'est précisément dans cette saison qu'il importe surtout de recevoir plus qu'on ne livre; parvenir à ce résultat est, au fond, l'essentiel dans le gouvernement de l'État, comme dans le plus petit ménage. Mais excusez-moi, ma chère nièce, je n'aime pas à chevaucher à travers la foire ou le marché; on est arrêté ou retenu à chaque pas; et puis mon imagination se retrace en traits de flamme l'affreuse catastrophe qui laissa dans mes yeux comme des traces brûlantes, ce jour où je vis réduit en cendres un pareil amas de richesses et de marchandises. Je m'étais à peine....

— Ne perdons pas ces belles heures, » dit vivement la princesse, que le digne homme avait déjà fatiguée plus d'une fois avec la description détaillée de ce malheur : comme quoi, faisant un grand voyage, et s'étant couché un soir, bien fatigué, dans la première auberge qui donnait sur la place du marché, alors animée par la grande foire, des cris et des flammes, qui roulaient contre l'auberge, lui avaient apporté un affreux réveil.

La princesse monta lestement sur son cheval favori, et, au lieu de prendre par la porte de derrière et le côté de la montagne, elle sortit du côté d'en bas, par la porte de devant, entraînant son compagnon contrarié, mais résigné à la suivre. Eh! qui n'aurait chevauché volontiers à côté d'elle? qui ne l'aurait suivie volontiers? Honorio lui-même avait renoncé de bon cœur à la chasse, auparavant si désirée, pour être tout entier aux ordres de la princesse.

Comme on devait s'y attendre, les cavaliers ne purent traverser la place qu'au petit pas. L'aimable dame égayait toutes les haltes par quelque remarque spirituelle.

« Je répète ma leçon d'hier, disait-elle, puisque la nécessité veut mettre notre patience à l'épreuve. »

Et véritablement, la foule pressait de telle sorte les cavaliers, qu'ils ne pouvaient continuer que lentement leur marche. Le peuple contemplait avec joie la jeune dame, et l'on pouvait lire sur tous ces visages épanouis la franche satisfaction de voir que la première femme du pays en était aussi la plus agréable et la plus belle.

On voyait mêlés ensemble des montagnards, qui avaient leurs tranquilles demeures parmi les rochers, les pins et les sapins ; des campagnards, venus des collines, des champs et des prairies ; des artisans de petite ville, enfin des gens de toute sorte. Après avoir promené sur l'ensemble un regard tranquille, la princesse fit observer à son compagnon, que tous ces gens, d'où qu'ils fussent venus, avaient employé pour leurs vêtements plus d'étoffe qu'il n'était nécessaire, plus de drap et de toile, plus de rubans pour les garnitures. On aurait dit que les femmes ne pouvaient assez faire d'étalage et les hommes assez se pavaner.

« Passons-leur cela, dit l'oncle : à quelque objet que l'homme emploie son superflu, il y trouve son plaisir, surtout s'il le consacre à se parer et s'ajuster. »

La princesse fit un signe d'approbation. Peu à peu ils étaient arrivés à une place libre qui menait au faubourg ; là, à la suite des boutiques et des échoppes sans nombre, leurs yeux rencontrèrent une baraque plus grande, d'où ils entendirent aussitôt sortir des rugissements qui déchiraient les oreilles. Apparemment l'heure était arrivée où l'on donnait la pâture aux bêtes sauvages que l'on montrait en spectacle : le lion faisait retentir avec la plus grande force sa voix, terreur des forêts et des solitudes ; les chevaux frémissaient, et l'on dut observer comme le roi du désert s'annonçait terriblement au milieu du mouvement et de la vie paisible du monde civilisé. Arrivés plus près de la baraque, ils ne pouvaient manquer de jeter un coup d'œil sur les peintures colossales qui représentaient, avec des couleurs tranchantes et des formes énergiques, les animaux étrangers, et devaient inspirer à la foule paisible l'irrésistible désir de les voir. Le tigre, furieux et terrible, s'élançait sur un More et semblait prêt à le déchirer; un lion était couché, d'un air grave et majestueux, comme ne voyant devant ses yeux aucune proie digne de lui; auprès de ces deux monstres, d'autres bêtes, diverses et singulières, méritaient peu d'attention.

« A notre retour, dit la princesse, nous mettrons pied à terre et nous irons voir ces hôtes curieux.

— C'est une chose étrange, dit le prince, que l'homme demande toujours des émotions aux spectacles horribles. Le tigre est couché là dedans tranquille dans sa cage, et il faut qu'il se jette ici avec fureur sur un More, afin que l'on imagine de voir là dedans la même chose. Nous n'avons pas assez de meurtres et de carnage, d'incendies et de ruines; il faut que les chanteurs de foire les répètent à tous les coins de rue. Les bonnes gens veulent être effrayés, afin de sentir après combien il est agréable et doux de respirer librement. »

Mais toutes les impressions pénibles que ces affreuses images pouvaient avoir laissées s'effacèrent aussitôt que, parvenus à la porte de la ville, les cavaliers s'avancèrent dans les plus riantes campagnes. La route longeait d'abord la rivière, étroite encore, il est vrai, et ne portant que de légers bateaux, mais qui, sans perdre son nom, devait, par degrés, devenir un grand fleuve et vivifier des pays lointains. Ensuite on s'élevait insensiblement, en traversant des vergers et des jardins de plaisance, et l'on se voyait, de proche en proche, dans un pays ouvert et peuplé; enfin des bouquets d'arbres, puis un petit bois, s'ouvrirent pour la cavalcade, et les détails les plus pittoresques bornèrent et réjouirent ses regards; puis elle fut gracieusement accueillie par un vallon gazonné, qui s'élevait en pente et qui, fauché récemment pour la seconde fois, semblait un tapis de velours, arrosé par une source vive, jaillissant à grands flots dans la partie supérieure. Ils gagnèrent ainsi une halte plus élevée et plus découverte, qu'ils atteignirent en s'éloignant de la forêt, et gravissant rapidement la pente. Alors ils virent, à une distance considérable encore, par-dessus de nouveaux massifs, le vieux château, le terme de leur pèlerinage, s'élever comme une cime rocheuse et bocagère. Derrière eux (car on n'arrivait jamais à cette place sans se retourner), ils aperçurent vers la gauche, dans les intervalles accidentels des grands arbres, le château du prince, éclairé par le soleil matinal; les belles constructions de la ville haute, qu'enveloppait un léger nuage de fumée, puis, à droite, la ville basse, quelques sinuosités de la rivière, avec ses prairies et ses moulins, et, vis-à-vis, une vaste et fertile contrée.

Lorsqu'ils se furent rassasiés de cette vue, ou plutôt, comme cela nous arrive quand, de ces lieux élevés, nous promenons nos regards autour de nous, lorsqu'ils en vinrent à désirer une vue plus vaste et plus ouverte encore, ils gagnèrent une grande plaine rocailleuse, où la puissante ruine leur apparut comme un sommet couronné de verdure, avec quelques vieux arbres autour de ses pieds, dans la profondeur; ils franchirent l'espace et se trouvèrent précisément devant le côté le plus escarpé et le moins abordable. Là s'élevaient des masses de rochers aussi vieilles que le monde, invulnérables à toutes les révolutions, solides, bien assises, et montant ainsi comme des tours. Les ruines écroulées dans les intervalles gisaient, en grandes masses et en plates-formes irrégulières, les unes sur les autres, comme pour interdire toute approche aux plus hardis. Mais les pentes ardues, les escarpements, semblent sourire à la jeunesse; les aborder, les prendre d'assaut, les conquérir, est pour des membres agiles une jouissance. La princesse témoigna le désir de faire une tentative. Honorio était tout prêt; l'oncle, déjà plus paresseux, se laissa néanmoins persuader et ne voulut pas sembler invalide; on laissa les chevaux sous les arbres, au pied de la ruine, et l'on se proposa de gravir jusqu'à une certaine hauteur, où un rocher en saillie offrait une esplanade : de ce lieu, la vue se présentait déjà à vol d'oiseau, cependant elle formait encore une suite de plans assez pittoresques.

Le soleil touchait au méridien et répandait la plus vive lumière; le château du prince, avec ses diverses parties, son corps de logis, ses ailes, ses coupoles et ses tours, se présentait majestueusement, ainsi que la ville haute, dans toute son étendue; la vue pénétrait aussi aisément dans la ville basse; et, avec le secours de la lunette, on distinguait même les boutiques sur la place du marché. Honorio ne manquait jamais de se munir d'un si précieux instrument; on remontait, on descendait le cours de la rivière; en deçà, un territoire montueux, entrecoupé en forme de terrasses; au delà, un pays fertile, s'élevant en pentes douces et sillonné de légères collines; des villages innombrables, car il était d'usage immémorial de disputer sur le nombre qu'on en pouvait distinguer de cette place. Sur cette immense étendue régnait un joyeux silence, le silence de midi, pendant lequel, au dire des anciens, le dieu Pan sommeillait, et toute la nature retenait son haleine pour ne pas l'éveiller.

« Ce n'est pas la première fois, dit la princesse, que, me trouvant dans un lieu élevé, d'où la vue s'étend au loin de toutes parts, je réfléchis que la brillante nature semble parfaitement pure et paisible, et fait naître l'impression qu'il ne peut rien arriver de fâcheux dans le monde; et, lorsqu'on retourne dans les demeures des hommes, qu'elles soient hautes ou basses, larges ou étroites, il s'y trouve toujours quelques luttes à soutenir, quelques différends à aplanir et à régler. »

A ce moment, Honorio, qui avait regardé la ville avec la longue-vue, s'écria :

« Voyez! voyez! du feu sur la place du marché! »

Ils regardèrent et virent un peu de fumée : le jour éteignait la flamme.

« Le feu s'étend! » s'écrièrent-ils, en continuant de regarder avec la lunette.

La princesse, avec sa vue excellente, put même distinguer à l'œil nu le sinistre. De temps en temps on apercevait une rougeur ardente; la fumée montait et l'oncle dit :

« Retournons! Cela va mal : j'ai toujours craint de voir une seconde fois un pareil malheur. »

Quand ils furent descendus, ils retournèrent à leurs chevaux, et la princesse dit au vieux seigneur :

« Allez bien vite, mais non pas sans l'écuyer. Laissez-moi Honorio, nous vous suivons à l'instant. »

L'oncle sentit la sagesse, la nécessité de cet avis; il descendit, avec toute la vitesse possible, la pente rocailleuse et sauvage. Quand la princesse fut à cheval, Honorio lui dit :

« Altesse, je vous en prie, allez lentement; dans la ville comme au château, les secours contre l'incendie sont dans le meilleur ordre; cet accident, tout imprévu et tout extraordinaire qu'il est, ne causera aucun trouble. Le sol est mauvais : ce sont de petits cailloux et une herbe courte; il est dangereux d'aller vite; d'ailleurs, avant que nous arrivions, on sera maître du feu. »

La princesse ne l'écoutait pas; elle voyait la fumée s'étendre; elle crut avoir vu briller un éclair, avoir entendu une explosion : alors s'éveillèrent dans son imagination tous les effrayants souvenirs que le bon oncle n'avait que trop profondément gravés dans son âme par ses récits répétés de l'incendie de la foire.

Cette catastrophe avait été sans doute assez effroyable, assez soudaine et menaçante, pour laisser, pendant toute la vie, une appréhension inquiète de voir le retour d'un pareil malheur : au milieu de la nuit, dans la grande place du marché, couverte de boutiques, un incendie subit avait dévoré magasin après magasin, avant que ceux qui dormaient dans l'intérieur ou auprès de ces baraques légères, eussent secoué le sommeil. Le prince lui-même, fatigué de son voyage, et qui venait de s'endormir, s'élance à la fenêtre : il voit tous les objets éclairés d'une lumière sinistre; à droite et à gauche, flammes sur flammes, soulevées, serpentent contre lui; déjà les maisons du marché, rougies par le reflet, paraissent brûlantes, menaçant d'un moment à l'autre de s'embraser en effet et d'éclater en flammes. Là-bas, rien n'arrêtait la fureur de l'incendie; les planches craquaient, les lattes éclataient, les toiles volaient, et leurs noirs lambeaux, découpés en languettes enflammées, tournoyaient dans l'air, comme si les malins esprits, transformés de mille manières en leur élément, avaient voulu se consumer dans leurs danses folâtres, et çà et là surgir encore de l'embrasement. Ensuite, avec des clameurs aiguës, chacun sauvait ce qu'il trouvait sous sa main; maîtres et serviteurs s'efforçaient de traîner les ballots hors des flammes, d'arracher quelque chose encore à l'étalage brûlant, pour l'enfermer dans les caisses qu'ils devaient finir par laisser en proie aux flammes rapides. Plusieurs ne demandaient qu'un moment d'arrêt au feu qui s'approchait avec fracas; ils cherchaient quel parti ils pourraient prendre, et soudain ils se voyaient envahis avec tout leur avoir; déjà tout brûlait et flambait d'un côté, quand de l'autre régnait encore une nuit sombre. Des caractères obstinés, des hommes à volonté forte, résistaient avec fureur à l'ennemi furieux, et sauvaient quelques objets aux dépens de leurs sourcils et de leurs cheveux brûlés. Hélas! cette affreuse confusion se représentait à la vive imagination de la princesse; la pureté de l'horizon lui semblait obscurcie; un voile se répandait sur sa vue; les forêts et les prairies avaient un air d'angoisse extraordinaire.

Arrivés dans la paisible vallée, sans prendre garde à sa fraîcheur salutaire, ils avaient fait à peine quelques pas au-dessous de la source vive qui formait le ruisseau voisin, quand la princesse aperçut dans les buissons, au bas de la prairie, quelque chose d'étrange, qu'elle reconnut à l'instant pour le tigre. Il accourait en bondissant, comme elle l'avait vu peu auparavant en peinture; et cette image, après les images affreuses qui l'avaient tout à l'heure occupée, produisit sur elle la plus étrange impression.

« Fuyez, madame! s'écrie Honorio; fuyez! »

Elle tourna bride du côté de la montagne escarpée, par le chemin qu'ils venaient de suivre. Le jeune homme courut au monstre, prit son pistolet et tira, quand il se crut assez proche; mais, par malheur, il manqua la bête : elle fit un saut de côté, le cheval s'arrêta, le tigre, furieux, poursuivit son chemin, montant sur la trace de la princesse. Elle courait, de toute la force de son cheval, sur la pente escarpée et pierreuse, songeant à peine que le délicat animal, qui n'avait point l'habitude de pareils efforts, ne pourrait les soutenir. Il se força, pressé par l'écuyère en détresse; il broncha une fois, puis une autre, contre les petits cailloux roulant sur la pente, et, après de violents efforts, il tomba épuisé sur la terre. La belle dame, agile et résolue, ne manqua pas de se retrouver hardiment sur ses pieds; le cheval aussi se releva; mais le tigre approchait, non pas cependant avec une extrême vitesse : le sol inégal, les pierres pointues, semblaient arrêter son élan, et la poursuite d'Honorio, qui galopait sur sa trace, puis montait à ses côtés, en mesurant sa marche, semblait seule aiguillonner et stimuler sa force. Les deux coureurs atteignirent en même temps le lieu où la princesse était arrêtée à cheval : le cavalier se penche, tire, et, de son deuxième coup, transperce la tête du monstre, qui tombe aussitôt. Ce fut lorsqu'on le vit couché de toute sa longueur, qu'on put juger la force redoutable dont il ne restait plus que la masse gisante. Honorio avait sauté à bas de son cheval, et, le genou sur le tigre, il amortissait ses derniers mouvements, tenant à la main son couteau de chasse. Le jeune homme était beau ; il était accouru au galop, comme la princesse l'avait vu dans les joutes de lances et les courses de bagues : c'était ainsi qu'au manége, tandis qu'il passait au galop, sa balle frappait au milieu du front, sous le turban, la tête de Turc plantée sur le poteau ; c'était ainsi qu'en courant à bride abattue, il enlevait de terre, à la pointe du sabre, la tête de More ; il était heureux et adroit à tous ces exercices, ce qui vint alors très à propos.

« Donnez-lui son reste, dit la princesse : je crains qu'il ne vous blesse encore avec ses griffes.

— Pardon, madame, répliqua le jeune homme, il est assez mort comme cela, et je ne veux pas gâter la fourrure, qui doit briller l'hiver prochain sur votre traîneau.

— Point de bravade! dit la princesse : tout ce qu'on a de piété dans le fond du cœur se déploie dans un pareil moment.

— Et moi aussi, dit Honorio, je ne me sentis jamais une piété plus fervente ; c'est pourquoi mon esprit s'arrête à la plus joyeuse pensée : je ne vois plus dans cette fourrure que son usage pour vos plaisirs.

— Elle me rappellerait toujours ce terrible moment.

— Est-il, repartit le jeune homme, avec la flamme au visage, est-il un plus innocent trophée, que de faire porter en triomphe devant le vainqueur les armes de l'ennemi tué ?

— Je me souviendrai de votre adresse et de votre courage, et je n'ai pas besoin d'ajouter que vous pouvez compter, pour la vie, sur ma reconnaissance et sur la faveur du prince. Mais levez-vous. L'animal est sans vie, songeons au reste. Avant tout, levez-vous.

— Puisque me voilà à genoux, dit le jeune homme, puisque je me trouve dans une attitude qui, de toute autre manière, me serait interdite, laissez-moi vous demander en ce moment l'assurance de la faveur, de la grâce que vous m'accordez. J'ai déjà souvent sollicité de votre auguste époux un congé et la permission de faire un grand voyage. Celui qui a le bonheur de s'asseoir à votre table, celui à qui vous accordez l'honneur de se mêler aux entretiens de votre cour, doit avoir vu le monde. Les voyageurs affluent ici de toutes parts, et, si l'on parle de quelque ville, de quelque point important du globe, on demande chaque fois à votre serviteur s'il les a visités. On ne croit du bon sens qu'à celui qui a vu tout cela. Il semble qu'on ne doive s'instruire que pour les autres.

— Levez-vous, répéta la princesse. Je n'aimerais pas à former un vœu ou une prière contre la volonté formelle de mon époux; mais, si je ne me trompe, la raison pour laquelle il vous a gardé jusqu'à présent près de sa personne, n'existera bientôt plus. Son intention était de vous voir devenu un gentilhomme mûr et formé, qui pût faire honneur à lui-même et à son prince en pays étranger, comme vous l'avez fait à la cour jusqu'à présent : or l'action que vous venez de faire serait pour un jeune homme le plus beau passe-port qu'il pût emporter dans le monde. »

La princesse n'eut pas le temps d'observer qu'au lieu d'une joie de jeune homme, une certaine tristesse parut sur le visage d'Honorio, et lui-même il n'eut pas le loisir de donner carrière à ses sentiments, car ils virent une femme, qui tenait un petit garçon par la main, gravir à la hâte la montagne et venir droit à eux. A peine Honorio, recueillant ses esprits, s'était-il levé, que la femme se jeta sur le cadavre en poussant des cris désespérés, et, à cette action, comme à son habit, d'ailleurs propre et décent, mais étrange et bariolé, on reconnut aussitôt la maîtresse et la gardienne de l'animal tué, d'autant plus que l'enfant, aux yeux noirs, aux cheveux noirs, qui tenait une flûte à la main, pleurant comme sa mère, moins violemment, mais profondément ému, se mit à genoux auprès d'elle.

L'explosion soudaine de la passion, chez cette malheureuse femme, fut suivie, par intervalles et soubresauts, d'un torrent de paroles, comme un ruisseau qui se précipite par cascades de rochers en rochers. Son langage naturel, court et entrecoupé, devint pénétrant et pathétique. On essayerait en vain de le traduire dans nos idiomes; toutefois nous pouvons arriver à rendre à peu près le sens.

« Ils t'ont tuée, pauvre bête! tuée sans nécessité! Tu étais apprivoisée, tu te serais gîtée volontiers, et tu nous aurais attendus, car tes pattes étaient endolories et tes griffes n'avaient plus de force. L'ardent soleil te manquait pour les mûrir! Tu étais le plus beau de ton espèce. Qui vit jamais un tigre royal, couché dans le sommeil, aussi superbe que te voilà gisant, mort, pour ne jamais te relever? Quand tu t'éveillais au point du jour, et que tu ouvrais la gueule, en tirant ta langue vermeille, tu semblais nous sourire, et, tout en rugissant, tu prenais néanmoins, avec gentillesse, ta pâture des mains d'une femme, des doigts d'un enfant! Que nous t'avons longtemps accompagné dans tes voyages! Que ta société nous fut longtemps précieuse et profitable! C'est à nous, à nous proprement, que la nourriture venait de ceux qui dévorent, et le doux rafraîchissement de ceux qui sont forts. Il n'en sera plus ainsi. Malheur! malheur! »

Elle n'avait pas achevé ses plaintes, que l'on vit, sur la moyenne pente de la montagne, au pied du château, descendre, à bride abattue, des cavaliers, que l'on reconnut sur-le-champ pour la troupe du prince, et lui-même en tête. En chassant au fond des montagnes, ils avaient vu s'élever la fumée de l'incendie, et ils avaient pris leur course, comme pour une ardente chasse à courre, dans la direction de ces sinistres indices. Arrivés au galop, à travers la rocailleuse clairière, ils s'arrêtent saisis d'étonnement, à la vue du groupe inattendu qui frappait les regards dans la plaine ouverte. Après la première reconnaissance, il y eut un moment de stupeur, et, lorsqu'on se fut un peu remis, quelques paroles expliquèrent ce que l'aspect même des choses ne disait pas. En présence de cette scène étrange, inouïe, le prince avait fait halte, environné d'un cercle de cavaliers et de gens accourus à la hâte. On ne balança point sur ce qu'on avait à faire; le prince était occupé à donner des ordres et à les faire exécuter, quand un homme de grande taille, et qui portait, comme la femme et l'enfant, un costume bizarre et bariolé, pénétra dans le cercle. Alors la famille réunie témoigna sa surprise et sa douleur, et le mari, sans perdre contenance, dit, en restant devant le prince à une distance respectueuse :

« Ce n'est pas le moment de gémir. Hélas! mon seigneur et puissant chasseur, le lion est aussi échappé; il s'est aussi dirigé de ce côté dans la montagne : épargnez-le! pitié! qu'il ne périsse pas comme ce pauvre animal!

— Le lion, dit le prince, en sais-tu la trace?

— Oui, monseigneur. Là-bas un paysan, qui, sans nécessité s'était sauvé sur un arbre, m'a indiqué la gauche, plus loin, dans la montagne : alors j'ai vu devant moi cette grande troupe d'hommes et de chevaux; la curiosité et le besoin de secours m'ont fait accourir.

— Eh bien, dit le prince, il faut que la chasse se porte de ce côté. Chargez vos armes, soyez circonspects : ce serait un malheur de le pousser au fond du bois. Mais enfin, brave homme, nous ne pourrons pas épargner votre lion. Comment avez-vous été assez imprudent pour laisser échapper vos bêtes?

— Monseigneur, quand nous avons vu l'incendie éclater, nous sommes restés tranquilles et dans l'attente; il se propageait rapidement, mais loin de nous : nous avions assez d'eau pour nous préserver; tout à coup il se fit une explosion, qui lança des brandons jusqu'à nous et au delà : nous avons perdu la tête, et nous voilà dans la misère. »

Le prince était encore occupé à donner des ordres : soudain tout sembla suspendu un moment, lorsqu'on vit descendre et accourir précipitamment du vieux château un homme, que l'on reconnut pour le serviteur qui gardait le logement du peintre, y faisait sa demeure et surveillait les ouvriers. Il arriva hors d'haleine, mais il eut bientôt fait connaître, en peu de mots, que le lion s'était couché là-haut au soleil, derrière la haute muraille d'enceinte, au pied d'un hêtre séculaire, et qu'il se tenait tout à fait tranquille. L'homme finit par dire avec chagrin :

« Quel dommage d'avoir porté hier ma carabine à la ville, pour la faire nettoyer! Il ne se serait pas relevé : la peau m'aurait appartenu, et, comme de juste, je m'en serais pavané toute ma vie. »

Le prince, que servait fort bien dans cette occasion son expérience militaire (il s'était déjà vu menacé plusieurs fois de périls qui avaient semblé inévitables), dit alors au maître de la ménagerie :

« Quelle garantie me donnez-vous, que, si nous épargnons votre lion, il ne portera pas dans le pays le ravage chez mes sujets ?

— Cette femme et cet enfant, répondit vivement le père, offrent de le calmer, de le contenir, jusqu'au moment où j'aurai voituré là-haut la caisse ferrée, afin que nous puissions l'emmener sans qu'il ait fait ni souffert aucun mal. »

Le petit garçon parut essayer sa flûte, qui était plutôt une sorte de hautbois : elle était à bec, comme le sifflet; une personne exercée pouvait en tirer les sons les plus agréables. Cependant le prince avait demandé comment le lion était arrivé, et le garde répondit :

« Par le chemin creux, muré de part et d'autre, qui fut de tout temps, et qui doit être à l'avenir, le seul passage : nous avons ruiné de fond en comble deux autres sentiers par lesquels on pouvait arriver, et nul ne saurait atteindre que par ce premier passage étroit, le château magique sur lequel s'exercent l'esprit et le goût du prince Frédéric, pour en faire une merveille. »

Après un instant de réflexion, pendant lequel le prince observait l'enfant, qui n'avait pas cessé de faire entendre comme un doux prélude, il se tourna vers Honorio et lui dit :

« Tu as fait beaucoup aujourd'hui : achève ta journée! Occupe le chemin creux; tenez vos carabines prêtes, mais ne tirez pas, à moins que vous ne puissiez pas intimider et faire reculer l'animal : en tout cas, allumez un feu, pour l'effrayer s'il veut descendre. Que le mari et la femme se chargent du reste. »

Honorio se hâta d'exécuter les ordres du prince. L'enfant poursuivit sa mélodie, qui n'en était pas une, mais une succession de sons irréguliers, et, par cela même, peut-être plus saisissante. Les assistants paraissaient comme charmés par le mouvement d'une modulation chantante, quand le père se mit à dire avec un noble enthousiasme :

« Dieu a donné au prince la sagesse, et lui a fait connaître aussi que toutes les œuvres divines sont sages, chacune dans son espèce. Voyez le rocher, comme il est ferme et ne s'ébranle pas! comme il brave l'orage et le soleil! Des arbres antiques décorent sa tête, et, ainsi couronné, il regarde au loin de toutes parts : mais, si une partie s'écroule, elle ne reste pas ce qu'elle était; elle tombe brisée en mille pièces qui couvrent la pente. Là même, elles ne veulent pas s'arrêter; elles bondissent vivement jusqu'au pied de la montagne ; le ruisseau les reçoit et les porte à la rivière; sans résister, sans regimber, non pas anguleuses, mais polies, arrondies, elles vont plus vite leur chemin, et, de rivière en rivière, elles arrivent enfin à l'Océan, où les géants passent en troupes, où les nains foisonnent dans les profondeurs.

« Mais qui célèbre la gloire du Seigneur, que les étoiles magnifient d'éternité en éternité? et pourquoi regardez-vous au loin? Observez ici l'abeille, qui, dans les derniers jours d'automne, moissonne encore diligemment, et, comme un maître et un ouvrier, se bâtit une maison régulière. Considérez la fourmi : elle connait sa route et ne la perdra point; elle se bâtit une demeure avec des brins d'herbe, des miettes de terre et des feuilles de sapin. Cependant c'est en vain qu'elle travaille : le cheval foule et disperse tout. Voyez, il écrase les poutres, il disperse les planches; impatient, il ronfle et ne peut rester en repos; car le Seigneur a fait du cheval le compagnon du vent et l'escorte de la tempête, afin qu'il porte l'homme où il veut et la femme où elle désire. Mais le lion s'est avancé dans la forêt de palmiers; il a parcouru le désert d'une marche grave; là, il règne sur tous les animaux, rien ne lui résiste, et pourtant l'homme sait l'apprivoiser; la plus cruelle des créatures est saisie de respect devant l'image de Dieu, laquelle est aussi le modèle des anges qui servent Dieu et ses serviteurs; car, dans la fosse aux lions, Daniel ne s'effraya point; il resta ferme et joyeux, et le rugissement farouche n'interrompit nullement son chant pieux. »

L'enfant accompagnait par moments de sons agréables ce discours, prononcé avec l'expression d'un sincère enthousiasme : quand le père eut fini, le petit garçon chanta d'une voix claire et pure, avec de jolies roulades, les paroles suivantes, que le père accompagna de la flûte à l'unisson :

« Ici, dans la fosse, j'entends sortir de la tombe le chant du prophète : les anges balancent leurs ailes pour le fortifier. Le juste pourrait-il craindre? Le lion et la lionne viennent de part et d'autre se courber autour de lui; les chants pieux et doux les ont charmés. »

Le père continuait d'accompagner la strophe avec la flûte; la mère faisait par moments la seconde voix.

Et ce qui fit surtout une vive impression, c'est que l'enfant entremêla dans un ordre différent les vers de la strophe, et, par là, produisit, sinon un sens nouveau, du moins un sentiment d'une vivacité nouvelle :

« Les anges montent vers le ciel, descendent vers la terre, et leurs voix nous fortifient. Quels accents célestes! Dans la fosse, dans le tombeau, l'enfant craindrait-il? Ces chants pieux et doux ne laissent pas approcher le malheur. Les anges balancent leurs ailes, et déjà la chose est faite. »

Puis ils chantèrent tous trois avec force et exaltation :

« Car l'Éternel règne sur la terre; son regard règne sur les mers; les lions deviennent des agneaux et le flot roule en arrière; l'épée nue s'arrête au moment de frapper; la foi et l'espérance sont comblées; il accomplit des miracles, l'amour qui s'enveloppe dans la prière. »

Tout le monde faisait silence, prêtait l'oreille, écoutait, et ce fut seulement quand ces chants eurent cessé, que l'on put remarquer et observer l'impression qu'ils avaient faite. Tout le monde était comme apaisé; chacun était touché à sa manière. Le prince, comme s'il eût considéré pour la première fois le malheur qui venait de le menacer, le front baissé, regardait son épouse, qui, s'appuyant sur lui et cédant à son émotion, prit son mouchoir artistement brodé, et s'en couvrit les yeux, heureuse de sentir son jeune sein soulagé du poids qui l'avait oppressé quelques minutes auparavant. Il régnait dans la foule un parfait silence on semblait avoir oublié les dangers, là-bas l'incendie, et là-haut le réveil d'un lion endormi dans un repos suspect.

Le signal que donna le prince d'amener les chevaux remit la troupe en mouvement; puis il se tourna vers la femme et lui dit :

« Vous croyez donc, en quelque lieu que vous trouviez le lion échappé, pouvoir l'apaiser par vos chants, par les chants de ce petit garçon, avec le secours de cette flûte, et le ramener ensuite dans sa cage, sans qu'il ait fait ni souffert aucun mal?

— Oui, » dirent-ils avec force, en prenant le ciel à témoin. Le gardien leur fut donné pour guide. Aussitôt le prince prit les devants avec peu de monde; la princesse avança plus lentement avec le reste de la suite. La mère et l'enfant, conduits par le guide, qui s'était pourvu d'une arme, gravissaient la montagne par des sentiers plus escarpés.

A l'entrée du chemin creux, qui ouvrait l'entrée du château, ils trouvèrent les gardes-chasse qui entassaient des broutilles sèches, afin d'allumer, à tout événement, un grand feu.

« Ce n'est pas nécessaire, dit la femme, tout ira bien sans cela. »

Plus en avant, ils aperçurent Honorio, assis sur un pan de mur, sa double arquebuse sur les genoux : il était là, comme prêt à toute occurrence, mais à peine sembla-t-il remarquer les arrivants; il paraissait plongé dans de profondes réflexions et jeter autour de lui des regards distraits.

La femme le supplia de ne pas faire allumer le feu; mais il paraissait faire peu d'attention à ses paroles; elle l'apostropha vivement et lui cria :

« Beau jeune homme, tu as tué mon tigre : je ne te maudis point; épargne mon lion, bon jeune homme, et je te bénirai! »

Honorio regardait fixement devant lui, du côté où le soleil commençait à décliner dans sa carrière.

« Tu regardes vers le couchant, cria la femme; tu fais bien. Il y a beaucoup à faire de ce côté. Hâte-toi, ne tarde pas : tu vaincras, mais commence par te vaincre toi-même. »

A ces mots, il sembla sourire; la femme monta plus haut, et ne put s'empêcher de jeter encore un regard en arrière sur celui qu'elle dépassait : un rayon vermeil colorait son visage; elle croyait n'avoir jamais vu un plus beau jeune homme.

« Si, comme vous en êtes convaincu, dit alors le garde, votre enfant peut attirer et calmer le lion avec sa flûte et son chant, il nous sera très-facile de nous emparer de lui, car le puissant animal s'est couché tout près de la voûte percée par laquelle nous avons pratiqué une entrée dans la cour du château, parce que la porte principale est obstruée. Si l'enfant l'attire dedans, je puis fermer aisément l'ouverture, et l'enfant pourra, s'il le juge convenable, échapper au lion par un des petits escaliers en limaçon qu'il voit dans l'angle. Cachons-nous : je me placerai de manière qu'à chaque moment ma balle puisse aller au secours du petit garçon.

— Précautions superflues : Dieu et notre adresse, la piété et le bonheur, feront pour le mieux.

— Soit! reprit le garde, mais je connais mes devoirs. Je vous mène d'abord par un sentier difficile sur les murs, vis-à-vis de l'entrée que j'ai dite ; l'enfant pourra descendre, comme dans l'arène du spectacle, et il attirera dans ce lieu l'animal apaisé. »

C'est ce qui fut exécuté. Le garde et la mère, cachés, observèrent d'en haut comme l'enfant, après avoir descendu l'escalier en limaçon, se montra dans la cour éclairée, et disparut vis-à-vis dans l'ouverture sombre, puis aussitôt fit entendre sa flûte, dont les sons se perdirent par degrés et enfin cessèrent. Ce fut une pause pleine d'anxiété. Cette étrange situation oppressait le vieux chasseur, familiarisé avec le danger. Il se disait qu'il aurait préféré aller en personne à la rencontre du redoutable animal. Pour la mère, penchée en avant et le visage serein, elle prêtait l'oreille, sans laisser paraître la moindre inquiétude.

Enfin on entendit de nouveau les sons de la flûte ; l'enfant sortit de la voûte, les yeux brillants de joie. Le lion marchait derrière lui lentement et, à ce qu'il semblait, avec quelque peine. Il témoignait par moments le désir de se coucher ; mais l'enfant le conduisit en demi-cercle, à travers les arbres, encore peu dépouillés de leurs feuilles nuancées ; enfin il s'assit dans un lieu où les derniers rayons du soleil, pénétrant par une brèche, lui faisaient comme une auréole ; il reprit alors sa chanson calmante, que nous aimons à répéter :

« Ici, dans la fosse, j'entends sortir de la tombe le chant du prophète ; les anges balancent leurs ailes pour le fortifier. Le juste pourrait-il craindre? Le lion et la lionne viennent de part et d'autre se courber autour de lui ; les chants pieux et doux les ont charmés. »

Cependant le lion s'était couché tout près de l'enfant, et lui avait posé lourdement sur les genoux la patte droite antérieure; l'enfant, continuant de chanter, la caressait doucement, mais il remarqua bientôt qu'une épine était plantée entre les doigts.

Il arracha soigneusement la pointe douloureuse, ôta de son cou, en souriant, sa cravate de soie bigarrée, et banda la terrible patte du monstre; en sorte que la mère, dans sa joie, se pencha en arrière, les bras étendus, et, par extraordinaire, aurait peut-être applaudi et crié bravo, si le garde, en la saisissant de son poignet vigoureux, ne l'avait fait souvenir que le danger n'était pas encore passé.

L'enfant, après avoir préludé par quelques notes, fit entendre ce chant de triomphe :

« Car l'Éternel règne sur la terre ; son regard règne sur les mers ; les lions deviennent des agneaux et le flot roule en arrière : l'épée nue s'arrête au moment de frapper ; la foi et l'espérance sont comblées : il accomplit des miracles, l'amour qui s'enveloppe dans la prière. »

S'il est imaginable qu'on ait pu découvrir sur les traits d'une si furieuse créature, du tyran des bois, du roi des animaux, une expression de bienveillance, de satisfaction reconnaissante, ce dut être cette fois : et, réellement, l'enfant, couronné de lumière, semblait un puissant et glorieux vainqueur ; et le lion ne semblait pas vaincu (car sa force restait en lui cachée), mais il semblait apprivoisé, il semblait suivre librement sa propre et paisible volonté. L'enfant continuait de jouer et de chanter, entremêlant les vers à son gré et en ajoutant de nouveaux :

« C'est ainsi qu'un ange du ciel aime à prendre soin des enfants sages, pour empêcher les volontés mauvaises, pour encourager les belles actions ; c'est ainsi que la pieuse pensée et la mélodie conspirent pour enchaîner, par magie, aux faibles genoux du fils bien-aimé le grand roi de la forêt. »

TABLE DES MATIÈRES.

LES ANNÉES DE VOYAGE............................ 1
    LIVRE PREMIER.................................. 5
    LIVRE DEUXIÈME................................. 144
    LIVRE TROISIÈME................................ 274
ENTRETIENS D'ÉMIGRÉS ALLEMANDS.................... 421
LES BONNES FEMMES................................. 533
NOUVELLE.. 559

PARIS. — IMPRIMERIE DE CH. LAHURE ET Cie
Rues de Fleurus, 9, et de l'Ouest, 21

www.ingramcontent.com/pod-product-compliance
Lightning Source LLC
Chambersburg PA
CBHW070404230426
43665CB00012B/1237